D1727058

BIBLIOTHEK

DES

DEUTSCHEN HISTORISCHEN INSTITUTS IN ROM

—

BAND 86

Landwirtschaft, Staat und Autarkie

Agrarpolitik im faschistischen Italien
(1922–1943)

VON

ALEXANDER NÜTZENADEL

MAX NIEMEYER VERLAG TÜBINGEN
1997

Die Deutsche Bibliothek – CIP-Einheitsaufnahme

Nützenadel, Alexander:
Landwirtschaft, Staat und Autarkie : Agrarpolitik im faschistischen Italien (1922–1943) /
von Alexander Nützenadel. – Tübingen : Niemeyer, 1997
(Bibliothek des Deutschen Historischen Instituts in Rom ; Bd. 86)

ISBN 3-484-82086-1   ISSN 0070-4156

© Max Niemeyer Verlag GmbH & Co. KG, Tübingen 1997
Das Werk einschließlich aller seiner Teile ist urheberrechtlich geschützt. Jede Verwertung
außerhalb der engen Grenzen des Urheberrechtsgesetzes ist ohne Zustimmung des Verlages
unzulässig und strafbar. Das gilt insbesondere für Vervielfältigungen, Übersetzungen,
Mikroverfilmungen und die Einspeicherung und Verarbeitung in elektronischen Systemen.
Printed in Germany.
Gedruckt auf alterungsbeständigem Papier.
Satz: pagina GmbH, Tübingen
Druck: Allgäuer Zeitungsverlag GmbH, Kempten (Allgäu)
Einband: Heinr. Koch, Tübingen

Meinen Eltern

INHALT

Vorwort XIII

Einleitung 1

I.   Strukturprobleme der italienischen Landwirtschaft nach dem
      Ersten Weltkrieg 11

II.   „Ruralismus". Programmatische und ideologische Grundlagen
      der faschistischen Agrarpolitik 27

      1. Agrarpolitische Konzepte des Faschismus vor dem
         „Marsch auf Rom" 27
      2. Arrigo Serpieri. Agrarischer Konservativismus und
         landwirtschaftliche Modernisierung 30
      3. Die kulturelle Revolte der Provinz. Curzio Malaparte, Mino
         Maccari und die Bewegung „Strapaese" 37
      4. Agrarpolitik und „demographischer Primat" 40
      5. „Ruralismus" als nationale Integrationsideologie 45

III. Die faschistische Agrarpolitik zwischen Wirtschaftsliberalismus
      und staatlicher Planung (1922–1925) 51

      1. Die Stabilisierungspolitik unter De Stefani und die
         gesamtwirtschaftlichen Rahmenbedingungen nach dem
         „Marsch auf Rom" 51
      2. Restauration und technokratische Reform: Die Agrarpolitik
         unter De Capitani und Serpieri 57
      3. Das „Ministerium für Nationale Wirtschaft" und die
         Entstehung agrarpolitischer Sonderverwaltungen 63

IV. Die Entstehung der Agrarsyndikate und die „Faschisierung" der
     landwirtschaftlichen Organisationen   73

     1. Der „Nationale Syndikalismus" und der Aufbau faschistischer
        Berufsorganisationen   73
     2. Der Konflikt zwischen den liberalen Agrarverbänden und der
        FISA   80
     3. Das Syndikatsgesetz vom April 1926 und die „Faschisierung"
        der FISA   91
     4. Die Entmachtung Rossonis und die Neuordnung der
        Gewerkschaften   98
     5. Die CNFA: Von der Arbeitgebervertretung zum
        wirtschaftlichen Interessenverband   103

V.   Die „Battaglia del grano" und der Übergang zum
     Agrarprotektionismus   109

     1. Die „Getreidefrage" zwischen Freihandel und Protektionismus   109
        a) Die Schutzzolldiskussion vor 1925   109
        b) Die staatliche Getreidepolitik bis 1925   118
        c) Die gesamtwirtschaftlichen Rahmenbedingungen   124
     2. Die „Getreideschlacht": Institutionen und Maßnahmen . . .   128
        a) Mario Ferraguti und das Comitato Permanente del Grano . .   128
        b) Die Einführung des Getreidezolls   132
        c) Subventionen und Senkung der Betriebsmittelkosten . . .   138
        d) Anbautechnische Verbesserungen und Schulungswesen . .   142
     3. Ergebnisse und ökonomische Folgen der „Getreideschlacht"   144
     4. Propaganda und „moral suasion"   149
        a) Sprache, kollektive Riten und Massenmobilisierung . . .   149
        b) Die Rolle der katholischen Kirche   154

VI. Wirtschaftskrise und Marktregulierung in der Landwirtschaft
     (1927–1934)   159

     1. Die italienische Landwirtschaft in der Krise   160
     2. Kostensenkung und Agrarpreisstützung.
        Staatliche Maßnahmen zwischen Deflation und Krise . . .   167
        a) Die staatliche Lohnpolitik und die Entwicklung der
           Agrarlöhne   169
        b) Die Anpassung der Pachten   173

c) Die Verschuldung der Landwirtschaft und die Reform des
Agrarkreditwesens 177

d) Agrarpreisstützung: Zölle und Vermahlungsvorschriften . 186

3. Auf dem Weg zu einer neuen Marktordnung.
Staatliche Organisationen und Produzentenvereinigungen
in den Jahren der Wirtschaftskrise 192

a) Die Rolle der Agrarsyndikate 193

b) Der Getreidesektor: Marktregulierung und
genossenschaftliche Lagerhaltung 195

c) Die Neuordnung des Reismarktes durch den
Ente Nazionale Risi 197

d) „Exportschlacht": Das *Istituto Nazionale per l'Esportazione* . 204

VII. „Bonifica Integrale". Urbarmachungen und ländliche
Strukturpolitik in den Jahren der Wirtschaftskrise 211

1. Die staatliche Urbarmachungspolitik vor 1928 213

2. Das „Mussolini-Gesetz" von 1928 224

3. Neugründung des Landwirtschaftsministeriums und
institutionelle Konflikte 228

4. Das Problem der Finanzierung 233

5. Das Scheitern der „Bonifica Integrale" 239

VIII. Das Scheitern des faschistischen „Ruralismus" 255

1. Arbeitslosigkeit, Landflucht und „innere Kolonisierung"
in den Jahren der Krise 255

2. „Entproletarisierung" und „Carta della Mezzadria" 273

3. Vom Tagelöhner zum Kleinbauern? Eine Bilanz der
faschistischen Ruralisierungspolitik 282

IX. Agrarstaat oder Industriestaat? 291

1. Binnenwirtschaftliche Entwicklungskonzepte und sektorales
Gleichgewicht 291

2. Die Industrialisierung der Landwirtschaft 296

a) Chemische Bodenverbesserung und Pflanzenschutz . . . 296

b) Mechanisierung und Motorisierung der Landwirtschaft . . 307

3. Kapitalmarkt, Investitionen und sektorale Terms of Trade . 316

X.   Korporativismus und staatliche Wirtschaftslenkung im
     Agrarsektor   323

     1. Die Landwirtschaft in der Korporativismus-Debatte   326
     2. Die Rolle der korporativen Organe im Rahmen der
        landwirtschaftlichen Marktordnung   332

XI. Außenhandel und landwirtschaftliche Marktordnung im Zeichen
     der Autarkie (1935–1939)   345

     1. Die wirtschaftlichen Rahmenbedingungen im Vorfeld der
        Autarkiepolitik   345
     2. Vom Protektionismus zur Bewirtschaftung von Devisen und
        Außenhandel   348
     3. Der Ausbau der staatlichen Verwaltung im Agrarsektor   . .   354
     4. Inflation und staatliche Preispolitik bis Sommer 1936   . . .   358
     5. „Marktgerechtigkeit" oder Zwangsbewirtschaftung?
        Die Agrarmarktordnung unter Rossoni   362
     6. Autarkie und ernährungswirtschaftliche Bedarfsplanung   . .   375
     7. Die Wiederaufnahme der „Bonifica Integrale"   385
     8. Ergebnisse und soziale Kosten der landwirtschaftlichen
        Autarkiepolitik   392

XII. Ausblick: Agrarpolitik und Ernährungswirtschaft im Krieg
     (1940–1943)   399

Schlußbetrachtung   415

Anhang: Bruttobodenproduktion und Nahrungsmittelproduktion . .   427

Abkürzungsverzeichnis   431

Verzeichnis der Tabellen   433

Verzeichnis der ungedruckten Quellen   437

Verzeichnis der gedruckten Quellen und der Literatur   443

        Gedruckte Quellen, Dokumenten- und Textsammlungen   . .   443
        Zeitgenössische Zeitungen, Zeitschriften und Jahrbücher   . .   444
        Hilfsmittel   445

X

Statistische Publikationen 446
Literatur (Erscheinungsdatum vor 1945) 447
Literatur (Erscheinungsdatum nach 1945) 458

Register 473

   I. Personen 473
  II. Orte 476

VORWORT

Bei der vorliegenden Untersuchung handelt es sich um die leicht überarbeitete Fassung meiner Dissertation, die im Sommersemester 1995 von der Philosophischen Fakultät der Universität zu Köln angenommen wurde. Die mündliche Doktorprüfung fand am 8. Juli 1995 statt. Ohne die tatkräftige Unterstützung zahlreicher Personen und Institutionen wäre die Anfertigung der Studie nicht möglich gewesen. An erster Stelle möchte ich meinem Doktorvater Prof. Dr. Wolfgang Schieder für die wissenschaftliche Betreuung und Förderung danken. Er hat mich nicht nur zur Durchführung dieses Forschungsvorhabens ermutigt, sondern auch durch sanften Druck dazu beigetragen, daß die Arbeit schließlich in einem vertretbaren Zeitrahmen abgeschlossen wurde. Gleichermaßen danken möchte ich dem stellvertretenden Direktor des Deutschen Historischen Instituts in Rom, Herrn Dr. Jens Petersen, der die Untersuchung mitangeregt und ihre Entstehung auf vielfältige Weise gefördert hat.

Für die kritische Lektüre des Manuskriptes danke ich meinen Kölner Freunden und Kollegen Dr. Marc Frey, Dr. Lutz Klinkhammer, Dr. Christoph Strupp, Nadja von Tilinsky sowie Dr. Rolf Petri (Halle). Herr Prof. Dr. Günther Schulz vom Seminar für Wirtschafts- und Sozialgeschichte der Universität zu Köln hat freundlicherweise die Anfertigung des Zweitgutachtens übernommen und mir nützliche Hinweise für die Überarbeitung des Manuskriptes gegeben. Wichtige Anregungen verdanke ich den Gesprächen mit Prof. Dr. Martin Geyer, Dr. Arpad von Klimo und Dr. Roberta Suzzi Valli.

Die Arbeit entstand zum überwiegenden Teil in Italien. Der Deutsche Akademische Austauschdienst gewährte mir wiederholt Stipendien für Studienaufenthalte zunächst in Venedig, dann in Rom. Die Mitarbeiter der von mir benutzten römischen Archive und Bibliotheken haben mir – häufig auf unbürokratische Weise – geholfen, die umfangreiche Quellenarbeit zu bewältigen.

Besondere Unterstützung erfuhr ich durch das Deutsche Historische Institut in Rom, das meine Forschungen durch ein Jahresstipendium, eine reiche Bibliothek und außergewöhnlich gute Arbeitsbedingungen entscheidend erleichtert hat. Dafür – und für die freundliche Aufnahme am Institut – bin ich dem Direktor Herrn Prof. Dr. Arnold Esch sowie allen Mitarbeitern zu herzlichem Dank verpflichtet. Es freut mich daher besonders, daß die Arbeit nun in der Schriftenreihe des Instituts erscheint. Herrn Dr. Martin Bertram (Rom) und Frau Bettina Gade vom Max Niemeyer Verlag gilt mein Dank für die sorgfältige redaktionelle Betreuung des Manuskriptes.

Schließlich danke ich meinen Eltern für die großzügige Unterstützung meines Studiums. Ihnen sei das Buch gewidmet.

Köln, im Oktober 1996   Alexander Nützenadel

EINLEITUNG

In vielen Ländern kam es nach dem Ersten Weltkrieg zu einem Aufleben von Agrarstaatsideologien und ländlichen Siedlungskonzepten. Zivilisationskritik und Kulturpessimismus bildeten den Nährboden für die Vorstellung, daß die Probleme der industriellen Massengesellschaft nur durch die Rückkehr zu einer agrarisch geprägten Wirtschafts- und Gesellschaftsordnung zu lösen seien. Solche Ideen wurden nicht nur in Deutschland von der nationalsozialistischen „Blut und Boden"-Ideologie aufgegriffen. Sie fanden vor dem Hintergrund der Weltwirtschaftskrise auch in demokratisch gefestigten Staaten wie Großbritannien oder den USA Verbreitung, in denen die agrarischen Eliten keine politische Macht mehr besaßen und in denen die Landwirtschaft längst ökonomisch marginalisiert war.[1]

Doch in keinem Land hat die Forderung nach einer agrarischen Erneuerung die politische Diskussion so stark beeinflußt wie im faschistischen Italien. Der Aufstieg des Faschismus vollzog sich vor dem Hintergrund der schweren sozialen Konflikte der Nachkriegszeit, die in Italien viel stärker von der Landwirtschaft ausgingen als in anderen Ländern. Die Bewegung Mussolinis, die ursprünglich vor allem im städtisch-kleinbürgerlichen Milieu beheimatet war, fand ihre erste Massenbasis in den ländlichen Gebieten Nord- und Mittelitaliens. Erst der militante „Agrarfaschismus" verlieh der neuen Bewegung ihr spezifisches Gewaltpotential, ohne das Mussolini nie an die Macht gekommen wäre. Mussolini selbst definierte den Faschismus schon frühzeitig als ein „rurales Phänomen" und wurde nicht müde zu betonen, daß die Landwirtschaft fortan „an erster Stelle im nationalen Wirtschaftsleben" stehen müsse. Die Verwirklichung der Nahrungsmittelautarkie, die Unterstützung der bäuerlichen Betriebe, die vollständige landwirtschaftliche Erschließung und Besiedlung des Territoriums – dies waren die Themen, die die faschistische Propaganda seit Mitte der zwanziger Jahre in zunehmendem

---

[1] Vgl. zu Großbritannien Johannes Paulmann, „Ein Experiment der Sozialökonomie": Agrarische Siedlungspolitik in England und Wales vom Ende des 19. Jahrhunderts bis zum Beginn des Zweiten Weltkrieges, Geschichte und Gesellschaft 21 (1995) S. 506–532; zu den USA Hans-Jürgen Puhle, Politische Agrarbewegungen in kapitalistischen Industriegesellschaften, Göttingen 1975, bes. S. 154–182.

Maße beherrschten. Durch eine Reihe von gesetzlichen Reformen und staatlichen Förderungsmaßnahmen sollte die Landwirtschaft gestärkt und der Bauernstand als tragende Säule der Gesellschaft bewahrt werden. Italien, so forderte Mussolini, müsse „reagrarisiert werden, auch wenn es Milliarden kostet und ein halbes Jahrhundert dauert".[2]

Trotz ihrer herausragenden Bedeutung für das faschistische Regime hat die Agrarpolitik der Jahre 1922–1943 in der Forschung bislang nur wenig Beachtung gefunden. Abgesehen von einigen meist älteren Überblicksdarstellungen sind lediglich Einzelaspekte näher untersucht worden. Eine umfassende Gesamtdarstellung der faschistischen Agrarpolitik steht dagegen noch aus.[3] Dies hat offenbar Gründe, die nicht nur auf die schlechte Quellenlage, sondern auch auf bestimmte interpretatorische Prämissen zurückzuführen sind. Denn in keinem Bereich schienen Anspruch und Realität des faschistischen Staates so weit auseinanderzufallen wie in der Landwirtschaftspolitik. Bereits kritische zeitgenössische Autoren wie der Amerikaner Carl. T. Schmidt und der kommunistische Widerstandskämpfer Emilio Sereni betonten, daß die in der faschistischen Propaganda verkündeten Ziele weitgehend gescheitert waren.[4] Die von Mussolini propagierte Festigung der familienbäuerlichen Wirtschaft war danach ebenso erfolglos geblieben wie die großen, Ende der zwanziger Jahre begonnenen Urbarmachungs- und Siedlungsprogramme. Letztlich war es dem Faschismus nicht gelungen, den langfristigen Trend zur Marginalisierung der Landwirtschaft aufzuhalten und die Entstehung einer industriellen Massengesellschaft zu verhindern. Sereni und Schmidt zufolge haben die agrarpolitischen Maßnahmen der Jahre 1922–1943 die Entwicklung der Landwirtschaft eher behindert als gefördert.[5] Die einseitige Begünstigung der Weizenwirtschaft, die Abschottung der italienischen Märkte gegenüber dem Ausland, der Verzicht auf durchgreifende Reformen

---

[2] Benito Mussolini, L'agricoltura e i rurali, Roma 1931, S. 87.

[3] Vgl. Alberto Cova, La storia dell'agricoltura dell'età contemporanea, in: Luigi De Rosa (Hg.), La storia italiana degli ultimi vent'anni, Bd. 3: Età contemporanea, Roma – Bari 1989, S. 145–170; Alexander Nützenadel, Agrarpolitik und landwirtschaftliche Entwicklung im faschistischen Italien. Ein Literaturbericht, Quellen und Forschungen aus italienischen Archiven und Bibliotheken 71 (1991) S. 772–797.

[4] Carl T. Schmidt, The Plough and the Sword: Land, Labour and Property in Fascist Italy, New York 1938; Emilio Sereni, La questione agraria nella rinascita nazionale italiana, Torino ²1975 (die Arbeit wurde im Winter 1942/43 im französischen Exil angefertigt und 1946 erstmals veröffentlicht); G. Jacquemyns, La politique rurale de l'Italie fasciste, Bruxelles 1936.

[5] Schmidt, The Plough, passim; Sereni, La questione, passim; ders., La politica agraria del regime fascista, in: Fascismo e antifascismo (1936–1948). Lezioni e testimonianze, Bd. 1 (Hg. Comitato promotore per l'universale economica dell'editore Feltrinelli), Milano 1962, S. 298–304.

und die politisch motivierte Protektion des Großgrundbesitzes habe die überkommenen „rückständig-feudalen" Strukturen auf dem Land zementiert und eine Modernisierung des Agrarsektors verhindert.

Diese Interpretation ist von der historischen Forschung nach 1945 weitgehend übernommen worden und hat das Urteil über die faschistische Agrarpolitik bis heute geprägt.[6] Nur wenige Autoren wie Domenico Preti oder Ester Fano haben auf die Notwendigkeit verwiesen, die agrarpolitischen Maßnahmen nicht isoliert, sondern im Rahmen der gesamtwirtschaftlichen Entwicklung der Zwischenkriegszeit zu interpretieren.[7] Der englische Sozialhistoriker Paul Corner hat Anfang der siebziger Jahre das klassische „Stagnations"-Paradigma einer kritischen Prüfung unterzogen und auf die modernisierenden Aspekte der faschistischen Agrarpolitik aufmerksam gemacht.[8] Corner, der 1974 eine Studie zur Entstehung des Agrarfaschismus in der Provinz Ferrara vorgelegt hat,[9] kritisiert vor allem die These, daß sich der Faschismus politisch auf die süditalienischen Latifundienbesitzer gestützt habe. Er hebt demgegenüber die Rolle des Agrarunternehmertums der Poebene hervor, das nicht nur wesentlich zum Aufstieg des Faschismus beigetragen habe, sondern auch der eigentliche Nutznießer der Agrarpolitik nach 1922 gewesen sei.[10] Corner bestreitet, daß die Politik des faschistischen Staates auf einem industrie- und entwicklungsfeindlichen Konzept beruhte.[11] Für ihn war die Agrarpolitik „Bestandteil einer gesamtwirtschaftlichen Strategie zur Lösung der ökonomischen Probleme nach 1925".[12]

Von der übrigen Forschung ist dieser Ansatz kaum aufgegriffen und vertieft worden. Insbesondere die Modernisierungsthese Corners hat wenig Zustimmung gefunden.[13] Nach wie vor dominiert die Meinung, daß sich Mus-

---

[6] Vgl. Mario Bandini, Cento anni di storia agraria italiana, Roma [2]1963, S. 102–156; Pier Luigi Profumieri, La „Battaglia del grano": costi e ricavi, Rivista di Storia dell'Agricoltura Jg. 11, H. 2 (1971) S. 153–172; Alessandro d'Alessandro, La politica agraria del fascismo, in: Campagne e fascismo in Basilicata e nel Mezzogiorno (Hg. Istituto Alcide Cervi della Regione Basilicata), Manduria 1981, S. 207–241 und 382–400.

[7] Domenico Preti, La politica agraria del fascismo: note introduttive, Studi Storici 14 (1974) S. 802–869; Ester Fano, Problemi e vicende dell'agricoltura italiana tra le due guerre, Quaderni Storici 10 (1975) S. 468–496.

[8] Paul Corner, Considerazioni sull'agricoltura capitalistica durante il fascismo, Quaderni Storici 10 (1975) S. 519–529.

[9] Ders., Fascism in Ferrara, London 1974.

[10] Zu ähnlichen Ergebnissen kommt Anthony L. Cardoza, Agrarian Elites and Italian Fascism. The Provinz of Bologna 1901–1926, New Jersey 1982.

[11] Paul Corner, Rapporti tra agricoltura e industria durante il fascismo, in: Alberto Aquarone, Maurizio Vernassa (Hgg.), Il regime fascista, Bologna 1974, S. 389–410.

[12] Paul Corner, Fascist Agrarian Policy and the Italian Economy in the Inter-war Years, in: John A. Davis (Hg.), Gramsci and Italy's Passive Revolution, London 1979, S. 239–274, hier S. 257.

[13] Kritisch v. a. John S. Cohen, Rapporti agricoltura – industria e sviluppo agricolo, in: Pier-

solini und die anderen faschistischen Führer aus rein ideologischen Motiven für eine Förderung der Landwirtschaft aussprachen, die Agrarpolitik in Wirklichkeit aber am unteren Ende der politischen Prioritätenskala rangierte.[14] Die „ruralistische" Propaganda habe letztlich dem Zweck gedient, den realen Bedeutungsverlust der Landwirtschaft „ideologisch zu kompensieren".[15] Diese Einschätzung mag auch der Grund dafür sein, daß die faschistische Agrarpolitik selbst kaum zum Gegenstand wissenschaftlicher Untersuchungen gemacht worden ist. Es erschien müßig, sich einem Gegenstand zuzuwenden, dessen Funktion vorwiegend auf der propagandistisch-ideologischen Ebene angesiedelt war.[16] In den meisten Gesamtdarstellungen zum Faschismus findet die Agrarpolitik daher – wenn überhaupt – nur am Rande Erwähnung.[17] Die Mehrzahl der Autoren begnügt sich damit, auf die Diskrepanz zwischen Anspruch und Wirklichkeit des faschistischen „Ruralismus" hinzuweisen.

Auch von der agrargeschichtlichen Forschung, die in Italien seit einigen Jahren einen starken Auftrieb erfahren hat, sind hier kaum neue Impulse ausgegangen.[18] Insbesondere konnte die schon früher zu beobachtende „Ato-

luigi Ciocca , Gianni Toniolo (Hgg.), L'economia italiana nel periodo fascista, Bologna 1976, S. 379–407; ders., Fascism and Agriculture in Italy: Policies and Consequences, The Economic History Review, 2. Ser., 32 (1979) S. 70–87; Domenico Preti, A proposito dell'„economia italiana nell'periodo fascista", in: ders., Economia e istituzioni nello Stato fascista, Roma 1980, S. 87–123; zustimmend dagegen Gustavo Corni, La politica agraria del fascismo: un confronto fra Italia e Germania, Studi Storici 28 (1987) S. 285–421.

[14] So auch jüngst Vera Zamagni, Dalla periferia al centro. La seconda rinascita economica dell'Italia 1861–1981, Bologna 1990, S. 330; Giovanni Federico, Agricoltura e sviluppo (1820–1950): verso una reinterpretazione?, in: Pierluigi Ciocca (Hg.), Il progresso economico dell'Italia. Permanenze, discontinuità, limiti, Bologna 1994, S. 81–108, hier S. 102.

[15] Adrian Lyttelton, La conquista del potere. Il fascismo dal 1919 al 1929, Roma – Bari ²1982, S. 568; ähnlich Antonio Prampolini, Il „ritorno alla terra" e la crisi del capitalismo negli anni Trenta, Società e storia 3 (1978) S. 581–594, hier S. 581f.; Ester Fano, Problemi, S. 487; Marinella Chiodo (Hg.), Geografia e forme del dissenso sociale in Italia durante il fascismo (1928–1934), Cosenza 1990, S. IV (Einleitung von Massimo Legnani).

[16] Allerdings haben sich auch ideologie- und ideengeschichtliche Untersuchungen zum Faschismus kaum mit dem Aspekt des „Ruralismus" beschäftigt; vgl. z. B. Emilio Gentile, Le origini dell'ideologia fascista (1918–1925), Roma – Bari 1975.

[17] So z. B. bei Lyttelton, La conquista, S. 546–571; Danilo Veneruso, L'Italia fascista 1922–1945, Bologna 1981; Enzo Santarelli, Storia del fascismo, 2 Bde., ²1981; Gianni Toniolo, L'economia dell'Italia fascista, Bari 1980; Traute Rafalski, Italienischer Faschismus in der Weltwirtschaftskrise (1925–1936). Wirtschaft, Gesellschaft und Politik auf der Schwelle zur Moderne, Opladen 1984.

[18] Bezeichnenderweise findet sich in einem jüngst erschienenen Sammelwerk zur italienischen Agrargeschichte im 19. und 20. Jahrhundert kein einziger Beitrag zur Agrarpolitik der Jahre 1922–1943: Piero Bevilacqua (Hg.), Storia dell'agricoltura in età contemporanea, 3. Bde., Venezia 1989–1991; wenig Berücksichtigung findet dieses Thema auch in der Darstellung von Egidio Rossini, Carlo Vanzetti, Storia dell'agricoltura italiana, Bologna 1986.

misierung der Forschung" nicht überwunden werden.[19] Nach wie vor überwiegen lokal- oder regionalgeschichtliche Darstellungen zur Landwirtschaft, in denen die politische Ebene nicht selten vollständig ausgeblendet wird.[20] Auch darin spiegelt sich die häufig eher implizit zugrunde gelegte Auffassung wider, daß die staatlichen Maßnahmen die Entwicklung der Agrarwirtschaft und die Lebensbedingungen der ländlichen Bevölkerung nur wenig beeinflussen konnten.

Daß solche apriorischen Feststellungen der Erforschung des Themas kaum dienlich sind, muß nicht eigens hervorgehoben werden. Im Gegensatz zur bisher vorherrschenden Perspektive soll daher in der vorliegenden Arbeit die staatliche Agrarpolitik im Mittelpunkt stehen. Dabei werden nicht nur die unterschiedlichen politischen Konzepte und legislativen Maßnahmen zu untersuchen sein, sondern auch, ob und in welchem Umfang die politischen Ziele in der Praxis durchgesetzt werden konnten und welche Folgen sich daraus für Produktion, Marktbeziehungen und Einkommen in der Landwirtschaft ergaben. Agrarpolitik wird dabei als ein Teilbereich der Wirtschaftspolitik betrachtet. Die gesamtwirtschaftlichen Rahmenbedingungen müssen daher ebenso in die Betrachtung einbezogen werden wie die strukturellen Verflechtungen mit anderen Politikfeldern, etwa der Finanz-, Währungs- und Außenhandelspolitik. Methodisch versteht sich die Arbeit als Beitrag zur politischen Wirtschaftsgeschichte, d. h. die ökonomischen Zusammenhänge sollen in erster Linie in ihrem politisch-institutionellen Kontext untersucht werden.

Mit dieser Definition sind zugleich die Grenzen der Arbeit festgelegt. Das Thema wird in erster Linie aus der Perspektive der politischen Akteure und Entscheidungsträger dargestellt, weniger aus der Sicht der Betroffenen. Zwar sollen auch die sozialen und wirtschaftlichen Auswirkungen der agrarpoliti-

---

[19] Cova, La storia, S. 156.

[20] Vgl. die Beiträge in Massimo Legnani, Domenico Preti, Giorgio Rochat (Hgg.), Le campagne emiliane in periodo fascista. Materiali e ricerche sulla battaglia del grano, Annale 2 (1981–1982) S. 5–590; Pasquale Villani, Angelo Massafra (Hgg.), Aziende e produzione agraria nel Mezzogiorno, Themenheft von Quaderni Storici 15 (1980) S. 5–140; Agricoltura e forze sociali in Lombardia nella crisi degli anni Trenta (Hg. Istituto lombardo per la storia del movimento di liberazione in Italia), Milano 1983; Campagne e fascismo in Basilicata, passim; außerdem Alberto De Bernardi, Agrari e fascismo nella crisi di „quota novanta". Il caso milanese, Padania Jg. 1, H. 1 (1987) S. 41–53; Piero Bevilacqua, Le campagne del Mezzogiorno tra fascismo e dopoguerra. Il caso della Calabria, Torino 1980; Bruna Bianchi, Il fascismo nelle campagne veneziane (1929–1940), in: Società rurale e Resistenza, Milano 1978, S. 71–108; Costantino Felice, Società contadina e meccanismi d'integrazione durante il fascismo: istituzioni agrarie e intellettualità tecnica in Abruzzo e Molise tra ideologia e realtà, Studi Storici Meridionali 8 (1988) S. 3–77; Giuliano Muzzioli, Le campagne modenesi durante il fascismo. Sette anni di crisi: 1927–1933, Studi Storici 15 (1974) S. 908–949.

schen Maßnahmen analysiert und in ihrer quantitativen und qualitativen Dimension bestimmt werden. Ebenso müssen die langfristigen Strukturveränderungen innerhalb des Agrarsektors untersucht werden. Dies wird jedoch in erster Linie auf der Makroebene geschehen. Die lokalen und regionalen Besonderheiten werden nur in sehr eingeschränktem Umfang Berücksichtigung finden. Es handelt sich somit weder um eine Sozialgeschichte der ländlichen Bevölkerung noch um eine Agrargeschichte Italiens in der Zeit des Faschismus. Auch die Machtergreifung der faschistischen Bewegung auf dem Land und die politische Mobilisierung und Integration der bäuerlichen Bevölkerung werden nur in groben Zügen behandelt werden können.

Die Grundthese dieser Arbeit lautet, daß die faschistische Landwirtschaftspolitik in Wirklichkeit weniger durch langfristige oder gar ideologisch fixierte Zielvorstellungen bestimmt wurde, als dies auf den ersten Blick erscheinen mag. Viele Entscheidungen hingen in erster Linie von den unmittelbaren wirtschaftspolitischen Problemen ab und wurden eher situationsbedingt getroffen als von langer Hand geplant. Nicht selten waren dabei externe, außeragrarische Faktoren und Handlungsmotive ausschlaggebend. Dies heißt aber nicht, daß der faschistischen Agrarideologie und ihrer propagandistischen Vermittlung grundsätzlich jegliche Bedeutung abgesprochen werden soll. Zweifellos waren die Mitte der zwanziger Jahre entwickelten agrarpolitischen Konzeptionen stark von ideologischen Vorstellungen geprägt. Darüber hinaus kam dem „Ruralismus" eine wichtige politische Mobilisierungsfunktion zu. Nach den Vorstellungen Mussolinis handelte es sich um eine nationale Integrationsideologie, mit der auch die nichtagrarische Bevölkerung politisch an den faschistischen Staat gebunden werden sollte. Schließlich muß der Agrarpropaganda auch unter ökonomischen Aspekten eine wichtige Bedeutung zugemessen werden. Gerade in Systemen, in denen marktwirtschaftliche Ordnungsprinzipien durch verwaltungs- und planungswirtschaftliche Strukturen ersetzt oder – wie im faschistischen Italien – überlagert werden, spielen metaökonomisch begründete Leistungsanreize eine wichtige Rolle. Sehr deutlich zeigen dies die 1925 begonnenen landwirtschaftlichen „Produktionsschlachten", die stets mit moralischen Appellen an die Produzenten einhergingen. In der Wirtschaftstheorie werden diese Formen der immateriellen Beeinflussung ökonomischer Verhaltensparameter unter dem Begriff der „moral suasion" zusammengefaßt. Sie können unter bestimmten Bedingungen einen wichtigen Bestandteil des wirtschaftspolitischen Instrumentariums des Staates bilden.[21] Insofern ist es gerechtfertigt, den Bereich

---

[21] Dies gilt im übrigen auch für marktwirtschaftliche Systeme, etwa im Bereich der Währungs- und Geldpolitik; vgl. W. S i e g e r t, Währungspolitik durch Seelenmassage? „Moral Suasion" als währungspolitisches Mittel des Zentralbanksystems, Frankfurt a.M. 1963.

„Ideologie und Propaganda" auch unter wirtschaftsgeschichtlichen Aspekten zu untersuchen.

In der Theorie der Wirtschaftspolitik wird gemeinhin zwischen Ordnungs- und Prozeßpolitik unterschieden.[22] Diese Einteilung läßt sich auch auf die Agrarpolitik übertragen. Während sich die Ordnungspolitik vor allem auf die rechtlich-institutionellen Rahmenbedingungen (Bodenrecht, Agrarverfassung) bezieht und der Frage nachgeht, welches Lenkungssystem die Einzelpläne der Wirtschaftssubjekte koordinieren soll, werden unter Prozeßpolitik all diejenigen Maßnahmen subsumiert, die eine kurzfristige Beeinflussung der wirtschaftlichen Abläufe mittels Detailsteuerung (Mikropolitik) auf den Einzelmärkten oder Globalsteuerung (Makropolitik) für die Gesamtwirtschaft anstreben. Daß es sich hierbei um eine modellhafte, empirisch nicht immer nachzuvollziehende Unterscheidung handelt, braucht nicht eigens betont zu werden. Ordnungs- und prozeßpolitische Zielvorstellungen gehen häufig ineinander über und können in einer engen Wechselbeziehung zueinander stehen. Es erscheint daher auch nicht sinnvoll, die vorliegende Untersuchung nach diesem Prinzip zu gliedern. Dennoch kann das Modell zu einem differenzierten Verständnis der faschistischen Agrarpolitik beitragen und hilfreich sein, bestimmte systemimmanente Strukturprobleme zu erkennen.[23] So läßt sich in vielen Bereichen ein Zielkonflikt zwischen prozeßpolitischen Erfordernissen (Erhöhung der Produktion, Stabilisierung der Märkte, Ausgleich der Handelsbilanz) und ordnungspolitischen Vorstellungen (Agrarreform, Bodenordnung etc.) erkennen. Die Darstellung wird zeigen können, daß dieser Konflikt tendenziell zugunsten prozeßpolitischer Ziele entschieden wurde.

In diesem Zusammenhang muß auch überprüft werden, welche Handlungsspielräume und Durchsetzungsmöglichkeiten die faschistischen Agrarpolitiker besaßen und in welchem institutionellen Rahmen sich der politische Entscheidungsprozeß vollzog. Die Rolle Mussolinis wird dabei ebenso zu beleuchten sein wie die Bedeutung der „Agrartechnokraten" innerhalb der traditionellen Ministerialbürokratie. Deren Machtbefugnisse wurden allerdings sowohl durch die zahlreichen, meist mit Parteifunktionären besetzten Sonderbehörden als auch durch die Syndikatsverbände und parastaatlichen Wirtschaftsorganisationen begrenzt, die im Rahmen des „korporativen" Staates immer wichtigere Aufgaben wahrnahmen. Die Arbeit möchte damit auch

---

[22] Vgl. Egon Tuchtfeld, Wirtschaftspolitik, in: Handwörterbuch der Wirtschaftswissenschaften (Hg. W. Albers u. a.), Bd. 5, Stuttgart – New York 1982, S. 179–206.

[23] Vgl. mit ähnlichem Ansatz zur nationalsozialistischen Agrarpolitik Jürgen von Kruedener, Zielkonflikte in der nationalsozialistischen Agrarpolitik. Ein Beitrag zur Diskussion des Leistungsproblems in zentral gelenkten Wirtschaftssystemen, Zeitschrift für Wirtschafts- und Sozialwissenschaft 94 (1974) S. 335–361.

einen Beitrag zu der Frage leisten, inwieweit der faschistische Staat tatsächlich eine monokratische, allein auf die Person des „Duce" zugeschnittene Diktatur war oder ob es sich um ein mehrdimensionales Herrschaftssystem handelte, innerhalb dessen Mussolini zwar eine herausragende, aber nicht allein bestimmende Stellung einnahm.

Die Untersuchung stützt sich in erster Linie auf zeitgenössische publizistische Quellen und auf die einschlägigen Quellenbestände des Zentralen Staatsarchivs in Rom. Allerdings sind archivalische Quellen aus der faschistischen Zeit nur sehr bruchstückhaft erhalten.[24] Ein erheblicher Teil der staatlichen und privaten Archive ist in den Umbrüchen und Wirren der Jahre 1943–1945 verloren gegangen oder absichtlich vernichtet worden. Dies gilt leider in besonderem Maße für die wirtschaftspolitischen Behörden und Organisationen, insbesondere für das Landwirtschafts-, aber auch für das Finanz-, Korporations-, Wirtschafts- und Außenhandelsministerium.[25] Dasselbe trifft für die Archive der landwirtschaftlichen Verbände und Syndikate zu. Auch private Nachlässe der agrarpolitischen Funktionäre und Politiker existieren nicht mehr. Diese Quellendefizite konnten weitgehend – wenn auch nicht immer in befriedigender Weise – durch andere Archivbestände ausgeglichen werden. Nahezu vollständig erhalten sind die Bestände der persönlichen Kanzlei Mussolinis (*Segretaria Particolare del Duce*) und die – allerdings nicht inventarisierten und daher bislang auch nur wenig benutzten – Akten der Regierungskanzlei (*Presidenza del Consiglio dei Ministri*).[26] Da die Fachressorts und alle anderen staatlichen und halbstaatlichen Behörden die Regierungskanzlei über sämtliche Vorgänge und Maßnahmen informieren mußten, lassen sich die meisten Sachverhalte auf diesem indirekten Weg rekonstruieren. Nicht nur die einzelnen Ressortleiter verfaßten regelmäßig Berichte für Mussolini. Bei wichtigen oder gar umstrittenen politischen Fragen erstellten die Beamten der Regierungs- bzw. der persönlichen Kanzlei Mussolinis Sondergutachten, die Einblicke in die Diskussionen und Probleme geben. Darüber hinaus wurden die Protokolle des Ministerrates, die Berichte der Sicherheitspolizei (Innenministerium) sowie eine Reihe kleinerer Bestände herangezogen. Wichtige Informationen, insbesondere über die Agroindustrien, das Verhältnis von Industrie und Landwirtschaft sowie über die Autarkiepolitik nach 1936 konnten dem Archiv des Industriellenverbandes (Conf-

---

[24] Vgl. Jens Petersen, Die zeitgeschichtlich wichtigen Archive in Italien: ein Überblick, Quellen und Forschungen aus italienischen Archiven und Bibliotheken 69 (1989) S. 312–378.

[25] Vgl. Guido Melis (Hg.), L'amministrazione centrale dall'Unità alla Repubblica. Le strutture e i dirigenti, Bd. 3: I Ministeri economici (Bearb. Linda Giuva u. Maria Guercio), Bologna 1992, S. 19f.

[26] Die Benutzung dieses Bestandes ist nur mit Hilfe der zeitgenössischen Registraturen möglich, die leider nicht sehr zuverlässig sind.

industria) entnommen werden. Grundsätzlich gilt für alle benutzten Archive, daß die Überlieferungsdichte in den frühen zwanziger Jahren gering ist, mit der politischen und institutionellen Festigung der Diktatur nach 1925 aber erheblich zunimmt. Ergänzend wurden gedruckte Quellen herangezogen, und zwar vor allem die „Opera Omnia" Mussolinis, ferner die Anweisungen der Parteiführung an die Provinzorganisationen, die Sitzungsprotokolle des Nationalen Wirtschaftsrates und des Korporationsrates. Auch die Parlamentsakten, deren Quellenwert gemeinhin als gering eingestuft wird, wurden in die Analyse miteinbezogen. Obwohl das Parlament nach 1925 keine politische Macht mehr besaß, handelte es sich weiterhin um ein bedeutendes Diskussionsforum. Schließlich wurde die sehr reichhaltige agrarwissenschaftliche Fachliteratur ausgewertet.

Die Arbeit ist weitgehend nach chronologischen Gesichtspunkten gegliedert. Bestimmte Problemfelder lassen sich allerdings nur in einem zeitlich übergreifenden Zusammenhang darstellen, so daß der chronologische Rahmen in mehreren Kapiteln erheblich ausgeweitet wurde. Der Schwerpunkt der Untersuchung liegt auf dem Zeitraum 1925–1940. Die Jahre vor 1925 wurden aus zweierlei Gründen nur in groben Zügen dargestellt: zum einen sind die Quellendefizite für diese Phase besonders gravierend; zum anderen bildete der Zeitraum zwischen der Machtübernahme im Oktober 1922 und dem Übergang zur offenen Diktatur im Januar 1925 in vieler Hinsicht eine Zwischenphase, in der die Handlungsmöglichkeiten der faschistischen Führung durch die liberalen, katholischen und nationalistischen Koalitionspartner, aber auch durch die innerparteilichen Machtkämpfe und politischen Krisen erheblich eingeschränkt waren. Die zentralen agrarpolitischen Konzepte wurden daher erst nach 1925 umgesetzt. Ebenso gerechtfertigt erscheint es, die Entwicklung nach 1940 lediglich in Form eines Ausblickes zu behandeln. Die kriegswirtschaftliche Organisation des Ernährungssektors ist ein umfassendes und komplexes Thema, das eine eigenständige Untersuchung erfordert.

I.

STRUKTURPROBLEME DER ITALIENISCHEN
LANDWIRTSCHAFT NACH DEM ERSTEN WELTKRIEG

Wie die meisten anderen europäischen Staaten sah sich Italien nach dem Ersten Weltkrieg mit einer Reihe von Problemen konfrontiert, die Staat und Gesellschaft in eine tiefe Krise stürzten. Der enttäuschende Ausgang der Friedensverhandlungen und der wachsende Nationalismus, die zunehmende politische Polarisierung der Gesellschaft und die Entstehung neuer Massenparteien, die Schwierigkeiten der wirtschaftlichen Demobilisierung und der Eingliederung der etwa fünf Millionen Frontsoldaten, die Massenstreiks und sozialen Proteste des „biennio rosso" 1919/20, ökonomische Instabilität und steigende Inflation – all dies waren Faktoren, die den Hintergrund für die politische Krise des liberalen Staates und den Aufstieg der faschistischen Bewegung bildeten.[1]

Gerade im wirtschaftlichen Bereich zeigte sich, wie stark sich die unmittelbaren Folgen des Ersten Weltkrieges und langfristige Strukturprobleme überlagerten. Auch nach Ende des Krieges hatte Italien die Schwelle vom Agrar- zum Industriestaat noch längst nicht überschritten. Zwar war das Land bereits während des Wirtschaftbooms der Giolitti-Ära (1898–1907) von einer ersten Industrialisierungswelle erfaßt worden. Die Rüstungskonjunktur des Krieges hatte einen zweiten kräftigen Industrialisierungsschub ausgelöst, und zwar insbesondere im Bereich der Eisen-, Stahl- und Elektrizitätserzeugung sowie in der Chemie- und der metallverarbeitenden Industrie.[2] Regional konzentrierte sich dieses Wachstum aber weitgehend auf das „industrielle

---

[1] Vgl. zur politischen Entwicklung nach 1918: Roberto Vivarelli, Storia delle origini del fascismo. L'Italia dalla grande guerra alla marcia su Roma, 2 Bde., Bologna 1991; zu den Problemen der Kriegswirtschaft und der Demobilisierung: Luigi Einaudi, La condotta economica e gli effetti sociali della guerra, Bari – New Haven 1933, sowie die Beiträge in: Peter Hertner, Giorgio Mori (Hgg.), La transizione dall'economia di guerra all'economia di pace in Italia e in Germania dopo la Prima guerra mondiale, Convegno di studi, Trento 9–12 dicembre 1981, Annali dell'Istituto storico italo-germanico 11, Bologna 1983 und Alessandra Staderini, Agricoltura, in: Annali dell'economia italiana (Hg. Istituto IPSOA), Bd. 6, Teil 2, (1915–1922), Milano 1982, S. 15–64.

[2] Vgl. Alberto Caracciolo, La formazione della grande industria durante la guerra mondiale, Milano 1967.

11

Dreieck" Mailand-Turin-Genua, während der Rest des Landes nur geringen Anteil an dieser Entwicklung hatte. Im ganzen war Italien auch nach 1918 ein noch überwiegend agrarisch strukturiertes Land, dessen Bevölkerung außerhalb der norditalienischen Industriezentren in erster Linie von der Landwirtschaft und vom städtischen Kleingewerbe lebte. So wurden 1919 47% des Bruttoinlandsproduktes im Agrarsektor erwirtschaftet, während lediglich 28% auf die Industrie entfielen.[3] Noch stärker überwog der agrarische Charakter in der Erwerbsstruktur. Nach der Volkszählung von 1921 waren 54% der italienischen Erwerbsbevölkerung in der Landwirtschaft beschäftigt, eine im europäischen Vergleich überaus hohe Quote, wenn man berücksichtigt, daß zu diesem Zeitpunkt in Frankreich 38%, in Deutschland 30% und in Großbritannien nur 7% der Erwerbspersonen agrarischen Berufen nachgingen.[4] Italien befand sich damit in etwa auf dem Niveau von Portugal oder Spanien; lediglich in den osteuropäischen Staaten absorbierte die Landwirtschaft prozentual noch mehr Arbeitskräfte.[5] Besonders auffällig ist jedoch, daß sich das Verhältnis von Agrar- und Gesamterwerbsbevölkerung seit der Gründung des Einheitsstaates kaum verändert hatte (Tab. 1.1). Absolut gesehen war die Zahl der landwirtschaftlichen Erwerbstätigen zwischen 1871 und 1921 sogar deutlich angestiegen. Lediglich zwischen den Zensusjahren 1901 und 1911 ist ein Rückgang von 800.000 Personen zu erkennen, wofür in erster Linie die starke Emigrationswelle seit der Jahrhundertwende verantwortlich sein dürfte.[6] Zwischen 1911 und 1921 verzeichnete die agrarische Erwerbsbevölkerung jedoch erneut einen starken Zuwachs, der allerdings in Wirklichkeit wohl etwas geringer ausgefallen ist, als dies in den Daten der Volkszählungen zum Ausdruck kommt.[7] Im übrigen vermitteln die auf der Angabe der Hauptberufstätigkeit beruhenden Erhebungen sicherlich ein zu statisches Bild, in dem bestimmte Veränderungen nur unzureichend in Erscheinung treten. Neuere Untersuchungen betonen, daß gerade in Italien die Übergänge zwischen bäuerlicher und industriell-gewerblicher Erwerbstätig-

---

[3] Istituto Centrale di Statistica, Indagine statistica sullo sviluppo del reddito nazionale dell'Italia dal 1861 al 1956, Annali di Statistica, Ser. 8, Bd. 8, Roma 1957, S. 244. Die Angaben beziehen sich auf den privaten Sektor.

[4] Giuseppe Medici, Giuseppe Orlando, Agricoltura e disoccupazione, Bd. 1: I braccianti della bassa pianura padana, con monografie di Alfonso Draghetti, Carlo Vanzetti e Giuseppe Puppini, Bologna 1952, S. 102f.

[5] Ebd.

[6] Neuere Untersuchungen vermuten, daß die Volkszählung von 1911 fehlerhaft durchgeführt wurde und die Zahlen für die in der Landwirtschaft Beschäftigten zu niedrig angesetzt sind; vgl. Ornello Vitali, La popolazione attiva in agricoltura attraverso i censimenti italiani, Roma 1968, S. 36.

[7] Auch dies ist vermutlich auf die zu niedrigen Werte der Volkszählung von 1911 zurückzuführen; vgl. ebd.

12

keit fließend waren.[8] Besonders im kleinbäuerlichen Bereich ging ein großer Teil der Arbeitskräfte Nebenerwerbstätigkeiten außerhalb der Landwirtschaft nach. Viele Personen blieben von ihrem beruflichen und sozialen Selbstverständnis her Bauern, obgleich sie einen immer größeren Teil ihres Einkommens im gewerblichen Bereich erwirtschafteten.[9] Corner sieht in der Figur des „contadino pluriattivo", der sich durch niedrige Lohnansprüche, hohe Flexibilität und Innovationsbereitschaft auszeichnet, ein durchaus dynamisches Element des italienischen Industrialisierungsprozesses.[10] Trotz dieser berechtigten Korrekturen an dem statischen Bild der Zensusdaten besteht aber kein Zweifel daran, daß die italienische Wirtschaft im Vergleich zu den mittel- und westeuropäischen Ländern durch eine weitgehend rückständige und noch stark agrarische Wirtschaftsstruktur gekennzeichnet war.

Tab. 1.1

Zusammensetzung der Erwerbsbevölkerung nach den Volkszählungen von 1871, 1901, 1911 und 1921*

Jahr	Gesamt	Landwirtschaft	in %
1871	15.028	8.652	57,6
1901	16.273	9.611	59,1
1911	16.371	9.025	55,1
1921	18.259	9.985	54,7

* in tsd.

Quelle: Medici, Orlando (Hgg.), Agricoltura, S. 14.

Eines der auffälligsten Strukturmerkmale der italienischen Landwirtschaft bildete die starke regionale Fragmentierung. Das vielzitierte Diktum Stefano Jacinis aus dem Jahre 1888, daß zwar ein einheitliches „industrielles Italien" geschaffen worden sei, jedoch „mehrere landwirtschaftliche Italien" existierten, hatte auch 50 Jahre nach der nationalen Einigung nichts an Gültigkeit verloren.[11] Italien besaß nach dem Ersten Weltkrieg immer noch die „am stärksten zersplitterte Agrarstruktur Europas".[12]

---

[8] Vgl. Patrizia Sabbatucci Severini, Il mezzadro pluriattivo dell'Italia centrale, in: Bevilacqua (Hg.), Storia dell'agricoltura, Bd. 2, Venezia 1990, S. 785–822; außerdem die Beiträge in Paul Corner (Hg.), Dall'agricoltura all'industria, Milano 1992.

[9] Ders., Il contadino-operaio dell'Italia padana, ebd. S. 77–102.

[10] Ebd. – Corner betont die Bedeutung dieser bäuerlichen Zwischenschichten für die Entstehung der zahlreichen klein- und mittelständischen Industrie- und Gewerbebetriebe; vgl. auch Massimo Paci, Struttura e funzioni della famiglia nello sviluppo „periferico", ebd. S. 127–152; ders., Riflessioni sui fattori sociali dello sviluppo della piccola impresa nelle Marche, ebd. S. 153–168.

[11] Atti della Giunta per la inchiesta agraria e sulle condizioni della classe agricola, Bd. 1, Bologna ²1978 (1. Aufl. 1881), Proemio del Presidente Stefano Jacini, S. 4.

Die Ursachen für die regionalen Unterschiede, die nicht nur Anbauerzeugnisse und Produktionsmethoden, sondern auch Besitzverhältnisse, Betriebsformen und Arbeitsverfassung betrafen, sind bekannt: die späte nationalstaatliche Einigung und die Nachwirkungen der unterschiedlichen Rechts- und Wirtschaftstraditionen der einzelnen Territorialstaaten, das Fehlen einer umfassenden Agrarreform und die unzureichende infrastrukturelle Erschließung des Landes müssen hier als wichtigste Faktoren genannt werden. Schließlich wirkten sich auch natürliche Gegebenheiten, namentlich die geographische Nord-Süd-Ausdehnung der italienischen Halbinsel sowie die außerordentliche Variabilität von Klima, Bodenbeschaffenheit und Oberflächenstruktur auf die Agrarverhältnisse des Landes aus.[13] Entgegen dem Mythos eines von der Natur besonders begünstigten Landstrichs verfügte Italien nur über wenige intensiv zu bewirtschaftende Agrarzonen.[14] Kaum mehr als die Hälfte der 30 Mill. ha umfassenden Fläche des Landes konnte überhaupt landwirtschaftlich genutzt werden.[15] Fast 80% der italienischen Halbinsel waren – in den damaligen Grenzen – von Berg- und Hügelland bedeckt. Lediglich ein Fünftel der Gesamtfläche lag im Tiefland, wovon wiederum zwei Drittel auf die norditalienische Poebene entfielen.[16] In den mittel- und süditalienischen Regionen waren nur 11% der Fläche im bodenwirtschaftlich günstigen Flachland gelegen.

Die geographischen Gegebenheiten bildeten schließlich auch eine der Ursachen für das starke Entwicklungsgefälle von Norden nach Süden, welches die Landwirtschaft prägte. Während sich in weiten Gebieten der norditalienischen Poebene außerordentlich intensive Formen der agrikulturellen Nutzung herausgebildet hatten, war der überwiegende Teil Süditaliens von den mittel- und westeuropäischen Produktionsstandards noch weit entfernt. Trockenheit, fehlende Infrastrukturen und Bodenerosion als Folge jahrhundertelangen Raubbaus erschwerten hier eine intensive Bewirtschaftung des Bodens. Zwar hat die neuere Forschung das Paradigma eines „rückständig-

---

[12] Giacomo A c e r b o, L'agricoltura italiana dal 1861 ad oggi, in: L'economia italiana dal 1861 al 1961. Studi nel 1° centenario dell'unità d'Italia, Milano 1961, S. 108–169, hier S. 150.

[13] Vgl. die Übersichten von Mario B a n d i n i, Cento anni; Emilio S e r e n i, Storia del paesaggio agrario italiano, Bari 1961; Camillo D a n e o, Breve storia dell'agricoltura italiana 1860–1970, Milano 1980.

[14] Giuseppe M e d i c i, Allgemeine Charakterzüge der italienischen Landwirtschaft, in: d e r s. u.a (Hgg.), Die italienische Landwirtschaft. Deutsch-Italienische Gemeinschaftsarbeit, Berichte über Landwirtschaft. Zeitschrift für Agrarpolitik und Landwirtschaft (Hg. Reichsministerium für Ernährung und Landwirtschaft), Sonderheft 149, Berlin 1940, S. 10–21.

[15] Istituto Centrale di Statistica, Sommario di statistiche storiche dell'Italia 1861–1965, Roma 1968, S. 59; die Dauerweiden wurden nicht miteingerechnet.

[16] Istituto Centrale di Statistica, Annuario statistico dell'agricoltura italiana 1947–1950, Roma 1953, S. 4f.

halbfeudalen" Mezzogiorno[17] revidiert und die dynamischen Momente in der Entwicklung Süditaliens herauszuarbeiten versucht.[18] Daß das „dualistische" Interpretationsmodell eines hochentwickelten Nordens und eines stagnierenden Südens in dieser Einseitigkeit nicht zutrifft, zeigt die Tatsache, daß es auch in den nördlichen Landesteilen – etwa im Voralpenland und an den Apenninhängen – durchaus Gebiete gab, die ebenfalls eine ausgesprochen rückständige Wirtschafts- und Agrarstruktur aufwiesen.[19] Ungeachtet aller notwendigen Differenzierungen wird man aber festhalten müssen, daß der Entwicklungsstand der mittel- und süditalienischen Gebiete deutlich unter dem Niveau des Nordens lag. Nach zeitgenössischen Erhebungen belief sich der durchschnittliche jährliche Bruttohektarertrag in den norditalienischen Regionen Anfang der zwanziger Jahre auf 429 Lire, während in Mittelitalien lediglich 277 Lire und in Süditalien (Sizilien und Sardinien mitgerechnet) 233 Lire pro Hektar Land erwirtschaftet wurden.[20]

Auch in bezug auf Anbauprodukte, Besitz- und Betriebsstruktur kann die Einteilung der italienischen Agrarlandschaft in Nord-, Mittel- und Süditalien als grobes Orientierungsraster hilfreich sein.[21] Betrachten wir zunächst den Süden. Aufgrund des chronischen Wassermangels sowie eher karger Bodenbeschaffenheit konnten in den südlichen Gebieten meist nur bestimmte Agrarprodukte angebaut werden. Sieht man einmal von der spezialisierten Gartenbauwirtschaft im Hinterland Neapels ab, so ragten vier Kulturgewächse heraus: Weizen, Ölbaum, Zitruskulturen und Wein. Unter den Marktfrüchten dominierte vor allem in den Binnenregionen der Weizen, der meist extensiv im Wechsel mit Brachweide angebaut wurde. Stark verbreitet waren

---

[17] Vera Zamagni, Le radici agricole del dualismo italiano, Nuova Rivista Storica 59 (1975) S. 56.

[18] Vgl. z. B. Marta Petrusewicz, Latifondo. Economia morale e vita materiale in una periferia dell'Ottocento, Venezia 1989; Salvatore Lupo, I proprietari terrieri nel Mezzogiorno, in: Bevilacqua (Hg.) Storia dell'agricoltura, Bd. 2, S. 105–149; Costantino Felice, Verso una „nuova storia" del Mezzogiorno?, Italia Contemporanea 168 (1987) S. 119–132.

[19] Vgl. Gauro Coppola, La montagna alpina. Vocazioni originarie e trasformazioni funzionali, in: Bevilacqua (Hg.), Storia dell'agricoltura, Bd. 1, S. 495–530; Fabio Bettoni, Alberto Grohmann, La montagna appenninica. Paesaggi ed economie, ebd. S. 585–642.

[20] Giovanni Lorenzoni, Inchiesta sulla piccola proprietà coltivatrice formatasi nel dopoguerra. Relazione finale, Roma 1938, S. 296 und 298.

[21] Vgl. zu dem folgenden Überblick die Beiträge in Bevilacqua (Hg.), Storia dell'agricoltura, v. a. Bd. 1 und 2; Giorgio Giorgetti, Contadini e proprietari nell'Italia moderna. Rapporti di produzione e contratti agrari dal secolo XVI a oggi, Torino 1974; als deutsche Überblicksdarstellungen Renate Leicher, Historische Grundlagen der landwirtschaftlichen Besitz- und Betriebsverhältnisse in Italien. Eine Übersicht in Landschaftstypen, Vierteljahreshefte für Sozial- und Wirtschaftsgeschichte 47 (1960) S. 145–185; Volker Hunecke, Die Agrargeschichte Italiens und ihre Konflikte zwischen Risorgimento und Faschismus, Quellen und Forschungen aus italienischen Archiven und Bibliotheken 67 (1987) S. 311–335.

daneben die Olivenproduktion und die Ziegen- und Schafzucht. Eine moderne tierische Veredlungswirtschaft war dagegen praktisch unbekannt. Neben diesen eher archaischen Produktionsmethoden waren seit Mitte des 19. Jahrhunderts insbesondere in den regenreicheren Küstenregionen Apuliens, Siziliens und Kalabriens zahlreiche agrumen- und weinbauende Betriebe entstanden, die auf kapitalintensiver Basis wirtschafteten und ihre Absatzstrategien meist am Export orientierten.[22] Die neuere Forschung hat gezeigt, daß dem Nebeneinander von latifundalem Getreideanbau und Wein- und Agrumenwirtschaft häufig eine betriebswirtschaftliche Mischkalkulation zugrunde lag. Die sicheren Einnahmen aus dem Getreideanbau ermöglichten vielfach erst die kapitalaufwendige Aufzucht von Reb- und Baumkulturen.[23]

Ein weiteres Kennzeichen der süditalienischen Landwirtschaft war die extrem unausgewogene Eigentumsstruktur. Insbesondere in den Binnenregionen war der klein- und mittelbäuerliche Familienbetrieb eher die Ausnahme. Der überwiegende Teil der Agrarfläche entfiel auf kleinen Splitterbesitz oder auf Latifundien, die sich nicht selten über mehrere tausend Hektar erstreckten. Güter dieser Größenordnung waren in der Regel nicht einheitlich zu bewirtschaften, so daß viele Grundbesitzer ihr Land an Großpächter oder Verwalter abgaben, welche dieses wiederum durch Tagelöhner oder Parzellenbauern bewirtschaften ließen.[24] Rentiersmentalität und „Absenteismus" der Grundbesitzer sowie ein kompliziertes System von Pachten und Unterpachten mit meist kurzer Vertragsdauer gehörten zu den besonderen Merkmalen der süditalienischen Besitz- und Betriebsstruktur. Es ist in diesem Zusammenhang von „feudalen Relikten" (residui feudali) gesprochen worden,[25] die auch durch die Einführung des bürgerlichen Eigentumsprinzips und die Veräußerung der Kirchen- und Gemeingüter im 19. Jahrhundert nicht beseitigt worden seien. Auch wenn der Begriff „feudal" mißverständlich und historisch nicht zutreffend ist, besteht doch kein Zweifel daran, daß die süditalienische Agrarverfassung nach 1918 stark vormoderne und archaische Charakterzüge trug.

---

[22] Vgl. Salvatore L u p o, Il giardino degli aranci. Il mondo degli agrumi nella storia del Mezzogiorno, Venezia 1990.

[23] Ebd.; außerdem d e r s., I proprietari, passim.

[24] Vgl. zur Entwicklung der betrieblichen Grundlagen der süditalienischen Landwirtschaft die Beiträge in V i l l a n i, M a s s a f r a (Hgg.), Aziende e produzione agraria, passim; außerdem P e t r u s e w i c z, Latifondo.

[25] S e r e n i, La questione agraria, S. 208 u. passim.

Tab. 1.2

Männliche Erwerbstätige in der Landwirtschaft 1921

Erwerbsform	Norden	Mittelitalien	Süden[a]	Gesamt
bäuerliche Eigentümer	38,7 %	23,4 %	32,0 %	33,6 %
Vollpächter	11,2 %	1,3 %	4,9 %	7,1 %
Teilpächter	12,6 %	43,6 %	7,4 %	15,9 %
Landarbeiter	37,5 %	31,7 %	55,7 %	43,4 %
Gesamt	100,0 %	100,0 %	100,0 %	100,0 %

[a] mit Sardinien und Sizilien

Quelle: Lorenzoni, Inchiesta, S. 253 (eigene Ausarbeitung).

Ähnlich wie im Süden überwog auch in den mittelitalienischen Regionen (Toskana, Umbrien und Marken) der Großgrundbesitz, doch die Bewirtschaftungsform unterschied sich deutlich von dem süditalienischen Latifundiensystem. Meist wurden die Grundstücke in Halbpächterstellen von mittlerer Größe aufgeteilt und als bäuerlicher Familienbetrieb bewirtschaftet. Die klassische Halbscheidepacht (Mezzadria) war in den genannten Regionen die am stärksten verbreitete Betriebsform (Tab. 1.2). Pächter und Eigentümer teilten sich dabei nicht nur die Ernte, sondern auch die Kosten für die Produktionsmittel.[26] Kennzeichnend für die Mezzadria-Gebiete war eine Mischkultur von Feldfrüchten (Getreide, Hülsenfrüchte, Futterpflanzen) und arbeitsintensiven Sonderkulturen (Wein, Oliven- und Obstbäume). In einigen Gebieten, insbesondere in der Toskana, spielte auch die Rinderzucht eine wichtige Rolle. Die Mezzadria galt traditionell als eine sozial besonders stabile Wirtschaftsform, da der Arbeiter bzw. Teilpächter samt Familie fest in den Produktionsprozeß integriert war. Bereits im 19. Jahrhundert hatten sich liberalkonservative Reformer wie Sidney Sonnino für eine Bewahrung oder gar Ausdehnung dieses Betriebstyps ausgesprochen, weil sie darin ein Bollwerk gegen Proletarisierung und soziale Desintegration auf dem Land erkannten[27] – eine Vorstellung, die auch Eingang in die agrarpolitischen Debatten nach 1918 finden sollte.

---

[26] In der Regel stellte der Grundbesitzer Land, Wirtschafts- und Wohngebäude zur Verfügung, während der Mezzadro seine Arbeitskraft sowie Arbeitsgeräte (Pflüge, Wagen, Hacken etc.) bereitstellte. Die Kosten für Vieh und Saatgut wurden je nach Region entweder vom Landbesitzer, vom Teilpächter oder von beiden je zur Hälfte übernommen; vgl. Sereni, Storia del paesaggio, S. 341; Sergio Anselmi, Mezzadri e mezzadrie nell'Italia centrale, in: Bevilacqua (Hg.), Storia dell'agricoltura, Bd. 2, S. 201–259.

[27] Vgl. Roberto Vivarelli, La questione contadina nell'Italia unita (1861–1914), Rivista Storica Italiana 102 (1990) S. 87–165, hier S. 107f.

Verglichen mit der relativ homogenen Agrarstruktur Mittelitaliens waren die norditalienischen Regionen durch eine außerordentliche Vielfalt von Landschaftstypen und Betriebsarten gekennzeichnet. Hier kann man als Grobraster unterscheiden zwischen dem Hügel- und Bergland der Alpen- und Apenninausläufer, in denen vorwiegend kleine familienbäuerliche Besitz- und Pachtstellen anzutreffen waren, und der breiten Tiefebene nördlich und südlich des Pos, in der moderne Betriebsformen eine immer dominierendere Rolle spielten. Eine besonders intensive Bodennutzung gab es in den bewässerten Gebieten der lombardischen und piemontesischen Poebene, aber auch in den ehemaligen, erst im ausgehenden 19. Jahrhundert trockengelegten Sumpfgebieten des Podeltas sowie auf den fruchtbaren Böden südlich des unteren Polaufes. Nur in diesen Regionen konnte von einer vollständig kommerzialisierten und marktorientierten Landwirtschaft gesprochen werden. Neben der tierischen Veredlungswirtschaft und dem Anbau großer Marktfrüchte (Weizen, Mais, Kartoffeln), die mehr oder weniger überall verbreitet waren, hatten sich regionale Spezialisierungen herausgebildet: zu nennen wären die Reisanbaugebiete der lombardischen Ebene (Vercelli, Novara, Pavia), die Obstplantagen der Romagna oder der Zuckerrüben- und Hanfanbau in der Emilia und im südlichen Veneto. In diesen stark spezialisierten Anbaugebieten hatten kapitalistische, auf Lohnarbeit basierende Agrarbetriebe die familienbäuerliche Wirtschaft fast vollständig verdrängt, mit zum Teil verheerenden sozialen Folgen. Es waren gerade diese Regionen der Poebene, in denen es seit Ende des 19. Jahrhunderts regelmäßig zu schweren Streiks und sozialen Unruhen gekommen war.

Trotz der starken regionalen Entwicklungsgefälle läßt sich eine Konstante feststellen, die praktisch die gesamte Landwirtschaft betraf: der niedrige Lebensstandard und die große Armut, in welcher der überwiegende Teil der ländlichen Bevölkerung lebte. Schon die großen Agraruntersuchungen des späten 19. Jahrhunderts – deren berühmteste die 1884 veröffentlichte „Inchiesta Jacini" war – hatten die sozialen Mißstände auf dem Land aufgedeckt.[28] Seitdem galt die Agrarfrage als die eigentliche soziale Frage Italiens.[29] Trotz der beschleunigten wirtschaftlichen Entwicklung der Giolitti-Ära und der zum Teil beachtlichen Erfolge der Bauern- und Landarbeiterorganisationen hatte sich daran bis 1918 nur wenig geändert. Dies wird durch eine Studie belegt, die der italienische Agrarwissenschaftler Arrigo Serpieri nach dem Ersten Weltkrieg für die amerikanische Carnegie-Stiftung anfertigte.[30]

---

[28] Atti della Giunta per la inchiesta agraria; vgl. auch Alberto C a r a c c i o l o, L'inchiesta agraria Jacini, Torino 1958; Silvio L a n a r o, Nazione e lavoro. Saggio sulla cultura borghese in Italia 1870–1925, Venezia ³1988, S. 182f.

[29] Vgl. V i v a r e l l i, La questione contadina, passim.

[30] Arrigo S e r p i e r i, La guerra e le classi rurali italiane, Bari 1930.

18

Nach den Berechnungen Serpieris belief sich das gesamte Bruttoeinkommen der Landwirtschaft 1918 auf etwa 6.600 Mill. Lire pro Jahr, wobei ca. 2.950 Mill. Lire auf Arbeits- und der Rest auf Kapitaleinkünfte entfielen. Das jährliche Durchschnittseinkommen eines Landarbeiters oder nichtselbständigen Bauern betrug somit rund 400 Lire. Pro Konsument standen 215 Lire zur Verfügung, das lag weit unter dem Existenzminimum.[31] Zwar ist zu berücksichtigen, daß in der Landwirtschaft Naturalleistungen und andere nichtmonetäre Vergünstigungen, die zu diesem Betrag hinzugerechnet werden müssen, eine wichtige Rolle spielten. Der überwiegende Teil der italienischen Agrarbevölkerung führte aber zweifellos „einen extrem bescheidenen, bisweilen äußerst ärmlichen Lebensstil".[32]

Wie bereits angedeutet wurde, fehlte in Italien ein breiter bäuerlicher Mittelstand, wie er für Deutschland oder Frankreich typisch war. Der selbständig wirtschaftende bäuerliche Familienbetrieb war auf der italienischen Halbinsel nur in wenigen Gegenden verbreitet, etwa im Alpen- und Voralpenland, im Veneto und in Ligurien. Zwar gab es nach der Volkszählung von 1921 über zwei Millionen selbständige Bauern in Italien, was etwa einem Drittel der landwirtschaftlichen Erwerbsbevölkerung entsprach.[33] Es ist jedoch davon auszugehen, daß die große Masse dieser Gruppe lediglich sehr kleine Landstücke besaß, die zur Ernährung der eigenen Familie nicht ausreichten.[34] Fast die Hälfte der im Agrarsektor tätigen Erwerbspersonen (1921: 43%) bestritt ihren Lebensunterhalt auf der Basis reiner Lohnarbeit, und zwar in aller Regel nicht in fester Anstellung, sondern als Tagelöhner und Gelegenheitsarbeiter. Armut und Proletarisierung auf dem Land bildeten die Hauptursache für die seit den achtziger Jahren des 19. Jahrhunderts periodisch wiederkehrenden Revolten und Streikwellen, die in erster Linie die Poebene, aber auch bestimmte Regionen des Südens (v.a Siziliens und Apuliens) erfaßten.[35]

---

[31] Ebd. S. 16–21. – Berechnungen über die Lebenshaltungskosten gibt es für die hier untersuchte Zeit nicht. Als Anhaltspunkt mögen die Preise für einige Grundnahrungsmittel für das Jahr 1918 dienen: 1 kg Brot = 0,63 Lire; 1 kg Butter = 9,83 Lire; 1 kg Zucker = 4,31 Lire; 1 kg Rindfleisch = 8,36 Lire. – Ein Staatsbediensteter in leitender Stellung (Dirigente Generale) erhielt 1918 ein Bruttojahresgehalt von 11.675 Lire, ein einfacher Bürodiener immerhin 2.427 Lire; Daten aus Giudo M. R e y (Hg.), I conti economici dell'Italia, Bd. 1: Una sintesi delle fonti ufficiali. 1890–1970, Collana storica della Banca d'Italia, Statistiche Storiche 1, Roma – Bari 1991, S. 169, 171, 189, 191 und 193.

[32] Ebd. S. 21.

[33] Frauen nicht mitgerechnet; vgl. Ornello V i t a l i , I censimenti e la composizione sociale, in: B e v i l a c q u a (Hg.), Storia dell'agricoltura, Bd. 2, S. 390f.

[34] Genaue Daten über die ländliche Besitz- und Betriebsstruktur gibt es für diese Zeit allerdings noch nicht. Eine erste halbwegs zuverlässige landwirtschaftliche Betriebserhebung wurde 1930 durchgeführt; eine Schätzung über die Besitzverteilung erfolgte 1946 auf der Basis des Steuerkatasters; s. u. Kap. VIII.3.

[35] Vgl. Luigi P r e t i , Le lotte agrarie nella valle padana, Torino 1955; außerdem von deutscher

Es ist zurecht bemerkt worden, daß „in keinem anderen europäischen Land die Bauernbewegung besser organisiert und kämpferischer war als in Italien."[36] Wenngleich die Aktivitäten der Landarbeiter- und Bauernligen meist auf ein regionales Umfeld begrenzt blieben, war mit der *Federazione Nazionale dei Lavoratori della Terra* (Federterra) bereits 1901 ein schlagkräftiger und mitgliedsstarker Gesamtverband gegründet worden, der eng an der Seite der Sozialistischen Partei operierte.[37]

Die Federterra stand schließlich auch an der Spitze der Streikbewegung des sogenannten „biennio rosso" der Jahre 1919–1920. Der Mobilisierungseffekt des Krieges – schätzungsweise wurden 2,6 Mill. Bauern zum Frontdienst eingezogen – und die Enttäuschung über nicht erfüllte Versprechen der Regierung, nach dem Krieg eine Landreform durchzuführen,[38] gehörten zu den Auslösern dieser bis dahin wohl schwersten sozialen Unruhen in der Geschichte Italiens. Sie erfaßten neben der Poebene nun erstmals auch die als stabil geltenden Mezzadria-Gebiete Mittelitaliens sowie weite Teile des Südens.[39] Allein für die Jahre 1919 und 1920 zählte die amtliche Statistik im landwirtschaftlichen Bereich etwa 400 Streiks mit über 1,5 Mill. Beteiligten (Tab. 1.3).[40] Allerdings konzentrierten sich die gewerkschaftlich organisierten Streiks überwiegend auf Nord- und Mittelitalien, während im Süden – mit Ausnahme Apuliens – in erster Linie spontane bäuerliche Proteste und Landbesetzungen zu beobachten waren.[41] Ursachen und Verlauf der Streikbewegung können hier nicht näher analysiert werden. Es bleibt aber festzuhalten, daß die sozialen Erschütterungen nach 1918 in Italien viel stärker vom Land ausgingen als dies in den meisten anderen europäischen Staaten der Fall war. Die ungelöste Agrarfrage hat die italienische Nachkriegskrise in hohem Maße mitbestimmt.

Seite Bernd K ö l l i n g, Familienwirtschaft und Klassenbildung. Landarbeiter im Arbeitskonflikt: Das ostelbische Pommern und die norditalienische Lomellina 1901–1921, Vierow bei Greifswald 1996, sowie den – freilich nicht sehr überzeugenden – Überblick von Uta D r e w s, „Das Land den Bauern!" Zur Kontinuität der Agrarfrage in Italien unter besonderer Berücksichtigung des Widerstandskampfes 1943–1945, Kassel 1988, hier v. a. S. 51–198.

[36] Vgl. H u n e c k e, Die Agrargeschichte Italiens, S. 329.

[37] Vgl. Renato Z a n g h e r i (Hg.), Lotte agrarie in Italia. La Federazione nazionale dei lavoratori della terra 1901–1926, Milano 1960.

[38] Vgl. Antonio P a p a, Guerra e terra 1915–1918, Studi Storici 10 (1969) S. 3–45.

[39] Vgl. V i v a r e l l i, Storia, Bd. 2, S. 760–857; Guido N e p p i M o d o n a, Scioperi, potere politico e magistratura 1870/1922, Roma – Bari 1973, S. 243–250; Mario T o s c a n o, Lotte mezzadrili in Toscana nel primo dopoguerra (1919–1922), Storia Contemporanea 9 (1978) S. 877–950.

[40] Vgl. zur regionalen Verteilung der Streiks S e r p i e r i, La guerra, S. 275.

[41] Über den Umfang der Landbesetzungen fehlen genaue Informationen. Man schätzt, daß es sich um einige zehntausend Hektar Land handelte, und zwar überwiegend um Gemeingüter oder brachliegenden Landbesitz; vgl. Alberto C a r a c c i o l o, L'occupazione delle terre in Italia, Roma o.J. (aber 1950).

Tab. 1.3

Streiks in der Landwirtschaft 1919–1923

Jahr	Streiks	Streikende
1919	208	505.128
1920	189	1.045.732
1921	89	79.298
1922	23	25.146
1923	1	110

Quelle: Confederazione Nazionale dei Sindacati Fascisti dell'Agricoltura, L'organizzazione sindacale agricola del fascismo, Roma 1932, S. 14.

Während sich der Krieg auf die Entwicklung der Industrie stimulierend ausgewirkt hatte, ergab sich für die Landwirtschaft insgesamt eine eher negative Bilanz. Zwar waren die direkten Schäden durch militärische Kampfhandlungen in Italien gering geblieben.[42] Lediglich im nördlichen Veneto hatten die Gefechte Zerstörungen angerichtet.[43] Weit gravierender waren die indirekten Auswirkungen des Krieges auf die landwirtschaftliche Produktion: die Einschränkungen im Außenhandel, die Knappheit an technischen Betriebsmitteln (vor allem an Kunstdünger) sowie die militärische Requirierung von Nahrungsmitteln und Zugvieh machten sich schon kurz nach Kriegseintritt negativ bemerkbar.[44] Das größte Problem bildete der Mangel an Arbeitskräften, denn etwa die Hälfte der im Agrarsektor tätigen Männer mußte Kriegsdienst leisten.[45] Nur zum Teil konnte dieses Defizit durch Mehrarbeit von Frauen, Kindern und Alten ausgeglichen werden. Vergleicht man die Produktion der Jahre 1915–1918 mit den Vorkriegswerten, so läßt sich bei praktisch allen Produkten – mit Ausnahme von Obst und Olivenöl – ein starker Rückgang beobachten. So verminderte sich die Ausbringung von Getreide um durchschnittlich 8%, während die Zuckerrüben- und Weinernten um 32% bzw. 21% sanken (Tab. 1.4).[46] Wenn trotz temporärer Engpässe

---

[42] Vgl. League of Nations, Agricultural production in Continental Europe during the 1914–1918 war and the reconstruction period, Genève 1943; zu Deutschland Gustavo Corni, Congiuntura e crisi strutturale nell'agricoltura tedesca tra guerra e dopoguerra, in: Hertner, Mori (Hgg.), La transizione dell'economia, S. 49–71, hier S. 54ff.

[43] U.a. wurden im Veneto zahlreiche Bewässerungssysteme zerstört; vgl. Serpieri, La Bonifica nella storia e nella dottrina, Bologna ²1991, S. 120.

[44] Vgl. Staderini, Agricoltura, S. 15–64; Antonio Prampolini, L'agricoltura italiana e il mercato internazionale nel primo dopoguerra, in: Hertner, Mori (Hgg.), La transizione dell'economia, S. 101–151.

[45] Insgesamt wurden 2,6 Mill. Bauern und Landarbeiter eingezogen. Nach der Volkszählung von 1911 waren 6,1 Mill. Männer in der Landwirtschaft beschäftigt; vgl. Vitali, I censimenti, S. 402.

[46] Vgl. auch Serpieri, La guerra, S. 95–97.

dramatische Einbrüche bei der Nahrungsmittelversorgung verhindert werden konnten, so war dies den hohen Einfuhren zu verdanken, welche seit 1915 vor allem im Fleisch- und Getreidebereich veranlaßt wurden.[47] Ein „Steckrübenwinter" blieb der italienischen Bevölkerung erspart.[48]

Tab. 1.4

Produktionsindices der Hauptagrarerzeugnisse 1915–1923*

Produkt	1915–1918[b]	1919	1920	1921	1922	1923
Getreide[a]	92	91	81	101	84	109
Wein	79	77	93	71	75	114
Olivenöl	125	63	118	131	218	156
Frischobst	102	136	138	106	116	117
Zuckerrüben	68	102	72	116	139	158
Futtermittel	90	81	83	82	69	83
Milch	92	96	97	99	94	98
Rinderbestand	98	96	97	98	103	109

* Jahresdurchschnitt 1909–1913 = 100   [a] Weizen, Mais, Reis, Hafer, Gerste
[b] Jahresdurchschnitt
Quelle: Rey (Hg.), I conti economici, S. 107–109, 111–115.

Obgleich sich die staatliche Wirtschaftspolitik in den Kriegsjahren vor allem auf die rüstungswichtigen Schlüsselindustrien konzentrierte, kam es auch in der Landwirtschaft zu einer ansatzweisen Regulierung von Produktion und Märkten. Die Maßnahmen reichten von eher halbherzig verfolgten technischen Förderungsprogrammen und Anbauvorschriften[49] bis zu einer durchaus effizienten Preissteuerung auf den Faktor- und Gütermärkten. Nicht nur die Preise für Lebensmittel wurden durch staatliche oder parastaatliche Behörden festgelegt, um Spekulationen und Preiserhöhungen vorzubeugen.[50]

---

[47] Istituto Centrale di Statistica, Annuario statistico dell'agricoltura italiano 1943–1946, Roma 1950, S. 573f.

[48] Zur Ernährungslage Italiens im Ersten Weltkrieg vgl. Riccardo Bachi, L'Alimentazione e la politica annonaria in Italia, con un Appendice su „Il rifornimento dei viveri dell'esercito italiano" di Gaetano Zingali, Bari – New Haven 1926.

[49] Ein Gesetz vom Mai 1926 ermächtigte die Präfekten, bestimmte Anbauquoten für die Agrarbetriebe der jeweiligen Provinz festzulegen. Seit Oktober 1916 wurden Landwirten, die unbebautes Land mit Getreide kultivierten, staatliche Prämien gewährt. Ein 1916 gegründetes Amt (Ufficio Centrale di Motoaratura) importierte auf Staatskosten landwirtschaftliche Maschinen, die für Ernteeinsätze zur Verfügung gestellt wurden. 1917 erfolgten finanzielle Vergünstigungen für Dünger- und Pflanzenschutzmittel; vgl. Staderini, Agricoltura, S. 20 und 29; Alberto De Stefani, La legislazione economica della guerra, Bari – New Haven 1926, S. 107.

[50] Bachi, L'Alimentazione, S. 315–327.

Auch die Agrarlöhne und -pachten unterstanden strenger staatlicher Aufsicht.[51] Eine Zentralisierung und Vereinheitlichung dieser lenkenden Eingriffe erfolgte freilich erst in der Endphase des Krieges mit dem „Gesetz zur Landwirtschaftlichen Mobilisierung" vom 14. Februar 1918.[52] Die Wirkung dieses Gesetzes, das unter anderem eine zentrale Behörde für die agrarwirtschaftliche Kriegsplanung schuf, war letztlich gering. Die staatlichen Eingriffe in die Landwirtschaft verdienen aber aus zweierlei Gründen Erwähnung: Zum einen, weil sie nach 1918 Gegenstand heftiger innenpolitischer Kontroversen waren, die durch die vorübergehende Beibehaltung der Höchstpreisverordnung für Grundnahrungsmittel zusätzlich angefacht wurden. Die Polemiken gegen den „Kriegskollektivismus"[53] der Regierung bildeten schließlich den Hintergrund für eine ausgeprägt liberalökonomische und antifiskalistische Gegenströmung, die auch das frühe Wirtschaftsprogramm des Faschismus prägen sollte. Zum anderen lieferte die Wirtschaftssteuerung des Krieges ein Modell für die interventionistische Marktpolitik, wie sie sich seit Mitte der zwanziger Jahre in zunehmendem Maße durchsetzen sollte. Insbesondere die Regulierung der Arbeitsbeziehungen, aber auch die Lenkung und Abstimmung von Produktion, Absatz und Preisen erschien vielen Agrarproduzenten als eine Alternative zu dem Konkurrenzprinzip der freien Marktwirtschaft.[54]

Die Schwierigkeiten der italienischen Landwirtschaft waren mit dem Ende des Krieges keineswegs beseitigt. Die sich im Frühjahr 1919 ausbreitende Welle von Streiks und Unruhen und die dadurch bedingten Produktionsausfälle verschärften die ökonomische Lage vieler Erzeuger. Die Erfolge der Agrargewerkschaften, die in den Arbeitsverträgen von 1919 und 1920 neben Beschäftigungsgarantien hohe Tarifabschlüsse durchsetzen konnten, wirkten sich außerordentlich ungünstig auf die Kostenstruktur der Betriebe aus. Zwischen 1918 und 1921 stiegen die Landarbeiterlöhne im Durchschnitt um über 200% an. Diese Erhöhungen wurden zwar zu einem erheblichen Teil durch die Inflation wieder zunichte gemacht. Vor allem für lohnintensive Agrarbetriebe brachte der Lohnanstieg jedoch kurzfristig hohe Belastungen. Ein

---

[51] Bereits im Januar 1915 hatte die Regierung ein Expertengremium (Comitato Tecnico dell'Agricoltura) eingesetzt, das Richtlinien für die Lohnpolitik im Agrarsektor festlegen sollte. Im übrigen wurden Pacht- und Lohnsätze meist durch lokale Schiedskommissionen unter Leitung des Präfekten fixiert. Seit 1916 wurden die Agrarpachten per Regierungserlaß für die Dauer des Krieges eingefroren; vgl. Staderini, Agricoltura, S. 31f.; ausführlich De Stefani, La legislazione economica, S. 20–37 und S. 99–130.

[52] L. 14.2.1918 (Nr. 147); vgl. auch Einaudi, La condotta economica, S. 133–138.

[53] Ebd. S. 131.

[54] Vgl. Francesco Piva, Mobilitazione agraria e tendenze dell'associazionismo padronale durante la „grande guerra", Quaderni Storici 12 (1977) S. 808–835.

Blick auf die Tabellen 1.4 und 1.5 zeigt, daß nicht nur die mengen- und wertmäßige Produktion 1919 und 1920 deutlich unter dem Niveau der Vorkriegszeit lag, sondern auch die Investitionen stark zurückblieben. Insgesamt betrachtet erreichte die Agrarproduktion erst 1922 wieder den Vorkriegsstand. Die Globaldaten verdecken allerdings, daß nicht alle Produzenten gleichermaßen von der Krise betroffen waren.[55] Relativ günstig sah die Lage für familienbäuerliche Betriebe aus, die keine Löhne zahlen mußten, aber von dem starken Aufwärtstrend der Agrarpreise profitieren konnten. Ähnliches galt in der Regel auch für Pachtbetriebe, die – selbst wenn sie auf Fremdarbeit angewiesen waren – durch die gesetzliche Fixierung der Pachtzinsen während der Kriegszeit und die moderaten Steigerungen nach 1918 entlastet wurden. Eigentlicher Verlierer der Nachkriegsentwicklung war der Großgrundbesitz: steigende Löhne, sinkende Pachtsätze, Ernteausfälle durch Streiks – all diese Faktoren wirkten hier zusammen und führten zu außergewöhnlich hohen finanziellen Einbußen. Zeitgenössische Untersuchungen haben ergeben, daß in den Jahren nach 1918 knapp eine Million Hektar Land den Eigentümer wechselte.[56] Wenngleich keine präzisen Aussagen über diese Immobiliengeschäfte gemacht werden können, dürfte der überwiegende Teil der Verkäufer aus den Reihen des Großgrundbesitzes gestammt haben. Die erwähnten wirtschaftlichen Schwierigkeiten und die Angst vor politischen Repressalien oder gar Enteignung haben die Verkaufsbereitschaft bei dieser Gruppe sicher erhöht. Die „alten Großgrundbesitzer", so bemerkte der liberale Politiker Ivanoe Bonomi, „hielten die sozialistischen Agitationen für die Vorankündigung einer Enteignung nach russischem Vorbild. Daher entschlossen sie sich zum Verkauf. Sie verkauften das Land zu Niedrigstpreisen, um wenigstens einen kleinen Teil ihres Vermögens zu retten."[57] Auf der anderen Seite konnten Landarbeiter und Kleinbauern ihre finanziellen Verhältnisse verbessern und Ersparnisse in Grundbesitz investieren. Sie bildeten daher potentielle und – nach allem, was man heute weiß – auch die tatsächlichen Nutznießer der Besitzumschichtung.[58] Man hat in diesem Zusammenhang auch von einer „versteckten Bodenreform" in den Jahren nach dem Ersten Weltkrieg gesprochen.[59]

---

[55] Vgl. Vera Z a m a g n i, Le alterazioni nella distribuzione del reddito in Italia nell'immediata dopoguerra (1919–1922), in: H e r t n e r, M o r i (Hgg.), La transizione, S. 509–532.

[56] Vgl. L o r e n z o n i, La formazione, passim.

[57] Ivanoe B o n o m i, La politica italiana dopo Vittorio Veneto, Torino 1953, S. 142; Bonomi war von Juli 1921 bis Februar 1922 Ministerpräsident.

[58] Vgl. ebd. sowie Alberto Maria B a n t i, I proprietari terrieri nell'Italia centro-settentrionale, in: B e v i l a c q u a (Hg.), Storia dell'agricoltura, Bd. 2, S. 89–92; Luigi E i n a u d i, I contadini alla conquista della terra nel 1920–1930, Rivista di storia economica 4 (1939) S. 277–308; siehe ausführlich dazu unten, Kap. VIII.3.

[59] Manlio R o s s i - D o r i a, L'agricoltura italiana, il dopoguerra e il fascismo, in: Costanzo C a s u c c i (Hg.), Il fascismo. Antologia di scritti critici, Bologna 1961, S. 307–311, hier S. 308.

Tab. 1.5

Bruttoproduktionswert, Bruttoanlageinvestitionen, Produkt- und Faktorpreise
in der Landwirtschaft 1915–1923*

	1915–1918[a]	1919	1920	1921	1922	1923
BPW Landwirtschaft	97	94	99	97	103	113
Bruttoinvestitionen	60	63	77	84	100	127
Agrarpreise	173	328	446	506	477	453
Pachten	111	144	144	173	173	209
Agrarlöhne	194	426	513	580	605	599

* Jahresdurchschnitt 1909–1913 = 100   [a] Jahresdurchschnitt
Quelle: Giovanni De Maria, Le variabilità dei prezzi e dei redditi nell'agricoltura italiana dal 1902 al 1952, Rivista bancaria, N.S., 10 (1954) S. 693; Paolo Ercolani, Documentazione statistica di base, in: Giorgio Fuà (Hg.), Lo sviluppo economico in Italia, Bd. 3, Milano 1978, S. 383, 441.

Um den Überblick über die Lage der italienischen Landwirtschaft nach 1918 abzuschließen, soll ein letzter Aspekt Erwähnung finden: die Entwicklung der internationalen Agrarmärkte und ihre Auswirkungen auf die italienische Landwirtschaft. Der Krieg hatte zunächst einen weltweiten Mangel bei den wichtigsten Ernährungsgütern ausgelöst, der durch den Ausfall Rußlands als Getreideexporteur verschärft wurde. Im Gegenzug hatten die überseeischen Agrarüberschußländer wie Kanada, USA, Argentinien und Australien ihre Anbauflächen ausgeweitet und die Nahrungsmittelerzeugung gesteigert. Die Knappheit an Agrargütern blieb nach 1918 zunächst bestehen, da sich die europäische Landwirtschaft nur langsam erholte und die verbrauchten Lagerbestände aufgefüllt werden mußten. 1919 und 1920 kam es somit zu einem regelrechten Nachfrageboom, der auch die italienischen Agrarmärkte erfaßte und einen starken Preisauftrieb nach sich zog.[60] Doch bereits 1921 fand dieser Boom ein jähes Ende und machte einem internationalen Überangebot Platz, das rasch auf die Preise drückte.[61] Es handelte sich um die ersten Symptome einer strukturellen Überproduktionskrise, die im Laufe der zwanziger Jahre immer bedrohlichere Ausmaße annehmen sollte. Dabei wäre es falsch, diese Entwicklung ausschließlich auf die Folgen des Krieges zurückzuführen. Die globale Ausweitung von Anbauflächen und Produktionskapazitäten, zunehmende internationale Marktintegration und hohe Produktivitätsfortschritte durch technische und agrarbiologische Innovationen waren langfristig wir-

---

[60] W. Arthur Lewis, Economic Survey 1919–1939, New York 1946, S. 17–20; Derek H. Aldcroft, L'economia europea dal 1914 a oggi, Roma – Bari 1981, S. 20ff.

[61] Mario Bandini, Agricoltura e crisi, Firenze 1937, S. 180–184 und passim. – Während die Agrarpreise in den meisten Ländern bereits 1921 zurückgingen, war dies in Italien erst 1922 der Fall (vgl. Tab. 1.5).

kende Ursachen für das Überangebot, dem ein schleppendes Nachfragewachstum gegenüberstand. Die Disparität von Angebots- und Nachfrageentwicklung führte dazu, daß seit Mitte der zwanziger Jahre in praktisch allen Ländern hohe Zollbarrieren errichtet wurden, die schließlich den Zusammenbruch des internationalen Agrarhandels in der Weltwirtschaftskrise nach sich zogen.[62]

Betrachtet man die Situation der italienischen Landwirtschaft zwischen dem Ersten Weltkrieg und der faschistischen Machtergreifung, so können drei sich überlagernde Krisenphänomene ausgemacht werden: 1. Die Rekonversionsprobleme der Kriegswirtschaft und die sozialen Folgen, die sich aus der Demobilisierung der Armee ergaben. 2. Eine internationale Krise im Langzeitzyklus als Folge einer globalen Überproduktion bei geringer Preiselastizität des Angebotes und tendenziell sinkender Einkommenselastizität der Nachfrage auf den Agrarmärkten. 3. Eine Strukturkrise der italienischen Landwirtschaft, die sich durch ein regionales Entwicklungsgefälle, eine stark heterogene Agrarstruktur, Unterbeschäftigung und drückende Armut der bäuerlichen Schichten bemerkbar machte.

---

[62] Vgl. die systematische und noch heute anregende Untersuchung von Karl S c h i l l e r , Marktregulierung und Marktordnung in der Weltagrarwirtschaft, Probleme der Weltwirtschaft, Bd. 67, Jena 1940; außerdem Charles B. K i n d l e b e r g e r , Die Weltwirtschaftskrise, München 1973, S. 84–97.

II.

„RURALISMUS".
PROGRAMMATISCHE UND IDEOLOGISCHE
GRUNDLAGEN DER FASCHISTISCHEN
AGRARPOLITIK

1. Agrarpolitische Konzepte des Faschismus vor dem „Marsch auf Rom"

Betrachtet man die ersten programmatischen Schriften des Faschismus und seiner Führer, so fällt auf, daß agrarpolitische Themen fast keine Rolle spielten. Mussolini hat der „Questione agraria" in seinen Reden und Schriften der Frühzeit kaum Beachtung geschenkt. Auch das Gründungsprogramm der *Fasci di Combattimento* vom Juni 1919 nimmt keine Stellung zu agrarpolitischen Problemen. Dasselbe gilt für die *Postulati*, die im Mai 1920 im Anschluß an den Parteitag in Florenz formuliert wurden.[1] Diese programmatische Abstinenz erscheint angesichts der sozialen Unruhen auf dem Land und der damit verbundenen öffentlichen Diskussionen auf den ersten Blick erstaunlich. Dies gilt umso mehr, als andere Themen der Wirtschaftspolitik durchaus Eingang in die erwähnten Programme von 1919 und 1920 fanden.

Die Ursachen für die fehlende Positionsbestimmung sind in der Entwicklung der faschistischen Bewegung selbst zu suchen. Der Faschismus war bis Mitte 1920 ein überwiegend städtisches Phänomen. Die ersten *Fasci di Combattimento* wurden in den Großstädten Norditaliens gegründet, und der Großteil ihrer Mitglieder rekrutierte sich aus den urbanen Mittelschichten.[2] Ideologische Vordenker wie Agostino Lanzillo, Michele Bianchi und Cesare Rossi entstammten der Tradition des revolutionären Syndikalismus und zeigten zunächst nur geringes Interesse an Grundsatzfragen der Landwirtschaftspolitik und der politischen Organisation der bäuerlichen Bevölkerung.

---

[1] Die Programme sind abgedruckt in Renzo De Felice, Mussolini il rivoluzionario 1883–1920, Torino 1965, S. 742–748. In dem Programm vom Mai 1919 findet sich lediglich die Forderung, daß Landbesitzer zur Nutzung ihres Bodens gezwungen werden sollten.

[2] Vgl. Jens Petersen, Wählerverhalten und soziale Basis des Faschismus in Italien zwischen 1919 und 1928, in: Wolfgang Schieder (Hg.), Faschismus als soziale Bewegung, Hamburg 1976, S. 119–156, hier S. 140ff.; Emilio Gentile, Storia del Partito fascista 1919–1922. Movimento e milizia, Roma – Bari 1989.

Diese Situation änderte sich erst im Laufe des Jahres 1920. Der starke Zulauf, den die faschistische Bewegung seit Ende 1920 in den ländlichen Regionen insbesondere der östlichen Poebene, aber auch in der Toskana und in Apulien erhalten hatte, erforderte eine verbindliche Haltung in der „Agrarfrage". Dabei handelte es sich jedoch um ein politisch äußerst delikates Problem: Einerseits galt es, dem zunehmenden Gewicht der Grundbesitzer und Agrarunternehmer Rechnung zu tragen, welche das finanzielle und organisatorische Rückgrat des ländlichen Provinzfaschismus bildeten. Auf der anderen Seite mußte das Programm so breit angelegt und mit reformpolitischen Elementen angereichert sein, daß es auch von kleinbäuerlichen Bevölkerungsschichten und vom „linken" Flügel der faschistischen Bewegung akzeptiert werden konnte. Schließlich mußte es sich ebenso deutlich von den sozialistischen und gewerkschaftlichen Kollektivierungsforderungen unterscheiden wie von den Bodenreformplänen der katholischen Volkspartei. Auf wirtschaftspolitischem Gebiet hatte Mussolini bereits Anfang 1920 den radikalen und sozialrevolutionären Zielen des „Faschismus der ersten Stunde" abgeschworen, um die Bewegung bürgerlichen Kreisen zu öffnen. Gewerkschaftsnahe Forderungen (Acht-Stunden-Tag, Mindestlöhne, Arbeitnehmermitbestimmung, Enteignung der Kirchengüter, progressive Kapitalsteuer und Einziehung der Kriegsgewinne) wurden zugunsten eines strikt wirtschaftsliberalen Kurses aufgegeben.[3] Dem Staat, so Mussolini im Mai 1920, sollten „all diejenigen Funktionen entzogen werden, die ihn übersättigt und verwundbar machen, um ihn auf die vier Funktionen des Manchestertums zu reduzieren: die des Soldaten, des Polizisten, des Steuerbeamten und des Richters".[4]

Ein Versuch, die Kluft zwischen syndikalistischen Forderungen des „linken" Parteiflügels und konservativen Positionen des Agrarfaschismus zu überwinden, stellte das von Gaetano Polverelli entworfene „Agrarprogramm" vom Januar 1921 dar. Polverelli, Leiter des römischen Büros von *Il Popolo d'Italia*, hatte den Text im Auftrag Mussolinis abgefaßt und offenbar auch inhaltlich mit diesem abgestimmt. Er wurde am 27. Januar veröffentlicht und anschließend den örtlichen *Fasci* zur Abstimmung vorgelegt.[5] Das Programm unterstrich die herausragende Bedeutung der bäuerlichen Bevölkerung für die faschistische Bewegung. Der „Homo Rusticus" wurde als „beste, gesündeste und stabilste Gattung des *Homo Sapiens*" gepriesen. Die lokalen Par-

---

[3] Vgl. Programm der Fasci di Combattimento vom Mai 1920, a. a. O.

[4] O.O., Bd. 14, S. 468.

[5] Vgl. G e n t i l e, Storia, S. 182f.; Renzo D e   F e l i c e, Mussolini il fascista, Bd. 1: La conquista del potere 1921–1925, Torino 1966, S. 53–56; das Programm ist dort auf S. 736–739 abgedruckt.

teigruppen erhielten die Anweisung, eigene Agrarsektionen (oder sogar selbständige *Fasci Colonici*) einzurichten. Was die programmatischen Ziele anbetraf, so enthielt der Text zunächst eine scharfe Absage an die Enteignungsforderung der katholischen und insbesondere der sozialistischen Agrargewerkschaften. Zwar betonte Polverelli, daß der Faschismus den bäuerlichen Besitzbildungsprozeß fördern wolle und „entschieden gegen" die Latifundienwirtschaft sei. Dennoch verurteilte er die Landbesetzungen in Süditalien und hob hervor, daß „eine Aufteilung der Latifundien heute noch nicht möglich" sei. Zunächst müßten die infrastrukturellen und bodenwirtschaftlichen Voraussetzungen geschaffen werden, bevor man an eine Aufteilung der Latifundien denken könne. Gleichzeitig unterstrich Polverelli, daß die „großen industrialisierten Landwirtschaftsbetriebe im allgemeinen gesund" seien und eine „Pulverisierung" des Grundbesitzes verhindert werden müsse. Die Ambivalenz des neuen „Programms" kam auch in der Kampfformel „La terra a chi la lavora e la feconda!"[6] zum Ausdruck, die von Mussolini als „Kompaß [. . .] des Faschimus in der Agrarfrage" bezeichnet wurde. Diese Formel signalisierte zwar Reformwillen und die prinzipielle Bereitschaft, die bäuerliche Besitzbildung zu unterstützen. Dennoch handelte es sich um eine reine Absichtsbekundung. Ein Bodenreformprogramm ließ sich daraus nicht ableiten. In Anbetracht der grundsätzlichen Bekenntnisse zum Privateigentum war kaum zu erwarten, daß der Faschismus direkte Eingriffe in die Besitzordnung vornehmen würde.[7]

Ähnlich vage Formulierungen finden sich auch in einigen Zeitungsartikeln, die Mussolini im Anschluß an die *Relazione Polverelli* veröffentlichte. Zwar sprach auch Mussolini von der Notwendigkeit einer „ländlichen Demokratie" und sogar von einer „Agrarrevolution", die „der Faschismus zu Ende bringen" müsse.[8] Auch hielt er es für unverzichtbar, „einer möglichst großen Zahl von Arbeiterfamilien Land zu geben".[9] Doch könne man „das Latifundium nicht wie aus dem Schützengraben erobern", sondern müsse das Problem „langsam und friedlich" in Angriff nehmen. Ohnehin gebe es keine

---

[6] Etwa: „Das Land dem, der es bewirtschaftet und fruchtbar macht!".

[7] In bewußter Ablehnung einer ideologisch geleiteten Wirtschaftspolitik hatte sich der Faschismus schon in den „Postulaten" vom Mai 1920 für eine „Wirtschaft der maximalen Produktionsleistung" eingesetzt: „I Fasci di Combattimento, di fronte ai progetti teologici di ricostruzione a base di economia pregiudizialmente collettivista, si pongono sul terreno della realtà che non consente un tipo unico di autonomia e si dichiarano tendenzialmente favorevoli a quelle forme – siano esse individualistiche, collettivistiche o di qualche altro tipo – che garantiscano il massimo di produzione e il massimo di benessere". (Ebd. S. 747).

[8] Benito M u s s o l i n i, Da Provincia rossa a provincia fascista. Il fascismo e il problema terriero nel ferrarese, Il Popolo d'Italia, 30.3.1921 (jetzt in: O.O., Bd. 16, S. 239f., hier S. 239); d e r s., Fascismo e Terra, Il Popolo d'Italia, 19.2.1921 (jetzt in: O.O., Bd. 16, S. 170–173, hier S. 170).

[9] D e r s., Da provincia, S. 229.

„Einheits- und Wunderlösung des Agrarproblems, sondern nur viele Lösungen entsprechend den jeweiligen regionalen Verhältnissen".[10]

Auch im Parteiprogramm vom Dezember 1921 fehlte eine eindeutige Positionsbestimmung.[11] Darin wurde die „Verbreitung des kleinbäuerlichen Besitzes" gefordert, aber lediglich „in den Gebieten und für die Anbaukulturen, welche dies produktionstechnisch erlauben". Noch einmal wurde bestätigt, daß der Faschismus das Recht auf Privateigentum schützen wolle, wenngleich diesem eine „soziale Funktion" beigemessen wurde. Die „historische und nationale Realität", so hieß es weiter, „erlaubt keinen Einheitstyp einer Agrar- oder Industriewirtschaft". Man müsse daher „diejenigen Formen" begünstigen, welche „ein Maximum an Produktion und ein Maximum an Wohlstand gewährleisten".[12]

Anders als die nationalsozialistische Bewegung in Deutschland besaß der Faschismus vor der Machtübernahme somit weder eine bestimmte „Agrarideologie" noch ein geschlossenes landwirtschaftspolitisches Konzept. Der Verzicht auf ein festes Programm war offenbar beabsichtigt; er war gewissermaßen Bestandteil der politischen Strategie. Die starken Fluktuationen an der Basis, die heterogene Mitgliederstruktur des Faschismus und die Unsicherheit über die innenpolitische Entwicklung ließen es Mussolini ratsam erscheinen, sich vorerst nicht auf ein konkretes Programm festzulegen.

2. Arrigo Serpieri.
Agrarischer Konservativismus und landwirtschaftliche Modernisierung

Als Mussolini am 30. Oktober 1922 die Regierung übernahm, verfügte die faschistische Partei nur über wenige Experten auf dem Gebiet der Agrarpolitik. Eine ideologische und politische Führungsfigur, wie sie etwa Walther Darré für den deutschen Nationalsozialismus verkörperte, fehlte dem Faschismus in Italien. Dies erklärt auch, warum die wichtigsten Anstöße bei der Formulierung agrarpolitischer Konzepte von Personen kamen, die zunächst eher außerhalb der Bewegung standen. Eine zentrale Rolle spielte dabei Arrigo Serpieri, ein bekannter Agrarökonom, den Mussolini im Juli 1923 als Unterstaatssekretär für Landwirtschaft ins Kabinett holte.[13]

---

[10] Ders., Fascimo e terra, S. 170; vgl. auch ders., Il Fascismo nel 1921, Il Popolo d'Italia, 7.1.1921 (jetzt in: O.O., Bd. 16, S. 101–103).

[11] „Programma e statuti del Partito Nazionale Fascista", in: O.O., Bd. 17, S. 334–344.

[12] Ebd. S. 235 und 238.

[13] Eine vollständige Biographie über Serpieri steht bislang noch aus; vgl. aber die Beiträge von Carlo Fumian, Modernizzazione, tecnocrazia e ruralismo: Arrigo Serpieri, Italia Contemporanea 137 (1979) S. 3–34; Leandra D'Antone, Politica e cultura agraria: Arrigo Serpieri,

Serpieri, der später als Leiter der staatlichen Urbarmachungsprogramme eine der Schlüsselfiguren der faschistischen Agrarpolitik wurde, war 1923 politisch ein noch weitgehend unbeschriebenes Blatt. Er hatte bis zu diesem Zeitpunkt keine politischen Ämter innegehabt und verfügte weder über ein Abgeordnetenmandat (wie dies für Kabinettsmitglieder üblich war), noch gehörte er einer politischen Partei an. Seine Bekanntheit verdankte er vor allem einer glänzenden Karriere als Wissenschaftler und Wissenschaftsorganisator, die ihn zu einem der herausragendsten Vertreter seines Faches machte. Der 1877 in Bologna geborene Agrarökonom hatte im Jahr 1900 sein Examen an der Höheren Landwirtschaftsschule in Mailand abgelegt, wurde anschließend Assistent und erhielt 1907 – nach vorübergehender Dozententätigkeit in Perugia – einen Ruf auf den Lehrstuhl für Agrarwirtschaft in Mailand. 1912 wurde ihm von Landwirtschaftsminister Nitti die Leitung des neugegründeten *Istituto Superiore Forestale* in Florenz angetragen, nachdem er im Jahr zuvor die Ausarbeitung eines neuen forstwirtschaftlichen Rahmengesetzes übernommen hatte. Serpieri stand den sozialreformerischen Kreisen um Nitti nahe und war Mitglied der „Humanistischen Gesellschaft" in Mailand, was ihm – wie aus einem internen Bericht an Mussolini von 1931 hervorgeht – bei konservativen Agrariern den Ruf einer „sozialistoiden" [sic!] Gesinnung eingebracht hatte.[14] In der Debatte um den italienischen Kriegseintritt stand Serpieri auf der Seite der Interventionisten, meldete sich 1915 freiwillig zur Truppe und wurde mit der Organisation des Holzversorgungsdienstes in den besetzten Gebieten betraut. Nach Ende des Krieges, in dem er mehrere Auszeichnungen erhalten hatte und zum Hauptmann befördert worden war, kehrte er zu seiner akademischen Tätigkeit zurück und nahm 1919 als Berater der italienischen Regierung an den Pariser Reparationsverhandlungen teil.

Studi Storici 20 (1979) S. 606–642; Stefano L e p r e, Arrigo Serpieri, in: Fernando C o r d o v a (Hg.), Uomini e volti del fascismo, Roma 1980, S. 407–442; Antonio P r a m p o l i n i, La formazione di A. Serpieri e i problemi dell'agricoltura lombarda, Studi Storici 17 (1976) S. 171–209; Francesco D o n a t i, L'economia agraria: linee evolutive che hanno condotto al Serpieri, Rivista di Storia dell'Agricoltura 11 (1971) S. 51–58; Paola M a g n a r e l l i, Arrigo Serpieri (1877–1959), in: Alberto M o r t a r a (Hg.), I protagonisti dell'intervento pubblico, Milano 1984, S. 309–327; wichtige biographische Informationen finden sich auch in dem Nachruf von Alessandro A n t o n i e t t i, Arrigo Serpieri (1877–1960), in: Vent'anni di agricoltura italiana. Scritti in onore di Arrigo S e r p i e r i e di Mario T o f a n i (Hg. Società italiana di economia agraria und Istituto nazionale di economia agraria), Bologna 1976, S. 1–9.

[14] ACS, SPD, CR, b. 89 (Arrigo Serpieri): Acerbo an Mussolini, 9.11.31; es handelt sich um eine Personenauskunft, die Mussolini zuvor von Landwirtschaftsminister Acerbo angefordert hatte.

Obgleich Serpieri innerhalb des PNF umstritten war,[15] galt er von Anfang an als herausragender Agrarexperte des Faschismus und Vordenker der „ruralistischen" Ideologie. Dabei wäre es verfehlt, ihn als reinen Ideologen zu betrachten. Serpieri, der 1928 das „Nationale Agrarinstitut" in Rom (INEA) gründete und 1937 Rektor der Universität Florenz wurde, verstand sich selbst stets mehr als Wissenschaftler denn als Politiker. Aufgrund seines umfangreichen wissenschaftlichen Werkes gilt er noch heute als Begründer der modernen italienischen Agrarökonomie.[16] Auch in seinen gesellschaftstheoretischen Arbeiten folgte Serpieri einem wissenschaftlichen Anspruch. Unverkennbar ist dabei der Einfluß der liberalen Schule der italienischen Nationalökonomie, wie sie von Einaudi, Luzzatti und De Stefani, aber auch von Serpieris akademischen Lehrern Vittorio Niccoli, Ulisse Gobbi und Ghino Valenti vertreten wurde. Nach Serpieri hatten regulierende Eingriffe in die Wirtschaft – unabhängig davon, ob diese von privaten Organisationen oder von staatlicher Seite ausgingen – in erster Linie den Industriesektor begünstigt. Eine Liberalisierung der Märkte mußte daher vor allem der Landwirtschaft zugute kommen und deren Gewicht im gesamten Wirtschaftssystem stärken. Erst in der zweiten Hälfte der zwanziger Jahre vollzog Serpieri – ähnlich wie De Stefani, Luigi Amoroso und eine Reihe anderer Ökonomen – den Übergang von der liberalen Theorie zum Korporativismus. Eine Regulierung der Wirtschaft auf der Basis berufsständischer Organisationen rechtfertigte er nun damit, das sich angesichts eines generellen „Marktversagens" soziale und private Nutzenmaximierung nicht mehr deckten.[17] Doch blieb sein analytischer Bezugspunkt auch weiterhin die neoklassische Gleichgewichtstheorie, wie sie seit Ende des 19. Jahrhunderts von Léon Walras, Pareto und der Wiener „Grenznutzenschule" um Carl Menger entwickelt worden war. Von Pareto übernahm Serpieri auch die Theorie vom Kreislauf der Eliten, die ihm zur Begründung und Rechtfertigung der faschistischen Machtübernahme diente.[18]

Serpieri interpretierte den Faschismus als Sieg der bürgerlichen Mittelschichten gegen den „industriellen Großkapitalismus mit seinem Doppelgesicht der Plutokratie und der roten Gewerkschaften".[19] Dabei handelte es sich seiner Auffassung nach nicht nur um eine kurzfristige politische Reaktion, sondern um das Ergebnis langfristiger Strukturveränderungen der italieni-

---

[15] S.u. Kap. III.2.

[16] Vgl. Renzo Giuliani, Arrigo Serpieri, Atti della Accademia dei Georgofili di Firenze, Serie VII, Bd. 7, Firenze 1960, S. 283–307.

[17] S.u. Kap. X.1.

[18] Serpieri, La politica agraria in Italia e i recenti provvedimenti legislativi, Piacenza 1925, S. 50–52.

[19] Ebd. S. 54.

schen Gesellschaft. Eine besondere Bedeutung wies er dabei dem politischen Partizipationsprozeß der „ruralen Schichten" zu, der durch die Einführung des allgemeinen Wahlrechts und den Ersten Weltkrieg in Gang gesetzt worden sei. Dennoch handelte es sich für ihn um ein politisch „noch weitgehend jungfräuliches Terrain, das bearbeitet werden muß". Nach Auffassung Serpieris durfte sich der Faschismus nicht allein auf Gewalt als Instrument der Machtabsicherung stützen (allerdings hielt er die gewaltsame Regierungsübernahme durch den „Marsch auf Rom" für legitim), sondern mußte sich um eine breite gesellschaftliche „Konsensbasis" bemühen.[20] Arbeiterschaft und industrielle „Plutokratie" waren in seinen Augen allerdings das „am wenigsten geeignete Terrain für einen dauerhaften und substantiellen Konsens". Daher müsse sich der Faschismus seine „soziale Basis" in den ländlichen Schichten schaffen, die nicht nur die Mehrheit der Bevölkerung repräsentierten, sondern darüber hinaus „den Idealen der neuen Regierungsklasse" am nächsten kämen.[21] Für ihn bildete das Landvolk die einzige „wirklich nationale" Bevölkerungsgruppe, da sie nicht nur in einigen Regionen, sondern im gesamten Staatsgebiet gleichmäßig vertreten war. Hier sah er sogar eine Möglichkeit, das „Ungleichgewicht zwischen Nord- und Süditalien" und somit „eines der größten Hindernisse zur Realisierung der nationalen Einheit" zu beseitigen.[22]

Serpieri betrachtete die bäuerliche und die industrielle Welt als zwei verschiedene, nicht miteinander zu vereinbarende Sphären der Gesellschaft. In Anlehnung an die soziologische Theorie Paretos unterschied er die Wirtschaftssubjekte in zwei Hauptgruppen: „Rentiers" und „Spekulanten". Während der „Spekulant" mit seinem „Instinkt des Kombinierens" und „der Suche nach dem höchsten Gewinn" ein Phänomen der industriellen Welt sei, überwiege in der Landwirtschaft die Figur des Rentiers, der sich durch einen Hang zur „Persistenz der Aggregate" auszeichne.[23] Serpieri war sich durchaus bewußt, daß es sich bei dieser dichotomischen Unterscheidung um ein idealtypisches Konstrukt handelte und die Übergänge in Wirklichkeit flie-

---

[20] Ebd. S. 50–55: „[. . .] l'uso esclusivo o predominante della forza non può alla fine non riuscire dannoso alla conservazione del Governo da parte di una certa classe, e quindi a quegli stessi ideali per la quale esso lo ha conquistato. Troppo, quell'uso, urta sentimenti radicati nell'animo dei più e desta quindi potenti reazioni: troppo è il pericolo che l'uso frequente della forza porti a disgregare nell'anarchia la compagine sociale. Per ciò la classe politica giunta al potere con la marcia su Roma deve dare ogni opera ad allargare quanto più possibile la sua base di consenso, come a determinare in leggi – ove non ritenga buone le antiche – i limiti delle libertà politiche concesse ai cittadini" (S. 52).

[21] Ebd. S. 61.

[22] Ebd. S. 56f.

[23] Ebd. S. 78.

ßend waren. Dies galt insbesondere für die Agrarunternehmer der Poebene, die sich in Mentalität und Wirtschaftsgebaren kaum noch von den industriellen Unternehmern unterschieden.

Aufgrund ihrer konservativen und patriotischen Grundgesinnung betrachtete Serpieri die ländliche Bevölkerung als die eigentliche staatstragende Schicht, von der Zukunft und Wohl des Landes abhing:

> [. . .] das Gefühl für das Eigentum, die Familie, die Religion, der Kult der Tradition, die Macht der Gewohnheit, die Anerkennung der Hierarchien, die Liebe zum Sparen – das Gegenwärtige dem Zukünftigen aufzuopfern – die starke Verbundenheit mit dem Land und der Heimat [. . .] haben eine unerschütterliche Basis in den ländlichen Schichten.[24]

Diese konservative ländliche Wertordnung war nach Serpieri durch den Industrialisierungsprozeß ins Wanken geraten. Zwar machte er sich keine Illusionen darüber, daß ein „prosperierendes und starkes Italien nur agrarisch und nicht auch industriell" sein könnte. Doch müsse man die Industrie auf „ihre rein wirtschaftliche Aktivität zurückführen" und verhindern, daß diese Staat und Gesellschaft dominiere und „auf Kosten der Gemeinschaft" ihre Interessen verfolge.[25] Nicht Entindustrialisierung der Volkswirtschaft, sondern eine Zurückdrängung der industriellen „Hegemonie" in Gesellschaft und Politik war zunächst sein Hauptanliegen. Das „neue Italien", so verhieß Serpieri, werde dann „ausgeglichener, heiterer, moralisch gesünder" sein sowie „fest mit dem Boden und folglich mit dem Vaterland verwachsen" sein.[26]

Wenn Serpieri eine stärkere Förderung der Landwirtschaft und einen „alto grado di ruralità" beschwor, so dachte er dabei nicht an eine Rückkehr zu vormodernen Wirtschaftsformen. Gerade im landwirtschaftlichen Bereich hielt er eine Modernisierung für unverzichtbar. Doch schwebte ihm dabei keine Entwicklung nach industriellem Schema vor. In seinen Augen verlief der Fortschritt in der Landwirtschaft nach anderen Gesetzmäßigkeiten als in den übrigen Produktionsbereichen. Während in der Industrie „das große Unternehmen dem kleinen überlegen" sei und so eine natürliche Tendenz zur Konzentration bestünde, gewähre in der Landwirtschaft vielfach „der kleine Betrieb höhere Erträge als der große".[27] Genossenschaftliche Zusammenschlüsse könnten hier die Nachteile kleiner Betriebsgrößen ausgleichen. Ohne diesen Zusammenhang theoretisch weiter zu reflektieren, sprach Serpieri damit ein gewichtiges betriebswirtschaftliches Problem an: die geringen Ska-

---

[24] Ebd. S. 61.
[25] Ebd. S. 65.
[26] Ebd. S. 63.
[27] Ders., Problemi del lavoro agricolo (1925), in: ders., Fra Politica ed Economia rurale (raccolta di scritti), Firenze ²1937, S. 121.

lenelastizitäten der landwirtschaftlichen Produktion. Aufgrund der Flächen-
bindung und anderer produktionstechnischer Besonderheiten stoßen Be-
triebsausweitungen im Agrarsektor rasch an ihre ökonomischen Grenzen.
Mit wachsender Betriebsgröße lassen sich zwar – bis zu einem gewissen
Punkt – Produktionskosten einsparen (positive Skaleneffekte), doch werden
solche Spareffekte durch einen Anstieg von Verwaltungs-, Aufsichts- und
Transportkosten überkompensiert. Dies gilt insbesondere, wenn Fremdar-
beitskräfte zur Bewirtschaftung eingestellt werden müssen.[28]

Auch andere Gründe sprachen nach Serpieri dafür, daß der Entwicklungs-
pfad in der Landwirtschaft anders verlief als in der Industrie. So war die
Kapitalverzinsung in der Landwirtschaft relativ gering. Investitionen zur
Verbesserung von Bodenbeschaffenheit und Infrastrukturen zahlten sich allenfalls langfristig aus. Während der industrielle Unternehmer jedoch vor
allem auf kurzfristige Nutzenmaximierung ziele, sei der bäuerliche Produzent
bereit, auf einen raschen Gewinn zu verzichten. Die Bereitschaft der Bauern
zu einer langfristigen Investitionsplanung führte Serpieri auf außerökonomi-
sche, mentalitätsbedingte Faktoren zurück. Die Verbundenheit mit dem eigenen Land, die sparsame Lebensführung, Opferbereitschaft und die „Kontinuität der Generationen" spielten seiner Meinung nach eine entscheidende
Rolle.[29] Der überwiegende Teil der Landwirtschaft sei noch nicht vom „Dä-
mon der Gewinnmaximierung und der Geschäftemacherei" erfaßt. Schon aus
diesem Grund müsse man verhindern, daß der „industrielle Geist" in die
Mentalität der bäuerlichen Bevölkerung eindringe.[30]

Gewichtige Unterschiede zwischen Agrar- und Industriewirtschaft ließen
sich nach Serpieri auch bei den Arbeitsverhältnissen feststellen:

> Während der Lohnarbeiter ein notwendiges und grundlegendes Element der Groß-
> industrie bildet [...], ist es nicht nur möglich, sich eine modern organisierte Land-
> wirtschaft ohne Lohnarbeiter vorzustellen; sondern ich möchte behaupten, daß jede
> gut organisierte und intensive Landwirtschaft ganz ohne Tagelöhner auskommt

---

[28] Vgl. auch Konrad H a g e d o r n , Das Leitbild des bäuerlichen Familienbetriebes in der Agrarpolitik, Zeitschrift für Agrargeschichte und Agrarsoziologie 40 (1992) S. 53–86.

[29] S e r p i e r i , La politica agraria del governo nazionale, Discorso pronunciato a Bologna il
giorno 16 marzo 1924, Bologna 1924, S. 9.

[30] D e r s ., La politica agraria in Italia, S. 59: „Lo 'spirito rurale' guarda molto all'utile dell'oggi e
poco a quello del domani: poco sente i legami fra l'utile dell'individuo che vive e gode oggi e
quello di coloro che vivranno nella continuità delle generazioni. Per comprendere gli effetti
che potrebbero seguire dal prevalere nell'agricoltura dello spirito industriale, basta pensare
che, per esso, la maggior parte delle campagne italiane sarebbe certo in uno stato di produt-
tività enormemente inferiore all'attuale, se è vero – com'è vero – che le maggiori opere di
riduzione della terra a coltura si debbono, assai più che a calcoli di tornaconto, a sentimento
di amore alla terra e alla proprietà."

oder ihren Einsatz auf ein Minimum reduziert. In der Großindustrie führt der Fortschritt zur Lohnarbeit, in der Landwirtschaft erfolgt hingegen ein eher umgekehrter Prozeß.[31]

Serpieri führte diese Unterschiede darauf zurück, daß in der Landwirtschaft arbeitsintensive, meist nicht industriell standardisierbare Produktionsformen vorherrschten. Dies sei allenfalls bei monokulturell betriebener Plantagenwirtschaft der Fall, nicht jedoch bei dem spezialisierten Mischanbau, wie er in Italien überwiegend verbreitet war. Daher würden sich auf lange Sicht Arbeitsformen durchsetzen, die den „Bauern direkt an den Ergebnissen und an der Verantwortung für die Produktion" beteiligten.[32] Dies war für ihn nicht nur durch verschiedene Formen des Besitzrechts (Eigentum, Pacht, Halbscheidepacht), sondern auch durch die Beteiligung des Arbeiters am Betriebsertrag gewährleistet. Die starke Verbreitung der Lohnarbeit in einigen Regionen begriff Serpieri als Produkt einer fehlgeleiteten, letztlich aber vorübergehenden Entwicklung nach industriellem Muster. Als wichtigste Ursachen für dieses Phänomen erkannte er das starke Bevölkerungswachstum, das zu einem Überangebot an Arbeitskräften geführt habe, aber auch eine kurzfristige Nachfrage an Lohnarbeitern im Rahmen der großen Meliorationswerke im östlichen Teil der Poebene. Dennoch hielt er den Lohnarbeiter für ein „Residuum" und eine „anomale Kategorie in der ländlichen Arbeitswelt".[33] Eine „Entproletarisierung" der Landwirtschaft durch verstärkte Kolonisierung brachliegender oder schlecht genutzter Landstriche schien ihm auch aus politischen Gründen dringend geboten. Der Sozialismus und die Gewerkschaftsbewegung hätten, so Serpieris feste Überzeugung, nur in Lohnarbeiterschichten politischen Rückhalt gewonnen, während die „echten Bauern" diesem Phänomen indifferent bis ablehnend gegenüberstünden.[34] Dasselbe galt seiner Meinung nach für die Gewerkschaftsbewegung, die in der Landwirtschaft de facto keine Funktion besitze, da hier „die Probleme der Produktion eine viel größere Bedeutung besitzen als diejenigen der Distribution".[35] Er prognostizierte, daß mit der Beseitigung des Lohnarbeiters auch der Sozialismus seine Existenzberechtigung verlieren würde.[36]

Der gesellschaftstheoretische Ansatz Serpieris stützte sich folglich auf zwei Grundüberlegungen: Zum einen ging er davon aus, daß die Entwicklung der Landwirtschaft nach eigenen Gesetzen verlief, die eine ökonomische Moder-

---

[31] Ders., Problemi del lavoro, S. 120.
[32] Ebd. S. 118.
[33] Ebd. S. 116.
[34] Ebd. S. 111–114.
[35] Ebd. S. 124.
[36] Ebd. S. 116.

nisierung unter Beibehaltung traditioneller familienbäuerlicher Organisationsformen ermöglichte. Zum anderen hielt er eine Stärkung der landwirtschaftlichen Produktion für unverzichtbar, ohne damit der Industrie ihre volkswirtschaftliche Bedeutung grundsätzlich abzusprechen. „Primat der Landwirtschaft" und „Abkehr vom Industrialismus" bedeuteten für ihn eher ein gesellschaftspolitisches Programm als eine Frage exklusiver ökonomischer Prioritätensetzung. Er versprach sich davon soziale und politische Stabilität und die Bewahrung derjenigen wertkonservativen Ideale, die er als Grundpfeiler der staatlichen Ordnung betrachtete. Zugleich, so wird man vermuten dürfen, hoffte Serpieri auf einen „gemäßigten" Faschismus, der sich nicht auf Gewalt und illegalen Terror, sondern auf ein autoritär-legitimistisches Staatsverständnis und einen breiten Konsens der konservativen Gesellschaftsschichten stützte.

3. Die kulturelle Revolte der Provinz.
Curzio Malaparte, Mino Maccari und die Bewegung „Strapaese"

In einem völlig anderen politischen Kontext entstand 1924 die Gruppe „Strapaese", die sich als kulturelle Bewegung des radikalen agrarischen Provinzfaschismus verstand.[37] „Strapaese" wurde zugleich als literarische Metapher für einen idealisierten Ort begriffen, der die Unverdorbenheit und Ursprünglichkeit der ländlichen Lebenswelt gegenüber der degenerierten und korrupten Großstadt („Stracittà") symbolisierte. Der Bauer verkörperte nach diesen Vorstellungen all diejenigen Werte, die auch dem militanten Squadrismus zu eigen waren und die durch die „Normalisierung" und Konstitutionalisierung des Faschismus zu verwässern drohten: Kampfbereitschaft, Idealismus, Glauben an eine höhere Mission, eine antimaterialistische Grundhaltung sowie die Ablehnung bürgerlicher Konventionen und Modeerscheinungen.[38]

Die Gründer der Bewegung, Mino Maccari und Ardengo Soffici, waren aktive Kämpfer des „squadrismo" gewesen und betrachteten „Strapaese als Hauptstadt der faschistischen Revolution".[39] Seit Juli 1924 gaben sie eine vierzehntägig erscheinende Zeitung mit dem Titel *Il Selvaggio* („Der Wilde") heraus.[40] Das zweite publizistische Forum der Gruppe war die Zeitung *La*

[37] Vgl. Giorgio Luti, Cronache letterarie tra le due guerre 1920/1940, Bari 1966, S. 153–166; Michel Ostenc, Intellettuali e fascismo (1915–1929), Ravenna 1989, S. 279–298; Luca Leonello Rimbotti, Il fascismo di sinistra. Da Piazza San Sepolcro al Congresso di Verona, Roma 1989, S. 109–117; De Felice, Mussolini il fascista, Bd. 2, S. 354f.

[38] Vgl. Gentile, Le origini dell'ideologia, S. 276–295.

[39] Curzio Malaparte, Strapaese e stracittà, Il Selvaggio, Jg. 4, Nr. 20, 10.11.1927, S. 79.

[40] Carlo Ludovico Ragghianti (Hg.) Il Selvaggio di Mino Maccari, Venezia 1959. Die Zei-

Conquista dello Stato, die von dem Dichter Kurt Erich Suckert (alias Curzio Malaparte) herausgeben wurde.[41] Zum weiteren Umkreis gehörten faschistische Intellektuelle und Schriftsteller wie Gioacchino Contri, Domenico Giuliotti und Giovanni Papini sowie der Herausgeber von *L'Italiano*, Leo Longanesi.[42] Politische Unterstützung fand „Strapaese" vor allem bei den intransigenten Führern des Provinzfaschismus wie Roberto Farinacci, Leandro Arpinati und Italo Balbo, welche die Koalitionstaktik Mussolinis und dessen politische Annäherung an die alten Eliten des liberalen Staates ablehnten.[43]

Im Unterschied zur „letteratura campagnola" des 19. Jahrhunderts betrachteten die Vertreter von „Strapaese" die bäuerliche Welt nicht als friedliche und harmonische Idylle einer vormodernen Gesellschaft.[44] Sie distanzierten sich auch von der Tradition der bukolischen Dichtung und arkadischen Poesie der Romantik, die in ihren Augen ein rein „ästhetisches Phänomen" darstellte:

> Strapaese ist weder [. . .] engstirniger Regionalismus und Campanilismus noch ein Künstlerkreis oder Literatenzirkel, noch ein Musentempel, in dem man die Vergangenheit anbetet und in dem man sich verstecken kann, um der Realität, den Bedürfnissen und Geboten unserer Tage zu entfliehen. Es ist keine [. . .] Religion der einfachen Dinge, des arkadischen Dorfes, der ruhigen Hütte, des frommen Hirten, des rieselnden Baches, des friedlichen Olivenbaumes, des idyllischen Heuhaufens, des guten Weines, des duftenden Brotes [. . .], der Patina der Zeit und der Menschen, wie sie früher lebten [. . .].[45]

Obgleich sich die „Strapaesaner" explizit auf die Traditionen der alten Welt beriefen, definierten sie sich selbst mehr als postkapitalistische denn als vormoderne Bewegung. In seiner 1930 erschienen Schrift *Richiamo alla terra* cha-

---

tung erschien zunächst in Colle Valle d'Elsa bei Siena und seit 1926 in Florenz. Ardengo Soffici hatte bereits vor dem Ersten Weltkrieg einen Roman mit dem Titel Lemmonio Boreo (Florenz 1912) veröffentlicht, der die literarischen Vorstellungen der Bewegung in vieler Hinsicht antizipierte. Die von Soffici gemeinsam mit Giovanni Papini herausgegebene Zweiwochenschrift *Lacerba* gehörte 1915 zu den heftigsten Befürwortern einer italienischen Kriegsintervention; Mino Maccari publizierte 1928 seinen ersten Gedichtband unter dem Titel: Il Trastullo di strapaese. Canzoncine e legni incisi, Firenze 1928.

[41] Vgl. Alexander J. De Grand, Curzio Malaparte: The Illusion of the Fascist Revolution, Journal of Contemporary History 7 (1972) S. 73–89.

[42] Vgl. Domenico Giuliotti, Giovanni Papini (Hgg.), Dizionario dell'Omo salvatico, Bd. 1, Firenze 1933; Luisa Mangoni, L'Interventismo della cultura. Intellettuali e riviste del fascismo, Roma – Bari, 1974, S. 136–160.

[43] Philip V. Cannistraro, La fabbrica del consenso. Fascismo e mass media, Roma – Bari 1975, S. 64; Giordano Bruno, Italo Balbo, Milano 1984, S. 180.

[44] Vgl. Mario Isnenghi, Il ruralismo nella cultura italiana, in: Bevilacqua (Hg.), Storia dell'agricoltura, Bd. 3, S. 877–910.

[45] Orso Bisorco [d. i. Mino Maccari], Gazzettino ufficiale di strapaese, Il Selvaggio, Jg. 4, Nr. 21, 24.11.1927, S. 81.

rakterisierte Gioacchino Contri die „ruralistische" Ideologie als „Ankündigung einer neuen Kultur".[46] In Anlehnung an Werner Sombart äußerte er die Überzeugung, daß die kapitalistische Gesellschaft „den Höhepunkt ihrer Parabel" bereits überschritten habe und der „Untergang der Epoche" nicht mehr aufzuhalten sei. Die „Auflösungskrise" des Kapitalismus war nach Contri von einer „Krise des modernen Menschen" begleitet, der durch die „Überkultur" (Superciviltà) und das Fehlen eindeutiger Werte und moralisch-ethischer Bezugspunkte verunsichert sei. Der „ruralesimo" müsse das „unüberschaubare Gewirr von Ideen und Philosophien" ersetzen. Contri forderte eine „Ausrichtung der gesamten Gesellschaft an den Prinzipien des ländlichen Lebens: Natürlichkeit und Ehrlichkeit der Sitten, extreme Einfachheit und Klarheit in allen Lebensbereichen sowohl des Staates als auch der Individuen".[47]

Die Kritik der Vertreter von „Strapaese" richtete sich jedoch nicht nur gegen die kulturelle Dekadenz und den Wertepluralismus der liberalen Gesellschaft. Ebenso lehnten sie die futuristischen und modernistischen Strömungen innerhalb des Faschismus ab, welche die industrielle Welt mit ihren technischen Errungenschaften verherrlichten und die moderne Kunst und Architektur als zukunftsweisende Richtung feierten.[48] In einer polemischen Auseinandersetzung Maccaris mit den „Novecentisti" (benannt nach der von Bontempelli herausgegebenen Zeitschrift *900*) heißt es:

> Wir wollen die Moderne nicht abschaffen; wir sind keine Nostalgiker vergangener Jahrhunderte; doch möchten wir die Moderne stärker italienisch und weniger deutsch oder amerikanisch sehen, unser Jahrhundert mehr in Harmonie mit dem ursprünglichen italienischen Geist, mit Gebräuchen, Sitten und Mentalitäten, die unseren Menschen zu eigen und in unseren Generationen verwurzelt sind.[49]

Während die städtische Lebenswelt durch den Einfluß ausländischer Moden und Kultureinflüsse zu degenerieren drohe, sei der Bauer als „reinster und ursprünglichster Ausdruck unserer Rasse" das „Fundament eines ehrlichen und nicht korrumpierten Italienertums".[50] Der Bauer verkörperte gleichsam den „Uritaliener" (*Arcitaliano*, so der Titel eines 1928 erschienen Gedichtbandes Malapartes), dessen „Blutreinheit" die „unsterbliche Rasse" der Italiener vor kultureller Überfremdung bewahren sollte.[51]

---

[46] Gioacchino Contri, Richiamo alla terra, Roma 1930, S. 128.

[47] Ebd. S. 29, 41f. und 46f.

[48] Vgl. Adrian Lyttelton, La conquista, S. 629–632.

[49] Mino Maccari, Brevario, Il Selvaggio, Jg. 4, Nr. 2, 30.1.1927, S. 7.

[50] Orso Bisorco [d. i. Mino Maccari], Gazzettino ufficiale di strapaese, Il Selvaggio, Jg. 4, Nr. 16, 16.9.1927, S. 61.

[51] Curzio Malaparte, L'Arcitaliano. Cantate di Malaparte, Roma 1928; G. Donnini, Conta-

Die Äußerungen lassen den unterschwelligen Rassismus der „Strapaesaner" erkennen, der sich gelegentlich auch in antisemitischen Polemiken entlud.[52] Allerdings gehörte die Bewegung in den späten dreißiger Jahren zu den schärfsten Kritikern der deutsch-italienischen Bündnispolitik und der 1938 verabschiedeten Rassegesetze. Auch ist zu betonen, daß es sich um einen vorwiegend kulturell fundierten Rassismus handelte, dem die biologistischen und völkischen Argumentationsmuster der NS-Bauerntumsideologie weitgehend fehlten.[53] Seit Anfang der dreißiger Jahre geriet die Gruppe um Maccari, Soffici und Malaparte zunehmend in eine innerparteiliche Oppositionsrolle. Ebenso wie Longanesis *L'Italiano* entwickelte sich *Il Selvaggio* zu einer publizistischen Plattform unzufriedener Intellektueller, von denen einige wenige (wie z. B. Romano Bilenchi) sogar den Weg zum Antifaschismus fanden. Dennoch hat die Bewegung maßgeblich zur Entstehung und Formulierung der „ruralistischen" Ideologie beigetragen, welche die politische Rhetorik und Propaganda seit 1925/26 entscheidend prägte.

4. Agrarpolitik und „demographischer Primat"

Es wurde bereits darauf hingewiesen, daß agrarpolitische Themen vor 1925 in der Propaganda des Faschismus eine eher zweitrangige Rolle spielten. Wenngleich Mussolini die politische Integration der ländlichen Bevölkerung von Anfang an als zentrale Aufgabe des Faschismus betrachtete, schienen ihn Probleme der Landwirtschaft zunächst nicht besonders zu interessieren. Dies änderte sich erst im Sommer 1925, als er die „Getreideschlacht" mit dem Ziel ernährungswirtschaftlicher Selbstversorgung proklamierte und eine umfassende Propagandakampagne in die Wege leitete.[54] In zahlreichen Reden und Artikeln bekundete er nun die Absicht, die „Landwirtschaft gegenüber allen anderen Produktionsformen zu bevorzugen" und den Bauern eine gesellschaftliche Vorrangstellung einzuräumen.[55] Man wird diese Bekundungen nicht allein auf propagandistische Motive zurückführen können. Diese spiel-

---

dino, Il Selvaggio, Jg. 1, Nr. 8, 31.8.1924, S. 30; Orso Bisorco [d. i. Mino Maccari], Gazzettino ufficiale di strapaese, ebd. Jg. 4, Nr. 2, 30.1.1927, S. 5.

[52] Vgl. Il Selvaggio, 15.10.1927.

[53] Die Unterschiede zwischen nationalsozialistischer und faschistischer Agrarideologie betont auch Corni, La politica agraria del fascismo, passim; vgl. außerdem ders., La politica agraria del nazionalsocialismo 1930–1938, Milano 1989, bes. S. 272f.

[54] S.u. Kap. V.

[55] Rede Mussolinis vom 14.10.1928 anläßlich der Prämierung von Getreideproduzenten in Rom, in: O.O., Bd. 23, S. 236; zahlreiche weitere Beispiele in Mussolini, L'agricoltura, passim und ders., La battaglia del grano, Roma 1928.

ten zwar bei allen Äußerungen Mussolinis eine wichtige Rolle. Aber die agrarideologischen Argumentationsmuster reflektieren auch einen Wandel im Denken Mussolinis. Dieser Wandel ist im einzelnen nur sehr schwer festzumachen, da Mussolini in den zwanziger Jahren neben seinen zahlreichen Reden und Zeitungsartikeln keine umfangreicheren Schriften verfaßt hat, die Aufschluß über sein politisches Denken geben könnten.[56] Dennoch ist unverkennbar, daß Mussolinis gesellschaftspolitische Vorstellungen seit 1925 immer deutlicher Gestalt annahmen.[57] Dabei spielte die Frage der wirtschaftlichen Ordnung und der Bevölkerungsentwicklung eine zunehmend wichtigere Rolle. Deutlich erkennbar ist hier der Einfluß von Oswald Spengler und Richard Korherr, deren kulturpessimistische Schriften offenbar großen Eindruck auf Mussolini machten. Spengler hatte 1925 einige seiner Veröffentlichungen an Mussolini geschickt, und dieser bezog sich in den darauffolgenden Jahren mehrfach auf den deutschen Publizisten.[58] Besonders beeindruckte ihn Spenglers 1918 erschienenes Buch „Der Untergang des Abendlandes", dessen zyklische Geschichtsdeutung ebenso in sein Weltbild paßte wie die antimarxistische und kulturpessimistische Stoßrichtung des Werkes. Die Vorstellung, daß die abendländische Kultur vom Untergang bedroht sei, schien ihm zu bestätigen, daß der Faschismus eine „historische Mission" zu erfüllen hatte.[59] Noch wichtiger war für Mussolini die Kausalisierung von demographischem Niedergang und zivilisatorischem Verfall, wie sie von Spengler und noch prononcierter von dem deutschen Statistiker und Publizisten Richard Korherr vertreten wurde. Zur 1928 erschienenen italienischen Ausgabe von

---

[56] Erst seit Anfang der dreißiger Jahre ging Mussolini dazu über, sich ausführlicher über seine politischen Ideen zu äußern, so in der – allerdings zum Teil von Giovanni Gentile verfaßten – „Dottrina del fascismo", die 1932 in der Enciclopedia Treccani erschien, und in langen Gesprächen, etwa mit Emil Ludwig (Mussolinis Gespräche mit Emil Ludwig, Berlin – Wien 1932) oder Yvon De Begnac, Taccuini mussoliniani, neu herausgegeben von Francesco Perfetti, Bologna 1990.

[57] Vgl. De Felice, Mussolini il duce, Bd. 1, S. 34–53.

[58] Vgl. u.a. Mussolinis Rezension von Oswald Spengler, Jahre der Entscheidung. Deutschland und die weltgeschichtliche Entwicklung (1933), Il Popolo d'Italia, 15.12.1933 (jetzt in: O.O., Bd. 26, S. 122f.); ausführlich dazu Michael Thöndl, Die Rezeption des Werkes von Oswald Spengler (1880–1936) in Italien bis zum Ende des Zweiten Weltkrieges, Quellen und Forschungen aus italienischen Archiven und Bibliotheken 73 (1993) S. 572–615. Zur Einschätzung Mussolinis durch Spengler vgl. ders., Das Politikbild von Oswald Spengler (1880–1936) mit einer Ortsbestimmung seines politischen Urteils über Hitler und Mussolini, Zeitschrift für Politik 40 (1993) S. 418–443.

[59] Mussolini bezeichnete „Der Untergang des Abendlandes" später als „Meisterwerk" (De Begnac, Taccuini, S. 595). Dies galt auch für dessen 1933 erschienenes Buch „Jahre der Entscheidung. Deutschland und die weltgeschichtliche Entwicklung", in dem Spengler Mussolini in ein cäsaristisches Herrschaftskonzept einordnet. Ablehnend stand Mussolini Spenglers Pangermanismus gegenüber; vgl. Thöndl, Die Rezeption, S. 591ff.

Korherrs Buch „Geburtenrückgang" schrieb Mussolini eine Einleitung, die im September 1928 auch in der Zeitschrift *Gerarchia* veröffentlicht wurde.[60]

Bevölkerungs- und Agrarpolitik standen für Mussolini in einem engen Wirkungszusammenhang. In seinen Augen führte der Urbanisierungsprozeß zu einer „Sterilisierung der Völker", während sich agrarisch geprägte Staaten und Regionen in der Regel durch hohes Bevölkerungswachstum auszeichneten. Erstmals formulierte er diese Vorstellung in der als „Discorso dell'Ascensione" bekannt gewordenen Rede vom 26. Mai 1927.[61] Nach einer ausführlichen Analyse der demographischen Entwicklung und der „Lage des italienischen Volkes unter dem Gesichtspunkt der physischen und rassischen Gesundheit" kam Mussolini zu dem Schluß, daß Italien zwar im europäischen Vergleich immer noch ein hohes Bevölkerungswachstum aufzuweisen habe, dieses sich aber seit einigen Jahren merklich verlangsame. Insbesondere gelte dies für industriell stark entwickelte Regionen wie die Lombardei, Ligurien und Piemont, während Landesteile mit agrarischer Struktur (z. B. Kalabrien, Apulien und Basilicata) hohe Geburtenraten aufwiesen. Er führte diese Entwicklung auf die Zunahme von „sozialen Krankheiten" (Tuberkulose, Alkoholismus) in städtischen Ballungszentren zurück, aber auch auf eine geringere Bereitschaft der urbanen Bevölkerung, kinderreiche Familien zu gründen.[62] In vielen Städten seien die „Kinderwiegen leer, während die Friedhöfe größer werden".[63]

> Und was schließen wir aus diesen Betrachtungen? 1. Daß die industrielle Verstädterung zur Sterilität der Bevölkerung führt. 2. Daß das Gegenteil durch kleinbäuerlichen Eigenbesitz bewirkt wird. Zu diesen beiden ökonomischen Ursachen wird man die unendliche Feigheit der sogenannten höheren Gesellschaftsklassen hinzufügen müssen. Wenn wir weniger werden, meine Herren, werden wir nicht zum Imperium, sondern zur Kolonie! [. . .] So erklärt ihr euch, daß ich der Landwirtschaft helfe, daß ich mich als einen Freund der Landwirtschaft bezeichne; [. . .] daß ich keine Industrien um Rom herum haben möchte; [. . .] daß ich in Italien nur gesunde Industrien gestatte; gesund sind diejenigen Industrien, welche in der Landwirtschaft und auf dem Meer arbeiten.[64]

---

[60] Mussolini, Il numero è forza, Gerarchia, Jg. 8, Nr. 9, September 1928 (jetzt in: O.O., Bd. 23, S. 209–216). Die italienische Übersetzung von Korherrs Buch erschien unter dem Titel Regresso delle nascite: morte dei popoli, Roma 1928.

[61] O.O., Bd. 22, S. 360–368.

[62] Ebd. S. 362f.

[63] Mussolini, Vorwort zu Korherr, S. 216; vgl. auch ders., Sfollare le città, Il Popolo d'Italia, 22.11.1928 (jetzt in: O.O., Bd. 23, S. 256–258).

[64] O.O., Bd. 22, S. 367; vgl. auch Rede Mussolinis vor Bauernvertretern in Rom am 3.11.1928, in: O.O., Bd. 23, S. 246f.

Für Mussolini war es ein Gebot der Stunde, eine weitere Konzentration der Bevölkerung in den Großstädten zu verhindern. Dies sollte durch Zuwanderungsrestriktionen, vor allem aber durch eine Förderung der Landwirtschaft und verstärkte innere Kolonisation erreicht werden.[65] Langfristig hielt er es für möglich, eine Bevölkerung von 60 Mill. Menschen auf dem italienischen Territorium unterzubringen. Skeptikern, die seit langem auf die hohe Bevölkerungsdichte und die strukturelle Arbeitslosigkeit auf dem Land hinwiesen, hielt er entgegen, daß ähnliche Einwände wahrscheinlich auch 1815 gemacht worden seien, als es in Italien lediglich 16 Mill. Italiener gab. Demgegenüber lebten inzwischen bereits 40 Mill. Menschen unter „unendlich besseren Lebensverhältnissen" in Italien.[66] In seinem Vorwort zu Korherr schrieb er: „In einem Italien, das vollständig urbar gemacht, landwirtschaftlich bewirtschaftet, bewässert, diszipliniert, daß heißt faschistisch ist, gibt es noch Raum und Brot für zehn Millionen Menschen. Sechzig Millionen Italiener werden das Gewicht und die Kraft ihrer Masse in die Weltgeschichte einbringen."[67]

Mussolini sah das italienische Volk vor eine besondere historische Aufgabe gestellt. Die drohende kulturelle Überfremdung durch asiatische und negride Rassen („Neger und Gelbe stehen vor den Türen")[68] verpflichte das Land, als Retter der westlichen Zivilisation auf den Plan zu treten. Vorbedingung für die Erfüllung einer derartigen Mission war ein starkes demographisches Potential. Er war davon überzeugt, daß das „Schicksal der Nationen von ihrer Bevölkerungsstärke" abhing. Dies habe die Geschichte eindeutig bewiesen. „Alle Nationen und Imperien" hätten in Zeiten demographischer Rückentwicklung „den bitteren Geschmack des Untergangs gespürt".[69] Als Beispiel führte er das römische Weltreich an, das in seiner späten Phase immer stärker auf fremde Legionäre zurückgreifen mußte, um seine militärische Macht zu halten. Diesen Fehler dürfe die faschistische Regierung nicht begehen. Obgleich Mussolini besorgt über die „erschreckende demographische Agonie"[70] in einigen Regionen Italiens sprach, war er insgesamt optimistisch. Er sah für Italien sogar eine Chance, in seiner außenpolitischen Bedeutung mit den europäischen Großmächten gleichzuziehen: Durch ein starkes Bevölkerungs-

---

[65] Vgl. dazu Carl D. Ipsen, Dictating Demography: The Problem of Population in Fascist Italy, Diss. masch. University of California at Berkeley 1992; Dietrich von Delhaes-Guenther, Die Bevölkerungspolitik des Faschismus, Quellen und Forschungen aus italienischen Archiven und Bibliotheken 59 (1979) S. 392–419.

[66] O.O., Bd. 22, S. 364.

[67] Mussolini, Vorwort zu Korherr, S. 216.

[68] Ebd. S. 210.

[69] O.O., Bd. 22, S. 365.

[70] Mussolini, Vorwort zu Korherr, S. 214.

wachstum könne die militärische und ökonomische Unterlegenheit gegenüber Ländern wie Deutschland, Frankreich und England, die sich in einem „vollkommenen demographischen Niedergang" befänden, allmählich ausgeglichen werden.[71]

> Die Geburtenrate ist nicht nur Meßlatte für die Stärke des Vaterlandes, sie ist nicht nur, wie Spengler sagt, „die einzige Waffe des italienischen Volkes", sondern ist auch das, was das italienische Volk von den anderen Völkern unterscheidet.[72]

Aus diesen Äußerungen wird deutlich, daß Mussolinis Agrarideologie keineswegs einem rein propagandistischen Kalkül entsprang, sondern Bestandteil eines umfassenderen Weltbildes war. Diesem Weltbild lag kein geschlossenes gesellschaftstheoretisches Konzept zugrunde. Vielmehr fußte es auf der Verbindung machtpolitischer Ziele und einem populärwissenschaftlichen Kulturpessimismus Spenglerscher Prägung. Die Förderung der Landwirtschaft erhielt in diesem Zusammenhang eine in dreifacher Hinsicht zentrale Funktion. Sie sollte erstens ein hohes Bevölkerungswachstum gewährleisten, welches Mussolini als Vorbedingung für eine zukünftige Großmachtrolle Italiens erschien. Zum zweiten war ihr die Aufgabe zugedacht, neue Siedlungsmöglichkeiten zur Aufnahme des demographischen Überschusses zu schaffen. Schließlich sollte drittens die landwirtschaftliche Produktion soweit gesteigert werden, daß Italien seinen Nahrungsmittelbedarf ohne Einfuhren aus dem Ausland decken konnte.

Damit wird zugleich erkennbar, daß Mussolinis „ruralistische" Ideologie nicht mit romantischer Großstadtfeindlichkeit und nostalgisch verklärten Zurück-zur-Natur-Appellen zu verwechseln ist. Mussolini selbst betonte immer wieder, daß die faschistische Agrarpolitik „mit den alten idyllischen oder arkadischen Bildern vergangener Zeiten nichts gemeinsam" hätte.[73] Er betrachtete die Agrarpolitik in erster Linie als Instrument, um das ökonomische und machtpolitische Potential Italiens zu stärken.[74]

---

[71] O.O., Bd. 22, S. 365; vgl. auch ders., Culle e bare in Francia ed in Germania, Il Popolo d'Italia, 20.8.1933, (jetzt in: O.O., Bd. 26, S. 42f.); ders., Il numero è forza, Il Popolo d'Italia, 16.9.1933 (jetzt in: O.O., Bd. 26, S. 52f.).

[72] Mussolini, Vorwort zu Korherr, S. 216.

[73] Mussolini, L'agricoltura respinge il dilettantismo pseudoscientifico, L'Avanguardia Rurale, Jg. 4, H. 4, April 1933, S. 1.

[74] Vgl. auch De Felice, Mussolini il Duce, Bd. 1, S. 147.

5. „Ruralismus" als nationale Integrationsideologie

Mussolini hatte bereits vor der Machtübernahme im Oktober 1922 betont, daß er die ländliche Bevölkerung als „wichtigsten Verbündeten" der faschistischen Bewegung betrachtete. Er definierte den Faschismus sogar als „politischen und geistigen Ausdruck einer neuen ländlichen Demokratie".[75] Dies war natürlich eine reichlich euphemistische Umschreibung des Agrarfaschismus, der seinen Siegeszug in den ländlichen Gebieten Nord- und Mittelitaliens vor allem der gewaltsamen Zerschlagung der Gewerkschaftsbewegung und dem systematischen Terror gegenüber politischen Gegnern zu verdanken hatte. Dennoch war Mussolini offensichtlich davon überzeugt, daß seine Bewegung vor allem die „Sympathien des ländlichen Kleinbürgertums" genoß.[76] Ähnlich wie Serpieri sah er einen engen Zusammenhang zwischen dem Aufstieg der faschistischen Bewegung und dem politischen Emanzipations- und Partizipationsprozeß der ländlichen Bevölkerung. Er betrachtete es sogar als „historisches Verdienst" des Faschismus, „einen großen Teil der bäuerlichen Massen in den lebendigen Körper der Nation eingegliedert zu haben".[77]

> Damit wurde eine seit Jahrhunderten gehegte Hoffnung erfüllt. Die Bauern hatten sich gegenüber dem Risorgimento gleichgültig bis ablehnend verhalten. Die Einheit Italiens ist das Werk des intellektuellen Bürgertums und städtischer Handwerksschichten. Aber im großen Krieg von 1915–1918 wurden Millionen von Bauern eingezogen. Erneut wurden sie in den Dienst der Stadt gestellt. Doch jetzt hat der Faschismus diese Passivität der Bauern [. . .] in eine aktive Teilnahme an der Wirklichkeit und Heiligkeit der Nation verwandelt. Der Patriotismus ist nicht mehr nur eine von den Städten monopolisierte (oder mißbrauchte) Empfindung, sondern wird auch vom Land in Anspruch genommen. Die Trikolore [. . .] weht heute auch in den entlegensten Dörfern.[78]

Derartige Verlautbarungen entsprachen Anfang 1922 freilich mehr Wunschdenken als Realität. Die faschistische Bewegung verfügte zu diesem Zeitpunkt, zumindest außerhalb der Poebene, noch über keine feste Massenbasis innerhalb der ländlichen Bevölkerung. Dennoch können diese Äußerungen Aufschluß über das politische und ideologische Selbstverständnis Mussolinis geben. Sie zeigen, wie stark er bereits 1922 von der Notwendigkeit überzeugt war, die bäuerlichen Massen in den faschistischen Staat zu integrieren. Er betrachtete die nationale Einbindung der ländlichen Bevölkerung als histo-

---

[75] Mussolini, Il fascismo e i rurali, a. a. O., S. 243; vgl. auch das „Wahlmanifest" des Faschismus für die Wahlen vom April 1921, in: O.O., Bd. 16, S. 264f.
[76] Ders., Il fascismo e i rurali, S. 241.
[77] Ebd. S. 243.
[78] Ebd.

rische Aufgabe, von deren Verwirklichung langfristig auch das politische Schicksal des Faschismus abhing.

Die faschistische Agrarpropaganda mußte insbesondere in den landwirtschaftlichen Organisationen und Verbänden auf fruchtbaren Boden fallen. Es entsprach einer weit verbreiteten Vorstellung, daß die Agrarwirtschaft von den liberalen Regierungen sträflich vernachlässigt worden war und „sowohl im politischen als auch im wirtschaftlichen Bereich nie das Gewicht hatte, das ihr von ihrer Bedeutung her eigentlich zustand".[79] Demgegenüber sollte die „ruralistische" Ideologie signalisieren, daß der Faschismus der Landwirtschaft eine zentrale Bedeutung beimaß. Immer wieder wurde dabei herausgestellt, daß es nicht nur um eine materielle Besserstellung, sondern auch um eine gesellschaftliche Aufwertung des Bauernstandes ging. Endlich sollten „die Bauern vom Rande der Politik, wo sie seit Jahrtausenden vegetieren, wieder ins Zentrum des nationalen Lebens" rücken.[80] „Wir müssen", so der Präsident des faschistischen Agrarverbands Cacciari 1927, „frisches und junges Landblut in die Venen der Nation einführen".[81]

Allerdings zielte die faschistische Agrarpropaganda keineswegs allein auf die politische Mobilisierung der ländlichen Schichten. Betrachtet man die Flut von Reden, Schriften und anderen propagandistischen Manifestationen, so wird deutlich, daß die „ruralistische" Ideologie einem viel umfassenderen Zweck diente. Sie sollte, so Contri, zum „politischen Glaubensbekenntnis" des faschistischen Staatsbürgers werden und als „zentraler Motor" der moralischen Erneuerung von Gesellschaft und Staat wirken.[82] In der „Bildung eines agrarischen Nationalbewußtseins" erkannte man die „Grundlage der wirtschaftlichen und sozialen Wiedergeburt des Vaterlandes".[83] Es ging darum, so der Unterstaatssekretär im Korporationsministerium Bruno Biagi 1935, „ideelle und ökonomische Werte" zu vereinigen und „diejenigen Tugenden" zu stärken, „welche die Landwirtschaft als Ausdruck der reinsten und besten Energien der italienischen Rasse verkörpert: die Verbundenheit mit dem Boden, der religiöse Geist und die Liebe zur großen Familie".[84]

---

[79] Giuseppe Tassinari, Problemi della agricoltura italiana, Roma 1933, S. 406; vgl. auch Giovanni Pesce, La marcia dei rurali. Storia dell'organizzazione sindacale fascista degli agricoltori, Roma 1929; Serpieri, La politica agraria in Italia, passim.

[80] Nallo Mazzocchi Alemanni, I rurali nello Stato fascista, Milano 1939, S. 12.

[81] Confederazione Nazionale Fascista degli Agricoltori, Relazione del Presidente al Consiglio Nazionale del 30.6.1927, Roma 1927, S. 21.

[82] Contri, Richiamo, S. 96.

[83] Commissione Tecnica per il Miglioramento dell'Agricoltura, Relazione 1924–1925, S. 4 und dies., Relazione del 1926–1927, S. 5.

[84] Bruno Biagi, Contenuto economico e forme giuridiche dei rapporti di conduzione agricola in regime corporativo, Atti della Reale Accademia economico-agraria dei Georgofili di Firenze, Ser. VI, Bd. 1, Firenze 1935, S. 10.

46

Der faschistische „Ruralismus" lieferte gleichsam einen ideologischen Rahmen, in dem sich eine Vielzahl von moralischen und politischen Wertvorstellungen unterbringen ließ. Besonders deutlich wird dies, wenn man die zahlreichen Propagandaschriften betrachtet, die an die Bevölkerung und in den Schulen verteilt wurden.[85] In ihnen wurde die ländliche Lebenswelt zu einem Idealbild stilisiert, das nur wenig mit der Realität zu tun hatte. Häufig wird in Dialog- oder Erzählform das Schicksal eines Bauern dargestellt, der sich 1915 freiwillig zur Front meldet, seine Tapferkeit und Kampfbereitschaft als „contadino fante" in den Schützengräben des Ersten Weltkrieges unter Beweis stellt und nach dem Krieg zur faschistischen Bewegung findet. Er kehrt schließlich in sein Heimatdorf zurück, übernimmt den elterlichen Hof und gründet eine Familie. Doch neben der friedlichen Idylle der ländlichen Dorfgemeinschaft bleibt er dem faschistischen Staat in patriotischer Gesinnung verbunden und ist als Mitglied der *Milizia* stets bereit, „den Pflug mit dem Schwert einzutauschen".[86] In dem idealisierten Bild des Bauern sind sämtliche faschistischen und staatsbürgerlichen Tugenden aufgehoben: Tradi-

---

[85] Gino D'Angelo, Contadino, sarai milite, Lavorare in Profondità. Collezione di propaganda fascista Nr. 5 (Hg. Manlio Pompei), Roma 1932; Gino D'Angelo, La terra dove sei nato, Roma 1929; Corrado De Rose, Ruralizzazione ed urbanesimo, Napoli 1930; Manlio Pompei, Nasce la famiglia colonica. Esperienze pontine, bonifica dei beni collettivi, Roma 1934; Giorgio Vecchietti, Contadini, il vostro Capo!, Lavorare in Profondità. Collezione di propaganda fascista Nr. 4 (Hg. Manlio Pompei), Roma 1932, S. 25. – Vgl. auch ACS, PCM, Gabinetto, 1928–1930, 3/2–10/9261: Rundschreiben des R. Provveditorato agli studi Milano an die Schulen, Präfekturen und Parteisekretäre der Lombardei, 20.12.1928; die Schulen wurden darin angewiesen, im Unterricht „den Schülern das neue rurale Bewußtsein zu vermitteln": „L'opera di persuasione sistematica e fervorosa, da parte della Scuola, potrà esercitarsi per diverse vie: per quella del sentimento, esaltando ed intensificando quotidianamente negli alunni l'amore per la vita bella, sana, gioconda dell'aperta campagna, e insistendo nel mettere in evidenza il disagio morale, fisiologico e spesso economico della frettolosa e affannosa vita dei grandi centri urbani; per quella estetica e culturale, dimostrando con la parola, con l'imagine e con le visite quale meraviglioso patrimonio di bellezza, e anche di ricchezza, abbia prodotto la campagna in chiese, castelli, conventi, ville, edifici di ogni genere, cui il vasto paesaggio dà la cornice ineguagliabile de' suoi colori e della sua ampiezza sconfinata; per quella economico-sociale, col ricordare e col dimostrare le gravi delusioni e i gravi dissesti che il turbine della vita [urbana] crea, spesso irrimediabile, a coloro che si sono trapiantati in essa con improvvido consiglio, e la diminuzione di ricchezza nazionale che è determinata dal graduale abbandono dei campi e dell'industria agricola, sola vera e naturale fonte di ricchezza del nostro Paese." (Unterstreichungen im Orginaltext). – Zur faschistischen Schulpolitik vgl. auch Jürgen Charnitzky, Die Schulpolitik des faschistischen Regimes in Italien (1922–1943), Tübingen 1994.

[86] Nino D'Aroma, Contadino, la tua famiglia!, Lavorare in Profondità. Collezione di propaganda fascista Nr. 2 (Hg. Manlio Pompei), Roma 1932; Nicola Bombacci, I contadini nell'Italia di Mussolini, Roma 1943; Gabriele Cruilas, La Terra, Roma 1935; Manlio Pompei, Sono contadino e me ne vanto, Roma 1937.

tionsbewußtsein, Heimatliebe und Verbundenheit mit dem Boden, Religiosität, Kampfbereitschaft, Patriotismus, Sparsamkeit, eine konservative Grundhaltung und die Bereitschaft, soziale Hierarchien anzuerkennen. Dabei ließen sich durchaus widersprüchliche Attribute miteinander verbinden. Der Bauer war zugleich der eigenen Dorfgemeinschaft verhaftet, aber auch ein glühender Patriot und Faschist, bereit, sein Leben als Soldat und kolonialer Siedler einzusetzen. Er ging in die Kirche und kämpfte in der faschistischen Miliz, er war konservativ und traditionsbewußt, zugleich aber technischem und ökonomischem Fortschritt aufgeschlossen. Er war als selbständiger Bauer „sein eigener Herr", aber dennoch fest in die sozialen Hierarchien eingebunden.

Während man einerseits die Originalität und Neuartigkeit der faschistischen Agrarpolitik hervorhob, bemühte man sich andererseits, historische Vorläufer und Traditionen ausfindig zu machen. In zahlreichen Publikationen und Reden wurde die faschistische Agrarpolitik mit der der römischen Antike verglichen.[87] Insbesondere die bukolische Dichtung und die „Georgica" Vergils, dessen 2000. Geburtsjahr 1931 mit großem Aufwand zelebriert wurde, galten als Vorbild des faschistischen „Ruralismus".[88] Holzschnittartig wurden Aufstieg und Niedergang des römischen Imperiums auf die Entwicklung der Landwirtschaft zurückgeführt. Rom habe seine Machtentfaltung und kulturelle Blüte vor allem der bäuerlich-agrarischen Wirtschaft zu verdanken.[89] Mit der Aristokratisierung des Landbesitzes, der Entstehung von Latifundien und der zunehmenden Abhängigkeit von Getreideimporten sei hingegen die Phase wirtschaftlicher und kultureller Dekadenz eingeleitet worden.[90] Positiv wurden die agrarischen Reformbemühungen unter Tiberius Gracchus und Kaiser Augustus gewürdigt, die allerdings diese Entwicklung nicht aufgehalten hätten.[91] „Das Imperium erlebte seinen Niedergang und hatte nicht mehr die Kraft, den einfallenden Barbaren zu widerstehen. [. . .] Diesen Fehler wird Benito Mussolini nicht begehen."[92]

---

[87] Vgl. z. B. Filippo Clementi, La politica granaria di Roma antica nei riflessi dell'Autarchia fascista, La Conquista della terra, Jg. 10, H. 1, Januar 1939, S. 3–7; Arturo Marescalchi, Parallelo fra il programma rurale dei romani e quello del fascismo, Bologna 1930.

[88] Alberto Oliva, Virgilio georgico, Atti della Reale Accademia economico-agraria dei Georgofili di Firenze, Ser. V, Bd. 27, Firenze 1930, S. 23–49; ders., Virgilio e le Georgiche, L'Avanguardia Rurale, Jg. 1, Nr. 7, 15.5.1930, S. 1f.

[89] Vgl. Arturo Mareschalchi, La piccola proprietà elemento fondamentale della civiltà romana e fascista, Milano 1935, S. 1f.

[90] Alberto Oliva, La politica granaria di Roma antica dal 265 a.C. al 410 d.C. Saggio di agricoltura ed economia rurale, Piacenza 1930.

[91] Ders., La politica granaria di Augusto, Atti della Reale Accademia economico-agraria dei Georgofili di Firenze, Ser. V, Bd. 26, Firenze 1929, S. 64–97; Giacomo Acerbo, L'Agricoltura italica al tempo d'Augusto, Roma 1938.

[92] Mareschalchi, La piccola proprietà, S. 6.

Neben der römischen Antike wurden auch andere Epochen zur historischen Legitimierung der faschistischen Agrarpolitik herangezogen. Für den liberalen Senatspräsidenten Tommaso Tittoni hatte der Stauferkönig Friedrich II. nicht nur die „Einheit Italiens" „antizipiert", sondern war auch ein „Vorläufer Mussolinis und [. . .] der Getreideschlacht".[93] Tittoni berief sich dabei auf eine Urkunde aus dem Jahre 1238, in der Friedrich eine Verbesserung der Getreideproduktion fordert.[94] Andere Autoren stellten die faschistische Autarkiepolitik in die merkantilistische Tradition des Piemontesisch-Savoischen Staates.[95] Die im Faschismus so häufig anzutreffende Ideologisierung und „Erfindung" historischer Traditionen wirkte auch in den agrarpolitischen Bereich hinein.[96]

Der „Ruralismus" diente zur Bündelung verschiedener gesellschaftspolitischer Wertvorstellungen. Es handelte sich letztlich um ein ideologisches Konstrukt, das durch unterschiedliche Elemente fast beliebig angereichert werden konnte. Sein „polyvalenter" Charakter machte den „Ruralismus" außerordentlich wertvoll für die faschistische Propaganda. Er bot die Möglichkeit, ideologische Inhalte auf populäre und anschauliche Weise zu vermitteln. Außerdem besaß die Agrarideologie eine wichtige politische Integrationsfunktion, indem sie einen Anknüpfungspunkt für unterschiedliche gesellschaftliche Gruppierungen und politische Richtungen lieferte. Nicht nur Bauern- und Agrarverbände, sondern auch Konservative, Monarchisten und vor allem – wie noch darzustellen sein wird – die katholische Kirche konnten sich mit den wertkonservativen Inhalten des „Ruralismus" identifizieren. Das gleiche galt, wenn auch unter entgegengesetzten politischen Vorzeichen, für den radikalen Flügel des intransigenten agrarischen Provinzfaschismus, dessen gefährliches politisches Protestpotential durch die Bewegung „Strapaese" in eher unschädliche Bahnen gelenkt wurde.

---

[93] Tommaso Tittoni, Federico II e la Battaglia del grano, Gerarchia, Jg. 4, H. 12, Dezember 1925, S. 757–759.

[94] Die Urkunde ist abgedruckt in: Acta imperii inedita seculi XIII. Urkunden und Briefe zur Geschichte des Kaiserreiches und des Königreiches Sicilien in den Jahren 1198–1273 (Hg. E. Winkelmann), Insbruck 1880, Urkunde 816, S. 633.

[95] Vgl. z. B. Italo M. Sacco, Precedenti storici dell'autarchia nella politica sabauda prima dell'800, in: Federazione dei Fasci di Combattimento di Torino (Hg.), Autarchia, Torino 1938, S. 161–169.

[96] Vgl. zur faschistischen Antikenrezeption Emilio Gentile, Il culto del Littorio. La sacralizzazione della politica nell'Italia fascista, Roma – Bari 1993, S. 146–154; Fridemann Scriba, Augustus im Schwarzhemd. Die Mostra Augustea della Romanità in Rom 1937/38, Frankfurt a.M. usw. 1994.

III.

DIE FASCHISTISCHE AGRARPOLITIK ZWISCHEN WIRTSCHAFTSLIBERALISMUS UND STAATLICHER PLANUNG (1922–1925)

1. Die Stabilisierungspolitik unter De Stefani und die gesamtwirtschaftlichen Rahmenbedingungen nach dem „Marsch auf Rom"

Als Mussolini am 30. Oktober 1922 die Regierung übernahm, besaß die faschistische Partei kein eigenständiges und in sich geschlossenes Wirtschaftsprogramm. Die wirtschaftspolitischen Vorstellungen der neuen Bewegung waren, wie der spätere Minister für Außenhandel und Währung, Felice Guarneri, bemerkte, zu diesem Zeitpunkt „eher vage und unbestimmt".[1] In seiner ersten, am 16. November gehaltenen Rede vor dem Parlament ging Mussolini daher auch nur kurz auf ökonomische Fragen ein und beschränkte sich auf wenige allgemeine Forderungen und Appelle:

> Die Direktiven der Innenpolitik lauten: Wirtschaft, Arbeit, Disziplin. Von grundlegender Bedeutung ist das Finanzproblem: wir müssen so rasch wie möglich die Haushaltsbilanz zum Ausgleich bringen. Absolutes Sparen; intelligenter Einsatz der Ausgaben; Unterstützung aller produktiven Kräfte der Nation; Abschaffung des verbleibenden kriegsbedingten Wirtschaftsapparates.[2]

Diese Äußerungen waren im Grunde nichts anderes als eine Rückkehr zum klassischen Wirtschaftsliberalismus, der von Mussolini seit 1920 immer häufiger als eigentliches ökonomisches Credo des Faschismus propagiert worden war. Bereits auf dem faschistischen Kongreß vom Mai 1920 hatte er provokativ gefordert, die wirtschaftspolitischen Eingriffe auf ein Minimum zu reduzieren und dem Staat sämtliche Funktionen zu entziehen, „die ihn übersättigt und verwundbar machen".[3]

---

[1] Guarneri führte dies darauf zurück, daß „il fascismo non aveva ancora avuto né modo, né tempo di elaborare una dottrina; forse, non ne aveva avuta nemmeno la possibilità, data la eterogenità delle forze che in esso erano confluite, le quali erano tra loro contrastanti proprio sul terreno della politica economica e sociale"; Felice Guarneri, Battaglie economiche tra le due grandi guerre, Bologna ²1988, S. 154.

[2] O.O., Bd. 19, S. 15–24, hier S. 21.

[3] O.O., Bd. 14, S. 468.

Der Staat – so schrieb er ein Jahr später – ist heute hypertroph, überdimensioniert und enorm verwundbar, da er eine Vielzahl von wirtschaftlichen Funktionen übernommen hat, die dem freien Spiel der privaten Wirtschaft überlassen werden müssen. [. . .] Die Erfahrungen auf diesem Gebiet lassen nur einen Schluß zu. Wer vom Wirtschafts- und Monopolstaat spricht, der meint Bankrott und Ruin. [. . .] Die Haltung des Faschismus gegenüber dem Staat ist daher die folgende: Kampf gegen den Wirtschafts- und Monopolstaat, [. . .] Rückkehr zu den grundlegenden politisch-rechtlichen Ordnungsfunktionen des Staates. In anderen Worten: Verstärkung der politischen Funktionen des Staates, schrittweiser Abbau der wirtschaftlichen Aufgaben.[4]

Hinter diesen Forderungen standen eher taktische Überlegungen, als daß sie die wirkliche Überzeugung Mussolinis zum Ausdruck brachten. Der radikale Wirtschaftsliberalismus war für Mussolini ein propagandistisches Instrument, das er sowohl gegen die liberal geführten Regierungen der Nachkriegszeit als auch gegen die sozialistische Opposition ins Feld führen konnte. Zugleich wurden damit die diffusen syndikalistischen Elemente der frühen faschistischen Programmschriften in den Hintergrund gedrängt. Der erklärte Verzicht auf eine revolutionäre Umgestaltung des Wirtschaftssystems war Bestandteil des politischen Legalitätskurses, mit dem Mussolini den Faschismus als solide, auch von bürgerlichen Kreisen wählbare Regierungspartei präsentieren wollte. In der Tat fand das im August 1922 veröffentlichte und von Ottavio Corgini und Massimo Rocca ausgearbeitete Programm „Zur Sanierung der öffentlichen Finanzen" breite Zustimmung in Wirtschaftskreisen.[5]

Abgesehen von diesen politisch-taktischen Motiven ist die wirtschaftsliberale Orientierung des frühen Faschismus aber auch auf externe Gründe zurückzuführen. Angesichts der prekären finanzpolitischen Lage und der hohen Verschuldung der öffentlichen Haushalte waren die Handlungsspielräume der neuen Regierung äußerst begrenzt. Sanierung der Finanzen, Reform der öffentlichen Verwaltung, Privatisierung der Staatsbetriebe – dies waren die drängenden Aufgaben, denen sich in dieser Phase jede Regierung früher oder später stellen mußte. Darüber bestand weitgehender Konsens in allen Parteien rechts der Sozialisten und Kommunisten.[6] Es waren somit auch äußere Sachzwänge, die den wirtschaftspolitischen Kurs nach 1922 entscheidend mitbestimmten. Das Modell einer regulierten oder gar „korporativ"

---

[4] O.O., Bd. 16, S. 101f.; ähnlich äußerte sich Mussolini in einer Rede vor Vertretern der Internationalen Handelskammer am 18.3.1923 in Rom, in: O.O., Bd. 19, S. 181f.

[5] Partito Nazionale Fascista, Pel risanamento della finanza pubblica. Relazione di Massimo Rocca e dell'on. Ottavio Corgini sulla situazione finanziaria dello Stato e degli Enti locali, Roma o.J.; zu den Reaktionen der Wirtschaft auf dieses Programm vgl. De Felice, Mussolini il fascista, Bd. 1, S. 329–333.

[6] Vgl. ebd. S. 395–400.

verfaßten Ökonomie, das seit Mitte der zwanziger Jahre die faschistischen Wirtschaftsdebatten beherrschen sollte, bildete zu diesem Zeitpunkt keine realistische Alternative.

Die hier nur kurz umrissenen liberalökonomischen Leitlinien wirkten sich auch auf die Besetzung der Wirtschaftsressorts nach dem 30. Oktober 1922 aus. Minister für Industrie und Handel wurde (auf Vorschlag des Industriellenverbandes) Teofilo Rossi. Zum Landwirtschaftsminister bestellte Mussolini Giuseppe De Capitani D'Arzago, einen rechtsliberalen Politiker und Finanzexperten, der bereits unter Luigi Facta einen Kabinettsposten bekleidet hatte.[7] Ihm stand als Unterstaatssekretär Ottavio Corgini zur Seite, der Mitverfasser des finanzpolitischen Programms vom August 1922. Die herausragende Figur des neuen Kabinetts war jedoch Finanzminister Alberto De Stefani, der dieses Amt bis Juli 1925 innehaben sollte. De Stefani gehörte – anders als De Capitani und Rossi – nicht zu den „fiancheggiatori" aus dem liberalen philofaschistischen Umfeld, sondern hatte sich bereits im März 1921 dem Faschismus angeschlossen und eine wichtige Rolle beim Aufbau der Bewegung im Veneto gespielt.[8] Als studierter Ökonom aus der renommierten Schule von Ca' Foscari, Professor für Wirtschaft in Venedig und Korrespondent der Mailänder Zeitung *Corriere della Sera* hatte sich De Stefani einen Namen als finanzpolitischer Experte gemacht. Mit weitreichenden Vollmachten ausgestattet leitete er seit 30. Oktober 1922 das Finanz- und ab 31. Dezember in Personalunion auch das Schatzministerium.[9]

Im Mittelpunkt des Maßnahmenkatalogs, den De Stefani schon kurz nach seiner Nominierung vorlegte, standen drei Ziele:[10] eine drastische Kürzung der Staatsausgaben, eine umfassende Reform der öffentlichen Verwaltung und eine Neuordnung des Steuersystems, mit der Unternehmen und Kapitaleinkommen entlastet, niedrigere Einkommensgruppen dagegen fiskalisch stär-

---

[7] De Capitani war von Februar bis Oktober 1922 Unterstaatssekretär im Schatzministerium; vgl. die biographischen Skizzen in: I 535 Deputati al Parlamento per la XXVIIᵃ Legislatura. Biografie e Ritratti coll'indice alfabetico dei Deputati e l'indice delle Circoscrizioni, Milano 1924, S. 85 und Luigi Albertini, Epistolario 1911–1926 (Hg. Ottavio Barié), Bd. 4: Il fascismo al potere, Milano 1968, S. 2013.

[8] Vgl. zu den Lebensdaten Mario Missori, Gerarchie e statuti del P.N.F. Gran Consiglio, Direttorio nazionale, Federazioni provinciali: quadri e biografie, Roma 1986, S. 200; I 535 deputati, S. 158; Lanaro, Nazione e lavoro, S. 252–254; außerdem das biographische Portrait in Franco Marcoaldi (Hg.), Vent'anni di economia e politica. Le carte De' Stefani (1922–1941), Milano 1986, S. 9–55, sowie ders., Alberto De' Stefani, in: DBI, Bd. 39, S. 429–436.

[9] Beide Ministerien wurden am 31.12.1922 zusammengelegt.

[10] Vgl. Lello Gangemi, La politica economica e finanziaria del Governo fascista nel periodo dei pieni poteri, Bologna 1924; Massimo Rocca, Fascismo e Finanza, Napoli 1925; Toniolo, L'economia, S. 43–63; Lyttelton, La conquista, S. 542–546.

ker herangezogen werden sollten.[11] De Stefani, der für die Phase nach 1922 den Begriff des *produttivismo* prägte, erhoffte sich davon eine erhöhte Kapitalbildung und ein verbessertes Investitionsklima.[12] Nachdem staatliche Abgaben, hohe Zinsen und steigende Löhne die Unternehmen in den Nachkriegsjahren überdurchschnittlich belastet hätten, gelte es nun, die „Probleme der Produktion denen der Distribution überzuordnen".[13] In die gleiche Richtung zielte die Privatisierung der großen Staatsbetriebe, namentlich der Eisenbahn und der Telephongesellschaft.[14] Der Staat sollte auf diesem Weg von seinem gesamten wirtschaftlichen Interventionspotential befreit werden und sich auf rein ordnungspolitische Funktionen beschränken. Über all dem schwebte der unerschütterliche Glaube an die Selbstheilungskräfte der Wirtschaft, der man nur genügend Freiraum lassen müsse, um die ökonomischen Probleme zu überwinden.

Gemessen an ihren eigenen Zielen war die Politik De Stefanis zumindest auf kurze Sicht erfolgreich. Zwischen 1922 und 1924 wurde das laufende Haushaltsdefizit (bei sinkender Steuerquote) von 17,6 auf 3,2 Mrd. Lire reduziert. 1925 lagen die Ausgaben sogar unter den Einnahmen, so daß die Haushaltsbilanz seit langem erstmals wieder einen Saldo aufwies.[15] Auch die privaten Märkte verzeichneten eine deutliche Stabilisierung. Hatte die Inflationsrate 1920 noch 31,3% und 1921 18,5% betragen, so blieben die Preise 1922 und 1923 konstant und wiesen sogar eine leicht deflationäre Tendenz auf.[16] Diese Entwicklung war nicht zuletzt auf den relativ mäßigen Anstieg der Konsumgüternachfrage[17] und die Reduzierung der Arbeitslöhne zurückzuführen: Nach den hohen Lohnzuwächsen der Jahre 1919–1921 waren die Löhne und Gehälter 1922 – nominal wie real – erstmals wieder zurückgegan-

---

[11] Zur Steuerreform 1922–1923 vgl. ausführlich Domenicantonio Fausto, La politica fiscale dalla prima guerra mondiale al regime fascista, in: Franco Cotula (Hg.), Problemi di finanza pubblica tra le due guerre 1919–1936, Ricerche per la storia della Banca d'Italia 2, Roma – Bari 1993, S. 3–138, hier S. 118–128.

[12] Alberto De Stefani, La restaurazione finanziaria 1922–1925, Bologna 1926, S. 17.

[13] Arrigo Serpieri, L'economia italiana e l'agricoltura, in: ders., Fra Politica ed Economia, S. 279–366, hier S. 289.

[14] Vgl. Toniolo, L'economia, S. 49f.

[15] Alberto Baccini, Sulle ricostruzioni del bilancio dello Stato, con particolare riferimento agli anni 1918–1939, in: Cotula (Hg.), Problemi di finanza pubblica, S. 237–283, hier S. 275. – Die Steuerquote (Steueraufkommen / Volkseinkommen) verminderte sich zwischen 1922 und 1925 von 13,38 auf 11,26; Andrea Ripa di Meana, Il consolidamento del debito e la stabilizzazione Mussolini, ebd. S. 285–331, hier S. 293.

[16] Ebd. S. 294.

[17] Die private Konsumgüternachfrage stieg 1922 um 4,7%, 1923 um 5,9% und 1924 um 0,2% an; Istituto Centrale di Statistica, Sommario (1968) S. 132.

gen.[18] Die Zerschlagung der freien Gewerkschaften durch die faschistische Bewegung zeigte hier eine unmittelbare Wirkung.[19]

Was sich auf den ersten Blick als großer Erfolg der faschistischen Wirtschaftspolitik darstellte, war allerdings in Wirklichkeit nur zum Teil das Verdienst der neuen Machthaber. Bei näherer Betrachtung der wichtigsten makroökonomischen Indikatoren ist erkennbar, daß sich die gesamtwirtschaftlichen Rahmenbedingungen bereits vor der faschistischen Machtübernahme deutlich verbessert hatten. Nicht nur die Inflation war schon 1922 zurückgegangen, sondern auch die Staatsausgaben waren zwischen 1921 und 1922 deutlich reduziert worden.[20] Auch die Konjunktur zeigte bereits seit Anfang 1922 Anzeichen der Erholung; 1922 lag das Wachstum des Sozialprodukts sogar über den Werten von 1923 und 1924.[21] Der von der Propaganda sorgsam gepflegte Mythos, der Faschismus habe das Land vor dem wirtschaftlichen Niedergang bewahrt, läßt sich somit leicht widerlegen. Gleichwohl mußte bei Zeitgenossen der Eindruck entstehen, daß das neue Regime nicht nur die politische Ordnung wiederhergestellt, sondern auch für stabile ökonomische Verhältnisse gesorgt hatte.[22]

Tab. 3.1

Index der Agrarproduktion 1921–1925*

	1921	1922	1923	1924	1925
Tierische Nahrungsmittel	100,0	107,9	104,1	94,8	104,2
Pflanzliche Nahrungsmittel	100,0	100,1	115,7	113,6	118,7
Gesamtnahrungsmittelproduktion	100,0	102,8	111,8	107,3	113,9
Industriekulturen	100,0	101,1	103,5	104,0	109,2

* in Getreideeinheiten

Quelle: siehe Anhang.

---

[18] Die Nominallöhne sanken zwischen 1922 und 1924 um insgesamt 6,3%, die Reallöhne sogar um 11,8%; vgl. Cesare Vanutelli, Occupazione e salari dal 1861 al 1961, in: L'economia italiana dal 1861 al 1961. Studi nel 1° centenario dell'unità d'Italia, Milano 1961, S. 560–596, hier S. 570.

[19] S.u. Kap. IV.

[20] Ripa di Meana, Il consolidamento, S. 294; Baccini, Sulle ricostruzioni, S. 272; Toniolo führt die Verringerung der Staatsausgaben in erster Linie auf die auslaufende Finanzierung der Kriegswirtschaft zurück; vgl. Toniolo, L'economia, S. 49f.

[21] Das reale Wachtum des Pro-Kopf-Einkommens lag 1922 mit 8,6% sogar fast doppelt so hoch wie 1923; vgl. Ripa di Meana, Il consolidamento, S. 291.

[22] Vgl. z. B. die lobenden Worte für De Stefani von Luigi Einaudi, L'opera di De Stefani e il compito del successore, in: ders., Cronache economiche e politiche di un trentennio (1893–1925), Bd. VIII (1925), Torino 1965, S. 360–362, sowie Maffeo Pantaleoni, Finanza fascista, Politica 5 (1923) S. 159–187.

Tab. 3.2
Die italienischen Agrarexporte 1921–1925*

	1921	1922	1923	1924	1925
Käse	75,6	145,4	203,4	336,3	391,1
Reis	209,0	823,0	573,0	1.392,0	1.341,0
Obst[a]	3.726,4	3.366,1	4.070,2	5.345,3	5.898,5
Tomaten[b]	289,6	382,4	418,2	644,9	972,5
Wein[c]	921,8	890,8	829,8	2.559,4	1.454,6
Olivenöl	140,2	183,7	442,8	425,2	430,5
Gesamtwert[d]	4.349,5	5.189,5	5.711,2	7.619,6	9.025,7

* in tsd. dz   [a] Agrumen, Frisch- und Trockenobst   [b] in Konserven   [c] in tsd. hl   [d] in Mill. Lire
Quelle: Istituto Centrale di Statistica, Annuario statistico dell'agricoltura italiana 1947–1950, Roma 1953, S. 575f.

Auch die Landwirtschaft profitierte von dem 1922 einsetzenden konjunkturellen Aufschwung. In fast allen Bereichen konnte die Produktion gegenüber den Vorjahren gesteigert werden. Starke Zuwächse verzeichneten vor allem Marktfrüchte wie Getreide, Kartoffeln und Gemüse sowie exportfähige Sonderkulturen (Wein, Olivenöl, Obst). Weniger ausgeprägt war die Expansion im Bereich der Industriekulturen und im viehwirtschaftlichen Sektor (Tab. 3.1). Der Bruttoproduktionswert der Landwirtschaft wies für den Zeitraum 1921–1925 ein durchschnittliches jährliches Wachstum von 4,2% auf.[23] Diese relativ hohen Zuwachsraten waren in erster Linie auf die starke Auslandsnachfrage nach italienischen Nahrungsmitteln zurückzuführen. Der Gesamtwert der Agrarexporte stieg zwischen 1921 und 1925 um mehr als 100% an (Tab. 3.2). Die wichtigsten landwirtschaftlichen Exportgüter waren Frisch- und Trockenobst, Gemüse, Zitrusfrüchte, Hanf, Wein, Käse und Olivenöl. Italien war Mitte der zwanziger Jahre der weltweit größte Exporteur von Zitronen und gewöhnlichem Hanf und nahm die zweite Stelle bei den übrigen Zitrusfrüchten sowie bei Wein und Olivenöl ein.[24] Neben der allgemeinen Belebung des Welthandels wirkten sich hier vor allem die Bemühungen der italienischen Regierung um eine Wiederaufnahme der handelspolitischen Beziehungen mit den europäischen, aber auch den überseeischen Ländern positiv aus. Fast alle Handelsverträge waren während des Krieges entweder gekündigt oder de facto außer Kraft gesetzt worden. Seit Anfang 1922 versuchte Rom systematisch an die Handelsbeziehungen der Vorkriegszeit an-

---

[23] Berechnet nach Ercolani, Documentazione statistica, S. 402.

[24] Institut International d'Agriculture: Les grands produits agricoles. Compendium international de statistiques 1924–1938, Rome 1948, S. 134, 142, 326 und 424; die Angaben beziehen sich auf Durchschnittswerte der Jahre 1924–1928.

zuknüpfen. Nachdem am 15. April und am 12. Mai 1922 erste Verträge auf der Basis der Meistbegünstigungsklausel mit Spanien und Polen abgeschlossen worden waren, folgten zwischen November 1922 und Oktober 1925 ähnliche Abkommen mit praktisch allen wichtigen Handelspartnern Italiens.[25] Günstig auf den Agraraußenhandel wirkte sich schließlich auch der weitgehende Verzicht auf protektionistische Maßnahmen aus. Die Getreidezölle waren bereits 1915 aufgehoben worden. Nach langen innenpolitischen Diskussionen trat im Juli 1921 ein neuer Allgemeiner Zolltarif ("tariffa generale") in Kraft, der auch für die meisten Agrarprodukte hohe Einfuhrabgaben vorsah. Diese wurden jedoch auf Drängen der landwirtschaftlichen Verbände per Ministerialdekret sofort wieder außer Kraft gesetzt.[26] Wenngleich es sich dabei rechtlich betrachtet nur um eine vorübergehende Zollbefreiung handelte, die alle sechs Monate durch ein neues Dekret bestätigt werden mußte, blieben Lebensmittel und agrarische Rohstoffe bis zum Sommer 1925 faktisch zollbefreit. Dies entsprach den Interessen der meisten Landwirte, für die angesichts stagnierender Inlandsnachfrage[27] eine Öffnung der Märkte weit erfolgversprechender war als eine Schutzzollpolitik, wie sie insbesondere von der Schwerindustrie befürwortet wurde. Diese hier zunächst nur angedeutete Interessenkonstellation gilt es bei der weiteren Diskussion über den Agrarprotektionismus zu berücksichtigen.[28]

2. Restauration und technokratische Reform: Die Agrarpolitik unter De Capitani und Serpieri

Wenn die Wirtschafts- und Finanzpolitik unter De Stefani nichts anderes war als eine Rückkehr zu klassischen liberalen Ordnungskonzepten, so galt dies in einem vielleicht noch stärkeren Maße für die Agrarpolitik. Selbst Serpieri betonte, daß die Landwirtschaftspolitik in den ersten Jahren nach 1922 eine "Übergangsphase" darstellte, die keine "spezifisch faschistischen Züge trug".[29]

Nach den vielfältigen Förderungsmaßnahmen, die durch das "Gesetz zur landwirtschaftlichen Mobilisierung" vom Februar 1918 eingeführt worden

---

[25] Vgl. Ministero dell'Economia Nazionale, Direzione generale del commercio e della politica economica, I trattati di commercio fra l'Italia e gli altri Stati, Bd. 1, Roma 1927; Guarneri, Battaglie economiche, S. 186–196.

[26] Vgl. Prampolini, L'agricoltura italiana, S. 116–121.

[27] Zur Entwicklung des Nahrungsmittelkonsums vgl. Istituto Centrale di Statistica, Indagine statistica sullo sviluppo del reddito, S. 261.

[28] S.u. Kap. V.1.

[29] Serpieri, L'economia italiana, S. 292.

waren, verordnete De Stefani nun eine drastische Kürzung der Haushaltsmittel und einen Abbau der öffentlichen Subventionen. Die in den Bilanzen
ausgewiesenen Haushaltsmittel schrumpften von 671 Mill. Lire im Fiskaljahr
1921/22 auf 487 Mill. Lire 1923/24.[30] Noch stärkere Einsparungen veranlaßte
De Stefani bei den öffentlichen Zuschüssen für landwirtschaftliche Meliora-
tions- und Strukturprogramme, die vom Ministerium für Öffentliche Arbeiten finanziert wurden. Sie verminderten sich von 301,5 Mill. Lire im Haushaltsjahr 1922/23 auf 137,6 Mill. Lire im darauffolgenden Jahr.[31] Angesichts
dieses enggesteckten Finanzrahmens waren die Möglichkeiten, neue Akzente
zu setzen oder gar umfangreiche Förderungsprogramme in die Wege zu leiten, äußerst begrenzt. Auch die Nominierung von Giuseppe De Capitani
D'Arzago zum neuen Landwirtschaftsminister zeugte nicht gerade von dem
Willen zu einer Neuorientierung oder gar radikalen Wende in der Agrarpolitik. Es waren in erster Linie politische und koalitionstaktische Überlegungen, die Mussolini zu diesem Schritt veranlaßten. De Capitani, Jurist aus
Neapel und seit 1913 als rechtsliberaler Abgeordneter im Parlament, gehörte
zum philofaschistischen Flügel der Liberalen und hatte im Vorfeld der Regie-
rungsbildung zwischen Mussolini und Salandra vermittelt.[32] Für die Faschisten war er somit ein wichtiger Verbindungsmann zu den Liberalen, und
schon aus diesem Grund mußte Mussolini ihn in seiner Kabinettsliste berücksichtigen. Daß der neue Landwirtschaftsminister eigentlich Finanzexperte war
und in agrarpolitischen Fragen keine Erfahrung besaß, spielte in diesem Zusammenhang eine untergeordnete Rolle. De Capitani trat als Garant der alten
Ordnung auf und stellte damit auch ein Gegengewicht zum radikalen Flügel
der faschistischen Partei und zu den Gewerkschaften unter Edmondo Rossoni dar. Nach Jahren sozialistischer „Demagogie", so verkündete Capitani,
sollte nun wieder „Ruhe auf dem Land" einkehren und die „uneingeschränkte
Freiheit" von Eigentum und Produktion hergestellt werden.[33] „Politik der
Freiheit" – dies war das erklärte Leitmotiv De Capitanis.[34] Die erste politisch
relevante Initiative bildete ein Gesetz vom 11. Januar 1923, das die bäuerlichen Landbesetzungen der Nachkriegsjahre nachträglich für illegal erklärte
und deren partielle gesetzliche Tolerierung aufhob.[35] Im übrigen war die Bi-

---

[30] Ihr Anteil an den Gesamtausgaben sank in diesem Zeitraum von 6,4 auf 5,1%; vgl. Francesco
A. Repaci, La finanza pubblica italiana nel secolo 1861–1960, Bologna 1962, S. 168f.

[31] Vgl. Serpieri, L'economia italiana, S. 311.

[32] De Felice, Mussolini il fascista, Bd. 1, S. 373–375.

[33] Giuseppe De Capitani D'Arzago, I problemi di Agricoltura svolti dal Novembre 1922 al
Luglio 1923 dal Governo Nazionale Fascista, Gerarchia, Jg. 3, H. 1, Januar 1924, S. 5–20, hier
S. 5f.

[34] Ebd. S. 5.

[35] R.D.L. 11.2.1923 (Nr. 252); vgl. Giorgetti, Contadini e proprietari, S. 454.

lanz der neun Monate währenden Amtszeit De Capitanis ausgesprochen mager und beschränkte sich auf einige technische Gesetzesänderungen im Bereich des Jagd- und Fischereirechts.[36] Ohnehin war von Anfang an abzusehen, daß seine Tätigkeit auf wenige Monate beschränkt bleiben würde. Bereits am 5. November 1922 hatte der Ministerrat den Beschluß gefaßt, das Agrarressort aufzulösen und mit den anderen Wirtschaftsbehörden in einem zentralen „Ministerium für die Nationale Wirtschaft" (*Ministero dell'Economia Nazionale*, MEN) zu vereinigen. Dieser Beschluß wurde schließlich – später als ursprünglich vorgesehen – am 5. Juli 1923 umgesetzt. De Capitani schied aus der Regierung aus und wurde Präsident des Lombardischen Sparkassenverbandes.

Nach der Auflösung des Landwirtschaftsministeriums wurden die agrarpolitischen Funktionen von einem Unterstaatssekretär innerhalb des MEN wahrgenommen. Mit diesem Amt betraute Mussolini Arrigo Serpieri. Obgleich Serpieri als herausragender Agrarexperte galt und in Fachkreisen wie in der Öffentlichkeit hohes Ansehen genoß, war seine Nominierung innerhalb der Faschistischen Partei umstritten. Als Mitglied verschiedener Schlichtungs- und Untersuchungskommissionen hatte er nach 1918 die Positionen der Katholischen Volkspartei unterstützt.[37] In einem Schreiben vom 8. August 1923 protestierte Farinacci gegen die Ernennung Serpieris, den er als einen „unserer erbittertsten Gegner in den Agrarkonflikten des biennio rosso" bezeichnete.[38] Negativ verbucht wurde die Tatsache, daß Serpieri sich offenbar zunächst weigerte, der faschistischen Partei beizutreten. Erst im Oktober 1924 beantragte er bei der Parteisektion in Bologna die Aufnahme in den PNF.[39]

Anders als De Capitani ging Serpieri mit einem außergewöhnlichen Elan an seine Amtsgeschäfte. Obwohl er nicht viel länger als sein Vorgänger im

---

[36] Camera dei Deputati, Senato del Regno, La legislazione fascista 1922–1928, Bd. 1, Roma o.J., S. 1499ff.; außerdem die negative Einschätzung durch Giustino Fortunato in einem Brief an Giuseppe Lombardo Radice vom 2.2.1923, in: Fortunato, Carteggio, Bd. 3: 1923–1926 (Hg. Emilio Gentile), Roma – Bari 1981, S. 6f.

[37] Sepieri war Mitglied der 1920 eingesetzten Commissione di studio per le agitazioni contadine e le vertenze agrarie und der Commissione di studio per le piccole proprietà rurali e montane (1921); er war darüber hinaus Vorsitzender der Commissione arbitrale per le vertenze agrarie in provincia di Treviso (1921); vgl. Antonietti, Arrigo Serpieri, S. 1. – Noch 1925 anerkannte Serpieri, daß „col sorgere del Partito Popolare, i ceti più autenticamente rurali trovano per la prima volta una espressione e una forza politica"; vgl. Serpieri, La politica agraria in Italia, S. 44.

[38] SPD, CR, b. 42, f. 14: Farinacci an Mussolini, 4.8.1923; vgl. außerdem SPD, CO, f.198.066: Telegrammwechsel Farinacci-Serpieri, 14.–17.8.1923.

[39] SPD, CR, b. 89 (Arrigo Serpieri): Landwirtschaftsminister Giacomo Acerbo an Mussolini, 9.11.1931.

Amt blieb und überdies als Unterstaatssekretär über weniger Kompetenzen und Mittel verfügte, gelang es Serpieri, eine Reihe von grundlegenden Reformen auf den Weg zu bringen. Er folgte dabei einem technokratischen Politikverständnis, das sich nicht an übergeordneten politischen oder gar ideologischen Vorgaben, sondern allein an technisch-ökonomischen Erfordernissen orientierte.[40] Wie sein Vorgänger De Capitani hielt auch Serpieri regulierende Eingriffe in die wirtschaftlichen Produktionsabläufe für falsch. Dennoch hatte der Staat in seinen Augen wichtige Funktionen im Bereich der Agrarpolitik zu erfüllen. Da die Landwirtschaft mehr als alle anderen Wirtschaftssektoren von externen Bedingungen – Klima, Wasserversorgung, Bodenbeschaffenheit – abhing, die sich nur durch umfangreiche und langfristige Investitionen beeinflussen ließen, mußte der Staat bestimmte Aufgaben übernehmen. Serpieri interpretierte die Agrarpolitik somit in erster Linie als Strukturpolitik, während prozeß- oder einkommenspolitische Aspekte in den Hintergrund zu treten hatten. Diese Konzeption spiegelt sich auch in den zahlreichen Gesetzen und Verordnungen wider, die Serpieri in seiner nur elf Monate dauernden Amtszeit auf den Weg brachte. Diese Maßnahmen sollen hier zunächst nur überblicksartig beschrieben werden, da auf sie in anderem Zusammenhang noch ausführlich einzugehen sein wird. Drei Schwerpunkte lassen sich erkennen:[41]

1. Wichtige Modifikationen erfolgten im Bereich des landwirtschaftlichen Forschungs- und Unterrichtswesens.[42] So wurden sämtliche Forschungs- und Versuchsanstalten, die bis dahin einen weitgehend autonomen Status besessen hatten, der direkten Kontrolle des Wirtschaftsministeriums unterstellt.[43] Serpieri erhoffte sich von dieser Maßnahme nicht nur einen effizienteren Einsatz der Mittel, sondern auch eine stärkere Koordination der Forschungstätigkeit im Sinne der staatlichen Direktiven. Seiner Auffassung nach war das Forschungs- und Experimentierwesen durch eine „exzessive Spezialisierung" gekennzeichnet und zu sehr von den Interessen und Vorlieben der einzelnen Wissenschaftler und Institutsdirektoren geprägt. Forschung sollte fortan nicht mehr „Selbstzweck", sondern unmittelbares „Instrument" staatlicher Agrarpolitik sein.[44] Zu diesem Zweck wurde schließlich am 30. Dezember

---

[40] Vgl. Arrigo Serpieri, La politica agraria del governo nazionale, Discorso pronunciato a Bologna il giorno 16 marzo 1924, Bologna 1924, bes. S. 23.

[41] Serpieri hat seine Tätigkeit als Unterstaatssekretär selbst ausführlich dargestellt; vgl. ders. La politica agraria in Italia, passim.

[42] Ebd. S. 140–161; Carlo Desideri, L'amministrzione dell'agricoltura (1910–1980), Roma 1981, S. 60f.

[43] R.D.L. 30.12.1923: Das Ministerium war nicht nur für die finanzielle Ausstattung der Institute, sondern auch für die Besetzung der Stellen verantwortlich. Außerdem konnte es die Auflösung oder Zusammenlegung der Institute anordnen.

[44] Serpieri, La politica agraria in Italia, S. 143.

1923 ein „Nationales Institut für Landwirtschaft und Statistik" gegründet, das an das Wirtschaftsministerium angegliedert war und u. a. für die Erstellung der offiziellen Agrarstatistik zuständig war.[45] Auch im Unterrichtsbereich wurden die Kontrollfunktionen des MEN verstärkt. Dies galt nicht nur für die landwirtschaftlichen Fachhoch- und Berufsschulen, deren Lehrpläne und Studiengänge neu geordnet und vereinheitlicht wurden.[46] Auch die für die bäuerliche Schulung so wichtigen „Wanderlehrstühle" (Cattedre Ambulanti) wurden dem MEN unterstellt, zugleich aber auch die staatlichen Zuweisungen erhöht.[47]

2. Das Ziel, die lokalen Agrarorganisationen stärker an staatliche Kontrollen anzubinden, stand hinter der Reform der landwirtschaftlichen Provinzvertretungen. Ein Gesetz vom 30. Dezember 1923 sah die Einrichtung „Landwirtschaftlicher Provinzialräte" vor, welche die zahlreichen Agrarkomitees ersetzen und als Bindeglied zwischen Ministerium und Lokaladministration wirken sollten.[48] Ihnen waren ähnliche Aufgaben zugedacht, wie sie die Handels- und Industriekammern im gewerblichen Bereich schon seit langem erfüllten: die Koordination und Förderung der wirtschaftlichen Aktivitäten der Agrarproduzenten auf Provinzebene, die Bereitstellung von Serviceleistungen sowie die Vertretung der Landwirte gegenüber anderen Organisationen und staatlichen Stellen. Aus zweierlei Gründen sollten die Provinzialräte jedoch in der Praxis keine wichtige Rolle spielen. Zum einen entwickelten sich seit Mitte der zwanziger Jahre die faschistischen Agrarsyndikate zu den wichtigsten Vertretungskörperschaften der landwirtschaftlichen Produzenten. Zum anderen handelte es sich bei den Provinzialräten um eine rein fakultative Einrichtung, die von der Initiative der jeweiligen lokalen Behörden abhing und die zudem an ein kompliziertes Genehmigungsver-

---

[45] R.D. 30.12.1923 (Nr. 3203): Istituto di economia e statistica agraria. – Nachdem das Statistikwesen 1926 in einem zentralen Statistikamt zusammengefaßt worden war, wurde dieses Institut in eine reine Forschungseinrichtung umgewandelt (Istituto Nazionale di Economia Nazionale; R.D.10.5.1928, Nr. 1418); vgl. Paola Magnarelli, L'agricoltura italiana fra politica e cultura. Breve storia dell'Istituto nazionale di economia agraria, Milano 1981.

[46] R.D. 30.12.1923 (Nr. 3214): Scuole medie agrarie; R.D. 30.9.1923 (Nr. 2102): Scuole Superiori di Agraria e di Medicina Veterinaria; vgl. auch Desideri, L'amministrazione, S. 100, Anm. 65.

[47] R.D. 23.3.1924 (Nr. 577): Cattedre Ambulanti dell'Agricoltura; Durch das R.D. 30.12.1923 (Nr. 3208) wurden die landwirtschaftlichen Forschungs- und Versuchsanstalten gesetzlich neugeordnet. – Allerdings kam es bereits 1928 wieder zu einer partiellen Revision dieser Maßnahmen; so wurden die Schulen durch das Gesetz vom 17.6.1928 (Nr. 1314) dem Unterrichtsministerium zugeordnet. Lediglich die Wanderlehranstalten verblieben im Kompetenzbereich des Wirtschafts- und ab 1929 des Landwirtschaftsministeriums.

[48] R.D.L. 30.12.1923 (Nr. 3229): Consigli Agrari Provinciali; Desideri, L'amministrazione, S. 59f.

fahren geknüpft war. Dies hatte zur Folge, daß bis Ende 1925 lediglich in fünf Provinzen derartige Gremien existierten.[49] Bereits 1926 wurden sie wieder aufgelöst und mit den Industrie- und Handelskammern vereinigt.[50]

3. Der dritte – und zugleich wichtigste – Bereich der unter Serpieri eingeleiteten Gesetzesreformen betraf die Urbarmachungs- und Meliorationspolitik. Serpieri forderte ein umfassendes staatliches Strukturprogramm, das die bislang einseitig auf die Trockenlegung von Sümpfen und die Malariabekämpfung beschränkte Urbarmachungspolitik ersetzen sollte. Nach seinen Vorstellungen ließ sich eine Erhöhung der Agrarproduktion und eine Verbesserung der ländlichen Lebensbedingungen nur im Rahmen eines breit angelegten Raumordnungskonzeptes verwirklichen. Urbarmachung, Bodenverbesserung, Bereitstellung von Infrastrukturen, die Regulierung des Wasserhaushaltes und Siedlungsmaßnahmen mußten für Serpieri in einem einheitlichen Planungszusammenhang stehen. Dieses Konzept, das schließlich auch die Grundlage der 1928 begonnenen „Bonifica Integrale" bildete, wurde in zwei Gesetzen verankert: In dem „Rahmengesetz über die hydrologische Bonifizierung" vom 20. Dezember 1923 und im „Gesetz über die Bodentransformationen von öffentlichem Interesse", das am 18. Mai 1924 in Kraft trat.[51] Eine weitere Maßnahme betraf die Veräußerung der kommunalen und kirchlichen Gemeingüter. Zwar war der Großteil dieser Güter bereits im 19. Jahrhundert veräußert worden. Dennoch gab es Anfang der zwanziger Jahre noch einige zehntausend Hektar Ackerland, das kollektiven Nutzungsrechten unterstand. Diese überwiegend im Latium und in Süditalien gelegenen Flächen wurden durch ein Gesetz vom 23. Mai 1924 in private Hand überführt.[52] Staatliche Kommissare übernahmen die Aufteilung der Grundstücke, die im Rahmen von Erbpachtverträgen vorzugsweise bäuerlichen Familien zur Bewirtschaftung überlassen wurden.[53] Entgegen der vor dem Ersten Weltkrieg verbreiteten Praxis verzichtete man auf Landzuweisungen an Genossenschaften und gab individuellen Besitzformen den Vorzug. In Bergregionen gelegene Wald- und Weideflächen blieben dagegen für kollektive Nutzungsformen erhalten.[54] Um weitere Entwaldungs- und Erosionserscheinungen in den Gebirgsregionen zu verhindern, wurden Abholzungen durch strenge Auflagen geregelt und auf ein Minimum reduziert.[55]

---

[49] In Rom, Mantua, Mailand, Bologna und Trento; vgl. Parlamentsrede von Wirtschaftsminister Belluzzo am 4.12.1925, in: API, CD, Leg. XXVII, sess. 1924–1926, Discussioni, Bd. 5, Roma 1926, S. 4795.

[50] Vgl. Desideri, L'amministrazione, S. 60.

[51] T.U. 20.12.1923 (Nr. 3256) und R.D.L. 18.5.1924 (Nr. 753); ausführlich s. u. Kap. VII.1.

[52] Nr. 751.

[53] Vgl. Roberto Trifone, La questione demaniale nel Mezzogiorno d'Italia (Hg. Federazione Italiana dei Consorzi Agrari, Commissione di studi tecnici ed economici), Piacenza 1924.

[54] L. 6.12.1924 (Nr. 2788): Codice Forestale.

Die hier nur kurz umrissenen gesetzgeberischen Maßnahmen entfalteten zunächst nur eine geringe Wirkung. Nicht zuletzt aufgrund fehlender finanzieller Mittel waren aufwendige Strukturprogramme in dieser Phase politisch nicht durchsetzbar. Serpieri selbst wurde bereits am 3. Juli 1924 – 11 Monate nach seiner Nominierung – wieder aus dem Amt des Unterstaatssekretärs entlassen. Es waren ganz offensichtlich die Widerstände aus den Reihen der faschistischen Partei und der Agrarverbände,[56] die Mussolini, innenpolitisch geschwächt durch die Folgen der Matteotti-Krise, zu diesem Schritt bewogen. Dennoch hatte Serpieri auf der konzeptionellen Ebene Maßstäbe gesetzt, welche die wenige Jahre später eingeleitete Urbarmachungspolitik entscheidend prägen sollten. So war es kein Zufall, daß Mussolini den Agrarwissenschaftler im Herbst 1929 erneut mit einem wichtigen agrarpolitischen Amt betraute.

3. Das „Ministerium für Nationale Wirtschaft" und die Entstehung agrarpolitischer Sonderverwaltungen

Infolge der Auflösung des Landwirtschaftsministeriums war der agrarpolitische Behördenapparat deutlich verkleinert worden. Innerhalb des im Juli 1923 gegründeten *Ministero dell'Economia Nazionale* wurden die agrarpolitischen Funktionen nunmehr von einem einzigen Unterstaatssekretär wahrgenommen.[57] Auch auf der Verwaltungsebene wurden Stellenkürzungen vorgenommen. Während das alte Landwirtschaftsministerium noch über zwei Generaldirektionen (*Direzioni generali*) mit insgesamt neun Abteilungen (*Divisioni*) verfügt hatte, war im MEN nur noch eine Generaldirektion (*Direzione generale dell'Agricoltura*) mit fünf, nach Sachgebieten gegliederten Abteilungen für landwirtschaftliche Fragen zuständig.[58] Hinzu kam ein Inspektorat für die

---

[55] Die Waldflächen Italiens waren zwischen 1861 und 1911 von 4,9 auf 4,6 Mill. ha geschrumpft und machten lediglich 16% der Gesamtfläche des Landes aus; 1929 hatte die Forstfläche – berechnet auf das Vorkriegsterritorium – um immerhin 100.000 ha zugenommen; vgl. SVIMEZ, Un secolo di statistiche italiane Nord e Sud, 1861–1961, Roma 1961, S. 146, Tab. 130.

[56] SPD, CR, b. 89 (Arrigo Serpieri): Acerbo an Mussolini, 9.11.1931.

[57] R.D. 5.7.1923 (Nr. 1439); zur Gründung des MEN vgl. Dokumentation in PCM 1923, 1/1–2/1701; außerdem Guido Melis, Due modelli di amministrazione tra liberalismo e fascismo. Burocrazia tradizionale e nuovi apparati, Roma 1988, S. 88–92 und Renato Spaventa, Burocrazia, ordinamenti amministrativi e fascismo, Milano 1928, S. 165–174; Roberto Ruffilli, La riforma amministrativa del 1922–1924 e la crisi del liberalismo amministrativo con appendice di documenti, in: ders., Istituzioni, Società, Stato, Bd. 1: Il ruolo delle istituzioni amministrative nella formazione dello Stato in Italia (Hg. Maria Serena Piretti), Bologna 1989, S. 479–554.

[58] Deren Zuständigkeitsbereiche erstreckten sich auf Statistik und Agrargesetzgebung (Div. 1),

Überwachung von staatlichen Meliorationsprogrammen, dem zwei Abteilungen und ein Statistikbüro zugeordnet waren.

Trotz dieser einschneidenden Veränderungen kam es auf der administrativen Führungsebene zu keinen personellen Neubesetzungen. Praktisch alle höheren Verwaltungsbeamten aus der Zeit vor dem 30. Oktober 1922 wurden übernommen. So war der neue Generaldirektor für Landwirtschaft, Prof. Alessandro Brizi, schon 1908 in den Ministerialdienst eingetreten und 1918 zum Generaldirektor im Landwirtschaftsministerium befördert worden. Er wurde im Oktober 1923 in diesem Amt bestätigt und im Juli 1925 zum Kabinettschef im Wirtschaftsministerium ernannt.[59] Dasselbe galt für den Generalinspektor für Urbarmachung und Agrarkredit, Ferdinando Rocco, sowie für die sieben Abteilungsleiter, die im MEN für Landwirtschaftsfragen zuständig waren.[60] Sie alle hatten bereits vorher leitende Stellungen im Landwirtschaftsministerium besetzt. Auch nach 1925 – dies sei hier nur am Rande erwähnt – ist eine hohe Kontinuität in der administrativen Führungsspitze des MEN zu beobachten.[61] Obgleich radikale Parteiexponenten wie Farinacci

---

Pflanzenbau, Phytopathologie und Agroindustrien (Div. 2), Forschung und Unterrichtswesen (Div. 3), Tierzucht (Div. 4) sowie Jagd- und Fischereiwesen (Div. 5); vgl. Guido Melis (Hg.), L'amministrazione centrale dall'Unità alla Repubblica. Le strutture e i dirigenti, Bd. 3: I Ministeri economici (Bearb. Linda Giuva u. Maria Guercio), Bologna 1992, S. 351–421.

[59] Brizi, bis 1908 Direktor der „Cattedra ambulante" in Chieti, war wie viele Verwaltungsbeamte im landwirtschaftlichen Bereich nicht über die juristische, sondern über die wissenschaftlich-technische Laufbahn in den Ministerialdienst eingetreten. 1928 folgte er einem Ruf an die Hochschule für Agrarwissenschaften in Portici und schied aus dem Ministerialdienst aus. In der nachfolgenden Zeit übernahm er jedoch eine Reihe von hohen Ämtern in Politik und Verwaltung: 1929 Generalsekretär des Istituto Internazionale di Agricoltura in Rom, 1939 Parlamentsabgeordneter, Anfang 1943 Kabinettschef im Finanzministerium und im Juli 1943 Landwirtschaftsminister der Regierung Badoglio; vgl. L. Natili, Alessandro Brizi, in: DBI 14, S. 360–362 und Teresa Isenburg, Acque e Stato. Energia, bonifiche, irrigazione in Italia fra 1930 e 1950, Milano 1981, S. 91.

[60] Es handelte sich um Giuseppe Zattini, Michele Carlucci, Vittorio Stringher, Nello Fottichia, Gustavo Brunelli, Ennio Quagliarini, Arnaldo Sessi; als wichtiges Hilfsmittel zur Rekonstruktion der Personal- und Behördenstruktur vgl. Melis (Hg.), L'amministrazione centrale, Bd. 3.

[61] Dies ergibt sich aus der am 1. Februar 1928 veröffentlichten Personalliste des MEN. Danach gab es im Wirtschaftsministerium 68 Verwaltungsbeamte in leitender Stellung: sechs Generaldirektoren (Direttori generali), 37 Abteilungsleiter (Capi divisione) und 25 Sektionsleiter (Capi sezione). Die überwiegende Mehrheit dieser Gruppe (62 Personen) war schon vor dem Ersten Weltkrieg in den Verwaltungsdienst eingetreten. Kein einziger hatte seine Ministerialkarriere nach dem 30. Oktober 1922 begonnen. Das Lebensalter betrug im Durchschnitt 48 Jahre, das Dienstalter 22 Jahre. Auch die Auswertung der Daten über die letzte Beförderung zeigt, daß die Mehrheit der höheren Dienststufen ihre leitende Stellung bereits vor 1922 innegehabt hatte. Dies galt für vier der sechs Generaldirektoren und für 24 der 37 Divisionsleiter. Die Sektionsleiter waren dagegen (bis auf eine Ausnahme) erst nach 1922 ernannt

mit Nachdruck eine „Faschistisierung" der Verwaltung forderten[62] und im Dezember 1926 die gesetzliche Handhabe für die Entlassung politisch unliebsamer Staatsbediensteter geschaffen wurde,[63] blieb eine systematische Säuberung der Ministerialbürokratie aus. Ganz offensichtlich hatte Mussolini wenig Interesse daran, die erfahrenen und loyalen Beamten durch faschistische Parteikader zu ersetzen.[64] Die Verwaltung der Wirtschaftsbehörden blieb fest in der Hand der liberalen Staatselite, die mehrheitlich schon in der Giolitti-Zeit in den Ministerialdienst eingetreten war.

Ein weiterer wichtiger Schritt der Ministerialreform von 1923 bestand in der Auflösung sämtlicher Kommissionen und Beratungsorgane, die traditionell zugleich als Interessenvertretung der privaten Wirtschaftsverbände fungierten.[65] Allein im Landwirtschaftsministerium hatte es zuletzt 28 Gremien mit konsultativen Funktionen gegeben. Sie wurden durch einen „Obersten Nationalen Wirtschaftsrat" ersetzt, der in drei Sektionen (Landwirtschaft, Industrie, Handel) unterteilt war.[66] Der „Wirtschaftsrat" trat ein- bis zweimal im Jahr unter Vorsitz des Ministers zusammen. Ihm gehörten die Unterstaatssekretäre und Generaldirektoren des MEN und der benachbarten Ministerien sowie die Spitzen der Wirtschaftsverbände und Gewerkschaften an. Hinzu kamen eine Reihe von Sachverständigen, die vom Minister direkt ernannt wurden.[67] Der Wirtschaftsrat entwickelte sich in den zwanziger Jahren zum

---

worden, ein Umstand, der sich durch das geringere Dienstalter dieser Personengruppe erklären läßt; Ministero dell'Economia Nazionale, Ruoli di anzianità del personale dell'Amministrazione centrale, Annuario del Ministero dell'Economia Nazionale 1927–1928, S. 53–57.

[62] Vgl. Roberto Farinacci, Iniziare la fascistizzazione, Cremona Nuova, 10.1.1925 (auch in ders., Andante mosso 1924–1925, Milano 1929, S. 183–185); Ettore Lolini, La riforma della burocrazia e l'attuazione della rivoluzione fascista, La Conquista dello Stato, 5.4.1925, (auch in: ders., Per l'attuazione dello Stato fascista, Firenze 1928, S. 71–78); außerdem Gastone Silvano Spinetti, Pubblica amministrazione sotto inchiesta. Parlamentarismo e burocrazia, Bd. 1: 1860–1945, Roma 1964, S. 182–185.

[63] Ein Gesetz vom 14.12.1926 ermöglichte die Entlassung jedes Beamten, „che per manifestazioni compiute in ufficio o fuori d'ufficio non dia piena garanzia di un fedele adempimento dei suoi doveri o si ponga in condizioni di incompatibilità con le generali direttive politiche del governo"; zit. nach Mariuccia Salvati, Il Regime e gli impiegati. La nazionalizzazione piccolo-borghese nel ventennio fascista, Roma – Bari 1992, S. 69.

[64] Vgl. Renzo De Felice, Mussolini il duce, Bd. 2, S. 53. – Mussolini hatte die Bürokratie mehrfach in Schutz genommen, so in einem Interview in der Zeitung Giornale d'Italia vom 5.12.1923; vgl. auch ders., Tempo secondo, Gerarchia, Jg. 2, H. 1, Januar 1923, S. 667–668. – Salvati unterstreicht dagegen, daß Mussolini eine personelle Neustrukturierung der Verwaltungen durchaus gewollt habe, dies jedoch mangels kompetenter Führungskader unmöglich gewesen sei; vgl. dies., Il Regime, S. 101f.

[65] Auflösungsgesetz R.D. 31.12.1922 (Nr. 1795).

[66] Gründungsgesetz R.D. 6.9.1923 (Nr. 2125): „Sull'istituzione del Consiglio Superiore dell'Economia Nazionale"; vgl. auch Camera dei Deputati, Legislazione (1922–1928), S. 1503–1504.

[67] Allerdings griff Mussolini in einigen Fällen in das Berufungsrecht des Ministers ein. So setzte

wichtigsten wirtschaftspolitischen Diskussionsforum. Er beschäftigte sich weniger mit tagespolitischen Angelegenheiten als mit volkswirtschaftlichen Grundproblemen, so etwa mit Fragen der Industrieförderung, der Zollpolitik, dem Verhältnis von Landwirtschaft und Industrie usw.[68] Deutlich manifestierte sich hier die Tendenz, den politischen Entscheidungsprozeß aus dem Parlament in die Organe der Exekutive zu verlagern. Das Gremium hatte zwar nur konsultative Funktionen, konnte aber nach Abstimmung Resolutionen verfassen, die der Regierung vorgelegt und veröffentlicht wurden. In den späten zwanziger Jahren verlor der Rat jedoch an Bedeutung, trat immer seltener zusammen und wurde schließlich 1930 durch den Nationalrat der Korporationen ersetzt.

Nach De Stefani sollte die Behördenreform nicht nur eine Senkung der Verwaltungskosten bewirken, sondern zugleich einer „organischen und synthetischen Konzeption" der Wirtschaftspolitik Ausdruck verleihen.[69] Eine straff gegliederte und zentralistisch strukturierte Wirtschaftsbehörde, die ohne unnötigen bürokratischen Ballast agieren konnte, sollte den politischen Entscheidungsprozeß beschleunigen und an rein „technischen" Kriterien orientieren. Vor allem die Vertreter der Agrarverbände nahmen die Reform jedoch mit Enttäuschung zur Kenntnis. Sie hatten sich von dem neuen Regime eine stärkere Berücksichtigung ihrer Interessen erwartet und äußerten Unverständnis darüber, daß das Landwirtschaftsministerium „ausgerechnet jetzt" aufgelöst wurde.[70] Sie sahen darin einen „Beweis für die reale Unterordnung der Landwirtschaft" unter die anderen Wirtschaftsbereiche.[71] Diese Ver-

---

er im Herbst 1924 gegen den Willen von Wirtschaftsminister Corbino durch, daß der – im MEN wenig geschätzte – Leiter der Technischen Kommission zur Förderung der Landwirtschaft, Mario Ferraguti, zum Mitglied des Rates ernannt wurde; vgl. SPD, CO, f. 509.614; zu Ferraguti s. u. Kap. V.2.a.

[68] Vgl. die Sitzungsberichte in: Ministero dell'Economia Nazionale, Atti del Consiglio Superiore dell'Economia Nazionale, 9 Bde., Roma 1924–1929.

[69] Zit. nach Spaventa, Burocrazia, S. 167.

[70] Vgl. die Parlamentsrede des rechtsliberalen Abgeordneten und Agrarexperten Marziale Ducos in: API, CD, Leg. XXVII, sess. 1924–1925, Discussioni, Bd. 5, Roma 1925, S. 832 u. 834: „Infatti, non si comprende la soppressione del Ministero dell'agricoltura proprio ora che la Nazione è premuta da alcuni problemi da cui dipendono non solo la sua ricchezza ma la sua tranquillità. [. . .] parrà strano che in un simile paese e con un così grande lavoro non si provveda adeguatamente all'organo che deve tutto dirigere, coordinare, sorreggere, sovvenzionare, completare, voglio dire cioè al Ministero dell'agricoltura. Perché [. . .] non è questione di nome. Io ho lamentata la soppressione del Dicastero dell'agricoltura e mi si potrebbe rispondere che nulla è mutato [. . .] e che la riunione dei vari Ministeri non è che una semplificazione burocratica. Temo che, oltre che semplificare, si sia tagliato nel vivo, e a ogni modo temo sia stato soppresso un po' lo spirito, che negli anni scorsi aveva avuto un tale risalto da dare veramente l'impressione che l'Italia si avvicinasse alle grandi trasformazioni." Vgl. auch Rede von Alfredo Romanini, ebd. S. 858.

[71] Rede Guglielmo Josas, ebd. S. 820.

stimmungen wurden innerhalb der Faschistischen Partei mit Besorgnis zur Kenntnis genommen. In agrarischen Kreisen sei die Abschaffung des Landwirtschaftsministeriums „nicht gut aufgenommen" worden, resümierte der stellvertretende Parteisekretär Starace die Lage in einem internen Bericht vom 7. Juli 1923.[72] Da die kritischen Äußerungen in der folgenden Zeit nicht verstummten und immer wieder die Neugründung eines eigenen Agrarressorts gefordert wurde,[73] erklärte Mussolini sich kurzerhand selbst symbolisch zum Landwirtschaftsminister. „Die Landwirtschaft" – so verkündete er auf einer Kundgebung vom 30. Juli 1925, „braucht kein Ministerium. Sie braucht vielleicht einen Minister. Dieser Minister bin ich."[74]

Dies war keineswegs nur eine rhetorische Floskel. Denn die Regierungskanzlei Mussolinis sollte seit 1925 immer wichtigere Funktionen im agrarpolitischen Bereich wahrnehmen. Demgegenüber verlor das MEN seit Mitte der zwanziger Jahre zunehmend an Bedeutung. Dies zeigte sich schon bei der Besetzung des für Agrarpolitik zuständigen Unterstaatssekretariates. Nach der Entlassung Serpieris wurde dieser Posten durchweg mit Politikern aus der zweiten Reihe besetzt. Überdies verhinderten die häufigen Wechsel und Vakanzen eine kontinuierliche Politik. Nachfolger Serpieris wurde im Juli 1924 Vittorio Peglion, Pflanzenpathologe und Professor für Agrarbiologie in Bologna. Peglion galt zwar aufgrund seiner akademischen Tätigkeit als fachlich qualifiziert. Er verfügte aber weder über politische Erfahrung noch über den notwendigen Rückhalt innerhalb der Faschistischen Partei.[75] Auf Peglion folgte im November 1926 Giuseppe Bastianini, der als ehemaliger Parteisekretär von Perugia und Leiter der faschistischen Auslandseinrichtungen organisatorische Fähigkeiten besaß, jedoch alles andere als ein Experte für Agrarfragen war. Tatsächlich schied Bastianini nach nur sieben Monaten wieder aus dem MEN aus und begann eine Karriere im diplomatischen Dienst.[76]

---

[72] Zit. nach Aquarone, L'organizzazione, S. 8, Anm. 4; vgl. auch Spaventa, Burocrazia, S. 167.

[73] Vgl. PCM 1925, 1/1–2/1385: Resolution des Direktoriums der Corporazione dell'Agricoltura vom 16.4.1925, unterschrieben von Cacciari, Bartoli, Fornaciari (FISA), Cardi, Farneti und Angelini (FITA), Montini, Cervi, De Maia (FILA); PCM 1925, 3/18/1173: Ordini del giorno approvati nell II. Convegno degli agricoltori meridionali (Roma 29–30 giugno 1925); Mario Ferraguti, Il Ministero dell'Economia nazionale, l'agricoltura e . . . la scienza, Il Popolo d'Italia, 7.8.1923.

[74] O.O., Bd. 21, S. 377.

[75] PNF, Fascicoli Personali dei Senatori e Consiglieri Nazionali 1881–1943, b. 23 (Vittorio Peglion); außerdem Salvatore Adorno, Vittorio Peglion, in: Legnani, Preti, Rochat (Hgg.), Le campagne emiliane, S. 125–156; vgl. zur wissenschaftlichen Tätigkeit Peglions die Sammlung von Schriften und Reden in Vittorio Peglion, Fascismo georgico, Piacenza 1929.

[76] Vgl. Renzo De Felice, Giuseppe Bastianini, in: DBI 7, S. 170–175. Bastianini selbst erwähnt

Das Unterstaatssekretariat blieb daraufhin für ein Jahr vakant und wurde erst im Juli 1928 wieder mit Guglielmo Josa besetzt, dem Leiter der „Wanderlehranstalt" von Campobasso.[77] Auch Josa war politisch betrachtet ein eher unbedeutender Mann, der mehr der Wissenschaft als der Politik zuzurechnen war. Seine politische Karriere endete mit der Auflösung des Wirtschaftsministeriums im Herbst 1929.

Wenn das MEN, wie Kritiker betonten, in der Hierarchie der wirtschaftspolitischen Institutionen nach 1924 eine „untergeordnete Rolle" einnahm und nicht mehr als ein reines „Verwaltungsministerium" war,[78] so hatte dies aber auch andere Gründe. Seit Mitte der zwanziger Jahre wurden zunehmend mehr agrarpolitische Funktionen von anderen Ministerien und Behörden wahrgenommen. So fiel die Überwachung und Planung der staatlichen Urbarmachungsprogramme zum Teil in den Kompetenzbereich des Ministeriums für Öffentliche Arbeiten, was immer wieder zu Abstimmungsproblemen zwischen dieser Behörde und dem MEN führte.[79] Wie noch darzustellen sein wird, scheiterte die Gesetzesreform Serpieris von 1924 nicht zuletzt am Einspruch des Ministers für Öffentliche Arbeiten Gino Sarrocchi.[80] Schließlich besaß auch das Innenministerium ein Mitspracherecht in der Urbarmachungspolitik, da es als oberste Gesundheitsbehörde für die Malariabekämpfung verantwortlich zeichnete.

Als eine Art übergeordnete Kontrollinstanz in allen wirtschaftspolitischen Fragen wirkte das Finanzministerium, das im Zuge der Verwaltungsreform De Stefanis einen erheblichen Machtzuwachs erfahren hatte. Ihm waren nicht nur die Aufgaben des Schatzministeriums zugeschlagen worden, sondern auch das gesamte Rechnungswesen, das aus den einzelnen Ressorts ausgela-

---

in seiner Autobiographie die Zeit im Wirtschaftsministerium mit keinem Wort; vgl. Giuseppe Bastianini, Uomini, cose, fatti. Memorie di un ambasciatore, Roma – Milano 1959.

[77] Vgl. biographische Skizze in Edoardo Savino, La Nazione operante. Profili e figure di ricostruttori (2.000 illustrazioni), Milano 1928 (2. erw. Auflage 1934), S. 480.

[78] API, CD, Leg. XXVII, sess. 1924–1925, Discussioni, Bd. 5, Roma 1925, S. 820; vgl. auch den Tagebucheintrag Ettore Contis vom 5.6.1925. Er beklagt die „insufficienza dei mezzi accordati a questo Dicastero [d. i. MEN], a cui insieme a un nome pomposo, si sono attribuiti dei compiti di tutela, di controllo e di incitamento in tutti i rami della produzione, sia industriale che agricola, assolutamente sproporzionati alle sue possibilità [. . .]"; vgl. Ettore Conti, Dal taccuino di un borghese, Cremona 1946, S. 339.

[79] Die institutionelle Zweiteilung der Kompetenzen in der Urbarmachungspolitik, die erst 1929 mit der Neugründung des Landwirtschaftsministeriums beseitigt wurde, gab immer wieder Anlaß zu Kritik; vgl. die parlamentarische Debatte zur Verabschiedung des Haushalts des Ministeriums für Öffentliche Arbeiten 1925–1926, in: API, CD, Leg. XXVII, sess. 1924–1925, Discussioni, Bd. 4, Roma 1925 S. 3189ff. außerdem Rede De Stefanis vom 6.12.1928, in: API, CD, Leg. XXVII, sess. 1928, Discussioni, Bd. 9, Roma o.J., S. 9634f.

[80] S.u. Kap. VII.1.

gert und in einem zentralen Rechnungsamt im Finanzministerium zusammengefaßt wurde. Die *Ragioneria Generale dello Stato* besaß formal zwar nur Kontrollfunktionen; tatsächlich erhielt sie jedoch so weitgehende Vollmachten, daß sie von Zeitgenossen zu Recht als das „höchste Organ zur Koordinierung der Behörden und zur Kontrolle und Regulierung der Ausgaben" bezeichnet wurde.[81] Schließlich war das Finanzministerium für alle zoll-, währungs- und geldpolitischen Fragen zuständig. Sowohl der Übergang zum Zollprotektionismus im Jahre 1925 als auch die 1926/27 eingeleitete Währungsstabilisierung mit ihren weitreichenden geld-, kredit- und fiskalpolitischen Implikationen wurde daher unter der Regie des Finanz- und nicht des Wirtschaftsministeriums durchgeführt. Unter De Stefani wie auch unter seinem Nachfolger Graf Volpi (1925–1928) war das Finanzressort die eigentliche wirtschaftspolitische Schaltzentrale des Regimes in den zwanziger Jahren.

Mit der Gründung des Korporationsministeriums im Juli 1926 entstand eine weitere Behörde, die indirekt Aufgaben im agrar- und wirtschaftspolitischen Bereich wahrnahm.[82] Ursprünglich sollte das Ministerium nur für die Überwachung der Syndikatsverbände und den Aufbau der Korporationen zuständig sein. Unterstaatssekretär Giuseppe Bottai, der das Ressort seit 1927 de facto leitete,[83] gab sich mit dieser Rolle jedoch nicht zufrieden. Er beanspruchte für sein Ministerium ein Mitspracherecht in Fragen der Lohn-, Preis- und Sozialpolitik sowie eine „allgemeine Kontrolle über die gesamte nationale Wirtschaft".[84] Damit waren Kompetenzkonflikte mit dem Wirtschaftsministerium vorprogrammiert. Immer wieder kam es zu Auseinandersetzungen zwischen Bottai und Wirtschaftsminister Belluzzo.[85] Wenngleich sich das MEN zunächst gegenüber den ausgreifenden Ansprüchen Bottais behaupten konnte, wurde der Konflikt erst mit der Auflösung des Wirtschaftsministeriums im September 1929 aus der Welt geschafft. Das Korporationsministerium erhielt nun den gesamten Bereich Industrie, Banken und Versicherungen übertragen, während die Landwirtschaft einem eigenständigen Ministerium zugeordnet wurde.[86]

---

[81] Spaventa, Burocrazia, S. 181.

[82] Zur Gründung und Tätigkeit des Ministero delle Corporazioni noch ausführlicher in Kap. X.2.

[83] Formal blieb Mussolini bis 1929 Korporationsminister, wenngleich Bottai in der Praxis die Amtsgeschäfte führte; 1929 wurde Bottai zum Minister ernannt.

[84] PCM 1927, 1/1–2/1102: Bericht Bottais über die Aufgaben des Ministeriums (ohne Datum, wahrscheinlich 1927); vgl. auch Melis, Due modelli di amministrazione, S. 172–174.

[85] Vgl. z. B. den scharf formulierten Brief von Wirtschaftsminister Belluzzo an Bottai vom 23.7.1927 (PCM 1927, 1/1–2/3832); weitere Dokumente in PCM 1928, 1/3–5/4220.

[86] S.u. Kap. VII.3.

Die Folgen dieser Kompetenzkonflikte blieben auch De Stefani nicht verborgen, der im Juni 1928 den „bürokratischen Polytheismus" in der Landwirtschaftspolitik kritisierte. Anstelle einer zentralen Behörde herrsche eine „ministerielle Pentarchie". Dieser institutionelle „Pluralismus" bewirkte nach De Stefani eine Komplizierung und Verlangsamung des politischen Entscheidungsprozesses „bis hin zur Annullierung seiner Ergebnisse".[87]

Seit Mitte der zwanziger Jahre ist eine weitere Entwicklung zu erkennen, die hier vorerst nur angedeutet werden kann: Immer mehr wirtschaftspolitische Aufgaben wurden aus dem Zuständigkeitsbereich der Ministerialbürokratie ausgelagert und privaten bzw. halbstaatlichen Organisationen übertragen. Neben den Syndikatsverbänden und Branchenorganisationen, die sich meist im Grenzbereich zwischen privater Interessenwahrnehmung und öffentlicher Aufgabenstellung bewegten, entstanden seit 1925 zahlreiche Sonderverwaltungen mit meist eng umgrenztem Funktionsbereich. Ein typisches Beispiel hierfür bildete das „Nationale Exportamt" (*Istituto Nazionale per l'Esportazione*, INE), welches im Frühjahr 1926 zur Unterstützung der italienischen Ausfuhren gegründet wurde. Im Prinzip gab es bereits mehrere für den Exportbereich zuständige Behörden, namentlich die Generaldirektion für Handel und Wirtschaftspolitik im MEN, die handelspolitische Abteilung im Außenministerium und die Abteilung für Zollpolitik im Finanzministerium. Die Einrichtung einer weiteren Behörde wurde von Mussolini mit der Absicht begründet, einen „wendigen, schnellen und arbeitsfähigen Organismus mit einem möglichst geringen bürokratischen Gerüst" zu schaffen.[88] Bezeichnenderweise war der Gründungspräsident des INE, Alberto Pirelli, ein Vertreter der Wirtschaft und kein Verwaltungsbeamter. Obwohl eine Spezialisierung ursprünglich nicht vorgesehen war, sollte sich das INE besonders auf die Förderung der Agrarausfuhren konzentrieren.[89]

Der Aufbau von wirtschaftlichen Sonderverwaltungen war jedoch keineswegs, wie es scheinen mochte, allein auf Effizienzgründe zurückzuführen, sondern hatte meist einen unmittelbar politischen Hintergrund. Dies zeigt das Beispiel der statistischen Dienste, die im Juni 1926 aus den einzelnen Ressorts ausgelagert und in einem gesonderten Zentralen Statistikamt (*Istituto Centrale di Statistica*, ISTAT) zusammengefaßt wurden.[90] Die Aufsicht

---

[87] Alberto De Stefani, Gli agricoltori e la luna, in: ders., L'oro e l'aratro, Milano 1929, S. 132–148, hier S. 133f.; ein interner kritischer Bericht des Finanzministeriums zu dieser Rede in PCM 1928–1930, 3/1–1/3213: Promemoria an den Minister, 15.6.1928.

[88] Rede Mussolinis vom 15.7.1927, in: PCM 1934–1936, 5/1/1929/4: Pressebericht Agenzia Stefani, 15.7.1927, N.12.

[89] Vgl. PCM, 1934–1936, 5/1/1929/5: Istituto Nazionale per l'Esportazione, Relazione sull'attività dell'INE presentata al Consiglio generale nell'adunanza dell'11 aprile 1931, Roma 1931.

[90] Das Istituto Centrale di Statistica (ISTAT) wurde durch das Gesetz vom 9.7.1926 (Nr. 1162)

über das ISTAT erhielt die Regierungskanzlei (PCM). Neben vordergründigen verwaltungstechnischen Motiven wollte sich Mussolini mit dieser Maßnahme ganz offensichtlich das statistische Informationsmonopol sichern.[91] Nachweislich griff Mussolini immer wieder persönlich in die Tätigkeit des Instituts ein, indem er die Publikation unbequemer Statistiken entweder verbot oder deren Abänderung anordnete.[92]

Der – hier zunächst nur summarisch dargestellte – landwirtschaftliche Behörden- und Organisationsaufbau weist in den zwanziger Jahren somit zwei Strukturmerkmale auf: Zum einen ist ein erheblicher Bedeutungsverlust der agrarpolitischen Ämter innerhalb des MEN zu erkennen. Die Reform von 1923 hatte nicht, wie erhofft, zu einer Zentralisierung und Vereinheitlichung der ministeriellen Kompetenzen geführt, sondern eher das Gegenteil bewirkt. Nach der Auflösung des Landwirtschaftsministeriums wurden immer mehr Funktionen von benachbarten Ressorts wahrgenommen, wobei bezeichnenderweise das Finanzministerium die wichtigste Rolle spielte. Vom MEN selbst gingen in den zwanziger Jahren nur wenige Impulse im agrarpolitischen Bereich aus. Zum anderen entstanden seit Mitte der zwanziger Jahre zahlreiche neue Parallelverwaltungen außerhalb der Ministerialbürokratie. Neben den privaten und parastaatlichen Wirtschaftsverbänden handelte es sich dabei vor allem um Sonderbehörden mit institutionellem Charakter (wie das Exportamt) oder formal konsultative Organe (wie das Getreidekomitee), die jedoch häufig als Planungsstäbe wichtige Aufgaben übernahmen. In einigen Fällen entstanden aus diesen konsultativen Gremien eigenständige Behörden, wie etwa das Beispiel des Kommissariats für Migration und innere Kolonisierung zeigt. Der von De Stefani schon 1928 ausgemachte „institutionelle Pluralismus" verstärkte sich in den Jahren der Wirtschaftskrise und führte zu dem Behördenwildwuchs, der den „korporativen" Staat der dreißiger Jahre kennzeichnen sollte.

---

gegründet; das landwirtschaftliche Statistikwesen wurde ein Jahr später dem ISTAT übertragen (R.D. 21.6.1927, Nr. 1035); vgl. Magnarelli, L'agricoltura italiana, passim.

[91] Es ist kein Zufall, daß das 1923 gegründete Ufficio Stampa, das ab 1926 eine weitreichende Kontrolle über das italienische Pressewesen ausübte, ebenfalls bei der Presidenza del Consiglio untergebracht war; vgl. Philip V. Cannistraro, La fabbrica del consenso. Fascismo e mass media, Roma – Bari 1975, S. 17 u. 73f.

[92] S. u. S. 144 u. 171f.; nach 1935 wurde die Veröffentlichung von Wirtschaftsdaten ohne vorherige Genehmigung grundsätzlich untersagt (PCM 1934–1936, 3/1–2/4890).

DIE ENTSTEHUNG DER AGRARSYNDIKATE UND DIE „FASCHISIERUNG" DER LANDWIRTSCHAFTLICHEN ORGANISATIONEN

1. Der „Nationale Syndikalismus" und der Aufbau faschistischer Berufsorganisationen

Der Aufbau eigener Gewerkschafts- und Berufsorganisationen wurde von den Faschisten von Anfang an als zentrale Aufgabe begriffen. Die wichtigsten Ideologen und politischen Führer des frühen Faschismus wie Sergio Panunzio, Agostino Lanzillo, Paolo Orano, Michele Bianchi und Dino Grandi stammten aus der syndikalistischen Bewegung und verfügten über langjährige Erfahrung in der gewerkschaftlichen Organisationsarbeit.[1] Auch Mussolini hatte sich schon frühzeitig zu den Zielen des „nationalen" Syndikalismus bekannt,[2] und diese waren auch in dem ersten Programm der *Fasci di Combattimento* vom Juni 1919 verankert worden. Darin wurde die Beteiligung der Arbeiter an der Betriebsführung und die Schaffung eines „technischen Nationalrates der Intellektuellen und Handarbeiter" gefordert, dem Vertreter aller Produktionsbereiche angehören sollten.[3] Diese Forderungen fanden schließlich auch Eingang in das Parteiprogramm vom November 1921.[4]

Die Syndikalisten interpretierten den Krieg als „soziale Revolution", die zu einer Mobilisierung breiter Bevölkerungsschichten geführt habe. Das liberal-

---

[1]   Ausführlich dazu: David D. Roberts, The Syndicalist Tradition and Italian Fascism, Manchester 1979; James A. Gregor, Italian Fascism and Developmental Dictatorship, New Jersey 1979; Ferdinando Cordova, Le origini dei sindacati fascisti 1918–1926, Roma – Bari 1974; Francesco Perfetti, Il sindacalismo fascista, Bd. 1: Dalle origini alla vigilia dello Stato corporativo (1919–1930), Roma 1988 (mit umfangreichem Dokumentenanhang).

[2]   Vgl. Atto di nascita del fascismo, in: O.O., Bd. 12, S. 321–327; außerdem Mussolini, L'ora del sindacalismo, Il Popolo d'Italia, 27.3.1919, (jetzt in: O.O., Bd. 13, S. 12f.). Ab 1. August 1918 trug die Zeitung Il Popolo d'Italia nicht mehr den Untertitel „Un giornale socialista", sondern „Un giornale di combattenti e produttori".

[3]   „Programma dei Fasci di combattimento", abgedr. in: De Felice, Mussolini il rivoluzionario, S. 742f.

[4]   „Programma e statuti del Partito Nazionale Fascista", in: O.O., Bd. 17, S. 334–344, hier S. 335.

parlamentarische System hielten sie angesichts dieser Entwicklung für über-holt.[5] Gleichermaßen ablehnend standen sie der sozialistischen Bewegung ge-genüber, deren internationalistische Haltung sie ebenso verurteilten wie den „Klassenkampf" als Form der sozialen und politischen Auseinandersetzung. Für die Syndikalisten drohten die Massenstreiks nach dem Krieg das Land in Chaos und wirtschaftliche Armut zu stürzen. Diese waren aus ihrer Sicht daher nicht nur „destruktiv" und „unpatriotisch", sondern liefen auch den Interessen der Arbeiter selbst zuwider.

Dem „nationalen Syndikalismus" ging es dagegen darum, klassenüber-greifend sämtliche am Produktionsprozeß beteiligten Gruppen organisato-risch zusammenzufassen und damit die Voraussetzung für eine „Wirtschaft der maximalen Produktion" zu schaffen.[6] Das daraus abgeleitete Konzept der „Klassenkollaboration" bildete die Brücke zu den ständestaatlichen und kor-porativistischen Vorstellungen, wie sie die Nationalisten um Alfredo Rocco vertraten.[7] Während Rocco allerdings die Berufsvertretungen dem Staat un-terordnen wollte, sollten diese nach Auffassung der Syndikalisten selbst zu Staatsorganen werden und das parlamentarische Repräsentativsystem erset-zen. Die Syndikate, so Armando Casalini, dürften sich nicht allein auf „wirt-schaftliche Aufgaben" beschränken, sondern müßten „moralische und im weiteren Sinne politische Funktionen" wahrnehmen.[8] Als Fernziel wurde der „Staat der Syndikate" als neues gesellschaftliches Ordnungsmodell ange-strebt.

Trotz dieser programmatischen Absichtserklärungen gelang es der faschi-stischen Bewegung zunächst nicht, eigene Berufsorganisationen aufzubauen. Bis zum Sommer 1921 kam es vielmehr zu einer eher lockeren Kooperation mit unabhängigen syndikalistischen Abspaltungen. Die engsten Kontakte un-terhielt Mussolini anfangs mit der von Edmondo Rossoni und Alceste De Ambris geführten republikanischen *Unione Italiana del Lavoro* (UIL).[9] Als die UIL im Januar 1920 den landesweiten Eisenbahn- und Poststreik unter-stützte, kam es jedoch zum Bruch. Von kurzer Dauer war auch die Zusam-menarbeit mit den autonomen „Nationalen Wirtschaftssyndikaten", die sich im November 1920 unter der Leitung von Isidoro Provenza in der *Confedera-zione italiana dei sindacati economici* zusammenschlossen.[10] Im August 1921 be-

---

[5] Vgl. C o r d o v a , Le origini, S. 1–24; G e n t i l e , Le origini dell'ideologia, S. 76–90.

[6] „Postulati del Programma fascista" (Mai 1920), abgedr. in D e   F e l i c e , Mussolini il rivolu-zionario, S. 746–748, hier S. 747.

[7] Zu Rocco vgl. Paolo U n g a r i , Alfredo Rocco e l'ideologia giuridica del fascismo, Brescia 1963.

[8] Armando C a s a l i n i , Partiti e classi, Cultura Sindacale, 30.4.1921 (jetzt in: P e r f e t t i , Il sindacalismo, S. 210–214, hier S. 213).

[9] Vgl. P e r f e t t i , Il sindacalismo, S. 16f.

[10] Vgl. C o r d o v a , Le origini, S. 37.

schloß der Nationalrat der *Fasci*, einen eigenen faschistischen Berufsverband ins Leben zu rufen. Dies geschah schließlich im Januar 1922 mit der Gründung der *Confederazione Nazionale delle Corporazioni Sindacali*, die der Leitung des ehemaligen UIL-Führers Edmondo Rossoni unterstellt wurde.[11] Allerdings gestalteten sich die Beziehungen zwischen der faschistischen Parteispitze und dem Gewerkschaftsverband Rossonis in den ersten Jahren außerordentlich schwierig. Während Rossoni trotz seines grundsätzlichen Bekenntnisses zum Faschismus den Syndikaten eine parteiunabhängige Stellung bewahren wollte, unterhielt Mussolini seinerseits weiterhin Kontakte mit den nichtfaschistischen Berufsverbänden. Vorbehaltlose Unterstützung genoß Rossoni lediglich bei den extremistischen Provinzführern des Faschismus wie Balbo, Farinacci oder Arpinati.

Bereits im Laufe des Jahres 1921 – also noch vor Gründung des Gesamtverbandes – waren auf lokaler Ebene erste faschistische Gewerkschaftsgruppen entstanden, und zwar vor allem in den Hochburgen des ländlichen Provinzfaschismus: zunächst im Februar 1921 in der Provinz Ferrara, kurz darauf in Modena, Bologna und Reggio Emilia und wenig später in den meisten anderen Gebieten der Poebene.[12] Die Ausbreitung des Faschismus in den ländlichen Regionen und die gewaltsame Zerstörung der katholischen und sozialistischen Gewerkschaften seit Herbst 1920 sind nicht Gegenstand der vorliegenden Untersuchung. Es sollen hier lediglich deren wichtigste Ergebnisse festgehalten werden: Bereits im Sommer 1921 kontrollierte der Faschismus die Toskana, Umbrien und Apulien sowie weite Teile der Poebene. Es handelte sich dabei überwiegend um Gebiete, in denen die Agrarstreiks und sozialen Konflikte des *biennio rosso* 1919/20 besonders heftig geführt worden waren.[13] Innerhalb kürzester Zeit gelang es den faschistischen Landarbeitersyndikaten, die Konkurrenzorganisationen der Sozialisten und der katholischen Volkspartei zu verdrängen. Während die in der *Federazione Nazionale dei Lavoratori della Terra* organisierten „roten Ligen" Ende 1920 noch 862.000 Personen zählten, waren es 1922 nur knapp 300.000; ein Jahr später verfügte der Verband gerade noch über 61.000 Mitglieder (Tab. 4.1).[14] Ähnliche, wenngleich zunächst weniger ausgeprägte Rückgänge verzeichneten die katholischen Bauernligen. Ihre Mitgliederzahl verringerte sich zwischen 1920 und 1923 von 944.000 auf 350.000.[15]

---

[11] Vgl. ebd. S. 54f.

[12] Perfetti, Il sindacalismo, S. 33; Cordova, Le origini, S. 43f.

[13] Vgl. auch Petersen, Wählerverhalten, S. 133; Gentile, Storia del Partito Fascista, S. 153–160.

[14] Vgl. Zangheri (Hg.), Lotte agrarie.

[15] Zu den katholischen Gewerkschaften vgl. Francesco Malgeri, Storia del movimento cattolico in Italia, Bd. 3: Popolarismo e sindacalismo cristiano nella crisi dello Stato liberale,

Tab. 4.1
Mitglieder der sozialistischen und
katholischen Gewerkschaften 1920–1923

	Sozialisten	*Katholiken*
1920	862.042	944.812
1921	760.000	749.359
1922	293.595	–
1923	61.089	350.739

Die Ursachen für diesen implosionsartigen Zusammenbruch der revolutionären Agrarbewegung sind bekannt. Die systematischen Gewaltkampagnen der Faschisten gegen die sozialistischen und zum Teil auch gegen die katholischen Gewerkschaften[16] ließen den Bauern und Landarbeitern vielerorts keine andere Wahl, als sich den faschistischen Organisationen anzuschließen. Dies galt insbesondere für diejenigen Agrarzonen, die hohe Beschäftigungslosigkeit und eine starke Verbreitung von Tagelöhnern aufwiesen. Arbeitssuchende waren hier auf die Vermittlung der Arbeitsbüros angewiesen, die nun von faschistischen Gewerkschaften kontrolliert wurden.[17] Der kommunistische Führer Antonio Gramsci berichtete im Juni 1921 von zahlreichen Bauernligen, welche „die rote Fahne einfach zerrissen und zum Faschismus überwechselten".[18] Nach Angaben Tascas hatten die Faschisten Ende 1921 „dank militärischer Eroberungen" 138 Genossenschaften und 614 Ortsgewerkschaften mit insgesamt 64.000 Mitgliedern „geerbt".[19] In einigen Regionen, so etwa in der Emilia, in der nördlichen Lombardei, im Veneto und in der Provinz Cremona erklärten sich Landbesitzer bereit, den faschistischen Syndikaten Land zur Verfügung zu stellen, das arbeitslosen Tagelöhnern und Teilpächtern zur Bewirtschaftung überlassen wurde.[20] Wenngleich es sich dabei ingesamt wahrscheinlich nur um einige zehntausend Hektar handelte, dürfte von diesen Maßnahmen eine starke propagandistische Wirkung ausgegangen sein. Dies galt vermutlich in besonderem Maße für die breite Schicht der Kleinbauern und Teilpächter, die, begünstigt von der wirtschaftlichen Entwicklung der Kriegs- und Nachkriegsjahre, vielfach erst seit kurzer Zeit

---

Roma 1980, S. 263–279; vgl. auch Margherita Hirschberg-Neumeyer, Die italienischen Gewerkschaften, Jena 1928, S. 71ff.

[16] Vgl. Angelo Tasca, Glauben, gehorchen, kämpfen. Aufstieg des Faschismus, Wien usw. 1969, S. 439.

[17] Vgl. Cordova, Le origini, S. 44; Preti, Le lotte agrarie, S. 472f.

[18] Zit. nach Corner, Fascism in Ferrara, S. 144.

[19] Vgl. Tasca, Glauben, S. 195f.

[20] Vgl. Lyttelton, La conquista, S. 101–104.

zu eigenem Landbesitz gekommen waren. Die faschistische Propaganda zugunsten der bäuerlichen Besitzbildung und die Kampfformel „La terra a chi la lavora" mußten bei dieser Gruppe mehr Resonanz finden als die sozialistischen Kollektivierungsziele. Die Bedeutung der kleinbäuerlichen Schichten für den Aufstieg des Faschismus hat innerhalb der faschistischen Selbstinterpretationen breitesten Raum eingenommen.[21] Dabei wurden die Erfolge nicht nur auf ökonomische Faktoren, sondern auch auf die „psychologischen" Prädispositionen des „neuen ländlichen Kleinbürgertums" zurückgeführt.[22] Die sozialistische Verstaatlichungspolitik, so Mussolini 1922, „ist in einem Land wie Italien besonders absurd; so mußte die Gefahr, arm und besitzlos zu werden, dem Faschismus alle bäuerlichen Elemente zutreiben".[23] Zwar handelt es sich hier um propagandistisch motivierte Aussagen, die nicht einfach als historische Realität übernommen werden können. Allerdings bestritten auch nichtfaschistische Beobachter nicht, daß die Bewegung Mussolinis im kleinbäuerlichen Bereich eine starke Anhängerschaft erworben hatte. So notierte der liberale Politiker Ivanoe Bonomi, daß die gerade erst zu Besitz gelangten, vormals dem Sozialismus nahestehenden „Aufsteiger" nun „gegen diejenigen kämpften, die ihnen ursprünglich zum Aufstieg verholfen hatten. Und wie alle neuen Klassen zeigten sie eine unerwartete Kampfbereitschaft".[24] Aber auch der kommunistische Parteiführer Palmiro Togliatti mußte zugeben, daß es neben den „Agrariern" vor allem mittel- und kleinbäuerliche Schichten waren, die dem Faschismus „eine gewisse Massenbasis auf dem Land" verschafften.[25] Bemerkenswert sind auch die Beobachtungen des liberalen Ökonomen Luigi Einaudi, der 1925 schrieb:

---

[21] Vgl. z. B. Serpieri, La guerra, S. 247f.; Guarneri, Battaglie economiche, S. 148: „La borghesia rurale diede al fascismo, oltre agli aiuti materiali, anche gran parte dei suoi uomini, specie quelli delle classi giovani, reduci dalla guerra, di cui non pochi parteciparono al movimento fin dalle origini. Erano i figli dei ceti proprietari, insidiati, minacciati nelle persone, nel bestiame, nei raccolti; erano i figli di quella minuscola borghesia di affittuari, piccoli proprietari e mezzadri, che era stata costretta a entrare nelle leghe, ad accettare il monopolio della mano d'opera, a subire taglie e boicottagi e violenze di ogni sorta."

[22] Mussolini, Il fascismo e i rurali, S. 240f.

[23] Ebd.

[24] Ivanoe Bonomi, La politica italiana dopo Vittorio Veneto, Torino 1953, S. 142.

[25] Palmiro Togliatti, Lezioni sul fascismo, Roma 1970, S. 121f.; zu ähnlichen Schlüssen kam Anfang der vierziger Jahre der kommunistische Widerstandskämpfer und Agrarhistoriker Emilio Sereni: „La conquista della terra, che, realizzata dalla massa dei mezzadri per via rivoluzionaria con l'appoggio del proletariato, ne avrebbe sviluppato tutta la capacità rivoluzionaria, ne avrebbe fatto un largo baluardo per la rivoluzione italiana, realizzata invece per via „riformista" da uno strato limitato di contadini più agiati, fece di questi una massa di manovra per la reazione e per il fascismo. Oltre che agli errori del Partito socialista per quanto riguarda il problema specifico dei rapporti fra braccianti e mezzadri, è senza dubbio a questa particolare evoluzione della lotta per la terra che vanno riportate le scissioni e le oscillazioni in senso fascisteggiante delle organizzazioni [. . .] nel periodo attorno alla Marcia su Roma. [. . .]

Ich habe den Eindruck, daß zumindest in Norditalien endlich ein ländliches Bürgertum entsteht. Die alte „Signoria" auf dem Land verschwindet: die großherrlichen Landbesitzer, die in den Städten lebten, nichts arbeiteten oder sich der Politik und den freien Berufen widmeten. Feine und wohlerzogene Leute, aber etwas schwächlich und unfähig, den sozialen Umbrüchen zu widerstehen. Die neuen Landbesitzer, die aus einfachen Verhältnissen stammen, [. . .] die mit der Schaufel arbeiten und den Boden gepflügt haben, werden zu Bürgern mit der Mentalität von Industriellen und Händlern. Diese neuen Leute haben etwas vom nordamerikanischen Farmer; sie verfügen über ein Bankkonto, fahren mit dem Pferdewagen oder Auto zu den Märkten der Stadt, bauen sich Häuser, die mit modernen Möbeln eingerichtet sind, und haben keine Angst, Land zu Preisen zu kaufen oder pachten, die den alten Besitzern unmöglich erschienen. [. . .] Die antibolschewistische Reaktion muß ihr soziales Fundament in dieser Klasse [. . .] gehabt haben, die sich von der alten Schicht der Landbesitzer und Halbpächter deutlich unterscheidet. Da diese neue Klasse trotz ihres industriellen Charakters keine kleine Oligarchie, sondern zahlreich ist und immer größer wird, könnte die italienische Gesellschaft in ihr ein Moment des Ausgleichs zwischen reichen Industriellen, Bildungsbürgertum und dem Land- und Industrieproletariat finden.[26]

Dieser Befund wird im Prinzip auch von der neueren historischen Forschung bestätigt, wenngleich empirisch gesicherte Aussagen aufgrund der mangelhaften sozialstatistischen Quellenlage kaum möglich sind.[27] Die frühesten In-

---

certo è che [. . .] è appunto tra i contadini più agiati e oramai divenuti, o in procinto di divenire proprietari di terra per via di un'ascesa individuale, che il fascismo ha trovato la sua prima base di massa nelle campagne dell'Emilia e dell'Italia tutta"; S e r e n i , La questione agraria, S. 111f.

[26] Luigi E i n a u d i , Cresce la produzione agraria italiana? (25.6.1925), in: d e r s ., Cronache economiche, Bd. 8, Torino 1965, S. 337–341, hier S. 339f.

[27] G e n t i l e , Storia del Partito, S. 159; B a n t i , I proprietari, S. 90ff.; L y t t e l t o n , La conquista, S. 357f.; Frank M. S n o w d e n , On the Social Origins of Agrarian Fascism in Italy, European Journal of Sociology 13 (1971) S. 268–295. – Lediglich auf lokaler Basis gibt es inzwischen einige sozialgeschichtlich fundierte Untersuchungen. So hat Cardoza für die Provinz Bologna zeigen können, daß die Entstehung des Agrarfaschismus in dieser Region nicht allein als Reaktion auf die sozialistische Streikbewegung zu interpretieren ist, sondern zugleich tiefgreifende soziale und wirtschaftliche Strukturveränderungen widerspiegelt. Cardoza legt dabei den Akzent auf die „internen Konflikte" zwischen der „alten" Landaristokratie und den „neuen" Agrareliten. Nach seinen Untersuchungen war es das kommerzielle Agrarunternehmertum, das sich innerhalb der faschistischen Syndikate am stärksten engagierte; Anthony L. C a r d o z a , Agrarian Elites and Italian Fascism, The Province of Bologna 1901–1926, New Jersey 1982, S.(8) und passim; in der Tendenz ähnlich C o r n e r , Fascism in Ferrara, S. 144f. und d e r s ., Considerazioni sull'agricoltura capitalistica durante il fascismo, Quaderni Storici 29/30 (1975) S. 519–529; vgl. außerdem zu Apulien und zur Toscana Frank M. S n o w d e n , The Fascist Revolution in Tuscany 1919–1922, Cambridge 1989; d e r s ., Violence and Great Estates in the South of Italy. Apulia, 1900–1922, Cambridge 1986; Simona C o l a r i z i , Dopoguerra e fascismo in Puglia (1919–1926), Bari 1971.

formationen über die Organisationsstärke der faschistischen Syndikate liegen für Juni 1922 vor. Nach eigenen Angaben waren im Dachverband *Confederazione Nazionale delle Corporazioni Sindacali* zu diesem Zeitpunkt 458.284 Personen eingeschrieben, von denen 277.084, also 60,5%, aus der Landwirtschaft stammten.[28] Leider enthält diese Aufstellung keine Angaben über die soziale Zusammensetzung der einzelnen Berufsgruppen. Zu den 277.084 in den Agrarsyndikaten eingeschriebenen Personen zählten nämlich sowohl Landbesitzer und Bauern als auch Kleinpächter und Landarbeiter. Dennoch dürften Landarbeiter und Kleinbauern den größten Teil dieser Personengruppe ausgemacht haben.[29] Für die faschistischen Agrargewerkschaften wurde erstmals 1927 eine getrennte Erhebung der einzelnen Berufsgruppen durchgeführt. Diese zeigt in der Tat, daß bäuerliche Schichten außerordentlich stark vertreten und im Vergleich zur Gesamtbevölkerung überrepräsentiert sind: Mit 43,6% bilden die Klein- und Teilpächter sogar die stärkste Gruppe, gefolgt von den Landarbeitern mit 42,4%. Die Kategorie der kleinen Besitzbauern machte dagegen bloß 12,1% aus, wobei allerdings zu berücksichtigen ist, daß ein Teil dieser Gruppe bei den Landbesitzerverbänden organisiert war und daher in dieser Statistik nicht auftaucht.[30] Der hohe Anteil von bäuerlichen Mitgliedern ist deshalb bemerkenswert, weil man die Bereitschaft zur gewerkschaftlichen Organisation bei dieser Gruppe grundsätzlich geringer einstufen muß als bei reinen Lohnarbeitern. Mit aller Vorsicht, die die schlechte Quellenlage gebietet, wird man die These formulieren können, daß das kleinbäuerlich-mittelständische Element innerhalb der faschistischen Gewerkschaften zumindest in der Anfangszeit dominierte. Zwar war – wie die Statistik zeigt – auch eine große Zahl von Landarbeitern in den Syndikaten organisiert. Insgesamt verfügten sie – ähnlich wie die Faschistische Partei – über ein breites Spektrum von Mitgliedern aus allen Berufsgruppen.[31] Doch dürften bei den Arbeitern politischer Zwang und ökonomische Opportunitätsgründe zunächst das wichtigste Motiv für den Eintritt in die faschistischen Gewerkschaften gewesen sein. Bei den meisten Landarbeitern handelte

---

[28] Lediglich 15,7% waren Industriearbeiter, während der übrige Teil aus den Angestellten- und Eisenbahnergewerkschaften kam. Ende 1922 waren 503.871 Personen in der Confederazione Nazionale delle Corporazioni Sindacali eingeschrieben, davon 282.084 (= 56%) in den Agrarsyndikaten; vgl. Cordova, Le origini, S. 97.

[29] Vgl. auch Franco Cazzola, Manuela Martini, Il movimento bracciantile, in: Bevilacqua (Hg.), Storia dell'agricoltura, Bd. 3, S. 790f.

[30] Für den landwirtschaftlichen Arbeitgeberverband gibt es keine nach Berufsstatus aufgeschlüsselten Statistiken; zur syndikalen Organisation der bäuerlichen Schichten s. u. Kap. IV.5.

[31] Zur sozialen Basis von Mitgliedern und Wählerschaft des PNF vgl. Wolfgang Schieder, Der Strukturwandel der faschistischen Partei Italiens in der Phase der Herrschaftsstabilisierung, in: ders. (Hg.), Faschismus, S. 69–96; Petersen, Wählerverhalten, passim.

es sich wahrscheinlich eher um eine passive Einbindung, während die klein- und mittelbäuerlichen Gruppen vermutlich die aktiveren Mitglieder stellten.

Tab. 4.2

Berufsstruktur der landwirtschaftlichen Arbeitnehmersyndikate von 1927 und 1931

Berufskategorie	1927	1931
Klein- und Teilpächter	43,6%	36,8%
Landarbeiter	42,4%	48,5%
Kleine Besitzbauern	12,1%	10,1%
Angestellte und Facharbeiter	1,9%	3,7%

Quelle: Confederazione Nazionale dei Sindacati Fascisti dell'Agricoltura, L'organizzazione, S. 72.

2. Der Konflikt zwischen den liberalen Agrarverbänden und der FISA

Hatte der Faschismus bei den gewerkschaftlich organisierten Landarbeitern und Bauern bereits 1923 praktisch eine Monopolstellung erreicht, so stellte sich die Gleichschaltung der Arbeitgeberverbände weitaus schwieriger dar. Zwar hatten die Agrarier die Aktionen der *Fasci di Combattimento* vielerorts begrüßt und häufig tatkräftig unterstützt. In einigen Orten – so in Pavia, Alessandria, Novara, Mantua und Arezzo – waren die *Squadre d'Azione* sogar auf direkte Initiative der lokalen Agrariervereinigungen entstanden.[32] Nachdem die Streiks und Arbeitskämpfe abgeflaut und die sozialistischen Ligen fast überall zerschlagen waren, gingen die Landbesitzerorganisationen aber vielerorts wieder auf Distanz zur faschistischen Bewegung. Viele Landbesitzer hatten die Zusammenarbeit mit den *Squadre* als „externe und selektive Kollaboration" begriffen und waren keineswegs bereit, sich dem politischen Diktat der lokalen Partei*ras* zu beugen.[33]

Im April 1920 hatten sich die regionalen Agrarverbände in einem Nationalen Verband, der *Confederazione Generale dell'Agricoltura* (Confagricoltura) zusammengeschlossen. Die Confagricoltura sollte die landwirtschaftlichen Arbeitgeber in Tarifkonflikten vertreten und gleichzeitig die politischen Interessen der bis dahin nur auf regionaler Ebene organisierten Verbände wahrnehmen.[34] Gegenüber der faschistischen Bewegung verhielt sich die Conf-

---

[32] Lyttelton, La conquista, S. 111; Schieder, Der Strukturwandel, S. 77; vgl. auch Ivanoe Granata, Storia nazionale e storia locale: alcune considerazioni sulla problematica del fascismo delle origini (1919–1922), Storia Contemporanea 11 (1980) S. 503–544.

[33] Cardoza, Agrarian Elites, S. 392.

[34] Das landwirtschaftliche Verbandswesen war in Italien traditionell schwach ausgebildet und

agricoltura zunächst abwartend bis distanziert. Zwar unterstützte sie den fa-schistisch-bürgerlichen Wahlblock bei den Parlamentswahlen vom Mai 1921 und konnte so 27 eigene Vertreter in die Abgeordnetenkammer entsenden.[35] Diese bildeten jedoch eine eigene Fraktion, die im Parlament unabhängig von den Faschisten operierte.[36] Im Januar 1922 wurde schließlich auf Betreiben der Confagricoltura eine eigenständige „Agrarpartei" (*Partito Agrario Nazio-nale*) gegründet, die freilich schon im Februar 1923 wieder aufgelöst wurde.[37] Dennoch zeugt diese Parteigründung von der Zurückhaltung und Skepsis der liberalen Agrareliten gegenüber der neuen politischen Bewegung.

Im Frühjahr 1922 kam es sogar zu einem offenen Konflikt zwischen der Confagricoltura und der faschistischen Partei. In scharfen Polemiken wandten sich extremistische Parteiführer und Syndikalisten wie Dino Grandi oder Davide Fossa gegen die „Reaktionäre des Bürgertums" und die „Sklavenhal-termentalität" der Agrarier,[38] welche die Hilfe der faschistischen *Squadre* in den Streiks von 1919/20 bereitwillig angenommen hätten, sich nun aber jeg-licher Zusammenarbeit verweigerten. „Das junge Blut", so Fossa, „wurde sicher nicht verschüttet, um die Geldbeutel der Grundbesitzer zu schützen."[39]

---

durch starke regionale Fragmentierung gekennzeichnet. Erst vor dem Hintergrund der po-litischen Unruhen nach 1918 erkannte man die Notwendigkeit einer politischen Gesamtver-tretung der Landwirtschaft. Auf Initiative der padanischen Regionalverbände wurde daher im März 1918 ein Segretariato Agricolo Nazionale mit Sitz in Rom gegründet. Aus diesem Sekretariat ging im August 1920 schließlich die Confederazione generale dell'Agricultura hervor; vgl. Francesco Socrate, L'organizzazione padronale agraria nel periodo giolittiano, Quaderni Storici 12 (1977) S. 661–682; Maria Malatesta, I signori della terra. L'organiz-zazione degli interessi padani (1860–1914), Milano 1989; Pier Paolo D'Attorre, Gli agrari padani: organizzazione degli interessi e rappresentanza politica, Padania Jg. 1, H. 1 (1987) S. 26f.; Francesco Piva, Mobilitazione agraria e tendenze dell'associazionismo padronale durante la „grande guerra", Quaderi Storici 12 (1977) S. 808–835; Sandro Rogari, Proprietà fondiaria e modernizzazione. La Società degli agricoltori italiani 1895–1920, Milano 1994.

[35] Vgl. Petersen, Wählerverhalten, S. 137 und D'Attorre, Gli agrari, S. 30.

[36] Giovanni Pesce, La marcia dei rurali. Storia dell'organizzazione sindacale fascista degli agricoltori, Roma 1929, S. 58f.

[37] Vgl. Pier Paolo D'Attorre, Conservatorismo agrario e fascismo negli anni venti: linee di ricerca sull'area padana, Italia Contemporanea 151/152 (1983) S. 41–63; das Programm des Partito Agrario ist abgedruckt in ders., La marcia dei rurali. Associazionismo padronale e rappresentanza politica delle elites agrarie padane nel Novecento, in: Pasquale Villani (Hg.), Trasformazione delle società rurali nei paesi dell'Europa occidentale e mediterranea (secoli XIX–XX). Bilancio degli studi e prospettive di ricerca. Atti del congresso internazionale svoltosi a Napoli e Sorrento 25.–28.10.1982, Napoli 1986, S. 375f., Anm. 27.

[38] Dino Grandi, Schiavismo agrario, L'Assalto, 6.5.1922, S. 1; vgl. auch Gino Baroncini, Due cazzotti agli Agrari, ebd. 12.5.1922, S. 2.

[39] Davide Fossa, Il fascismo rurale (1921), in: ders., Dal sindacalismo romantico al diritto corporativo. Scritti del decennio 1921–1930 (Hg. I. G. Fini), Bologna 1931, S. 8–10, hier S. 8.

Hintergrund dieser Angriffe war die reservierte Haltung vieler Agrarorganisationen, die wenig Neigung zeigten, mit den faschistischen Syndikaten über Lohn- und Pachtverträge zu verhandeln.[40] Auch Mussolini schlug im Frühjahr 1922 einen offenen Konfrontationskurs gegenüber der Confagricoltura ein. Er war sichtlich bemüht, den Faschismus vom Stigma einer reaktionären Agrarierpartei zu befreien. Im März 1922 wies er darauf hin, daß die Agrarier sowohl eine eigene Partei als auch einen eigenen Dachverband geschaffen hätten und daher nicht mit dem Faschismus identifiziert werden dürften.[41] In einem Beitrag in der Monatszeitschrift *Gerarchia* vom Mai 1922 betonte er, die faschistische Bewegung vertrete nicht die „Interessen der großagrarischen Schicht", sondern sei „politischer und geistiger Ausdruck einer kleinen neuen Demokratie auf dem Lande". Der Faschismus sei „bäuerlich und nicht agrarisch".[42]

> Die Agrarier sind eine Sache; die Bauern eine andere. Die Agrarier sind Großgrundbesitzer und, abgesehen von lobenswerten Ausnahmen, stark konservativ; die Bauern [sind] Pächter, kleine Landbesitzer, Landarbeiter. Zwischen Faschismus und Agrariern fließt kein gutes Blut.[43]

Seit Anfang 1922 gingen die faschistischen Ortsgruppen dazu über, eigene landwirtschaftliche Arbeitgeberorganisationen zu gründen.[44] In Bologna entstanden auf Initiative des Parteisekretärs Gino Baroncini um die Jahreswende 1921/22 faschistische Landbesitzerkomitees, die sich gegen die alte *Associazione Agraria Bolognese* stellten.[45] Diese insgesamt 14 Komitees schlossen sich wenige Monate später zu einem Provinzverband (*Federazione Provinciale Sindacati Agrari*, FPSA) zusammen, aus dem schließlich im Dezember 1922 eine nationale Organisation hervorging. Es war kein Zufall, daß der faschistische Agrarverband seinen Ursprung in Bologna hatte. Die Stadt war nicht nur das

---

[40] Cordova, Le origini, S. 58–62; Lyttelton, La conquista, S. 351f.

[41] Benito Mussolini, Il fascismo nell'agricoltura, Il Popolo d'Italia, 31.3.1922 (jetzt in: O.O., Bd. 13, 131f.): „C'è da ricordare, insomma, che gli agrari, grossi e piccoli, hanno un loro Partito, che si chiama Partito Agrario Nazionale. C'è da ricordare che gli agrari, grossi e piccoli, non sono rappresentati al Parlamento dal Gruppo fascista, ma dal Gruppo parlamentare agrario [. . .] C'è da ricordare che la Confederazione generale dell'agricoltura, la quale rappresenta e difende sul terreno economico sindacale gli interessi degli agrari, grossi e piccoli, non ha niente di comune col fascismo, mentre ha preso posizione contro il fascismo."

[42] Benito Mussolini, Il fascismo e i rurali, Gerarchia Jg. 1, Nr. 5, Mai 1922, S. 237–243, hier S. 242f.

[43] Ebd.

[44] Lyttelton, La conquista, S. 355f.

[45] Vgl. Cardoza, Agrarian Elites, S. 391–400; Pesce, La marcia, S. 118–173 (auch zum Folgenden).

wirtschaftliche Zentrum der ostpadanischen Landwirtschaft, sondern neben Ferrara und Cremona auch die wichtigste Hochburg des militanten Agrarfaschismus. Die Auseinandersetzungen zwischen den sozialistischen Ligen und den faschistischen Kampftruppen waren hier besonders blutig geführt worden.[46] Der regionale Agrarverband *Associazione Agraria Bolognese* hatte die faschistischen *Squadre* seit Herbst 1920 unterstützt, hielt aber zumindest formal an seiner unabhängigen Stellung fest. Insbesondere zeigte die Organisation nur geringe Bereitschaft, Konzessionen an die faschistischen Landarbeitersyndikate zu machen. Die FPSA unterstrich dagegen von Anfang an ihre Bereitschaft, mit den organisierten Landarbeitern und Kleinbauern „eng zusammenzuarbeiten".[47] Die „Klassenmentalität" der liberalen Agrarverbände wurde dagegen strikt abgelehnt. Mit „neuem Geist" müsse man sich dem Problem der Arbeitslosigkeit zuwenden und nach rein „technischen Kriterien" die bestehenden Konflikte beilegen. Ganz im Sinne des nationalen Syndikalismus wurde dabei „die Erhöhung der Produktion im Interesse der Nation" als wichtigstes Ziel formuliert. Die „Kollaboration der Klassen" sollte anstelle des „Klassenkampfes" treten und somit Wachstum und Prosperität der Landwirtschaft ermöglichen.[48] Polemisch wurden dabei die „alten Agrarier" den „neuen Landwirten" der faschistischen Bewegung gegenübergestellt:

Auf der einen Seite stehen die alten Agrarier, welche das Eigentum als ererbtes Privileg betrachten, [. . .] das keine Opfer abverlangt. Es sind diejenigen Männer, welche die [. . .] Bauernhäuser verfallen lassen [. . .], die Betriebe inkompetent führen [. . .] und sich nicht um Verbesserung der Anbauprodukte und um landwirtschaftlichen Fortschritt kümmern. [. . .] Neben diesen alten Agrariern stehen die jungen Landwirte, welche ihre persönlichen Interessen mit den übergeordneten Interessen der Gesellschaft und des Landes vereinbaren. Diese Landwirte führen ihre Betriebe mit modernen Methoden, schicken ihre Söhne auf die Landwirtschaftsschulen und kümmern sich um bessere Anbaumethoden und eine Industrialisierung der Landwirtschaft und geben somit ein Beispiel dafür, was unter Kollaboration von Arbeit und Kapital zu verstehen ist.[49]

Im Dezember 1922 wurde die FPSA in einen nationalen Verband (*Federazione Italiana dei Sindacati Agricoli*, FISA) umgewandelt.[50] Dieser kurz nach dem

---

[46] Vgl. neben Cardoza, Agrarian Elites, die Beiträge in Luciano Casali (Hg.), Bologna 1920. Le origini del fascismo, Bologna 1981.

[47] So ein Aufruf vom Mai 1922, abgedr. bei Pesce, La marcia, S. 128–146, hier S. 132.

[48] Ebd. S. 129–131, 136 und 140.

[49] Gino Baroncini, Agrari e Agricoltori, L'Assalto, 26.8.1922, S. 1.

[50] Der Gründungskongreß wurde am 28.12.1922 in Bologna abgehalten. Anwesend waren u. a. Cacciari, Fornaciari, Racheli und Baroncini; Mussolini und Parteisekretär Sansanelli erteilten der Gründung per Telegramm die offizielle Anerkennung; vgl. die ausführliche Doku-

„Marsch auf Rom" erfolgte Schritt fand die ausdrückliche Zustimmung Rossonis. Er war es offensichtlich leid, mit den nichtfaschistischen Agrarverbänden verhandeln zu müssen.[51] Dem im November 1922 eingesetzten Provisorischen Komitee gehörte daher neben den Gründern der FPSA, Gino Cacciari und Julo Fornaciari, auch der Gewerkschaftsvertreter Mario Racheli an.[52] Racheli stammte wie Rossoni aus der Tradition des revolutionären Syndikalismus und hatte nach dem Krieg vorübergehend die Arbeitskammer von Parma geleitet.[53] Er wurde Anfang 1923 Präsident der „Agrarkorporation", die als horizontales Bindeglied zwischen den landwirtschaftlichen Arbeitnehmer- und Arbeitgebersyndikaten wirken sollte, in der Praxis allerdings bedeutungslos blieb. Generaldirektor der FISA wurde Gino Cacciari, ein Landwirt aus Malabergo (Provinz Bologna), der im April 1921 dem dortigen *Fascio* beigetreten war und am „Marsch auf Rom" teilnahm.[54] Cacciari, der aus mittelständischen Verhältnissen stammte, in Bologna Agrarwirtschaft studiert und es nach dem Ersten Weltkrieg zu Wohlstand gebracht hatte, galt als Prototyp des neuen Agrarunternehmers. Seine rechte Hand, Julo Fornaciari, stammte ebenfalls aus der Provinz Bologna und besaß einen ähnlichen sozialen Hintergrund wie Cacciari.[55] Fornaciari widmete sich seit 1923 vor allem dem Aufbau einer Zentralorganisation der Zuckerrübenproduzenten. Die 1923 gegründete und der FISA angeschlossene *Associazione Nazionale Bieticoltori* entwickelte sich unter seiner Leitung zu einer einflußreichen Interessenorganisation und wurde zum Vorbild für spätere landwirtschaftliche Branchenverbände.

Das wichtigste politische Ziel der FISA bestand zunächst darin, die Confagricoltura politisch zu isolieren und möglichst rasch deren Auflösung zu erwirken. Vielerorts weigerten sich die faschistischen Arbeitnehmersyndikate, die in der Confagricoltura organisierten Verbände als Tarifpartner zu akzeptieren.[56] Zugleich wurden die scharfen Angriffe gegen die „Klassenmentalität"

mentation bei Pesce, La marcia, S. 164–173 und „La Federazione dei Sindacati Agricoltori costituita a Bologna", Il Popolo d'Italia, 30.12.1922, S. 2.

[51] Cordova, Le origini, S. 133; John J. Tinghino, Edmondo Rossoni, From Revolutionary Syndicalism to Fascism, New York usw. 1991, geht sogar davon aus , daß „Rossoni had ordered the creation of the Federazione italiana dei sindacati agricoltori" (S. 147).

[52] Das Comitato provvisorio della Federazione Italiana dei Sindacati agricoli veröffentlichte im November 1922 ein „Manifest an die italienischen Landwirte", abgedr. bei Pesce, La marcia, S. 158–162.

[53] Vgl. Pesce, La marcia, S. 137 und Savino, La Nazione operante (1934), S. 722.

[54] Vgl. MI, PS, Div. PP, FP, cat. 1, b. 210 (Cacciari Gino): Scheda di informazione PS; Bericht F. Diaz, Questore Bologna an MI; Bericht PS 14.4.1932.

[55] Vgl. MI, PS, Div. PP, FP, cat. 1, b. 518 (Fornaciari Julo): Berichte vom 22.7.1933 und 13.12.1933; außerdem SPD, CO, f. 16.987 (Fornaciari Julo): Bericht PS März 1929.

[56] Vgl. Cordova, Le origini, S. 153–164.

des alten Verbandes fortgesetzt, deren Führer als „Parasiten der Vergangenheit" und als Repräsentanten des alten liberalen Systems diffamiert.[57]

Diese Strategie der politischen Isolierung ging jedoch zunächst nicht auf. Die Confagricoltura war ihrerseits schon kurz nach dem „Marsch auf Rom" auf einen profaschistischen Kurs umgeschwenkt und hatte Mussolini ihre politische Loyalität bekundet. Am 21. Dezember 1922 wurde der Präsident der Organisation, Baron Antonino Bartoli, von Mussolini in einer persönlichen Audienz empfangen. Über den Verlauf dieses Gesprächs ist nichts Genaueres bekannt. Vermutlich kam es dabei jedoch zu einer informellen Übereinkunft zwischen Mussolini und dem Präsidenten der Confagricoltura. Zwei Tage nach diesem Zusammentreffen forderte Bartoli die Unterorganisationen auf, „zum Gelingen der neuen Regierungsinitiative aktiv beizutragen". Die „außergewöhnliche historische Situation" lege auch den Landwirten „besondere Pflichten" auf, von deren „Erfüllung allein der sichere Schutz der legitimen Anliegen der Landwirtschaft abhängt".[58] Die politische Botschaft dieser etwas umständlichen Formulierung war eindeutig. Nur ein offenes Bekenntnis zur neuen Regierung und die Bereitschaft, mit den faschistischen Landarbeitersyndikaten zu kooperieren, konnte der Confagricoltura das Überleben sichern. In demselben Schreiben hielt Bartoli die Unterorganisationen an, auf Provinzebene Kommissionen mit den Gewerkschaften zu bilden und zum Abbau der Arbeitslosigkeit beizutragen. Am 28. Februar 1923 sicherte Bartoli Mussolini erneut die uneingeschränkte Unterstützung der Confagricoltura zu.[59] Kurz zuvor, am 12. Februar, hatte sich der *Partito Agra-*

---

[57] Pesce, La marcia, S. 111; vgl. auch Gino Baroncini, Botte agli agrari, L'Assalto, 14.4.1923, S. 2: „[. . .] Se la legge fascista, che subordina gli interessi delle categorie e delle classi al superiore interesse nazionale, è stata imposta ai lavoratori, la stessa legge, piaccia o non piaccia ai vari Donini e ai vari Olivetti d'Italia, deve essere imposta agli agricoltori ed agli industriali più o meno organizzati nella Confederazione dell'Agricoltura e dell'Industria. Diversamente la lotta di classe, uscita dalla finestra rientrerà dalla porta, quando il fascismo non voglia diventare – come affermano i socialisti – una reazione borghese contro il lavoro ed i lavoratori. Si è detto e si è ripetuto ai sette venti ed ai sette cieli che il fascismo è al di sopra della borghesia e del proletariato; ebbene questa legge superiore deve essere applicata ovunque e su tutti. Diversamente il fascismo diverrebbe parziale e segnerebbe, colla sua parzialità, l'inizio della sua fatale rovina."

[58] „Questa Confederazione [. . .] è convinta che gli Agricoltori si renderanno conto della convenienza morale e pratica di collaborare al buon esito dell'iniziativa del Governo, poichè l'eccezionale periodo storico che si attraversa impone eccezionali doveri, d a l c u i c o m p i m e n t o s o l t a n t o l e s t e s s e l e g i t t i m e e s i g e n z e d e l l ' a g r i c o l t u r a p o s s o n o t r a r r e l a p i ù s i c u r a t u t e l a" (Hervorhebung im Orginaltext); Rundschreiben Bartoli/Donini an Mussolini und an die Unterorganisationen der Confagricoltura vom 23.12.1922; SPD, CO, 509.808/6.

[59] PCM 1923, 3/1–2/106: Confagricoltura an Mussolini, gez. Präsident Antonino Bartoli und Direktor Alberto Donini, 28.2.1923.

rio selbst aufgelöst, um weiteren Angriffen der faschistischen Extremisten vorzubeugen.[60] Dies war angesichts der geringen Erfolge dieser Partei kaum mehr als ein politisches Bauernopfer. Doch wurde die Auflösung als wichtiger symbolischer Schritt verstanden, der den Weg für eine Zusammenarbeit mit den faschistischen Machthabern ebnen sollte.[61]

Obgleich die FISA ihre Kampagne gegen die Confagricoltura fortsetzte, konnte diese ihre Stellung im Laufe des Frühjahrs 1923 festigen. Während der FISA bis Ende Februar 1923 lediglich 16 Provinzverbände beigetreten waren, vertrat die Confagricoltura zu diesem Zeitpunkt landesweit 332 Organisationen.[62] Insbesondere im Süden des Landes, wo das Klientelsystem der liberalen Lokaleliten nur langsam und unvollständig durch die faschistische Partei verdrängt wurde, gelang es der FISA nicht, organisatorisch Fuß zu fassen.[63] Für einen Augenblick schien es sogar, als ob Rossoni bereit wäre, die Confagricoltura als Verhandlungspartner anzuerkennen. Zumindest kam es am 15. Januar 1923 zu einem Treffen zwischen Rossoni und Baron Bartoli.[64] Günstig wirkte sich der Umstand aus, daß die römische Ministerialbürokratie auch nach 1922 lieber mit den liberalen Verbandsfunktionären zusammenarbeitete als mit den wenig profilierten und politisch unerfahrenen Führern der FISA. So wurde die Confagricoltura im Frühjahr 1923 damit beauftragt, bei der Erstellung eines neuen Grundsteuerkatasters mitzuwirken.[65] Trotz heftiger Proteste der FISA weigerte sich Finanzminister De Stefani, diese Aufgabe dem faschistischen Verband zu übertragen, an dessen fachlicher Kompetenz er offenbar zweifelte.[66] Gute Beziehungen unterhielt die Confagricoltura auch zum Landwirtschaftsministerium. Der rechtsliberale De Capitani D'Arzago, den Mussolini im November 1922 aus Koalitionsgründen zum Landwirtschaftsminister ernannt hatte, stand den syndikalistischen Strömungen innerhalb des Faschismus ablehnend gegenüber. Ähnliches galt für den Unterstaatssekretär im Landwirtschaftsministerium Ottavio Corgini. Als Präsident der reggio-emilianischen Landwirtschaftskammer hatte Corgini eine führende Rolle beim Aufbau der faschistischen Bewegung in dieser Region gespielt.[67]

---

[60] Cordova, Le origini, S. 208.

[61] Confagricoltura an Mussolini, 28.2.1923 (wie Anm. 59).

[62] Cordova, Le origini, S. 136.

[63] Lyttelton, La conquista, S. 363.

[64] „I rapporti tra le Corporazioni sindacali e i datori del lavoro. Un convegno presso il sottosegretario alla Presidenza", Il Popolo d'Italia, 16.1.1923, S. 1.

[65] Vgl. Luigi Einaudi, Le tabelle per la denuncia dei redditi agrari, in: ders, Cronache economiche, Bd. VIII, S. 183–188; Francesco Coletti, L'imposta sui redditi agrari, in: ders., Economia rurale e politica rurale in Italia. Raccolta di studi, Piacenza 1926, S. 253–258.

[66] Cordova, Le origini, S. 155–157; Pesce, La marcia, S. 185–190; zu den Klagen der FISA über die hohe Einkommenssteuerbelastung vgl. PCM 1925, 9/1/1294: FISA an PCM, 10.4.1925.

[67] Vgl. Cardoza, Agrarian Elites, S. 326, und Lyttelton, La conquista, S. 361; Missori, Gerarchie, S. 192.

86

Dennoch galt er als Konservativer und strikter Verfechter wirtschaftsliberaler Prinzipien. Corgini befürwortete wirtschaftliche Organisationsfreiheit und gehörte innerhalb des PNF zu den entschiedensten Gegnern des Monopolanspruchs der faschistischen Syndikate.[68]

Innerhalb des PNF blieb die Frage, welcher Verband als offizielle Arbeitgebervertretung in Tarifkonflikten zu gelten hatte, zunächst umstritten. Zwar hatte das Parteidirektorium am 24. Januar 1923 beschlossen, daß Parteimitglieder nur innerhalb der faschistischen Syndikate organisiert sein dürften.[69] Der Faschistische Großrat bestätigte diesen Beschluß in einer Sitzung vom 1. Mai 1923.[70] Weniger eindeutig waren dagegen die Aussagen bezüglich eines faschistischen Vertretungsmonopols, wie es von Farinacci und Rossoni gefordert wurde. Der Großrat hatte sich bereits in seiner ersten (informellen) Sitzung am 15. Dezember 1922 für eine pluralistische Lösung ausgesprochen. Farinacci und Rossoni gelang es jedoch, in einer weiteren Sitzung vom 15. März 1923 einen Beschluß durchzusetzen, der den faschistischen Syndikaten offiziell eine Vorrangstellung einräumte.[71] Trotz dieser eindeutigen Aussage des höchsten faschistischen Parteigremiums verhandelte Mussolini weiter mit den nichtfaschistischen Arbeitgeberverbänden. Dem einflußreichen Industriellenverband Confindustria sicherte er im März zu, daß die Interessen der Organisation nicht angetastet würden.[72] Die formale Anerkennung der Confindustria erfolgte schließlich im sogenannten „Patto del Palazzo Chigi" vom 21. Dezember 1923.[73] Die Confagricoltura drängte nun ihrerseits darauf, einen ähnlichen Status wie der Industriellenverband zu erhalten. Es sei ungerecht, schrieb Bartoli im Juli an den Unterstaatssekretär der Regierungskanzlei Acerbo, daß die Agrarorganisationen trotz ihrer „ehrlichen und tatkräfti-

---

[68] Vgl. die Diskussion über den Aufbau der Syndikate in der Sitzung des Faschistischen Großrates vom 14.3.1923, in: O.O., Bd. 19, S. 172–175; vgl. außerdem Pesce, La marcia, S. 208. – Außer bei Corgini fand die Confagricoltura vor allem bei Cesare Forni Unterstützung; Forni hatte die faschistischen Organisationen in den Reisanbaugebieten der Lomellina aufgebaut und war im Dezember 1921 Parteisekretär der Provinz Pavia geworden. Corgini und Forni wurden im Juli 1923 bzw. im Februar 1924 als Dissidenten aus der Partei ausgestoßen; vgl. Cordova, Le origini, S. 153f. und 157.

[69] Lyttelton, La conquista, S. 361. – Der Beschluß führte zu lebhaften Protesten von seiten der nichtfaschistischen Agrarorganisationen; vgl. z. B. PCM 1923, 3/1–2/1297: Memorandum der Camera Provinciale dell'Agricoltura Reggio Emilia, 1.3.1923.

[70] Partito Nazionale Fascista, Il Gran Consiglio nei primi dieci anni dell'era fascista, Roma 1933, S. 61.

[71] Vgl. Protokoll der Sitzung vom 15.3.1923, in: O.O., Bd. 19, S. 172–175.

[72] Vgl. Roland Sarti, Fascism an the Industrial Leadership in Italy, 1919–1940. A Study in the Expansion of Private Power under Fascism, Berkeley usw. 1971, S. 61.

[73] Der Text des Abkommens ist abgedruckt bei Alberto Aquarone, L'organizzazione dello Stato totalitario, Torino 1965, S. 435–436.

gen Zusammenarbeit" mit der faschistischen Regierung keine offizielle Anerkennung erhielten. Bartoli bot sogar seinen Rücktritt an, falls man in seiner Person das „Hindernis für eine Übereinkunft" betrachte.[74]

Die Bemühungen Bartolis blieben jedoch fruchtlos. Obwohl er sich am 12. November erneut an Mussolini wandte und – nun schon etwas weniger konziliant – auf das Recht auf „Organisationsfreiheit" verwies, wurde die FISA wenige Tage darauf vom Faschistischen Großrat formell als Arbeitgebervertretung der Landwirte anerkannt.[75] Wenngleich den Landarbeitersyndikaten im Prinzip freigestellt wurde, auch „mit allen anderen Arbeitgeberorganisationen kollektive Verträge abzuschließen",[76] besiegelte der Beschluß des Großrates de facto das Ende der Confagricoltura. Spätestens seit dem Sommer 1923 hatte sich die politische Lage des Verbandes deutlich verschlechtert. Nachdem im Juni Corgini und De Capitani aus dem Kabinett ausgeschieden waren, hatte die Organisation ihren politischen Rückhalt innerhalb der Regierung verloren. Mussolini war im Juli schon nicht mehr bereit, die Vertreter des Verbandes persönlich zu empfangen.[77] Auch auf lokaler Ebene hatten sich die Machtverhältnisse im Laufe des Jahres 1923 deutlich zugunsten der FISA verschoben. Immer mehr Regionalvertretungen traten aus der Confagricoltura aus, um sich dem faschistischen Konkurrenzverband anzuschließen.[78] Nach eigenen Angaben waren um den Jahreswechsel 1923/24 43 Provinzverbände und 178 Wirtschaftsvereinigungen mit insgesamt 120.000 Mitgliedern in der FISA organisiert.[79]

Im Februar 1924 kam es überraschend zur einer Einigung zwischen FISA und Confagricoltura, in deren Verlauf sich die beiden Organisationen in einem Gesamtverband zusammenschlossen. Über Hintergründe und Motive dieser Fusion ist nur wenig bekannt. Mit einiger Sicherheit läßt sich jedoch sagen, daß die Übereinkunft nicht von beiden Seiten vorausgeplant war, sondern eher einen Überraschungscoup der Confagricoltura darstellte. Die FISA hatte für den 21. Februar eine große Kundgebung in Rom vorbereitet.[80] Zu

[74] SPD, CO, f. 509.808/6: Bartoli an den Unterstaatssekretär der PCM, Giacomo Acerbo, 27.7.1923.

[75] O.O., Bd. 20, S. 96, Sitzung des Faschistischen Großrats vom 15.11.1923.

[76] Ebd.

[77] SPD, CO, f. 509.808/6: Bartoli an den Unterstaatssekretär der PCM, Giacomo Acerbo, 27.7.1923. – Hingegen stattete Mussolini der FISA am 29.10.1923 einen offiziellen Besuch in deren Sitz in Bologna ab.

[78] Vgl. SPD CO 509.381/1: Bericht der Corporazione dell'Agricoltura (o.D., aber Nov. 1924), Allegato E, S. 4–7.

[79] Pesce, La marcia, S. 234f.

[80] PCM 1924, 3/11/3120; vgl. außerdem „Un grande convegno di agricoltori a Roma sotto la presidenza di Mussolini", Il Popolo d'Italia, 20.2.1924, S. 1 und „Un grande convegno a Palazzo Chigi della Corporazione dell'Agricoltura", ebd. 22.2.1924, S. 6.

diesem Anlaß war auch ein offizieller Empfang durch Mussolini im Palazzo Chigi geplant. Damit sollte vor den Parlamentswahlen im April ein „unauflösliches Bündnis der Zusammenarbeit zwischen dem faschistischen Regime und den landwirtschaftlichen Produzenten geschmiedet werden".[81] Die Hintergründe der Vereinigung lassen sich nur aus der Darstellung Giovanni Pesces, des Hauschronisten der FISA, rekonstruieren.[82] Nach dessen Schilderung begab sich Bartoli am Vorabend des Regierungsempfangs zum Sitz der FISA, um Cacciari und Fornaciari ein Vereinigungsangebot zu unterbreiten.[83] Der FISA, die laut Pesce von diesem Schritt regelrecht überrumpelt wurde, sei nichts anderes übrig geblieben, als das Angebot „im höheren Interesse der Nation" zu akzeptieren.[84] Noch am selben Abend wurde von Vertretern beider Organisationen ein Protokoll unterzeichnet, das die Gründung eines neuen gemeinsamen Verbandes vorsah.[85] Das Protokoll enthielt noch keine genauen Bestimmungen darüber, wie diese Organisation aussehen sollte. Es wurde lediglich festgehalten, daß sie sich an den „Prinzipien des Korporativismus" orientieren müsse. Alles weitere sollte eine durch eine paritätische, aus Vertretern der FISA und der Confagricoltura gebildeten Kommission geregelt werden.[86] Ein gemeinsamer Delegiertenkongreß sollte anschließend über Statuten und personelle Führung entscheiden. Ausdrücklich wurden in dem Protokolltext die Verdienste der Confagricoltura gewürdigt.[87] Ferner hielt man fest, daß „keine grundsätzlichen Differenzen" zwischen den beiden Organisationen bestünden.[88] Am darauffolgenden Tag wurden Bartoli und Fontana gemeinsam mit den Vertretern der FISA von Mussolini empfangen.[89]

---

[81] Pesce, La marcia, S. 226.

[82] Ebd. S. 225–236.

[83] Bartoli wurde dabei von dem Parlamentsabgeordneten Attilio Fontana begleitet. Fontana war Leiter der Rechtsabteilung der Confagricoltura und gehörte zum engeren Führungskreis der Organisation. Im Parlament wurde er zum rechten philofaschistischen Flügel der Liberalen gezählt; vgl. Edoardo Savino, D. Catena, Italia Nova, Raccolta foto-biografica dei candidati della lista nazionale, Milano 1924, S. 267; I 535 Deputati, S. 88.

[84] Pesce, La marcia, S. 228.

[85] PCM 1924, 3/1–1/529: Protokolltext (o.U.), 20.2.1924 und Begleitschreiben Rachelis an Mussolini, 20.2.1924.

[86] Das Protokoll legte bereits die Mitglieder der Kommission fest: Antonio Marozzi, Julo Fornaciari und Mario Racheli für die FISA; Conte Alfredo di Frassineto, Barone Lorenzo Zinzi und Barone Antonino Bartoli für die Confagricoltura (vgl. ebd.).

[87] Ebd.: „[...] riconosciuto che la Confederazione Generale dell'Agricoltura ha sempre ispirato la sua azione agli scopi superiori della produzione agricola italiana e al bene della Nazione [...]".

[88] Ebd.

[89] PCM 1924, 3/1–1/529: Federazione italiana dei Sindacati Agricoli, Elenco delle personalità che partecipano al Convegno degli Agricoltori a Palazzo Chigi, 21.2.1924. In der gedruckten Teilnehmerliste wurden die Namen Bartolis und Fontanas per Hand nachgetragen, mit dem

Wenngleich die Quellen kein gesichertes Urteil erlauben, spricht einiges dafür, daß Bartoli mit seinem Vorstoß ein geschickter Schachzug gelungen war. Für ihn mußte spätestens seit der offiziellen Anerkennung der FISA durch die Regierung klar sein, daß die Confagricoltura als eigenständige Organisation keine Zukunft besaß. Der Kampf gegen die FISA war verloren, so daß aus der Sicht Bartolis nur noch die „Flucht nach vorne" blieb. Die Fusion der beiden Verbände schien die einzige Chance, den liberalen Agrarverbänden auch in Zukunft ein Mindestmaß an politischem Einfluß zu sichern. Die Kollaborationsstrategie Bartolis wurde schließlich durch den Umstand begünstigt, daß sowohl Mussolini als auch Rossoni einen Kompromiß ausdrücklich befürworteten.[90]

Die Entwicklung der folgenden Monate zeigte, daß Bartolis Strategie zumindest kurzfristig erfolgreich war. Was nach offizieller Lesart der FISA wie eine „Kapitulation" und „Waffenstreckung" der Confagricoltura aussah,[91] erwies sich in Wirklichkeit als taktisch kluger Schritt des liberalen Verbandes. Zwar wurde für die Neugründung nicht nur der Name, sondern auch die organisatorische Struktur der FISA übernommen. Auf personeller Ebene konnte sich dagegen die ehemalige Confagricoltura durchsetzen. Der gemeinsame Delegiertenkongreß, auf dem sowohl die neuen Statuten verabschiedet als auch die Führung der Organisation gewählt wurde, fand Mitte Juli in Rom statt.[92] Leider sind nur wenige Einzelheiten über den Verlauf des Kongresses bekannt, der von den Ereignissen der Matteotti-Krise überschattet wurde und daher in der Öffentlichkeit nur wenig Aufmerksamkeit fand. Er endete jedoch mit einem völligen Fiasko für die FISA. Den Vertretern der ehemaligen Confagricoltura gelang es, ihren Kandidaten, den kalabresischen Großgrundbesitzer Marchese Ferdinando Nunziante zum Präsidenten wählen zu lassen.[93] Von den insgesamt drei Vizepräsidenten stammten ebenfalls zwei

---

Zusatz „che entrano per le rappresentanze in seguito all'accordo"; ein weiterer Hinweis, daß die Vereinigung nicht vorausgeplant worden war.

[90] Vgl. SPD, CO, f. 509.381/1: Bericht der Corporazione dell'Agricoltura (o.D., aber Nov. 1924), Allegato E, S. 6. Darin heißt es, die Fusion sei erfolgt „soprattutto per volontà dei dirigenti della Federazione delle Corporazioni Sindacali e dell'on. Rossoni in particolar modo". Zur Haltung Mussolinis vgl. dessen Rede vom 21.1.1924, in: O.O., Bd. 20, S. 183–185; vgl. außerdem Schreiben Mussolinis an Bartoli vom 1.3.1924, ebd. S. 349 (der Brief wurde am 2.3.1924 in Il Popolo d'Italia veröffentlicht).

[91] Vgl. SPD, CR, b. 87, sottof. 1: Bericht vom Dezember 1925 (o.U.), S. 4; SPD, CO, f. 509.381/1: Bericht der Corporazione dell'Agricoltura (o.D., aber Nov. 1924), Allegato E, S. 6; Pesce, La marcia, S. 225 und 227.

[92] Vom 12. bis zum 14.7.1924; vgl. „Il Grande Convegno degli Agricoltori d'Italia", L'Assalto, 7.6.1924, S. 1.

[93] „Il Convegno degli agricoltori plaude alla politica agraria del Governo", Il Popolo d'Italia, 14.6.1924, S. 7. – Nunziante hatte zuvor dem Direktorium der Confagricoltura angehört; vgl.

aus den Reihen der Confagricoltura. Es waren Antonio Bartoli und Graf Francesco Tullio, ein Großgrundbesitzer aus Friaul, der den Agrarverband 1922 kurze Zeit geleitet hatte. Die FISA konnte demgegenüber mit Julo Fornaciari lediglich einen der drei Vizepräsidenten stellen. Selbst Pesce machte keinen Hehl daraus, daß die Führung der alten FISA eine Niederlage erlitten hatte. Den Vereinigungskongreß bezeichnete er als „eines der traurigsten Ereignisse dieser Zeit".[94] Der Zusammenschluß hatte nicht nur die Führer der FISA verdrängt, sondern durch die Aufnahme der früheren Unterverbände der Confagricoltura auch das innere Machtgefüge der Organisation verändert. Mit Ausnahme der *Associazione Agraria Parmense* stammten alle Regionalverbände, die zu diesem Zeitpunkt noch in der Confagricoltura organisiert waren, aus dem Süden des Landes, so daß von einer „divisione spirituale e sindacale fra Nord e Sud" gesprochen wurde.[95] Nach außen hin gab sich die Organisation aber geschlossen und sicherte der Regierung ihre uneingeschränkte politische Unterstützung zu. „Die Landwirte sind und bleiben Kollaborationisten", bekräftigte die FISA in einem Schreiben an Mussolini vom 20. November 1924.[96] Die ehemaligen Führer der FISA, Cacciari und Fornaciari, hatten sich nach dem Kongreß vom Juni nach Bologna zurückgezogen. Erst mit der Neuordnung der faschistischen Syndikate im Frühjahr 1926 sollte ihnen die Rückkehr an die Spitze der FISA gelingen.

3. Das Syndikatsgesetz vom April 1926 und die „Faschisierung" der FISA

Der „integrale Syndikalismus", wie er Rossoni und anderen Gewerkschaftsvertretern vorschwebte, war bis 1925 Stückwerk geblieben. Im industriellen Bereich verfügten die nichtfaschistischen Gewerkschaften nach wie vor über Rückhalt innerhalb der Industriearbeiterschaft. Und der alte Industriellenverband Confindustria hatte sich im Machtkampf mit den faschistischen Syndikaten erfolgreich behaupten können, nachdem er im „Patto di Palazzo Chigi" vom 21. Dezember 1923 bereits eine quasi-offizielle Anerkennung erhalten hatte. Auch in der Landwirtschaft war das Konzept des „integralen Syndikalismus" lediglich formal verwirklicht worden. Die Agrargewerkschaften wurden von Rossoni kontrolliert, und die Arbeitgeber waren in einem fa-

---

Savino, La Nazione operante (1928), S. 234 und ders., Catena, Italia Nova, S. 335; Lupo, I proprietari terrieri, S. 111.

[94] Pesce, La marcia, S. 262, Anm. 1.

[95] Ebd. S. 261. An anderer Stelle heißt es: „[. . .] sotto il velo cartaceo burocratico della comune carta intestata e dei timbri d'ufficio, si aprì una crepa che ben presto divenne un abisso." (Ebd. S. 252).

[96] SPD, CO, f. 509.381.

schistischen Verband organisiert. Als horizontale Verklammerung diente die von Racheli geleitete *Corporazione dell'Agricoltura*. Nach dem Vereinigungs-kongreß von FISA und Confagricoltura verschlechterten sich jedoch die Be-ziehungen zwischen Rossoni und den Agrarverbänden. Der Gewerkschafts-führer war nicht mehr bereit, die neue Führung der FISA anzuerkennen. Im Herbst 1924 kam es zu einem offenen Bruch, als Rossoni sich weigerte, Ra-cheli und andere Vertreter der *Corporazione dell'Agricoltura* zu einem Natio-nalen Kongreß der faschistischen Syndikate einzuladen.[97]

Nach wie vor stellte sich somit die Frage, wie eine Gesamtordnung der Berufsverbände aussehen sollte und in welchem rechtlichen und institutio-nellen Rahmen die Arbeitsbeziehungen in Zukunft zu gestalten waren. Be-reits am 4. September 1924 hatte Mussolini zu diesem Zweck eine Parteikom-mission unter der Leitung Giovanni Gentiles eingesetzt, die jedoch nach zwei Monaten wieder aufgelöst wurde, ohne ein konsensfähiges Ergebnis vorge-legt zu haben.[98] Unter Federführung des konservativen Nationalisten und Justizministers Alfredo Rocco wurde im Sommer 1925 ein Gesetz ausgear-beitet, das nach langen Diskussionen im Faschistischen Großrat und im Par-lament Ende 1925 verabschiedet wurde und am 3. April 1926 in Kraft trat.[99] Dieses Gesetz enthielt grundlegende Bestimmungen zur rechtlichen Gestal-tung der Arbeitsbeziehungen, die in Zukunft durch Kollektivverträge zwi-schen Arbeitgeber- und Arbeitnehmersyndikaten geregelt werden mußten. Anstelle der klassischen Mittel des Arbeitskampfes – Streik und Aussperrung – sollten im Konfliktfall bei den Appellationsgerichtshöfen eingerichtete „Arbeitsmagistraturen" als Schlichtungsinstanzen wirken.[100] Die Berufsver-

---

[97] Ausführlich dazu SPD, CO, f. 509.381/1: Bericht der Corporazione dell'Agricoltura (o.D., aber Okt./Nov. 1924); Fornaciari an Innenminister Federzoni, 5.11.24; Confederazione delle Corporazioni sindacali fasciste, Promemoria per l'on. Racheli 23.10.1924; SPD, CR, b. 90: Bericht PS, 13.5.1928.

[98] Vgl. Perfetti, Il sindacalismo, S. 99–155 und Dokumentenanhang; Alberto Aquarone, La politica sindacale del fascismo, in: ders., Vernassa (Hgg.), Il regime fascista, S. 233–258. Zur Debatte im Parlament API, CD, Leg. XXVII, sess. 1924–1926, Discussioni, Bd. 5, S. 4834–4970.

[99] L. 3.4.1926 (Nr. 563): Sulla disciplina giuridica dei rapporti di lavoro; Das Gesetz wurde durch eine Reihe weiterer Gesetze sowie durch die am 21.4.1927 verabschiedete „Carta del lavoro" ergänzt. Vgl. die Beiträge in: Giuseppe Bottai, Augusto Turati (Hgg.), La Carta del Lavoro illustrata e commentata, Roma 1934; Nicola Palopoli, Legislazione del lavoro, dell'assistenza e previdenza sociale nell'ordinamento sindacale dello Stato fascista, Bd. 2: Le associazioni professionali e le corporazioni con appendice sull'ordinamento e sull'inquadra-mento sindacale nella attuazione pratica, Padova 1931; Ministero delle Corporazioni, Dis-ciplina giuridica dei rapporti collettivi del lavoro e ordinamento corporativo dello Stato, 2 Bde., Roma 1927–1929.

[100] Vgl. Gian Carlo Jocteau, La Magistratura e i conflitti di lavoro durante il fascismo 1926–1934, Milano 1978. – Bereits am 25.4.1925 hatte der Faschistische Großrat erklärt, daß Streiks

tretungen bedurften einer offiziellen staatlichen Anerkennung und unterstanden der Kontrolle des Korporationsministeriums. Wenngleich dieses Gesetz die nichtfaschistischen Organisationen nicht ausdrücklich verbot, schuf es die rechtliche Grundlage zur Auflösung der freien Gewerkschaften. In der Tat wurde die staatliche Anerkennung ausschließlich den faschistischen Syndikaten erteilt. Einzige Ausnahme blieb der industrielle Arbeitgeberverband Confindustria, dessen Sonderstellung durch den „Vertrag vom Palazzo Vidoni" vom 2. Oktober 1925 endgültig zementiert wurde.[101]

Innerhalb der FISA kam es im Vorfeld der Syndikatsreform zu neuerlichen Auseinandersetzungen. Die Spannungen zwischen der alten Führung der FISA und den ehemaligen Vertretern der Confagricoltura waren durch die Vereinigung keineswegs beigelegt worden. Im Gegenteil: die internen Konflikte hatten die Arbeit der Organisation weitgehend gelähmt. Cacciari und Fornaciari begrüßten daher die gesetzliche Neuordnung der Berufsvertretungen.[102] Sie erkannten die Chance, im Rahmen dieser Veränderungen die gegenwärtige Führung zu entmachten und selbst wieder an die Spitze der Organisation zu gelangen. In einem Artikel, der am 28. November 1925 in dem von Cacciari geleiteten Verbandsorgan *L'Agricoltore d'Italia* erschien, forderten sie eine politische „Säuberung" der FISA. Eine Anerkennung unter den bestehenden Bedingungen würde lediglich „die Position der alten Agrarverbände festigen":[103]

> Sprechen wir es offen aus: Die FISA ist seit zwei Jahren ihrer alten Werte beraubt und wird nach dem Eindringen der rückschrittlichen Elemente [. . .] von den Arbeitern und von den anderen faschistischen Gewerkschaften mit Argwohn betrachtet. [. . .] Kehren wir zum Programm und zu dem Glauben der ersten Jahre zurück, als die FISA noch wirklich faschistisch war. Die gesetzliche Anerkennung muß denjenigen Organisationen verliehen werden, die es wirklich verdienen. Die große nationale [. . .] Organisation der Landwirte darf nicht an den Zweideutigkeiten, welche das Agrariertum in sie hineingetragen hat, zugrunde gehen.[104]

Die Bemühungen Cacciaris und Fornaciaris blieben nicht ohne Erfolg. Anfang Dezember 1925 – das genaue Datum ist nicht bekannt – wurde Cacciari von Mussolini zum kommissarischen Verwalter der FISA ernannt und mit der

---

als „atto di guerra" nur in äußersten Notfällen durchgeführt werden dürften. Außerdem wurde eine „revisione dei quadri dei dirigenti del movimento sindacale" angeordnet; Partito Nazionale Fascista, Il Gran Consiglio, S. 193–195.

[101] Das Abkommen wurde am 2.10.1925 zwischen der Confindustria und der Confederazione delle Corporazioni fasciste geschlossen. Darin wurde das Alleinvertretungsrecht beider Organisationen festgelegt; der Vertrag ist abgedr. bei A q u a r o n e , L'organizzazione, S. 439.

[102] PCM 1927, 3/5/761.

[103] „Con la legge e con la Fede", L'Agricoltore d'Italia, 28.11.1925, S. 1.

[104] Ebd.

Aufgabe betraut, die Organisation zu vereinheitlichen und neu zu ordnen. Kurz zuvor war Fornaciari als Vizepräsident zurückgetreten und hatte damit auch die anderen Mitglieder des Präsidiums zum Rücktritt gezwungen.[105] Cacciari nutzte seine kommissarischen Vollmachten zu weitreichenden Eingriffen in die personelle Führungsstruktur des Verbandes. Dabei beschränkte er sich nicht auf die Zentralorgane, sondern setzte nach eigenem Gutdünken Gefolgsleute an die Spitze der Unterverbände.[106] War die FISA bis dahin ein freiwilliger Zusammenschluß von autonomen Branchen- und Gebietsverbänden, so erhielt die Organisation nun eine zentralistische und streng hierarchische Struktur. Ende März 1926, also kurz vor Inkrafttreten des Syndikatsgesetzes, hatte Cacciari die erste Phase der Neuordnung abgeschlossen.[107] Wenige Tage später – am 4. April – wurde er gemeinsam mit Fornaciari von Mussolini empfangen. Dieser sicherte der nunmehr gesäuberten FISA seine Unterstützung zu und äußerte die Absicht, sämtliche Agrarorganisationen unter einem Dach zu vereinigen.[108] Im Herbst 1926 wurde die FISA als offizielle Vertretung der Landwirte anerkannt.[109] Präsident der neuen Organisation, die den Namen *Confederazione Nazionale Fascista degli Agricoltori* (CNFA) erhielt, wurde wie zu erwarten Gino Cacciari. Er sollte bis November 1930 in diesem Amt bleiben.

Nach dem am 7. Oktober 1926 verabschiedeten Statut gliederte sich das landwirtschaftliche Verbandswesen in drei räumliche Ebenen.[110] Auf lokaler Ebene konstituierten sich sogenannte *Gruppi Comunali degli Agricoltori*, und zwar getrennt nach Landbesitzern, Pächtern, Kleinbauern und Verpächtern. Diese Ortsgruppen wählten einen eigenen Vertrauensmann (*fiduciario*), waren aber gegenüber den nach dem gleichen Prinzip gegliederten Provinzialverbänden (*Federazioni Provinciali Fascisti degli Agricoltori*) weisungsgebunden. Diese bildeten ihrerseits Unterverbände der CNFA, dem als Dachverband nur Körperschaften und keine Personen angehörten.

---

[105] Pesce, La marcia, S. 280.

[106] PCM 1927, 3/5/396: Schreiben Cacciari an Unterstaatssekretär im Regierungsamt Suardo, 26.1.1927.

[107] SPD, CO, f. 509.381/1: Quadro riassuntivo sulla situazione della FISAF dopo 4 mesi di gestione commissariale, 31.3.1926.

[108] Vgl. Confederazione Nazionale Fascista degli Agricoltori, Dieci anni di attività sindacale, Roma 1933, S. 13–14.

[109] R.D. 7.10.1926 (Nr. 1804).

[110] Vgl. dazu und auch im folgenden PCM 1926, 3/5/2120: Schema della Organizzazione sindacale e corporativa del Fascismo (L. 3.4.1926); Confederazione Nazionale Fascista degli Agricoltori, Dieci anni, S. 17–23 und passim; dies., Origine, Scopi, Organizzazione, Bologna 1928.

Die CNFA und ihre Unterorganisationen waren öffentlich-rechtliche Körperschaften und unterstanden der Kontrolle des Korporationsministeriums. Dennoch handelte es sich zumindest formal um selbstverwaltete Organisationen und nicht um staatliche Einrichtungen im engeren Sinne. Das statutenmäßig höchste Organ war der Nationalrat (*Consiglio Nazionale*), der sich aus den Präsidenten der Provinzföderationen zusammensetzte. Der Nationalrat, der ein- bis zweimal jährlich einberufen wurde, war für alle wichtigen Entscheidungen zuständig, darunter auch für die Wahl des Präsidenten, die allerdings der Zustimmung des Korporationsministeriums bedurfte. Der Präsident war zwar formal an das Votum des Nationalrates gebunden, verfügte in der Praxis jedoch über außerordentlich weitgehende Machtbefugnisse. So ernannte er persönlich die Präsidenten der Provinzföderationen und verfügte über Disziplinargewalt gegenüber den Unterverbänden.[111] Ihm stand ein Vollzugsausschuß (*Giunta Federale*) zur Seite, der jedoch nur alle zwei Monate zusammentrat und in der Praxis nur geringe Bedeutung hatte.[112]

Die Ausarbeitung und Verabschiedung der Statuten war ohne Schwierigkeiten über die Bühne gegangen. Im Grunde waren die Gestaltungsmöglichkeiten hier auch nicht sehr groß, da das Gesetz vom 3.4.1926 und die Ergänzungsdekrete des Korporationsministeriums dazu eindeutige Bestimmungen enthielten. Zu heftigen Kontroversen hatte dagegen die Frage geführt, welche Berufsgruppen von welchen Syndikatsverbänden vertreten werden sollten. Nach den gesetzlichen Bestimmungen mußten die Syndikate strikt nach Arbeitgeber- und Arbeitnehmervertretungen gegliedert werden. Diese sollten durch – noch zu gründende – „Korporationen" eine horizontale Verklammerung erhalten. Die Trennung der landwirtschaftlichen Berufsgruppen in Arbeitnehmer und Arbeitgeber war jedoch in der Praxis mit erheblichen Schwierigkeiten verbunden. So waren Grundbesitzer, die ihr Land nicht selbst bewirtschafteten, sondern verpachteten, im strengen Sinne nicht als Arbeitgeber anzusehen. Ähnliches galt für Agrarökonomen, die etwa zur Leitung eines Betriebes eingestellt waren. Bei diesen Gruppen wurde jedoch relativ rasch eine einvernehmliche Lösung gefunden. Die Landbesitzer wurden in einer eigenen Nationalföderation (*Federazione Nazionale dei Proprietari di Terre Affittate*) organisiert, die der CNFA zugeordnet war.[113] Die Agrar-

---

[111] R.D. 12.12.1926 (Nr. 2225).

[112] Die Mitglieder der Giunta Confederale bestanden aus 12 vom Nationalrat aus den eigenen Reihen gewählten Mitgliedern und 6 Experten, die vom Präsidenten benannt wurden.

[113] Regelung durch R.D. vom 1.7.1926 (Nr. 1130), Art. 34; vgl. auch Palopoli, Legislazione, S. 86–87. – Der Verband der Landbesitzer (Federazione nazionale fra le associazioni di proprietari di terreni) hatte zunächst eine völlig unabhängige Organisation gefordert; vgl. Senatsrede Carlo Schanzer vom 11.3.1926, abgedr. in: Ministero delle Corporazioni, Disciplina giuridica, Bd. 1, S. 169–179.

ökonomen erhielten nach langen Diskussionen einen Doppelstatus. Sie wurden je nach ihrer Tätigkeit dem Arbeitgeber- bzw. Arbeitnehmerverband eingegliedert und gehörten darüber hinaus einem eigenen Nationalsyndikat an (*Sindacato Nazionale dei Tecnici Agricoli*), das dem Dachverband der freien Berufe und Künste unterstand.[114]

Schwieriger zu entscheiden war die Frage, ob Halbpächter und Kleinbauern in den Arbeitgeber- oder Arbeitnehmersyndikaten organisiert werden sollten. Im Grunde handelte es sich dabei um ein Definitionsproblem. Unter Einkommensaspekten waren die kleinbäuerlichen Schichten häufig kaum besser gestellt als normale Landarbeiter, so daß sie eher den Gewerkschaften zuzuordnen waren. Vom rechtlich-sozialen Status betrachtet handelte es sich dagegen um Selbständige, die gelegentlich – etwa in Erntezeiten – auch auf Fremdarbeiter zurückgriffen. Aus dieser Perspektive mußten sie daher den Arbeitgebern zugerechnet werden. Angesichts dieser Schwierigkeiten hatten Experten das Syndikatsgesetz eher skeptisch beurteilt. Serpieri etwa hielt eine Spaltung der landwirtschaftlichen Berufsgruppen nach Arbeitgebern und Arbeitnehmern für den falschen Weg.[115] Gerade im kleinbäuerlichen Bereich betrachtete er genossenschaftliche Organisationsformen als die bessere Lösung.[116] Auch Justizminister Rocco hatte diesem Problem in einem ersten Gesetzentwurf Rechnung getragen und „gemischte" Syndikate (sindacati misti) als mögliche Alternative vorgeschlagen. Doch war dieser Plan von der zuständigen Parlamentskommission verworfen worden, die einem strikt dualistischen Organisationsmodell den Vorzug gab.[117]

Was hier zunächst als theoretisches Problem erschien, gab im Frühjahr 1926 Anlaß zu außergewöhnlich heftigen Auseinandersetzungen zwischen Rossoni und Cacciari. Denn es war mehr als nur eine akademische Frage, ob die knapp 1,3 Mill. Teilpächter und rund 2 Mill. Kleinbauern[118] der CNFA

---

[114] Die ursprüngliche Interpretation des Gesetzes vom 3.4.1926 hatte die Agrarökonomen zunächst der Arbeitnehmerseite zugeordnet. Nach Protesten der CNFA und der Interessenvertretung der Agrarökonomen wurde dann die erwähnte Kompromißlösung gefunden; vgl. PCM 1928–1930, 18/2/1854: Ministero delle Corporazioni an PCM, 23.3.1928; Ministero delle Corporazioni an Confederazione nazionale dei sindacati fascisti, 29.2.1928; PCM 1927, 3/5/761: Sen. Francesco Rota an Mussolini, 10.2.1927; Stellungnahme Ministero delle Corporazione für Mussolini, 23.2.1927; D.M. 17.10.1929.

[115] Arrigo S e r p i e r i, La nuova legge sindacale (1926), in: d e r s., Fra Politica ed Economia, S. 143–153; vgl. auch d e r s., Il lavoro agricolo nello Stato fascista (1931), ebd. S. 155–161.

[116] D e r s., La nuova legge, S. 150f.

[117] Vgl. P a l o p o l i, Legislazione, Bd. 2, S. 68–72.

[118] Nach der Volkszählung von 1931 gab es in Italien 1,28 Mill. Teilpächter und 2,4 Mill. selbständige Besitzbauern. Von der letzten Gruppe bewirtschafteten etwa 2 Mill. Betriebe eine Fläche unter 5 ha; vgl. Ornello V i t a l i, I Censimenti e la composizione sociale dell'agricoltura italiana, in: B e v i l a c q u a (Hg.), Storia dell'agricoltura, Bd. 2, S. 402; Istituto Cen-

oder dem Gewerkschaftsverband zugerechnet wurden. Keine der beiden Seiten war bereit, auf dieses Mitgliederpotential zu verzichten.

Das Gesetz vom 3. April 1926 hatte in dieser Frage keine eindeutige Position bezogen. Offenbar sprach sich Mussolini aber wenige Wochen später zugunsten der CNFA aus,[119] worauf Cacciari den Provinzverbänden die Anordnung erteilte, die Teilpächter und Kleinbauern organisatorisch einzugliedern.[120] Rossoni protestierte gegen diesen „vollkommen absurden Anspruch" und kündigte den entschlossenen Widerstand der Gewerkschaften an.[121] In einigen Provinzen kam es zu heftigen Auseinandersetzungen zwischen den Unterorganisationen der CNFA und den Gewerkschaftsgruppen.[122] Angesichts dieser Konflikte entschied sich Mussolini Ende Juni für eine Kompromißlösung.[123] Danach sollten die kleinen Besitzbauern innerhalb der CNFA, die Teilpächter aber innerhalb der Gewerkschaften organisiert werden.[124] Mussolini begründete diese Entscheidung mit pragmatischen Motiven, da so im Prinzip die bestehenden Organisationsstrukturen beibehalten würden. Hinzu kamen, wie er offen bekannte, „politische Opportunitätsgründe". Man müsse den Gewerkschaften bei den Teilpächtern Konzessionen machen, um „nicht den Eindruck zu erwecken, daß alle Forderungen Rossonis zurückgewiesen werden".[125]

Der Streit zwischen der CNFA und den Arbeitnehmersyndikaten war mit diesem Kompromiß freilich nicht beendet. Die Diskussion um Status und verbandsmäßige Zugehörigkeit der bäuerlichen Zwischenschichten sorgte

---

trale di Statistica del Regno d'Italia, Annuario statistico dell'agricoltura 1939, Roma 1940, S. 85f.

[119] Dies geht aus dem Schreiben der FISA an Mussolini vom 4.6.1926 hervor (SPD, CR, b. 28, sottof. 4, ins. D).

[120] SPD, CR, b. 28, sottof. 4, ins. D: Cacciari an Mussolini, 22.5.1926; PCM 1927, 3/5/761: Rundschreiben Cacciaris vom 22.5.1926 an Provinzorganisationen; Cacciari an Parteisekretär Turati, 28.5.1926: Cacciari teilte darin mit, daß er Nazareno Mezzetti mit der Organisation der Kleinbauern, Zappi-Recordati mit dem Aufbau vom Teilpächterverbänden beauftragt habe, und bat Turati um eine Stellungnahme.

[121] SPD, CR, b. 28, sottof. 4, ins. D: Rundschreiben Rossonis vom 22. April (?) 1926 an die Provinzorganisationen.

[122] Vgl. PCM 1926, 3/5/2073: Tel. Präfektur Modena an PCM, 31.5.1926.

[123] CR, b. 28, sottof. 4, ins. D: Bericht Mussolinis für Gran Consiglio (ohne Datum, aber Juni 1926).

[124] R.D. 1.7.1926 (Nr. 1130), Art. 34.

[125] Bericht Mussolinis für Gran Consiglio (ohne Datum, aber Juni 1926), SPD, CR, b. 28, sottof. 4, ins. D. – Cacciari blieb nichts anderes übrig, als die Entscheidung „ohne Diskussionen zu akzeptieren". Die CNFA forderte jedoch, daß die Beziehungen zwischen Landbesitzern und Halbpächtern auch in Zukunft nicht als Arbeitsverhältnis, sondern als „Gesellschaftsvertrag" (Contratto di società) interpretiert wurden; SPD, CR, b. 29, ins. E: Bericht CNFA an Mussolini, 8.11.1927; vgl. ausführlich Kap. VIII.2.

auch in den folgenden Jahren immer wieder für Konfliktstoff und führte zu mehreren Neuorganisationen. So wurde im April 1929 beschlossen, daß Kleinbauern, die sich ein Zusatzverdienst in anderen Betrieben erwarben, eine Doppelzugehörigkeit erhielten.[126] Im August 1934 kam es zu einer neuerlichen Änderung, die das Prinzip der Doppelmitgliedschaft wieder aufhob. Danach wurden alle Kleinbauern und Pächter, deren Betrieb zur Sicherung des Familieneinkommens ausreichte, innerhalb der CNFA organisiert, während alle anderen die Mitgliedschaft der Arbeitnehmersyndikate erhielten.[127]

4. Die Entmachtung Rossonis und die Neuordnung der Gewerkschaften

Das Gewerkschaftsgesetz vom 3. April 1926 hatte eine asymmetrische Verbandsstruktur geschaffen. Während die Arbeitgeber in drei unabhängigen Konföderationen (Landwirtschaft, Industrie und Handel) organisiert waren, gab es auf der Arbeitnehmerseite mit der *Confederazione Nazionale dei Sindacati Fascisti* (CNSF) einen einzigen Verband, der alle Branchen unter einem Dach vereinigte.[128] Innerhalb dieses Dachverbandes wurde die Landwirtschaft durch eine Nationalföderation vertreten (*Federazione Nazionale dei Sindacati Fascisti dell'Agricoltura*, FNSFA), die ihrerseits als Dachorganisation für insgesamt acht Nationalsyndikate fungierte.[129]

Rossoni war zwar mit seinen Plänen eines „integralen Syndikalismus", mit denen er auch die Arbeitgeberorganisationen unter Kontrolle bekommen wollte, gescheitert. Es war ihm jedoch zunächst gelungen, die Aufspaltung des Gewerkschaftsverbandes zu verhindern.[130] Als Präsident der CNSF ver-

---

[126] PCM 1928–1930, 18/2/6535: Accordo confederale, 2.4.1929; vgl. auch Davide Fossa, Economia corporativa in atto, in: ders., Dal sindacalismo, S. 238–241; Luigi Razza, Realtà corporativa in agricoltura, in: ders., Problemi e realizzazioni del lavoro nell'Italia rurale. Scritti e discorsi (Hg. Roberto Roberti), Roma 1930, S. 136–144.

[127] D.M. 20.6.1934; vgl. auch Confederazione Fascista dei Lavoratori dell'Agricoltura, Sei mesi di gestione commissariale, Roma 1934; SPD, CO, f. 509.381/1: Franco Angelini an Mussolini, 28.6.1934.

[128] Die CNSF war im September 1926 offiziell als Gesamtvertretung der Arbeitnehmer anerkannt worden; R.D. 26.9.1926 (Nr. 1718).

[129] Es handelte sich um folgende Organisationen: 1. Sindacato Nazionale Fascista Tecnici Agricoli; 2. Sindacato Nazionale Fascista Impiegati delle Aziende Agricole e Forestali; 3. Sindacato Nazionale Fascista Affittuari con Contratto Collettivo di Lavoro; 4. Sindacato Nazionale Fascista Coloni e Mezzadri; 5. Sindacato Nazionale Fascista Salariati e Braccianti; 6. Sindacato Nazionale Fascista delle Maestranze Boschive e Forestali; vgl. R.D.1.7.1926 (Nr. 1130) und Statut der FNSFA, in: Ministero delle Corporazioni, Disciplina giuridica, Bd. 1, 1276–1281.

[130] Dies war ursprünglich vorgesehen, von Rossoni jedoch erfolgreich blockiert worden; vgl. Perfetti, Il sindacalismo, S. 130–132.

fügte er über eine enorme Machtstellung, die nicht nur den Arbeitgebern ins Auge stach, sondern auch für Mussolini eine potentielle Bedrohung darstellen mußte.[131] In der Tat wurden die Beziehungen zwischen Rossoni und den Arbeitgeberverbänden seit Ende 1926 immer gespannter. Insbesondere die Confindustria hatte sich von Anfang an gegen eine Gesamtorganisation der Gewerkschaften unter Führung Rossonis ausgesprochen.[132] In einem gemeinsamen Brief an Parteisekretär Turati beklagten sich die Arbeitgeberverbände im Dezember 1926 über die intransigente Haltung Rossonis.[133] Zu harten Auseinandersetzungen kam es 1927 in der Frage der Lohnpolitik. Rossoni weigerte sich, den Lohnkürzungen zuzustimmen, die Mussolini den Unternehmern als Ausgleich für die Preissenkungen im Rahmen der Währungsstabilisierung zugesichert hatte.[134] Wie noch zu zeigen sein wird, mußte sich Rossoni schließlich dem Druck der Wirtschaftsverbände beugen und die Lohnkürzungen hinnehmen.[135]

Seit Ende 1927 geriet Rossoni auch in der Parteispitze immer mehr in die Isolierung. Neben Parteisekretär Turati war es vor allem Korporationsminister Bottai, der in Rossoni eine potentielle Bedrohung seiner eigenen Machtstellung erkannte.[136] Die eigenwillige und aggressive Politik des Gewerkschaftsführers stand in krassem Gegensatz zu den Plänen Bottais, die Syndikate in übergeordnete Korporationen einzubinden. Die schrittweise Entmachtung Rossonis muß hier nicht im einzelnen dargestellt werden.[137] Die CNSF wurde schließlich am 21.11.1928 per Regierungsdekret aufgelöst und in sieben Einzelorganisationen aufgespalten.[138] Rossoni wurde entlassen. Seine Karriere als Gewerkschaftsführer war damit beendet. Die Rückkehr in die Politik sollte ihm erst 1935 gelingen, als Mussolini ihn überraschend an die Spitze des Landwirtschaftsministeriums berief.[139]

---

[131] Ebd. 160.

[132] PCM 1927, 3/5/761: Antonio Stefani Benni, Präs. der Confindustria, an Mussolini, 1.5.1926.

[133] Brief der Arbeitgeberverbände an Turati vom 27.12.1926, abgedr. in Aquarone, L'organizzazione, S. 482–484; vgl. auch PCM 1927, 3/5/761: Ministero delle Corporazioni, Rapporto a S. E. il Capo del Governo circa l'atteggiamento della Confederazione dell'Industria contro lo schema di decreto legge sulla disciplina nazionale della domanda e della offerta di lavoro, 30.8.1927.

[134] SPD, CR, b. 87, sottof. 1: Bericht ohne Unterschrift und Datum (wahrscheinlich Bericht der P.S. von 1927); vgl. auch Lyttelton, L'organizzazione, S. 555–562.

[135] S.u. Kap. VI.2.a.

[136] SPD, CR, b. 87 (Edmondo Rossoni), sottof. 2: Bericht PS vom 6.3.1928; SPD, CR, b. 87: Bericht PS vom 3.4.1928; vgl. außerdem Perfetti, Il sindacalismo, S. 155–165.

[137] Vgl. Tinghino, Edmondo Rossoni, S. 191–214.

[138] Die neuen Konföderationen, die am 6.12.1928 gegründet wurden, waren unterteilt in: Industrie, Landwirtschaft, Handel, Banken und Versicherungen, Binnentransport, Luft- und Schiffahrt, Freie Berufe und Künste; vgl. Aquarone, La politica sindacale, S. 245f.

[139] S.u. Kap. XI.3.

Durch die Auflösung des Gesamtverbandes und die Entlassung Rossonis hatte die faschistische Gewerkschaftsbewegung eine entscheidende Schwächung erfahren. Sie hatte nicht nur ihren einflußreichen und charismatischen Führer verloren, sondern auch ihre organisatorische Einheit aufgeben müssen. Damit war aber zugleich der Weg für eine stärkere Eigenentwicklung der Unterverbände frei geworden, deren Führer bis dahin im Schatten des übermächtigen Rossoni gestanden hatten. Besonders deutlich wird dies am Beispiel der landwirtschaftlichen Arbeitnehmerorganisation, die am 6. Dezember 1928 in eine eigenständige Konföderation (*Confederazione Nazionale dei Sindacati Fascisti dell'Agricoltura*, CNSFA) umgewandelt wurde.[140] Präsident der CNSFA wurde Luigi Razza, den Rossoni im Sommer 1926 als Generalsekretär der Landarbeiterorganisation eingesetzt hatte. Der 1892 geborene Razza stammte wie Rossoni aus dem revolutionären Syndikalismus, war 1920 Sekretär des *Fascio* von Trento geworden und hatte nach 1922 eine Reihe von höheren Gewerkschaftsämtern bekleidet.[141] Er galt als treuer Gefolgsmann und Vertrauter Rossonis. Offenbar hatte er sich aber am Ende an Intrigen gegen seinen politischen Ziehvater beteiligt und an dessen Entmachtung mitgewirkt.[142] In politischen Kreisen hielt man ihn für einen „Menschen ohne Skrupel, bereit, alles und alle für seinen maßlosen Ehrgeiz zu opfern".[143] In der Tat avancierte Razza innerhalb von kurzer Zeit zur mächtigsten Figur innerhalb der faschistischen Gewerkschaften. Neben seiner Funktion als Verbandspräsident leitete er seit 1930 das „Kommissariat für Migration und innere Kolonisierung" und war damit für den gesamten Bereich der Siedlungs- und Arbeitsmarktpolitik verantwortlich.[144] Im Januar 1935 wurde er Minister für Öffentliche Arbeiten, kam jedoch kurz darauf bei einem Flugzeugabsturz ums Leben.

Anders als Rossoni vermied Razza harte Auseinandersetzungen und Polemiken mit den Arbeitgeberorganisationen. Von einem realpolitischen Kurs versprach er sich mehr Erfolg. Er pflegte nicht nur gute Beziehungen zu Cacciari und den anderen Führern der CNFA,[145] sondern auch zu Regie-

---

[140] R.D. 6.12.1928 (Nr. 2724).

[141] Razza war 1922 Sekretär des Syndikats von Trento geworden; 1923 wurde er von Rossoni zum Vizegeneralsekretär des Gewerkschaftsverbandes ernannt; vgl. SPD, CR, b. 87: Bericht des Segretario Federale Agricoltori von Rom über Luigi Razza, 12.1.1928; Bericht PS, 11.5.1928; MI, PS, DP, FP, b. 1141 (Razza, Luigi); vgl. außerdem Missori, Gerarchie, S. 264.

[142] SPD, CR, b. 87: Bericht PS, 3.4.1928.

[143] Ebd. und Bericht PS, 7.6.1929: „Come è noto l'On. Razza è stata considerata sia dall'On. Rossoni sia dall'entourage di questo ultimo come un „nemico". L'On. Rossoni non ha mai perdonato all'On. Razza il „tradimento" compiuto e „l'abbandono" avvenuto dopo il tramonto dell'ex Segretario Generale dei Sindacati. [. . .]".

[144] S.u. Kap. VIII.1.

[145] Vgl. SPD, CR, b. 87: Bericht PS, 11.5.1928.

rungsmitgliedern und zur Ministerialbürokratie.[146] Die Abkehr vom Konfrontationskurs Rossonis bedeutete jedoch nicht, daß Razza vor den Arbeitgeberorganisationen kapitulierte. In entscheidenden Fragen trat er durchaus selbstbewußt auf und vertrat – wie noch darzustellen sein wird – mit Nachdruck die Interessen seines Verbandes. Dabei blieben auch Konflikte mit der CNFA nicht aus. In keinem Fall begriff Razza den Syndikalismus als „Selbstzweck", dessen Funktionen sich in der sozialen Disziplinierung oder „propagandistischen Einbindung" der Arbeiter erschöpften.[147] Auch war er weit davon entfernt, sein Aktionsfeld auf arbeits- und tarifvertragliche Fragen zu reduzieren. Razza betrachtete die Syndikate vielmehr als „das Instrument und die revolutionäre Waffe des Faschismus" auf dem Weg zu einer neuen Gesellschaft. „Politische Aktion" und „ökonomische Revolution" waren für ihn eng miteinander verflochten.[148] Wenn die faschistischen Gewerkschaften auch dem Prinzip des Klassenkampfes abgeschworen hatten, so waren sie doch nicht bereit, auf die Durchsetzung eigener Interessen und Reformvorstellungen zu verzichten.

Die CNSFA war, ähnlich wie die Parallelorganisation der landwirtschaftlichen Arbeitgeber, streng hierarchisch aufgebaut. Dem Dachverband unterstanden sechs Nationalföderationen, die nach folgenden Berufsgruppen gegliedert waren: 1. Kleine Pächter, 2. Viehhüter, 3. Teilpächter, 4. Landarbeiter, 5. Facharbeiter und 6. Angestellte.[149] Nach demselben Prinzip strukturierten sich auf Provinzebene die *Sindacati Provinciali*, die den jeweiligen Nationalföderationen direkt unterstanden, zugleich aber auch durch sogenannte *Unioni Provinciali* horizontal zusammengefaßt wurden. Schließlich gab es auf lokaler Ebene *Sindacati Comunali*, die ihrerseits den Provinzialverbänden untergeordnet waren. Die kommunalen Gewerkschaftszentralen erfüllten unter anderem die wichtige Aufgabe der Arbeitsvermittlung. Nach dem Gewerkschaftsgesetz vom 3. April 1926 mußten sich Arbeitgeber bei Einstellungen an die Arbeitsvermittlungsbüros der Gewerkschaften (*Uffici di Collocamento*) wenden.

---

[146] So kam es im Rahmen der 1929 begonnenen Urbarmachungspolitik zu einer intensiven Zusammenarbeit mit Arrigo Serpieri, der im Landwirtschaftsministerium für diesen Bereich zuständig war; s. u. Kap. VII.5.

[147] Luigi R a z z a, Azione sindacale e corporazione, in: d e r s., La Corporazione nello Stato Fascista, Roma 1933, S. 29–33, hier S. 30.

[148] Ebd. S. 30f.

[149] 1. Federazione Nazionale Affittuari Coltivatori Diretti; 2. Fed. Naz. Allevatori Conduttori Diretti; 3. Fed. Naz. Coloni e Mezzadri; 4. Fed. Naz. Salariati e Braccianti; 5. Fed. Naz. Maestranze Specializzate; 6. Sindacato Naz. Impiegati di Aziende Agricole e Forestali; vgl. Confederazione Nazionale dei Sindacati Fascisti dell'Agricoltura, L'organizzazione sindacale agricola del fascismo, S. 29f.

Mit Hilfe dieses kapillaren Organisationsnetzes gelang es Razza, die CNSFA innerhalb von wenigen Jahren zum größten Syndikatsverband aufzubauen. Bereits 1928 hatte die Organisation gut eine Million Mitglieder. Innerhalb von sechs Jahren verdoppelte sich diese Zahl. 1939 waren 4,3 Mill. Männer und Frauen in der CNSFA eingeschrieben, das entsprach 70% der Arbeitnehmer in der Landwirtschaft.[150] Damit hatte die CNSFA nicht nur mehr Mitglieder als alle anderen Syndikatsverbände, sondern war zeitweise sogar die größte faschistische Massenorganisation überhaupt. So verfügte die CNSFA Anfang der dreißiger Jahre über mehr Mitglieder als der PNF,[151] ein Zustand, der in der Parteiführung durchaus mit Besorgnis zur Kenntnis genommen wurde.[152] Die CNSFA hatte sich zu einem eigenständigen Machtzentrum innerhalb des faschistischen Staates entwickelt.

Tab. 4.3
Mitglieder der faschistischen Agrargewerkschaften 1922–1939

1922	277.086	1928	1.021.361	1934	2.028.800
1923	504.668	1929	1.099.375	1935	2.183.060
1924	694.842	1930	1.321.361	1936	2.392.748
1925	724.900	1931	1.419.083	1937	2.612.998
1926	806.504	1932	1.659.011	1938	3.768.904
1927	872.954	1933	1.799.228	1939	4.299.026

Quellen: Confederazione Nazionale dei Sindacati Fascisti dell'Agricoltura, L'organizzazione, S. 72; Confederazione Fascista dei Lavoratori dell'Agricoltura, L'Organizzazione sindacale fascista dei lavoratori dell'agricoltura 1934–1937, Roma 1937, S. 217; Istituto Centrale di Statistica del Regno d'Italia, Annuario Statistico Italiano (1941) S. 205.

---

[150] Die Zahl der Landarbeiter und Teilpächter belief sich nach der Volkszählung von 1936 auf 5,9 Mill. Personen; vgl. Vitali, I censimenti, S. 402.

[151] Die Mitgliederzahl des PNF lag im Sommer 1930 (einschließlich der Jugendverbände) bei 1,2 Mill. und Ende 1931 bei 1,5 Mill. Im Oktober 1939 wurden 5,1 Mill. Mitglieder gezählt; die Jugendorganisationen nicht mitgerechnet, waren es allerdings nur 3,4 Mill.; der Freizeitorganisation OND gehörten 1939 3,8 Mill. Mitglieder an; De Felice, Mussolini il Duce, Bd. 1, S. 212.

[152] Dies galt z. B. für Parteisekretär Turati (1926–1930), der den Machtzuwachs der Syndikate scharf kritisierte. Nach seiner Auffassung sollten diese stärker den Parteiorganisationen untergeordnet werden, wie dies in der Frühphase des Faschismus der Fall gewesen sei. In einem Bericht an Mussolini vom 1. Januar 1930 heißt es: „Credo doveroso dichiarare innanzi tutto che non si è mai stati così vicini alla Corporazione come quando l'organizzazione sindacale è stata una manifestazione diretta ed unitaria del Partito. Quando cioè il Segretario Federale era il capo della Milizia e di tutti i sindacati dei datori di lavoro e dei lavoratori. Da allora non abbiamo fatto che allontanarcene in perfetta buona fede. La realtà di oggi è pesante. Un complesso troppo complesso di organismi che legittimano la loro esistenza soprattutto complicando le cose. [. . .]"; SPD, CR, b. 30, Turati an Mussolini, 1.1.1930; Beispiele für weitere kritische Stimmen bei De Felice, Mussolini il duce, Bd. 1, S. 194ff.

5. Die CNFA:
Von der Arbeitgebervertretung zum wirtschaftlichen Interessenverband

Ähnlich wie die CNSFA verfolgte auch der „Faschistische Verband der Landwirte" politische und wirtschaftliche Ziele, die weit über die rein sozialpolitischen Aufgaben einer Arbeitgebervertretung hinausgingen. Dies hieß nicht,
daß der Aushandlung von Kollektivverträgen mit den Gewerkschaften keine
wichtige Bedeutung beigemessen wurde. Im Gegenteil: Allein zwischen November 1928 und Juni 1932 wurden unter Beteiligung der CNFA oder deren
Unterorganisationen 1.413 kollektive Arbeits- und Teilpachtverträge abgeschlossen. In lediglich fünf Fällen mußten dabei Arbeitsmagistraturen zur
Schlichtung angerufen werden.[153] Darüber hinaus beanspruchte CNFA-Füh-
rer Cacciari jedoch ein allgemeinpolitisches Mitwirkungsrecht für seine Organisation. Sie müsse auch in diejenigen politischen Entscheidungsprozesse
eingebunden werden, die „von allgemeinem Interesse für die ganze Nation
sind".[154]

Es war das erklärte Ziel Cacciaris, die CNFA zu einer „Gesamtvertretung"
der Landwirtschaft zu machen, um „alle Kräfte und alle Belange" des Sektors
in einer Organisation zu „konzentrieren".[155] Ein starker agrarischer Interessenverband sollte an die Stelle des zersplitterten Organisationswesens treten
und der Landwirtschaft endlich das politische Gewicht verschaffen, das ihr
nach Meinung der Agrarvertreter zustand.

Nachdem die formale Struktur des Verbandes durch die Statutenreform
vom Herbst 1926 festgelegt worden war, konzentrierten sich die Bemühungen Cacciaris auf zwei Bereiche: die Eingliederung der landwirtschaftlichen
Genossenschaften und den Aufbau einer straff gegliederten Verbandsstruktur. Was letzteren Punkt anbetraf, so war sich Cacciari darüber im Klaren,
daß die in den Statuten vorgesehenen kollegialen Wahlgremien einer solchen
Aufgabe nicht gewachsen waren. Um die CNFA zu einem einflußreichen
Interessenverband zu machen, bedurfte es einer funktionsfähigen und hierarchisch strukturierten Verwaltungsorganisation, die der Führung der CNFA
direkt unterstellt war. Bereits im Herbst 1926 hatte Cacciari den Aufbau eines
internen Behördenapparates in die Wege geleitet. Bis Mitte 1927 war dieser

---

[153] Confederazione Nazionale Fascista degli Agricoltori, Dieci anni, S. 34.

[154] D i e s., Relazione del Presidente, S. 12. – Auch nach Serpieri durfte die Tätigkeit der Syndikate nicht allein auf die „Regulierung der Beziehungen zwischen Arbeitgebern und Arbeitern" begrenzt werden, sondern sollte darüber hinaus die „Kontrolle und Verbesserung" der
wirtschaftlichen Produktion umfassen: „Ciò è particolarmente compito dei Sindacati dei datori di lavoro, poiché a questi spetta l'organizzazione e direzione dell'impresa economica";
Arrigo Serpieri, L'economia italiana, in: d e r s., Fra Politica ed Economia, S. 282f.

[155] Confederazione Nazionale Fascista degli Agricoltori, Relazione del Presidente, S. 3.

Prozeß weitgehend abgeschlossen.[156] Neben einer dem Präsidenten direkt zu-
geordneten Abteilung (Sekretariat, Personalwesen, Presseabteilung und politische Verbindungsarbeit) wurden vier „Direktionen" eingerichtet.[157] Sie
waren zuständig für allgemeine Verwaltungsangelegenheiten (*Direzione Amministrativa*), Arbeits- und Pachtverträge (*Direzione Sindacale e Assistenziale*),
technisch-ökonomische Fragen (*Direzione Servizi Tecnici e Bonifica*) und allgemeine Wirtschaftsangelegenheiten (*Direzione Servizi Economici*). Eine zentrale Rolle sollte die zuletzt genannte Abteilung spielen. Ihr waren ein eigenes
Statistikbüro sowie 11 Wirtschaftssektionen zugeordnet, die jeweils einen
Produktbereich (Getreide, Obst, Tierprodukte etc.) betreuten.[158] Die wichtigsten Initiativen der CNFA nach 1926, etwa was die Zollpolitik oder Preisabsprachen mit Zulieferern anbetraf, wurden von den Büros dieser Abteilung
vorbereitet. Die CNFA verfügte ferner über ein eigenes Verbandsorgan
(*L'Agricoltore d'Italia*) und erwarb Anfang 1928 den Palazzo Margherita als
neuen Verwaltungssitz im Zentrum Roms.[159] Mit einem jährlichen, aus Mit-
gliedsbeiträgen gedeckten Etat von gut 60 Mill. Lire war sie neben der Confindustria der finanzstärkste Wirtschaftsverband in Italien.[160]

Tab. 4.4

Mitglieder des Faschistischen Verbandes der Landwirte 1928–1939

1928	314.639	1932	543.486	1936	873.500
1929	486.152	1933	662.692	1937	992.724
1930	492.489	1934	712.697	1938	1.353.509
1931	464.207	1935	845.171	1939	1.500.472

Quellen: Istituto Centrale di Statistica del Regno d'Italia, Annuario Statistico
Italiano (1929) S. 314, (1930) S. 238, (1931) S. 216, (1932) S. 228, (1933) S. 184,
(1934) S. 151, (1935) S. 172, (1936) S. 144, (1938) S. 186, (1941) S. 205.

Auf Widerstände stießen dagegen die Bemühungen Cacciaris, die landwirtschaftlichen Genossenschaften in die CNFA einzugliedern. Das Ergänzungs-
gesetz vom 1. Juli 1926 hatte nämlich bestimmt, daß sämtliche Genossenschaften in branchenspezifischen Nationalkonföderationen vereint und der
Kontrolle eines parastaatlichen Dachverbandes unterstellt werden mußten.[161]

---

[156] Ebd. S. 14.
[157] Vgl. dies., Dieci anni, S. 22ff.; dies., Origine.
[158] Dies., Dieci anni, S. 115–146 und 207–335.
[159] Vgl. dies., Verbale della seduta del 3 marzo 1928 della Giunta esecutiva della CNFA, Roma
1928. – Die Zeitung Agricoltore d'Italia wurde allerdings 1932 aus finanziellen Gründen
eingestellt; vgl. SPD, CO, f. 509.808/2: CNFA, gez. Tassinari, an Mussolini, 4.10.1932.
[160] Istituto Centrale di Statistica del Regno d'Italia, Annuario Statistico Italiano (1931) S. 217.
[161] R.D.L. 1.7.1926 (Nr. 1130), Art. 8.

Mit der Leitung dieses im Dezember 1926 gegründeten Dachverbandes (*Ente Nazionale della Cooperazione*) wurde ein Parteifunktionär, Dino Alfieri, beauftragt, der im November gleichzeitig Unterstaatssekretär im Korporationsministerium wurde.[162] Alfieris erklärtes Ziel bestand darin, sämtliche Genossenschaften und Kooperativen ihres privaten Charakters zu entbinden, politisch gleichzuschalten und „faschistischer Disziplin" unterzuordnen.[163] Dieser Plan einer gesonderten Organisation scheiterte jedoch am Widerstand der CNFA, die in dieser Frage vom Wirtschaftsministerium unterstützt wurde.[164] Der Konflikt endete mit einem Kompromiß. Der *Ente Nazionale della Cooperazione* erhielt eine formale Aufsichtsfunktion über die Agrargenossenschaften,[165] die de facto jedoch in die Organisationsstruktur der CNFA eingebunden wurden. Den Gewerkschaften, die ebenfalls Ansprüche anmeldeten, wurde das Recht konzediert, eigene Vertreter in die Führungsgremien der Genossenschaften zu entsenden.[166] Die landwirtschaftlichen Genossenschaftsvereinigungen erhielten den Status von „angeschlossenen Verbänden" (*Enti aderenti*) der CNFA, was bedeutete, daß sie der Aufsicht der CNFA unterstanden, in ihrer inneren Struktur aber unverändert blieben. Die zu diesem Zeitpunkt wichtigsten Branchenorganisationen, die *Associazione Nazionale Allevatori* (Tierzüchter), die *Associazione Nazionale Bieticoltori* (Zuckerrübenanbauer) und das *Consorzio Nazionale Canapicoltori* (Hanfproduzenten) hatten diesen Schritt ohnehin schon freiwillig getan.[167] Die Verwertungsgenossenschaften, die in Wein- und Molkereiwirtschaft wichtig waren, schlossen sich ebenfalls in Nationalverbänden zusammen und traten der CNFA bei.[168]

---

[162] R.D.L. 30.12.1926 (Nr. 2288); vgl. auch Rundschreiben des Ente Nazionale della Cooperazione Ende 1928, Informazioni Corporative Bd. 1, H. 5, Mai 1928, S. 180.

[163] AD, sc. 5, Nr. 5.4.1: Bericht Dino Alfieris an Mussolini über Tätigkeit des Ente Nazionale della Cooperazione im Jahre 1926 (o.D.).

[164] PCM 1937–1939, 18/2/4304: vgl. besonders die Berichte Alfieris an Mussolini vom 3. und 13.10.1928.

[165] Beschluß des Nationalen Korporationsrates vom 9./13.11.1931; Sitzungsbericht in: Giuseppe Bottai, Le corporazioni, Milano ³1935, S. 466–468; vgl. auch Enrico Bassani, La cooperazione nello Stato corporativo fascista, Bergamo 1933; Bruno Biagi, La cooperazione, Milano 1934.

[166] PCM 1928–1930, 18/2/6535: Convenzione fra la Confederazione Nazionale Fascista degli Agricoltori e la Confederazione Nazionale Fascista dei Sindacati dell'Agricoltura, 2.4.1929.

[167] Vgl. Confederazione Nazionale Fascista degli Agricoltori, Dieci anni, S. 243–273, 321–328, 369–390; Julo Fornaciari, La Federazione nazionale bieticoltori, Italia Agricola Jg. 69, H. 3, März 1932, S. 235–243; D. Gibertini, La cooperazione in zootecnica, ebd. S. 285–292. – Mit Beginn der Wirtschaftskrise sollten weitere Branchenorganisationen entstehen (S.u. Kap. VI.3.).

[168] Es handelte sich um die Federazione delle Cantine sociali und die Federazione dei Caseifici e delle Latterie sociali; vgl. G. Friedmann, Le cantine sociali, Italia Agricola Jg. 69, H. 3, März 1932, S. 2257–2263; L. Carreri, Le Latterie ed i Caseifici sociali, ebd. S. 265–277.

Nicht ganz freiwillig erfolgte dagegen der Beitritt des Verbandes der Agrargenossenschaften (*Federazione Nazionale dei Consorzi Agrari*, Federconsorzi). Die bereits 1882 gegründete und in Piacenza ansässige Federconsorzi war die traditionsreichste und wirtschaftlich mächtigste Genossenschaftsorganisation in Italien.[169] Mit 954 Kooperativen und 515.000 Mitgliedern kontrollierte sie 1925 über die Hälfte des Kunstdüngerhandels und einen Großteil des landwirtschaftlichen Maschinenvertriebs.[170] Das Handelsvolumen der Organisation, die seit 1920 über eine eigene Bank (*Banca Nazionale dell'Agricoltura*) verfügte, betrug 1925 über 1,1 Mrd. Lire.[171]

Die Federconsorzi verstand sich selbst jedoch als reine Wirtschaftsorganisation ohne politischen Verbandscharakter. Zwar waren ihre Führer prinzipiell durchaus bereit, mit den faschistischen Machthabern zu kooperieren.[172] Ihre organisatorische Unabhängigkeit wollten sie aber nicht aufgeben. Erst unter dem Druck der Syndikatsgesetze vom Frühjahr 1926 hatte die Federconsorzi im Oktober 1926 ein Assoziationsabkommen mit der CNFA abgeschlossen.[173] Wahrscheinlich erfolgte dieser Schritt auch aus dem Kalkül heraus, drastischere Maßnahmen zu verhindern. Diese Abwehrstrategie blieb jedoch ohne Erfolg, denn schon ein Jahr später, im Sommer 1927, kam es zu einer zwangsweisen Entmachtung der alten Verbandsführung. Per Dekret löste Wirtschaftsminister Belluzzo am 1. Juni 1927 den Verwaltungsrat und das Präsidium der Federconsorzi auf und unterstellte die Organisation einem staatlichen Verwaltungskommissar.[174] Mit dieser Aufgabe betraute er Mario Pasti, den ehemaligen Präsidenten des faschistischen Agrarverbandes der Provinz Verona.[175] Befriedigt konnte Cacciari am 30. Juni 1927 vor dem Natio-

---

[169] Vgl. Alessandra Staderini, La Federazione italiana dei consorzi agrari, 1920–1940, Storia contemporanea 9 (1978) S. 951–1025; Angelo Ventura, La Federconsorzi dall'età liberale al fascismo: ascesa e capitolazione della borghesia agraria, Quaderni Storici 35 (1977) S. 683–733; Giacomo Acerbo, La cooperazione agraria in Italia, Piacenza 1932; L. Orsenigo, La Federazione italiana dei Consorzi agrari, Italia Agricola, Jg. 64, H. 4, April 1926, S. 189–194.

[170] Emilio Morandi, I Consorzi cooperativi, in: Note sull'agricoltura italiana dell'ultimo venticinquennio, Roma 1927, S. 52–62, hier S. 54 (Bozze di stampa, in: PCM 1927, 14/3/2153).

[171] Ebd. S. 60.

[172] So waren sowohl Vittorio Alpe, Präsident der Federconsorzi, als auch Emilio Morandi, Generaldirektor, seit Juni 1924 Mitglieder des Obersten Nationalen Wirtschaftsrates; vgl. Ministero dell'Economia Nazionale, Atti del Consiglio Superiore, Bd. 1, 1°sessione, 28.–30.6.1924, S. 3.

[173] Morandi, I consorzi, S. 54.

[174] Rechtliche Grundlage dieser Maßnahme war ein am 30.12.1926 (Nr. 2288) erlassenes Gesetz, das dem Wirtschaftsminister die Überwachung der Genossenschaften übertrug und ihm die Möglichkeit gab, die Verwaltungsräte aufzulösen und einen staatlichen Kommissar einzusetzen.

[175] Pasti hatte den faschistischen Agrarverband von Verona 1921 gegründet; ihm standen zwei Vizekommissare zur Seite, die ebenfalls aus den Reihen der CNFA kamen: Baron Pietro

nalrat der CNFA feststellen, daß der Genossenschaftsverband nun „endlich ein echtes Organ von uns geworden ist".[176]

Die kommissarische Verwaltung der Federconsorzi wurde – unter geringfügigen personellen Veränderungen[177] – bis März 1931 beibehalten. Erst zu diesem Zeitpunkt erhielt die Organisation wieder eine reguläre Führung. Als Präsident wurde Augusto Calore eingesetzt, der ebenfalls aus den alten Führungskadern der FISA stammte;[178] Pareschi, bis dahin Vize-Kommissar, wurde Generaldirektor.[179] Abgesehen von diesen Veränderungen an der Spitze blieb die innere Struktur der Federconsorzi allerdings zunächst unangetastet. Es kam auch bis 1938 zu keiner Änderung der Statuten.[180] Rein rechtlich gesehen war die Federconsorzi eine eigenständige, lediglich durch den Assoziationsvertrag vom Oktober 1926 an die CNFA angebundene privatwirtschaftliche Organisation. Erst mit dem Aufbau der staatlichen Marktordnung nach 1935 wurden der Genossenschaftsverband und seine Unterorganisationen nach und nach in ein staatliches Zwangsinstrument umgewandelt.

Giunti (Präsident der Federazione Provinciale Sindacati Fascisti degli Agricoltori von Catanzaro und Mitglied des Exekutivausschusses der CNFA) und Carlo Pareschi (Präsident der Federazione Provinciale Sindacati Fascisti degli Agricoltori von Parma und seit 1928 Generalsekretär der CNFA); vgl. Savino, La Nazione (1934) S. 342; SPD, CO, f. 527.970: Personenauskunft P.S. über Pareschi, 3.1.1928.

[176] Confederazione Nazionale Fascista degli Agricoltori, Relazione del Presidente, S. 15f.

[177] Nach dem bereits mehrfach zitierten Abkommen zwischen CNFA und CNSFA vom 2.4.1929 wurde dem Arbeitnehmerverband das Recht zugebilligt, einen der Vizekommissare der Federconsorzi zu benennen. Diesen Posten bekleidete seit März 1929 Razza selbst, während Pasti Kommissar und Pareschi zweiter Vize-Kommissar blieb.

[178] Calore, Jurist und Gründer der Zeitschrift Risveglio Agricolo, hatte 1918 in der Provinz Padua die Associazione Agraria tra Piccoli Proprietari, Fittavoli e Mezzadri gegründet (seit 1920 Associazione Agraria) und sich nach 1922 der FISA angeschlossen; seit 1924 war er außerdem Vizepräsident der Associazione Nazionale Bieticoltori und Parlamentsabgeordneter; vgl. Savino, Italia nova, S. 99 und ders., La Nazione (1934) S. 324.

[179] Pareschi behielt dieses Amt bis zu seiner Ernennung zum Landwirtschaftsminister im Dezember 1941; im Oktober 1941 wurde er zugleich Präsident der CNFA; vgl. Missori, Gerarchie, S. 253.

[180] Erst mit dem Gesetz vom 16. Juni 1938 (Nr. 1008) wurden die Genossenschaften direkter staatlicher Kontrolle unterstellt; s. u. Kap. XI.3.

V

DIE „BATTAGLIA DEL GRANO" UND DER ÜBERGANG
ZUM AGRARPROTEKTIONISMUS

1. Die „Getreidefrage" zwischen Freihandel und Protektionismus

Am 20. Juni 1925 verkündete Mussolini vor der Abgeordnetenkammer, er habe nun persönlich „die Aufgabe übernommen, die Getreideschlacht zu führen".[1] Was sich hinter dem Begriff der „Getreideschlacht" (Battaglia del grano) im einzelnen verbarg, sollte erst in den folgenden Wochen deutlich werden. Am 4. Juli 1925 wurde bei der Regierungskanzlei (PCM) ein „Getreidekomitee" eingesetzt, das über die Möglichkeiten zur Erhöhung der italienischen Getreideproduktion beraten und binnen Monatsfrist entsprechende Lösungsvorschläge erarbeiten sollte.[2] Das Gremium schloß seine Beratungen am 20. Juli ab, und vier Tage später verabschiedete der Ministerrat ein Gesetzespaket,[3] das die Grundlage dieser mit Abstand bedeutendsten landwirtschaftlichen Produktionskampagne des faschistischen Regimes bilden sollte. Erklärtes Ziel war, durch Zölle und staatliche Produktionsanreize die italienische Getreideproduktion zu steigern und langfristig eine Eigenversorgung auf diesem Sektor zu sichern.

a) Die Schutzzolldiskussion vor 1925

Die „Getreideschlacht" bedeutete nicht nur eine Abkehr von der tendenziell freihändlerischen und exportorientierten Außenhandelspolitik, die Italien seit Ende des Krieges verfolgt hatte. Sie markierte auch das Ende einer langjährigen Diskussion über die Frage, ob und in welchem Maße die Getreidewirtschaft als wichtigster agrarischer Produktionszweig Italiens durch staatliche Zoll- und Subventionsmaßnahmen gefördert werden sollte.

---

[1] API, CD, Leg. XXVII, sess. 1924–1925, Discussioni, Bd. 4, S. 4415.

[2] PCM 1937–1939, 3/12/6204, sottof. 1–1: Gründungsdekret Comitato Permanente del Grano R.D.L. 4.7.1925 (Nr. 1181); Protokoll der ersten Sitzung am 4.7.1925, in: O.O., Bd. 21, S. 372f.

[3] SPD, CO, f. 509.828/1: Sitzungsbericht Comitato Permanente del Grano, 20.7.1925; CM, Verbali, Bd. 16, S. 115 bis – 116 bis: Sitzung 23.–24.7.1925.

Ein wirksamer Zollschutz war in Italien – ähnlich wie in den meisten anderen europäischen Staaten – erstmals 1887 vor dem Hintergrund der internationalen Agrarkrise eingeführt worden.[4] Der Getreidezoll war über fast dreißig Jahre hinweg in Kraft geblieben und erst 1915 aufgehoben worden, als Italien unter den Bedingungen des Krieges hohe Getreidekontingente zur Versorgung von Zivilbevölkerung und Armee importieren mußte. Wie bereits erwähnt verzichtete man nach Kriegsende aus Gründen der Inflationsbekämpfung zunächst auf die Wiedereinführung des Schutzzolls. Das im Sommer 1921 eingeführte neue Zolltarifsystem sah zwar auch eine Einfuhrabgabe für Getreide und andere Agrarprodukte vor.[5] Der Getreidezoll wurde jedoch kurz darauf per Dekret für den Zeitraum von sechs Monaten außer Kraft gesetzt. Das Instrument der temporären Zollbefreiung wurde in den nachfolgenden Jahren wiederholt eingesetzt, so daß bis 1925 faktisch kein Zollschutz für Getreideprodukte bestand.

Hatte sich die Getreidezolldiskussion vor dem Ersten Weltkrieg in erster Linie um die Frage gedreht, ob man einzelne Branchen vor der ausländischen Konkurrenz schützen sollte und welche Auswirkungen dies auf den Außenhandel haben würde, so traten nach 1918 zunehmend wirtschaftsnationalistische Argumente in den Vordergrund. Dies hing nicht zuletzt mit der herausragenden ernährungspolitischen Bedeutung der Getreidewirtschaft zusammen. Italien hatte nach Frankreich den weitaus höchsten Pro-Kopf-Verbrauch an Weizen in Europa.[6] Etwa 57% des Kalorienbedarfs der italienischen Bevölkerung wurden durch Weizenprodukte – Brot und Teigwaren – abgedeckt.[7] Schon in den Jahrzehnten vor dem Ersten Weltkrieg hatte sich abgezeichnet, daß die inländische Getreideproduktion mit der Bedarfsentwicklung langfristig nicht Schritt halten konnte (siehe Tab. 5.1). Zwar waren

---

[4] Vgl. Frank J. Coppa, The Italian Tariff and the Conflict between Agriculture and Industry: The Commercial Policy of Liberal Italy, 1860–1922, Journal of Economic History 30 (1970) S. 752–765, Luigi Musella, Proprietà e politica agraria in Italia (1861–1914), Napoli 1984, S. 24–45; Alberto Cardini, Stato liberale e protezionismo in Italia (1890–1900), Bologna 1981; Lucio Villari, Per la storia del protezionismo in Italia, II: Verso le nuove tariffe doganali, Studi Storici 6 (1965) S. 651–663.

[5] Vgl. Prampolini, L'agricoltura italiana, S. 116–121.

[6] PCM 1931–1933, 3/1–2/6611/3: La Battaglia del Grano in Italia, Relazione disposta dal Ministero dell'Agricoltura e delle Foreste, Direzione Generale dell'Agricoltura, Roma 1930, S. 11. – Mitte der zwanziger Jahre entfielen 78% der konsumierten Feldfrüchte auf Weizen, 18% auf Mais, 4,8% auf Reis, 1% auf Roggen, 3,6% auf Kartoffeln, 0,8% auf Rüben; vgl. L. Chroust, Die Battaglia del Grano. Ein Beitrag zur Agrarpolitik des Faschismus, Nürnberg 1933, S. 5.

[7] Benedetto Barberi, Indagine statistica sulle disponibilità alimentari della popolazione italiana dal 1922 al 1937, Istituto Centrale di Statistica del Regno d'Italia, Annali di Statistica, Ser. VII, Bd. 3 (1939), S. 83.

die Getreideernten seit der Jahrhundertwende – von jährlichen Schwankungen abgesehen – beträchtlich angestiegen. Doch hatte der Verbrauch weitaus stärker zugenommen, was zum einen auf einen höheren Pro-Kopf-Konsum, zum anderen auf das rasche Bevölkerungswachstum zurückzuführen war. Die Disproportionalität von Bevölkerungswachstum und agrarischem Produktivitätsfortschritt sollte nach dem Ersten Weltkrieg noch zunehmen: Bereits 1921 waren die kriegsbedingten Bevölkerungsverluste wieder ausgeglichen. Durch die italienischen Territorialgewinne hatte die Bevölkerung um weitere 1,4 Mill. Menschen zugenommen, während in den neu erworbenen Gebieten kaum Weizen angebaut wurde. Verschärfte Einwanderungsbestimmungen vor allem der nordamerikanischen Staaten führten Anfang der zwanziger Jahre dazu, daß der demographische Überschuß nicht mehr durch Emigration reguliert werden konnte.

Tab. 5.1

Produktion, Verbrauch und Import von Weizen 1891–1925*

Zeitraum	Ernte[a]	Konsum[a]	Pro-Kopf-Konsum[b]	Import[a]	Import-quote[c]
1891–1900	35,3	36,0	116,4	6,5	15,4
1901–1910	47,6	51,7	113,9	11,2	19,3
1911–1920	45,7	58,1	154,2	17,8	29,0
1921–1925	52,2	69,1	175,5	25,3	32,3

* Periodendurchschnitt   [a] in Mill. dz.   [b] in kg.   [c] Die Importquote ergibt sich aus dem Quotienten von Einfuhr und verfügbarer Weizenmenge. Da jährlich ca. 5–8 Mill. dz Weizen als Saatgut dem Produktionsprozeß wieder zugeführt wurden, lag die verfügbare Weizenmenge über den Verbrauchswerten.
Quelle: Istituto Centrale di Statistica, Sommario (1968) S. 62, 101, 134 und 136.

Mit welchen Schwierigkeiten die Nahrungsmittelversorgung im Falle eines militärischen Konfliktes verbunden war, hatte der Erste Weltkrieg unmittelbar vor Augen geführt. Bedingt durch den Arbeitskräftemangel, aber auch durch die staatlich festgesetzten Höchstpreise war die Weizenanbaufläche zwischen den Erntejahren 1915/16 und 1917/18 von über 5 auf etwa 4,3 Millionen Hektar zurückgegangen, die inländische Produktion im gleichen Zeitraum von 46 auf 38 Millionen Doppelzentner abgesunken.[8] Insbesondere im letzten Kriegsjahr hatte sich die Versorgungslage deutlich verschlechtert, da sich der Mangel an Getreide nun auch auf den internationalen Märkten be-

---

[8] Vgl. die Tabelle in Ministero dell'Economia Nazionale, Atti del Consiglio, Sessione 1 (1924), S. 11 (Relazione Morandi); zu den agrar- und ernährungswirtschaftlichen Problemen der Kriegs- und unmittelbaren Nachkriegszeit vgl. S e r p i e r i, La guerra; P i v a, Mobilitazione agraria; P r a m p o l i n i, L'agricoltura italiana.

merkbar machte und der Möglichkeit der Getreideeinfuhr enge Grenzen gesetzt waren.[9] Aus dieser Sicht war es folgerichtig, daß die Getreidefrage nach 1918 zunehmend in Verbindung mit militärstrategischen Argumenten erörtert wurde. So schrieb Mussolini im November 1919 in *Il Popolo d'Italia*:

> Vier Kriegsjahre und 14 Monate des Nichtfriedens haben gezeigt, daß die politische Unabhängigkeit eines Landes in direktem Zusammenhang mit seiner wirtschaftlichen Unabhängigkeit steht, oder mit anderen Worten, um ein *Maximum* an politischer Autonomie im internationalen Kräftevergleich zu erzielen, muß man ein *Maximum* an wirtschaftlicher Autonomie besitzen [. . .]. Dies sind die Ziele. Erstens: Verringerung unserer Getreideeinfuhren auf ein Minimum; [Zweitens:] Verringerung unserer Einfuhren von Kohle und Eisen auf ein Minimum.[10]

Zwar warnte Mussolini vor zu großem Optimismus und betonte, daß man sich „über die Möglichkeit einer absoluten Autonomie nicht täuschen" dürfe.[11] Es konnte jedoch in seinen Augen kein Zweifel daran bestehen, daß zumindest in den wirtschaftlichen Schlüsselbereichen eine Selbstversorgung notwendig war, um Italiens außenpolitische Machtstellung zu festigen. Solange das „wirtschaftliche Vasallentum gegenüber den Staaten, die uns mit notwendigen Primärgütern wie Kohle und Getreide versorgen, fortbesteht, wird es keine politische Autonomie geben", bekräftigte Mussolini in dem faschistischen Wahlprogramm vom April 1921.[12] Es sei daher dringend erforderlich, „das produktive Potential der Nation bis an die Grenzen des Möglichen zu steigern".[13]

Der Autarkiegedanke stand auch im Mittelpunkt einer Reihe von Publikationen, die Anfang der zwanziger Jahre mit programmatischen Titeln wie „Per dare all'Italia il suo pane" oder „Aumentiamo e miglioriamo la produzione del grano" die Notwendigkeit einer Erhöhung der Getreideproduktion unterstrichen.[14] Der Tenor dieser meist populärwissenschaftlichen Veröffentlichungen war fast immer der gleiche: Italien müsse sich aus wirtschaftlichen, militärischen und außenhandelspolitischen Gründen von der Abhängigkeit ausländischer Nahrungsmittellieferungen befreien. Die Möglichkeit einer Getreideautarkie wurde dabei optimistisch beurteilt. Durch eine Ausweitung des

---

[9] Der durchschnittliche Pro-Kopf-Verbrauch an Weizen lag 1915–1918 um 10–20% unter dem Vorkriegsniveau; vgl. Istituto Centrale di Statistica, Sommario (1958) S. 229.

[10] Mussolini, Per rinascere e progredire. Politica orientale, Il Popolo d'Italia, 30.12.1919 (jetzt in: O.O., Bd. 14, S. 225–227).

[11] Ebd. S. 225; vgl. außerdem ders., La politica estera di domani. L'Italia e l'Oriente, Il Popolo d'Italia, 27.12.1919 (jetzt in: O.O., Bd. 14, S. 217–220).

[12] „Manifesto dei Fasci per le Elezioni generali", in: O.O., Bd. 16, S. 265.

[13] Ebd.

[14] Tito Poggi, Per dare all'Italia il suo pane, Casalmonferrato 1923; G. B. Tirocco, Aumentiamo e miglioramo la produzione del grano, Catania 1924.

Getreideanbaus und den konsequenten Einsatz technischer und agrarbiologischer Innovationen könne die Produktion innerhalb kürzester Zeit bis zur Eigenversorgung gesteigert werden. Die „Getreideautarkie" erschien aus dieser Perspektive „vor allem ein Problem der Technik, des Willens und des Glaubens".[15]

Innerhalb der faschistischen Bewegung war es vor allem Mario Ferraguti, ein junger Journalist der Parteizeitung *Il Popolo d'Italia* und enger Mitarbeiter Arnaldo Mussolinis,[16] der für ein umfassendes staatliches Förderungsprogramm zugunsten der Getreidewirtschaft eintrat. Ferraguti hatte sich schon vor der faschistischen Machtübernahme durch zahlreiche Artikel zu Landwirtschaftsproblemen einen Namen gemacht.[17] Im Einvernehmen mit Mussolini gründete er Anfang November 1922 eine „Technische Kommission zur Förderung der Landwirtschaft", die den Auftrag erhielt, ein Programm zur „schnellstmöglichen Intensivierung der nationalen Agrarproduktion" auszuarbeiten.[18] Der Kommission, die von Ferraguti geleitet wurde, formal jedoch unter der Aufsicht des Regierungschefs stand, gehörten Experten aus Verwaltung, Wissenschaft und den landwirtschaftlichen Organisationen an.[19] Mit Hilfe eines eigenen Pressebüros, insbesondere aber durch die guten Kontakte Ferragutis zu parteinahen Zeitungen, entfaltete die Kommission eine breite propagandistische Aktivität.[20] Über die Behandlung rein technischer Fragen hinausgehend sollte ihre Tätigkeit vor allem zur „Bildung eines agrarischen Nationalbewußtseins" beitragen, welches als „Grundlage der wirtschaftlichen und sozialen Wiedergeburt des Vaterlandes" angesehen wurde.[21] Neben solchen agrarfundamentalistischen Verlautbarungen konzentrierte sich die Tä-

---

[15] Mario Ferraguti, Il problema granario e il concorso per la vittoria del grano, La Terra, Jg. 1, H. 1, Januar 1925, S. 24.

[16] Arnaldo Mussolini war seit November 1922 Direktor von *Il Popolo d'Italia*.

[17] Ein großer Teil seiner Artikel ist abgedruckt in Ferraguti, Battaglie.

[18] Die Kommission trat erstmals am 6.11.1922 zusammen; vgl. den von Ferraguti verfaßten Bericht Commissione Tecnica per il Miglioramento dell'Agricoltura, Relazione del 1923–1924, Roma 1924 (SPD, CO, N.2111, Bibliothek).

[19] Die Mitgliederlisten befinden sich in den Jahresberichten der Kommission; vgl. ebd. und PCM 1924, 3/1–1/3400: Commissione Tecnica per il Miglioramento dell'Agricoltura, Relazione del 1926–1927, Milano 1928; PCM 1927, 3/1–1/945: Commissione Tecnica per il Miglioramento dell'Agricoltura, Relazione del 1925–1926, o.O., o.D.

[20] Nach Ferraguti publizierten 14 „große Tageszeitungen" die Artikel und Mitteilungen der Kommission (vgl. Commissione Tecnica per il Miglioramento dell'Agricoltura, Relazione del 1923–1924, S. 8). Ferraguti wurde bei seiner publizistischen Tätigkeit nicht nur durch Arnaldo Mussolini unterstützt, der zum Ehrenpräsidenten der Kommission gewählt wurde, sondern auch durch die Pressebüros der Partei und der Regierungsstellen; vgl. SPD, CO, f. 509.614: PCM an Innenministerium und an das Pressebüro des PNF vom 23.2.1925.

[21] Commissione Tecnica per il Miglioramento dell'Agricoltura, Relazione 1924–1925, S. 4 und dies., Relazione del 1926–1927, S. 5.

tigkeit der Kommission auf die Veranstaltung eines „Nationalen Wettbewerbs für den Getreidesieg", ein jährlich gemeinsam mit *Il Popolo d'Italia* veranstalteter Prämienwettbewerb, bei dem Landwirte mit überdurchschnittlich hohen Getreideerträgen ausgezeichnet wurden. Die „Getreidewettbewerbe" wurden zunächst noch in bescheidener Form ausgerichtet und hatten wenig gemeinsam mit den gigantischen Propagandaveranstaltungen, die nach 1925 unter staatlicher Regie durchgeführt wurden.[22] Ihr vordringliches Ziel bestand für Ferraguti darin, „zu zeigen, daß man in jeder Gegend Italiens, und zwar auch in den für den Getreideanbau ungeeigneten, die durchschnittliche Produktion beträchtlich steigern, häufig verdoppeln, manchmal verdreifachen (und nicht selten vervierfachen)" könne. Dies sei „allein durch rationelle Anbaumethoden" möglich, „ohne Wunder zu vollbringen".[23]

Trotz der Schützenhilfe Mussolinis und der Faschistischen Partei waren Ferragutis Pläne zur Forcierung der Getreidewirtschaft unter Experten eher umstritten.[24] Einflußreiche Ökonomen der liberalen Schule wie Luigi Einaudi, Luigi Luzzatti und – mit Einschränkungen – auch De Stefani lehnten zollpolitische Maßnahmen aus prinzipiellen Erwägungen ab. Nach ihrer Auffassung führten Zölle nicht nur zu Störungen im internationalen Warenaustausch, sondern auch zu falschen Preissignalen auf den heimischen Märkten und damit zu verzerrten Allokationsentscheidungen der Produzenten.[25] Auch von agrarwissenschaftlicher Seite wurde eine einseitige Förderung des Getreideanbaus eher negativ beurteilt.[26] Schon vor dem Krieg hatte Ghino Valenti den seiner Auffassung nach übermäßigen Anbau von Weizen kritisiert.

---

[22] So nahmen 1924 weniger als 2.000 Landwirte daran teil; vgl. ebd. S. 8.

[23] Ferraguti, Il problema granario, S. 22; ähnlich argumentiert L. Torrigiani in einer Rede vor dem Senat am 18.12.1924, API, CS, Leg. XXVII, sess. 1924, Discussioni, Bd. 5, Roma 1924, S. 755.

[24] Ferraguti selbst erkannte durchaus, daß er in Fachkreisen isoliert war. Rückblickend sprach er in einem 1933 abgefaßten Brief an Mussolini von „molti teorici rinunciatori", die seine Ideen als „pericolosa illusione", „deplorevole faciloneria" und „ridicolo miracolismo" bezeichnet hätten; SPD, CO, f. 509614: Schreiben ohne Datum, aber überreicht an Mussolini in einer Audienz vom 18.9.1933.

[25] Einaudi hob überdies hervor, daß von einem Zoll kaum produktivitätserhöhende Wirkungen zu erwarten seien. Ähnlich argumentierte De Stefani, nach dessen Auffassung der Getreidezoll weniger den Landwirten als den Großgrundbesitzern und der Brotindustrie genutzt habe; Luigi Einaudi, Il dazio sul grano (27.7.1925), in: ders., Cronache economiche, Bd. 8, S. 390–393; Alberto De Stefani, Gli agricoltori e la luna (4.6.1928), in: ders., L'oro e l'aratro, S. 132–148, hier S. 137f.; dazu den kritischen internen Bericht des Finanzministeriums in PCM 1928–1930, 3/1/3213: Promemoria Ragioneria Generale dello Stato, 15.6.1928; vgl. außerdem den Artikel De Stefanis im Corriere della Sera vom 18.6.1927, zit. in Ernesto Rossi, I padroni del vapore, Bari [5]1957, S. 154.

[26] So Giustino Fortunato, Nel regime fascista (24.2.1926), in: ders., Il Mezzogiorno e lo Stato italiano, Bd. 2, Firenze 1973, S. 711–740, hier S. 730–733.

Insbesondere die südlichen Regionen des Landes, wo Weizen meist extensiv im Wechsel mit Weidenutzung angebaut wurde, galten unter pedologischen und klimatischen Aspekten als eher ungeeignet für den Anbau von Getreidekulturen. In Italien wurden etwa 4,5 Mill. ha mit Weizen kultiviert, dies entsprach 14,8% der Gesamtfläche des Landes und 21,3% der landwirtschaftlichen Nutzfläche.[27] Italien lag damit weit über dem europäischen Durchschnitt und übertraf selbst Frankreich, das als getreidewirtschaftlich günstiger Standort galt. Valenti plädierte daher sogar für eine drastische Verringerung der italienischen Weizenanbaufläche und sprach sich für eine stärkere viehwirtschaftliche Nutzung der Böden aus.[28]

Valenti stand mit seiner kritischen Haltung nicht alleine da. Die meisten Agrarexperten stimmten darin überein, daß eine Extensivierung der Getreidewirtschaft unter technischen wie ökonomischen Gesichtspunkten abzulehnen sei.[29] Es ist in diesem Zusammenhang hervorzuheben, daß auch die Vertreter der landwirtschaftlichen Verbände den „Aposteln des Getreidenationalismus"[30] eher mit Vorbehalt begegneten. Eine 1924 von dem faschistischen Agrarverband FISA herausgegebene Studie warnte vor zu optimistischen Erwartungen, da die auf Experimentierfeldern erzielten „Ertragswunder" in der Praxis kaum erreichbar seien. Der Autor der Studie, Eugenio Masè-Dari, hielt daher eine „allgemeine Reduzierung des Getreideanbaus" für angebracht und plädierte sogar für eine „totale Auslöschung dieser Kultur in ganzen Regionen und auf großen Flächen". Lediglich im Falle eines Krieges empfahl er eine „vorübergehende Ausdehnung des Getreideanbaus", um den Eigenbedarf auf diesem Sektor zu decken.[31]

---

[27] Istituto Centrale di Statistica, Sommario (1968) S. 60.

[28] Ghino Valenti, L'Italia agricola dal 1861 al 1911. Cinquanta anni di storia italiana, Bd. 2, Milano 1911, S. 109.

[29] Vgl. die Parlamentsrede des sizilianischen Industriellen und späteren Finanzministers Guido Jung vom 25.11.1924, in: API, CD, Leg. XXVII, sess. 1924–1925, Discussioni, Bd. 1, Roma 1925, S. 779–787 (hier S. 780): „Ma il problema della intensificazione della produzione agricola italiana non ha come sua sola base il problema granario, anzi mi sia permesso di ripetere ciò che del resto è già noto, che oggi nel nostro paese il grano viene coltivato anche in varie località dove tale cultura è antieconomica se non altro in senso relativo, in rapporto cioè al maggiore rendimento che si potrebbe ricavare da altre coltivazioni." Ähnlich Serpieri, L'economia italiana, S. 298; Friedrich Vöchting, La „Battaglia del grano", in: L'Economia italiana, Firenze 1934, S. 187–194, jetzt in: Ernesto Ragionieri (Hg.), Italia giudicata 1861–1945, Bd. 3: Dalla dittatura fascista alla Liberazione 1926–1945, Torino 1976, S. 635–641, hier S. 637–638; Giorgio Mortara Prospettive economiche, Bd. 4, Milano 1924 S. 44–53.

[30] So Emilio Morandi in einem Vortrag vor dem „Nationalen Wirtschaftsrat" im Juni 1924, Ministero dell'Economia Nazionale, Atti, Sessione 1 (1924), S. 12; zu Einzelheiten dieses Vortrags siehe unten im Text.

[31] Eugenio Masè-Dari, Il frumento e l'economia agricola. Note e commenti (Hg. Federazione Italiana dei Sindacati Agricoli), Bologna 1924, S. 104–106. Vgl. auch die skeptische Ein-

Ähnlich negativ äußerte sich der Vertreter der Confagricoltura, Attilio Fontana, in einer Parlamentsdebatte vom Mai 1923, in der das Pro und Contra eines Getreidezolls diskutiert wurde.[32] Während sich die Vertreter von Industrie und Handel für die Einführung eines Zolls aussprachen (offenbar auch um eigene Protektionswünsche mehrheitsfähig zu machen),[33] wehrte sich Fontana gegen die Vorstellung, daß die Landwirtschaft gleichsam als Kompensation für Industriezölle ebenfalls in den Genuß von Außenschutzmaßnahmen kommen müsse. Er erkannte in einem Getreidezoll „eher einen Faktor des Rückschritts als des Fortschritts" und sah die Gefahren, die davon für den landwirtschaftlichen Exportsektor ausgehen würden.[34] Angesichts der anhaltend günstigen Exportkonjunktur war dies in der Tat eine ernstzunehmende Befürchtung. Die Äußerungen Fontanas entsprachen aber auch einer traditionell freihändlerischen Haltung vieler Landwirte, die sich seit jeher als Opfer der staatlichen Zollpolitik betrachteten.[35] In ihren Augen profitierte in erster Linie die Industrie von den protektionistischen Maßnahmen. Und tatsächlich hatte der Allgemeine Zolltarif von 1921 die Landwirtschaft stark benachteiligt.

Auch Arrigo Serpieri bewegte sich noch in seinem 1925 erschienenen Buch über „Agrarpolitik" auf dem Boden des klassischen Liberalismus.[36] Für ihn war es ein „Fehler" zu glauben, daß eine Selbstversorgung auf dem Getreidesektor die ökonomisch „beste Lösung" sei. Es ginge nicht darum, „von unserem Boden das notwendige Brot bzw. alle Nahrungsmittel" zu erwirt-

---

schätzung des späteren Unterstaatssekretärs für Landwirtschaft Arturo Marescalchi: „[. . .] bisogna accontentarsi qui di accennare che, non è detto che sia per la nazione sempre conveniente forzare la terra a produrre frumento quando essa può dare più ricchi prodotti esportabili in misura più larga di quello che sia il grano da importare per completamento del fabbisogno."; Arturo Marescalchi, „Terra italica": dura ma gloriosa conquista, La Terra Jg. 1, H. 1, Januar 1925, S. 7.

[32] API, CD, Leg. XXVI, sess. 1921–1923, Discussioni, Bd. 5, Roma 1923, S. 9039–9045 (Plenarsitzung vom 16.5.1923); vgl. den Kommentar zu dieser Debatte von Ettore Ciccotti, La questione doganale in Italia, Gerarchia, Jg. 2, H. 6, Juni 1923, S. 1011–1017.

[33] Vgl. die Reden von Olivetti, Tofani und Baranzini, in: API, CD, Leg. XXVI, sess. 1921–1923, Discussioni, Bd. 5, Roma 1923, S. 9039–9045 (Plenarsitzung vom 16.5.1923), S. 9101–9104, 9123–9133 und 9233–9241.

[34] Ebd. S. 9043–9044; gegen einen Zollschutz sprachen sich außerdem die Abgeordneten Buffoni, Mancini und Chiesa aus; auch Landwirtschaftsminister De Capitani d'Arzago hielt eine „Änderung des gegenwärtigen Zustandes" (d. h. der Zollbefreiung) für nicht notwendig; ebd. S. 9119–9123, 9197–9207, 9251–9258 und 9287.

[35] Bereits 1887 hatten sich die Agrarvertreter gegen die Einführung von Handelszöllen ausgesprochen; vgl. Alberto De Bernardi, Questione agraria e protezionismo nella crisi economica di fine secolo, Milano 1977, S. 27–33; zum Kontrast zwischen Agrar- und Industrievertretern in der Zollfrage vgl. auch Conti, Dal taccuino, S. 339–341 (Eintrag vom 5.6.1925).

[36] Serpieri, La politica agraria in Italia, S. 67ff.

116

schaften, sondern darum, „unter Einbeziehung des Außenhandels" diejenigen Produkte zu fördern, die das „höchste Einkommen für die italienische Gesellschaft ermöglichen". Serpieri argumentierte hier noch ganz im Einklang mit der ricardianischen Theorie der komparativen Kostenvorteile: „Diejenigen, die alles zu Hause produzieren, sind nicht reich, sondern arm."[37]

Welchen Stellenwert die „Getreidefrage" in der innenpolitischen Diskussion zwischen 1923 und 1925 einnahm, wird auch dadurch deutlich, daß sich der 1923 eingesetzte „Oberste Nationale Wirtschaftsrat" bereits in der ersten Sitzung mit dieser Thematik beschäftigte. Das Grundsatzreferat über „Situazione frumentaria in Italia nel momento attuale" hielt der Direktor des Genossenschaftsverbandes Emilio Morandi.[38] Nach einer eingehenden Analyse der Weltgetreideproduktion kam Morandi zu dem Ergebnis, daß angesichts des bestehenden globalen Überangebots ein Mangel an Getreide auch auf lange Sicht nicht zu befürchten sei. Die Möglichkeit einer Eigenversorgung Italiens hielt er dagegen für unrealistisch. Zwar befürwortete er eine Intensivierung (jedoch keine flächenmäßige Ausdehnung) der Getreidewirtschaft. Die Produktion könne man aber „nicht beliebig steigern": Italien werde auch langfristig von ausländischen Lieferungen abhängen. Versorgungsengpässen im Kriegsfall solle man durch entsprechende Bevorratung vorbeugen. In der Frage des Einfuhrzolls sprach sich Morandi für ein pragmatisches Vorgehen aus. So hielt er die Einführung eines Importzolls in der gegenwärtigen Situation, in der trotz sinkender Getreidepreise noch ausreichende Gewinne erwirtschaftet wurden und außerdem die internationalen Preise über den italienischen lagen, nicht für opportun. Sollte sich jedoch der Preisdruck auf die italienischen Kornproduzenten weiter verstärken, so müsse die Regierung „die Waffe der Zollprotektion bereithalten, um die italienische Landwirtschaft vor einer neuen Krise zu bewahren".[39]

Die Ausführungen Morandis blieben in der anschließenden Diskussion nicht ohne Widerspruch. So ließ sich in der Zollfrage kein Konsens unter den Diskussionsteilnehmern herstellen.[40] Besonders kritisiert wurde die pessimi-

---

[37] Ebd. S. 68.

[38] Ministero dell'Economia Nazionale, Atti, Sessione 1 (1924), S. 9–20; die Sitzung fand am 28.6.1924 statt.

[39] Ebd. S. 19; ähnlich argumentierte Serpieri, La politica agraria in Italia, S. 206f.: „Oggi – fino a quando, cioè, il prezzo si mantenga al di sopra delle 120–130 lire al ql. (grano tenero), cioè a un livello non molto diverso da quello dell'anteguerra (in moneta buona) – non c'è da preoccuparsi di gravi mutamenti nell'equilibrio economico e sociale italiano, e concordiamo quindi nella opportunità della sospensione [del dazio, A.N.]".

[40] Für die sofortige Einführung eines Getreidezolls plädierten der Direktor des Industriellenverbandes Gino Olivetti und Giuseppe Pavoncelli, Großgrundbesitzer und Parlamentsabgeordneter aus der Provinz Caserta. Nach Pavoncelli war die süditalienische Getreidewirt-

stische Einschätzung Morandis hinsichtlich der Möglichkeiten einer Selbstversorgung auf dem Getreidesektor.[41] Das von Morandi vorformulierte, für die Öffentlichkeit bestimmte Abschlußprotokoll enthielt die Feststellung, daß „die Möglichkeit, unseren gesamten Getreidebedarf zu erzeugen, auf der Basis der heute verfügbaren Beurteilungskriterien auszuschließen" sei.[42] Nach längerer Diskussion willigte Morandi schließlich ein, die entsprechende Passage aus dem Text zu streichen.[43] Damit wurde nach außen hin der Eindruck erweckt, daß das höchste wirtschaftspolitische Beratungsgremium eine staatliche Subventionierung der Getreidewirtschaft befürwortete und deren ertrags- und produktivitätssteigernde Wirkung nicht in Frage stellte. Die Bedenken, die die meisten Experten gegenüber einer solchen Politik hatten, waren damit jedoch nicht zerstreut worden.[44]

b) Die staatliche Getreidepolitik bis 1925

Die Diskussion der Jahre 1922–1924 hatte gezeigt, daß staatliche Eingriffe zugunsten der Getreidewirtschaft unter Experten, Politikern und Vertretern der landwirtschaftlichen Verbände stark umstritten waren. Tatsächlich hatten die staatlichen Behörden nach 1922 zunächst bewußt auf lenkende Eingriffe in das Marktgeschehen verzichtet, wie sie etwa durch Zölle, Subventionen oder Preisvorschriften möglich gewesen wären. Man hatte dabei offenbar auch die negative Erfahrung der staatlichen Preispolitik der Kriegs- und unmittelbaren Nachkriegszeit vor Augen, die unter dem Schlagwort des „politischen Brotpreises" zu heftigen innenpolitischen Debatten geführt hatte.[45]

---

schaft ohne Zollschutz langfristig nicht lebensfähig. Dagegen sprach sich Sebastiano Lissone, Landwirt und Mitglied der Sektion für Landwirtschaft des Wirtschaftrates, gegen einen Zoll aus, da von einer solchen Maßnahme keine Produktivitätsfortschritte zu erwarten seien; Ministero dell'Economia Nazionale, Atti, Sessione 1 (1924), S. 20–23.

[41] Vgl. die Diskussionsbeiträge von Lissone, Luigi Torrigiani (Senatsabgeordneter und Präsident der Sektion für Landwirtschaft des Wirtschaftsrates) und Alessandro Brizi (Generaldirektor für Landwirtschaft im Wirtschaftsministerium); ebd. S. 21–22, 26–28.

[42] Ebd. S. 19.

[43] Ebd. S. 29.

[44] Diese Bedenken wurden wenige Monate später in einer Senatsdebatte erneut vorgebracht. Wirtschaftsminister Nava sprach von „difficoltà che si oppongono al conseguimento di una produzione, quanto più possibile, vicina al fabbisogno alimentare della nostra popolazione."; API, CS, Leg. XXVII, sess. 1924, Discussioni, Bd. 1, Roma 1924, S. 815, Sitzung vom 19.12.1924; auch Giovanni Rainieri, ehemaliger Landwirtschaftsminister und Gründer der Federconsorzi äußerte seine Zweifel: „Ed è errato puntare l'attenzione sulla sola coltivazione del grano come a credere che con qualche aratura di più, con qualche concimazione di più possa essere conseguito [. . .] l'aumento desiderato"; ebd. S. 774, Sitzung vom 18.12.1924.

[45] Die faschistische Regierung hatte daher bereits wenige Monate nach der Machtübernahme die staatlichen Preisgesetze abgeschafft (R.D.L. 11.1.1923, Nr. 138).

118

Ohnehin stellte sich Anfang der zwanziger Jahre eine deutliche Erholung der Getreidewirtschaft ein, die staatliche Förderungsmaßnahmen obsolet erscheinen ließ. Nachdem die Getreideanbaufläche während des Krieges um fast 800.000 Hektar zurückgegangen war, kam es 1921 erstmals wieder zu einem Anstieg der flächenmäßigen Produktion. Im Erntejahr 1921/22 wurden 4,57 Mill. Hektar mit Weizen kultiviert, im darauffolgenden Jahr waren es 4,77 Mill., womit das Vorkriegsniveau wieder erreicht worden war.[46] Die Entwicklung der Anbaufläche schlug sich auch in den Produktionsziffern nieder. Nach einer Serie von niedrigen Ernten zwischen 1914 und 1920 mit einem Durchschnitt von 43,6 Mill. dz pro Jahr stieg die Produktion 1921 auf 51,1 Mill. dz an. Zwar blieben die Ernteergebnisse im nächsten Jahr mit einem Ertrag von 42,5 Mill. dz hinter den Erwartungen zurück, doch kam es 1923 mit 59,2 Mill. dz zu einer historischen Rekordernte. Die faschistische Propaganda zögerte nicht, dieses Ergebnis als Beweis für die positive Wirkung der neuen Wirtschafts- und Agrarpolitik anzuführen.[47]

Das Jahr 1924 brachte jedoch infolge ungünstiger Witterungsverhältnisse eine erneute Mißernte: Die italienische Getreideproduktion lag mit 44,8 Mill. dz um rund ein Viertel unter dem Vorjahreswert. Bedrohlich wurde die Lage aber vor allen Dingen deshalb, weil 1924 die Getreideernten auch in anderen Ländern stark zurückgegangen waren.[48] Während Italien in den Jahren zuvor infolge des weltweiten Überangebots problemlos und preisgünstig Getreide hatte importieren können, verschlechterte sich die Versorgungslage im Sommer 1924 dramatisch. Selbst traditionelle Exportländer wie die Sowjetunion mußten Getreide einführen, um Versorgungslücken abzudecken.[49] Die sich im Frühjahr 1924 abzeichnende Mißernte zog einen unmittelbaren Preisanstieg an den internationalen Weizenbörsen nach sich, der rasch auf die italienischen Preise durchschlug. Tabelle 5.2 zeigt die Preisentwicklung auf dem kanadischen und dem italienischen Weizenmarkt.[50] In beiden Ländern kam es

---

[46] Vgl. die Tabelle in: Ministero dell'Economia Nazionale, Atti, Sessione 1 (1924), S. 11 (Relazione Morandi).

[47] Vgl. die Sitzung des Faschistischen Großrates vom 13.7.1923, in: O.O., Bd. 19, S. 304–306; Commissione Tecnica per il Miglioramento dell'Agricoltura, Relazione del 1923–1924, S. 10; De Capitani D'Arzago, I problemi di agricoltura, S. 6. – Zu den Produktionszahlen vgl. Rey (Hg.), I conti economici, S. 107.

[48] Nach offiziellen Schätzungen betrug der Rückgang der Weltgetreideproduktion gegenüber dem Vorjahr 10%. Besonders hohe Ernteverluste hatten die USA und Kanada, die wichtigsten Getreidelieferanten Italiens, zu verzeichnen, während sich in den Ländern der südlichen Hemisphäre (Argentinien und Australien) ein leichter Zuwachs einstellte; vgl. PCM 1925, 3/16/240: Bericht „Produzione di grano (anni 1924–1923)"; außerdem Mortara, Prospettive (1928) S. 20.

[49] Vgl. ebd.; außerdem PCM 1924, 3/16/1581: Telegramm Präfektur Mailand an Mussolini (ohne Datum, aber 1924).

[50] Die kanadischen Weizenpreise können als Richtschnur für die Weltmarktpreise gelten. Da sich

Anfang der zwanziger Jahre zu einem starken Rückgang der Weizenpreise, der erst 1924 durch einen erneuten Preisauftrieb unterbrochen wurde. Da es sich bei den Zahlen in Tabelle 5.2 um Jahresdurchschnittswerte handelt, sind die enormen Preiszuwächse Mitte 1924 nicht unmittelbar erkennbar. So lag der Preis für Weizen in Italien Anfang des Jahres noch unter 100 Lire/dz, stieg im Laufe des Frühjahrs auf 110–112 Lire/dz und erreichte im Dezember 1924 den Rekordwert von 162,50 Lire/dz.[51]

Tab. 5.2
*Die italienischen und kanadischen Weizenpreise
1920–1925*

Jahr	Kanada[a]	Italien[b]
1920	261	102
1921	163	133
1922	124	124
1923	109	113
1924	128	131
1925	164	192

[a] jährliche Durchschnittspreise in Cent/60 Pfund für die Sorte „Manitoba Northern N.1" an der Weizenbörse in Winnipeg [b] jährliche Durchschnittspreise in Lire/dz für Hartweizen in Italien
Quelle: M o r t a r a , Prospettive economiche (1928) S. 38 und R e y (Hg.), I conti economici, S. 173.

In Regierungskreisen wurde diese Entwicklung mit äußerster Besorgnis beobachtet. Anfang August 1924 beriet der Ministerrat darüber, wie die Getreideversorgung für das kommende Jahr aufrecht erhalten werden könne. „Direkte Eingriffe des Staates" wurden zunächst noch nicht für notwendig erachtet, jedoch ein Exportverbot für Weizen verhängt und die Ausfuhr von Mehl auf 100.000 dz pro Jahr beschränkt. Darüber hinaus wurde der Einfuhrzoll für Weizenmehl von 1,50 auf 0,65 Goldlire herabgesetzt.[52]

Ernste Versorgungsschwierigkeiten stellten sich im Herbst 1924 ein. Trotz der niedrigen Ernte lagen die Einfuhren in den Monaten August bis Novem-

---

die Preisangaben in Tab. 5.2 auf unterschiedliche Gewichtsmaße und Währungen beziehen, sind sie nicht direkt miteinander vergleichbar, sondern spiegeln lediglich den Preistrend in den beiden Ländern wider.

[51] Ähnlich entwickelten sich die kanadischen Weizenpreise; vgl. Alessandra S t a d e r i n i , La politica cerealicola del regime: l'impostazione della battaglia del grano, Storia contemporanea 9 (1978) S. 1027–1079, S. 1054, Anm. 75.

[52] CM, Verbali, Bd. 16, S. 110 u. 113R, Sitzungen vom 5. und 6.8.1924.

ber deutlich unter denen des Vorjahres.[53] Anfang November unterrichtete Wirtschaftsminister Nava Mussolini, daß noch etwa 20 Mill. dz Weizen fehlten, die offenbar auf privatem Handelsweg nicht zu beschaffen waren.[54] Die Notwendigkeit einer direkten Einfuhr durch die staatlichen Behörden ließe sich daher nicht mehr ausschließen. Zugleich wies er auf die Möglichkeit hin, für zivile Zwecke auf die militärischen Getreidelager zurückzugreifen, ein Vorschlag, der vom Kriegsministerium jedoch mit Hinweis auf eigene Bestandsdefizite abgelehnt wurde.[55]

Inzwischen berichteten die lokalen Behörden immer häufiger von „Unzufriedenheit, zunehmender Besorgnis und Entbehrung" innerhalb der Bevölkerung, die offenbar auch zu ersten Ausschreitungen gegenüber Händlern und Bäckereien führten.[56] Nicht nur in der Bevölkerung, sondern auch unter Politikern war die Auffassung verbreitet, daß Großhändler und Bäckereien als nichtproduktive „intermediari" unverhältnismäßig hohe Gewinne einstrichen.[57] Ihnen wurden Preistreiberei und Spekulation vorgeworfen. Dieser Vorwurf kam auch von seiten der Landwirte.[58] In der Tat war die Marktposition der großen Handelsgesellschaften und der getreideverarbeitenden Industrien gegenüber den landwirtschaftlichen Produzenten äußerst stark.[59] Während letztere ihre Erzeugnisse in der Regel unmittelbar nach der Ernte verkaufen mußten, wo die Preise wegen des hohen Angebotes niedrig waren, verfügten die Großmüllereien meist über große Lagerbestände, so daß sie sich beim Ankauf von Getreide wie beim Absatz von Mehl der Marktentwicklung anpassen konnten.[60] Auf der anderen Seite bemühten sich die Han-

---

[53] Vgl. PCM 1925, 3/16/240: Berichte „Produzione di grano (anni 1924–1923)" und „Importazione grano nelle annate granarie 1923–1924, 1924–1925".

[54] PCM 1925, 3/16/240: Nava an Mussolini, 9.11.1924; gegenüber der Öffentlichkeit versuchten die staatlichen Behörden, die Lage zu entdramatisieren; vgl. die Parlamentsanfrage des Abgeordneten Aldo Finzi vom 26.11.1924 an das Innen- und Wirtschaftsministerium über die Getreideversorgung des Landes bis zur nächsten Ernte und die Stellungnahme des Unterstaatssekretärs im Wirtschaftsministerium, I. Larussa; API, CD, Leg. XXVII, sess. 1924–1925, Discussioni, Bd. 1, Roma 1925, S. 804–806.

[55] PCM 1925, 3/16/240: Rundschreiben des Kriegsministeriums an PCM, Innen-, Wirtschafts- und Finanzministerium, 30.1.1925.

[56] Vgl. PCM 1925, 3/16/240: zahlreiche Berichte der Präfekturen Ende 1924/Anfang 1925.

[57] Vgl. PCM 1924, 3/16 (ohne Protokollnummer): Schreiben Questura di Roma an Direttore Generale della P.S., 15.6.1923: „Il malanimo, contro intermediari e proffittatori dell'alto e piccolo commercio, è generale e diffuso [...]"; außerdem PCM 1924, 3/16/1982: Schreiben Landwirtschaftsminister Capitani d'Arzago an Mussolini, 6.7.1923.

[58] Vgl. z. B. PCM 1923, 3/8/2004: Corporazione Nazionale dell'Agricoltura an Landwirtschaftsministerium und Mussolini, 26.7.1923.

[59] Vgl. Ministero dell'Economia Nazionale, Atti, Sessione 1 (1924), S. 14f. (Relazione Morandi) und Mortara, Prospettive economiche (1924) S. 45.

[60] Die landwirtschaftlichen Verbände warfen den Müllereien daher vor, überhöhte Gewinne zu

delsgesellschaften, die Preise auf möglichst hohem Niveau zu stabilisieren, indem sie das Angebot von Getreide durch Einlagerungen, Verringerung der Einfuhren und gelegentlich sogar durch den Export der Bestände knapp hielten. Das im August beschlossene staatliche Ausfuhrverbot für Weizen sollte dieser Marktstrategie der Großhändler entgegenwirken, doch hielten die Händler offenbar bis in den Herbst 1924 hinein größere Getreidekontingente zurück.[61]

Erste Maßnahmen zur Bekämpfung der Preissteigerungen[62] und zur Gewährleistung der Getreideversorgung erfolgten im Oktober 1924. Am 15. Oktober beschloß der Ministerrat ein Ausfuhrverbot für Mais, den Bau von kommunalen Kühllagern und die Förderung von Verbraucherkooperativen, die Nahrungsmittel direkt von den Produzenten beziehen sollten.[63] Zur Überwachung der Nahrungsmittelversorgung wurden auf Provinzebene spezielle Kommissionen unter der Aufsicht des Präfekten eingesetzt. In einem Rundschreiben vom Oktober 1924 wies Nava die Präfekten an, auf einen sparsamen Umgang mit den Getreidebeständen zu achten. Wichtigste Maßnahme war jedoch die Einführung eines „Volksbrotes" (pane popolare), bei dessen Herstellung die ansonsten bei der Vermahlung ausgesonderten Kornbestandteile mitverarbeitet wurden.[64] Das dunklere „Volksbrot" wurde unter besserer Ausnutzung des Weizenkorns hergestellt als das weiße „Luxusbrot", welches weiterhin zu einem höheren Preis vertrieben wurde. Zur Koordinierung der Ernährungs- und Preispolitik wurde im Oktober beim Wirtschaftsministerium ein „Zentralkomitee für Ernährung" (Comitato Centrale Annonario) eingesetzt,[65] dem neben Funktionären des Wirtschafts-, Innen- und Finanzministeriums Vertreter der kommunalen Behörden sowie fünf Sachver-

---

erzielen; vgl. PCM 1923, 3/8/2004: Schreiben der Corporazione Nazionale dell'Agricoltura an die Minister für Landwirtschaft, Industrie und Handel vom 26.7.1923; demgegenüber betonten die Müllereien, daß die hohen Brotpreise allein durch die Entwicklung der Getreidepreise bestimmt würden; vgl. PCM 1925, 3/16/240: Bericht des Consorzio Industriali Mugnai della Lombardia „Prezzo del Pane e Produzione granaria", 4.8.1924, und PCM 1924, 3/16/1581: Telegramm Präfektur von Mailand an Mussolini (ohne Datum, aber 1924).

[61] Vgl. PCM 1925, 3/16/240: Telegramm des Präfekten von Alessandria an Innenministerium, 9.10.1924; aufgrund der fehlenden Markttransparenz waren die Kenntnisse über die Lagerbestände jedoch äußerst gering; vgl. PCM 1925, 3/16/240: Bericht „Produzione di grano anno 1924–1923", S. 2.

[62] Die Preissteigerungen für Grundnahrungsmittel betrugen allein in der zweiten Jahreshälfte etwa 15%; vgl. PCM 1925, 3/16/240: Bericht vom 28.1.1925.

[63] Vgl. CM, Verbali, Bd. 16, S. 135R: Sitzung 15.10.1924.

[64] PCM 1924, 3/16/240: Rundschreiben des Wirtschaftsministeriums an die Präfekten vom 19.10.1924, Nr. 132; vgl. auch die Berichte „I provvedimenti governativi per il pane" und „Il grano e il pane", Il Popolo d'Italia, 21. u. 23.10.1924.

[65] R.D. 20.10.1924 (Nr. 1655); vgl. auch Camera dei Deputati, La legislazione fascista 1922–1928, Bd. 2, S. 1524.

ständige angehörten. Dem Komitee oblag neben Planungsaufgaben die zentrale Erhebung der Nahrungsmittelpreise, die nach Provinzen gesammelt und in zweiwöchigem Abstand in einem *Bollettino Quindicinale Annonario* veröffentlicht wurden.[66]

Trotz dieser Maßnahmen kann von einer zentral gesteuerten und koordinierten Ernährungspolitik bis zum Sommer 1925 nicht die Rede sein. Die Funktionen des *Comitato Centrale Annonario* blieben in der Praxis auf die statistische Erhebung der Nahrungsmittelpreise beschränkt. Auch von einer im November 1924 eingesetzten parlamentarischen Kommission, die das Problem der Getreideversorgung untersuchen und entsprechende Lösungsvorschläge ausarbeiten sollte, gingen keine Initiativen aus. Sie wurde im Juli 1925 wieder aufgelöst, ohne jemals Ergebnisse vorgelegt zu haben.[67] Zwar gelang es den staatlichen Behörden, die Getreideeinfuhren seit Anfang 1925 zu steigern. Insgesamt standen im Erntejahr 1924/25 jedoch fast 10 Mill. dz Weizen weniger zur Verfügung als im Jahr davor, was einem Rückgang von gut 12% entsprach.[68] Mehr Erfolg war der regionalen Verteilung der Getreidebestände beschieden. Hier bewährte sich die Zusammenarbeit der staatlichen Stellen mit den Großmüllereien, die selbst an einer schnellen und rationellen Verteilung der knappen Bestände interessiert waren.[69] Demgegenüber blieb der Absatz des kornsparenden „Volksbrotes" offenbar weit hinter den Erwartungen zurück.[70] Auch die Preispolitik blieb in dieser Phase ohne sichtbaren Erfolg, was wohl in erster Linie auf das Fehlen direkter Preisvorschriften zurückzuführen war.[71] Mit der Gründung einiger neuer Verbrauchercooperativen allein war die Preisentwicklung kaum zu beeinflussen.

---

[66] PCM 1925, 3/16/240.

[67] Die Kommission war auf Initiative des Abgeordneten und Landwirtschaftsexperten G. Josa ins Leben gerufen worden und wurde offenbar auch von diesem geleitet; vgl. PCM 1926, 3/1–1/114, sottof.1: Gesetzentwurf zur Gründung der Kommission vom 13.10.1924 und Schreiben Josas an Mussolini vom 25.7.1925.

[68] Die verfügbare Weizenmenge betrug 1924/25 70,3 Mill. dz gegenüber 80,1 Mill. dz im Vorjahr. Die Einfuhren beliefen sich 1924/25 auf 24,0 Mill. dz, während 1922/23, als eine ähnlich schlechte Ernte erzielt worden war, 31,3 Mill. dz importiert worden waren; vgl. Mortara, Prospettive economiche (1927) S. 32.

[69] Vgl. PCM 1925, 3/16/240: Bericht über die Versammlung der Vertreter der Großmüllereien am 11.2.1925; Rundschreiben des Wirtschaftsministers an die Präfekten Nr. 51 (ohne Datumsangabe, aber Februar 1925).

[70] Dies unterstrich ein interner Bericht des Innenministeriums. Man empfahl daher, das weiße „Luxusbrot" abzuschaffen und nur noch das „Volksbrot" herzustellen, zumal dieses als ernährungsphysiologisch hochwertig galt. Der Bericht ging davon aus, daß durch die Umstellung etwa 4 Mill. dz Weizen pro Jahr eingespart werden könnten; vgl. PCM 1925, 3/16/240: Bericht des Ministero dell'Interno, Direzione Generale della Sanità Pubblica vom 8.2.1925.

[71] Dabei spielte, wie schon erwähnt, die negative Erfahrung der Preispolitik im Ersten Weltkrieg eine wichtige Rolle; vgl. z. B. PCM 1925, 3/16/240: Rundschreiben des Wirtschaftsministeriums an die Präfekturen vom 19.10.1924.

Erst im April 1925 begann sich die Lage zu entspannen. Die optimistischen Ernteprognosen für den kommenden Sommer führten rasch zu einem Rückgang der Weizenpreise.[72] Tatsächlich wurde in Italien 1925 mit einer Ernte von 63 Mill. dz Weizen sogar die Rekordernte von 1923 überschritten.[73] War die Versorgungskrise vom Winter 1924/25 somit zunächst überwunden, so konnten erneute Versorgungsengpässe für die Zukunft nicht ausgeschlossen werden.[74] Die Neuorientierung der staatlichen Getreidepolitik im Sommer 1925 war vermutlich in hohem Maße durch die Erfahrung des Winters 1924/25 beeinflußt.

c) Die gesamtwirtschaftlichen Rahmenbedingungen

Zu Recht ist die „Getreideschlacht" als Vorform der offiziell erst 1936 eingeleiteten Autarkiepolitik bezeichnet worden.[75] Die Forderung Mussolinis, man müsse „das italienische Volk von der Sklaverei des ausländischen Brotes befreien",[76] ließ in der Tat keinen Zweifel daran, daß der Autarkiegedanke ein wichtiges Motiv der Kampagne darstellte. Dennoch wäre es verfehlt, die im Sommer 1925 ergriffenen Maßnahmen allein auf diesen Aspekt zu reduzieren. Vielmehr wird man die „Battaglia del grano" im Rahmen eines umfassenden wirtschafts- und außenhandelspolitischen Ordnungswandels interpretieren müssen. In vieler Hinsicht waren die im Sommer ergriffenen Maßnahmen eine Reaktion auf veränderte gesamtwirtschaftliche Bedingungen, die sich nur zum Teil auf spezifisch agrarsektorale Problemlagen zurückführen lassen.

Am 24. Mai 1925 äußerte Mussolini in einem Brief an Finanzminister De Stefani seine Besorgnis über die Kursverluste der italienischen Lira, die

---

[72] In der ersten Jahreshälfte 1925 wurden für italienischen Hartweizen im Landesdurchschnitt folgende Preise registriert (Lire/dz): Januar: 206, Februar: 215, März: 203, April: 187, Mai: 187, Juni: 181; Staderini, La politica cerealicola, S. 1055, Anm. 76.

[73] Rey (Hg.), I conti economici, S. 107.

[74] Überdies berichteten die zuständigen Behörden schon im März 1925 wieder von Stornierungen der Weizeneinfuhren durch die Importeure mit der Absicht, das Angebot knapp und die Preise stabil zu halten. Erneute „Störungen unserer Versorgung" wurden befürchtet; vgl. PCM 1925, 3/16/240: Wirtschaftsminister Nava an Mussolini, 31.3.1925 und Telegramm der Präfektur von Genua an Innenministerium, 13.3.1925.

[75] Vgl. z. B. Luciano Segre, La „battaglia" del grano, Milano 1982, S. 5; Rossi, padroni del vapore, S. 151; Enzo Santarelli, Storia del fascismo, Bd. 1, S. 419; Rolf Petri, Selektives Wachstum, Technologie, industrielle Entwicklung. Überlegungen zur italienischen Autarkiepolitik, in: Sidney Pollard, Dieter Ziegler (Hgg.), Markt, Staat, Planung. Historische Erfahrungen mit Regulierungs- und Deregulierungsversuchen der Wirtschaft, St. Katharinen 1992, S. 157–193, hier S. 160.

[76] Rede Mussolinis vor Vertretern der FISA am 30.7.1925, in: Mussolini, La battaglia del grano, S. 6.

sich in einem „konstanten Prozeß der Verschlechterung" befände. Er forderte De Stefani auf, die Möglichkeit eines amerikanischen Kredites zur Währungs-stabilisierung zu sondieren, machte jedoch zugleich deutlich, was er als die eigentliche Ursache für die Schwäche der Lira ansah: das hohe Defizit in der italienischen Handelsbilanz, das nicht zuletzt durch die umfangreichen Ge-treideimporte der letzten Monate entstanden sei.[77] Tatsächlich befand sich Italien im Frühjahr 1925 währungs- und geldpolitisch in einer schwierigen Situation.[78] Die starke Inflation der Kriegs- und Nachkriegszeit war 1922 nur vorübergehend von einer Phase der Geldwertstabilität abgelöst worden. Trotz der Konsolidierung der Staatsfinanzen und einer überaus restriktiven Fiskalpolitik hatte sich der inflationäre Trend 1924 erneut durchgesetzt. Die Inflationsrate war 1924 mit 3,4% noch mäßig, stieg jedoch 1925 auf 14,0% und näherte sich damit bereits gefährlich den Werten der unmittelbaren Nachkriegszeit.[79] Fast parallel dazu verschlechterte sich der Außenwert der Lira gegenüber den internationalen Leitwährungen, dem amerikanischen Dollar und dem britischen Pfund. Nach starken Kursverlusten der Lira zwi-schen 1915 und 1920 erfolgte Anfang der zwanziger Jahre eine kurze Stabi-lisierung, doch schon 1923 kam es zu weiteren Abwertungen. Während sich die Kursverluste gegenüber dem Dollar 1923 mit 3,2% und 1924 mit 5,2% noch im Rahmen der üblichen Wechselkursschwankungen bewegten, zeich-nete sich zum Jahreswechsel 1924/25 das Ende der relativen Währungsstabi-lität ab. Allein zwischen Dezember 1924 und August 1925 wurde die Lira gegenüber dem Dollar um etwa 15% abgewertet.[80]

Inflation und Währungsinstabilität waren Symptome einer gefährlichen Überhitzung der Konjunktur. Der seit Anfang 1922 anhaltende Boom hatte der italienischen Wirtschaft hohe Wachstumsraten beschert. Noch 1925 be-trug das reale Wirtschaftswachstum rund 7%.[81] Zurückzuführen war die Ex-pansion der Jahre 1922–1925 vor allen Dingen auf die günstige Entwicklung des Exportsektors. Eine moderate Lohnentwicklung und eine leichte Unter-bewertung der Lira hatte den italienischen Exporteuren auf den internatio-nalen Märkten gute Wettbewerbsbedingungen verschafft, so daß die Ausfuh-

---

[77] Abgedruckt in: O.O., Bd. 39, S. 432.

[78] Vgl. Riccardo Bachi, Die Versteifung der Wechselkurse – Die Tätigkeit des Ministers De' Stefani, Wirtschaftsdienst „Weltwirtschaftliche Nachrichten", Jg. 10, H. 32, 7.8.1925, S. 1216–1218.

[79] Berechnet nach dem Konsumentenpreisindex in Istituto Centrale di Statistica, Sommario (1976) S. 140.

[80] Vgl. Toniolo, L'economia, S. 93 und 98; Ripa di Meana, Il consolidamento del debito, S. 297.

[81] Zugrunde gelegt wurde das Bruttoinlandsprodukt zu Faktorkosten in Preisen von 1938; vgl. Ercolani, Documentazione statistica, S. 402.

ren Italiens, begünstigt auch durch eine Belebung des Welthandels, zwischen 1922 und 1925 verdoppelt werden konnten (vgl. Tab. 5.3). Der kräftige Schub im Exportgeschäft wirkte sich zunächst positiv auf die Außenhandelsbilanz aus. Das hohe Handelsbilanzdefizit der Nachkriegszeit, das 1920 mit 15,2 Mrd. Lire einen Höchststand erreicht hatte, wurde schrittweise reduziert und betrug 1924 nur noch 5,1 Mrd. Lire. Doch kehrte sich dieser positive Trend 1925 wieder um. Obgleich der Exporthandel auch in diesem Jahr hohe Zuwachsraten zu verzeichnen hatte, vergrößerte sich das Handelsbilanzdefizit in bedrohlicher Weise, denn die Einfuhren waren gegenüber dem Vorjahr um fast 7 Mrd. Lire angestiegen. Diese Entwicklung hatte mehrere Ursachen. Zunächst war eine Zunahme der Einfuhren in einer Phase des konjunkturellen Aufschwungs nichts Außergewöhnliches, besonders in einer so offenen und rohstoffarmen Volkswirtschaft wie der italienischen.[82] Die Verschlechterung der Handelsbilanz hatte aber auch monetäre Gründe. Zum einen stiegen Mitte der zwanziger Jahre die Preise einiger von Italien eingeführten Güter deutlich an, so etwa die Weizenpreise, die zwischen 1924 und 1925 international um über ein Drittel hochschnellten. Zum anderen bewirkte die Abwertung der Lira eine Verteuerung der Einfuhren.

Tab. 5.3
Die italienische Handelsbilanz 1922–1925*

Jahr	Einfuhr	Ausfuhr	Defizit
1922	15.741	9.160	6.581
1923	17.157	10.950	6.207
1924	19.373	14.270	5.103
1925	26.200	18.170	8.030

* in Mill. Lire
Quelle: Istituto Centrale di Statistica, Sommario (1968) S. 97.

Verschlechterung des Wechselkurses, Inflation und Handelsbilanzdefizit waren folglich ökonomische Fehlentwicklungen, die nicht nur gleichzeitig auftraten, sondern in einer engen Wechselbeziehung zueinander standen. Die seit Frühjahr 1925 zunehmenden Währungsspekulationen drohten dieser Entwicklung eine zusätzliche Dynamik zu verleihen. Nur durch massive Eingriffe des Staates schien es möglich, diese Entwicklung aufzuhalten. Dabei ist hervorzuheben, daß sich die staatlichen Bemühungen zunächst überwiegend

---

[82] Tatsächlich nahmen die Importe vor allem im Bereich der Rohstoffe und industriellen Vorprodukte zu: Zwischen 1922 und 1925 erhöhten sich die Stahl- und Eiseneinfuhren von 935 auf 3.904 tsd. dz, die Kohleeinfuhren von 88.344 auf 105.129 tsd. dz und die Erdölimporte von 2.911 auf 4.284 tsd. dz; vgl. Rey (Hg.), I conti economici, S. 231.

126

auf die Frage der defizitären Handelsbilanz konzentrierten, während das Problem der Währungs- und Geldwertstabilität erst 1926/27 angegangen wurde. Graf Volpi, der am 10. Juli 1925 De Stefani als Finanzminister ablöste, betonte kurz nach seiner Nominierung, daß die Verringerung der Importe vordringliches Ziel der Wirtschaftspolitik sei. Der zu erwartende weitere Anstieg der Lebenshaltungskosten schien ihm zu diesem Zeitpunkt als nicht so bedrohlich, daß Gegenmaßnahmen ergriffen werden müßten.[83] Auch der neue, ebenfalls am 10. Juli ernannte Wirtschaftsminister Giuseppe Belluzzo stellte den Ausgleich der Handelsbilanz in den Mittelpunkt seines wirtschaftspolitischen „Generalprogramms", das er am 21. Juli 1925 dem Ministerrat vorlegte. Eine besondere Bedeutung räumte er in diesem Zusammenhang der „Getreideschlacht" ein, die, so seine optimistische Einschätzung, zu einer „beträchtlichen Reduzierung der Importe" führen werde.[84]

Tab. 5.4

Die Nahrungsmittelbilanz 1911/1913, 1922–1925*

Jahr	Einfuhr	Ausfuhr	Defizit
1911–1913[a]	716	712	4
1922	5.048	2.191	2.857
1923	4.942	2.551	2.391
1924	4.700	3.912	788
1925	6.331	4.759	1.571

* in Mill. Lire, einschließlich Lebendvieh [a] Periodendurchschnitt
Quelle: G u a r n i e r i , Battaglie economiche, S. 222.

Tab. 5.5

Produktion, Einfuhrmenge und Einfuhrwert von Weizen 1922–1925

Jahr	Produktion[a]	Einfuhrmenge[a]	Einfuhrwert[b]
1922	42.549	26.813	3.057
1923	59.184	27.887	3.039
1924	44.787	21.310	2.484
1925	63.398	22.419	3.842

[a] in tsd. dz [b] in Mrd. Lire
Quellen: R e y (Hg.), I conti economici, S. 107 und 231; C h r o u s t , Die Battaglia, S. 37–38.

Tatsächlich bedeuteten die Getreideeinfuhren eine hohe Belastung für die italienische Handelsbilanz, wie aus den Tabellen 5.4 und 5.5 hervorgeht. Ta-

---

[83] Vgl. CM, Verbali, Bd. 16, S. 253: Rede vor dem Ministerrat am 21.7.1925.
[84] Ebd. Allegato F, S. 1.

belle 5.4 zeigt, daß die Nahrungsmittelbilanz vor dem Weltkrieg in etwa ausgeglichen war, zu Beginn der zwanziger Jahre jedoch ein hohes Defizit aufwies. Die Weizeneinfuhren beliefen sich 1922–1925 im Jahresdurchschnitt auf 3,1 Mrd. Lire und deckten damit 58,9% der Nahrungsmittel- und 16,6% der Gesamteinfuhren Italiens ab. Der Anteil der Weizenimporte am Handelsbilanzdefizit betrug durchschnittlich 48%. Unter diesen Bedingungen, so ließ sich argumentieren, würde ein Abbau der Getreideimporte zu einer Halbierung des Handelsdefizits führen.[85] Nicht übergeordnete Autarkievorstellungen, sondern die drängenden Probleme, die sich aus der defizitären Zahlungsbilanz und einer instabilen Währung ergaben, bildeten somit das wichtigste Motiv für die „Battaglia del grano". „Die staatliche Politik im Agrarsektor", so hat Felice Guarneri später rückblickend geschrieben, wurde „zu diesem Zeitpunkt zur Schlacht um die Verteidigung der Währung".[86] Die eigentlichen Belange der landwirtschaftlichen Produzenten spielten demgegenüber eine eher sekundäre Rolle.

2. Die „Getreideschlacht": Institutionen und Maßnahmen

a) Mario Ferraguti und das *Comitato Permanente del Grano*

Als planerische und organisatorische Schaltstelle der „Battaglia del grano" wurde am 4. Juli 1925 das *Comitato Permanente del Grano* eingesetzt. Es ist kein Zufall, daß der Ausschuß der Regierungskanzlei (PCM) und damit der direkten Kontrolle Mussolinis unterstellt und nicht, wie es der Ressortverteilung entsprochen hätte, dem Wirtschaftsministerium zugeordnet wurde. Mussolini unterstrich seinen Führungsanspruch auf dem Gebiet der Agrarpolitik in der schon erwähnten Rede vom 30. Juli 1925, in der er sich symbolisch als neuen Landwirtschaftsminister bezeichnete.[87]

Handelte es sich bei dem „Getreidekomitee" formal nur um ein beratendes Organ, so gingen von ihm doch praktisch alle Initiativen im Bereich der staatlichen Getreidepolitik aus.[88] Mussolini, der dem Komitee selbst vorsaß, sprach von einem „Generalstab der Schlacht"[89], der nicht nur für die Ausarbeitung der entsprechenden Gesetze verantwortlich zeichnete, sondern

---

[85] Die Bedeutung der Battaglia del grano für die Beseitigung des Handelsbilanzdefizits wurde auch von Mussolini betont; vgl. sein Interview mit dem norwegischen Journalisten J. Schance vom 5.12.1925, in: O.O., Bd. 32, S. 16–19.

[86] Guarneri, Battaglie economiche, S. 225.

[87] Vgl. Rede Mussolinis vor Vertretern der FISA am 30.7.1925, in: O.O., Bd. 21, S. 377.

[88] Vgl. SPD, CO, f.509.828/1: Sitzungsberichte des Komitees.

[89] Rede vom 4.7.1925, in: O.O., Bd. 21, S. 372.

auch ihre Durchführung überwachen sollte. Dem Komitee gehörten fünf Agrarwissenschaftler an, die sich auf dem Gebiet der Getreidewirtschaft besonders profiliert hatten,[90] ferner zwei Vertreter der faschistischen Agrarverbände[91] sowie der Generaldirektor für Landwirtschaft im Wirtschaftsministerium Alessandro Brizi. Bei Abwesenheit Mussolinis führte letzterer den Vorsitz.[92] Die treibende Kraft des Komitees war jedoch Mario Ferraguti, der sich schon zuvor als Präsident der „Technischen Kommission für die Landwirtschaft" für eine aktive Getreidepolitik des Staates eingesetzt hatte.[93] Er koordinierte sämtliche Aktivitäten des Gremiums, bereitete Tagesordnungen und Berichte vor, arbeitete Gesetzentwürfe aus und kümmerte sich um die Propagandatätigkeit des Komitees, wobei ihm seine guten Verbindungen zur Presse hilfreich waren. Ende 1926 erhielt er ein eigenes Sekretariat,[94] blieb jedoch zugleich Präsident der „Technischen Kommission" und Mitglied des „Obersten Nationalen Wirtschaftsrates".

Ferragutis Machtstellung gründete sich vor allem auf das Vertrauensverhältnis zum „Duce" und zu dessen Bruder Arnaldo Mussolini. Beide schätzten Ferragutis Aversion gegenüber den akademischen „Verzichtstheoretikern"[95] und seine Fähigkeit, komplizierte agrarökonomische Probleme auf eine einfache Formel zu bringen. Die Unterstützung, die sie Ferraguti zukommen ließen,[96] war offenbar auch mit dem Bestreben verbunden, ein Gegengewicht zur Ministerialbürokratie zu schaffen.

---

[90] Prof. Nazareno Strampelli, Direktor der Versuchsanstalt für Getreideanbau in Rieti und Leiter des Instituts für Pflanzengenetik in Rom; Emanuele De Cillis, Professor für Landwirtschaft in Portici; Prof. Novello Novelli, Direktor der Versuchsanstalt für Reisanbau in Vercelli; Tito Poggi, Professor für Agrarökonomie in Pisa; Prof. Enrico Fileni, Generaldirektor der Vereinigung der landwirtschaftlichen Wanderlehranstalten.

[91] Francesco Angelini, Generalsekretär des faschistischen Verbandes der Agrarwissenschaftler SNFTA und Antonino Bartoli, Vizepräsident der FISA.

[92] R.D.L. 4.7.1925 (Nr. 1181); PCM 1937–1939, 3/1–2/6204, sottof. 1–1.

[93] Zur herausragenden Rolle Ferragutis in dem Komitee vgl. PCM 1937–1939, 3/1–2/6204, sottof. 3–5: Bericht des Landwirtschaftsministeriums an PCM vom 31.1.1939: „[...] Non può questo Ministero non ricordare che il prof. Ferraguti fin dall'istituzione del Comitato permanente del grano (luglio 1925) assunse le funzioni di Segretario, che – lungi dall'estrinsecarsi nella semplice partecipazione alle adunanze – involsero una collaborazione quotidiana ed intensa che assorbì interamente la sua personale attività di studioso, di pubblicista, di propagandista e di tecnico. [...]".

[94] Vgl. PCM 1937–1939, 3/1–2/6204, sottof. 3–1: Mussolini an Belluzzo, Dezember 1925 sowie beiliegenden Gesetzentwurf.

[95] SPD, CO, f. 509.614: Bericht Ferragutis an Mussolini, überreicht in einer Audienz vom 18.9.1933.

[96] So hatte Mussolini im November 1924 durchgesetzt, daß Ferraguti anstelle des verstorbenen Sebastiano Lissone Mitglied des „Obersten Nationalen Wirtschaftsrates" wurde; vgl. außerdem SPD, CO, f. 509.614: Anweisungen der PCM an die Pressebüros des Innenministeriums und des PNF vom 23.2.1925.

Allerdings war die Tätigkeit Ferragutis nicht nur in agrarwissenschaftlichen Fachkreisen, sondern auch innerhalb der Ministerialverwaltung sehr umstritten. Tatsächlich kam es schon bald zu schweren Kompetenzkonflikten zwischen Ferraguti und dem Wirtschaftsministerium. In einem vertraulichen Schreiben an den Unterstaatssekretär der Regierungskanzlei Suardo vom 7. Februar 1927 bezeichnete Wirtschaftsminister Belluzzo Ferraguti als „Besserwisser", der durch „exhibitionistische Trommelpropaganda" auf seine Aktivitäten aufmerksam machen wolle.[97] Ferraguti beanspruche für sich Erfolge, die eigentlich das Verdienst des Wirtschaftsministeriums seien. In vielen Bereichen bestünde ein offener „Kontrast" zwischen den ministeriellen Direktiven und der Tätigkeit Ferragutis. Belluzzo forderte Suardo daher auf, sich für den Rücktritt Arnaldo Mussolinis als Ehrenpräsident der „Technischen Landwirtschaftskommission" einzusetzen, um damit die Voraussetzung für ihre Auflösung zu schaffen.[98] Tatsächlich erwirkte Suardo wenige Wochen später die Auflösung der Kommission mit der offiziellen Begründung, man wolle damit „eine unnötige Verdopplung der Arbeit" sowie „Interferenzen und gegenseitige Behinderungen" aus dem Weg räumen.[99] Zwar blieb Ferraguti Sekretär des *Comitato Permanente del Grano*, doch wurde seine Machtstellung durch eine 1927 vorgenommene innere Umorganisation entscheidend beschnitten. Die Mitglieder des Komitees waren nämlich 1925 auf Anordnung Mussolinis von Ferraguti selbst vorgeschlagen worden.[100] Bis auf eine Ausnahme (Nazareno Strampelli) wurden alle Mitglieder aus dem Kreis von Ferragutis „Technischer Landwirtschaftskommission" gewählt. Mit Hinweis auf die gesetzliche Anerkennung der syndikalen Organisationen veranlaßte Belluzzo im Frühjahr 1927, daß die Präsidenten der Agrarsyndikate in das Komitee berufen wurden.[101] Gleichzeitig wurde der Wirtschaftsminister

---

[97] PCM 1937–1939, 3/1–2/6204, sottof. 4: Belluzzo an Suardo, 7.2.1927; ähnliche Vorwürfe von G. Manzoni, Battaglia del grano e mosche cocchiere, L'Assalto, 14.8.1926, S. 3.

[98] Belluzzo betonte, er habe bislang von Angriffen auf Ferraguti aufgrund dessen guter Beziehungen zu Arnaldo und Benito Mussolini abgesehen. Indirekt hatte er jedoch schon im Januar 1927 gegen Ferraguti intrigiert, so durch die Forderung, daß die staatlichen Beiträge nicht mehr den „nationalen Organisationen" (also u. a. der „Technischen Landwirtschaftskommission") zugute kämen, sondern direkt an die lokalen Gremien gehen sollten. Die „Produktionswettbewerbe" sollten nicht mehr von der Kommission Ferragutis (aber auch nicht, wie Mussolini plante, vom „Getreidekomitee") ausgerichtet werden, sondern direkt vom Wirtschaftsministerium; Mussolini lehnte diese Pläne jedoch ab; PCM 1937–1939, 3/1–2/6204, sottof. 4: Briefwechsel Mussolini-Belluzzo.

[99] Vgl. PCM 1927, 3/1–1/945: Suardo an Ferraguti und A. Mussolini, 1.3.1927 sowie die bittere Reaktion Ferragutis in einem Schreiben an Mussolini vom 4.3.1927 und an die Mitglieder der „Technischen Landwirtschaftskommission" vom 5.3.1927.

[100] SPD, CO, f. 509.614: Ferraguti an Mussolini, 18.9.1933.

[101] R.D.L. 17.3.1927 (Nr. 407) und R.D.L. 7.4.1927; die neuen Mitglieder waren Gino Cacciari

130

offiziell Vize-Präsident des Gremiums.[102] Dies war keineswegs nur ein symbolischer Akt, denn damit war Belluzzo nicht nur Rechtsmitglied des Komitees, sondern führte in aller Regel auch den Vorsitz, da Mussolini nach anfänglich häufiger Präsenz immer seltener zu den Sitzungen erschien.

In den Jahren danach wurde der Einfluß der Ministerialbürokratie weiter ausgebaut: So nahm ab 1929 der Korporationsminister an den Sitzungen teil, und die Zahl der Agrarexperten, die vom Regierungschef in Absprache mit dem Landwirtschaftsministerium auf drei Jahre ernannt wurden, erhöhte sich auf elf Personen.[103] Ab 1936 kamen weitere Vertreter der Ministerien, der Korporationen und der Faschistischen Partei hinzu.[104] Trotz der personellen Verstärkung durch hochrangige Vertreter der Wirtschaftsbürokratie verlor das Komitee in den dreißiger Jahren immer mehr an Bedeutung.[105] War das Organ in den Jahren nach seiner Gründung etwa acht- bis zehnmal jährlich zusammengetreten, so reduzierte sich dies nach 1930 auf maximal zwei bis drei Sitzungen pro Jahr. Die zentralen Probleme der Getreidepolitik wurden zunehmend in den Ausschüssen der Ministerien, der korporativen Organe und der parastaatlichen Verwaltungen gelöst, während das Komitee allenfalls zur politischen Abstimmung zwischen den betroffenen Behörden diente.

Wurden die Direktiven der „Getreidepolitik" durch die römischen Zentralbehörden festgelegt, so mußte deren Ausführung in vielen Fällen – insbesondere was das Forschungs- und Versuchswesen, die technische Propaganda und die Veranstaltung von Produktionswettbewerben anging – an die lokalen Organe delegiert werden. Doch stellte sich das Problem, daß es in vielen Gegenden keine geeigneten Stellen gab, die eine solche Aufgabe übernehmen konnten. Weder die Präfekturen noch die Industrie- und Handelskammern besaßen ausreichende Kompetenzen in landwirtschaftlichen Fragen. Ebensowenig kamen die faschistischen Agrarsyndikate in Frage, die sich in vielen Provinzen, namentlich in den südlichen Landesteilen, noch im Aufbau befanden.

Im Eilverfahren wurde daher im Juli 1925 ein Gesetz verabschiedet, das die Gründung provinzialer „Kommissionen für die Getreidepropaganda" vorsah.[106] Ihnen oblag die Koordinierung sämtlicher Maßnahmen der „Getrei-

---

und Antonio Marozzi für den landwirtschaftlichen Arbeitgeberverband und Luigi Razza für die Arbeitnehmer.

[102] R.D.L. 30.6.1927 (Nr. 1181).

[103] R.D.L. 30.12.1929 (Nr. 2309); vgl. PCM 1937–1939, 3/1–2/6204, sottof. 1–1.

[104] Der Minister für Außenhandel und Währung, der faschistische Parteisekretär, der Vize-Präsident der Getreidekorporation, der Unterstaatssekretär für Landwirtschaft sowie zwei Generaldirektoren aus dem Landwirtschaftsministerium; R.D.L. 4.5.1936 (Nr. 974).

[105] Es wurde jedoch erst mit einem Gesetz vom 16.6.1939 (Nr. 950) aufgelöst.

[106] „Commissioni Provinciali per la Propaganda Granaria"; R.D.L. 29.7.1925 (Nr. 1313), Art. 5; SPD, CO, f. 509.828/1: Sitzungsbericht des Comitato Permanente del Grano vom 2.8.1925.

deschlacht" auf Provinzebene.[107] Der Kommission gehörten die Vertreter der lokalen Agrarorganisationen, der Wanderlehranstalten und der kommunalen Behörden an.[108] Der Vorsitzende wurde vom Präfekten vorgeschlagen und vom Ministerpräsidenten in Abstimmung mit dem Wirtschaftsministerium ernannt.[109] Innerhalb kurzer Zeit war damit eine einsatzfähige Organisationsstruktur geschaffen worden, die in der Lage war, die staatlichen Direktiven der Getreidepolitik auf lokaler Ebene umzusetzen. Nach Schätzungen des Wirtschaftsministeriums wurden mit Hilfe der Kommissionen etwa 5.000 Personen in die Organisation der Getreidepolitik eingebunden.[110]

b) Die Einführung des Getreidezolls

Die erste und wirtschaftspolitisch bedeutendste Maßnahme der „Battaglia del grano" war die Einführung eines Importzolls für Weizen. Er wurde am 24. Juli 1925 auf 7,50 Goldlire/dz festgesetzt und entsprach damit exakt dem bis 1915 gültigen Zollsatz.[111] Ebenfalls mit einem Einfuhrzoll belegt wurden Mais, Roggen, Hafer, Getreidemehl, Brot und andere auf Getreidebasis hergestellte Nahrungsmittel.[112] Unter formalen Gesichtspunkten wurde keine neue Zollordnung erlassen, sondern es traten lediglich die Bestimmungen des Allgemeinen Zolltarifs von 1921 in Kraft, die in den Jahren davor per Dekret aufgehoben worden waren. Noch Ende Juni 1925 hatte Mussolini die Tarifbestimmungen für Agrarprodukte für weitere sechs Monate außer Kraft gesetzt.[113] Insofern kam die wenige Wochen später beschlossene Zolleinführung durchaus unerwartet. Die Gründe für dieses auf den ersten Blick widersprüchliche Vorgehen sind nicht bekannt. Möglicherweise war die Entscheidung zur Einführung der Getreidezölle Mitte Juni noch nicht gefallen. Oder man wollte – was wahrscheinlicher ist – verhindern, daß es durch eine

---

[107] Für das breite Aufgabenfeld dieser Kommissionen vgl. exemplarisch PCM 1927, 3/1–1/1060: Commissione Provinciale per la Propaganda Granaria Chieti, Opera svolta dalla Commissione durante il primo anno d'esercizio 1925–1926, Pescara 1927.

[108] Hinzu kamen drei Landwirte, die auf dem Gebiet des Getreideanbaus besondere Erfolge erzielt hatten; das Wirtschaftsministerium stellte jährlich 2,5 Mill. Lire für die Kommissionen zur Verfügung.

[109] Vgl. PCM 1931–1933, 3/1–2/7103 und 1937–1939, 3/1–2/107; außerdem SPD, CO, f. 509.828/1: Sitzungsbericht Comitato Permanente del Grano, 12.8.1925.

[110] PCM 1931–1933, 3/1–2/6611/3: La Battaglia del Grano in Italia, Relazione disposta dal Ministero dell'Agricoltura e delle Foreste, Direzione Generale dell'Agricoltura, Roma 1930, S. 24.

[111] Die Höhe des Zolls wurde aufgrund der fortschreitenden Geldentwertung in „Goldlire" festgelegt. 7,50 Goldlire entsprachen im Sommer 1925 37,30 „Papierlire".

[112] R.D.L. 24.7.1925 (Nr. 1229).

[113] R.D.L. 26.6.1925 (Nr. 1046).

132

verfrühte Bekanntgabe der neuen Zollbestimmungen zu Preisspekulationen auf den Inlandsmärksten kam. Darauf deutet auch die äußerst zurückhaltende Informationspolitik der Regierung im Vorfeld der „Battaglia del grano" hin.[114] Als das neue Zollgesetz Ende Juli in Kraft trat, war ein Großteil der Getreideernte schon eingebracht und die Lieferverträge für das laufende Jahr in aller Regel abgeschlossen. Zumindest die kleineren Landwirtschaftsbetriebe, welche ihr Getreide unmittelbar nach der Ernte vermarkten mußten, konnten nicht mehr von der Preiswirkung des neuen Zolls profitieren. Gewisse Vorteile hatten allenfalls Großproduzenten, die über Lagerungsmöglichkeiten verfügten, sowie Handel und Nahrungsmittelgewerbe. Nicht umsonst warfen kritische Kommentatoren der Regierung vor, der Zoll sei zunächst weniger den Landwirten als den Müllereien und Brotfabrikanten zugute gekommen.[115]

Mit der Einführung des Zolls wurden unterschiedliche wirtschaftliche und politische Ziele verfolgt. In erster Linie war beabsichtigt, über die Erhöhung der Inlandspreise Anreize für eine Intensivierung der Weizenproduktion zu geben. In der Tat war kaum zu erwarten, daß die hochgesteckten Produktionsziele allein mit technischer Schulung und Prämienwettbewerben erreicht werden konnten. So sehr in der Propaganda der voluntaristische Charakter der „Getreideschlacht" betont wurde[116] – auch den faschistischen Agrarpolitikern mußte klar sein, daß sich betriebliche Investitionsentscheidungen vor allem an Rentabilitätsgesichtspunkten orientierten. Der Einfuhrzoll sollte daher einen „lohnenden Preis" für die Vermarktung von Getreide garantieren, vor allem aber eine langfristige „Stabilisierung" der Preisentwicklung herbeiführen.[117] In der Tat hatten die hohen kurzfristigen Preisschwankungen der Vorjahre die italienischen Weizenproduzenten stark verunsichert. Da man dem landwirtschaftlichen Investitionsverhalten eine hohe Risikoaversion unterstellte,[118] schien es besonders wichtig, Sicherheit über eine zukünftige stabile Preisentwicklung zu geben.

---

[114] Nach Angaben zeitgenössischer Beobachter hatte Mussolini die Entscheidung zur „Battaglia del grano" schon im Laufe des Frühjahres getroffen, ohne damit an die Öffentlichkeit zu treten; vgl. S e r p i e r i, L'economia italiana, S. 297 und G u a r n e r i, Battaglie economiche, S. 224.

[115] Vgl. PCM 1926, 3/1–1/114, sottof. 1: Telegramm Camera di Commercio e Industria dell'Umbria an Ministero dell'Economia Nazionale, 28.7.1925; D e S t e f a n i, Gli agricoltori, S. 138.

[116] Vgl. z. B. die Rede Mussolinis anläßlich der Prämierung von Getreideproduzenten in Rom am 10.10.1926, in: O.O., Bd. 22, S. 234–237.

[117] Vgl. Vittorio P e g l i o n, „Per la battaglia del grano", Atti della Reale Accademia economico-agraria dei Georgofili di Firenze, Ser.V, Bd. 23, Firenze 1925, S. 227–234; Enrico F i l e n i, Come si può vincere la Battaglia del grano, L'Epoca, 30.6.1925; auch in: d e r s., Ruralizzazione (Atti di fede e di propaganda della fede), Roma 1933, S. 50–53.

[118] Vgl. S e r p i e r i, La politica agraria in Italia, S. 72–73. Auch moderne Untersuchungen bestätigen, daß bei den landwirtschaftlichen Unternehmensentscheidungen die Gewinnsicherheit

Tabelle 5.6 veranschaulicht die Entwicklung der Weizenpreise vor und nach Einführung des Zolls. Während sich die Preise für italienischen und ausländischen Importweizen bis zum Sommer 1925 in etwa entsprachen, stiegen die italienischen Preise nach Inkrafttreten des Zolls deutlich über das Weltmarktniveau an. Wie bei einem preisunelastisch nachgefragten Gut wie Weizen zu erwarten war, schlug sich der Zoll in hohem Maße – 1925/26–1927/28 im Durchschnitt zu etwa 70% – auf das Inlandspreisniveau nieder.[119] Die nominale Protektionsrate[120] betrug (auf den gleichen Zeitraum bezogen) etwa 16%.

Tab. 5.6
Weizenpreise 1922/23–1927/28*

Jahr	Importpreis[a]	Inlandspreis[b]	Preisdifferenz	Zoll[c]
1922/23	114	114	0	
1923/24	102	99	–3	
1924/25	156	161	5	
1925/26	163	195	32	37,30
1926/27	156	172	16	32,80
1927/28	110	132	22	27,50

* in Lire (dz)   [a] Durchschnittspreis für importierten Weizen   [b] Durchschnittspreis für „Nostrano tenero buono mercantile" in Mailand   [c] in Papierlire
Quelle: Mortara, Prospettive economiche (1929) S. 44.

Abgesehen von den beschriebenen preis- und einkommenspolitischen Auswirkungen war der Zoll aber auch unter fiskalischen Gesichtspunkten willkommen. Diesem „Nebeneffekt" des Getreidezolls, der heute in der Forschung oft vernachlässigt wird, wurde von zeitgenössischen Finanzexperten eine große Bedeutung beigemessen.[121] Das Aufkommen des Zolls bewegte sich bei Importen von 20–25 Mill. dz Weizen in einer Größenordnung von 0,5–1 Mrd. Lire pro Jahr, das entsprach 2,5–5% der gesamten Einnahmen des Staates.[122] Natürlich wurde der fiskalische Aspekt in der Öffentlichkeit nicht

---

neben der Gewinnmaximierung einen hohen Stellenwert einnimmt; vgl. Wilhelm H e n r i c h s - m e y e r, Heinz Peter W i t z k e, Agrarpolitik, Bd. 1: Agrarökonomische Grundlagen, Stuttgart 1991, S. 218–221.

[119] Die nominale Verringerung des Zolls, wie sie aus Tab. 5.6 hervorgeht, ist auf die Deflationspolitik nach 1926 zurückzuführen.

[120] Die nominale Protektionsrate (NPR) gibt das Verhältnis von Inlands- und Weltmarktpreisniveau wieder: $NPR = [P(i)/P(W)-1] \times 100$.

[121] De S t e f a n i, Gli agricoltori, S. 137; E i n a u d i, Il dazio, S. 391.

[122] Zur Haushaltsbilanz des italienischen Staates vgl. Giancarlo S a l v e m i n i, Vera Z a m a g n i,

zu stark hervorgehoben, sollte doch der Zoll gerade dazu beitragen, die Weizenimporte des Landes abzubauen, womit sein Aufkommen langfristig gegen Null tendieren mußte.[123] Intern wurde dieser Problematik jedoch durchaus Rechnung getragen. So warnte Wirtschaftsminister Belluzzo Mussolini in einem Schreiben vom 12. Oktober 1927 vor den finanzpolitischen Folgen der Autarkiepolitik, da – so die Begründung – Importzölle mittlerweile zu den aufkommensstärksten Einnahmequellen des Staates gehörten. Die Reduzierung der Importe werde daher die staatliche Haushaltsbilanz belasten.[124]

Im allgemeinen wird betont, daß der Getreidezoll nicht nur eine neue Phase der Wirtschafts- und Agrarpolitik einleitete, sondern auch „funktional hinsichtlich der Beziehungen zwischen Regime und den Großgrundbesitzern" gewesen sei.[125] Diese These gehört insbesondere zur Standardinterpretation der marxistisch orientierten Geschichtsschreibung, die den Faschismus als Ausdruck eines „Bündnisses" zwischen „Monopolkapital" und agrarischem Großgrundbesitz deutet. So hat bereits Sereni die „Battaglia del grano" im Rahmen eines „zunehmenden Gewichts des Großgrundbesitzes im Staatsapparat" interpretiert.[126] Nach D'Attorre war der Getreidezoll der „erste politische [. . .] Erfolg" der Agrarier – eine Art von Treueprämie für die vorbehaltlose Unterstützung während der Matteotti-Krise von 1924.[127] Aber auch

---

Finanza pubblica e indebitamento tra le due guerre mondiali. il finanziamento del settore statale, Banca d'Italia, Temi di discussione del Servizio Studi, Nr. 190, Roma 1993, S. 10.

[123] Die Einnahmen aus dem Weizenzoll betrugen in Mill. Lire:

1925/26	405	1933/34	122
1926/27	584	1934/35	82
1927/28	664	1935/36	95
1928/29	922	1936/37	333
1929/30	574	1937/38	64
1930/31	1318	1938/39	204
1931/32	521	1939/40	421
1932/33	225	1940/41	82

Quellen: Repaci, La finanza pubblica, S. 208; Ministero del Tesoro, Ragioneria generale dello Stato: Il bilancio dello Stato negli esercizi finanziari dal 1930–1931 al 1941–1942, Roma 1951, S. 140f.

[124] PCM 1927, 9/2/4571; ähnliche Befürchtungen in PCM 1934–1936, 3/1–7/2679/7: Bericht des Landwirtschaftsministeriums vom 17.10.1932.

[125] Staderini, La politica cerealicola, S. 1030; vgl. außerdem Toniolo, L'economia, S. 80; Santarelli, Storia, Bd. 1, S. 420; D'Alessandro, La politica agraria, S. 221.

[126] Sereni, La politica agraria in Italia, S. 300 und passim; ähnlich Pietro Grifone, Il capitale finanziario in Italia. La politica economica del fascismo, Torino ²1971; nach Grifone diente der Getreidezoll „der gesamten herrschenden Klasse" und „sanktionierte erneut die enge Allianz zwischen Großagrariern und den Männern des Finanzkapitals" (S. 51).

[127] Pier Paolo D'Attorre, Le organizzazioni padronali, in: Bevilacqua (Hg.), Storia dell'agricoltura, Bd. 3, S. 681; ähnlich ders., Conservatorismo agrario e fascismo negli anni venti: linee di ricerca sull'area padana, Italia Contemporanea 151/152 (1983) S. 61–63 und

nichtmarxistische Historiker wie Adrian Lyttelton oder Renzo De Felice betonen, daß sich Mussolini mit dem Getreideprotektionismus „die Sympathien der agrarischen Großproduzenten" erwerben wollte.[128]

So plausibel diese These auf den ersten Blick erscheinen mag, so wenig hält sie doch einer genaueren Überprüfung stand. Sowohl der Zeitpunkt der Zolleinführung als auch die Haltung der „organisierten pressure groups" (Lyttelton) sprechen gegen eine solche Interpretation.

1. Es ist unumstritten, daß sich Mussolini während der Matteotti-Krise vom Sommer 1924 verstärkt um die Unterstützung der agrarischen Eliten bemühte.[129] Doch muß man sich fragen, warum Mussolini – wollte er sich tatsächlich durch wirtschaftliche Zugeständnisse die „Sympathien der agrarischen Großproduzenten" verschaffen – nicht schon 1924 zollpolitische Maßnahmen ergriff, sondern erst im Sommer 1925, als seine innenpolitische Stellung bereits wieder weitgehend gefestigt war. Auch aus der Sicht der Getreideproduzenten wäre ein Schutzzoll im Sommer 1924 weitaus wichtiger gewesen, denn die Weizenpreise hatten zu diesem Zeitpunkt mit ca. 110 Lire/dz einen vorläufigen Tiefstand erreicht. Im Juni 1925 hatte sich der Weizenpreis dagegen auf einem Niveau von 170 Lire/dz stabilisiert, so daß eine Stützung der Produzentenpreise ökonomisch kaum mehr zu rechtfertigen war.[130]

2. Wie die Diskussion im Vorfeld der „Battaglia del grano" gezeigt hatte, sprach sich nicht nur die Mehrzahl der Agrarexperten gegen die Einführung eines Zolls aus. Auch die großen landwirtschaftlichen Verbände (FISA, Confagricoltura, Federconsorzi) standen einer solchen Maßnahme zunächst mit Skepsis, wenn nicht gar ablehnend gegenüber.[131] Dies änderte sich erst, nachdem Mussolini die Grundlinien der neuen Zollpolitik verkündet hatte. Zwar fehlte es auch fortan nicht an kritischen Stimmen.[132] Die landwirtschaftlichen

ders., Non di solo pane. Gli agrari bolognesi e la battaglia del grano, in: Legnani, Preti, Rochat (Hgg.), Le campagne emiliane, S. 203f. u. 208; die Rolle der Agrarlobby betont auch Domenico Preti, Per una storia agraria e del malessere agrario nell'Italia fascista, ebd. S. 64.

[128] De Felice, Mussolini il fascista, Bd. 2, S. 80ff.; Lyttelton, La conquista, S. 550; Daneo, Breve storia, S. 119f.

[129] Vgl. die Eröffnungsrede Mussolinis bei der Tagung des Nationalen Parteirates vom 2.–7. August 1924, in: O.O., Bd. 21, S. 37–38; vgl. auch Mussolini, Elementi di storia, Gerarchia Jg. 4, Nr. 10, Oktober 1924, S. 625.

[130] Überdies ging von der Unterbewertung der Lira eine leicht protektive Wirkung aus. Vgl. Gino Luzzatto, La morale di un dazio, Critica Sociale 16.–31.8.1925, (jetzt in: ders., Il rinnovamento, S. 328–332).

[131] Bestätigt wird dies auch durch Riccardo Bachi, Italien. Der „Kampf für den Körnerbau" und die Wiedereinführung des Getreidezolls, Wirtschaftsdienst „Weltwirtschaftliche Nachrichten", Jg. 10, 18.12.1925, S. 1913–1915.

[132] Vgl. etwa Manzoni, Battaglia, S. 3; Manzoni, welcher der FISA nahestand, kritisierte v. a.

Organisationen zögerten jedoch nicht, der Regierung in zahlreichen Manifestationen und Kommuniqués ihre „inbrünstigste Zustimmung" zu bekunden.[133] Zugleich wurde jedoch vor einer „hypnotischen Fixierung auf die Getreidefrage" gewarnt.[134] Dahinter stand auch die Befürchtung, eine einseitige Getreideförderung könne zu einer Vernachlässigung anderer landwirtschaftlicher Produktionszweige führen.[135] Es wurde daher häufig betont, daß „die Getreidefrage nicht isoliert angegangen werden" dürfe, sondern den Auftakt „einer weitaus größeren Schlacht [. . .] für die gesamte Landwirtschaft" darstellen müsse.[136]

Innerhalb der Agrarverbände war die Hoffnung verbreitet, daß es sich bei der „symbolischen Getreideschlacht [. . .] nur um einen ersten Schritt" handelte, dem bald weitere folgen würden.[137] So forderte die FISA seit langem eine ausreichende Zollprotektion für die Zuckerrübenproduzenten, die über einen großen Einfluß innerhalb der Organisation verfügten.[138] Bereits im Juni 1923 war ein Zuckerzoll eingeführt, von Finanzminister De Stefani aber schon einen Monat später wieder abgeschafft worden.[139] Infolge der Dum-

die Zollmaßnahmen: „Chi difende con disinteresse e consapevolezza l'agricoltura è contrario alla protezione dei dazi, perché sa che l'agricoltura saprebbe farne a meno, perché sa che il regime dei dazi favorisce loschi interessi e colpisce l'economia di tutti i cittadini che lavorano". Außerdem Einaudi, Il dazio sul grano; PCM 1926, 3/1–1/144, sottof. 1: Telegramm Mario Bellini an Mussolini, 19.5.1926 und Ferraguti an Mussolini, 24.9.1926; PCM 1928–1930, 3/2–2/7682: anonymer Brief an Mussolini vom Juni 1929.

[133] Vgl. Rede des Vizepräsidenten der FISA, A. Bartoli, anläßlich der Eröffnung der II. Mostra del Grano in Rom, abgedr. in Il Popolo d'Italia, 31.7.1925; außerdem Kommuniqué der FISA vom 30.7.25, abgedr. in Pesce, La marcia dei rurali, S. 270f.; verschiedene positive Stimmen in PCM 1926, 3/1–1/144, sottof. 1.; ähnlich E. Mastrigli, Per la vittoria del grano, L'Assalto, 23.7.1925, S. 6 und „Per il grano. Niente demagogia", ebd. 8.8.1925, S. 1; die Accademia dei Georgofili (Florenz) hielt am 5.7.1925 eine Sondersitzung zum Thema „La Questione del Grano in Italia" ab; vgl. die Reden und abschließendes Telegramm an Mussolini, in: Atti della Reale Accademia economico-agraria dei Georgofili di Firenze, Serie V, Bd. 22, Florenz 1925, S. 226–252.

[134] Gian Franco Guerazzi, La battaglia del grano. Il problema del grano è il problema di tutta l'agricoltura nazionale. Osservazioni di un granicoltore fascista, La Vita Italiana, Jg. 13, Bd. 26 (1925) S. 94–109, hier S. 108.

[135] Vgl. Agrofilo (Pseudonym), La battaglia del grano. Lettera aperta al duce, Il Selvaggio, 13.–19.7.1925, S. 163; Antonio Zappi Recordati, La battaglia per la carne, L'Assalto, 16.1.1926, S. 5.

[136] Guerazzi, La Battaglia del Grano, S. 97 und 108; vgl. auch Pesce, La marcia, S. 268.

[137] Ebd. und PCM 1937–1939, 3/1–2/6204, sottof. 1–1: Peglion an Mussolini, Juli 1925.

[138] Die Vereinigung der Zuckerrübenproduzenten (Associazione Nazionale dei Bieticoltori) war der FISA angegliedert. Der Präsident der Vereinigung Julo Fornaciari gehörte zu den wichtigsten Exponenten der FISA.

[139] Luigi Einaudi, La protezione sugli zuccheri (12.2.1925), in: ders., Cronache economiche, Bd. 8, S. 75–79.

pingpolitik der tschechoslowakischen Zuckerproduzenten kam es 1924 zu einer schweren Krise auf dem italienischen Zuckermarkt. Die italienischen Rübenproduzenten kündigten ihr Abkommen mit den Raffinerien auf und reduzierten die Anbaufläche von 110.000 auf 55.000 ha.[140] Obgleich sich Wirtschaftsminister Nava Anfang 1925 für die Forderungen der Zucker- und Rübenproduzenten verwandte, lehnte De Stefani eine Schutzzollpolitik auf diesem Sektor weiterhin ab.[141] Die Bemühungen der FISA fruchteten erst nach der Entlassung des Finanzministers im Juli 1925. In einem Kommuniqué vom 5. Oktober 1925 verwies die FISA auf die Bedeutung des Rübenanbaus für die Getreidewirtschaft (Fruchtwechsel) und forderte erneut eine staatliche Stützung der Preise.[142] Wenige Tage später wurde ein neues Zollgesetz verabschiedet, das den prozentualen Zollzuschlag wieder einführte und somit für einen wirksamen Schutz gegen die ausländische Konkurrenz sorgte.[143]

c) Subventionen und Senkung der Betriebsmittelkosten

Es war erklärtes Ziel der „Getreideschlacht", die angestrebten Ertragssteigerungen nicht über eine Ausweitung der Anbaufläche, sondern allein durch eine Anhebung der Hektarerträge zu bewerkstelligen. Schon zu Beginn der Kampagne hatte Mussolini versichert:

> Es ist nicht unbedingt notwendig, die Getreideanbaufläche Italiens auzuweiten. Wir dürfen den anderen Kulturen, die höhere Erträge liefern und die wichtig für unsere Volkswirtschaft sind, keinen Boden wegnehmen. Folglich ist jede Zunahme der Getreideanbaufläche zu vermeiden [. . .]. Dagegen ist eine Erhöhung der durchschnittlichen Hektarerträge erforderlich.[144]

Daß dies mit zollpolitischen Maßnahmen allein nicht zu erreichen war, erkannten auch Mussolini und seine Berater im „Getreidekomitee". Kritiker befürchteten sogar, daß der Zoll Produktivitätserhöhungen verhindern könnte, da für viele Betriebe die Notwendigkeit ökonomischer Innovationen entfalle. Diese Gefahr vor Augen, wurde im Sommer 1925 ein umfassendes staatliches Förderungsprogramm erarbeitet, das durch die Verbreitung ratio-

---

[140] PCM 1925, 3/8/424.

[141] Vgl. die Diskussionen im Ministerrat vom 4.–11.2.1925; CM, Verbali, Bd. 16, S. 182R, 188, 192R, 195 und 199f.

[142] PCM 1925, 3/8/424.

[143] R.D.L. 11.10.1925 (Nr. 1721). Der Zoll wurde im Frühjahr 1926 weiter erhöht; vgl. Ministerratssitzung vom 3.3.1926; CM, Verbali, Bd. 16, S. 329–331.

[144] Rede vom 4.7.1925 vor dem Comitato Permanente del Grano, in: O.O., Bd. 21, S. 372f.; ähnliche Äußerungen ebd. S. 408.

neller Anbaumethoden, durch Kostensenkung im Bereich der technischen Betriebsmittel, durch Prämienwettbewerbe und ähnliche Maßnahmen eine langfristige Verbesserung der Produktionsbedingungen gewährleisten sollte. In der Tat war die Flächenproduktivität der italienischen Weizenwirtschaft mit durchschnittlich 11,7 dz/ha (bezogen auf den Zeitraum 1922–1926) im europäischen Vergleich gering. Allerdings bestanden starke regionale Unterschiede. Während in Norditalien Hektarerträge bis zu 20 dz erreicht wurden, lagen sie in Mittel- und Süditalien in der Regel deutlich unter 10 dz.[145] Die insgesamt geringe Produktivität der italienischen Weizenwirtschaft hatte mehrere Gründe. Insbesondere in den südlichen Landesteilen waren moderne Anbaumethoden (Fruchtwechsel, hochwertiges Saatgut) kaum verbreitet, der Mechanisierungsgrad der Landwirtschaft war gering und der Einsatz chemischer Dünger und Pflanzenschutzmittel nur punktuell zu registrieren. Um hier Abhilfe zu schaffen, mußten vor allem die Kosten für die Beschaffung technischer Betriebsmittel gesenkt werden und bessere Finanzierungsmöglichkeiten geschaffen werden, denn Kapitalmangel gehörte zu den größten Hindernissen für eine Modernisierung der italienischen Landwirtschaft. Was das Problem der Mechanisierung anbetraf, wurde noch im Juli 1925 ein Gesetz verabschiedet, das landwirtschaftliche Nutzfahrzeuge von dem Einfuhrzoll und der Verbrauchssteuer auf Dieselöl befreite.[146] Der Einsatz von Pflugmaschinen mit hoher Bearbeitungstiefe wurde speziell im Hinblick auf Mittel- und Süditalien staatlich subventioniert und die Gründung genossenschaftlicher Zusammenschlüsse (*Consorzi di Motoaratura*) gefördert.[147] Prämienwettbewerbe, die sich sowohl an die Hersteller von Maschinen als auch an landwirtschaftliche Betriebe wandten, sollten wirtschaftliche Anreize zur technischen Verbesserung des Maschineneinsatzes geben. Unter der Leitung der 1923 gegründeten *Scuola pratica di meccanica agraria* wurden landesweit Kurse zur technischen Instruktion der Landwirte eingerichtet.[148]

---

[145] Die Hektarerträge betrugen 1924–1926 im Durchschnitt: Norditalien: 17,4 dz/ha; Mittelitalien: 10,8 dz/ha; Süditalien: 9,4 dz/ha; Inseln: 9,8 dz/ha; vgl. Giuseppe Tattara, Cerealicoltura e politica agraria durante il fascismo, in: Gianni Toniolo u. a. (Hgg.), Lo sviluppo economico italiano 1861–1940, Bari 1973, S. 373–404, hier S. 379. – Angaben zu den einzelnen Regionen bei Chroust, Die Battaglia, S. 122–135.

[146] R.D.L. 26.7.1925 (Nr. 1258); D.M. 7.8.1925.

[147] R.D.L. 29.7.1925 (Nr. 1315); R.D.L. 3.1.1925 (Nr. 32); R.D.L. 13.1.1926 (Nr. 55); 1930 existierten in Mittel- und Süditalien 18 Consorzi di Motoaratura, die in den Genuß staatlicher Förderungen kamen; vgl. PCM 1931–1933, 3/1–2/6611/3: La Battaglia del Grano in Italia, Relazione disposta dal Ministero dell'Agricoltura e delle Foreste, Direzione Generale dell'Agricoltura, Roma 1930, Allegato III, S. 76.

[148] Ebd. S. 30f.

Komplizierter gestaltete sich das Problem des Pflanzenschutzmittel- und Düngereinsatzes. Zwar hatte die italienische Chemieindustrie ihre Produktionskapazitäten in den Jahren nach dem Ersten Weltkrieg erheblich erweitert, so daß der Bedarf – abgesehen von Stickstoffdüngern – zu fast 100% durch heimische Hersteller abgedeckt werden konnte. Auch galten die Düngerpreise trotz der starken Monopolisierung des Marktes durch den Chemiekonzern „Montecatini" keineswegs als überhöht. Dennoch hatte sich die chemische Bodenverbesserung nur in den intensiven Bewirtschaftungszonen der Poebene durchgesetzt. In Mittel- und Süditalien war der Verbrauch synthetischer Dünger noch äußerst gering, was nicht zuletzt auf das Fehlen eines flächendeckenden genossenschaftlichen Verteilernetzes zurückzuführen war.

Schon im Vorfeld der „Battaglia del grano" war es zu kontroversen Diskussionen über die Möglichkeiten eines stärkeren Düngereinsatzes gekommen, so in einer Sitzung des „Obersten Nationalen Wirtschaftsrates" vom Mai 1925.[149] Aktueller Anlaß war die geplante Zollerhöhung für Stickstoffdünger, die schon 1923 beschlossen worden war und nun endgültig in Kraft treten sollte. Natürlich gab es hier erhebliche Interessenkonflikte zwischen Landwirtschaft und Industrie. Hielten die einen protektionistische Maßnahmen zugunsten der sich noch im Aufbau befindenden Stickstoffindustrie für unverzichtbar, so befürchteten die anderen, daß sich ein Zoll unmittelbar auf die Endpreise niederschlagen und somit die Düngernachfrage hemmen würde.[150] Die landwirtschaftlichen Verbände konnten sich schließlich, nachdem sie direkt bei Mussolini interveniert hatten,[151] gegenüber der Industrie durchsetzen und der Zoll trat nicht in Kraft. Der Konflikt um die Düngerpreise war damit jedoch nicht aus der Welt geschafft. Im November 1925 wurde daher vom Wirtschaftsministerium eine Expertenkommission eingesetzt, die das Problem der Düngerpreise untersuchen sollte.[152] Die Kommission, die im Frühjahr 1926 ihren Abschlußbericht vorlegte, konnte jedoch keinen Konsens zwischen Industrie- und Landwirtschaftsvertretern herstellen.[153] Erst nach erneuter persönlicher Vermittlung durch Mussolini wurden im Dezember im Rahmen eines nationalen Vertrages Preissenkungen für die wichtigsten

---

[149] Ministero dell'Economia Nazionale, Atti, Sessione 2 (1925), S. 119–141, 159–165 und 170f.

[150] Ebd.; die Position der landwirtschaftlichen Verbände wurde von Emilio Morandi und Antonio Menozzi vertreten, die auch den Einleitungsvortrag hielten; für die Industrie sprach Gino Olivetti.

[151] PCM 1925, 9/2/1383: Schreiben der FISA an Mussolini vom 18.4.1925.

[152] PCM 1926, 3/1–1/114, sottof. 1: Belluzzo an Mussolini, 6.11.1925.

[153] Insbesondere in der Zollfrage wurde keine Einigung erzielt; vgl. Abschlußbericht PCM 1926, 3/1–1/2033 sowie PCM 1931–1933, 3/1–1/1309: Julo Fornaciari, „Osservazioni alla Relazione del Prof. Menozzi sull'inchiesta per la produzione ed il commercio dei fertilizzanti", September 1926.

synthetischen Düngerstoffe vereinbart.[154] Die landwirtschaftlichen Verbände hatten sich so mit ihren Forderungen erneut durchsetzen können und mit dem nationalen Vertrag zugleich ein Modell geschaffen, das auch in Zukunft Anwendung finden sollte.[155]

Ein weiteres Problem betraf die Senkung der Transportkosten. Für Konfliktstoff sorgte hier die Erhöhung der Eisenbahntarife im Bereich des Güterverkehrs, die Finanzminister De Stefani im April 1925 zur Sanierung der staatlichen Eisenbahngesellschaft beschlossen hatte.[156] Da sich die Transportkosten in hohem Maße auf die Endpreise der Düngemittel niederschlugen, befürchteten die Vertreter der Landwirtschaft einen Anstieg der Preise.[157] Dies galt insbesondere für die südlichen Regionen des Landes, wo es nur wenige Produktionsanlagen gab und die Transportkosten daher eine besondere Rolle spielten. In der Tat lagen die Düngemittelpreise in Süditalien bis zu 25% über den norditalienischen Werten.[158] Nach längeren Diskussionen wurden daher 1927 Tarifermäßigungen für landwirtschaftliche Vorleistungsgüter in Höhe von 100 Mill. Lire beschlossen.[159]

Doch nicht nur durch chemische Bodenverbesserung, sondern auch durch eine stärkere Verbreitung von Naturdüngemitteln sollte die Produktivität im Bereich der Weizenwirtschaft gesteigert werden. Dazu wurde im August ein Dekretgesetz erlassen, das landesweit alle viehwirtschaftlichen Betriebe mit mehr als zwei Stück Vieh verpflichtete, Dunggruben nach modernen baulichen Gesichtspunkten anzulegen.[160] Die dafür vorgeschriebene Frist von drei

---

[154] Vgl. L'Agricoltore d'Italia, 25.12.1926; PCM 1931–1933, 3/1–1/1309: Sitzungsbericht des Comitato Permanente del Grano (ohne Datum, aber Dezember 1926); Schreiben Guido Donegani, Präsident des Chemiekonzerns Montecatini an Mussolini vom 21.12.1926.

[155] Vgl. PCM 1931–1933, 3/1–1/1309: Dankschreiben Cacciaris (CNFA) an Mussolini vom 21.12.1926. In diesem Schreiben regte Cacciari an, daß in Zukunft nicht nur die Preise für chemische Dünger, sondern auch ihre Verteilung durch direkte Abkommen zwischen den Landwirtschaftsverbänden und der Chemieindustrie geregelt werden sollten. Tatsächlich kam es schon im Sommer 1927 zu einem weiteren Abkommen zwischen der CNFA und der Chemieindustrie; vgl. Bericht der CNFA „Circa il contratto nazionale dei concimi" vom 20.7.1927 sowie die Schreiben Cacciaris an Mussolini vom 28.6., 21.7. und 23.7.1927 sowie an Belluzzo vom 22.7.1927; SPD, CO, f. 509.808, sottof. 6; s.u. Kap. IX.2.a.

[156] R.D.L. 16.4.1925 (Nr. 272).

[157] Ministero dell'Economia Nazionale, Atti del Consiglio, Sessione 2 (1925), S. 160 (Relazione Morandi/Menozzi). Nach Berechnungen der Autoren betrug die zusätzliche Belastung der Tariferhöhung bei einer durchschnittlichen Transportstrecke von 200 km 13,40 Lire pro Tonne. Allein für Phosphatdünger entstünden den Landwirten somit zusätzliche Kosten von jährlich 13 Mill. Lire.

[158] Vgl. PCM 1926, 3/1–1/4100: Bericht des Comitato Permanente del grano über die Düngerpreise 1925–1926.

[159] PCM 1927, 11/2/2678: Belluzzo an Mussolini, 21.6.1927.

[160] R.D.L. 13.8.1926 (Nr. 1605).

Jahren wurde jedoch von der Mehrzahl der Betriebe nicht eingehalten, so daß das Gesetz 1930 abgeändert werden mußte.[161]

d) Anbautechnische Verbesserungen und Schulungswesen

Zu den wichtigsten anbautechnischen Maßnahmen der „Getreideschlacht" gehörte die Verbesserung der Saatgutauslese und der Sortenzucht. Jährlich wurden in Italien ca. 6 Mill. dz Weizensaatgut verbraucht, wobei in der Regel ein Teil der Vorjahresernte direkt wiederverwendet wurde. Zur Verbesserung der Saatgutauslese stellte der Staat 2 Mill. Lire zum Kauf von insgesamt 1.600 Sortier- und Reinigungsmaschinen bereit, die unentgeltlich an die lokalen Agrarorganisationen und Genossenschaften verteilt wurden.[162] Besondere Aufmerksamkeit wurde jedoch der wissenschaftlichen Sortenzucht gewidmet.[163] Die pflanzengenetische Forschung hatte seit Anfang der zwanziger Jahre erhebliche Fortschritte gemacht, was in erster Linie den Agrarbiologen Francesco Todaro, Leiter des Instituts für Getreideanbau in Bologna, und Nazareno Strampelli, Direktor des Instituts für Genetik in Rom, zu verdanken war. Ihnen war der Durchbruch bei der Züchtung von sogenanntem „frühreifen" Saatgut gelungen, das den Ausreifungsprozeß um 12–20 Tage beschleunigte und damit die Pflanzen resistent gegenüber zahlreichen, im späten Vegetationsstadium auftretenden parasitären Krankheiten (z. B. Rost) machte.[164] Besondere Fortschritte versprach man sich für den Getreideanbau in Süditalien, da ein früherer Erntezeitpunkt das Austrocknen des Korns durch Hitze und Wind verhinderte.[165] In denjenigen Regionen, in denen Edelsaatgut wenig verbreitet war, übernahm der Staat die Kosten für die Einrichtung genossenschaftlicher Zentren, die für die Züchtung und Verteilung des Saatgutes verantwortlich waren.[166] Für kleinere Landwirtschaftsbetriebe, die bislang vor allem aus Kostengründen auf hochwertige Sorten verzichtet hatten, bestand die Möglichkeit, einen Teil der normalen Ernte unentgeltlich gegen Edelsaatgut einzutauschen. Bis 1929 wurde somit bereits ein

---

[161] PCM 1928–1930, 3/1–2/11996.

[162] R.D.L. 3.1.1926 (Nr. 32), Art. 2; 1929 waren in Italien ca. 2.000 Saatauslesemaschinen im Einsatz; vgl. Chroust, Die Battaglia, S. 67.

[163] Den landwirtschaftlichen Forschungseinrichtungen wurden ab 1925 jährlich 4 Mill. Lire zusätzlich aus der Staatskasse zur Verfügung gestellt; R.D.L. 29.7.1925 (Nr. 1313), Art. 4.

[164] Vgl. Nazareno Strampelli, Die Weizenschlacht, in: Medici u. a. (Hgg.), Die italienische Landwirtschaft, S. 25f. vgl. auch A. Draghetti, Il carattere „precocità" nei nuovi frumenti, Italia Agricola 62 (1925) S. 493–498.

[165] Vereinzelt konnten mit Hilfe des kürzeren Reifeprozesses auch zwei Ernten hintereinander eingefahren werden; vgl. PCM 1931–1933, 3/1–2/6611/3: La Battaglia del Grano, S. 60.

[166] R.D.L. 29.7.1925 (Nr. 1314).

Drittel, 1932 über die Hälfte der gesamten Weizenproduktion mit neuen Züchtungen bestritten.[167]

Weitere anbautechnische Maßnahmen betrafen die Verbesserung der Aussaattechnik (maschinelle Reihensaat), die Einführung des sogenannten „Transplantationsanbaus" (ein ausgesprochen arbeitsintensives Verfahren, bei dem – wie beim Reisanbau – Zuchtpflanzen direkt in den Boden eingesetzt wurden) sowie die stärkere Verbreitung von Rotation (Fruchtwechsel) besonders in den südlichen Regionen, wo Weizen häufig als Monokultur angebaut wurde. Wichtig war in diesem Zusammenhang, das landwirtschaftliche Unterrichtswesen auf lokaler Ebene auszubauen und auf den Getreideanbau auszurichten. Zwar existierte bereits ein mehrgliedriges landwirtschaftliches Schul- und Hochschulwesen, doch nur einer kleiner Prozentsatz der Landwirte konnte solche fachlichen Ausbildungsmöglichkeiten wahrnehmen. Eine stärkere Verbreitung moderner Anbaumethoden ließ sich daher nur durch breite technische Schulung vor Ort erreichen. Die Koordinierung der lokalen Aktivitäten auf diesem Gebiet wurde den „Provinzkommissionen für die Getreidepropaganda" übertragen. Sie organisierten Ausstellungen, Filmvorführungen, Fortbildungskurse für Landwirte, öffentliche Vorträge und waren für die Anlage von Muster- und Versuchsfeldern zuständig, denn nach einem Gesetz vom Juli 1925 mußte jede Gemeinde des Landes zu Demonstrationszwecken ein Musterfeld in der Größe von einem Hektar anlegen.[168] Nach offiziellen Angaben wurden bis 1929 landesweit 30.000 Musterfelder angelegt.[169] Im gleichen Zeitraum verteilten die lokalen Behörden etwa eine Million Broschüren und Informationsblätter mit Ratschlägen für eine Verbesserung der Anbautechnik.[170] Ab 1929 organisierte der Verband der Agrarwissenschaftler einen *Autotreno del grano*, eine mit mobilem Kino und anderen Demonstrationsmitteln ausgestattete Wagenkolonne, die zur Verbreitung agrartechnischer Innovationen von Ort zu Ort fuhr.[171] Eine wichtige Rolle bei der technischen Propaganda spielten die „Wanderlehranstalten" (*Cattedre Ambulanti*), für die das Wirtschaftsministerium 1925 zusätzliche Finanzmittel

---

[167] PCM 1931–1933, 3/1–2/6611/3: La Battaglia del Grano, S. 61; Confederazione Nazionale Fascista degli Agricoltori, Dieci anni, S. 118; allerdings wurden die neuen Weizensorten aufgrund ihres geringeren spezifischen Gewichtes von der Mehlindustrie nur ungern abgenommen; vgl. PCM 1931–1933, 3/1–2/864: „Propaganda disfattista contro i grani precoci".

[168] R.D.L. 29.7.1925 (Nr. 1313), Art. 3.

[169] PCM 1931–1933, 3/1–2/6611/3: La Battaglia del Grano, S. 41.

[170] Unter anderem wurde ein vom „Getreidekomitee" verfaßtes Flugblatt mit den „Zehn Geboten des Getreidebauers" (Decalogo del granicoltore) verteilt.

[171] PCM 1931–1933, 3/1–2/6666. Vgl. auch die Beschreibung des „Autotreno" von Joachim von Oppen, Mussolini und die italienische Landwirtschaft. Bericht über eine Studienreise im Mai 1930, Berlin ²1931, S. 44f.

in Höhe von 5,8 Mill. Lire pro Jahr (ab 1926 10 Mill. Lire) bereitstellte.[172] Ihr Lehrpersonal wurde um 350 Personen aufgestockt; landesweit kam es zu etwa 300 neuen Sektionsgründungen.

3. Ergebnisse und ökonomische Folgen der „Getreideschlacht"

In Regierungskreisen war man sich durchaus bewußt, daß eine Steigerung der Weizenproduktion allenfalls langfristig möglich sein würde. Man hütete sich daher, kurzfristige Planziele zu setzen und beschränkte sich auf allgemeine und zeitlich nicht gebundene Zielvorgaben. Tatsächlich fielen die Weizenernten in den ersten drei Jahren der Produktionskampagne sogar niedriger aus als 1925, so daß Mussolini dem staatlichen Statistikinstitut ISTAT verbot, die Erntezahlen zu veröffentlichen.[173]

Tab. 5.7

Produktion, Einfuhr und Verbrauch von Weizen 1921–1940*

Zeitraum	Produktion[a]	Einfuhr[a]	Weizengesamt-konsum[a]	Pro-Kopf-Konsum[b]
1921–1925	52,2	25,3	69,1	175,5
1926–1930	58,2	21,8	72,5	181,4
1931–1935	70,9	8,1	67,6	161,1
1936–1940	74,8	7,7	73,4	169,5

* Periodendurchschnitt   [a] in Mill. dz   [b] in kg pro Jahr
Quelle: Istituto Centrale di Statistica, Sommario (1968) S. 62, 101 und 136.

Erst seit Beginn der dreißiger Jahre zeichnete sich eine erkennbare Steigerung der Ernteergebnisse ab. Da die Ernten aus klimatischen Gründen starken jährlichen Schwankungen unterworfen sind, wurden die Zahlen in Tabelle 5.7 in Fünfjahreszeiträumen zusammengefaßt und der jährliche Durchschnitt errechnet. Es ist erkennbar, daß die Produktionszahlen in den dreißiger Jahren mit 70–75 Mill. dz um etwa 40% über den Werten der ersten Hälfte der zwanziger Jahre lagen. In einigen Jahren (1937 und 1938) wurden sogar über 80 Mill. dz Weizen geerntet. Optimistische Stimmen hielten daher eine wei-

---

[172] PCM 1931–1933, 3/1–2/6611/3: La Battaglia del Grano, S. 25 und PCM 1926, 1/1–2/1822: Volpi an Mussolini, 13.5.1926.

[173] PCM 1927, 3/1–1/1060: Mussolini an den Präsidenten des ISTAT Corrado Gini, 17.10.1926; Antwortschreiben vom 15.10.1926; außerdem AD, sc. 4, Nr. 5.1.7: Promemoria vom 8.10.1926; auch Mortara ging davon aus, daß die offiziellen Erntezahlen 1925–1926 zu hoch angesetzt waren; Mortara, Prospettive economiche (1930) S. 35.

tere Steigerung auf 100 Mill. dz für möglich.[174] Die Tabellen 5.8 und 5.9
zeigen, daß die Produktionszuwächse nicht allein auf eine Erhöhung der
Hektarerträge, sondern auch auf eine Ausdehnung der Anbaufläche zurückzuführen waren. Obgleich nach den ursprünglichen Zielen eine Extensivierung ausdrücklich vermieden werden sollte, nahm die Anbaufläche in den
dreißiger Jahren um 300.000 bis 400.000 ha zu, was der Fläche einer mittleren
Provinz entsprach. Augenfällig sind jedoch die regionalen Unterschiede.
Während die Weizenanbaufläche in Nord- und Mittelitalien fast konstant
blieb, nahm sie in den südlichen Landesteilen und auf den Inseln (d. h. vor
allem in Sizilien) beträchtlich zu, und zwar um insgesamt 14%. Damit trat
genau das ein, was Kritiker der „Getreideschlacht" stets befürchtet hatten,
nämlich eine Extensivierung der süditalienischen Getreidewirtschaft. Dennoch konnte sich auch die Erhöhung der Flächenproduktivität durchaus sehen lassen. Der durchschnittliche Anstieg der Hektarerträge von 11,7 auf
14,6 dz/ha war zwar keineswegs spektakulär, in einzelnen Regionen, insbesondere in Norditalien, kam es aber doch zu starken Produktivitätszuwäch-
sen. In den südlichen Gebieten war der Anstieg absolut gesehen geringer,
betrug aber – da von einem niedrigem Niveau ausgehend – dennoch rund
20%.

Tab. 5.8
*Weizenhektarerträge 1922–1938, nach Regionen gegliedert**

Zeitraum	Nord-italien	Mittel-italien	Süd-italien	Inseln	Italien
1922–1926	16,6	10,9	8,7	9,0	11,7
1927–1932	18,6	11,8	10,4	10,3	13,2
1933–1938	21,3	13,6	11,3	10,7	14,6

* in dz/ha
Quelle: Giuseppe Tattara, Cerealicoltura e politica agraria durante il fascismo,
in: Toniolo (Hg.), Lo sviluppo, S. 373–404, hier S. 379.

---

[174] Strampelli, Die Weizenschlacht, S. 26.

Tab. 5.9

Weizenanbaufläche 1922–1938, nach Regionen gegliedert*

Zeitraum	Nord- italien	Mittel- italien	Süd- italien	Inseln	Italien
1922–1926	1,45	1,04	1,35	0,86	4,70
1927–1932	1,44	1,04	1,46	0,96	4,90
1933–1938	1,48	1,07	1,49	1,03	5,07

* in Mill. ha
Quelle: wie Tab. 5.8.

Durch eine Reduzierung der Importe konnte die angestrebte Getreideautarkie zumindest teilweise realisiert werden (vgl. Tab. 5.7). Die Einfuhren wurden insgesamt um mehr als zwei Drittel verringert, so daß lediglich 10% des Bedarfs weiterhin durch ausländische Lieferungen gedeckt werden mußten. Der Rückgang der Importe war aber nicht allein auf eine Steigerung der Produktion zurückzuführen, sondern auch auf eine Verringerung des Pro-Kopf-Konsums. Wie aus Tabelle 5.7 hervorgeht, stieg der Verbrauch in der zweiten Hälfte der zwanziger Jahre noch leicht an, ging dann aber mit Beginn der Weltwirtschaftskrise deutlich um 20 kg pro Kopf zurück und nahm erst nach 1936 wieder leicht zu, ohne jedoch das Niveau der zwanziger Jahre wieder zu erreichen. Der Grund dafür war, daß die für den Konsum verfügbare Weizenmenge praktisch konstant blieb (1931–1935 sogar leicht abfiel), die Bevölkerung jedoch jährlich um 300.000–400.000 Personen zunahm.

Um die ökonomischen Auswirkungen der „Getreideschlacht" in ihrer Gesamtheit bewerten zu können, wird man den Weizensektor nicht isoliert, sondern in seinen Wechselwirkungen mit den übrigen agrarischen Produktionszweigen untersuchen müssen. In der Forschung wird im allgemeinen hervorgehoben, daß die einseitige Förderung der Getreidewirtschaft zu einer Verdrängung anderer landwirtschaftlicher Produktgruppen geführt habe.[175] Neben exportorientierten Anbaukulturen wie Obst, Gemüse und Wein sei vor allem die Viehwirtschaft nachhaltig durch die „Battaglia del grano" geschädigt worden. Eine genauere Betrachtung der agrarwirtschaftlichen Strukturdaten zeigt jedoch, daß diese These in solcher Einseitigkeit nicht aufrecht zu erhalten ist. Zwar ist es richtig, daß sich die Preisrelationen im Agrarsektor deutlich zugunsten der Getreidekulturen verschoben. Die Weizenpreise fielen in den Jahren der Weltwirtschaftskrise weit weniger stark als diejenigen der übrigen Agrargüter.[176] Auch verzeichnete die Getreideproduktion seit

---

[175] Schmidt, The Plough, S. 60f.; Segre, La „battaglia", S. 27ff.; Fano, Problemi, S. 480; Rafalski, Italienischer Faschismus, S. 76; Grifone, Il capitale, S. 76.
[176] Vgl. Tattara, Cerealicoltura, S. 402f.

Mitte der zwanziger Jahre höhere Ertragszuwächse als andere Erzeugnisse.[177] Auf der anderen Seite zeigt die Entwicklung der Flächennutzung, daß es keineswegs zu einer Verdrängung anderer Kulturen kam. Während die Weizenanbaufläche bis Mitte der dreißiger Jahre um etwa 300.000 ha zunahm, ergab sich bei den übrigen Marktfrüchten (Mais, Reis, Gemüse, Kartoffeln etc.) keine flächenmäßige Veränderung.[178] Bei Baum- und Rebgewächsen (Oliven, Wein und Obst) ist sogar ein deutlicher Zuwachs zu erkennen.[179]

Betrachtet man die Tierproduktion, so lassen sich zwei gegenläufige Entwicklungen feststellen. Auf der einen Seite kam es seit 1928 zu einer starken Verminderung der Dauergrünlandflächen. Sie reduzierten sich zwischen 1928 und 1934 von 6,6 auf 5,7 Mill. ha.[180] Es ist wahrscheinlich, daß von diesen Rückgängen vor allem die süditalienische Weidewirtschaft betroffen war. Anders als in Nord- und Mittelitalien, wo sich die Dauerweiden fast ausschließlich auf bergige und hügelige Zonen beschränkten, waren in Süditalien auch Flachlandweiden stark verbreitet. Wahrscheinlich fand hier tatsächlich eine Verdrängung durch verstärkte Kultivierung mit Weizen statt. Die Krise der süditalienischen Pastoralwirtschaft in den dreißiger Jahren, die sich in einer Verminderung des Ziegen- und Schafbestandes um etwa 25% äußerte, war offenbar auf dieses Phänomen zurückzuführen.[181] Im Prinzip handelte es sich dabei um eine wünschenswerte Entwicklung, denn die Wanderweidewirtschaft Süditaliens bedingte eine außerordentlich ertragsarme Bodennutzung. Daß sie in vielen Gebieten zurückgedrängt wurde, war auch eine Folge der Meliorationsprogramme nach 1928, die die häufig kargen und nicht bewässerten Böden einer intensiveren Nutzung zuführten.

Parallel zur Abnahme der Weideflächen expandierte der Anbau von Futterkulturen in Fruchtwechselfolge. Dies galt für mehrjährige Futterpflanzen (vor allem Leguminosen wie Luzerne, Sulla, Esparsette, Rot- und Weißklee) ebenso wie für den Ackerfutterbau, der als einjährige Rotationskultur (Futterrübe, Gerste, Hafer, Inkarnatklee und Kürbis) oder aber im Zwischenfruchtbau (Ackerbohne, Futtermais und Kohlrübe) anzutreffen war. Rechnet man die Gesamtfutterproduktion des Landes in Heuäquivalente um, so ergibt sich zwischen 1920 und 1940 sogar eine leichte Steigerung der Produktion.[182] Die Rücknahme der Weideflächen konnte folglich durch die Intensivierung

---

[177] S.u. S. 164, Tab. 6.3.

[178] Istituto Centrale di Statistica, Sommario (1968) S. 59–61.

[179] Ebd.

[180] Ebd.

[181] Dies vermutete bereits Friedrich Vöchting, Die italienische Getreideschlacht, Schmollers Jahrbuch für Gesetzgebung, Verwaltung und Volkswirtschaft im Deutschen Reiche 54 (1930) S. 789–850, hier S. 805ff.

[182] Istituto Centrale di Statistica, Sommario (1968) S. 66.

anderer Futterpflanzen mehr als ausgeglichen werden. Wenngleich die italienische Futterproduktion deutlich unter dem Bedarf lag, wurde der Großviehbestand – Rinder, Zuchtbüffel und Schweine – in den zwanziger und dreißiger Jahren kontinuierlich aufgestockt. Man wird daher kaum behaupten können, daß sich die staatliche Förderung der Getreidewirtschaft negativ auf die Tierproduktion ausgewirkt hat. Im Gegenteil: Viele Futterpflanzen wurden als Einsaat oder im Wechsel mit Weizen angebaut, da sie als bodenverbessernde Vorfrucht des Weizens galten. Getreide- und viehwirtschaftliche Intensivierung schlossen sich somit keineswegs aus, sondern verhielten sich häufig sogar komplementär zueinander. Schließlich versuchte man von staatlicher Seite durch viehwirtschaftliche Produktionswettbewerbe (seit 1929) und durch zahlreiche technische und finanzielle Förderungsmaßnahmen (1932 wurde ein hoher Importzoll für Lebend- und Schlachtvieh, Fleisch und andere Tierprodukte eingeführt) die italienische Tierproduktion zu unterstützen.

Abschließend soll der Frage nach den sozial- und verteilungspolitischen Effekten der „Getreideschlacht" nachgegangen werden. Insbesondere der Zoll hatte verteilungspolitische Auswirkungen, und zwar zum einen über die Veränderung der Produzenteneinkommen, zum anderen über die Erhöhung der Konsumentenpreise. Bei der Einführung des Zolls hatten Politiker betont, daß es sich um eine Maßnahme zugunsten des gesamten Agrarsektors handelte. Bei der starken Verbreitung des Weizenanbaus in Italien war dies insofern richtig, als ein großer Teil der Landwirte von den Einkommenseffekten des Zolls profitieren konnte. Wie groß diese Einkommenseffekte tatsächlich waren, läßt sich aufgrund fehlender Informationen über die Markt- und Produktionsstrukturen nicht genau feststellen. Man wird jedoch – grob geschätzt – von einer jährlichen zollbedingten Differenzialrente in der Größenordnung von 1–1,5 Mrd. Lire ausgehen können. Man erhält diesen Betrag, wenn man die Differenz von Inlands- und Importpreis mit der heimischen Weizenproduktion multipliziert; dies wurde für den Zeitraum 1925/26–1927/28 durchgeführt, was einen Gesamtbetrag von ca. 4,2 Mrd. Lire ergibt (d. h. 1,4 Mrd. Lire pro Jahr).[183] Die Einkommensgewinne der einzelnen Produzenten variierten freilich stark, je nach Anbaufläche, Betriebsstruktur und Vermarktungsquote. Generell wird man sagen können, daß mittlere und große Betriebe den Preiseffekt des Zolls stärker ausnutzen konnten als kleine

---

[183] Allerdings kann dieses Verfahren nur eine grobe Vorstellung von der Einkommenswirkung geben, denn die Preisunterschiede zwischen importiertem und heimischem Weizen sind nicht allein auf den Zoll zurückzuführen. Außerdem sind die Weizenpreise auch kurzfristig hohen Schwankungen unterworfen, was die Berechnung auf der Basis von Jahresdurchschnitten problematisch macht. Schließlich wird nicht die gesamte heimische Produktion vermarktet, sondern ein Teil für den Eigenkonsum oder als Saatgut verwendet.

Produzenten, die Weizen häufig nur als Nebenprodukt anbauten und infolge des hohen Eigenkonsums eine geringe Vermarktungsquote aufwiesen.

Wie stark belastete der Zoll die Konsumenten? Auch hier wird man bei der Berechnung des Gesamtbetrages die Preisdifferenz aus Inlandspreis und Nettoimportpreis zugrundelegen müssen. Da bei Grundnahrungsmitteln wie Brot die Nachfrage weitgehend preisunelastisch ist, kann davon ausgegangen werden, daß Handel und Nahrungsmittelgewerbe den Getreidezoll fast vollständig auf die Konsumentenpreise überwälzen konnten. Tatsächlich stiegen die Brot- und Teigwarenpreise ab 1925 stark an.[184] Multipliziert man die jährlich für Nahrungsmittel verarbeitete Getreidemenge (ca. 70 Mill. dz) mit der Differenz aus Nettoimportpreis und Inlandspreis, so erhält man für den Zeitraum 1925/26 bis 1927/28 eine jährliche zusätzliche Belastung der Konsumenten in Höhe von rund 1,6 Mrd. Lire. Da der Einkommensanteil, der für Grundnahrungsmittel verwendet wird, mit steigendem Einkommen abnimmt, wurden untere Einkommensgruppen prozentual stärker belastet als besserverdienende Haushalte.

Unter sozialpolitischen Gesichtspunkten wird man die „Getreideschlacht" daher eher negativ beurteilen müssen. Der Getreidezoll brachte der Landwirtschaft insgesamt finanzielle Erleichterungen, doch gerade die von der Krise besonders betroffenen Kleinbauern konnten aufgrund des Mischcharakters ihrer Betriebe und eines relativ hohen Eigenverbrauchs nur geringen Nutzen daraus ziehen. Demgegenüber belastete der Zoll durch seine einkommensregressive Wirkung die unteren Verbraucherschichten besonders stark. Dies war einer der Gründe für den Rückgang des Pro-Kopf-Konsums in den dreißiger Jahren (Tab. 5.7).[185]

4. Propaganda und „moral suasion"

a) Sprache, kollektive Riten und Massenmobilisierung

Mussolini verfolgte mit der „Battaglia del grano" nicht allein wirtschaftspolitische Ziele. Es handelte sich zugleich um die erste große, mit modernen Propagandamitteln betriebene Mobilisierungskampagne des Faschismus, die der „ruralistischen" Ideologie Gestalt und Richtung geben sollte. Konzipiert als eine „große Manifestation der Kraft und der Macht", sollte die „Getreideschlacht" nicht nur den Primat der Landwirtschaftspolitik zum Ausdruck

---

[184] Die Brot- und Teigwarenpreise betrugen im Durchschnitt (Lire pro kg): Brot: 1924: 1,52; 1925: 2,18; 1926: 2,50; Teigwaren: 1924: 2,26; 1925: 3,04; 1926: 3,42; Istituto Centrale di Statistica, Sommario (1968) S. 119.

[185] S.u. Kap. XI.8.

bringen, sondern zugleich eine „Generalmobilisierung"[186] der ländlichen Bevölkerung für die politischen Ziele und Leitideen des faschistischen Staates bewirken. In einer Bauernversammlung vom 14. Oktober 1928 betonte Mussolini:

> Seitdem ich die Landwirtschaft an die erste Stelle im nationalen Wirtschaftsleben gehoben habe, seitdem ich durch Taten bewiesen habe, daß die Landwirtschaft gegenüber allen anderen Produktionsformen bevorzugt werden mußte, sind die Landwirte [...] von einem neuen Geist des Vertrauens, der Zähigkeit und des Stolzes durchdrungen.[187]

Bei einer anderen Gelegenheit hob er hervor:

> Es ist bewegend, welche Zustimmung diese Schlacht in allen Klassen der Bevölkerung hervorgerufen hat: öffentliche Einrichtungen, private Verbände, Industrielle, Arbeiter, Lehrer, Geistliche, Gelehrte, in Italien wie im Ausland, haben mir in diesen Monaten Beweise einer bemerkenswerten Anteilnahme geliefert. Es hat Landwirte gegeben, die mir ihren Besitz unentgeltlich zur Umwandlung in Experimentierfelder angeboten haben. Ich behaupte, daß in Italien kein Haus existiert, in dem die Schlacht ohne Echo geblieben ist.[188]

Bewußt wurde der aktionistische und voluntaristische Charakter der Getreideschlacht hervorgehoben. „Schlacht", so schrieb die Zeitschrift *Roma Agricola* im Juli 1925, „das bedeutet in der Tat das Gegenteil von ‚akademisch'; nicht lange und unnötige Diskussion, sondern entschiedene und scharfe Aktion."[189] Die Kriegsmetaphorik, die schon in der Formel „Battaglia del grano" greifbar ist, beherrschte die Reden der Politiker und nahm bisweilen absurde Formen an. Der Bauer wurde zum „Soldaten", die Gesamtheit der Landwirte zum „Bauernheer", Grundbesitzer und Agraringenieure zu „Offizieren", das „Ständige Getreidekomitee" zum Generalstab und Mussolini selbst zum „Feldherrn" und „Duce della Battaglia".[190] In keiner Rede fehlte der Hinweis auf die herausragende Rolle der bäuerlichen Bevölkerung in den Schützengräben des Ersten Weltkriegs. „Die Bauern sind keine Deserteure, weder im Krieg noch im Frieden." „Wir befinden uns noch im Kriegszustand, wir müssen die Zähne zusammenbeißen und uns strengste Disziplin auferlegen."[191] Die „Battaglia del grano" sollte die Fortsetzung des

---

[186] PCM 1931–1933, 3/1–2/6611/3: La Battaglia del Grano in Italia, S. 58.

[187] Rede vom 14.10.1928 vor Landwirten, in: Mussolini, La battaglia, S. 59.

[188] Rede vor Vertretern der Landwirtschaft am 11.10.1925, ebd. S. 8.

[189] Roma Agricola, Juli 1925, zit. nach Il Popolo d'Italia, 31.7.1925.

[190] Reden Mussolinis vom 4.7.1925, 10.11.1925 und 14.10.1928, in: O.O., Bd. 22, S. 372f. und 407, Bd. 23, S. 61.

[191] Reden Mussolinis vom 21.2.1924, in: O.O., Bd. 20, S. 184 sowie vom 9.10.1927, in: O.O., Bd. 23, S. 33.

Krieges verkörpern, den permanenten Mobilisierungszustand des „grande esercito rurale".

Kampf, Aktion und Bewegung, das waren die Schlagworte und Leitvorstellungen des militanten Faschismus der „ersten Stunde". Es ist kein Zufall, daß diese Begriffe seit 1925 verstärkt in der faschistischen Propaganda auftauchen. Auch wenn die *Squadre d'Azione* nach 1925 aufgelöst wurden und der „Squadrismo" als politische Kraft von Mussolini im Zuge der Legalisierung und Konstitutionalisierung des Faschismus bewußt eliminiert worden war, sollten doch „Kampf, Aktion und Bewegung" als einheitsstiftende Idee, als Identität des Faschismus fortbestehen. Ein deutscher Beobachter – Emil Müller-Einhart – schrieb 1933: „Der Faschismus ist als Bewegung geboren, und in der Bewegung liegt heute seine Stärke. Die Getreideschlacht ist nichts anderes als eine Bewegung . . . [und] die Landwirte sind die in Bewegung gesetzte Masse."[192]

Natürlich konnte von einer „spontanen Mobilisierung" der Bevölkerung nicht die Rede sein.[193] In Wirklichkeit handelte es sich um die perfekte Inszenierung einer bis ins Detail gesteuerten Propagandamaschine. Die zu diesem Zeitpunkt bereits weitgehend gleichgeschaltete Presse berichtete ausführlich über jede einzelne Maßnahme der „Battaglia", wobei über direkte Anweisungen an die Presseagenturen der Inhalt der Berichte bestimmt wurde.[194] Koordiniert wurde die Pressetätigkeit durch Mario Ferraguti, der durch seine Doppelfunktion als Vorsitzender der „Technischen Landwirtschaftskommission" und als Sekretär des „Getreidekomitees" eine Schlüsselstellung einnahm. Die „Technische Landwirtschaftskommission" hatte bereits 1923 ein eigenes Pressebüro eingerichtet und organisierte seit 1925 zahlreiche propagandistische Initiativen zur „Getreideschlacht": Zeitungsartikel, Sondernummern, eigenständige Publikationen, Flugblätter, Konferenzen etc.[195] Auf Initiative der Kommission wurde ein „Amt für Getreidepropaganda" beim Kriegsministerium eingerichtet, das spezielle Propagandaveranstaltungen für

---

[192] Emil Müller-Einhart, Mussolinis Getreideschlacht. Italienische Landwirtschaft im Zeichen der Diktatur, Regensburg 1933.

[193] Rede vor Vertretern der Landwirtschaft am 10.10.1926, in: O.O., Bd. 22, S. 236; vgl. auch ders., Elementi di Storia, Gerarchia, Jg. 4, H. 10, Oktober 1924, S. 623: „[. . .] la battaglia del grano suscita consensi ed energie in ogni angolo dell'Italia; da ultimo l'Italia Meridionale vede, sente che si fa sul serio e scompare quello scetticismo che decenni di vane promesse avevano pienamente giustificato. All'attività incessante e feconda del governo, fa netta antitesi la paralisi di tutti i partiti della opposizione alla Camera e fuori."

[194] So wurde beispielsweise nach jeder Sitzung des Comitato Permanente del Grano ein Pressebericht verfaßt und an die Agenzia Stefani weitergegeben (vgl. SPD, CO, f. 509.828, sottof. 1); im Falle negativer oder vom offiziellen Wortlaut abweichender Berichterstattung wurde sofort eine Gegenkampagne in die Wege geleitet.

[195] Commissione Tecnica per il Miglioramento dell'Agricoltura, Relazione 1926–1927.

Soldaten durchführte.[196] An den Schulen wurden sechs Millionen Heft-umschläge mit Bildmotiven der „Getreideschlacht" verteilt.[197] Ab 1926 er-schien in hohen Auflagen ein einfach gehaltenes, auf die bäuerliche Bevöl-kerung zugeschnittenes Wochenblatt (*La Domenica dell'Agricoltore*), das von der Parteizeitung *Il Popolo d'Italia* herausgegeben und von Ferraguti geleitet wurde.[198] Erstmals kamen im Rahmen der „Getreideschlacht" auch moderne Massenmedien zum Einsatz. Während das Radio erst in den dreißiger Jahren eine wichtige Rolle für die staatliche Propaganda spielte,[199] wurden Kinovor-führungen von Anfang an als wirksames Medium zur Unterstützung der „Getreideschlacht" eingesetzt.[200] Die zahlreichen Produktionen der staatli-chen Filmanstalt *Istituto Luce* zeugen von der umfassenden Aktivität auf die-sem Gebiet.[201] Kaum ein Bereich des öffentlichen Lebens wurde von der Getreidepropaganda ausgelassen. Offiziellen Angaben zufolge wurden zwi-schen 1925 und 1929 mindestens 30.000 Veranstaltungen und Tagungen durchgeführt.[202] Am 9. Oktober 1927 eröffnete Mussolini im *Palazzo delle Esposizioni* in Rom die „Erste Nationale Getreideausstellung", die angeblich allein in der ersten Woche von knapp einer halben Million Menschen besucht wurde.[203] Die „Battaglia del grano" diente auch zur Imagepflege im Ausland. Nach längeren Bemühungen gelang es Italien, den Internationalen Landwirt-schaftskongreß 1927 in Rom auszurichten, um damit die Erfolge der ita-lienischen Getreidepolitik vor internationalem Publikum darstellen zu kön-nen.[204]

---

[196] Ebd. S. 13; 1929 wurden von diesem Amt 1.968 Seminare, 568 Filmvorführungen und 407 Exkursionen durchgeführt; PCM 1931–1933, 3/1–2/6611/3: La Battaglia del Grano in Italia, S. 42.

[197] Commissione Tecnica per il Miglioramento dell'Agricoltura, Relazione 1926–1927, S. 13.

[198] Das Blatt brachte in großer Zahl Beiträge zur Getreidewirtschaft. 1927 sollte eine Rubrik eingerichtet werden, in der Landwirte mit besonders hohen Leistungen bzw. schlechten Er-trägen namentlich aufgeführt wurden („L'albo d'oro e la pagina nera degli agricoltori"). Die Aufgabe der Ermittlung dieser Personen wurde den Provinzpräfekten übertragen. Das Vor-haben wurde jedoch aus organisatorischen Gründen wieder eingestellt (PCM 1927, 3/1–1/1060).

[199] Die Radiopropaganda auf dem Land wurde mit Hilfe einer eigenen Gesellschaft (Ente Radio Rurale, gegr. am 15.6.1933) systematisch ausgebaut; vgl. Augusto Starace, Un Imperativo Politico: Potenziare la radiofonia rurale, La Radio rurale, Jg. 2, Nr. 7, 25.5.1935, S. 3; Gianni Isola, Abbassa la tua radio, per favore . . . Storia dell'ascolto radiofonico nell'Italia fascista, Firenze 1990, S. 115–141.

[200] Vgl. Giampaolo Bernagozzi, Dall'informazione al consenso attraverso i cinegiornali luce e gli altri media, in: Legnani, Preti, Rochat (Hgg.), Le campagne emiliane, S. 429–458.

[201] Vgl. Origine, organizzazione e attività dell'Istituto Nazionale „Luce", Roma 1934.

[202] PCM 1931–1933, 3/1–2/6611/3: La Battaglia del Grano in Italia, S. 42.

[203] Vgl. PCM 1927, 14/1/3000: Telegramm Acerbos (Ausstellungsleiter) an Mussolini vom 16.10.1927 und Abschlußbericht vom 14.11.1927; außerdem SPD, CO, f. 509.828, sottof. 1: Berichte vom 10.9. und 11.10.1927.

Die wichtigste massenwirksame Veranstaltung war jedoch der jährlich durchgeführte „Concorso per la Vittoria del Grano", ein landesweiter Prämienwettbewerb, bei dem Landwirte, die überdurchschnittliche Hektarerträge erzielt hatten, mit Geldprämien ausgezeichnet wurden. Die Veranstaltung ging auf eine Initiative der „Technischen Landwirtschaftskommission" Ferragutis zurück, die bereits seit 1923 derartige Wettbewerbe auf bescheidenem Niveau durchgeführt hatte.[205] Ab 1925 wurde der „Concorso" in eine staatliche Veranstaltung umgewandelt und organisatorisch und finanziell stark erweitert.[206] Zunächst verblieb die Organisation noch bei der „Technischen Landwirtschaftskommission", doch nach deren Auflösung 1927 übernahm das „Getreidekomitee" gemeinsam mit dem „Nationalverband der Wanderlehranstalten" die Leitung.[207] Der Staat stellte für den nationalen Wettbewerb Preisgelder in Höhe von 1,5 Mill. Lire zur Verfügung, und den gleichen Betrag erhielten die Provinzen für die Durchführung lokaler „Concorsi". Hinzu kamen Spenden zahlreicher privater Unternehmen und Banken.[208]

Während die provinzialen und nationalen Wettbewerbe in den ersten Jahren getrennt durchgeführt worden waren, ging man seit 1929 dazu über, zunächst innerhalb der Provinzen die ertragsstärksten Produzenten zu bestimmen und aus diesen in einem zweiten Auswahlverfahren die nationalen Bestleistungen zu prämieren.[209] Hinter den „Concorsi" stand eine fast generalstabsmäßige Planung. Die Wettbewerbe wurden jährlich im Frühjahr ausgeschrieben; im September trafen staatlich kontrollierte Kommissionen eine Vorauswahl. Besondere Aufmerksamkeit widmete man den Prämierungsveranstaltungen. Sie fanden zunächst auf lokaler Ebene zeitgleich an einem bestimmten Sonntag statt, wobei die Durchführung der Feierlichkeiten bis ins Detail von zentraler Stelle festgelegt wurde.[210] Eine Woche später wurden

---

[204] PCM 1927, 14/3/838: XIII. Congresso internazionale d'Agricoltura, Roma 23.–28.5.1927; die italienischen Tagungsbeiträge in: PCM 1927, 14/3/2153: Note sull'agricoltura italiana dell'ultimo venticinquennio, Roma 1927 (Bozze di stampa); Mussolini hatte 1925 sogar erwogen, eine Internationale Getreidekonferenz in Italien durchzuführen; vgl. Schreiben Mussolinis an den Präsidenten des Istituto Internationale di Agricoltura, Rom, 10.11.1925, in: O.O., Bd. 22, S. 393f.

[205] Commissione Tecnica per il Miglioramento dell'Agricoltura, Relazione del 1923–1924, S. 10.

[206] R.D.L. 29.7.1925 (Nr. 1316).

[207] PCM 1927, 3/1–1/1060: Belluzzo an Mussolini, 7.5.1927.

[208] Vgl. PCM 1927, 3/1–1/1060, 14/1/377 und 1934–1936, 3/1–2/5415; überdies wurden auch private Wettbewerbe veranstaltet, so der von der Mailänder Sparkasse finanzierte „Getreidewettkampf Cremona-Brescia", bei dem je 100 Agrarbetriebe der beiden Provinzen um die höchsten Erträge konkurrierten; PCM 1928–1930, 3/1–2/7040: „Sfida granaria Cremona-Brescia".

[209] D.C.G. 8.8.1929.

[210] So wurden Ort und Zeitpunkt festgelegt, die Redner sowie Länge und Inhalt der Reden

schließlich die Prämierungen des nationalen Wettbewerbes mit großem propagandistischem Aufwand in Rom vorgenommen. Meist fanden die Zeremonien in einem der großen römischen Theater (Teatro Costanzi oder Argentina) unter Anwesenheit der Regierungsmitglieder, der Vertreter der landwirtschaftlichen Verbände und der Partei statt. Mussolini selbst hielt üblicherweise die Eröffnungsrede (die ab 1927 per Radio landesweit übertragen wurde)[211] und nahm dann persönlich die Preisverteilung vor. Meist schlossen sich weitere Massenkundgebungen an.[212] Das Ritual der Prämierungsfeiern wurde bis zum Ende des Regimes jährlich wiederholt und stellte die wichtigste landwirtschaftliche Massenveranstaltung des Faschismus dar.[213]

b) Die Rolle der katholischen Kirche

Mussolini war von Anfang an bestrebt, mit der „Getreidepropaganda" möglichst breite Teile der Bevölkerung zu erreichen. Bewußt sollten auch solche gesellschaftlichen Gruppen angesprochen werden, die sich bislang eher distanziert gegenüber dem Faschismus verhalten hatten. Dies läßt sich besonders deutlich am Beispiel der katholischen Kirche nachvollziehen. Im Zuge der „Battaglia del grano" kam es – vier Jahre vor Abschluß des Konkordats – erstmals zu einer konkreten Zusammenarbeit zwischen dem faschistischen Staat und der Kirche. Die Pläne Mussolinis, die Agrarwirtschaft und die traditionelle ländliche Lebenswelt gesellschaftlich aufzuwerten, ließen sich mit den kirchlichen Zielen einer moralisch-religiösen Erneuerung durchaus vereinbaren. Die Kirche konnte sich dabei auf eigene „ruralistische" Traditionen aus der katholischen Soziallehre des 19. Jahrhunderts berufen.

Es verwundert daher nicht, daß zahlreiche kirchliche Institutionen die „Battaglia del grano" offen begrüßten. Nach Pietro Norris, dem Leiter des „Päpstlichen Landwirtschaftsinstituts" (*Istituto Pontificio Agricolo*) in Rom, handelte es sich um eine „wunderbare Sache", die „immensen Nutzen" bringen würde.[214] Der vatikanische *Osservatore Romano* betonte, der Klerus könne

---

bestimmt etc.; vgl. Rundschreiben von Landwirtschaftsminister Acerbo an die Präfekturen 4.11.1930; PCM 1931–1933, 3/1–2/6611, sottof. 3.

[211] Ebd. sottof. 1.

[212] So fand am 3. November 1928 eine große Versammlung mit (laut offiziellen Angaben) 65.000 Landwirten „aus allen Regionen Italiens" statt; O.O., Bd. 23, S. 246f.

[213] Bereits die erste Prämierung am 11.Oktober 1925 galt als „la più grande manifestazione agricola che si ricordi dopo la Costituzione del Regno"; PCM 1926, 3/1–1/114, sottof. 1; vgl. „La battaglia del Grano", XXVIII Ottobre, 17.10.1925; zahlreiche Informationen über die Durchführung der Feierlichkeiten finden sich in PCM 1931–1933, 3/1–2/6611, sottof. 1–5; 1934–1936, 3/1–2/2485; 1934–1936, 3/1–2/2685, sottof. 1–3; 1940–1943, 3/1–2/3271, sottof.1–8.

[214] PCM 1926, 3/1–1/114, sottof. 1: Schreiben Norris an Mussolini vom 23.6.1925; vgl. auch G. D'Ascenzi (Hg.), I documenti pontifici sulla vita agricola, Roma 1961, bes. S. 116.

„ohne Zweifel einen wichtigen Beitrag" zur „landwirtschaftlichen Wiedergeburt unseres Landes" liefern.[215] Der italienische Klerikerverband *Federazione tra le Associazioni del Clero in Italia* (FACI) beschloß auf einer Versammlung vom September 1925 in Pisa, „die schöne und friedliche Getreideschlacht, die von der Regierung mit so großer Energie begonnen worden ist", aktiv zu unterstützen.[216] Schon bald entwickelte sich die FACI, die seit 1925 einen philofaschistischen Kurs steuerte,[217] zur zentralen Organisation der klerikalen Getreidepropaganda. Von seiten der Regierung wurde diese Entwicklung mit Wohlwollen aufgenommen. Sowohl die „Technische Landwirtschaftskommission" als auch das „Getreidekomitee" unterstrichen, daß die „in direktem Kontakt mit den Bauern" stehenden Landpfarrer in die Getreidepropaganda einbezogen werden müßten.[218] In einem Schreiben vom 5. Oktober 1927 sicherte Wirtschaftsminister Belluzzo der FACI eine finanzielle Unterstützung in Höhe von 100.000 Lire für deren Tätigkeit zugunsten der „Battaglia del grano" zu. „Der ländliche Klerus", so Belluzzo, „bildet ein Kräftepotential, das die faschistische Regierung für die Ziele der Getreideschlacht in vollem Umfang einsetzen möchte".[219] Auch Mussolini ordnete an, daß der Klerus „für verschiedene Zwecke, und nicht nur für geistliche, sondern auch für landwirtschaftliche und demographische" staatlich unterstützt werden müsse.[220]

Die treibende Kraft innerhalb der FACI war der Vizepräsident der Organisation, Monsignore Nazareno Orlando, der für die landwirtschaftlichen Aktivitäten der FACI verantwortlich zeichnete. Auf seine Initiative wurde in die Verbandszeitung *L'Amico del Clero* eine Seite mit landwirtschaftlichen Nachrichten aufgenommen, zahlreiche Informationsveranstaltungen für die Landpfarrer abgehalten und „Agrarwirtschaft" in einigen Priesterseminaren als Pflichtfach eingeführt.[221] Den Pfarreien wurde nahegelegt, jährlich vor der Aussaat eine Segnung des Saatgutes vorzunehmen und Heiligenbilder mit der „Madonna del grano" zu verteilen.[222] Ab 1928 wurde eine speziell auf die

---

[215] Osservatore Romano, 4.7.1926.

[216] Zit. nach Achille Erba, „Proletariato di chiesa" per la cristianità. La Faci tra curia romana e fascismo dalle origini alla Conciliazione, Bd. 2: La presenza della Faci nella crisi dello Stato liberale, Roma 1990, S. 541f., Anm. 266.

[217] Vgl. ebd. S. 527ff.

[218] PCM 1926, 3/1–1/4100: Tito Poggi, Sull'opera del Clero a favore dell'Agricoltura. Sua organizzazione e intensificazione, 1926; PCM 1926, 3/1–1/4689: Ordine del giorno per il Comitato Permanente del Grano, Dicembre 1926; vgl. auch Fileni, Parroci e propaganda rurale, Italia e Fede, 7.12.1930 (auch in: ders., Ruralizzare, S. 117f.).

[219] PCM 1927, 3/1–1/3706.

[220] PCM 1928–1930, 3/1–2/2510: Mussolini an Justizminister Rocco, 15.10.1928.

[221] Vgl. PCM 1928–1930, 3/1–2/2510: Bericht Orlandos „L'agraria nei Seminari" und Schreiben an Mussolini vom 21.9.1927.

[222] Vgl. PCM 1931–1933, 3/1–2/6611, sottof. 3: Flugblatt der FACI vom 25.9.1930 „La Benedi-

Probleme des bäuerlichen Alltags zugeschnittene Zeitung (*Italia e Fede*) herausgegeben und beim sonntäglichen Gottesdienst verteilt. Mit finanzieller Unterstützung des Staates organisierten die Herausgeber dieses Blattes ab 1929 sogar einen eigenen Getreidewettbewerb für Geistliche („Concorso Nazionale del grano tra parroci e sacerdoti"), denn zahlreiche kirchliche Einrichtungen verfügten über Grundstücke, die für die Zwecke der Getreideproduktion nutzbar gemacht werden konnten. Allerdings wurde von staatlicher Seite zugegeben, daß man der Veranstaltung keine „ökonomische Bedeutung" beimaß, sondern darin vor allem einen „politischen Faktor" erkannte.[223] Die Wettbewerbe, die organisatorisch unter der Leitung des Herausgebers von *Italia e Fede*, De Rossi dell'Arno, standen,[224] stießen aber offensichtlich auf eine breite Resonanz. Nach offiziellen Angaben nahmen 1931 etwa 7.000 Pfarreien, also gut ein Drittel der insgesamt 20.000 Landpfarreien, an dem Wettbewerb teil.[225] Die Sieger wurden gemeinsam mit den Teilnehmern des staatlichen Getreidewettbewerbes von Mussolini prämiert. Seit Anfang der dreißiger Jahre waren bei den Prämierungsfeiern stets hohe kirchliche Würdenträger anwesend, die häufig auch als Redner auftraten.[226]

Immer wieder hoben kirchliche Vertreter hervor, daß die „Battaglia del grano [. . .] nicht nur einen wirtschaftlichen und politischen Sieg" anstrebe, sondern auch zur „moralischen Genesung" des Landes beitragen sollte.[227] Doch auch in der faschistischen Propaganda wurde der moralisch-ethische Aspekt der „Schlacht" betont. „Die Getreideschlacht", schrieb der spätere Landwirtschaftsminister Tassinari 1930, „war mehr als ein Komplex von technisch-ökonomischen Maßnahmen zur Erhöhung der Getreideproduktion. Sie war ein Aufschrei des Glaubens und ein Zeichen des Willens."[228] In der Rhetorik der faschistischen Agrarpolitiker wurde der „Getreideschlacht" ein geradezu sakraler Charakter verliehen. Man sprach von einer „heiligen Schlacht", von einer „Mission" und von einem „Kreuzzug" des Faschismus für „die Befreiung des italienischen Volkes von der Sklaverei des ausländischen Brotes".[229] „Die Getreideschlacht", so der Syndikalist Vicenzo Lai noch

---

zione di Dio per la vittoria del grano"; vgl. auch PCM 1934–1936, 3/1–2/4590: Orlando an Mussolini, 7.9.1931; PCM 1934–1936, 3/1–2/6769.

[223] PCM 1934–1936, 3/1–2/4590: Acerbo an Mussolini, 2.4.1932.

[224] PCM 1934–1936, 3/1–2/4590: De Rossi dell'Arno an Mussolini, 12.3.1932; Acerbo an PCM, 16.3.1933 und weitere Dokumente.

[225] PCM 1934–1936, 3/1–2/4590: Flugblatt der FACI „Per la Battaglia del grano".

[226] Vgl. z. B. PCM 1934–1936, 3/1–2/2686, sottof. 3A: Rede von Mons. Santino Margaria anläßlich der Prämierungen des XII. Concorso del Grano im Dezember 1935.

[227] PCM 1934–1936, 3/1–2/4590: Flugblatt der FACI „Per la Battaglia del grano".

[228] Tassinari, Problemi della agricoltura italiana, Roma 1923, S. 6.

[229] Vgl. die Reden Mussolinis vom 4. und 30.7.1925, in: O.O., Bd. 21, S. 372f. und 377f.; Arrigo Serpieri, Nallo Mazzocchi Alemanni, Lo Stato fascista, Roma 1937, S. 98.

1941, „ist nicht nur eine ökonomische Schlacht. Wie alle faschistischen Schlachten erschöpft sie sich nicht in der Befriedigung materieller Bedürfnisse, sondern birgt ausgesprochen moralische Elemente in sich. Das Getreide ist das wichtigste Symbol für die Religiosität der Landwirtschaft."[230]

---

[230] Vincenzo Lai, I contadini e la guerra, Firenze 1941, S. 26.

VI

WIRTSCHAFTSKRISE UND MARKTREGULIERUNG IN DER LANDWIRTSCHAFT (1927–1934)

In den meisten Ländern stellte sich die zweite Hälfte der zwanziger Jahre als eine Phase der ökonomischen Stabilität und des Wachstums dar, die erst 1929/30 durch die Weltwirtschaftskrise jäh unterbrochen wurde. Demgegenüber kam es in Italien schon 1927 zu einer schweren wirtschaftlichen Rezession, die durch die abflauende Konjunktur, vor allem aber durch eine rigide Stabilitätspolitik der faschistischen Regierung ausgelöst wurde.[1] Zwar wird man der Behauptung, daß die Stabilisierungskrise der Jahre 1926/27 „fast nahtlos in die 1929 einsetzende Weltwirtschaftskrise überging", nicht ohne weiteres zustimmen können, denn schon 1928 setzte in Italien eine kurze, aber doch spürbare konjunkturelle Erholung ein. Auch sind beide „Krisen" sowohl in ihren Ursachen als auch in ihren Auswirkungen unterschiedlich zu bewerten. Es scheint dennoch gerechtfertigt, den Zeitraum zwischen 1927 und 1935 als eine einheitliche Phase zu behandeln, auch weil dies von vielen Zeitgenossen so interpretiert wurde. Als 1929 in Italien erste Zeichen der Rezession sichtbar wurden, sahen viele Experten darin eine Nachwirkung der Deflations- und Stabilisierungspolitik von 1926/27.[2] Erst später erkannte man, daß es sich um eine weltweite Depression handelte, die auch die italienische Wirtschaft stark in Mitleidenschaft zog.

Für eine zusammenhängende Betrachtung der Periode 1927–1935 spricht außerdem, daß sie sich auch unter wirtschaftspolitischen Aspekten einheitlich darstellt. In besonderem Maße gilt dies für die Geld- und Währungspolitik. Nach der Stabilisierung der italienischen Lira und der Rückkehr zur Goldparität im Dezember 1927 bildeten Geldwert- und Wechselkursstabilität die Grundpfeiler der faschistischen Wirtschaftspolitik. An diesem Kurs wurde selbst auf dem Höhepunkt der Wirtschaftskrise festgehalten, als Länder wie Großbritannien (1931) und die Vereinigten Staaten (1933) ihre Währungen

---

[1] Ein Überblick über die Auswirkungen der Wirtschaftskrise in Italien und in anderen Ländern gibt Bandini, Agricoltura e crisi.

[2] Vgl. CM, Verbali, Bd. 18, S. 29: Sitzung vom 17.7.1929; Parlamentsrede S. Schiavi (CNFA) vom 8.4.1930, in: API, CD, Leg. XXVIII, sess. 1929–1930, Discussioni, Bd. 2, Roma o.J., S. 2311–2317.

abwerteten. Erst 1936, als auch die übrigen Staaten des sogenannten „Goldblocks" (Frankreich, Belgien, die Niederlande und die Schweiz) zu Abwertungen schritten, nahm die italienische Regierung ebenfalls eine Korrektur des Wechselkurses vor. Auch was das Verhältnis von Staat und Wirtschaft anbetrifft, läßt sich 1926/27 eine Zäsur feststellen. Die Bemühungen der ersten Jahre des faschistischen Regimes, die Wirtschaft von staatlichen Auflagen und Eingriffen zu befreien, kehrte sich nun um in eine stärker interventionistische Politik des Staates. Dies galt für die staatliche Kontrolle des Arbeitsmarktes, für die deflationspolitischen Maßnahmen im Rahmen der Währungsstabilisierung, aber auch für die zunächst noch zögerlichen Versuche, die Auswirkungen der Wirtschaftskrise zu bekämpfen. Auch von privater Seite versuchte man, durch den Aufbau von Kartellen und Branchenverbänden den verheerenden Folgen der Krise entgegenzuwirken. Gerade von den landwirtschaftlichen Verbänden wurde einer institutionellen Regulierung der Märkte eine zentrale Bedeutung beigemessen. Diese Vereinigungen hatten zunächst meist privatwirtschaftlichen Charakter, entwickelten sich später jedoch häufig zu regelrechten (para-)staatlichen Wirtschaftsbehörden. Die Wirtschaftskrise war somit die Geburtsstunde einer neuen landwirtschaftlichen Marktordnung, die in der zweiten Hälfte der dreißiger Jahre ihre endgültige Ausprägung erhielt.

1. Die italienische Landwirtschaft in der Krise

In der Regel wird die 1926/27 einsetzende Rezession auf die restriktive Geldpolitik und die deflationistischen Maßnahmen der Regierung im Vorfeld der Währungsstabilisierung zurückgeführt. Dabei wird häufig übersehen, daß sich bereits Anfang 1926 eine konjunkturelle Wende abzeichnete, die ihren Ursprung nicht allein in der staatlichen Wirtschaftspolitik hatte. Nach vier Jahren hoher Wachstumsraten weisen die wichtigsten Konjunkturindikatoren für 1926 eine Quasi-Stagnation aus: Das Bruttoinlandsprodukt stieg gegenüber dem Vorjahr real um weniger als 1% an,[3] die Investitionen sanken sogar um über 12%.[4] Auch das Außenhandelsvolumen verzeichnete zu diesem Zeitpunkt bereits eine rückläufige Tendenz. Daß sich das Abflauen des Wachstumszyklus schließlich zu einer schweren Wirtschaftskrise ausweitete, läßt sich allerdings nur mit der kontraktiven und prozyklischen Geld- und Fiskalpolitik erklären, welche das faschistische Regime im Herbst 1926 zur

---

[3] Nach Ercolani betrug die Wachstumsrate des Bruttoinlandsprodukts zu Faktorkosten 0,82%; Ercolani, Documentazione statistica, S. 402.
[4] Ebd. S. 423.

Stabilisierung der italienischen Lira einleitete. Die einzelnen Etappen der Währungsstabilisierung können hier nur kurz umrissen werden.[5] Sie umfaßten zunächst Maßnahmen politisch-institutioneller Art. So kam es im August 1926 zu einer Reform des Notenbanksektors, durch die der *Banca d'Italia* das alleinige Geldemissionsrecht sowie eine weitreichende Aufsicht über die Geschäftsbanken übertragen wurde. Erstmals wurde somit eine moderne Zentralbank geschaffen, die eine Steuerung der Geld- und Kreditpolitik ermöglichte. Die Regelung der Kriegsschuldenfrage mit den USA (Dezember 1925) und Großbritannien (Mai 1926) öffnete den italienischen Kapitalmarkt für ausländische Anleger. Insbesondere die Kapitalimporte aus den Vereinigten Staaten weisen für die Jahre 1925–1929 einen beträchtlichen Umfang auf. Sie dienten sowohl zur Erhöhung der Devisenreserven der italienischen Zentralbank (und bildeten somit den Grundstock für die Einführung des Golddevisenstandards im Dezember 1927) als auch zur finanziellen Stützung privater Unternehmen und öffentlicher Körperschaften. Devisenhandel und Kreditgeschäfte mit dem Ausland wurden der Kontrolle des Finanzministeriums unterstellt; Auslandsanleihen blieben fortan bestimmten Wachstumsbranchen vorbehalten, um die Verschuldung Italiens gegenüber anderen Staaten in Grenzen zu halten. Dies hatte schwerwiegende Konsequenzen für andere Wirtschaftsbereiche – und dazu zählte, wie im folgenden noch zu zeigen sein wird, besonders die Landwirtschaft –, da sich die inländischen Kreditmöglichkeiten infolge der geldpolitischen Restriktionen zunehmend verschlechterten.

Die ersten Versuche, die der neue Finanzminister Graf Volpi im Herbst 1925 zur Stabilisierung des Wechselkurses auf einem Niveau von 120 Lire/Pfund Sterling unternommen hatte, waren ohne dauerhaften Erfolg geblieben. Bereits im Mai 1926 war die Lira wieder auf einen Kurs von 153 L./Pf. abgesunken. Erst die von Mussolini im August 1926 verkündete „Schlacht um die Lira" und die sich daran anschließende Deflationspolitik bewirkte eine schrittweise Aufwertung und Stabilisierung der italienischen Währung. Nach mehrfach vorgenommenen Preis- und Lohnsenkungen sowie einer Verringerung der Geldmenge durch offenmarkt- und diskontpolitische Maßnahmen der Zentralbank konnte der Wechselkurs bis Mai 1927 auf etwa 90 L./Pf. herabgedrückt werden. Auf diesem Niveau („Quota 90") führte Italien schließlich im Dezember 1927 als eines der letzten Industrieländer den alten Gold(devisen)standard wieder ein.

---

[5] Vgl. ausführlich Toniolo, L'economia, S. 83–132; Roland Sarti, Mussolini and the Industrial Leadership in the Battle of the Lira 1925–1927, Past and Present 27 (1970) S. 97–112; Ripa di Meana, Il consolidamento, S. 303–317.

Tab. 6.1

Agrar- und Gesamtpreisindex, verschiedene Berechnungen 1927–1934*

Agrarpreisindex	1927	1928	1929	1930	1931	1932	1933	1934
Tattara	85,5	67,5	62,8	54,1	46,6	43,9	37,4	37,7
De Maria	84,1	77,3	78,4	57,5	51,9	52,9	43,1	43,0
Nützenadel[a]	87,0	84,9	73,0	59,5	58,2	56,1	44,7	48,6
Gesamtpreisindex	84,0	81,2	77,8	69,4	60,5	56,5	51,5	50,4

* Großhandelspreise, 1926 = 100   [a] eigene Berechnung auf der Basis der ISTAT-Agrarpreise; zur Gewichtung der einzelnen Güterpreise dienten die jeweiligen Produktionserträge im Zeitraum 1926–1934.
Quellen: Istituto Centrale di Statistica, Sommario (1968) S. 110f. und 119; Tattara, Cerealicoltura, S. 402f. (Agrarpreisindex); Giovanni De Maria, Le variabilità dei prezzi e dei redditi nell'agricoltura italiana dal 1902 al 1952, Rivista bancaria, N.S. 10 (1954) S. 695.

Wie aus Tabelle 6.1 hervorgeht, zeigten die Maßnahmen zur Senkung der Preise im Bereich der Landwirtschaft eine rasche Wirkung. Nachdem die Preise 1926 noch leicht angestiegen waren (um ca. 5,7%), verringerten sie sich zwischen 1926 und 1927 um etwa 15%. Dies war in erster Linie auf die staatliche Preispolitik zurückzuführen. Nachdem die Regierung Mussolini im Januar 1923 sämtliche Preisvorschriften der Nachkriegsjahre abgeschafft hatte,[6] ging man Ende 1926 allmählich wieder dazu über, staatliche Höchstpreise festzusetzen. Diese wurden jedoch zunächst nicht von den Ministerien bestimmt, sondern von den kommunalen Behörden. Ein Gesetz vom 16. Dezember 1926 ermächtigte die Kommunen, in Abstimmung mit den Provinzialen Wirtschaftsräten Höchstpreise für Nahrungsmittel festzusetzen.[7] Die Preisvorschriften beschränkten sich aber vorerst auf den Einzelhandel. Eine Reihe weiterer Bestimmungen sollte den Verbrauch von bestimmten Nahrungsmitteln begrenzen. Zum Beispiel wurde der Verkauf von Fleisch an einigen Wochentagen (Donnerstags und Freitags) verboten und die Öffnungszeiten öffentlicher Lokale eingeschränkt. Das Gesetz vom Dezember 1926 knüpfte die Eröffnung neuer Geschäfte an eine Genehmigung der kommunalen Behörden. Die Festsetzung der Preise wurde nach einem Beschluß des Parteidirektoriums vom 4. November 1927 den „Provinzialkomitees" der berufsständischen Organisationen übertragen.[8] Diese Komitees (*Comitati pro-*

---

[6] Die Preisbestimmungen der liberalen Nachkriegsregierungen wurden mit dem R.D.L. 11.1.1923 (Nr. 138) außer Kraft gesetzt.

[7] L. 16.12.1926 (Nr. 2174), Art. 4; vgl. auch Louis Franck, Il corporativismo e l'economia dell'Italia fascista (Hg. Nicola Tranfaglia), Torino 1990, S. 65.

[8] Diese hatten bereits vorher Kontrollfunktionen bei Einzel- und Großhandelspreisen wahrgenommen; vgl. PCM 1927, 3/16/2361: Bericht Confederazione Nazionale Fascista dei Commercianti an Korporationsministerium, 20.5.1927.

vinciali intersindacali) waren bereits im August eingesetzt worden, um die Löhne den veränderten Preisen anzupassen.[9] Die neugeschaffenen Komitees konnten – anders als bisher die kommunalen Behörden – auch auf die Herstellungs- und Großhandelspreise Einfluß nehmen. Bereits ein Jahr später wurden die *Comitati intersindacali* jedoch wieder aufgelöst, und die Preiskontrolle wurde erneut den Kommunen und den Wirtschaftsräten überantwortet.[10] Wenngleich von einer zentral gesteuerten Preispolitik in dieser Phase nicht die Rede sein konnte, zeugen die relativ raschen Rückgänge der Verbraucherpreise von einer effizienten Arbeit der kommunalen Behörden. Unterstützt wurde diese Entwicklung durch den internationalen Verfall der Agrarpreise, der sich 1927 infolge eines starken weltweiten Überangebotes einstellte.[11]

Betrachtet man die Entwicklung der Agrarpreise nach 1926, so läßt sich ein kontinuierlicher Abwärtstrend bis 1935 erkennen, der auch nicht durch die kurze konjunkturelle Erholung von 1928/29 gedämpft wurde. Allerdings scheint der von Tattara erstellte Agrarpreisindex diese Entwicklung stark zu überzeichnen. Sowohl die von De Maria vorgelegten Zahlen als auch eigene Berechnungen ergeben einen zwar konsistenten, aber doch deutlich geringeren Rückgang der Agrarpreise (vgl. Tab. 6.1). Insbesondere läßt sich die These eines im Vergleich zu anderen Sektoren überproportionalen Preisverfalls, wie er von Tattara ermittelt wird, nicht bestätigen.[12] Die Verschlechterung der agrarsektoralen Terms of Trade war offenbar geringer als bisher angenommen.[13] An der Gesamttendenz ändert diese Korrektur freilich wenig. Zwischen 1927 und 1933 gingen die Preise für landwirtschaftliche Güter insgesamt um über 50% zurück, wenngleich sich für die einzelnen Agrarprodukte deutliche Unterschiede feststellen lassen. Überproportionale Preiseinbrüche verzeichneten vor allem Exportgüter wie Olivenöl, Wein und Reis, während für den Inlandsmarkt bestimmte Nahrungsmittel wie Weizen, Mais, Kartoffeln und Fleischprodukte, die zum Teil durch hohe Importzölle geschützt wurden, geringere Rückgänge erkennen lassen.[14]

---

[9] Alberto Pennacchio, Lo Stato corporativo fascista, Milano 1928, S. 89–92.

[10] Rundschreiben des Wirtschaftsministeriums vom 17.9.1927 (Nr. 31).

[11] So lag der Preis für amerikanischen Weizen (Winter No. 2) in Chicago 1927 durchschnittlich 11% unter dem Vorjahrespreis; ähnliche Rückgänge ergaben sich für Reis (London: –5,6%) und Kaffee (Brasilien: –21,2%); vgl. Mortara, Prospettive (1928) S. 32 und Istituto Centrale di Statistica, Sommario (1968) S. 117.

[12] Die Agrarpreise lagen nach Tattara (bezogen auf das Basisjahr 1926) im Zeitraum 1927–1935 durchschnittlich um 12,3% unter den Großhandelspreisen. Nach De Maria ergibt sich lediglich eine Abweichung von 5,3%, nach den eigenen Berechnungen von 1,7%; vgl. Tab. 6.1.

[13] Vgl. zu dieser Problematik auch Kap. IX.3.

[14] Istituto Centrale di Statistica, Sommario (1958) S. 173ff.

Tab. 6.2

Das Bruttoinlandsprodukt (BIP) nach Sektoren 1927–1934*

	1927	1928	1929	1930	1931	1932	1933	1934
BIP Landwirtschaft	77,8	80,8	78,8	59,1	51,7	53,6	42,9	42,4
BIP Industrie	81,6	81,7	81,5	73,9	61,5	56,2	57,5	58,0
BIP Tertiärer Sektor[a]	99,7	97,2	100,0	100,0	95,0	92,5	89,9	91,1
BIP Gesamt	85,9	86,2	86,4	76,6	68,4	66,7	62,3	62,6
BIP Landwirtschaft (1938)	90,8	98,5	102,2	91,1	94,5	103,2	93,3	88,4
BIP Industrie (1938)	97,0	106,0	109,6	105,7	95,9	95,4	101,9	101,4
BIP Tertiärer Sektor[a] (1938)	105,0	109,4	112,3	110,9	112,5	113,2	116,0	121,9
BIP Gesamt (1938)	97,6	104,9	108,1	102,4	101,6	104,1	104,0	104,1

* in laufenden Preisen und in Preisen von 1938, Indexwerte (1926 = 100)   [a] einschließlich der öffentlichen Verwaltung
Quellen: Ercolani, Documentazione statistica, S. 402f.; Istituto Centrale di Statistica, Sommario (1968) S. 143; dass., Sommario (1976) S. 125.

Tab. 6.3

Produktionsindices einzelner Agrargüter, der Gesamtnahrungsmittel- und Bruttobodenproduktion 1921–1935

Produkte	1921–1925	1926–1930	1931–1935
Weizen	100,0	111,1	135,6
Mais	100,0	100,8	105,6
Reis	100,0	122,3	117,7
Kartoffeln	100,0	103,4	105,6
Gemüse[a]	100,0	97,6	86,6
Hülsenfrüchte[b]	100,0	107,4	110,7
Zuckerrüben	100,0	108,7	92,5
Tabak	100,0	153,0	170,8
Hanf und Flachs	100,0	117,9	78,0
Wein	100,0	96,3	89,1
Oliven	100,0	93,0	84,3
Frischobst[c]	100,0	111,9	112,1
Tierfutter	100,0	106,9	107,6
Rinder und Büffel[d]	100,0	104,9	103,1
Schweine[d]	100,0	122,8	114,2
Ziegen und Schafe[d]	100,0	94,8	75,0
Fleisch[e]	100,0	123,1	121,1
Milch[f]	100,0	118,3	123,3
Nahrungsmittelproduktion	100,0	106,3	109,1
Bruttobodenproduktion	100,0	104,4	105,2

[a] Tomaten, Spargel, Artischocken, Kohl, Sellerie, Fenchel, Zwiebel, Knoblauch, Kürbisse, Melonen und Blumenkohl   [b] Saubohnen, Grüne Bohnen, Erbsen, Linsen, Lupine, Wicke

164

ᶜ Orangen, Zitronen, Äpfel, Birnen, Quitten, Granatäpfel, Kirschen, Pfirsiche, Aprikosen, Zwetschgen, Feigen   ᵈ Bestand an Lebendvieh   ᵉ Rinder, Schweine, Pferde, Schafe, Ziegen, Geflügel und Zuchtkaninchen, nach Schlachtgewicht addiert   ᶠ Gesamtproduktion an Kuh-, Schafs- und Ziegenmilch für den Direktkonsum und zur Weiterverarbeitung
Quellen: einzelne Produkte nach Istituto Centrale di Statistica, Sommario (1968) S. 62f., 66f. und 70f.; Nahrungsmittel- und Bruttobodenproduktion siehe Anhang.

Ein Blick auf die Entwicklung des Bruttoinlandsproduktes (Tab. 6.2) zeigt, daß die Rezession den Agrarsektor stärker erfaßte als andere Bereiche der Wirtschaft. Ausgedrückt in laufenden Preisen ging das Bruttoinlandsprodukt (BIP) zwischen 1926 und 1933 um fast 40% zurück, der Produktionswert des Agrarsektors verringerte sich um annähernd 60%. Aussagefähiger sind allerdings die preisbereinigten Daten, die Ercolani vorgelegt hat. Sie zeigen für die Landwirtschaft einen starken Einbruch 1927 (−10%), eine vorübergehende Erholung in den Jahren 1928 und 1929, die schließlich durch eine bis 1935 anhaltende Depression abgelöst wurde. Dabei verzerrt der hohe Indexwert von 1932 das reale Ausmaß der Krise. Die besonders günstigen klimatischen Bedingungen dieses Jahres bescherten der italienischen Landwirtschaft eine Rekordernte, so daß der Produktionswert vorübergehend hochschnellte. Betrachtet man neben dem Produktions*wert* das physische Produktions*volumen*, so läßt sich für die meisten Bereiche der Landwirtschaft nach 1926 trotz Krise ein leichter Zuwachs erkennen. In Tabelle 6.3 sind die Produktionsindices der wichtigsten Agrargüter zusammengefaßt. Im Vergleich zur ersten Hälfte der zwanziger Jahre wurde das Produktionsvolumen nach 1926 vor allem bei kohlehydratreichen Grundnahrungsmitteln wie Weizen, Mais, Reis und Kartoffeln ausgedehnt. Eine Zunahme läßt sich auch beim Bestand von Großvieh beobachten (Rinder, Zuchtbüffel, Schweine), während der Ziegen- und Schafbestand deutlich abnahm. Aussagefähiger als der Viehbestand, der zur Bestimmung des physischen Kapitalstocks der Landwirtschaft herangezogen werden kann, ist jedoch die Produktion von Fleisch und anderen Tiererzeugnissen wie Milch, Käse usw. Aggregiert man die Fleischproduktion nach Schlachtgewicht, so zeigt sich ebenfalls ein signifikanter Anstieg in der zweiten Hälfte der zwanziger Jahre (+ 23%), während die Produktion zwischen 1931 und 1935 stagnierte. Einen kontinuierlichen Zuwachs verzeichnete die Milchproduktion. Eine sichtbare Reduzierung des physischen Produktionsvolumens stellte sich dagegen, besonders in der ersten Hälfte der dreißiger Jahre, bei den Sonder- und Industriekulturen (Gemüse, Wein, Oliven, Hanf, Zuckerrüben) ein, während der Obstanbau trotz starker Exportabhängigkeit expandierte.

Zusammenfassend wird man feststellen können, daß der Produktionswert des Agrarsektors in den Jahren der Wirtschaftskrise erkennbar zurückging, die Produktionsmenge jedoch insbesondere bei den Grundnahrungsmitteln trotz starker Preisrückgänge gehalten oder sogar gesteigert wurde. Es lag somit das vor, was man in der Wirtschaftstheorie als *inverse* Angebotsreaktion bezeichnet. Die Gründe für diese Entwicklung sind zum Teil in den produktionsspezifischen Bedingungen der Landwirtschaft zu suchen. Zunächst wird man davon ausgehen können, daß das Angebot an Agrargütern kurzfristig, das heißt innerhalb eines Produktionszyklus, nur sehr wenig auf Preisveränderungen reagiert. Aber auch mittelfristig sind keine starken Angebotsreaktionen zu erwarten. Moderne empirische Studien haben gezeigt, daß die mittelfristige Preiselastizität des aggregierten Agrargüterangebotes zwischen 0,1 und 0,3 liegt.[15] Dies hängt zum einem mit dem langen Produktionszyklus einiger Agrargüter (Baum- und Rebkulturen, Großvieh) zusammen, zum anderen mit der geringen Faktormobilität und einer kurz- und mittelfristig hohen Konstanz der Faktoreinsätze in der Landwirtschaft. Dies gilt insbesondere für die Produktionsfaktoren Arbeit und Boden, sowie für Kapitalgüter (Gebäude und Maschinen), während es beim Einsatz betriebsfremder Vorleistungen (Düngemittel, Pflanzenschutz, Futtermittel) erfahrungsgemäß auch zu kurzfristigen Schwankungen kommt. Diese theoretischen Überlegungen lassen sich für die Entwicklung der italienischen Landwirtschaft zwischen 1927 und 1935 insgesamt verifizieren. So ging die landwirtschaftlich genutzte Fläche laut offizieller Statistik in den Jahren der Wirtschaftskrise nur um knapp 200.000 ha zurück, das entspricht einer Reduzierung von 0,9%.[16] Anders als in der Industrie, die während der Krise starke Einbrüche verzeichnete, blieb der Auslastungsgrad der agrarischen Produktionskapazitäten hoch. Offenbar hielten viele landwirtschaftliche Betriebe die Produktion auch unter Verlustbedingungen aufrecht.[17] Man wird vermuten können, daß besonders kleinere familienbäuerliche Betriebe mit niedrigem Anteil an Fremdarbeit ihre Felder auch dann bestellten, wenn dies unter betriebswirtschaftlichen Gesichtspunkten nicht mehr rentabel war. Sie konnten auf diese Weise wenigstens die Ernährung der eigenen Familie gewährleisten, auch wenn ihr monetäres Einkommen stark zurückging. Es ist anzunehmen, daß viele Landwirte außerdem versuchten, durch eine Erhöhung der Produktion die preisbedingten Einkommensverluste zu kompensieren. Während man in der Industrie danach strebte, mit Hilfe von Kartellen und Monopolen das

---

[15] Henrichsmeyer, Witzke, Agrarpolitik, Bd. 1, S. 266–293 und dort zitierte Literatur.

[16] Die landwirtschaftlich genutzte Fläche betrug im Jahresdurchschnitt: 1922–1925: 21.583 tsd. ha; 1926–1930: 21.498 tsd. ha; 1931–1935: 21.389 tsd. ha; Istituto Centrale di Statistica, Sommario (1968) S. 60.

[17] Empirische mikroökonomische Untersuchungen haben gezeigt, daß die Einbußen der landwirtschaftlichen Nettoeinkommen 1931 und 1932 etwa 50% betrugen; vgl. Giuseppe Tassinari, Le vicende del reddito dell'agricoltura dal 1925 al 1932, Roma 1932; außerdem PCM, 1937–1939, 3/1–2/5297.

Angebot zu begrenzen und somit die Preise zu stabilisieren, waren derartige Markträumungsstrategien in der Landwirtschaft aufgrund der großen Zahl von Produzenten und der sich daraus ergebenden atomistischen Konkurrenzsituation nur eingeschränkt möglich.

Wenn die landwirtschaftlichen Erträge trotz sinkender Preise in den meisten Bereichen gesteigert wurden, so hing dies auch mit der Nachfrageentwicklung zusammen. Die Inlandsnachfrage nach Nahrungsmitteln verzeichnete nämlich nur einen vergleichsweise geringen Rückgang. Auf der Basis der preisbereinigten ISTAT-Werte ergibt sich für die erste Hälfte der zwanziger Jahre ein durchschnittlicher jährlicher Nahrungsmittelverbrauch in Höhe von 56,1 Mrd. Lire, für den Zeitraum 1926–1930 58,0 Mrd. Lire und für 1931–1935 55,0 Mrd. Lire. Damit lag der Anteil des Nahrungsmittelkonsums an den gesamten privaten Konsumausgaben noch deutlich über 50%.[18] Es waren somit zwei strukturelle Faktoren – die niedrige Preiselastizität des Angebotes und die geringe Einkommenselastizität der Nachfrage –, die bewirkten, daß die Krise nicht zu einem (mengenmäßigen) Rückgang der landwirtschaftlichen Produktion führte.

2. Kostensenkung und Agrarpreisstützung. Staatliche Maßnahmen zwischen Deflation und Krise

Von seiten der politischen Führung war man sich bewußt, daß die Reduzierung der Agrarpreise, wie sie im Rahmen der Währungsstabilisierung angestrebt wurde, auf erheblichen Widerstand der landwirtschaftlichen Produzenten stoßen mußte. Tatsächlich mehrten sich seit 1926 die kritischen Stimmen gegenüber der Wirtschaftspolitik der Regierung. Beklagt wurde vor allem, daß zwar die Preise für Agrargüter – und damit die Verkaufserlöse – zurückgingen, die Produktionskosten aber praktisch unverändert blieben. Mit Besorgnis berichteten die lokalen Behörden von wachsender Unruhe und einer allgemein schlechten Stimmung innerhalb der bäuerlichen Bevölkerung.[19] Dabei wurde auch die Befürchtung geäußert, daß die Verschlechterung der Einkommenslage die Produktionsziele der „Getreideschlacht" gefährden

---

[18] Istituto Centrale di Statistica, Sommario (1968) S. 133.

[19] PCM 1927, 3/1–1/1060: Präfektur Ferrara an Mussolini, 10.5.1927; Anonymer Brief aus Palermo an Mussolini, Februar 1928; CNFA an Belluzzo, 14.6.1927; Faschistischer Parteisekretär Rovigo an Mussolini, 14.4.1927; Präfektur Trapani an Mussolini, 26.11.1927; PCM 1927, 3/1–1/2846: Präfektur Grosseto an Wirtschaftsministerium, 6.7.1927; PCM 1926, 3/1–1/4014: Handelskammer Ferrara an Finanzministerium, 18.10.1926; PCM 1928–1930, 3/2–2/3968: Norberto Marzotto (Vicenza) an Mussolini, 14.8.1928; AD, sc. 4, Nr. 5.1.7: Verschiedene Berichte der Provinzpräfekten über die Lage der Landwirte vom Oktober 1927.

könnte.[20] Offenbar zeigten die Bemühungen der Regierung, die Bevölkerung durch „Aufklärungsarbeit" von der Notwendigkeit der Maßnahmen zu überzeugen und zugleich „alarmistische und défaitistische Kommentare" zu unterdrücken, nur begrenzten Erfolg.[21] Auch Mussolini mußte zugeben, daß die Landwirtschaft durch den Preissturz „auf eine besonders harte Probe gestellt" wurde.[22]

Zwar war von Anfang an beabsichtigt, im Rahmen der Deflationspolitik nicht nur die Produktpreise, sondern auch die Faktorpreise (Pachten, Löhne, Preise für Vorleistungs- und Kapitalgüter) zu senken. Hierbei ergaben sich jedoch erhebliche Schwierigkeiten: Während die Produktpreise relativ flexibel waren und daher rasch zurückgingen, waren vor allem Löhne und Pachten meist in kollektiven Verträgen über längere Zeiträume festgesetzt.[23] Auch bei industriellen Investitions- und Vorleistungsgütern wie Dünger und Maschinen bestanden häufig längere Lieferverträge.[24] Ungünstig wirkte sich auch der lange agrarische Produktionszyklus aus, der ebenfalls zu Phasenverschiebungen führte.[25] Es bedurfte daher der vermittelnden Tätigkeit staatlicher Behörden, um eine rasche Anpassung der Betriebskosten an die Preisentwicklung zu gewährleisten.

Bei den einkommenspolitischen Maßnahmen zugunsten der Landwirtschaft wird man zwischen langfristig wirksamen Eingriffen in die Kostenstruktur der Betriebe und kurzfristigen Formen staatlicher Subventionen unterscheiden müssen. Direkte Subventionen in Form von staatlichen Trans-

---

[20] Vgl. z. B. PCM 1927, 3/1–1/1060: Bericht des Präfekten von Ancona an Mussolini vom 13.6.1927: „Vi è vivo allarme e grave preoccupazione nella classe degli agricoltori pel continuo rilevante ribasso già verificatosi nel prezzo del grano ed in quello del bestiame. La diminuzione, in ispecie, del prezzo del grano è tale infatti da assorbire quasi completamente il profitto dell'agricoltore, così da mettere in pericolo la sorte avvenire della battaglia del grano. [. . .]".

[21] PCM 1927, 3/16/2487: Rundschreiben Mussolinis an Präfekturen des Landes vom 29.6.1926: „[. . .] Occorre intonare la stampa sulle seguenti direttive. Evitare ogni commento allarmista aut disfattista e commentare in senso moderato. Sequestrare giornali opposizione [. . .] ed invitare stampa amica, specie quella sindacale, ad approvare opportunità provvedimento. Far mettere in rilievo le altre misure contro il caro viveri. [. . .] Riassumendo: bisogna impedire ogni interpretazione catastrofica degli attuali modesti provvedimenti e sottolineare invece la certezza che tutta la Nazione accoglierà provvedimenti con plauso e disciplina. [. . .]"; PCM 1927, 3/1–1/3706: Schreiben des Wirtschaftsministeriums an die Cattedre Ambulanti und an CNFA vom 1. und 5.9.1927.

[22] Vgl. Senatsrede Mussolinis vom 18.12.1930, in: O.O., Bd. 24, S. 318.

[23] Guarneri, Battaglie economiche, S. 248.

[24] Vgl. Eugenio Masè Dari, Ribasso dei prezzi e malessere economico, Italia Agricola 67 (1930) S. 125–129.

[25] Vgl. Parlamentsrede Aldo Finzi vom 21.3.1928, in: API, CD, Leg. XXVII, sess. 1928, Discussioni, Bd. 9, Roma o.J., S. 8776.

168

ferleistungen blieben jedoch aus finanziellen Gründen fast vollständig aus, sieht man einmal von den leistungsbezogenen Prämien im Rahmen der Produktionswettbewerbe ab. Eine indirekte Subvention der Landwirtschaft erfolgte auf steuerlichem Gebiet. Am 1.8.1927 beschloß der Ministerrat eine Senkung der landwirtschaftlichen Einkommenssteuer um 50%, was einer Entlastung von ca. 145 Mill. Lire entsprach, sowie eine Reduzierung der Grundbesitzsteuer von 25% für die kommenden drei Fiskaljahre über einen Gesamtbetrag von ca. 37 Mill. Lire.[26]

a) Die staatliche Lohnpolitik und die Entwicklung der Agrarlöhne

Zu den wichtigsten kostensenkenden Maßnahmen im Rahmen der Deflationspolitik gehörte die Anpassung der Löhne. Hier war jedoch zugleich ein erhebliches sozialpolitisches Konfliktpotential angelegt. Zwar waren die freien Gewerkschaften im Zuge der Arbeitsgesetze vom Frühjahr 1926 aufgelöst und der Arbeitsmarkt faktisch unter staatliche Kontrolle gestellt worden. Die faschistischen Syndikate waren unter der Führung von Rossoni aber nach wie vor mächtig und verfügten über erheblichen Einfluß innerhalb der Partei. Die Regierung mußte bei den geplanten Lohnsenkungen daher äußerst vorsichtig operieren, da andernfalls mit Widerständen der Gewerkschaften zu rechnen war.[27] Auf der anderen Seite hatten die Arbeitgeberverbände deutlich gemacht, daß sie die Politik der Währungsstabilisierung nur um den Preis spürbarer Lohnentlastungen unterstützen würden.[28]

Eine erste Maßnahme zur Senkung der Lohnkosten erfolgte bereits im Sommer 1926. Die Unternehmen wurden ermächtigt, ab 1. Juli 1926 außerhalb der geltenden Tarifbestimmungen täglich eine Arbeitsstunde mehr arbeiten zu lassen, die mit 50% des normalen Stundenlohnes entgolten wurde.[29] Zwischen Herbst 1926 und Frühjahr 1927 wurden in fast allen Branchen außertarifliche Lohnkürzungen durchgeführt, die zunächst noch ohne Vermittlung der Regierung erfolgten. Erst ab Mai 1927 griffen die staatlichen Behörden und Parteiorgane direkt in die Lohnverhandlungen ein. So kam es

---

[26] CM, Verbali, Bd. 17, S. 50, Sitzung vom 1.8.1927: Vortrag Finanzminister Volpi. – Die Gesamtsteuerbelastung der Landwirtschaft betrug nach dieser Maßnahme offiziellen Angaben zufolge nur noch ca. 500 Mill. Lire pro Jahr; vgl. Rede Mussolinis vom 9.10.1927, in: O.O., Bd. 23, S. 33.

[27] Über die Widerstände innerhalb der Gewerkschaften vgl. Bericht der P.S. (ohne Datum, aber 1926 oder 1927), SPD, CO, f. 91, sottof. 1; außerdem Tinghino, Edmondo Rossoni, S. 204f. und Perfetti, Il sindacalismo, Bd. 1, S. 143.

[28] Vgl. Toniolo, L'economia, S. 113 sowie Sarti, Mussolini.

[29] R.D.L. 30.6.1926 (Nr. 1096); vgl. auch PCM 1927, 3/16/2487: interner Bericht „Prima serie di provvedimenti intesi a migliorare la situazione economica generale del paese", 28.6.1926.

am 2. Mai 1927 auf Vermittlung des Parteisekretärs Turati zu einer zehn-prozentigen Kürzung der Landarbeiterlöhne in der Provinz Brescia.[30] Im Oktober 1927 beschloß das Parteidirektorium eine allgemeine Lohnsenkung in Höhe von 10–20%. Die Parteiorganisationen sollten auch bei zukünftigen Lohnverhandlungen eine wichtige Rolle spielen. So wurden im August 1927 auf provinzialer Ebene Komitees eingerichtet, die bei der Aushandlung der Löhne vermitteln sollten; diese *Comitati intersindacali*, denen Vertreter der Arbeitgeber- und Arbeitnehmerseite angehörten, traten unter Vorsitz des ört-lichen Parteisekretärs zusammen. Im Herbst 1927 wurde außerdem ein *Comitato intersindacale centrale* ins Leben gerufen, dem der Generalsekretär des PNF vorsaß.[31]

Es ist schwer, den Umfang und die Auswirkungen der Lohnkürzungen im Bereich der Landwirtschaft zu bestimmen, denn häufig handelte es sich um lokale und temporäre Vereinbarungen, die keineswegs in allen Landesteilen gleich waren. Allgemein läßt sich sagen, daß die Frage der Lohnanpassungen in der Landwirtschaft eine geringere Rolle spielte als in anderen Wirtschafts-sektoren. Ein beträchtlicher Teil der landwirtschaftlichen Arbeitskräfte be-stand aus selbständigen Bauern, Pächtern und Teilpächtern. Nur 2,41 der insgesamt 8,08 Mill. in der Landwirtschaft tätigen Personen fielen nach der Volkszählung von 1931 in die Kategorie der Lohnarbeiter.[32] Schließlich wur-den Arbeitsleistungen häufig in Form von Naturalien entgolten; Sonderlei-stungen der Landarbeiter, etwa in Erntezeiten, wurden bisweilen außertarif-lich bezahlt, so daß Arbeitszeit und Stundenlöhne in der Landwirtschaft nur sehr schwer zu berechnen sind.

Die einzigen Daten zur Entwicklung der Agrarlöhne, über die wir heute verfügen, beruhen auf zeitgenössischen Berechnungen und sind daher mit Vorsicht zu benutzen. Die Veröffentlichung von Lohnstatistiken war eine politisch äußerst delikate Angelegenheit. Um jeden Preis wollte man den Eindruck vermeiden, daß sich die Einkommensverhältnisse der Landbevöl-kerung unter dem faschistischen Regime verschlechtert hatten. Zu einem regelrechten Eklat führte daher eine 1931 veröffentlichte Studie des Faschi-stischen Landarbeiterverbandes (CNSFA), die zu dem Ergebnis kam, daß die Agrarlöhne seit 1923 nominal und real stark zurückgegangen waren.[33] Nach

---

[30] Lyttelton, La conquista, S. 556; zur faschistischen Lohnpolitik außerdem De Felice, Mussolini il duce, Bd. 1, S. 65–76.

[31] Lyttelton, La conquista, S. 557f.; weitere Lohnkürzungen in Industrie und Landwirtschaft erfolgten 1931; vgl. PCM 1931–1933, 18/3/2752: Ministero delle Corporazioni, Appunto per S. E. il Capo del Governo, (o.D., Eingangsstempel PCM 5.10.1931), S. 4f.; vgl. auch die Fallstudie von Pier Paolo D'Attorre, Un aspetto del fascismo nelle campagne bolognesi: il sindacato negli anni della grande crisi, Annali Cervi 7 (1985) S. 205–239.

[32] Vitali, I censimenti, S. 390f.

[33] Confederazione Nazionale dei Sindacati Fascisti dell'Agricoltura, I salari nell'agricoltura tratti dai contratti di lavoro dal 1913 al 1931, Roma 1931.

den Berechnungen der CNSFA lagen die Reallöhne 1931 nicht nur deutlich unter dem Niveau von 1922 (−18,4%), sondern auch um 12,2% niedriger als 1913 (vgl. Tab. 6.4). Der Präsident des staatlichen Statistikinstituts, Corrado Gini, protestierte gegen diese nicht genehmigte Veröffentlichung, die er angesichts des „extrem delikaten Charakters der Angelegenheit" für besonders gravierend hielt. Er befürchtete, daß „Feinde Italiens daraus bestimmte Rückschlüsse ziehen" könnten.[34] Nach Rücksprache mit Mussolini legte das Statistikamt kurz darauf einen zweiten Reallohnindex vor.[35] Dieser beruhte auf den gleichen Lohnerhebungen wie der des Landarbeiterverbandes, benutzte aber einen anderen Preisindex.[36] In der Tat ergab diese Berechnung ein wesentlich günstigeres Bild. Zwar waren die Reallöhne auch nach dieser Kalkulation seit 1922 fast kontinuierlich abgesunken; immerhin lagen sie aber 1931 noch um 13,1% über dem Vorkriegsniveau. Eine dritte Untersuchung zu diesem Thema wurde 1933 von der Statistikprofessorin Paola Maria Arcari in den Annalen des ISTAT veröffentlicht.[37] Wahrscheinlich handelte es sich um eine Auftragsarbeit des ISTAT. Die Autorin kritisierte darin „den Pessimismus bestimmter Leute, die behaupten, es sei eine reale Verschlechterung gegenüber der Vorkriegszeit eingetreten". Ihre neuen Berechnungen ergaben, daß die Reallöhne in der Landwirtschaft 1931 um 45,4% höher lagen als 1913. Für Arcari war es somit zu einer „Verbesserung der Lebensbedingungen" sowohl der Arbeiterschaft als auch der ländlichen Bevölkerung gekommen.

Wenn die Ergebnisse dieser Analysen – vor allem in Bezug auf das Basisjahr 1913 – stark voneinander abweichen, so lassen sich für die Entwicklung nach 1927 tendenzielle Übereinstimmungen erkennen. Nach der CNSFA-Statistik gingen die *Nominal*löhne zwischen 1927 und 1931 um 25,2% zurück, nach Arcari um 21,9%.[38] Arcari führt ihre Statistik bis 1933 fort und gibt für 1931–1933 weitere nominale Lohnreduzierungen von 9,4% an. Die *Real*löhne lassen dagegen in beiden Studien einen leichten Anstieg bis 1928 erkennen (die Preise fielen 1926 bis 1928 schneller als die Löhne); erst danach kam es

---

[34] PCM 1931–1933, 3/2–6/3033: Schreiben Corrado Ginis an Mussolini vom 16.10. u. 27.10.1931: Gini schlug vor, den Vertrieb der Publikation sofort einzustellen und bereits ausgelieferte Exemplare zurückzuordern. Dieser Vorschlag wurde von Mussolini auch befolgt, wie aus den Anmerkungen auf dem Schreiben vom 27.10.1931 hervorgeht.

[35] Ebd. Gini an Mussolini, 2.12.1931.

[36] Die Veröffentlichung der CNSFA verwendete den Lebenshaltungskostenindex der Stadt Mailand als Deflator, ISTAT dagegen einen eigenen Preisindex.

[37] Paola Maria Arcari, Le variazioni dei salari agricoli in Italia dalla fondazione del Regno al 1933, Annali di Statistica, Ser. VI, Bd. 36 (Hg. Istituto Centrale di Statistica del Regno d'Italia), Roma 1936.

[38] Ebd. S. 253.

auch zu realen Lohneinbußen, die sich zwischen 1928 und 1931 auf 13,4% (CNSFA) bzw. 7,2% (Arcari) addierten. Nach Arcari kam es nach 1931 zu keinem signifikanten Rückgang der Reallöhne.

Tab. 6.4

Durchschnittslöhne in der Landwirtschaft 1913–1933*

Jahr	CNSFA nominal	CNSFA real[a]	CNSFA real[b]	Arcari real
1913	100,0	100,0	100,0	100,0
1919	437,1	133,5	163,0	167,0
1920	485,0	109,7	137,7	156,7
1921	552,1	102,0	132,5	153,6
1922	538,6	107,6	130,0	158,8
1923	530,0	107,3	128,7	158,7
1924	529,4	100,4	124,2	155,7
1925	581,7	95,2	121,4	147,4
1926	586,2	89,6	113,5	143,3
1927	576,5	98,1	122,0	153,6
1928	537,2	101,4	122,7	156,7
1929	532,5	97,7	119,5	150,5
1930	513,3	96,8	119,2	148,5
1931	431,8	87,8	109,1	145,4
1932			122,2	143,3
1933			113,1	145,4

* Indexwerte   [a] Deflator CNSFA   [b] Deflator ISTAT
Quellen: Arcari, Le variazioni, S. 252f.; Confederazione Nazionale dei Sindacati Fascisti dell'Agricoltura, I salari, S. 270; PCM, 1931–1933, 3/2–6/3033.

Eine zweite Quelle gibt Aufschluß über die volkswirtschaftliche Summe der Lohnsenkungen. Sie basiert auf Überschlagskalkulationen, die von der CNSFA und dem Arbeitgeberverband CNFA 1931 erstellt wurden. Beide Analysen kommen zu dem Ergebnis, daß sich die seit 1927 durchgeführten Lohnsenkungen auf mindestens eine Milliarde Lire jährlich addierten.[39] Berücksichtigt man, daß die Bruttowertschöpfung (zu Faktorkosten) des Agrarsektors 1931 nur knapp 30 Mrd. Lire erreichte,[40] so erkennt man die ökonomische Tragweite der Lohnanpassungen.

[39] AD, sc. 7, Nr. 8.1.9, All. 20. Die CNFA geht von einer Milliarde, die CNSFA von 1,2 Milliarden Lire aus. Diese Schätzungen dürften allerdings etwas zu hoch angesetzt sein. Die Autoren verfügten nämlich noch nicht über die neuen Daten der Volkszählung von 1931, die eine niedrigere Zahl von Landarbeitern ausweist.

[40] Istituto Centrale di Statistica, Sommario (1968) S. 142.

b) Die Anpassung der Pachten

Nicht weniger bedeutend als die Lohnfrage war das Problem der Pachtanpassungen. Nach der Agrarstatistik von 1930 (Censimento generale dell'Agricoltura) waren 565.770 von insgesamt 4.196.266 landwirtschaftlichen Betrieben Vollpachtbetriebe, das entspricht einem Anteil von 13,5%. Sie bewirtschafteten 12,7% (3,3 von 26,3 Mill. ha) der landwirtschaftlichen Nutzfläche.[41] Das ökonomische Gewicht der Pachtbetriebe kommt durch diese Zahlen aber nur unvollständig zum Ausdruck. Gerade in den fruchtbaren und intensiv bewirtschafteten Gebieten der Poebene waren mittlere und große Pachthöfe besonders verbreitet. So entfielen in der lombardischen Poebene etwa 50% der landwirtschaftlichen Nutzfläche auf Vollpachtbetriebe.[42]

Das Problem der Pachtanpassungen war keineswegs neu. Seit langem wurde von Fachleuten eine Reform des Landpachtrechtes gefordert, welches noch weitgehend auf den Bestimmungen des *Codice Civile* von 1865 beruhte und daher nach übereinstimmender Ansicht den veränderten wirtschaftlichen Bedingungen nicht mehr entsprach.[43] Während Arbeits- und Mezzadriaverträge in der Regel über den Zeitraum von einem Jahr abgeschlossen wurden und daher den wirtschaftlichen Veränderungen kontinuierlich angepaßt werden konnten, hatten Pachtverträge mit einer Dauer von 6–12 Jahren langfristigen Charakter. Lange Vertragszeiten waren unter dem Gesichtspunkt der Bewirtschaftungskontinuität und des Pächterschutzes zwar sinnvoll, führten jedoch in Phasen starker Preisveränderungen zu Anpassungsproblemen. So hatte die Inflation der Kriegs- und Nachkriegszeit zu einer Entwertung der Pachtzinsen geführt und somit für die Grundbesitzer beträchtliche Einkommenseinbußen zur Folge gehabt. Gleichzeitig war 1915 eine Verordnung in Kraft getreten, welche die Agrarpachten für die Dauer des Krieges einfror.[44] Diese Verordnung sollte zwar nach dem Krieg wieder aufgehoben werden, doch die Landbesitzer konnten vor dem Hintergrund der revolutionären Umbruchstimmung nach 1918 nur geringe Pachterhöhungen durchsetzen.[45] Umso nachdrücklicher forderten die Landbesitzerverbände nach 1922 eine

---

[41] Istituto Centrale di Statistica del Regno d'Italia, Annuario statistico italiano (1940) S. 100f.

[42] Ebd. S. 98f.

[43] Einen Überblick über die Entwicklung dieser Rechtsinstitution gibt Maria Malatesta, L'affitto, la legge, il mercato, in: Bevilacqua (Hg.), Storia dell'agricoltura, Bd. 3, S. 471–508.

[44] Decreto luogotenenziale 8.8.1915 (Nr. 1220); vgl. Giorgetti, Contadini e proprietari, S. 441.

[45] Die Agrarpachten waren zwischen 1918 und 1922 durchschnittlich nur um 20,5% angestiegen, die Löhne dagegen um 115,6% und die Großhandelspreise um 31,9%; Istituto Centrale di Statistica, Sommario (1976) S. 139; De Maria, La variabilità dei prezzi, S. 693. Zahlreiche Dokumente zum Problem der Agrarpachten in der Kriegs- und Nachkriegszeit in: PCM 1927, 3/1–1/691.

Revision der Pachten, die den Preissteigerungen der vergangenen Jahre angepaßt werden sollten. Zugleich sollte zukünftig ein automatischer Inflationsausgleich („scala mobile") in den Verträgen vereinbart werden.[46] Diesen Forderungen wurde von der Regierung nur partiell entsprochen. So gestattete man zwar für die vor 1918 abgeschlossenen Pachtverträge eine Erhöhung, nicht jedoch für die nach dem Krieg getätigten Vertragsabschlüsse. Die Begründung für diese unterschiedliche Behandlung war weniger ökonomischer als juristischer Natur. Da die Pachten während des Krieges durch gesetzliche Verordnung eingefroren worden waren – so die Argumentation des Wirtschaftsministeriums –, war eine staatliche Revision der Pachten für diesen Zeitraum gerechtfertigt. Alle danach abgeschlossenen Vereinbarungen seien hingegen unter freien Vertragsbedingungen zustande gekommen. Zwar erkannte auch das Wirtschaftsministerium, daß die Grundbesitzer in der Nachkriegszeit schwere wirtschaftliche Rückschläge erlitten hatten, die zum Teil auf dem „Zwangsregime des ausufernden Bolschewismus beim Abschluß der Agrarverträge" beruhten.[47] Mit Hinweis auf den privatrechtlichen Charakter der Pachtverträge wurde jedoch am „Prinzip der Nichteinmischung des Staates" festgehalten.[48]

Hatten die Pächter erheblich von der Nachkriegsentwicklung profitiert, so kehrte sich die Lage 1926/27 schlagartig um, denn durch die Lira-Aufwertung nahm die effektive Belastung der Pachtbetriebe bei nominal gleichbleibenden Pachtzinsen zu.[49] Die Pächter, die zuvor den Grundsatz der Vertragsfreiheit verteidigt hatten,[50] drängten nun ihrerseits auf eine Revision der Agrarpachten durch staatliche Instanzen. So forderte der faschistische Dachverband der Landwirte (CNFA) im Februar 1927 eine gesetzliche „Angleichung der Pachtzinsen an die Produktionskosten und Produktpreise",[51] was jedoch vom Wirtschaftsministerium mit derselben Begründung zurückgewiesen wurde, welche einige Jahre zuvor gegenüber den Landbesitzervereinigungen geltend gemacht worden war.[52]

---

[46] PCM 1927, 3/1–1/691: Schreiben Senator L. Borsarelli di Rifreddo an Wirtschaftsministerium, 5.5.1924; Memorandum der Associazione proprietari terrieri „Per la disciplina delle affittanze agrarie", 15.8.1924; Schreiben von G. Bellini, Präsident der Associazione Proprietari di Terreni della Provincia di Cremona an Wirtschaftsministerium vom 2.2.1925; Schreiben Proprietari terrieri del Vercellese an Mussolini (o.D.).

[47] PCM 1927, 3/1–1/691: Schreiben Wirtschaftsminister Nava an Senator Borsarelli, 4.11.1924.

[48] PCM 1927, 3/1–1/691: Interner Bericht der PCM an Unterstaatssekretär Suardo, 30.6.1925; vgl. auch Serpieri, La politica agraria del governo, S. 6.

[49] Die Pachtzinsen bewegten sich in einer Größenordnung von 250–1.000 Lire pro Hektar. Die Gesamtbelastung betrug somit bei einer Pachtlandfläche von 4,3 Mill. ha gut 2 Mrd. Lire.

[50] Vgl. PCM 1927, 3/1–1/691: Resolution der Associazione fra gli Agricoltori dell'Alta Italia vom 21.2.1925; Federazione Provinciale Sindacati datori di lavoro an Mussolini, 15.4.1925.

[51] PCM 1927, 3/1–1/691: Voti del Convegno Agricolo di Piacenza dell'8 febbraio indetto dalla Confederazione Nazionale Fascista degli Agricoltori, 8.2.1927.

Vor dem Hintergrund eines weiteren Agrarpreisverfalls im Frühjahr und Sommer 1927 setzte sich allerdings auch in Regierungs- und Parteikreisen die Auffassung durch, daß eine Senkung der Produktionskosten ohne staatliche Vermittlung nicht möglich sei. Häufig waren es die lokalen Parteiführer, die sich zum Anwalt der Landwirte machten. Der ehemalige Parteigeneralsekretär und *Ras* von Cremona, Roberto Farinacci, intervenierte im Sommer 1927 bei Mussolini, um eine Senkung der Agrarpachten zu erwirken.[53] Nach Farinacci bedeutete die „Quota 90" für die Agrarproduzenten der Poebene, die zu einem großen Teil Pächter waren, in Wirklichkeit „Quota 60". Mussolini, der auf jegliche Kritik an seiner Währungspolitik äußerst gereizt reagierte und dessen Verhältnis zu Farinacci ohnehin spannungsreich war, wies diese Forderung erneut energisch zurück.[54] Dennoch wurde von der Regierung toleriert, daß auf provinzialer Ebene Vermittlungskommissionen (*Commissioni provinciali di conciliazione*) zur Schlichtung der Konflikte zwischen Pächtern und Grundbesitzern eingerichtet wurden. Die Kommissionen, die auf eine Initiative der CNFA vom Frühsommer 1927 zurückgingen, setzten sich aus Vertretern der lokalen Pächter- und Grundbesitzervereinigungen zusammen; den Vorsitz führte in der Regel der Direktor der ortsansässigen *Cattedra Ambulante*.[55] Auf Drängen der CNFA übernahmen ab Juni 1927 die Provinzpräfekten den Vorsitz bei den Verhandlungen, womit die Kommissionen nun doch einen quasi-behördlichen Charakter erhielten.[56] Offenbar übten in einigen Fällen auch die Parteisekretäre Druck auf die Schlichtungsorgane aus, um eine rasche Einigung zu erreichen.[57]

---

[52] PCM 1927, 3/1–1/691: Wirtschaftsminister Belluzzo an PCM, März 1927: „Sono già noti i principi cui si ispira e le direttive alle quali si attiene il Governo Nazionale in materia di locazioni di fondi rustici. Esso ha trovato che era stata consentita la revisione dei canoni per i contratti conchiusi fino al 30 giugno 1918, e pur mantenendo in vigore la revisione stessa con opportuni emendamenti, non ha creduto di modificare la detta data. Resistendo alle reiterate pressioni dei proprietari, allora interessati, ritenne di compiere così opera utile nell'interesse dell'agricoltura del Paese e delle stesse parti in contrasto, nella facile previsione che ulteriori concessioni avrebbero indotto a nuove richieste per altre mutate condizioni, come avviene oggi appunto che gli affittuari chiedono la revisione in proprio favore. La direttiva da seguire ora non può essere, quindi, diversa per le stesse ragioni dinanzi accennate, se si vuole che i rapporti fra locatori ed affittuari costituiscano la base sicura di una prospera e tranquilla attività."

[53] SPD, CR, b. 42, sottof. 20: Schreiben Farinacci an Mussolini vom 1.9.1927 und weitere Dokumente; auch der Parlamentsabgeordnete und Parteisekretär von Piacenza, Bernardo Barbiellini Amidei, forderte eine Revision der Pachten; vgl. Rede vom 11.7.1927, in: API, CD, Leg. XXVII, sess. 1924–1928, Discussioni, Bd. 7, Roma o.J., S. 6953.

[54] Telegramme Mussolinis an Farinacci vom 31.8. und 3.9.1927 (SPD, CR, b. 42, sottof. 20).

[55] PCM 1927, 3/1–1/691: CNFA an Wirtschaftsministerium, 15.6.1927.

[56] PCM 1927, 3/1–1/691: Wirtschaftsministerium an CNFA, 30.6.1927.

[57] SPD, CR, b. 42, sottof. 20: Farinacci an Mussolini, 11.10.1927 und Antworttelegramm Mussolinis vom 13.10.1927.

In der Tat konnten die Kommissionen beträchtliche Erfolge verbuchen. Bis zum 10. Oktober waren 31.120 Vergleichsanträge eingegangen, von denen bereits 9.040 abgeschlossen waren. Besonders betroffen waren die Provinzen Ferrara, Brescia, Cremona, Rovigo, Venezia, Piacenza und Brindisi.[58] Im Mai 1927 wurden die Kommissionen schließlich aufgelöst, nachdem landesweit 61.588 Verfahren geschlichtet worden waren.[59] Im ganzen wurde die Zahl der revidierten Pachtverträge auf 130.000 geschätzt.[60] Die Pachtsätze sanken zwischen 1929 und 1931 im Landesdurchschnitt um über 50%.[61] Betonte man offiziell, daß es sich bei der Tätigkeit der *Commissioni di conciliazione* um eine einmalige Sonderregelung handelte,[62] so wurde doch in Zukunft immer häufiger auf die Vermittlungstätigkeit der syndikalen Organisationen zurückgegriffen. Zwar setzte sich die von einigen Seiten geforderte kollektive Aushandlung der Verträge,[63] wie sie bei Arbeits- und Teilpachtverhältnissen üblich war, nicht durch. Doch wurden nach weiteren Preiseinbrüchen im Oktober 1930 erneut Schlichtungskommissionen eingesetzt, die bis zum Juli 1932 über 70.000 Pachtverträge neu regelten.[64] Auch ging man seit Anfang der dreißiger Jahre immer mehr dazu über, die Agrarpachten durch regionale Rahmenverträge („Capitolati") mit begrenzter Verbindlichkeit zu vereinheitlichen.[65]

---

[58] CM, Verbali, Bd. 17, S. 64f.: Sitzung vom 17.10.1927. – Vgl. zur Provinz Mailand Alberto De Bernardi, Agrari e fascismo nella crisi di „quota novanta". Il caso milanese, Padania Jg. 1, H. 1 (1987) S. 41–53.

[59] Davon wurden 43.036 direkt von den paritätischen Kommissionen, der Rest von den Justizbehörden behandelt; vgl. Antonio Marozzi, Sul problema degli affitti agrari, L'Avanguardia Rurale, Jg. 2, Nr. 10, 1.5.1931, S. 3.

[60] PCM 1928–1930, 3/1–1/2179: CNFA an Justizministerium, 2.4.1928. – Viele Verträge wurden offenbar auf gütlicher Basis neu ausgehandelt.

[61] De Maria, Le variabilità dei prezzi, S. 693.

[62] Die CNFA hatte selbst eine Auflösung der Kommissionen verlangt. Offenbar schlossen viele Pächter inzwischen neue Verträge zu hohen Pachtzinsen in der Hoffnung ab, diese später durch die Schlichtungsgremien revidieren zu können. Diese Befürchtungen wurden auch vom Wirtschaftsministerium und von den Präfekturen geteilt, die von einem regelrechten Spekulationsboom sprachen; PCM 11, 1928–1930, 3/1–1/2179: CNFA an Justizministerium, 2.4.1928; CNFA an Mussolini, 31.5.1928; Belluzzo an PCM, 17.4.1928; Präfektur Ferrara an Mussolini, 14.9.1928.

[63] Aulo Marchi, Il problema degli affitti agrari, L'Avanguardia Rurale, Jg. 2, H. 5/6, 15.4.1931, S. 1f. Marchi fordert darin den Abschluß verbindlicher kollektiver Pachtverträge, welche durch die korporativen Organe ausgehandelt werden sollten.

[64] Vgl. Confederazione Nazionale Fascista degli Agricoltori, Dieci anni, S. 54.

[65] Vgl. Giorgetti, Contadini e proprietari, S. 481ff.

c) Die Verschuldung der Landwirtschaft und die Reform des Agrarkreditwesens

Wie in den meisten Ländern kam es auch in Italien nach 1927 zu gravierenden Liquiditäts- und Verschuldungsproblemen im Agrarbereich. Zeitgenössischen Experten zufolge handelte es sich sogar um *„das zentrale* Problem der italienischen Landwirtschaft“.[66] Präzise Aussagen über Höhe und Verteilung der Schuldenlast sind mangels verläßlicher Statistiken allerdings kaum möglich. Das Landwirtschaftsministerium bezifferte die gesamten Verbindlichkeiten gegenüber Dritten Anfang 1932 auf 8,5 Mrd. Lire; davon entfielen etwa 4,5 Mrd. Lire auf langfristige Bodenkredite und 4 Mrd. Lire auf kurzfristige Betriebskredite.[67] Andere zeitgenössische Autoren gehen allerdings von einer weitaus höheren Schuldbelastung der Landwirtschaft aus.[68] So hat man auf der Basis der Steuererklärungen, in denen die steuerpflichtigen Kapitalerträge aufgeführt sind, die gesamte hypothekarische Schuld auf 28–30 Mrd. Lire geschätzt.[69] Zwar handelt es sich um Überschlagsrechnungen, die zudem auch nichtlandwirtschaftliche Realkredite an Immobilien einschließen; dennoch wird man die landwirtschaftliche Grundschuldbelastung auf mindestens 10 Mrd. Lire veranschlagen müssen. Bei einem Gesamtwert des landwirtschaftlichen Grundbesitzes (einschließlich des Viehbestandes) von schätzungsweise 90 Mrd. Lire[70] erhält man eine prozentuale Belastung von mindestens 11%. Weitaus ungünstiger war wahrscheinlich das Verhältnis von laufenden Zinsverpflichtungen und Einkommen, wenn man berücksichtigt, daß die Kreditzinsen bei rund 8% lagen, die Bodenrente Anfang der dreißiger Jahre allenfalls 4% erreichte. Legt man die obigen Schätzwerte zugrunde, so wurde mehr als ein Fünftel der Bodenrente durch Zinsverpflichtungen absorbiert.[71]

Es sei noch einmal betont, daß diese Zahlen auf Schätzungen beruhen und daher allenfalls die Größenordnung der Schuldenlast beziffern können. Da man keineswegs von einer gleichmäßigen Verteilung der Schuldenlast aus-

---

[66] Nallo Mazzocchi-Alemanni, I debiti dell'Agricoltura, Atti della Reale Accademia economico-agraria dei Georgofili di Firenze, Ser.V, Bd. 29, Firenze 1932, S. 136–178, hier S. 136.

[67] Vgl. Parlamentsrede von Landwirtschaftsminister Acerbo vom 19.2.1932, in: API, CD, Leg. XXVIII, sess. 1929–1932, Discussioni, Bd. 6, Roma o.J., S. 5725f.

[68] F. Polastri, I debiti dell'agricoltura, L'Avanguardia Rurale, Jg. 3, H. 15/16, 15.8./1.9.1932, S. 14f.; Mazzocchi-Alemanni, I debiti, S. 144f.; Ettore Rosboch, La tragedia dei debitori, Gazzetta del Popolo, 6.9.1932, S. 1.

[69] Ebd.

[70] Vgl. Parlamentsrede Acerbos vom 19.2.1932, a. a.O., S. 5725f.

[71] Nach den Schätzangaben im Text betrug die Schuldenlast 10 Mrd. Lire, woraus sich bei einem Zinssatz von 8% eine jährliche Zinsverpflichtung von 800 Mill. Lire ergibt. Die Bodenrente beträgt dagegen 90 Mrd. Lire x 0,04 = 3,6 Mrd. Lire.

gehen kann, wäre es außerdem wichtig zu wissen, welche Regionen und welche Betriebsformen besonders von Verschuldung betroffen waren. Auch diesbezüglich lassen sich nur allgemeine und nicht genauer quantifizierbare Aussagen machen. Zeitgenössische Fachleute gingen davon aus, daß Großgrundbesitzungen und Betriebe mit hoher Kapitalintensität stärker mit Überschuldungsproblemen zu kämpfen hatten als kleine und mittlere, häufig auf Familienbasis wirtschaftende Agrarbetriebe.[72] Dies dürfte auf eine hohe Eigenkapitalquote und ein insgesamt eher konservatives Finanzierungsverhalten im kleinbäuerlichen Bereich zurückzuführen sein, während größere Betriebe in der Regel stärker auf Fremdkapital zurückgriffen.

Die Ursachen für die Verschuldung vieler Landwirte und Grundbesitzer sind in der besonderen wirtschaftlichen Entwicklung der Nachkriegszeit zu suchen. Wie bereits erwähnt, hatte der landwirtschaftliche Immobilienmarkt in dem Jahrzehnt nach dem Ersten Weltkrieg einen Boom in bis dahin unbekanntem Ausmaß erlebt. Angesichts steigender Agrarpreise und der damit verbundenen Einkommenserwartungen wurden viele Grundstückskäufe durch Schulden finanziert.[73] Eine großzügige Kreditpolitik der Banken und die Erwartung, daß ein Teil der Schulden durch die hohe Inflation getilgt würde, verleitete offenbar viele Landwirte zu überhöhter Kreditaufnahme.[74]

Der Boom auf dem Grundstücksmarkt fand jedoch 1927 mit Beginn der Wirtschaftskrise ein jähes Ende. Während die landwirtschaftlichen Einkommen infolge sinkender Agrarpreise stark zurückgingen und schließlich auch die Bodenpreise verfielen,[75] erhöhte sich die Schuldlast infolge der Lira-Aufwertung beträchtlich. Betroffene Landwirte sprachen von einer „Verdopplung der Schulden" bei gleichzeitigem Rückgang der Agrareinkommen.[76] Die Liquiditätsprobleme vieler Betriebe waren folglich nur zum Teil selbstverschuldet und die Forderungen nach staatlicher Hilfeleistung daher nicht völlig unberechtigt.

Die politischen Maßnahmen zur Milderung der landwirtschaftlichen Verschuldungs- und Liquiditätskrise erstreckten sich auf zwei Bereiche:
– Finanzielle Zuschüsse für stark verschuldete Betriebe, die in erster Linie in Form von Zinsbeihilfen geleistet wurden.
– Eine rechtliche und institutionelle Neuordnung des Agrarkreditwesens.

---

[72] Ebd. S. 5725f.; Mazzocchi-Alemanni, I debiti, S. 146ff.
[73] Guarneri, Battaglie economiche, S. 248.
[74] Banti, I proprietari, S. 92; Fano, Problemi, S. 482.
[75] Dario Perini (Hg.), Risultati economici di aziende agrarie negli anni 1933–1934–1935, Roma 1937, S. 383–386.
[76] PCM 1931–1933, 3/1–3/8423: Bittgesuch von ca. 100 Landwirten an Mussolini vom 24.5.1933.

Das Hilfsprogramm für verschuldete Landwirte, das mit dem Gesetz vom 15. Mai 1931 (Nr. 632) in die Wege geleitet wurde, sah Zahlungsaufschübe wie staatliche Zinsbeihilfen vor und sollte zu einer raschen Entschuldung der Betriebe beitragen. Nach dem Gesetz konnten Betriebskredite, die vor dem 15. April 1931 aufgenommen worden waren, eine staatliche Zinsbeihilfe von maximal 3,75% pro Jahr erhalten; sie mußten innerhalb von fünf Jahren abgezahlt werden. Anspruch auf besondere Vergünstigungen hatten Landwirte und Genossenschaften, die sich zur Durchführung von Urbarmachungs- und Bodenverbesserungsarbeiten verschuldet hatten.[77] Für die Provinzen Ferrara, Brescia und Pola, die außergewöhnlich hohe Verschuldungsraten aufwiesen, traten ebenfalls Sondervergünstigungen in Kraft. Schließlich wurden die Bodenkreditinstitute im Herbst 1932 ermächtigt, ihren Kreditnehmern einen Zahlungsaufschub bis zum 1. Januar 1935 zu gewähren.[78]

Zusätzliche staatliche Mittel in Höhe von 46 Mill. Lire pro Jahr wurden für sogenannte „verdiente Landwirte" („agricoltori benemeriti") zur Verfügung gestellt. Diese Subventionen konnten von den Landwirten bei den lokalen Behörden beantragt werden und wurden dann nach einer weiteren Prüfung durch das Landwirtschaftsministerium in Form von Zinsbeihilfen gewährt.[79] Diese leistungsbezogenen Zahlungen, die vor allem für kleinbäuerliche Betriebe vorgesehen waren, sollten dem Entschuldungsprogramm einen „moralischen Charakter" verleihen.[80] Nach offiziellen Angaben erhielten über 1.600 Betriebe mit einer Wirtschaftsfläche von 600.000 ha Zahlungen aus diesem Sonderfonds.[81]

Trotz dieser Maßnahmen konnte von einem systematischen Entschuldungsprogramm zugunsten der Landwirtschaft kaum die Rede sein. Offiziellen Angaben zufolge summierten sich die staatlichen Subventionen auf einen Betrag von knapp 900 Mill. Lire, womit eine Gesamtschuld von über 3 Mrd.

---

[77] So war schon ein Jahr zuvor (R.D.L. 24.7.1930, Nr. 1132) ein Gesetz erlassen worden, das Landwirten bzw. Konsortien die Möglichkeit gab, zu Meliorationszwecken aufgenommene Kredite in langfristige Hypothekarkredite mit einer Laufzeit von 25 Jahren umzuwandeln. Überstiegen die jährlichen Zins- und Rückzahlungen 7,5% des Kredites, so übernahm der Staat den darüberliegenden Betrag.

[78] R.D.L. 20.9.1932 (Nr. 1213); zur Schuldenentlastung der landwirtschaftlichen Konsortien wurde mit dem Gesetz vom 30. Mai 1932 eine Summe von jährlich 6 Mill. Lire bereitgestellt; zur finanziellen Sanierung der Agrarkonsortien wurde der Ente finanziario dei Consorzi agrari cooperativi ins Leben gerufen. Schließlich konnten die von den Konsortien gewährten Kredite durch eine staatliche Zinsbeizahlung von maximal 4% subventioniert werden.

[79] Die Anträge sind gesammelt in PCM 1934–1936, 3/1–2/3.

[80] Serpieri, L'economia italiana, S. 329.

[81] Vgl. Camera dei Fasci e delle Corporazioni, Senato del Regno (Hgg.), La legislazione fascista 1934–1939, Bd. 1, S. 1376f. Nachdem die Mittel des Sonderfonds aufgebraucht worden waren, wurde das Programm 1935 eingestellt.

Lire konsolidiert worden wäre.[82] Allerdings handelte es sich bei dem Betrag von 900 Mill. Lire im wesentlichen um zukünftige Zinsbeihilfen, die zum Teil erst Jahrzehnte später fällig wurden. So betrugen die jährlichen Leistungen für „verdiente Landwirte" nur etwa 46 Mill. Lire; sie hatten eine Laufzeit von 25 Jahren.[83] Die Finanzexperten der Regierung errechneten nun den Gesamtbetrag aller zukünftigen Zahlungen und diskontierten diesen mit einem jährliche Abschlag von 6,5% auf einen Gegenwartswert von 900 Mill. Lire. Diese Rechenoperation sollte darüber hinwegtäuschen, daß jährlich kaum mehr als 60–70 Mill. Lire für die Entschuldung der Landwirtschaft zur Verfügung gestellt wurden. Nicht umsonst hielten Experten diese Maßnahmen für vollkommen unzureichend und forderten eine systematische Schuldenkonsolidierung, wie sie im Industrie- und Bankensektor durch die Gründung des *Istituto Mobiliare Italiano* (November 1931) und des *Istituto per la Ricostruzione Industriale* (Januar 1933) verwirklicht wurde.[84] Derart drastische Eingriffe wurden jedoch für die Landwirtschaft mit Hinweis auf die „schwere Durchführbarkeit" und die „bisweilen unvorhersehbaren Konsequenzen" solcher Maßnahmen abgelehnt.[85] Es dürften aber letztlich finanzpolitische Gründe gewesen sein, die einer umfassenden Entschuldung der Landwirtschaft entgegenstanden.

Eine Strukturreform des agrarischen Kreditsektors wurde mit dem Gesetz vom 29.7.1927 (Nr. 1509) eingeleitet. Sie sollte landwirtschaftlichen Betrieben einen besseren Zugang zu externen Finanzierungsmöglichkeiten verschaffen, denn nach Ansicht von Experten war der Kapitalmangel eines der größten Hindernisse für eine landwirtschaftliche Modernisierung.[86] Nach De Stefani entstammten zwar 50% der Depositen und Spareinlagen der italienischen

---

[82] Benito Mussolini, Ritorno alla terra, Il Popolo d'Italia, 4.7.1933 (jetzt in: O.O., Bd. 24, S. 16–18); Sepieri, L'economia italiana, S. 329.

[83] Nach einem internen Bericht vom März 1934 waren ingesamt 2.738 Anträge auf staatliche Subventionen für „agricoltori benemeriti" eingegangen. 1.031 Landwirten mit einer geschätzten Gesamtschuldenlast von 1,79 Mrd. Lire waren Zinsbeihilfen in Höhe von insgesamt 38,2 Mill. Lire zugesprochen worden, 511 Anträge waren abgelehnt worden und weitere 1.214 Anfragen wurden noch geprüft. Für die noch zu prüfenden Verfahren wurde ein Subventionsbetrag von knapp 10 Mill. Lire veranschlagt; PCM 1937–1939, 3/1–2/301/1: „Situazione generale al 15.3.1934 delle domande di contributo ‚agricoltori benemeriti'".

[84] Mazzocchi-Alemanni, I debiti, S. 169ff.; Parlamentsrede Arcangeli (CNFA) vom 22.2.1933, in: API, CD, Leg. XXVIII, sess. 1929–1933, Discussioni, Bd. 7, Roma o.J., S. 7727; F. Pollastri, I debiti, S. 14f.; PCM 1931–1933, 3/1–3/8423: Bittgesuch von ca. 100 Landwirten an Mussolini vom 24.5.1933.

[85] Serpieri, L'economia italiana, S. 329; Mussolini, Ritorno, S. 18.

[86] Vgl. Serpieri, La politica agraria in Italia, S. 163–181; Sileno Fabbri, Il finanziamento dell'agricoltura, Gerarchia, Jg. 5, H. 5, Mai 1926, S. 302–308; Parlamentsrede G. Acerbos vom 26.5.1926, in: API, CD, Leg. XXVII, sess. 1924–1926, Discussioni, Bd. 6, Roma 1926, S. 5946–5952.

Kreditinstitute landwirtschaftlichen Einkommen, nur 10% flossen jedoch als Investitionskapital in die landwirtschaftliche Produktion zurück.[87] Die Fremdkapitalquote dürfte im Durchschnitt kaum mehr als 5–10% betragen haben.[88] Der chronische Kapitalmangel in der Landwirtschaft hatte eine Reihe von Ursachen. Zunächst ließen sich bestimmte Formen der Selbstfinanzierung, wie sie etwa in der Industrie üblich waren (Aktiengesellschaften), in der Landwirtschaft kaum realisieren. Da viele Landwirte ihr Land nicht als Eigentümer bewirtschafteten, floß ein Teil des Bodenertrages nicht dem Unternehmer zu und konnte somit auch nicht reinvestiert werden. Diese Trennung von Grundbesitzer und Unternehmer hatte auch für die Kreditaufnahme schwerwiegende Folgen: In der Landwirtschaft wurden Darlehen fast ausschließlich in Form von Realkrediten gewährt; Wechselkredite, wie sie in anderen Wirtschaftsbereichen vor allem für kurzfristige Schuldverschreibungen praktiziert wurden, waren im Agrarbereich unüblich. Landwirte, die nicht zugleich Grundbesitzer waren, konnten jedoch in der Regel keine dingliche Sicherheit bieten.[89] Auf der anderen Seite entsprach der normale Bankkredit kaum den Anforderungen der Landwirtschaft, wo infolge des langen Produktionszyklus langfristige Kredite unter besonderen Konditionen benötigt wurden. Die aus diesen Erfordernissen heraus entstandenen genossenschaftlichen Kreditinstitute (*Casse Rurali, Monti Frumentari, Casse di Risparmio, Casse di Prestanza Agraria*) hatten zwar spezielle, auf die Agrarwirtschaft zugeschnittene Darlehensformen entwickelt; sie spielten jedoch bei der Aufnahme von Sparkapital nur eine bescheidene Rolle und verfügten daher meist nur über geringes Eigenkapital. Ihre Hauptfunktion bestand in der Vermittlung von Krediten bei anderen Bank- und Finanzierungsinstituten.[90] Um die Jahrhundertwende waren mehrere landwirtschaftliche Spezialbanken gegrün-

---

[87] De Stefani, Gli agricoltori, S. 134f.; Parlamentsrede Marziale Ducos vom 26.11.1924, in: API, CD, Leg. XXVII, sess. 1924–1925, Discussioni, Bd. 1, Roma 1925, S. 835. Genaue Aussagen sind allerdings auch hier nicht möglich; vgl. Schreiben des Wirtschaftsexperten und Verfassers der „Prospettive economiche", Giorgio Mortara an De Stefani vom 20.5.1928: „[. . .] Quanto al risparmio, inoltre, mancano notizie attendibili sulla massima parte degli investimenti. Chi sa dire quanto risparmio si forma presso gli agricoltori e viene direttamente investito in miglioramenti agrari? E quanti altri fiumi o rivoli di risparmio sfuggono ad ogni accertamento?"; abgedr. in: Marcoaldi (Hg.), Vent'anni, Milano 1986, S. 193.

[88] Giuliano Muzzioli, Banche e agricoltura. Il credito all'agricoltura italiana dal 1861 al 1940, Bologna 1983, S. 256.

[89] Alberto De Stefani, Il credito e l'agricoltura, in: ders., Il paese e lo Stato, Milano 1930, S. 57.

[90] Carmelita Camardi, Finanziamento dell'agricoltura e sviluppo economico, Politica del diritto 10 (1979) S. 113–148, hier S. 123; G. Martignone, Le casse rurali, Italia Agricola 69 (1932) S. 213–223; F. Gaetano, Credito agrario; ordinamento, funzione e disciplina degli enti intermediari, Italia Agricola 63 (1926) S. 449–456.

det worden, die sich ihr Kapital nicht durch Spareinlagen, sondern durch staatliche Mittel sowie durch Ausgabe von Pfandbriefen und Obligationen beschafften. Sie operierten meist auf regionaler Ebene und spielten besonders in Mittel- und Süditalien eine wichtige Rolle, da hier genossenschaftliche Kreditinstitute fast überhaupt nicht existierten.[91]

Institutionell hatte sich der Agrarkredit somit weitgehend von dem allgemeinen Kreditsektor gelöst. Damit wurde zwar den besonderen Erfordernissen der landwirtschaftlichen Kreditnehmer Rechnung getragen, zugleich blieb das verfügbare Kreditvolumen infolge dieser institutionellen Trennung aber eher bescheiden. So betrug die Summe aller landwirtschaftlicher Kredite 1928 nur knapp eine Milliarde Lire.[92]

Die kontraktive Geldpolitik der italienischen Regierung seit 1926/27 bewirkte eine weitere Verschlechterung der landwirtschaftlichen Kreditversorgung. Zwar galt dies auch für andere Bereiche der Wirtschaft, doch der Agrarkreditsektor war davon besonders stark betroffen. So verringerte die *Banca d'Italia* das Rediskontvolumen der Geschäftsbanken zwischen August und September 1926 um ingesamt 5,32%, das der Agrarkreditinstitute jedoch um 28,58%.[93] Auch von den meisten staatlichen Finanzierungshilfen blieb die Landwirtschaft zunächst ausgeschlossen. Insbesondere wurde Landwirten der Zugang zu ausländischen Krediten, wie sie vor allem für größere Infrastruktur- und Meliorationsinvestitionen gefordert wurden, prinzipiell verwehrt.[94]

---

[91] Einen Überblick über die Entwicklung des Agrarkredits in Italien geben Giacomo A c e r b o, Storia ed ordinamento del credito agrario nei diversi paesi, Piacenza 1929, S. 101–195; außerdem Luigi P a g a n i, Il credito agrario in Regime Corporativo. Suoi aspetti fondamentali, suo carattere reale, Venezia 1937.

[92] M u z z i o l i, Banche e agricoltura, S. 254 und 256.

[93] Vgl. den kritischen Bericht des Comitato Permanente del Grano, o.D., aber 1926 (PCM 1926, 3/1–1/4100); außerdem Bericht CNFA, 20.6.1927 (SPD, CO, f. 509.808/6).

[94] Im Sommer 1927 bemühte sich das Ministerium für Öffentliche Arbeiten beim Finanzministerium vergeblich um einen ausländischen Kredit, nachdem zahlreiche Urbarmachungskonsortien über Finanzierungsprobleme geklagt hatten (PCM 1927, 7/1–2/2718: G. Giurati an Mussolini, 9.6.1927). Im Frühjahr 1928 wurden Verhandlungen mit dem amerikanischen Bankhaus Dillon-Read über einen Kredit zur Finanzierung von Urbarmachungsprojekten geführt; unter Hinweis auf die hohe Zinsbelastung sprach sich das Wirtschaftsministerium jedoch gegen einen solchen Kredit aus (SPD, CO, f. 10.863: A. Nanni, ital. Vertreter von Dillon-Read in Italien, an Mussolini, 20.3.1928; Belluzzo an Mussolini, 5.4. und 11.5.1928; außerdem Belluzzo an De Stefani, 24.5.1928 und Antwortschreiben De Stefanis, 28.5.1928, in: M a r c o a l d i (Hg.), Vent'anni, S. 195f.) – Mit einem Dekretgesetz vom 5.1.1928 (Nr. 1) wurde die Möglichkeit zur ausländischen Kreditaufnahme grundsätzlich eingeschränkt und an eine Genehmigung des Finanzministeriums gebunden. Nach Art. 4 des Gesetzes konnten „nur Kredite genehmigt werden, die produktiven Zielen dienen, von allgemeinem Interesse sind oder [. . .] den Arbeitsmarkt entlasten, die Ausfuhren erhöhen oder die Produktion von Waren begünstigen, die andernfalls aus dem Ausland importiert werden müßten [. . .]." Nach-

Die zahlreichen Klagen der Landwirte über zunehmende Liquiditätsprobleme und die besorgten Berichte der lokalen Behörden, welche einen Rückgang der landwirtschaftlichen Investitionen und damit auch der Ernteergebnisse befürchteten, dokumentieren die schlechte Kreditsituation nach 1927.[95]

Die vor diesem Hintergrund beschlossene Reform des agrarischen Kreditsektors sollte vor allem in drei Bereichen eine Besserung bewirken: 1. Eine Modernisierung und Vereinfachung des Agrarkreditrechtes, das im wesentlichen noch auf der Gesetzgebung des 19. Jahrhunderts beruhte. 2. Eine Neuordnung der Agrarkreditinstitute. 3. Eine Erhöhung der öffentlichen Zuschüsse insbesondere für Meliorationskredite, zugleich aber auch eine Ausweitung der staatlichen Kontrollfunktionen.

Bereits 1922 waren die früheren gesetzlichen Bestimmungen vereinheitlicht und zusammengefaßt worden, ohne jedoch eine wirkliche Reform einzuleiten.[96] Das Gesetz von 1927 unterschied (im Gegensatz zur früheren Dreiteilung) nur noch zwei Formen des Agrarkredites: 1. Betriebskredite, die sowohl kurzfristige Überbrückungsdarlehen als auch Kredite zur Finanzierung von Betriebsmitteln (Dünger, Saatgut) und des Anlagevermögens landwirtschaftlicher Unternehmen (Maschinen) umfaßten. 2. Meliorationskredite zur Durchführung von Urbarmachungs-, Bodenverbesserungs- und Infrastrukturinvestitionen.

Die beiden Kredittypen unterschieden sich sowohl hinsichtlich der Laufzeit – Betriebskredite hatten in der Regel eine Laufzeit von maximal einem Jahr, Meliorationskredite dagegen bis zu 15 Jahren – als auch in bezug auf die staatlichen Zuschüsse. Urbarmachungen und Verbesserungen der ländlichen Infrastruktur wurden als Investitionen angesehen, die auch dem Gemeinnutzen dienten. Sie wurden daher durch staatliche Zinsbeihilfen subventioniert, die in der Regel 2,5%, in Ausnahmefällen auch 3,5% der laufenden Zinsen betrugen. Betriebskredite galten dagegen als rein privatwirtschaftliche Darlehen, die keinerlei Anspruch auf öffentliche Zuschüsse hatten. Allerdings konnten die Laufzeiten der kurzfristigen Betriebskredite, die bislang drei,

---

dem von landwirtschaftlicher Seite mehrere Anträge auf Genehmigung ausländischer Kredite beim Finanzministerium eingegangen waren, beschloß dieses im Juni 1930, daß Landwirte auf der Basis der gesetzlichen Bestimmungen grundsätzlich keine Auslandskredite aufnehmen dürften (PCM 1928–1930, 3/1–3/11461: Finanzministerium an Außen-, Korporations- und Landwirtschaftsministerium, 5.6.1930 und weitere Dokumente).

[95] PCM 1926, 3/1–1/4014: Telegramm Präfektur Ferrara an Mussolini, 18.10.1926; PCM 1928–1930, 3/1–3/1294: Präsident des Istituto delle Opere Pie di S. Paolo an Mussolini, 26.9.1927; PCM 1931–1933, 3/1–1/1770: Acerbo an Präfektur Treviso, 29.6.1931; Parlamentsrede E. Rossi-Passavanti vom 6.12.1928, API, CD, Leg. XXVII, sess. 1928, Discussioni, Bd. 9, Roma o.J., S. 9629–9631.

[96] T.U. 9.4.1922 (Nr. 932).

sechs oder neun Monate betragen hatten, flexibel an den Erntezyklus angepaßt werden; auch wurden die rigiden Bestimmungen der Kreditabsicherung
gelockert.

Institutionell sollte der Agrarkredit vereinheitlicht und auf wenige leistungsfähige Einrichtungen konzentriert werden. Das Problem bestand nach
Meinung von Experten „nicht in der geringen Zahl der Institutionen, sondern eher in ihrer übermäßigen Verbreitung".[97] Zum anderen sollten die Aufgaben der verschiedenen Kreditinstitute stärker nach funktionalen Gesichtspunkten abgegrenzt werden. Die meist lokal operierenden genossenschaftlichen und kommunalen Krediteinrichtungen (*Casse Rurali, Monti di pietà,
Consorzi Agrari, Casse di Prestanza agraria* etc.) sollten sich weitgehend auf die
Gewährung von Betriebskrediten beschränken.[98] Ihre Tätigkeit wurde durch
staatlich autorisierte regionale Kreditinstitute koordiniert und überwacht. Bei
diesen insgesamt zehn Regionalinstituten handelte es sich entweder um reine
Agrarkreditanstalten (*Istituto di Credito Agrario per la Sardegna, Istituto federale
di Credito Agrario di Piemonte* etc.) oder um regional tätige Geschäftsbanken
mit einer speziellen Abteilung für Landwirtschaftskredite (*Banco di Sicilia,
Banco di Napoli*).[99] Ihr Hauptbetätigungsfeld lag im Bereich der kurzfristigen
Darlehen; sie konnten jedoch – ähnlich wie die *Banca Nazionale del Lavoro* und
die *Banca Nazionale dell'Agricoltura* – auch Meliorationskredite gewähren.[100]
Ausschließlich auf den Meliorationskredit beschränkt wurde die Tätigkeit der
Cassa Nazionale per le Assicurazioni Sociali und der verschiedenen Bodenkreditinstitute. Die wichtigste Neuerung in diesem Bereich bildete jedoch die
Gründung eines parastaatlichen Bankenkonsortiums für den Meliorationskredit im Dezember 1927,[101] das ein Grundkapital von 275 Mill. Lire erhielt
und das zur Kreditfinanzierung staatlich abgesicherte Schuldtitel in Höhe des
zehnfachen Betrages ausgeben konnte. Festzuhalten bleibt, daß die parastaatlichen Bankinstitute eine zunehmend dominierende Stellung im landwirtschaftlichen Kreditgewerbe einnahmen. Die früher besonders in Norditalien
wichtigen kleinen Genossenschaftsbanken wurden staatlicher Kontrolle unterstellt und verloren immer mehr an Bedeutung.[102] 1930 wurden 97,9% der

---

[97] De Stefani, Il credito, S. 56.

[98] Zur Tätigkeit der einzelnen Agrarkreditinstitute nach 1927 vgl. PCM 1928–1930, 3/1–3/1294,
sottof. 1–4.

[99] Ein Überblick über die Tätigkeit der einzelnen Institute gibt Mario Casalini, Le istituzioni
create dallo Stato per l'agricoltura, Roma 1937, S. 271–285.

[100] 1928 wurden 74,7% der Betriebskredite durch Regionalinstitute abgewickelt; Serpieri,
L'economia italiana, S. 338.

[101] Consorzio Nazionale per il Credito Agrario di Miglioramento, gegründet am 29.1.1928 und
bestätigt durch D.M. 20.1.1928; vgl. PCM 1928–1930, 3/1–3/1294.

[102] So unterstanden die ursprünglich aus dem katholischen Genossenschaftsgedanken heraus

Meliorations- und 70,5% der Betriebskredite durch parastaatliche Institute (v. a. durch das *Consorzio Nazionale di Credito Agrario di Miglioramento*, die *Banca Nazionale di Lavoro* und andere Spezialbanken) abgewickelt.[103] Der Bedeutungsverlust der Kreditgenossenschaften äußerte sich auch in den rückläufigen Bestandszahlen. Die Zahl der *Casse Rurali* reduzierte sich von 3.500 Filialen zu Beginn der faschistischen Herrschaft auf 2.500 Anfang der dreißiger Jahre und 2.000 am Vorabend des Zweiten Weltkrieges.[104] Eine ähnliche Entwicklung erfuhren die Sparkassen, die im landwirtschaftlichen Kreditgewerbe eine wichtige Rolle spielten. Lediglich die *Banca Nazionale dell'Agricoltura*, die 1921 auf Initiative des Agrarkonsortienverbandes (Federconsorzi) mit einem Grundkapital von 28 Mill. Lire gegründet worden war, konnte ihr Stellung erweitern. Die Bank, die formal landesweit operierte, durch ihre genossenschaftliche Anbindung in der Praxis aber überwiegend auf den norditalienischen Raum beschränkt blieb, konnte ihr Kreditvolumen von 100 Mill. Lire im Jahre 1923 auf 250 Mill. Lire 1927 steigern.[105]

Tab. 6.5
Die Entwicklung des Agrarkredits 1928–1938*

Jahr	Betriebskredite	Meliorationskredite	Gesamt
1928	702,3	248,2	950,5
1929	883,2	613,6	1.496,8
1930	740,6	751,0	1.491,6
1931	737,6	891,1	1.628,7
1932	853,9	999,0	1.852,9
1933	939,1	1.142,7	2.081,8
1934	903,8	1.303,6	2.207,4
1935	1.218,3	1.253,5	2.471,8
1936	1.703,9	1.328,9	3.032,8
1937	2.880,9	1.450,8	4.331,7
1938	3.260,5	1.571,7	4.832,2

* in Mill. Lire
Quelle: Muzzioli, Banche e agricoltura, S. 254 und 256.

---

entstandenen Landkassen (Casse Rurali e Agrarie) ab 1932 der Aufsicht des Landwirtschafts- und Finanzministeriums; L. 6.6.1932 (Nr. 656); vgl. API, CD, Leg. XXVIII, sess. 1929–1932, Discussioni, Bd. 6, Roma o.J., S. 6580–6589 und 6625–6650.

[103] Muzzioli, Banche e agricoltura, S. 254 und 256.

[104] Ebd. S. 235; Martignone, Le casse rurali, S. 321.

[105] Ein Teil der Kredite wurde allerdings in Form von Betriebsmitteln (Dünger, Saatgut etc.) geleistet; vgl. Ventura, La Federconsorzi, S. 709f.; Muzzioli, Banche e agricoltura, S. 238f.; Staderini, La Federazione, S. 961f.

Trotz der Wirtschaftskrise läßt sich nach 1928 ein deutliches und kontinuierliches Anwachsen des agrarischen Kreditvolumens feststellen.[106] Allerdings ist diese Entwicklung nur zum Teil auf die Reform von 1927/28 und auf eine damit einhergehende Verbesserung der Darlehensmöglichkeiten für Landwirte zurückzuführen. Bis Mitte der dreißiger Jahre verzeichnen vor allem die Meliorationskredite starke Zuwächse, was in erster Linie mit der über die Kreditinstitute abgewickelten Finanzierung der Urbarmachungsprogramme zusammenhing. Die Betriebskredite nahmen dagegen bis 1935 nur mäßig zu. Der sprunghafte Anstieg Mitte der dreißiger Jahre war eine Folge des staatlichen Zwangsablieferungssystems: Die Landwirte erhielten bei Ablieferung der Ernte eine vorläufige Abschlagszahlung, die ebenfalls über die Agrarkreditinstitute ausgezahlt wurde.[107] Die Verfünffachung des Kreditvolumens zwischen 1928 und 1938 von 950 auf 4.800 Mill. Lire kann daher nur bedingt als Indikator für eine Verbesserung der privaten Kreditstruktur angesehen werden.

d) Agrarpreisstützung: Zölle und Vermahlungsvorschriften

Bei der Einführung der Getreidezölle im Sommer 1925 hatten handelsbilanzpolitische Gründe im Vordergrund gestanden. Mit dem langfristigen Ziel der Autarkie sollten die Getreideimporte verringert und das Defizit in der Nahrungsmittelbilanz abgebaut werden. Eine Stützung der Agrarpreise war dagegen zunächst nicht angestrebt worden, im Gegenteil: Aus Angst vor Inflation hatten die örtlichen Behörden – wenngleich nur mit mäßigem Erfolg – Druck auf Erzeuger und Händler ausgeübt, um überproportionale Erhöhungen der Preise zu unterbinden. Mit dem rasanten Verfall der Agrarpreise nach 1927 traten dagegen preis- und einkommenspolitische Ziele stärker in den Vordergrund. Vermehrt wurden nun Importzölle und andere nichttarifäre Handelsbeschränkungen zum Schutz der heimischen Agrarproduzenten eingesetzt.

---

[106] Für die Zeit vor der Gesetzesreform von 1927 gibt es keine verläßlichen Daten über das agrarische Kreditvolumen; vgl. Alberto C o v a, Il credito all'agricoltura dalla unificazione alla seconda guerra mondiale: alcune considerazioni, in: Pier Paolo D'A t t o r r e, Alberto D e B e r n a r d i (Hgg.), Studi sull'agricoltura italiana. Società rurale e modernizzazione, Annali della Fondazione Giangiacomo Feltrinelli 29, Milano 1994, S. 38.
[107] S.u. Kap. XI.5.

Tab. 6.6
Weizenpreise und -zölle 1925/26–1932/33*

Jahr	Importpreis (vor Zoll)	Inlands- preis	Preis- differenz	Effektiver Zollsatz
1925/26	163	195	32	37,3
1926/27	156	172	16	32,8
1927/28	110	132	22	27,5
1928/29	100	131	31	41,0
1929/30	93	131	38	52,1
1930/31	64	111	47	60,5
1931/32	49	107	58	73,4
1932/33	46	103	57	75,0

* in Papierlire/dz
Quellen: Mortara, Prospettive (1933) S. 52 und ebd. (1934) S. 50.

Tab. 6.7
Die wichtigsten Agrarzölle (Stand 1. Dezember 1928)*

Reis (roh)	3,00	Ochsen	15,00
Reis (geschält)	4,50	Zuchtbullen	40,00
Reis (geschliffen)	6,50	Schlachtbullen	20,00
Wein (pro hl)	30,00	Kühe	14,00
Zucker (über 94%)	24,75	Kälber	10,00
Zucker (unter 94%)	16,30	Frischfleisch	7,50
Hanf	6,90	Butter	18,00
Leinen	5,40	Weichkäse	25,00
Olivenöl	22,30	Hartkäse	37,50

* in Goldlire pro dz, bei Zuchtvieh pro Stück
Quelle: L.B. Bacon, F.C. Schloemer, World Trade in Agricultural Products, Rome 1940, S. 812f.

Eine erste Erhöhung der Agrarzölle erfolgte im Herbst 1928, nachdem die landwirtschaftlichen Verbände seit über einem Jahr dringend auf die Notwendigkeit einer Stützung der Agrarpreise hingewiesen hatten.[108] Anfang Juli 1928 bat der Generaldirektor der CNFA Antonio Marozzi um eine Audienz bei Mussolini, um diesen von der Notwendigkeit einer Anhebung der Getreidezölle zu überzeugen.[109] Mussolini empfing Marozzi gemeinsam mit dem Präsidenten der CNFA Gino Cacciari am 11. Juli 1928. Zwei Monate später wurde der Weizenzoll von 7,50 auf 11 Goldlire/dz (= 37,3 Papierlire) er-

---

[108] SPD, CO, f. 509.808/6: Bericht CNFA vom 20.6.1927 und Tel. Fornaciari an Mussolini vom 20.6.1927.
[109] SPD, CO, f. 509.808/2: Marozzi an SPD, 2.7.1928.

höht.[110] Die Protektionswünsche der Agrarverbände waren damit jedoch keineswegs befriedigt. Zwar wurde der Weizenzoll in den darauffolgenden Jahren mehrfach aufgestockt und belief sich schließlich seit August 1931 auf 75 Papierlire pro dz; ähnliche Tariferhöhungen erfolgten zwischen 1929 und 1931 für Mais, Roggen, Zucker, Tee, Baumwolle und Olivenöl. Dennoch galt der Zollschutz für eine Reihe von Agrargütern – insbesondere Fleisch, Milchprodukte und Pflanzenöl – als unzureichend.[111] Insbesondere wurde moniert, daß durch die Handelsabkommen, die Italien in der ersten Hälfte der zwanziger Jahre mit den meisten europäischen Staaten abgeschlossen hatte, ein Teil der Importzölle faktisch außer Kraft gesetzt sei. Die Agrarsektion des Nationalrates der Korporationen forderte daher in einer Resolution vom September 1931 eine „radikale Wende in der Außenhandelspolitik". Während die Industrie durch einen „systematischen und allgemeinen Protektionismus" geschützt sei, gelte dies im Bereich der Landwirtschaft nur „für wenige Produkte". Die Landwirtschaftsvertreter verlangten einen „neuen allgemeinen Zolltarif", der die italienischen Agrarproduzenten wirksam gegenüber der ausländischen Konkurrenz schützen sollte.[112] Von seiten der Regierung wollte man die Zollfrage allerdings – nicht zuletzt aus Rücksicht gegenüber den ausländischen Handelspartnern – mit Vorsicht handhaben.[113] Sowohl das Korporations- als auch das Landwirtschaftsministerium hatten sich zuvor mehrfach gegen weitere agrarprotektionistische Maßnahmen ausgesprochen.[114] Auch Mussolini wandte sich gegen eine weitere „Verstärkung der schon sehr hohen Zollmauern" und warnte davor, daß der Protektionismus „nicht zu einem Zustand der Untätigkeit und Trägheit führen" dürfe.[115] Ähnliche Bedenken äußerten Vertreter der Industrie.[116] Trotz der zunächst zöger-

---

[110] SPD, CO, f. 509.808/2: Pressemitteilung vom 11.7.1928 und Danktelegramm Cacciari an Mussolini über die Zollerhöhung vom 14.9.1928.

[111] Vgl. Parlamentsreden von Vezzani, Fornaciari und Tassinari in der Haushaltsdebatte des Landwirtschaftsministeriums vom Februar 1931, in: API, CD, Leg. XXVIII, sess. 1929–1931, Discussioni, Bd. 4, Roma o.J., S. 3814–3845.

[112] Vgl. „Conclusioni approvate nelle sedute 14–15 settembre 1931" der Corporazione dell'Agricoltura, abgedr. in: Mario Ascione (Hg.), L'agricoltura italiana e gli scambi con l'estero, Roma 1931, S. 27–30.

[113] Vgl. Guarneri, Battaglie economiche, S. 357f.

[114] Bottai an Mussolini, 4.4.1930 und Parlamentsreden Acerbos vom 9.4.1930 und 12.2.1931, in: API, CD, Leg. XXVIII, sess. 1929–1930, Discussioni, Bd. 2, Roma o.J., S. 2349 und ebd. sess. 1929–1931, Bd. 4, S. 3846.

[115] Rede vor dem Senat vom 18.12.1930, in: O.O., Bd. 24, S. 318 und Rede vor der Plenarversammlung des Nationalrates der Korporationen am 13.11.1931, in: O.O., Bd. 25, S. 56.

[116] Der damalige Generaldirektor für Wirtschaft der Confindustria, Felice Guarneri, der die Position der Industrie in dieser Frage vertrat, betont in seinen Erinnerungen, daß es Anfang der dreißiger Jahre zu einer „regelrechten Umkehrung der Positionen" gekommen sei; wäh-

lichen Haltung der Regierung in der Zollfrage – hinter der auch die Angst vor einer Erhöhung der Nahrungsmittelpreise stand – konnten sich die Agrarverbände mit ihren Forderungen durchsetzen. Zwischen 1931 und 1932 kam es zu einer umfassenden Revision der Zollbestimmungen zugunsten der Landwirtschaft. Im Juni und August 1931 wurden die schon bestehenden Einfuhrabgaben für Weizen, Roggen und Mais erhöht,[117] einen Monat darauf trat ein allgemeiner Einfuhrzoll von 15% ad valorem in Kraft, der allerdings nicht für Handelspartner mit speziellen Lieferverträgen galt und von dem überdies eine Reihe von Agrargütern (z. B. alle Getreidesorten und Pflanzenöl) ausgenommen waren.[118] Die wichtigste Maßnahme war jedoch die Erhöhung der Importzölle für Lebendvieh und Fleisch im August 1932. Nachdem die Preise für Großvieh allein zwischen 1930 und 1932 um 40–50% gefallen waren,[119] entschloß sich die Regierung zu drastischen Zollanhebungen auf das vier- bis sechsfache der bisherigen Tarife;[120] Gefrierfleisch wurde von der zollfreien Liste genommen und mit einer Einfuhrabgabe von 140 Lire/dz belegt.[121] Diese Maßnahmen wurden durch die neuen Handelsverträge mit Frankreich, Österreich, Rumänien, Ungarn, Jugoslawien und der Schweiz in den Jahren 1931 und 1932 erleichtert, denn diese Länder waren die wichtigste Bezugsquelle für die italienischen Vieh- und Fleischimporte.[122]

Neben der Einführung hoher Zollschranken[123] wurde nach 1931 auch immer stärker auf nicht-tarifäre Handelshemmnisse zurückgegriffen. Zwar verzichtete man zunächst noch auf direkte Importkontingentierungen, wie sie von den landwirtschaftlichen Organisationen seit längerem gefordert wurden.[124] Staatliche Produktionsvorschriften führten jedoch bei einigen Import-

---

rend die Landwirtschaft in den Jahren zuvor tendenziell freihändlerisch gewesen sei, habe sie seit Anfang der dreißiger Jahre eine protektionistische Wende verlangt. Genau umgekehrt habe es sich mit den Industrieverbänden verhalten (vgl. G u a r n e r i , Battaglie economiche, S. 360ff.).

[117] Der Weizenzoll wurde am 16. August von 61 auf 75 Lire/dz erhöht, der Roggenzoll am 25. Juni von 16,50 auf 36,50 und der Maiszoll am 21. August von 4,20 auf 30 Lire/dz.

[118] R.D. 24.9.1931 (Nr. 1187); B a c o n , S c h l o e m e r , World Trade, S. 824.

[119] Istituto Centrale di Statistica, Sommario (1968) S. 112.

[120] Die neuen Zollsätze waren (in Lire pro Stück): Ochsen 350 (vorher 55), Kühe 350 (vorher 54,40), Jungbullen 240 (vorher 36,70), Kälber über 150 kg Gewicht 240 (vorher 36,70), Kälber unter 150 kg 120 (vorher 36,70), Schweine 140 (vorher 36,70); R.D.L. 26.8.1932 (Nr. 1032).

[121] Der Zoll für Frischfleisch wurde von 27,50 auf 140 Lire/dz erhöht.

[122] B a c o n , S c h l o e m e r , World Trade, S. 824.

[123] Die italienischen Zölle waren freilich im internationalen Vergleich nicht außergewöhnlich hoch. So lag der deutsche Weizenzoll 1932 mit umgerechnet 113 Lire/dz sogar deutlich über dem italienischen Tarif, der französische mit 60 Lire/dz nur leicht darunter; M o r t a r a , Prospettive (1932) S. 38.

[124] PCM 1928, 3/2–2/7682: CNFA an Wirtschaftsministerium, 15.4.1929 und an Mussolini,

gütern zu indirekten Mengenrestriktionen. Die wichtigste importbeschränkende Maßnahme im Agrarbereich war eine Vermahlungsquote bei der Herstellung von Weizenmehl. Ein am 10. Juni 1931 erlassenes Gesetz ermächtigte den Landwirtschaftsminister, den Müllereien bei der Vermahlung eine Mindestquote an nationalem Getreide aufzuerlegen.[125] Die Höhe dieser Quote wurde kurzfristig per Ministerialdekret festgelegt. Diese Vorschrift sollte die Einfuhr ausländischen Getreides begrenzen, zugleich aber auch die „inländische Nachfrage speziell in kritischen Perioden stimulieren" und somit eine Stabilisierung der Preise bewirken.[126]

Dieser erste systematische Eingriff des Staates in die landwirtschaftliche Marktordnung brachte in der Praxis allerdings erhebliche Schwierigkeiten mit sich. Dies begann schon bei der Festlegung der Vermahlungsquote. Da der italienische Getreidebedarf nicht vollständig durch Eigenproduktion abgedeckt werden konnte, mußte die Quote genügend Spielraum für ergänzende Importe lassen. Wurde die Mindestquote zu niedrig angesetzt, drohte sie wirkungslos zu bleiben. Um das vom Gesetzgeber geforderte „Gleichgewicht von Angebot und Nachfrage" herzustellen,[127] bedurfte es genauer Informationen über Produktion, Lagerbestände und Bedarfsentwicklung. Während der Bedarf an Getreide relativ konstant blieb und daher leicht vorauszusehen war, unterlag die Produktion starken jährlichen Schwankungen. Ernteprognosen waren daher mit einem hohen Unsicherheitsfaktor verbunden. Angesichts der großen Zahl von Produzenten und der regionalen Unterschiede beim Erntezeitpunkt waren genaue Angaben über die Gesamtproduktion erst zu einem sehr späten Zeitpunkt möglich. Auch die Bestimmung der Lagerbestände war keine leichte Aufgabe, denn nicht nur die Landwirte mit ihren genossenschaftlichen Organisationen, sondern auch die Müllereien und der Getreidehandel verfügten zum Teil über große Lagerbestände, deren Umfang nur schwer abzuschätzen war.

Schließlich stellte sich auch das Problem der Kontrolle, denn mit einer freiwilligen Einhaltung der staatlichen Quoten durch die Müllereien war kaum zu rechnen. Das Gesetz vom 10. Juli 1931 sah daher hohe Sanktionen bei Zuwiderhandlungen vor. Die Müllereien waren verpflichtet, bei den Prä-

---

18.8.1929 sowie Memorandum „Consorzi generali di importazione ed esportazione del grano"; außerdem PCM 1937–1939, 3/1–2/5297: CNFA an Mussolini, 20.10.1929 u. 3.10.1930.

[125] R.D. 10.6.1931; ergänzende Bestimmungen in ACONF, FGB, b. 3: Industria molitoria, Disciplina dell'industria della macinazione.

[126] Rede Mussolinis vor dem Comitato Permanente del Grano, 6.6.1931, in: O.O., Bd. 25, S. 16f.; Mussolini kündigte auf dieser Sitzung auch den Ankauf von 500.000 dz Getreide durch die Armee an; vgl. PCM 1937–1939, 3/1–2/5297: Danktelegramm Tassinaris an Mussolini, 20.8.1931.

[127] PCM 1931–1933, 3/1–2/1890: Protokoll der Ministerratssitzung vom 9.6.1931.

fekturen in vierzehntägigem Abstand genaue Angaben über Ankauf, Lagerbestände und Verarbeitung von nationalem bzw. ausländischem Getreide zu machen. Diese Angaben konnten von der Finanzpolizei (*Guardia di Finanza*) überprüft werden. Dennoch wurden die Bestimmungen insbesondere in der Anfangsphase vielfach nicht eingehalten, so daß das Landwirtschaftsministerium die örtlichen Behörden zu schärferen Kontrollen anhalten mußte.[128]

Angesichts des hohen Getreideangebotes wurde die Vermahlungsquote im Juni 1931 auf 95% festgelegt,[129] das heißt, bei der Mehlproduktion durfte lediglich 5% Importweizen verwendet werden. Zu dieser extrem restriktiven Bestimmung hatte sich das Landwirtschaftsministerium entschlossen, da es von einer guten Ernte und ausreichenden Lagerbeständen ausging. Schon bald stellten sich allerdings gravierende Produktionsschwierigkeiten ein, denn viele Müllereibetriebe verfügten noch über Altbestände an ausländischem Getreide, die nun nicht verarbeitet werden durften. Dies galt insbesondere für die großen Mehlproduzenten, denen nichts anderes übrig blieb, als ihre Produktion herunterzufahren.[130] Da die vorhandenen Importgetreidebestände zu verderben drohten, mußte das Landwirtschaftsministerium die Vermahlungsquote im November 1931 vorübergehend aufheben.[131] Im Winter wurde die Quote auf 10–40% gesenkt und durch differenzierte Sätze stärker an die unterschiedlichen regionalen Bedingungen angepaßt. Im Mai 1932 erfolgte einer weitere Reduzierung der Quote.[132] Erst nach den Rekordernten von 1932 (72,9 Mill. dz) und 1933 (79,2 Mill. dz) wurde erneut eine Prohibitivquote von 99% eingeführt.[133]

Trotz der praktischen Schwierigkeiten blieben die Vermahlungsvorschriften nicht ohne Wirkung: So gingen die Weizenimporte zwischen 1930 und 1933 um 75% zurück;[134] gleichzeitig entwickelten sich die italienischen Weizenpreise weitaus stabiler als vor 1931, was vor dem Hintergrund weiterer starker Preiseinbrüche auf dem Weltmarkt als besonderer Erfolg verbucht wurde.[135] Das System der Produktionsquoten, das 1935 durch eine direkte

---

[128] PCM 1931–1933, 3/1–2/1890: Unterstaatssekretär Marescalchi an Mussolini, 16.7.1931.

[129] D.M. 15.6.1931.

[130] PCM 1931–1933, 3/1–2/1890: Acerbo an Mussolini, 27.7.1931.

[131] PCM 1931–1933, 3/1–2/1890: Acerbo an Mussolini, 4.11.1931, und an PCM, 7.11.1931.

[132] Die Quoten betrugen ab 21.2.1932: Weichweizen: 25% in Nord- und Mittelitalien ohne Latium; 5% in Süditalien einschließlich Latium; ohne Vermahlungszwang blieben Sardinien und Sizilien; Hartweizen: 10% in Nord- und Mittelitalien ohne Latium; 15% in den übrigen Landesteilen (PCM 1931–1933, 3/1–2/1890: Acerbo an Mussolini, 12.5.1932).

[133] D.M. 16.7.1933.

[134] Die Weizeneinfuhren betrugen (in Mill. dz): 1930: 19,4; 1931: 14,9; 1932: 10,6; 1933: 4,7; 1934: 4,7; 1935: 5,5; 1936: 5,4; Istituto Centrale di Statistica, Sommario (1968) S. 101.

[135] Die italienischen Preise für Hartweizen betrugen im Jahresdurchschnitt (in Lire/dz): 1930: 131; 1931: 126; 1932: 125; 1933: 106; 1934: 101; 1935: 120; 1936: 131; ebd. S. 110; demgegen-

Mengenbewirtschaftung des Agraraußenhandels abgelöst wurde,[136] trug somit nicht unerheblich zur Stabilisierung des italienischen Getreidemarktes nach 1931 bei.

3. Auf dem Weg zu einer neuen Marktordnung. Staatliche Organisationen und Produzentenvereinigungen in den Jahren der Wirtschaftskrise

Wie in den meisten Ländern versuchte man auch in Italien nach 1929 in verstärktem Maße, die katastrophalen Auswirkungen der Wirtschaftskrise mit Hilfe von Kartellen, Branchenverbänden und genossenschaftlichen Vereinigungen abzumildern. Bei diesen Organisationen handelte es sich zum Teil um staatliche, zum Teil um privatwirtschaftliche Einrichtungen, häufig aber auch um rechtliche Mischformen. So wurde 1931 ein Gesetz verabschiedet, das die Gründung freiwilliger Branchenkonsortien durch die Produzenten gestattete, diese allerdings direkter staatlicher Kontrolle unterstellte.[137] Zugleich wurde das Landwirtschaftsministerium ermächtigt, die Konstituierung derartiger Konsortien vorzuschreiben bzw. selbst in die Wege zu leiten. Solche Zwangskonsortien (*Consorzi obbligatori*) wurden z. B. im Bereich des Wein- und Olivenanbaus und der Hanfwirtschaft eingesetzt.[138] Ihre Tätigkeit beschränkte sich allerdings vorwiegend auf Beratung, Vertrieb von Produktionsmitteln und andere anbautechnische Verbesserungen; zu wirkungsvollen Organen der wirtschaftlichen Planung und Marktgestaltung wurden sie nie. Eine weitaus größere Bedeutung erlangten branchenspezifische Vereinigungen dagegen bei Industriekulturen wie Hanf, Zuckerrüben oder bei sehr intensiven Anbauprodukten wie Reis. Diese Bereiche waren einerseits besonders stark von der Krise betroffen, andererseits waren marktgestaltende Eingriffe aufgrund der relativ geringen Zahl von Produzenten und eines regional begrenzten Anbaus

---

über gingen die amerikanischen Weizenpreise (Minneapolis) zwischen 1930 und 1933 um 57,9%, die kanadischen (Winnipeg) um 58,1% zurück; Mortara, Prospettive (1934) S. 20.

[136] S.u. Kap. XI.2.

[137] L. 18.6.1931 (Nr. 987).

[138] Die Branchenkonsortien wurden auf provinzialer Ebene eingerichtet; häufig handelte es sich dabei allerdings um bereits bestehende Genossenschaftsorganisationen, die ein neues Statut erhielten und ihren Sitz in der Hauptstadt der jeweiligen Provinz einnehmen mußten. Die provinzialen Konsortien wurden in einem nationalen Branchenverband zusammengefaßt (Federazione Nazionale dei Consorzi per la Viticoltura, gegr. im April 1933; Federazione Nazionale dei Consorzi per l'Olivicoltura, November 1933; Federazione Nazionale dei Consorzi per la difesa della Canapicoltura, März 1933); vgl. Casalini, Le istituzioni, S. 227–248. – Der Gründung des Hanfkonsortiums war die Berufung eines Fachausschusses (Comitato Nazionale per la Canapa, Februar 1932) vorausgegangen; PCM 1931–1933, 9/6/2510; SPD, CO, f. 500.003/II: Note sulla Canapa.

leichter zu bewerkstelligen. Hier wurde bereits Anfang der dreißiger Jahre ein Organisationsgrad erreicht, der die staatliche und „korporative" Planung der zweiten Hälfte der dreißiger Jahre vorwegnahm.

a) Die Rolle der Agrarsyndikate

Eine wichtige Rolle bei der Entstehung der agrarischen Marktordnung spielten die Syndikate. Diese hatten von Anfang an versucht, über die ihnen ursprünglich zugedachte Aufgabe der berufsständischen Interessenvertretung hinaus Einfluß auf die agrarpolitischen Entscheidungen zu nehmen bzw. selbst gestaltend in die landwirtschaftliche Marktordnung einzugreifen. Das galt insbesondere für den Arbeitgeberdachverband CNFA, der schon 1926 eigene, nach Branchen gegliederte Wirtschaftsbüros gegründet hatte und insbesondere über die angeschlossenen Verbände eine breite ökonomische Aktivität entfaltete. Im Zuge der Wirtschaftskrise verstärkten sich die Forderungen der CNFA nach weiteren Organisationstrukturen, die nicht nur eine umfassende „Koordinierung und Kontrolle der Produktion" gewährleisten, sondern auch „Handelsfunktionen" beim Ankauf von Produktionsmitteln und bei der Absatzgestaltung übernehmen sollten.[139] Begründet wurden solche Maßnahmen auch damit, daß andere Länder auf diesem Gebiet weit fortgeschrittener seien als Italien. Die Reglementierung von Produktion und Marktbeziehungen sei jedoch nicht nur zur Lösung der gegenwärtigen Krise notwendig, sondern müsse eine langfristige Neuordnung der Märkte nach sich ziehen:

> Sobald sich die weltweite Lage der Landwirtschaft wieder stabilisiert hat, wird der Kampf unendlich viel härter sein. Diejenigen, die dann nicht über angemessene und geeignete Organisationsstrukturen verfügen, werden, auch wenn ihre Produkte gut oder sogar besser als die der anderen sind, von den übrigen Ländern überwältigt.[140]

Innerhalb der Regierung nahm man solche Forderungen zunächst skeptisch, wenn nicht ablehnend auf. Dahinter stand nicht zuletzt die Befürchtung, daß sich die Agrarverbände wirtschaftspolitische Kompetenzen und Aufgaben aneignen könnten, die bislang von der Ministerialbürokratie wahrgenommen worden waren. Kritisch – und wohl in absichtsvoller Übertreibung – bemerkte der ehemalige Wirtschaftsminister Belluzzo im September 1933, daß die syndikalen Organisationen „und nicht der Staat das nationale Wirtschaftssystem kontrollieren und einen Staat im Staate geschaffen haben". Diese Or-

---

[139] Parlamentsrede Salesio Schiavi, Vertreter der CNFA, vom 8.4.1930, in: API, CD, Leg. XXVIII, sess. 1929–1930, Discussioni, Bd. 2, Roma o.J., S. 2307–2310; Rede Julo Fornaciari vom 18.2.1931, ebd. sess. 1929–1931, Bd. 4, S. 3842–3845.

[140] Parlamentsrede Schiavi, a. a.O., S. 2308.

ganisationen verfolgten nach Belluzzo in erster Linie „private Interessen", die „nicht immer in Einklang mit den übergeordneten Interessen der Nation" stünden.[141] Auch Landwirtschaftsminister Acerbo wandte sich strikt gegen weitere Marktorganisationen, die lediglich eine „schädliche Verdoppelung" der bereits bestehenden Institutionen bewirken würden:

> Es ist sinnlos, weitere komplizierte Maßnahmen, Zwangskonsortien, Monopole und andere schwerfällige wirtschaftsbürokratische Apparate zu fordern, die sich in der Vergangenheit nicht bewährt haben und die von der Regierung entschieden abgelehnt werden. Das sind irrationale Notlösungen und sehr teure Apparate, bei denen der überwiegende Teil der Arbeit darauf entfällt, den Apparat selbst in Bewegung zu halten, um innere Widerstände zu überwinden und Konflikte beizulegen.[142]

Trotz dieser prinzipiellen Einwände entstanden um 1930 eine Reihe von landwirtschaftlichen Branchenorganisationen, die im einzelnen allerdings eine sehr unterschiedliche Bedeutung erlangten. Auf die Zwangskonsortien im Bereich der Oliven- und Weinwirtschaft wurde bereits hingewiesen. Auf Initiative der CNFA entstand 1931 eine parastaatliche Gesellschaft für den Tabakanbau (*Ente Nazionale per il Tabacco*), die das staatliche Rauchwarenmonopol belieferte. Eine ähnliche Einrichtung – *Ente Nazionale Serico* – war bereits 1928 für die Seidenraupenzucht gegründet worden. Beide Institutionen unterstanden staatlicher Aufsicht, wurden jedoch von den syndikalen Organisationen mitverwaltet.[143] Weitgehend autonom gegenüber den staatlichen Behörden operierte die schon 1917 gegründete und 1922 an den faschistischen Agrarverband angeschlossene Vereinigung der Zuckerrübenproduzenten (*Associazione Nazionale Bieticoltori*), die unter der Führung Julo Fornaciaris eine wirkungsvolle Interessenpolitik verfolgte.[144] So hatte sich die Vereinigung 1924 erfolgreich im Preiskampf mit der Zuckerindustrie durchsetzen können.[145] Auf ihren Druck hin wurde im Herbst 1925 der Zuckerzoll erhöht.[146] In den Jahren der Krise gelang es der Organisation, die Produktpreise durch Anbaubegrenzungen stabil zu halten.

---

[141] Zit. nach Gaetano Salvemini, Sotto la scure del fascismo (Lo stato corporativo di Mussolini), Bd. 2, Torino, S. 397, Anm. 1.

[142] Rede Acerbos vom 9.4.1930, in: API, CD, Leg. XXVIII, sess. 1929–1930, Discussioni, Bd. 2, Roma o.J., S. 2348. – Auch Mussolini wandte sich in einer Sitzung des Getreidekomitees vom 1.7.1933 gegen eine weitere Regulierung der Getreidemärkte, „sia perché [sono] in contrasto con la politica generale economica del regime, sia perché si dimostrerebbero nella pratica inefficaci, riuscendo soltanto a creare ingombranti organizzazioni [. . .]"; O.O., Bd. 25, S. 237.

[143] Vgl. Casalini, Le istituzioni, S. 397–399.

[144] Die Organisation wurde 1932 (R.D. 24.5.1932, Nr. 1112) als Vertretungsorgan der italienischen Zuckerrübenproduzenten offiziell anerkannt.

[145] PCM 1925, 3/8/424.

[146] Ebd. Promemoria FISA vom 5.10.1925.

Sieht man von diesen relativ kleinen Produktgruppen ab, die hier nicht in aller Ausführlichkeit behandelt werden können, so kam es im Zuge der Krise vor allem in drei Bereichen zu einer mehr oder weniger direkten Lenkung von Produktion und Absatz: bei der Reisproduktion durch den 1931 gegründeten *Ente Nazionale Risi*, beim Export von Obst und Gemüse durch das *Istituto Nazionale per l'Esportazione* und in der Getreidewirtschaft durch die Gründung genossenschaftlicher Ablieferungslager durch die Federconsorzi.

b) Der Getreidesektor: Marktregulierung und genossenschaftliche Lagerhaltung

Im vorangehenden Abschnitt wurden bereits die verschiedenen Maßnahmen des Staates zur Stützung der Getreidepreise beschrieben (v. a. Zölle und Vermahlungsvorschriften). Zugleich bemühte man sich darum, das inländische Getreideangebot künstlich zu verknappen. Es ist kein Zufall, daß sich die staatlichen Interventionen auf den Weizensektor konzentrierten. Dies lag nicht nur an seiner herausragenden ernährungspolitischen Bedeutung. Marktregulierende Eingriffe waren bei Weizen außenpolitisch weniger brisant, da dieses Produkt von der italienischen Regierung bewußt aus den Handelsverträgen ausgeklammert worden war.[147]

Eine erste Maßnahme zur Verknappung des Angebotes erfolgte im Sommer 1931, als das Kriegsministerium angewiesen wurde, 500.000 dz Getreide aufzukaufen und einzulagern.[148] Eine wirksamere Kontrolle des Marktes versprach man sich von der Errichtung genossenschaftlicher Getreidelager. Der überwiegende Teil der Landwirte verfügte nämlich nur über unzureichende Lagerungsmöglichkeiten und war so gezwungen, das Getreide unmittelbar nach der Ernte zu vermarkten. In den Sommermonaten entstand regelmäßig ein Überangebot an Getreide, wodurch die Preise stark gedrückt wurden.[149] Auf Initiative der CNFA und der Federconsorzi begann man daher 1930 mit dem Aufbau genossenschaftlicher Getreidelager (*Ammassi consorziali*), die allerdings im ersten Jahr nur eine Gesamtkapazität von wenigen zehntausend Doppelzentner Weizen faßten (vgl. Tab. 6.8). Gegen eine Gebühr konnten Landwirte ihre Ernte bei den genossenschaftlichen Getreidesilos abliefern. Die eingelagerten Bestände wurden dann zu einem späteren Zeitpunkt, wenn

---

[147] Guarneri, Battaglie economiche, S. 362. – Versuchsweise wurde Anfang 1932 eine Reglementierung des Rindfleischmarktes eingeführt; diese Maßnahme mußte jedoch nach den Handelsverträgen mit Ungarn und Österreich im Februar desselben Jahres wieder aufgehoben werden (ebd. S. 372).

[148] Emanuelle Blandini, I provvedimenti del Governo Fascista in difesa della produzione e del mercato granario, Salerno 1932, S. 12.

[149] Vgl. die monatlichen Getreidepreise für 1930–1932, Mortara, Prospettive (1933) S. 53.

die Getreidepreise wieder angestiegen waren, durch die Genossenschaft verkauft.[150]

Von Regierungsseite wurde die Einführung genossenschaftlicher Getreidelager ab 1931 unterstützt.[151] Ein Gesetz vom Mai 1932 gewährte staatliche Zuschüsse beim Bau von Getreidesilos,[152] wobei auch militärstrategische Gesichtspunkte eine Rolle spielten. Die neuen Lager sollten die Bevorratungskapazitäten im Falle eines Krieges erhöhen, zum Teil aber auch schon in Friedenszeiten für militärische Vorratszwecke eingesetzt werden. Aus Gründen der Tarnung wurde angeregt, neue Silos nur im Landesinneren und möglichst unterirdisch zu bauen.[153]

Tab. 6.8
Genossenschaftliche Weizenverkäufe 1930–1935*

1930	66.000	1933	893.000
1931	453.000	1934	5.000.000
1932	588.000	1935	8.000.000

* in dz Weizen
Quelle: Rede Mussolinis, 6.12.1936, in: O.O., Bd. 28, S. 85.

Obgleich die Lagerungskapazitäten bis 1935 erheblich erweitert wurden (vgl. Tab. 6.8), blieb die Wirkung der *Ammassi* in den ersten Jahren weit hinter den Erwartungen zurück. Dabei machte sich einerseits die fehlende Koordinierung der genossenschaftlichen Verkäufe negativ bemerkbar. Andererseits sorgten die Rekordernten von 1932 (72,9 Mill. dz) und 1933 (79,2 Mill. dz) für ein starkes Überangebot an Getreide, das durch vorübergehende Einlagerung nicht mehr abgeschöpft werden konnte. So standen viele Ablieferungsgenossenschaften 1932 vor dem Problem, daß die Getreidepreise einige Monate nach der Ernte nur geringfügig über den Preisen zum Zeitpunkt der Einlagerung lagen und damit die Zins- und Lagerungskosten nicht mehr abgedeckt waren.[154] Im Frühjahr 1934 waren die Getreidevorräte nach Schätzungen des Landwirtschaftsministeriums auf über fünf Millionen dz Getreide angewachsen, die nicht mehr zu verkaufen waren. Ab Juni 1934 wurde die

---

[150] Die Landwirte erhielten allerdings schon zum Zeitpunkt der Ablieferung eine Vorauszahlung; vgl. S t a d e r i n i, La Federazione, S. 1005 und passim.

[151] Rundschreiben Mussolinis an die Präfekturen von Cremona, Mantua, Brescia, Venedig und der Emilia (PCM 1931–1933, 3/1–3/1880).

[152] L. 30.5.1932 (Nr. 720).

[153] Bericht des Landwirtschaftsministeriums „Costruzione di silos da grano", September 1931 (PCM 1931–1933, 3/1–2/3430).

[154] PCM 1937–1939, 3/1–2/5298: Landwirtschaftsministerium an Mussolini, 11.2.1933.

Mehlindustrie daher verpflichtet, eine Mindestquote von Genossenschaftsgetreide zu einem staatlich festgesetzten Preis abzunehmen.[155] Der Preis wurde auf 93,70 Lire/q für Weichweizen und 109,15 Lire/dz für Hartweizen festgesetzt und lag damit deutlich über den Marktpreisen. Viele Müllereibetriebe weigerten sich daher, das genossenschaftliche Getreide zu kaufen, wodurch der Abbau der Lager nur sehr langsam fortschritt.[156]

Die Erfahrungen der Jahre 1932–1934 hatten gezeigt, daß eine Regulierung der Getreidemärkte durch ein genossenschaftliches Ablieferungssystem, das lediglich einen Bruchteil der Produktion erfassen konnte, nicht zum Erfolg führte. Es war daher nur konsequent, daß man im Rahmen der Autarkiepolitik nach 1935 zu einem umfassenden System der Mengenbewirtschaftung überging, das eine bessere Marktkontrolle ermöglichte.[157]

c) Die Neuordnung des Reismarktes durch den *Ente Nazionale Risi*

Während eine Regulierung der großen Marktsegmente wie der Weizenwirtschaft erst durch das staatliche Zwangsablieferungssystem nach 1935 gelang, kam es bei kleineren Erzeugerbereichen schon Anfang der dreißiger Jahre zu einer wirkungsvollen Kontrolle der Märkte. Dies galt vor allem für die Reisproduktion, wo 1931 eine parastaatliche Marktorganisation (*Ente Nazionale Risi*) gegründet wurde. Die italienische Reiserzeugung betrug zwar nur etwa sieben Millionen Doppelzentner pro Jahr und bestritt damit lediglich 5–6% der Gesamtgetreideproduktion. In einigen Regionen Norditaliens war Reis jedoch ein bedeutendes Grundnahrungsmittel und galt daher als „wichtige Ergänzung für den Sieg in der Getreideschlacht".[158] Der Reisanbau, der sich vorwiegend auf den nördlichen Teil der lombardischen und piemontesischen Tiefebene konzentrierte, war seit der Jahrhundertwende stark intensiviert worden. Durch aufwendige Bewässerungssysteme, die Einführung von Fruchtfolgen und bodenverbessernde Maßnahmen konnten die Erträge von etwa 25 dz/ha um die Jahrhundertwende auf 55 dz/ha Mitte der dreißiger Jahre gesteigert werden.[159] Italien war neben Spanien das einzige Land in Europa, das in nennenswertem Umfang Reis anbaute.[160] Rund ein Drittel der

---

[155] Die Quote betrug 70% für Norditalien, 30% für Mittelitalien und 30% für Süditalien und Sizilien, während für Sardinien keine Vorschrift in Kraft trat; R.D.L. 21.5.1934 (Nr. 821); PCM 1937–1939, 3/1–2/5298: Landwirtschaftsministerium an Mussolini, 25.5.1934.

[156] PCM 1937–1939, 3/1–2/5298: Landwirtschaftsministerium an Mussolini, 15.11.1934.

[157] S.u. Kap. XI.4.

[158] Parlamentsrede R. Olmo, 26.11.1931, in: API, CD, Leg. XXVIII, sess. 1929–1932, Discussioni, Bd. 5, Roma o.J., S. 5496.

[159] Novello Novelli, Die Fortschritte des italienischen Reisbaues, in: Medici u. a. (Hgg.), Die italienische Landwirtschaft, S. 41.

[160] Die europäische Reisproduktion betrug 1929–1933 durchschnittlich 10,1 Mill. dz pro Jahr;

Produktion war für den Export vorwiegend nach Argentinien, Deutschland, Frankreich und in die Schweiz bestimmt. Die italienische Reisproduktion hatte somit auch eine wichtige handelspolitische Funktion. 1927 wurde Reis im Wert von 436 Mill. Lire exportiert, das entsprach etwa 9,4% der landwirtschaftlichen und 2,4% der Gesamtausfuhren Italiens.[161]

Die starke Exportabhängigkeit war andererseits der Grund dafür, daß die italienische Reiswirtschaft von der Krise nach 1927 besonders stark betroffen war, denn die gängigen Außenschutzmaßnahmen zeigten fast keine Wirkung.[162] Obgleich die Einfuhrzölle für Reis 1931 erhöht wurden und etwa zwei Drittel des Inlandspreises betrugen,[163] fielen die Preise für Rohreis zwischen 1926 und 1933 von 142 auf 51 Lire/dz.[164] Da die Reisproduktion außerordentlich kostenintensiv war, konnten viele Betriebe keine Gewinne mehr erwirtschaften.[165] Infolgedessen ging die Anbaufläche zwischen 1926 und 1933 von 161.000 ha auf 139.000 ha zurück, das Produktionsvolumen verringerte sich im selben Zeitraum um rund 500.000 dz.[166]

Bereits Mitte der zwanziger Jahre waren auf lokaler Ebene genossenschaftliche Organisationen der Reisproduzenten entstanden. Auf Initiative der CNFA wurde Anfang 1928 ein Nationales Reiskonsortium (*Consorzio Nazionale Fascista Risicoltori*) mit Sitz in Novara gegründet, das durch genossenschaftliche Absatzorganisationen und durch Kampagnen zur Erhöhung des inländischen Konsums zu einer Stabilisierung des italienischen Reismarktes beitragen sollte. Die Erfolge des Konsortiums blieben jedoch „sehr bescheiden" und „erreichten bei weitem nicht die gewünschten Ergebnisse".[167] Die Initiatoren des Konsortiums beklagten, daß „nur eine kleine Minderheit" der Produzenten zu einem freiwilligen Beitritt bereit sei und forderten deshalb

---

davon entfielen 6,7 Mill. dz auf Italien und 3,0 Mill. dz auf Spanien; Institut International d'Agriculture, Les grands produits, S. 99.

[161] Istituto Centrale di Statistica del Regno d'Italia, Annuario Statistico Italiano (1930) S. 281 und 296.

[162] Maria Boggeri, La crisi risicola e l'Ente Nazionale Risi, Padova 1932, S. 128.

[163] Ab Oktober 1931 waren folgende Zollsätze in Kraft: Rohreis: 41 Lire/dz; geschälter Reis: 50 Lire/dz; polierter Reis: 60 Lire/dz; Donata Brianta, Amministrazione e mediazione degli interessi: L'Ente nazionale risi, in: L'amministrazione nella storia moderna (Hg. Istituto per la Scienza dell'Amministrazione pubblica), Bd. 2, Milano 1985, S. 1609, Anm. 55.

[164] Istituto Centrale di Statistica, Sommario (1968) S. 110.

[165] Vgl. die Fallstudie von Giuseppe Tassinari, Le vicende, S. 27–31; nach Boggeri, La crisi risicola, S. 129, lagen die Produktionskosten für Reis Ende 1930 bei ca. 70 Lire/dz, der Marktpreis betrug zu diesem Zeitpunkt lediglich 53–55 Lire/dz.

[166] Istituto Centrale di Statistica, Sommario (1968) S. 60 und 62; die Zahl der Reisbauern nahm allein zwischen 1931 und 1932 um tausend Personen ab (SPD, CO, f. 509.488: Memorandum Rossinis an Mussolini vom 26.2.1943 „Statistica della produzione del risone in Italia").

[167] Casalini, Le istituzioni, S. 392; PCM 1934–1936, 3/1–7/2679/8: Präfekt von Novara an Wirtschaftsministerium, 25.2.1929.

ein staatlich autorisiertes „Zwangskonsortium für alle Reisproduzenten", welches ein Monopol für Verkauf und Handel von Reis erhalten sollte. Zugleich sollten die internationalen Wettbewerbsbedingungen der italienischen Exporteure durch Ausfuhrprämien verbessert werden.[168] Vom Landwirtschaftsministerium wurden diese Pläne abschlägig beurteilt. Ressortchef Acerbo hatte seine Abneigung gegenüber monopolähnlichen Organisationen in der Landwirtschaft schon früher zum Ausdruck gebracht.[169] Ein internes Memorandum des Landwirtschaftsministeriums, von dem auch Mussolini in Kenntnis gesetzt wurde, sprach sich daher gegen das geplante Reiskartell aus. Neben finanzpolitischen Bedenken wurde warnend darauf hingewiesen, daß das angestrebte Exportdumping gegen bestehende Handelsverträge verstoßen würde und somit Verstimmungen bei den italienischen Handelspartnern im Ausland nach sich ziehen könnte.[170] Ähnliche Vorbehalte wurden offenbar auch vom Korporationsministerium geäußert, wie aus einem späteren Bericht des Präsidenten der CNFA, Giuseppe Tassinari, hervorgeht. Nach diesem Bericht war es Mussolini selbst, der die CNFA mit der Gründung eines Reiskonsortiums beauftragte.[171] Dabei spielten wahrscheinlich auch arbeitsmarktpolitische Überlegungen eine Rolle, denn in den etwa 700 Reismühlen und 23.000 reisanbauenden Betrieben waren in Spitzenzeiten bis zu 500.000 Personen beschäftigt, denen bei einem Fortdauern der Krise Arbeitslosigkeit drohte.

Per Dekretgesetz wurde schließlich im Oktober 1931 der *Ente Nazionale Risi* als parastaatliche Einrichtung mit Sitz in Mailand gegründet.[172] Die Organisation sollte nicht nur eine vollständige Erfassung und Kontrolle des Reisanbaus gewährleisten, sondern auch die Beziehungen zu Handel und reisverarbeitendem Gewerbe koordinieren, Richtpreise festlegen und den Absatz im In- und Ausland fördern. Der ENR unterstand der Aufsicht des Landwirtschaftsministeriums und wurde durch einen Verwaltungsrat geleitet, dessen Mitglieder von den faschistischen Berufsverbänden aus Industrie, Handel

---

[168] Ebd.; SPD, CO, f. 208.282: Resolution des Verwaltungsrates des Consorzio Nazionale Fascista Risicoltori (o.D., aber 1930).

[169] S.o. S. 194.

[170] PCM 1934–1936, 3/1–7/2679/8: „Ministero dell'Agricoltura e delle Foreste, Promemoria per S. E. il Ministro circa la costituzione dell'Ente Nazionale Risi" (September 1931).

[171] SPD, CO, f. 500.003/II: Tassinari an Mussolini, 12.5.1939: „[...] credo opportuno ricordare che l'Ente risi fu da Voi voluto nell'autunno 1931 quando la crisi del riso era più acuta con prezzi effettivi che scendevano anche alle 40 lire al quintale. Nel darmi l'ordine, quale Presidente della Confederazione agricoltori, di costituire l'Ente Voi sceglieste, fra le varie proposte avanzate, quella dell'Ente che aveva illustrato un certo agronomo Cerri Piero della Lomellina, morto qualche tempo fa. Nonostante i dubbi che si nutrivano presso i Ministri competenti dell'agricoltura e delle Corporazioni, non favorevoli all'Ente, Voi lo voleste ed oggi tutti constatano che ha salvato la risicoltura italiana e il salario di migliaia di lavoratori."

[172] R.D.L. 2.10.1931 (Nr. 1237).

und Landwirtschaft ernannt wurden. Allerdings stellte die CNFA neun der insgesamt 16 Ratsmitglieder und sicherte sich somit die Stimmenmehrheit innerhalb des Gremiums.[173] Der Präsident des Aufsichtsrates wurde vom Landwirtschaftsministerium in Abstimmung mit dem Korporationsministerium ernannt. Die Wahl fiel im Herbst 1931 auf Senator Aldo Rossini, ein Jurist aus Novara, der zuvor bereits eine Reihe von politischen Ämtern der mittleren Ebene innegehabt hatte. Rossini leitete die Organisation bis 1943.[174]

Die Tätigkeit des ENR konzentrierte sich auf drei Ziele:

1. *Erhöhung des Reiskonsums im Inland:* Schon lange hatten die Produzenten „den kontinuierlichen und trostlosen Rückgang des italienischen Reisverbrauchs" beklagt und mehr Werbung für dieses Produkt verlangt.[175] Diese Forderung war vom Landwirtschaftsministerium bereitwillig aufgenommen worden,[176] so daß der ENR 1931 eine landesweite Kampagne zur Erhöhung des Reiskonsums durchführen konnte. Unter anderem wurde eine Wagenkolonne mit mobiler Küche ausgestattet, die insbesondere in Süditalien, wo Reis als Nahrungsmittel keine Rolle spielte, Kochrezepte und kostenlose Reisproben verteilen sollte.[177] Die Organisation forderte außerdem, daß bei der Brotherstellung 7% Reismehl verwendet werden sollte, was allerdings vom Landwirtschaftsministerium mit Hinweis auf die damit einhergehende Qualitätsminderung des Brotes abgelehnt wurde.[178]

2. *Stabilisierung der Preise:* Der Verwaltungsrat des *Ente Risi* bestimmte zu Beginn jedes Erntejahres einen „Basispreis", der als Richtschnur bei den Verhandlungen zwischen den Landwirten und den Abnehmern in Handel und verarbeitender Industrie zu gelten hatte.[179] In der Praxis hatten diese unverbindlichen Empfehlungen jedoch wenig Wirkung auf die Gestaltung der Marktpreise. So lagen die tatsächlich erzielten Preise 1931 und 1932 deutlich unter dem Richtwert von 70–85 Lire/dz,[180] und bis 1934 sanken die Markt-

---

[173] Drei weitere Mitglieder wurden von der Confederazione Generale Fascista dell'Industria bestimmt; je ein Mitglied stellten die Confederazione Nazionale dei Sindacati Fascisti dell'Agricoltura, die Confederazione Nazionale dei Sindacati Fascisti dell'Industria, die Confederazione Nazionale Fascista del Commercio und das Sindacato Nazionale Tecnici Agricoli; vgl. ebd. Art. 2.

[174] B r i a n t a, L'amministrazione, S. 1531–1538.

[175] SPD, CO, f. 208.282: Resolution des Verwaltungsrates des Consorzio Nazionale Fascista Risicoltori (o.D., aber 1930).

[176] PCM 1934–1936, 3/1–7/2679/8: Marescalchi an De Benedetti, Direktor des Reiskonsortiums von Novara, 23.10.1930.

[177] PCM 1934–1936, 3/1–7/2679/8: Rossini an PCM, 11.5.1933.

[178] PCM 1934–1936, 3/1–7/2679/8: Memorandum des Landwirtschaftsministeriums an PCM, 17.10.1932.

[179] Parlamentsrede R. Olmo, 26.11.1931, in: API, CD, Leg. XXVIII, sess. 1929–1932, Discussioni, Bd. 5, Roma o.J., S. 5496.

[180] Istituto Centrale di Statistica del Regno d'Italia, Annuario Statistico Italiano (1933) S. 199:

preise sogar noch weiter ab (vgl. Tab. 6.9). Selbst Befürworter des ENR mußten daher zugeben, daß „das Ziel, die Kosten der Produzenten abzudecken, nicht vollständig erreicht wurde".[181] Ab Sommer 1933 verzichtete man daher auf die Festsetzung eines „Basispreises". Mit Beginn des Erntejahres 1933/34 konnten die Landwirte jedoch zinsvergünstigte Überbrückungsdarlehen in Anspruch nehmen. Der ENR übernahm die Hälfte der Zinslast und garantierte die Abnahme für denjenigen Teil der Ernte, der bis zum 30. Juni des darauffolgenden Jahres nicht auf dem freien Markt verkauft werden konnte.[182]

3. *Exportdumping:* Weitaus komplizierter gestaltete sich das Problem der Exportförderung. Wie bereits erwähnt, hatte die stark exportabhängige Reiswirtschaft nach 1927 besonders gelitten. Zwar galt italienischer Reis als qualitativ hochwertig, und mit einem Durchschnittsertrag von etwa 50 dz/ha lag Italien weltweit an der Spitze.[183] Dennoch galten die italienischen Reispreise verglichen mit denen der asiatischen Exportländer (v.a Indien, Korea und Indochina) als zu hoch und auf dem Weltmarkt nicht mehr konkurrenzfähig.[184] Aus diesem Grund versuchte man seit 1931, durch subventionierte Dumping-Preise die Absatzchancen der italienischen Reisexporteure auf dem Weltmarkt zu verbessern. Bei Ausfuhren ins Ausland wurde den Händlern durch den ENR ein Zuschlag vergütet, der je nach Verarbeitungszustand und Entfernung des Bestimmungslandes zwischen 25,75 und 55,00 Lire pro Doppelzentner betrug.[185] Da der ENR keine staatliche Unterstützung erhielt, mußten die Kosten für diesen Ausfuhrzuschlag durch eigene Mittel aufgebracht werden. Dazu wurde eine einstufige Umsatzabgabe eingeführt, die beim Verkauf vom Agrarproduzenten an den Handel oder an weiterverarbeitende Unternehmen erhoben wurde. Diese als „Vertragsgebühr" („diritto di contratto") bezeichnete Abgabe wurde 1931 auf 14 Lire pro Doppelzentner festgesetzt, ein nicht unerheblicher Betrag angesichts eines Inlandspreises von ca. 60 Lire/dz. Damit diese Gebühr auch tatsächlich entrichtet wurde, führte man 1931 ein umfassendes Erfassungs- und Kontrollsystem ein. Zunächst waren alle reisanbauenden Betriebe verpflichtet, über Anbaufläche und Ern-

---

Die Preise für unverarbeiteten Reis lagen 1931 im Durchschnitt bei 66 und 1932 bei 72 Lire/dz.

[181] Boggeri, La crisi risicola, S. 132.

[182] Die Darlehen wurden 1933/34 auf 50 Lire/dz Reis festgesetzt und 1934/35 auf 60 Lire/dz erhöht. Diese Darlehen ermöglichten es den Landwirten, die Ernte nicht sofort vermarkten zu müssen, sondern einen günstigeren Verkaufszeitpunkt abwarten zu können; Casalini, Le istituzioni, S. 393.

[183] Institut Internationale d'Agriculture, Le grands produits, S. 99.

[184] PCM 1934–1936, 3/1–7/2679/8: Präfekt von Novara an Wirtschaftsministerium, 25.2.1929.

[185] Brianta, L'amministrazione, S. 1616, Anm. 120.

teergebnisse Buch zu führen und diese Daten bis zu einem bestimmten Termin dem ENR mitzuteilen.[186] Kommunale Kontrollkommissionen wurden zur Überwachung dieser Angaben eingesetzt.[187] Verkäufe mußten spätestens drei Tage nach Vertragsabschluß sowohl von dem landwirtschaftlichen Betrieb als auch vom Abnehmer beim ENR angezeigt werden. Der Käufer hatte anschließend die „Vertragsgebühr" zu entrichten. Darüber hinaus mußten Händler und Reismühlen wöchentlich Angaben über ihre Lagerbestände machen und Reistransporte im In- und Ausland beim ENR anmelden.[188]

Trotz dieser umfassenden Kontrollmechanismen, die in dieser Form bis dahin in keinem anderen Wirtschaftsbereich realisiert worden waren, nahmen sich die Erfolge des ENR zumindest in den ersten Jahren eher bescheiden aus. Die lokalen Behörden berichteten Anfang 1932 von „Schwierigkeiten und Widerständen" seitens der Landwirte, die sich „gegen jede Form der Einmischung in die Vertragsfreiheit" zur Wehr setzten.[189] Beklagt wurde, daß einerseits die Marktpreise deutlich unter den Richtpreisen des ENR lagen, andererseits die Gewinne infolge der hohen „Vertragsgebühr" weiter geschrumpft seien. Viele Verkäufe wurden daher „schwarz", d. h. ohne Meldung beim ENR getätigt, um die Abgaben einzusparen. 1932 wurden schätzungsweise eine Million Doppelzentner Reis unter Umgehung der Vertragsgebühr verkauft,[190] so daß man 1933 dazu überging, die Kontrollen weiter zu verschärfen.[191] Zugleich versuchte man, durch die Gründung privater Aktiengesellschaften, bei denen sich der ENR jeweils die Beteiligungsmehrheit sicherte, eine vollständige Kontrolle über die Marktentwicklung zu erhalten. So wurde 1932 die *Società Anonima Produttori Riso* (SAPRI) als private Handelsgesellschaft ins Leben gerufen; die SAPRI kaufte den Rohreis direkt bei den Produzenten zum „Basispreis", wie er vom ENR festgelegt wurde, und

---

[186] R.D.L. 11.8.1931 (Nr. 1183), Art. 3; die Anbaufläche mußte bis zum 20. Juli angegeben werden, die Ernteergebnisse bis zum 10. November.

[187] Den Kontrollkommissionen gehörte der Podestà, ein Vertreter des örtlichen Agrarsyndikates und ein Sachverständiger des ENR an; ebd. Art. 5.

[188] Ebd. Art. 9.

[189] SPD, CO, f. 509.488: Präfekturen Pavia und Novara an Mussolini, 21. und 23.2.1932; außerdem Bericht vom 5.5.1935 „Situazione Ente Nazionale Risi" (ohne Unterschrift, wahrscheinlich Informant P.S.).

[190] Brianta, L'amministrazione, S. 1542f. Viele Landwirte gaben offenbar systematisch zu niedrige Produktionszahlen an; so lag die nachträglich von den Behörden ermittelte Reisproduktion 1933 um 12% über den Werten, die auf der Basis der Produzentenerklärungen errechnet worden waren (SPD, CO, f. 509.488: „Prospetto della produzione di risone dal 1931 al 1941").

[191] So wurden hohe Geldbußen bei nicht erfolgter Anmeldung von Verkäufen verhängt; ab 1933 mußte nicht mehr der Abnehmer, sondern der Landwirt die Vertragsgebühr entrichten, was die Kontrollmöglichkeiten erleichterte; R.D.L. 11.8.1933 (1785).

sorgte für den Weiterverkauf an die Reismühlen im Inland oder direkt an ausländische Handelspartner.[192]

Tab. 6.9

Die italienische Reiswirtschaft: Anbaufläche, Produktion und Preise für Reis (unbearbeitet) 1920–1940

Jahr	Anbaufläche (tsd. ha)	Produktion (tsd. dz)	Preis (L/q.)
1920–1925[a]	140	6.002	121,10
1926–1930[a]	153	7.344	100,40
1931	154	6.998	63,65
1932	142	6.865	64,90
1933	139	7.152	51,09
1934	137	6.884	53,96
1935	138	7.352	66,27
1936	145	7.340	68,70
1937	145	7.913	75,00
1938	148	8.168	92,00
1939	157	7.622	98,00
1940	163	9.287	130,00

[a] Jahresdurchschnitt

Quellen: Istituto Centrale di Statistica, Sommario (1968) S. 60, 62, 110; SPD, CO, f. 509.380/1.

Tab. 6.10

Die italienischen Reisexporte 1931/32–1939/40*

Jahr	Reisexporte Gesamt	Reisexporte nach Deutschland	Anteil Deutschlands am Gesamtexport
1931–1932	2.118		
1932–1933	2.482	265	10,7
1933–1934	2.342	634	27,1
1934–1935	1.714	599	34,9
1935–1936	1.719	880	46,5
1936–1937	2.131	791	37,1
1937–1938	2.216	910	41,1
1938–1939	2.312	1.047	45,3
1939–1940	2.054	1.168	56,9

* in tsd. dz

Quellen: Donata Brianta, Il riso tra Stato e mercato. Un commercio agricolo padano, in: Bevilacqua (Hg.), Storia dell'agricoltura, Bd. 3, S. 135 und SPD, CO, f. 509.488: ENR, „Rapporti coi risieri tedeschi", 1942.

---

[192] Allein im Erntejahr 1932–1933 kaufte die SAPRI 1,08 Mill. dz Rohreis auf; vgl. Brianta, L'amministrazione, S. 1574ff.

Betrachtet man die Entwicklung der Reisexporte (Tab. 6.10), so läßt sich Anfang der dreißiger Jahre eine leichte Steigerung der Ausfuhrmenge erkennen, doch schon 1934 verschlechterte sich die Lage der italienischen Exporteure wieder. So hatten die traditionell wichtigen Abnehmer Argentinien und Chile ihre Reisimporte aus Italien fast vollständig eingestellt, ähnliches galt für Griechenland, die Beneluxstaaten, England und Frankreich. Demgegenüber gewannen die Balkanstaaten, Ungarn und Österreich, mit denen 1932 spezielle Handelsverträge abgeschlossen wurden, insbesondere aber Deutschland eine zunehmende Bedeutung für den italienischen Reisexport.[193] Infolge der engen Zusammenarbeit des ENR mit einer Gruppe Hamburgischer Reismühlen ab 1932[194] konnten die Lieferungen von unverarbeitetem Reis nach Deutschland innerhalb von wenigen Jahren auf das Vier- bis Fünffache gesteigert werden. Ende der dreißiger Jahre nahm Deutschland etwa die Hälfte der italienischen Reisexporte ab.

d) „Exportschlacht": Das *Istituto Nazionale per l'Esportazione*

Die günstigen Handelsbedingungen, die der italienischen Landwirtschaft in der ersten Hälfte der zwanziger Jahre hohe Umsätze im Exportbereich ermöglicht hatten, waren nicht von Dauer gewesen. Bereits 1926 zeichnete sich eine deutliche Trendwende im Exportgeschäft ab, die vor allem auf vier Faktoren zurückzuführen war: 1. Ebenso wie in Italien kam es auch in anderen Ländern zu einem Abflauen der Konjunktur, womit sich die Auslandsnachfrage nach italienischen Produkten verringerte. 2. Der 1925 weltweit zu beobachtende Übergang zum Handelsprotektionismus verminderte die Absatzmöglichkeiten der italienischen Anbieter. 3. Die gleichen Auswirkungen gingen von der globalen Überproduktion im Agrarbereich aus. Neben traditionellen Handelskonkurrenten Italiens wie Spanien, Frankreich, den USA und Tunesien drängten dabei zunehmend neue Agraranbieter wie Australien, Südafrika, Argentinien und Brasilien auf den Weltmarkt. 4. Schließlich bewirkte die Aufwertung der Lira ab Mitte 1926 eine kurzfristige Verteuerung italienischer Produkte auf den internationalen Märkten. Allerdings sind die Auswirkungen der „Quota 90" auf die Exporte vielfach überschätzt worden.[195] Da die Wechselkursabwertung von starken Preissenkungen begleitet war, kann von einer Überbewertung der Lira (im Sinne der Kaufkraftpari-

---

[193] Zur Entwicklung der italienischen Reisexporte in die verschiedenen Länder vgl. Istituto Centrale di Statistica del Regno d'Italia, Annuario statistico italiano (1939) S. 435; B r i a n t a, L'amministrazione, S. 1621 u. 1637.

[194] SPD, CO, f. 509.380/1: „Rapporti coi risieri tedeschi".

[195] L y t t e l t o n, La conquista, S. 553; R a f a l s k i, Italienischer Faschismus, S. 72 und 144.

tätentheorie) allenfalls für wenige Monate zwischen Herbst 1926 und Frühjahr 1927 gesprochen werden.[196] So bewegten sich die Veränderungen der Terms of Trade gegenüber den Vereinigten Staaten in einer Größenordnung von lediglich 5–7%; schon 1928 war die Situation von 1926 wieder erreicht.[197] Die italienische Währungspolitik war somit lediglich ein verschärfender, keinesfalls aber der auslösende Faktor für die Verschlechterung der Ausfuhrmöglichkeiten.

Die drohende Krise des agrarischen Exportsektors wurde nicht nur in Wirtschaftskreisen, sondern auch innerhalb der Regierung mit Besorgnis zur Kenntnis genommen. Denn es handelte sich nicht nur um einen beschäftigungspolitisch wichtigen Sektor, der gerade in Süditalien viele Arbeitskräfte absorbierte. Auch unter Zahlungsbilanzaspekten wurde den Agrarausfuhren eine hohe Bedeutung beigemessen. Eine gezielte staatliche Förderung dieses Bereiches schien daher aus wirtschaftlichen und politischen Gründen geboten. In einer programmatischen Rede vor dem Parlament forderte Wirtschaftsminister Belluzzo Anfang 1928 eine „Rationalisierung" der agrarischen Exportwirtschaft, die eine „industrielle Organisationsbasis" erhalten müsse. Die italienischen Agrarprodukte müßten „in diejenigen Märkte eindringen, die uns heute die Rohstoffe liefern, und die entsprechenden Kosten ausgleichen". Die Landwirtschaft könne so das „Schwert des Brennus unserer Handelsbilanz werden".[198] Im Prinzip nahm Belluzzo hier bereits die Idee des bilateralen Handelsclearings vorweg, wie es in den dreißiger Jahren mit verschiedenen Ländern praktiziert werden sollte.

Das Problem der Konkurrenzfähigkeit italienischer Agrarexportgüter war bereits 1924 von dem sizilianischen Industriellen und Parlamentsabgeordneten Guido Jung thematisiert worden. Jung warnte vor dem drohenden Verdrängungswettbewerb der US- und südamerikanischen Agrarexporteure und forderte eine handelspolitische Gegenoffensive Italiens. Nur durch eine Verbesserung und Standardisierung der italienischen Produkte sowie durch günstigere Transportkonditionen und eine aggressive Absatzstrategie könne Italien auf dem Weltmarkt bestehen. Italien, so Jung, müsse „das Kalifornien Europas werden" und zum „wichtigsten Anbieter von Obst und Gemüse in frischer und konservierter Form" avancieren.[199] Zu ähnlichen Schlußfolge-

---

[196] PCM 1934–1936, 5/1/1929/4: Rede Alberto Pirellis am 15.7.1927 vor dem Verwaltungsrat des Istituto Nazionale per l'Esportazione; Pressebericht Agenzia Stefani; T o n i o l o, L'economia, S. 116.

[197] Ebd. S. 93.

[198] Parlamentsrede Belluzzos vom 21.3.1928, in: API, CD, Leg. XXVII, sess. 1928–1929, Discussioni, Bd. 9, Roma o.J., S. 8770–8779, hier S. 8776.

[199] Parlamentarische Haushaltsdebatte für das Wirtschaftsministerium 1924/25, 25.11.1924, in: API, CD, Leg. XXVII, sess. 1924–1925, Discussioni, Bd. 1, Roma 1925, S. 779–787; auch der

rungen kam der Journalist Luigi Barzini in einem Bericht an Mussolini vom 22. Juli 1926.[200] Barzini, der zuvor die Vereinigten Staaten bereist hatte, empfahl darin ebenfalls eine Modernisierung der italienischen Obstwirtschaft nach kalifornischem Vorbild. Nach seiner Ansicht steckte der landwirtschaftliche Exportsektor Italiens „noch in den Kinderschuhen". Langfristig könne dieser Bereich jedoch entscheidend zum Ausgleich des Handelsbilanzdefizits beitragen. Während nämlich die industrielle Produktion auf teure Rohstoffeinfuhren angewiesen sei, könne die Landwirtschaft weitgehend ohne Vorleistungsgüter aus dem Ausland auskommen. Daraus ergäben sich nicht nur Wettbewerbsvorteile für den Agrarsektor; auch der handelsbilanzpolitische Nettoeffekt der landwirtschaftlichen Exporte sei größer als derjenige der industriellen Ausfuhren.[201]

Auch die Agrarexporteure hatten seit geraumer Zeit auf die Notwendigkeit verwiesen, die Ausfuhrbedingungen im Rahmen eines staatlichen Hilfsprogrammes zu verbessern. Der Präsident des Genueser „Syndikats für Import und Export" Giuseppe Ruffoni legte Mussolini im Oktober 1925 einen ausführlichen Bericht über die Lage der italienischen Obst- und Gemüseproduktion vor.[202] Ruffoni kam darin zu dem Schluß, daß dieser Sektor in den vergangenen Jahren zwar erhebliche Fortschritte gemacht habe und mit einem Produktionswert von jährlich sieben Milliarden Lire ein Viertel der landwirtschaftlichen Gesamtproduktion abdecke, in weiten Bereichen aber dennoch „gravierende Mängel" aufweise.[203] Der Autor der Studie machte dafür neben anbautechnischen Rückständen (Sortenzucht, Bewässerung, Düngung und Parasitenbekämpfung) die fehlende Orientierung an den Bedürfnissen der ausländischen Abnehmer und eine mangelhafte Handelsorganisation verantwortlich. Die Lösung dieser Probleme könne man jedoch nicht „dem guten Willen Einzelner" anvertrauen; vielmehr sei ein „Zusammenschluß aller Beteiligten" in einer staatlichen Organisation erforderlich.[204] Ruffoni schlug daher die Bildung eines „Technischen Komitees zur Förderung des Obstanbaus" beim Wirtschaftsministerium vor.

---

spätere Parteigeneralsekretär Starace verlangte in dieser Debatte eine stärkere Förderung der landwirtschaftlichen Ausfuhren; ebd. S. 787–797.

[200] PCM 1926, 3/8/3273.

[201] Ähnlich Vittorio Peglion, La Frutticoltura nell'Indirizzo Agrario Nazionale, in: Comitato del II. Congresso Nazionale di Frutticoltura, Cattedra ambulante di agricoltura della Provincia di Ravenna (Hgg.), Relazioni del II. Congresso Nazionale di Frutticoltura (Luglio – Settembre 1927), Ravenna 1928, S. 1–28.

[202] PCM 1925, 9/5/3057: „Costituzione alle dipendenze del Ministero Economia Nazionale di un Comitato Tecnico Frutticolo Permanente"; Begleitschreiben Ruffonis an Mussolini vom 10.10.1925.

[203] Ebd. S. 2.

[204] Ebd. S. 4f.

Mussolini ging auf diesen Vorschlag zunächst nicht ein.[205] Allerdings schlossen sich die Agrarexporteure 1926 auf Genossenschaftsebene zu einem nationalen Verband zusammen (*Federazione Agricola Cooperative Italiane di Esportazione*). Ein Jahr später, im April 1927, gründete die Federconsorzi eine eigene Exportabteilung (*Federexport*), die ebenfalls eine Förderung genossenschaftlicher Verkäufe im Ausland unterstützen sollte.[206]

Doch auch von staatlicher Seite wurde ab 1926 eine gezielte Exportförderung betrieben. Im April dieses Jahres wurde ein „Nationales Exportinstitut" (*Istituto Nazionale per l'Esportazione*, INE) mit Sitz in Rom gegründet.[207] Obgleich eine Spezialisierung auf einzelne Branchen ursprünglich nicht vorgesehen war, konzentrierte sich die Aktivität des Institutes von Anfang an auf die Unterstützung der süditalienischen Agrarexporteure.[208] Denn obwohl die mediterrane Landwirtschaft über eine breite Palette exportfähiger Produkte wie Olivenöl, Obst, Gemüse und Wein verfügte, fehlte gerade hier die nötige Infrastruktur aus Absatzgenossenschaften, Großhandel und Transportunternehmen, wie sie in den nördlichen Landesteilen verbreitet war.[209] Das INE war formal eine staatliche Behörde, die jedoch engen Kontakt zur Wirtschaft halten sollte. Bezeichnenderweise wurde als Gründungspräsident kein Politiker oder Verwaltungsfunktionär, sondern mit Alberto Pirelli ein führender Industrieller gewählt.[210] Dem Verwaltungsrat des Instituts, dem ein „Technisches Komitee" beigeordnet war, gehörten neben Vertretern der Ministerien vor allem Repräsentanten der Wirtschaftsverbände und Handelsorganisationen an.[211]

Die Tätigkeit des INE erstreckte sich auf mehrere Bereiche.[212] Zunächst sollten Propaganda und Werbung für italienische Produkte im Ausland ver-

---

[205] Mussolini lehnte auch die Bitte Ruffonis um eine Audienz ab; vgl. handschriftlichen Vermerk auf dem Schreiben Ruffonis an Mussolini vom 10.10.1925 (ebd.).

[206] Staderini, La Federazione, S. 1007f.; Ventura, La Federconsorzi, S. 705.

[207] R.D.L. 18.4.1926 (Nr. 800); PCM 1934–1936, 5/1/1929/1.

[208] PCM 1934–1936, 5/1/1929/4: Rede am 15.7.1927 vor dem Verwaltungsrat des Istituto Nazionale per l'Esportazione.

[209] Vgl. Luigi Bufalini, Refrigerazione, organizzazione ed esportazione dei prodotti agricoli, Atti della Reale Accademia economico-agraria dei Georgofili di Firenze, Serie V, Bd. 25, Firenze 1925, S. 43–66; Domenico Casella, Conservazione e trasformazione della frutta nell'Italia Meridionale e in Sicilia, in: Comitato del II. Congresso Nazionale di Frutticoltura, Cattedra ambulante di agricoltura della Provincia di Ravenna (Hgg.), Relazioni, S. 297–334.

[210] Im Sommer 1927 wurde Pirelli, der zum Präsidenten der Internationalen Handelskammer gewählt worden war, durch Guido Jung abgelöst.

[211] Vgl. Mitgliederliste des INE vom Juli 1927 (PCM 1934–1936, 5/1/1929/3).

[212] Ausführliche Informationen in Istituto Nationale per l'Esportazione, Relazione sull'attività dell'INE presentata al Consiglio generale nell'adunanza dell'11 aprile 1931, Roma 1931; dass., Relazione sull'attività dell'INE presentata al Consiglio generale nell'adunanza del 14 giugno 1934, Roma 1934 (PCM 1934–1936, 5/1/1929/5). Rede Pirellis vor dem Consiglio

bessert werden. Es wurden enge Kontakte mit den italienischen Handels- und Wirtschaftsvertretungen im Ausland geknüpft, die Beteiligung italienischer Hersteller auf den internationalen Messen intensiviert und Informationsbroschüren im Ausland verteilt. Unter anderem erschien monatlich ein Informationsheft unter dem Titel *Italia Esportatrice*, das in verschiedenen Sprachen mit einer Auflage von ca. 500.000 Exemplaren veröffentlicht wurde. Jedes Heft war einem bestimmten Produktionszweig der italienischen Wirtschaft gewidmet. Für die Exporteure richtete das Institut einen umfassenden Informationsdienst ein. Interessenten konnten Informationen über die wirtschaftliche Situation einzelner Länder und Regionen anfordern, über Zoll- und Einfuhrbestimmungen, Transportmöglichkeiten sowie über die voraussichtliche Nachfrageentwicklung nach italienischen Produkten. Darüber hinaus wurden Kontakte zu ausländischen Unternehmen und Handelsorganisationen vermittelt. Ab März 1930 sammelte ein gemeinsames Büro des INE und der Wirtschaftsverbände[213] geheime Informationen über ausländische Unternehmen, die auf Anfrage an italienische Hersteller weitergegeben wurden.

Die Tätigkeit des Exportamtes setzte jedoch nicht erst bei der Organisation von Absatz und Handel ein; vielmehr sollte schon auf der Produktionsstufe eine Ausrichtung auf die Bedürfnisse der ausländischen Märkte erfolgen.[214] So wurden gemeinsam mit den agrarbiologischen Forschungsanstalten Sorten gezüchtet, die sich durch besonders lange Haltbarkeit auszeichneten.[215] Bei der großen Zahl von Kleinproduzenten richteten sich die Bemühungen vor allem auf eine Vereinheitlichung und Standardisierung der Produkte, die in verschiedene Handelsklassen eingeteilt wurden. Agrargüter, die für das Ausland bestimmt waren, mußten hohen Qualitätsstandards entsprechen, die durch Inspektoren des INE regelmäßig überprüft wurden. Nach einem Gesetz vom Juni 1927 mußten einige Exportgüter mit einem Qualitätssiegel (*Marchio Nazionale d'esportazione*) versehen werden, andernfalls durften sie nicht ausgeführt werden.[216] In der Landwirtschaft waren Qualitätssiegel für Zitrusfrüchte, Pfirsiche, Blumenkohl, Kartoffeln, Tomaten, Reis und Wein obligatorisch.[217] Darüber hinaus wurden Normen für Verpackungen, Transportbehälter und deren Beschriftung in der Sprache des Bestim-

---

generale vom 15.7.1927, Pressebericht Agenzia Stefani, 15.7.1927, N.12 (PCM 1934–1936, 5/1/1929/4).

[213] Ufficio Consorziale d'Informazioni Riservate su Ditte.

[214] Vgl. Guido Jung, Problemi dell'esportazione agrumaria, Italia Agricola 69 (1932) S. 587–596.

[215] Ab Juli 1934 wurde auch ein staatlicher Produktionswettbewerb für den Obstanbau veranstaltet (PCM 1934–1936, 3/1–2/1895).

[216] PCM 1927, 9/5/1050: „Istituto Nazionale per l'Esportazione, Sull' Istituzione di un Marchio Nazionale per i prodotti ortifrutticoli diretti all'Estero".

[217] Casalini, Le istituzioni, S. 397.

mungslandes erlassen. Schließlich mußten sich Exporteure von Obst, Gemüse und Blumen bei den Handelskammern in spezielle Handelsregister eintragen lassen und einer behördlichen Überprüfung unterziehen.[218]

Ein besonderes Problem stellte der Transport von frischen Nahrungsmitteln ins europäische Ausland und nach Übersee dar. Auf Initiative des INE erhöhte die staatliche Eisenbahngesellschaft die Zahl der Kühlwaggons; auch die Schiffahrtsgesellschaften stockten ihre Transportkapazitäten für gekühlte Nahrungsgüter auf.[219] Seit 1932 gewährte das Landwirtschaftsministerium staatliche Prämien für die Errichtung genossenschaftlicher Kühlhäuser.[220] Bei Tomaten und Hülsenfrüchten richteten sich die Bemühungen darauf, die Transportfähigkeit durch Konservierung in Dosen zu verbessern. Immerhin konnte die Produktion von Nahrungsmittelkonserven zwischen 1922 und 1935 von 587.312 auf 1.839.878 dz gesteigert werden.[221]

Tab. 6.11

Die wichtigsten Agrarexporte 1921–1933*

	1921–1925[a]	1926	1927	1928	1929	1930	1931	1932	1933
Obst[b]	1.673	2.329	1.842	1.864	2.173	2.450	2.324	2.815	3.564
Agrumen	2.809	3.723	4.050	3.035	3.229	4.050	3.850	3.076	4.172
Wein[c]	1.330	1.051	1.036	922	974	1.032	1.672	803	999
Käse	230	331	318	365	329	367	404	301	239
Tomaten	541	1.007	967	936	1.378	745	803	745	694
Olivenöl	324	236	347	135	360	724	587	453	349
Exportwert[d]	2.580	3.725	3.643	3.154	3.582	3.742	3.786	3.014	2.957

* in tsd. dz   [a] Jahresdurchschnitt   [b] Frisch- und Trockenobst   [c] einschließlich Vermouth-Wein,
in tsd. hl   [d] Wert aller Nahrungsmittelexporte in Lire von 1938
Quellen: Istituto Centrale di Statistica, Annuario statistico dell'agricoltura 1947–1950, S. 575
(Zahlen gerundet).; dass., Annuario Statistico Italiano (1941) S. 170. Als Deflator wurde der
Großhandelspreisindex verwendet; Umrechnungstabelle in dass., Sommario (1958) S. 169.

---

[218] L. 31.12.1931 (Nr. 1806); die Ausfuhr von Agrarprodukten wurde zu etwa 98% über Handelsunternehmen abgewickelt; Direktausfuhren von Landwirten oder landwirtschaftlichen Genossenschaften waren dagegen äußerst selten; vgl. Ferruccio Lantini, Präsident der Confederazione Nazionale Fascista del Commercio, an Mussolini, 11.6.1932 (PCM 1931–1933, 9/6/3433).

[219] Istituto Nazionale per l'Esportazione, Relazione, 1934, S. 131–134 und 150.

[220] Im März 1932 wurde dazu beim Landwirtschaftsministerium ein Expertenkomitee eingesetzt (PCM 1931–1933, 9/6/5031).

[221] Davon entfielen 1.467.471 dz auf Tomaten und Hülsenfrüchte, 372.407 dz auf Marmelade und Obst. Der überwiegende Teil der Konservenindustrie war in der Campania und der Emilia angesiedelt; Bruno Caizzi, Il commercio, in: Storia della società italiana dall'unità a oggi, Bd. 3, Torino 1975, S. 204.

Wie stark sich die beschriebenen Maßnahmen des INE auf die Entwicklung der italienischen Agrarausfuhren auswirkten, läßt sich im einzelnen nur sehr schwer abschätzen. Die nach 1926 bei den meisten Nahrungsmitteln (mit Ausnahme von Wein) erkennbare Steigerung der Exporte deutet aber auf einen durchaus positiven Effekt hin (Tab. 6.11). Auch nach 1930, als das Exportgeschäft in fast allen anderen Bereichen praktisch zum Erliegen kam,[222] hielten sich die agrarischen Ausfuhren auf einem hohen Niveau und konnten insbesondere bei Obst noch leichte Zuwächse verbuchen. In der Folge nahm das Gewicht der landwirtschaftlichen Ausfuhren für die italienische Exportbilanz erheblich zu. Während 1921 nur 20% der Ausfuhren aus Nahrungsmitteln bestanden, waren es 1930 bereits 27,7% und 1935 sogar 33,6%.[223] Nimmt man agrarische Rohstoffe wie Wolle, Seidenkokons und Hanf hinzu, so wurden 1935 sogar über 40% der Ausfuhren durch landwirtschaftliche Produkte bestritten.[224] Es zeichnete sich damit eine Tendenz ab, die in den späten dreißiger Jahren vollständig zum Durchbruch gelangen sollte: Die Landwirtschaft entwickelte sich zum wichtigsten Aktivposten der italienischen Handelsbilanz und nahm somit eine Schlüsselposition im faschistischen Autarkiekonzept ein.

---

[222] Die Ausfuhr von Industrieprodukten verringerte sich zwischen 1929 und 1933 von 10,3 auf 3,6 Mrd. Lire; Gino Olivetti, Agricoltura e industria, Roma 1935, S. 31f.; Guglielmo Tagliacarne, La bilancia internazionale dei pagamenti dell'Italia nel primo centenario dell'unità, in: L'economia italiana dal 1861 al 1961. Studi nel 1° centenario dell'unità d'Italia, Milano 1961, S. 372.

[223] Istituto Centrale di Statistica del Regno d'Italia, Annuario Statistico Italiano (1941) S. 170.

[224] Bacon, Schloemer, World Trade, S. 846.

VII.

„BONIFICA INTEGRALE"
URBARMACHUNGEN UND LÄNDLICHE
STRUKTURPOLITIK IN DEN JAHREN DER
WIRTSCHAFTSKRISE

Am 14. Oktober 1928 kündigte Mussolini in einer Bauernversammlung im römischen Teatro Argentina ein neues umfassendes Agrarprogramm der Regierung an. Er versprach, der Landwirtschaft in den kommenden Jahren „mehrere Milliarden Lire zur Verfügung zu stellen", um die ländliche Infrastruktur insbesondere in schwach entwickelten Regionen zu verbessern, Bewässerungsmaßnahmen durchzuführen, die noch verbliebenen Sumpfgebiete trockenzulegen und brachliegende Flächen für eine landwirtschaftliche Nutzung zu erschließen.[1] Etwa zwei Monate später, am 24. Dezember 1928, wurde ein Finanzierungsgesetz verabschiedet, das ingesamt sieben Milliarden Lire für ländliche Strukturförderungen bereitstellte.[2] Die „Bonifica Integrale" – dies war der Sammelbegriff, unter dem man sämtliche Meliorations- und Infrastrukturmaßnahmen zusammenfaßte – schien auf geradezu ideale Weise den zentralen agrar- und bevölkerungspolitischen Forderungen zu entsprechen, wie sie Mussolini seit Mitte der zwanziger Jahre in zahlreichen Reden und Schriften formuliert hatte.[3] Durch die Gewinnung von neuem Siedlungsland sollte die innere Kolonisation verstärkt und der demographische Überschuß aufgefangen werden. Damit würde – so Mussolinis Hoffnung – langfristig eine Alternative sowohl zur Emigration ins Ausland als auch zur Abwanderung aus den ländlichen Gebieten in die Städte und Industriezonen Norditaliens geschaffen werden. Überdies sollte die landwirtschaftliche Produktion gesteigert und somit eine Erweiterung der Nahrungsmittelbasis im Sinne der Autarkie erreicht werden. Ein weiterer Aspekt, der in den folgenden Jahren immer mehr an Bedeutung gewann, war die Bekämpfung von

---

[1] Rede vom 14.10.1928, in: M u s s o l i n i , La battaglia, S. 56–63, hier S. 60.

[2] L. 24.12.1928 (Nr. 3134).

[3] S.o. Kap. II.4; vgl. außerdem Rede Mussolinis vor der Associazione Costituzionale in Mailand, 4.10.1924, in: O.O., Bd. 21, S. 88–99, hier S. 97; Schreiben Mussolinis an den Minister für Öffentliche Arbeiten Giurati vom 31.1.1926, PCM 1925, 3/1–1/1649; Schreiben an Giurati vom 2.5.1927, abgedr. in M u s s o l i n i , L'agricoltura, S. 87.

Arbeitslosigkeit und Wirtschaftskrise. Obwohl die faschistische Wirtschaftspolitik in ihrer Gesamtheit angebotsorientiert war und das Festhalten an
Goldstandard und Deflation einer antizyklischen Konjunktursteuerung im
Prinzip entgegenstand, lassen sich im agrarpolitischen Bereich durchaus An-
sätze einer beschäftigungs- und nachfrageorientierten Politik erkennen. Mussolini war davon überzeugt, daß die Vernachlässigung der Landwirtschaft die
eigentliche Ursache für die ökonomischen Probleme der industrialisierten
Volkswirtschaften darstellte. Die „Bonifica Integrale", betonte er bereits
Ende 1928, sollte dazu beitragen, in Italien „jenen Phänomenen der Wirtschaftskrise" vorzubeugen, die „andere Länder auf erschreckende Weise be-
drücken".[4] Die Förderung der Landwirtschaft würde dabei nicht auf eine
Diskriminierung der Industrie hinauslaufen, sondern ganz im Gegenteil dieser sogar neue Absatzmärkte und Expansionsmöglichkeiten im Inland verschaffen. Neben diesen wachstums- und beschäftigungspolitischen Zielen, die
an anderer Stelle noch ausführlicher untersucht werden,[5] bot die „Bonifica
Integrale" eine Möglichkeit, Leistungsfähigkeit und Organisationsstärke des
faschistischen Staates im In- und Ausland wirkungsvoll in Szene zu setzen.
Was früheren Regierungen und Herrschern „über 25 Jahrhunderte nicht gelungen war" – die Bekämpfung der Malaria, die Trockenlegung der Sumpfgebiete, die vollständige landwirtschaftliche Erschließung der Halbinsel –
sollte der faschistische Staat innerhalb von wenigen Jahren vollenden.[6] Ob es
sich um die Einweihung von Siedlungsstädten, die erste Ernte auf neugewonnenem Kulturland oder den Bau eines Bewässerungskanals handelte –
keine Gelegenheit wurde ausgelassen, um die überragenden Erfolge des Regimes mit pompösem Zeremoniell herauszustellen. Mit Ausnahme der „Getreideschlacht" hat die propagandistische Selbstdarstellung des Faschismus
wohl in keinem anderen Bereich eine derartige Intensität erreicht. Die „Bonifica Integrale", so verkündigte Mussolini 1928, sei eine Initiative, „deren
Vollendung allein ausreichen wird, die Revolution der Schwarzhemden für
Jahrhunderte ruhmreich zu machen".[7]

---

[4] Rede vom 14.10.1928, a. a.O., S. 60.
[5] Vgl. dazu ausführlich Kap. VIII und IX.
[6] Rede Mussolinis bei der Einweihung von Littoria am 18.12.1932, in: O.O., Bd. 25, S. 184f.
[7] Rede vom 14.10.1928, a. a.O., S. 60.

1. Die staatliche Urbarmachungspolitik vor 1928

Wurde in der Propaganda die Neuartigkeit und Originalität der „Bonifica Integrale" betont, so handelte es sich in Wirklichkeit keineswegs um eine Erfindung des faschistischen Staates. Besonders unter konzeptionellen Gesichtspunkten knüpfte das Programm in vieler Hinsicht an vorfaschistische Reformentwürfe an. Es ist daher notwendig, die Entwicklung der staatlichen Urbarmachungspolitik vor 1922 in die Analyse mit einzubeziehen und dabei insbesondere die Debatten der unmittelbaren Nachkriegsjahre zu berücksichtigen. Dabei wird erkennbar, daß die „Bonifica Integrale" in Ansätzen bereits von liberalen Reformpolitikern um Francesco X. Nitti als auch von Wirtschaftsexperten wie Angelo Omodeo, Alberto Beneduce oder Arrigo Serpieri konzipiert worden war. Die frühen faschistischen Programmschriften übernahmen diese Vorstellungen nicht zuletzt deshalb, weil sie eine politische Alternative zu einer Bodenreform darstellten.

Seit dem sogenannten „Baccarini-Gesetz" von 1882,[8] das dem Staat die Verantwortung für die Trockenlegung von Sumpfgebieten übertrug, waren in Italien zahlreiche Urbarmachungsprogramme durchgeführt worden. Nach einem Bericht des Ministeriums für Öffentliche Arbeiten gab es 1915 in Italien 148 staatliche „Urbarmachungsbezirke" (*Comprensori di Bonifica*) mit einer Gesamtfläche von 1.827.000 Hektar.[9] Davon entfielen 1.023.000 ha auf Norditalien (vor allem auf die Regionen Emilia und Venetien), 113.000 ha auf Mittel- und 691.000 ha auf Süditalien. Diese Zahlen machen deutlich, daß sich die staatlichen Urbarmachungsprogramme vor allem auf die norditalienischen Regionen konzentrierten. Noch stärker zeigt sich dieses Nord-Süd-Gefälle, wenn man die abgeschlossenen Urbarmachungen und ihre Verteilung auf die einzelnen Regionen betrachtet: Während in den mittel- und süditalienischen Landesteilen nur eine Fläche von 7.600 ha in landwirtschaftliches Nutzland umgewandelt worden war, kam man in Norditalien immerhin auf knapp 350.000 ha.

Das Scheitern der Urbarmachungspolitik in den südlichen Landesteilen hatte mehrere Ursachen. Nach dem erwähnten „Baccarini-Gesetz" und den daran anknüpfenden gesetzlichen Bestimmungen beschränkte sich die Tätigkeit des Staates überwiegend auf die Trockenlegung von Sumpf- und Überschwemmungsgebieten, wobei die Malaria-Bekämpfung im Vordergrund stand.[10] Die öffentliche Hand übernahm drei Viertel der entstehenden Ko-

---

[8] L. 25.6.1882 (Nr. 869), benannt nach dem Minister für Öffentliche Arbeiten Alfredo Baccarini; zur Entwicklung der Gesetzgebung vgl. Jandolo, Legislazione, passim.

[9] Vgl. Serpieri, La bonifica nella storia, S. 115f.

[10] Noch Mitte der zwanziger Jahre starben allein in Süditalien 20.000 Menschen pro Jahr an den

sten, den übrigen Teil mußten die betroffenen privaten Grundbesitzer bei-steuern. Die Umwandlung der entwässerten Zonen in landwirtschaftliches Nutzland blieb demgegenüber allein der Initiative der Besitzer überlassen. Dieses Konzept hatte sich in den Sumpfgebieten der Poebene weitgehend bewährt. Die nach der Trockenlegung anfallenden Bodenverbesserungsarbei-ten waren zwar aufwendig, führten aber in der Regel zur Gewinnung äußerst fruchtbaren Kulturlandes.[11] Mittelfristig rechneten sich somit die privaten Investitionen der Landbesitzer.

Weit komplizierter gestaltete sich das Problem in den meisten Urbarma-chungsgebieten Mittel- und Süditaliens. Hier fehlte nicht nur das kapital-kräftige Agrarunternehmertum des Nordens, sondern auch die Meliorations-genossenschaften, welche in der Poebene auf eine lange Tradition zurück-blicken konnten. Das für die süd- und mittelitalienische Landwirtschaft ty-pische Nebeneinander von sehr großen Gütern und bäuerlichem Parzellen-besitz sowie die stark fragmentierten Nutzungsrechte boten ungünstige Vor-aussetzungen für langfristige Bodeninvestitionen. Ein jahrhundertelanger Raubbau hatte zu Entwaldung, Bodenerosion, Trockenheit und Verkarstung ganzer Landstriche geführt. Überschwemmungen und Sumpfbildung waren häufig Folge eines hydrographischen Ungleichgewichtes und ließen sich durch isolierte Entwässerungsmaßnahmen nicht dauerhaft beseitigen. Viel-fach war eine Regulierung des Wasserhaushaltes nur in Verbindung mit auf-wendigen Aufforstungen und Gebirgssanierungen möglich. Da die Nie-derschlagsmengen – abgesehen von den küstennahen Zonen – sehr gering waren und es nur wenige wasserreiche Flüsse gab, mußten kostspielige Be-wässerungssysteme und Stauseen errichtet werden, bevor mit der agrartech-nischen Aufbereitung der Böden begonnen werden konnte. Dies alles setzte umfangreiche Infrastrukturinvestitionen voraus, die von den einzelnen Land-besitzern kaum zu leisten waren.[12]

Folgen einer Malaria-Infektion; vgl. „La redenzione agraria del Mezzogiorno", La Terra 1 (1925) S. 45f.

[11] Vgl. zu den Urbarmachungen in der Poebene Giorgio Porisini, Bonifiche e agricoltura nella Bassa Valle Padana (1860–1915), Milano 1978; Franco Cazzola, Le bonifiche nella Valle Padana: un profilo, Rivista di Storia dell'Agricoltura Jg. 27, H. 2 (1987) S. 37–60; Bruna Bianchi, La nuova pianura. Il paesaggio delle terre bonificate in area padana, in: Bevilac-qua (Hg.), Storia dell'agricoltura, Bd. 1, S. 451–494.

[12] Vgl. Serpieri, La politica agraria in Italia, S. 76f. und 109f. Serpieri kritisiert darin die bisherige Urbarmachungspolitik in Süditalien: „Gravissime sono state invece le conseguenze nell'Italia appenninica e specialmente nel Mezzogiorno e nelle Isole, dove l'opera di riassetto fisico, ostacolata da più gravi difficoltà di ordine geologico, climatico e idrologico, è tuttora all'inizio, e l'economia più arretrata. Si sono avute, così, soluzioni unilaterali, frammentarie, inefficaci, e l'inutile o meno utile impiego di centinaia di milioni e miliardi. Sta qui gran parte del ‚problema meridionale'." – Vgl. auch Friedrich Vöchting, Die italienische Südfrage.

Nach dem Ersten Weltkrieg verstärkten sich die Bemühungen um eine Reform der staatlichen Urbarmachungspolitik. Vor allem Nitti, der von Juni 1919 bis Juni 1920 die Regierung führte, setzte sich für eine umfassende staatliche Regionalplanung im Süden des Landes ein. Nitti, der aus der Tradition der liberalen „Meridionalisten" stammte, hielt eine Modernisierung des Mezzogiorno nur in Verbindung mit hohen externen Kapitalinvestitionen für möglich. Mit Hilfe von norditalienischen und internationalen Kapitalgesellschaften sollten Stauseen erbaut werden, um eine flächendeckende Wasser- und Elektrizitätsversorgung zu gewährleisten. Er sah hierin die wichtigste Voraussetzung für die Entwicklung einer modernen Landwirtschaft im Mezzogiorno.[13] Diese Pläne, die auch von anderen liberalen Politikern wie Meuccio Ruini, Edoardo Pantano und Ivanoe Bonomi, von Technokraten wie Alberto Beneduce, Angelo Omodeo oder Carlo Petrocchi, aber auch vom reformsozialistischen Flügel um Turati unterstützt wurden, blieben in ihren Auswirkungen begrenzt.[14] Sie sollten jedoch für die weitere Gesetzgebung ein wichtiges Vorbild sein.

Nicht so sehr das Problem der Infrastrukturen, sondern die sozialen Mißstände und die unausgewogene Eigentumsverfassung der süditalienischen Landwirtschaft standen im Vordergrund der sozialistischen und katholischen Reformpläne nach 1918. Bereits im September 1919 hatte der liberale Landwirtschaftsminister Visocchi ein Dekret erlassen, das die Enteignung brachliegenden oder mangelhaft genutzten Landes zugunsten bäuerlicher Kooperativen ermöglichte.[15] Zwischen 1919 und 1921 wurden dem Parlament verschiedene Gesetzesanträge vorgelegt, die auf eine Aufteilung der Latifundiengüter in bäuerliches Siedlungsland zielten.[16] Am weitesten gedieh der Ent-

Entstehung und Problematik eines wirtschaftlichen Notstandsgebietes, Berlin 1951, bes. S. 458ff.

[13] Grundlegend dazu Giuseppe B a r o n e, Mezzogiorno e modernizzazione. Elettricità, irrigazione e bonifica nell'Italia contemporanea, Torino 1986; d e r s., Capitale finanziario e bonifica integrale nel Mezzogiorno fra le due guerre, Italia contemporanea 137 (1979) S. 63–81; Antonio C h e c c o, Stato, finanza e bonifica integrale nel Mezzogiorno, Milano 1984.

[14] B a r o n e, Mezzogiorno, S. 45–99.

[15] D.L. 3.9.1919 (Nr. 1633); Das Gesetzesdekret diente vor allem dazu, die spontanen Landbesetzungen nach 1918 in legale Bahnen zu lenken. Zwischen 1918 und 1920 wurden mehrere zehntausend Hektar Land von Landarbeitern und Bauern besetzt. Betroffen waren vor allem die Regionen Latium, Kalabrien und Sizilien. Von dem Enteignungsparagraphen des Visocchi-Dekretes konnte vor allem der 1917 von A. Beneduce gegründete Kriegsteilnehmerverband Opera Nazionale Combattenti profitieren. Allein 1921 gelang es der Organisation, 46.000 ha Land in ihren Besitz zu bringen, davon 33.000 ha durch Enteignungen; vgl. E i n a u d i, La condotta economica, S. 307; Giovanni S a b b a t u c c i, I combattenti nel primo dopoguerra, Roma – Bari 1974, S. 184 und passim; Giuseppe B a r o n e, Statalismo e riformismo: l'Opera nazionale combattenti (1917–1923), Studi Storici 25 (1984) S. 203–244; C a r a c c i o l o, L'occupazione delle terre, S. 34 und passim.

[16] Ausführlich dazu Mauro S t a m p a c c h i a, Tecnocrazia e ruralismo. Alle origini della bonifica fascista (1918–1928), Pisa 1983, S. 46–53.

wurf des katholischen Landwirtschaftsministers Micheli vom Juni 1921, der nicht nur eine Enteignung von Großgrundbesitzungen vorsah, sondern dem Staat auch die Möglichkeit gab, Landbesitzer zur Durchführung von Meliorationsarbeiten zu zwingen.[17] Das Gesetz wurde im August 1922 nach mehreren Abänderungen von der Deputiertenkammer angenommen, blieb aber in den Ausschüssen des Senats stecken und wurde schließlich ebenso wie das weit weniger revolutionäre Visocchi-Dekret im Januar 1923 von der Regierung Mussolini endgültig verworfen.[18]

Faschistische Politiker hatten, wie bereits dargestellt, bewußt auf eine eindeutige Positionsbestimmung in der Frage der Bodenreform verzichtet. So wurde in dem faschistischen „Agrarprogramm" vom Januar 1921 die Abschaffung der Latifundien und die Bildung von kleinbäuerlichem Besitz zwar prinzipiell befürwortet, zugleich aber das Recht auf privates Eigentum bekräftigt. Eine Veränderung der ländlichen Besitzverhältnisse sei allenfalls langfristig und im Gefolge eines allmählichen sozialen und wirtschaftlichen Strukturwandels möglich.[19] Diese Position knüpfte – wenn auch mehr implizit als explizit – an die Vorstellung der liberalen Reformer um Nitti an. Urbarmachung und infrastrukturelle Erschließung zur Lösung der sozialen Frage auf dem Land – dies war ein attraktives Alternativmodell zu den spontanen Landbesetzungen und den sozialistischen Kollektivierungsforderungen der Nachkriegszeit. Sich zu einem solchen langfristig angelegten Projekt zu bekennen, bedeutete Zeit zu gewinnen und programmatische Festlegungen in der heiklen Frage einer Bodenreform zu vermeiden.

Auch eine Reihe von Agrarexperten – neben Serpieri vor allem der Bologneser Professor für Agrarbiologie und spätere Unterstaatssekretär Vittorio Peglion sowie der Direktor der „Wanderlehranstalt" von Modena, Antonio Marozzi – hatten den Bodenreformplänen eine Absage erteilt und sich für einen umfassenderen strukturpolitischen Ansatz ausgesprochen.[20] Im Auftrag der Federconsorzi fertigte Serpieri im Frühjahr 1922 ein Gutachten über das

---

[17] Der Entwurf ist abgedruckt bei Arrigo Serpieri, Osservazioni sul disegno di legge „Trasformazione del latifondo e colonizzazione interna" (Hg. Federazione Italiana dei Consorzi Agrari, Commissione di studi tecnici e economici), Piacenza 1922, S. 31–43.

[18] R.D.L. 11.1.1923 (Nr. 252); vgl. Giorgetti, Contadini e proprietari, S. 454.

[19] Vgl. Gaetano Polverelli, Programma agrario fascista, Il Popolo d'Italia, 27.1.1921: „Non è possibile quotizzare oggi il latifondo, poiché non si divide la malaria, non si divide il deserto, la mancanza di strade, di acqua potabile, di canali irrigatori, di attrezzi, di bestiame, di capitali, di case. [. . .] Noi siamo contrari, decisamente contrari [al latifondo]. Ma dichiariamo che prima di procedere alle quotazioni, occorrono strade, acqua potabile, sistemazione idrologica del suolo, sicurezza pubblica, abitazioni, capitali per la valorizzazione agraria."; s. o. Kap. II.1.

[20] Arrigo Serpieri, Dino Guzzini, Vittorio Peglion, I problemi economico-sociali della bonifica agraria, in: Atti del Congresso regionale veneto delle bonifiche (S. Donà di Piave), Venezia 1922, S. 43–60.

geplante Bodenreformgesetz Michelis an.[21] Er äußerte darin schwere Bedenken gegen die Initiative, die kurz vor der Parlamentsabstimmung stand. Obgleich Serpieri in vielen Fragen der Katholischen Volkspartei nahestand, schien ihm eine nach politischen und sozialen Kriterien durchgeführte Bodenreform, wie sie Micheli vorschwebte, als der falsche Weg. Zwar hielt auch er eine Abschaffung der Latifundienwirtschaft für wünschenswert; doch könne dies nur mit Rücksichtnahme auf die „ökonomische Zweckmäßigkeit" geschehen.[22] Nur wenn die neue Besitzordnung auch zu höheren Wirtschaftserträgen führe, seien derartige Eingriffe in das Bodenrecht zu legitimieren. Diese Bedingung sah Serpieri aber in den meisten Fällen nicht gegeben. In vielen Regionen sei das Latifundium unter den bestehenden Bedingungen sogar die einzig mögliche und ökonomisch effiziente Form der landwirtschaftlichen Nutzung.[23] Bevor an eine Flurbereinigung nach modernen agrarbetrieblichen Gesichtspunkten zu denken sei, müßten die notwendigen infrastrukturellen, bodentechnischen und wasserwirtschaftlichen Voraussetzungen geschaffen werden. Dies sei jedoch ein langwieriger Transformationsprozeß, der sich „nicht selten über mehrere Generationen" hinziehe.[24]

Nach Meinung Serpieris ließ sich der angestrebte Strukturwandel nur im Rahmen einer umfassenden staatlichen Raumordnungspolitik herbeiführen. Denn die Erfahrungen der Vergangenheit hätten gezeigt, daß weder private Initiativen noch punktuell durchgeführte Programme des Staates ausreichten, um eine solche Entwicklung in Gang zu setzen. An die Stelle der „fragmentarischen Vision" der staatlichen Urbarmachungspolitik müsse ein „organischer Plan der integralen Bonifizierung" treten.[25]

---

[21] Serpieri, Osservazioni, passim.

[22] Ebd. S. 5f.

[23] Ebd. S. 6: „In ogni modo il problema *centrale* è non già quello di ripartire in un diverso modo la proprietà o di distribuzione in un diverso modo sul territorio la popolazione; ma quello [. . .] di trovare un nuovo sistema di produzione sostituibile a quello esistente e più intensivo, tale da offrire continuità di lavoro e di reddito a una più densa popolazione. Perché la sostituzione sia possibile, occorrono certe condizioni generali di ambiente fisico e sociale diverse da quelle esistenti, tollerate dal sistema latifondistico. Il mutamento di dette condizioni è quindi preliminare alle trasformazioni desiderate."

[24] Ebd.; Serpieri hielt eine sofortige Umwandlung der Latifundien in bäuerliche Siedlungsstellen auch deshalb für falsch, weil solche Kleinbesitzer – die meist einen Teil ihrer Ersparnisse für den Landerwerb ausgegeben hatten – nicht mehr in der Lage waren, die notwendigen betrieblichen und agrartechnischen Strukturverbesserungen durchzuführen.

[25] Serpieri, La politica agraria in Italia, S. 109 und ders., La politica agraria del Governo, S. 16; vgl. auch Federazione Nazionale delle Bonifiche, I problemi del Mezzogiorno. Le bonifiche, Padova 1924.

Tab. 7.1

Staatsausgaben für Urbarmachungsprogramme 1922/23–1927/28*

Fiskaljahr	Staatliche Programme[a]	Zuschüsse für private Projekte	Gesamt
1922–1923	286,8	14,7	301,5
1923–1924	101,3	36,3	137,6
1924–1925	119,0	20,0	139,0
1925–1926	156,7	48,3	205,0
1926–1927	263,1	88,0	351,1
1927–1928	603,0	130,4	733,4

* in Mill. Lire von 1933
[a] einschließlich infrastruktureller Erschließungen und Aufforstungen
Quelle: S e r p i e r i , L'economia italiana, S. 311.

In den ersten Jahren nach der faschistischen Machtübernahme wurden die staatlichen Ausgaben für Urbarmachungs- und Meliorationsarbeiten zunächst deutlich gekürzt. Standen im Fiskaljahr 1922/23 noch 301,5 Mill. Lire an ordentlichen Haushaltsmitteln zur Verfügung, so waren es in den beiden darauffolgenden Jahren nur noch knapp die Hälfte dieses Betrages (Tab. 7.1). Die restriktive Finanzpolitik De Stefanis ließ nur wenig Spielraum für neue kostspielige Förderungsprogramme des Staates. Dennoch kam es 1923 und 1924 auf Initiative Serpieris zu einer wichtigen Gesetzesreform, die – wenngleich in vielfacher Hinsicht an frühere Entwicklungen angeknüpft wurde – die staatliche Urbarmachungspolitik auf eine neue konzeptionelle Grundlage stellte. Es handelte sich um das „Rahmengesetz über die hydrologische Bonifizierung" vom 20. Dezember 1923 und um das „Gesetz über Bodenverbesserungsmaßnahmen von öffentlichem Interesse" vom 18. Mai 1924.[26] Sie brachten eine erhebliche Erweiterung der staatlichen Kompetenzen im Bereich der Urbarmachungen und Meliorationen. Der Staat war fortan nicht mehr nur für die Trockenlegung von Sümpfen zuständig, sondern auch für die infrastrukturelle Erschließung im weiteren Sinne (Wege- und Straßenbau, Bewässerungskanäle usw.). Ferner konnte er die Durchführung von Bodenverbesserungsarbeiten anordnen, wenn dafür „soziale, wirtschaftliche oder gesundheitliche Gründe von öffentlichem Interesse" bestanden. Zu den Folgen dieser neuen Bestimmungen gehörte, daß die Fläche der amtlichen „Urbarmachungsbezirke" von 1,8 auf 2,3 Mill. ha ausgedehnt wurde (vgl. Tab. 7.4). Auch wenn die beiden Gesetze die öffentlichen Aufgaben stark erweiterten, sollte die Ausführung der Programme möglichst privaten Gesellschaften überlassen werden. Dabei handelte es sich um ein Verfahren, das

---

[26] T.U. 20.12.1923 (Nr. 3256) und R.D.L. 18.5.1924 (Nr. 753).

in Norditalien bereits seit langem gängige Praxis war: Der Staat übernahm zwar einen Großteil der Kosten,[27] übertrug die Ausführung der Arbeiten jedoch an Teilnehmergemeinschaften der Landbesitzer (*Consorzi di Bonifica*) oder an kommerzielle Unternehmen, die in der Regel auch die anschließenden Meliorationen durchführten. Dies hatte den Vorteil, daß Planung und Realisierung der Programme von Anfang bis Ende in einer Hand lagen. In Süd- und Mittelitalien hatte der Staat die Urbarmachungen dagegen meist selbst durchgeführt, während die Bodenverbesserungen der Initiative der jeweiligen Besitzer überlassen blieben. Nach Serpieri war diese planerische und organisatorische Trennung einer der Gründe dafür, daß im Süden trotz vielfach bereits hergestellter Infrastrukturen keine wirkliche Verbesserung der agrarwirtschaftlichen Produktion erfolgt war.[28] Die besondere politische Brisanz der neuen Bestimmungen lag darin, daß der Staat in bestimmten Fällen zur Enteignung der zu meliorierenden Liegenschaften schreiten konnte. Wenn nämlich die betroffenen Grundeigentümer nicht willens oder – etwa aus finanziellen Gründen – nicht in der Lage waren, die Arbeiten durchzuführen, konnte der Staat kommerzielle Unternehmen damit beauftragen. Diese waren dann berechtigt, die Grundstücke gegen eine Entschädigungszahlung zu enteignen.[29] Zwar sollten Enteignungen nur in Ausnahmefällen vorgenommen werden; doch ließ Serpieri keinen Zweifel daran, daß die Regierung in Zukunft nicht mehr mit „juristischer Bigotterie" an dem Schutz des Privateigentums festhalten würde. Denn es sei „sinnlos, die Garantie von Freiheit und Eigentum zu fordern, wenn die Untätigkeit verantwortungsloser und nachlässiger Grundbesitzer alle Erwartungen enttäuschen", bekräftigte er in einer Wahlrede vom 16. März 1924.[30]

In agrarischen Kreisen wurden derartige Verlautbarungen mit äußerster Besorgnis aufgenommen. Wenngleich mit einer raschen und großangelegten Enteignungsaktion aus politischen und finanziellen Gründen kaum zu rechnen war, errinnerten die neuen Gesetze doch auf fatale Weise an die Landreformpläne der Nachkriegsjahre, die man gerade erst überwunden geglaubt

---

[27] Im Regelfall wurden 50% der Kosten aus Haushaltsmitteln des Ministeriums für Öffentliche Arbeiten und 20% durch Beiträge der provinzialen und kommunalen Körperschaften bestritten; die restlichen 30% gingen zu Lasten der Grundbesitzer. Der private Eigenanteil wurde mit der Wertsteigerung begründet, welche die Grundstücke durch die Meliorationsarbeiten erfuhren. Für Süditalien war ein höherer staatlicher Kostenanteil vorgesehen (70% durch den Staat, 10% durch die Provinzen und 20% durch die Besitzer); vgl. B a r o n e, Modernizzazione, S. 114.

[28] S e r p i e r i, La politica agraria in Italia, S. 110f. und 113.

[29] Die Entschädigungssumme wurde auf der Basis des Bodenertragswertes errechnet; vgl. ebd. S. 116, Anm. 2.

[30] D e r s., La politica agraria del Governo, S. 20.

hatte. Auch wenn sich Serpieri explizit von dieses Plänen distanziert hatte, wurde der Enteignungsparagraph als Bedrohung empfunden. Vertreter der Agrarlobby hielten das Gesetzesdekret vom 24. Mai 1924 sogar „für viel gefährlicher als die Pläne der Sozialisten und der katholischen Volkspartei" nach 1918.[31] Nach wie vor galt gerade in Süditalien, daß soziales Ansehen und politische Macht in hohem Maße an Landbesitz geknüpft waren. Jede Maßnahme, welche die bestehende Besitzordnung in Frage stellte, mußte daher auf den erbitterten Widerstand der lokalen Agrareliten treffen.[32] Verstärkt wurde die Besorgnis der Landbesitzer auch durch die ambivalente Haltung des Faschismus in der Frage des Privateigentums. Zwar hatte die Parteiführung den ursprünglichen sozialrevolutionären Zielen längst abgeschworen und das Kabinett Mussolini einen betont konservativen Kurs in der Wirtschafts- und Finanzpolitik eingeschlagen. Doch erfolgten gerade aus den Reihen der faschistischen Agrarorganisationen immer wieder polemische Angriffe gegen „die alten Agrarier, die den Besitz als ein ererbtes Privileg betrachten, das [. . .] keine Opfer verlangt".[33]

Der Widerstand der Landbesitzerlobby formierte sich auf zwei Ebenen: Auf parlamentarisch-legislativer Ebene bemühte man sich darum, die Umwandlung der Dekretgesetze in endgültige Gesetzesform zu verhindern. Darüber hinaus sollte durch die rasche Gründung von Meliorationsgenossenschaften verhindert werden, daß die staatlichen Behörden kommerzielle Unternehmen mit den Arbeiten betrauten. Denn nur dort, wo keine geeigneten Zusammenschlüsse der Landbesitzer bestanden, konnte eine Enteignung zugunsten privater Unternehmen vorgenommen werden. Daher wurde im Dezember 1924 ein „Förderkomitee der Bonifizierungsgenossenschaften in Süditalien" ins Leben gerufen, welches die Gründung lokaler *Consorzi di Bonifica* anregen und unterstützen sollte.[34] Das Komitee setzte sich aus einer Reihe

---

[31] So Senator Giovanni Cassis in einem kritischen Kommentar des Gesetzes, der Mussolini im August 1925 vorgelegt wurde (PCM 1925, 3/1–1/41, Sen. Cassis, Bonifiche e trasformazioni fondiarie, o.D., Eingangsstempel PCM 25.8.1925).

[32] Nach der Monatszeitschrift „La Terra", die den Landbesitzerverbänden nahestand, bedeuteten die Gesetze Serpieris „la più grande offesa al sentimento della proprietà terriera, per secolare tradizione così sacro nel Mezzogiorno, oltre a produrre situazioni dannose ai fini del bonificamento, potrebbe determinare riflessi politici suscettibili di sbocchi oltremodo pericolosi per la Nazione." Le Terre del Mezzogiorno, La Terra 1 (1925) S. 217–221, hier S. 219.

[33] Gino Baroncini, Agrari ed Agricoltori, L'Assalto, 26.8.1922, S. 1; vgl. auch die polemischen Äußerungen über die „mentalità semi-feudale di parecchi Agricoltori" in einem Bericht der CNFA an Mussolini über die sizilianische und calabresische Landwirtschaft vom 18.8.1926 (PCM 1926, 8/2/3278).

[34] Zu diesem Zweck sollte in jeder Provinz ein eigenes „Förderkomitee" eingerichtet werden (PCM 1925, 3/18/1173, Comitato Promotore dei Consorzi di Bonifica nell'Italia Meridionale e Insulare, I comitati provinciali, 10.3.1925).

von süditalienischen Politikern und Verbandsfunktionären zusammen, darunter der Abgeordnete und spätere Unterstaatssekretär für Landwirtschaft Guglielmo Josa, der ehemalige Landwirtschaftsminister Achille Visocchi und der kalabresische Großgrundbesitzer Marchese Ferdinando Nunziante, ein Spitzenvertreter der 1924 aufgelösten Confagricoltura.[35] Präsident des Komitees wurde Ferdinando Rocco, Bruder des Justizministers Alfredo Rocco und ehemaliger hoher Beamter des Wirtschaftsministeriums. Mit dem Ziel, eine breite Resonanz in der Öffentlichkeit und in politischen Kreisen in Rom zu finden, veranstaltete das Komitee zwischen März und September 1925 drei große Tagungen, veröffentlichte zahlreiche Broschüren und richtete ein ständiges Büro in Rom ein, um für die Anliegen der Organisation zu werben.[36] Dabei sollte vor allen Dingen gezeigt werden, daß die süditalienischen Landbesitzer durchaus willens und in der Lage seien, die Urbarmachungsarbeiten selbst durchzuführen. Gab man sich auf der einen Seite betont kooperativ gegenüber den Plänen der „Bonifica Integrale", so unterstrich man auf der anderen Seite, daß diese Pläne „nicht ohne die Grundbesitzer" ausgeführt werden könnten.[37] Scharf kritisiert wurden die Enteignungsklauseln der beiden neue Gesetze. „Der Süden", heißt es in einer Veröffentlichung vom März 1925, drohe „in die Klauen von Geschäftemachern" zu geraten. „Eine kapitalistische Bewegung, an deren Spitze die größten italienischen Finanzinstitute stehen, nimmt den Süden zur Eroberung ins Visier."[38] Die Ziele dieser privaten Unternehmen beschränkten sich auf „bloße finanzielle Spekulationen, ohne wirkliche soziale und ökonomische Verbesserungen" anzustreben.[39] Nur die ortsansässigen Landbesitzer, so die Argumentation, hätten ein wirkliches Interesse an einem wirtschaftlichen Strukturwandel. Eine der Hauptforderungen des Komitees bestand daher darin, den jeweiligen Landbesitzern ein „Vorzugsrecht" bei der Ausschreibung von öffentlichen Meliorationsprogrammen einzuräumen und den Enteignungsparagraphen nur in extremen Ausnahmefällen anzuwenden.[40]

---

[35] Vgl. Mitgliederliste in PCM 1925, 3/18/1173: Comitato Promotore dei Consorzi di Bonifica nell'Italia Meridionale e Insulare, La Bonifica nel Mezziogiorno d'Italia, Roma 1925, S. 5.

[36] Comitato Promotore dei Consorzi di Bonifica nell'Italia Meridionale e Insulare, Atti del Comitato (1.12.1924–28.2.1929), Roma 1930; die drei Tagungen fanden in Rom (13.5. und 29./30.6.1925) und in Neapel (30.9.–3.10.1925) statt.

[37] Rede Ferdinando Roccos vom 29.11.1927, in: Comitato Promotore dei Consorzi di Bonifica nell'Italia Meridionale e Insulare, Atti del VI° Convegno dei bonificatori meridionali, Roma 1928, S. 52.

[38] Comitato Promotore dei Consorzi di Bonifica nell'Italia Meridionale e Insulare, La Bonifica nel Mezziogiorno, S. 30f.

[39] Ebd. S. 36.

[40] PCM 1925, 3/18/1173: Comitato Promotore dei Consorzi di Bonifica nell'Italia Meridionale e Insulare, Ordini del giorno approvati nel II° Convegno degli agricoltori meridionali (Roma 29–30 giugno 1925), Ordine del giorno Prof. Cincinnato Cimino.

Die Tätigkeit des *Comitato Promotore* blieb nicht ohne Erfolg, wenngleich es zunächst nicht gelang, die Umwandlung des Dekretes in ein Gesetz zu verhindern. Trotz der massiven Einwände des ehemaligen Ministers für Öffentliche Arbeiten (und Mitglied des Komitees) Gino Sarrocchi wurde das Gesetz von der Abgeordnetenkammer am 25. März 1925 angenommen.[41] Auch im Senat scheiterte eine Eingabe gegen das Gesetz, die von 30 Senatoren (darunter der ehemalige Landwirtschaftsminister Rainieri und Giovanni Cassis, ein wichtiger Exponent des Komitees) unterschrieben worden war.[42] Zwar wurde anerkannt, daß die vorgetragenen Einwände in der Sache berechtigt waren. Regierungsvertreter versicherten daher, daß man das Gesetz zunächst nicht anwenden wolle und eine weitere Prüfung vornehmen würde. Dennoch hielt man die Verabschiedung des Gesetzes, über das im einem Block mit 2.300 anderen Gesetzen abgestimmt werden sollte, aus verfahrenstechnischen Gründen für unumgänglich.[43]

Die Abstimmungsniederlage im Parlament änderte jedoch nichts daran, daß die Gegner der Serpieri-Reform politisch an Boden gewannen. Spätestens seit April 1925 wurde die Tätigkeit des Komitees von der Regierung offen unterstützt. In einem Rundschreiben vom 7. April wies der Minister für Öffentliche Arbeiten Giuriati die Präfekturen des Landes an, der Organisation „jedmögliche Förderung der Regierungsorgane zu gewähren".[44] Drei Monate später, am 7. Juli, wurde eine Delegation des Komitees von Mussolini empfangen.[45] Dieser sicherte nicht nur „seine volle persönliche Hilfe zu", sondern bekräftigte außerdem, daß die „heiligen und unverletzlichen Rechte des Eigentums" auch in Zukunft von der Regierung geschützt würden.[46] Im August 1925 stellte Cassis einen erneuten Antrag auf eine Revision des Enteignungsparagraphen.[47] Obgleich sich Vittorio Peglion, seit 4. Juli 1924 Un-

---

[41] API, CD, Leg. XXVII, sess. 1924–1926, Discussioni, Bd. 4, Roma o.J., Rede Sarrocchis S. 2947–2951; vgl. außerdem die Rede Serpieris ebd. S. 2903–2906. Sarrocchi hatte sich bereits Anfang Januar 1925, als er noch Minister war, für eine Abänderung des Gesetzes ausgesprochen (PCM 1925, 3/1–1/41: Sarrocchi an Wirtschaftsministerium, 3.1.1925).

[42] API, CS, Leg. XXVII, sess. 1924–1926, Discussioni, Bd. 2, Roma 1925, S. 2126, Ordine del Giorno Sen. Cassis, 28.3.1925; Rede Cassis ebd. S. 2127–2129.

[43] Ebd. S. 2126f., Rede Sen. Berio (Relatore).

[44] PCM 1925, 3/1–1/1649: Ministero dei Lavori Pubblici, Circolare 7.4.1925, Nr.3047. – Am 13. Mai 1925 empfing Giurati eine Delegation des Komitees; vgl. PCM 1925, 3/18/1173: „L'inizio dell'attività bonificatrice nel Mezzogiorno d'Italia", Sonderdruck La Terra vom 1.8.1925, S. 8.

[45] PCM 1925, 3/18/1173: Schreiben Domenico Lacava, Generalsekretär des Comitato Promotore, an Mussolini, 6.7.1925.

[46] Zit. nach La Terra 1 (1925) S. 605 (Notiziario 1.8.1925); vgl. außerdem Schreiben Mussolinis an das Komitee vom 6.7.1925, abgedr. in: O.O., Bd. 22, S. 486: „Ai pionieri del risanamento agricolo meridionali vadano mio plauso incondizionato e mio consenso più vivo [...]".

[47] PCM 1925, 3/1–1/41: Sen. Cassis, Bonifiche e Trasformazioni Fondiarie (Ohne Datum, aber

terstaatssekretär für Landwirtschaft im MEN, für eine Beibehaltung der bestehenden Rechtsbestimmungen einsetzte,[48] wurde am 29. November 1925 ein ergänzendes Dekretgesetz erlassen, das den Eigentümergenossenschaften ein Vorzugsrecht bei der Vergabe der Staatsaufträge einräumte.[49] Damit war eine der zentralen Forderungen der süditalienischen Landbesitzer erfüllt worden.[50]

Nach diesem politischen Erfolg bemühte man sich auf lokaler Ebene um einen raschen Aufbau von Meliorationsgemeinschaften.[51] Im November 1927 bestanden immerhin 30 *Consorzi di Bonifica*, von denen nach eigenen Angaben 27 auf Initiative des Komitees gegründet worden waren. Weitere zehn Genossenschaften befanden sich zu diesem Zeitpunkt noch im Aufbau.[52] Diese insgesamt 40 Einrichtungen deckten eine Gesamtfläche von über 600.000 Hektar ab, was in etwa 75% der Fläche der amtlichen Urbarmachungsbezirke in Süditalien entsprach (vgl. Tab. 7.4). Wenngleich man vermuten darf, daß es sich bei den neugegründeten Genossenschaften nicht selten um Scheinorganisationen handelte,[53] war damit doch eine Situation geschaffen worden, die es der Regierung in Zukunft schwer machen würde, Dritte mit der Durchführung von Meliorationsarbeiten zu betrauen.

Eingangsstempel PCM 25.8.1925); vgl. auch die neuen Gesetzentwürfe im Anhang des Berichtes.

[48] PCM 1925, 3/1–1/41: Peglion an Mussolini, 19.11.1925 und Kommentar des Antrags von Sen. Cassis.

[49] R.D.L. 29.11.1925 (Nr. 2464); vgl. auch Alfredo R o c c o, Per la revisione delle leggi sulla espropriazione per la pubblica utilità, Rivista di diritto agrario 5 (1926) S. 307–313.

[50] In der Tat wurden Anträge auf Enteignung offenbar im Regelfall von den zuständigen Behörden abgelehnt. So hatte der Präfekt von Cuneo im Juni 1927 bei der Regierungskanzlei angefragt, ob ein ortsansässiger Landbesitzer, welcher seinen Besitz weder selbst bebauen noch anderen zur Bewirtschaftung überlassen wollte, enteignet werden könne; ein Gutachten des Wirtschaftsministeriums lehnte diesen Antrag mit der Begründung ab, daß dies nach der geltenden Rechtslage nicht möglich sei. Eine Ausnahmeregelung würde jedoch einen Präzedenzfall schaffen. Generell seien Einschränkungen der Eigentumsrechte aufgrund ihrer „politisch delikaten Bedeutung nicht mit den Grundsätzen des Regimes zu vereinbaren." (PCM 1927, 3/1–1/2620: Präfekt von Cuneo an PCM, 17.6.1927; Stellungnahme MEN, gez. Belluzzo, an PCM, 20.7.1927). – Ebenfalls abschlägig entschieden wurde ein Enteignungsantrag der Firma Fr. Scavizzi vom Juli 1928; diese hatten die Enteignung des ca. 1.050 ha umfassenden Landgutes Castel Romano (zwischen Rom und Ostia gelegen) verlangt, das sich in Kirchenbesitz befand. (PCM 1928–1930, 3/1–1/3536: MEN, gez. Martelli, an PCM, 21.7.1928; Stellungnahme Consiglio di Stato für Mussolini, August 1928; Mussolini an Martelli, 21.8.1928).

[51] Vgl. PCM 1928–1930, 3/1–1/5623–8149.

[52] Comitato Promotore dei Consorzi di Bonifica nell'Italia Meridionale e Insulare, Atti del VI° Convegno, S. 39.

[53] S e r p i e r i, La bonifica, S. 133, Anm. 1.

2. Das „Mussolini-Gesetz" von 1928

Hatte das Konzept der „Bonifica Integrale" durch die Reform Serpieris von 1923/24 bereits Eingang in die Gesetzgebung gefunden, so fehlten in den Jahren danach die finanziellen Möglichkeiten, dieses Konzept in die Praxis umzusetzen. Obgleich zahlreiche neue Projekte in die Planung aufgenommen wurden und die Urbarmachungsfläche erheblich erweitert worden war, wurden die staatlichen Haushaltsmittel im Fiskaljahr 1925/26 nur leicht aufgestockt; sie blieben immer noch deutlich unter dem Niveau der frühen zwanziger Jahre (vgl. Tab. 7.1). Die Anwendung der neuen Gesetze lief nach Serpieri „extrem langsam und mühselig" an.[54] In einem alarmierenden Bericht vom August 1926 forderte Gino Cacciari, der Präsident der CNFA, „dringend das notwendige Kapital und die finanzielle Hilfe der Regierung" für eine Fortführung der Urbarmachungsprogramme in Süditalien.[55] Die Situation verschärfte sich mit der Deflationskrise des Jahres 1927, da nun auch die Möglichkeiten privater Kapitalbeschaffung immer begrenzter wurden. Die Liquiditätsprobleme vieler Konsortien führten laut Wirtschaftsminister Belluzzo im Sommer 1927 zu einem regelrechten „Zusammenbruch" der Meliorationsarbeiten.[56] Zwar hatte man die Haushaltsmittel für das Bilanzjahr 1927/28 auf 709 Mill. Lire (gegenüber 351 Mill. im Vorjahr) aufgestockt. Doch nur knapp 400 Mill. Lire wurden von diesem Betrag auch tatsächlich für Urbarmachungsprogramme verwendet.[57] Verhandlungen über einen ausländischen Kredit, den das amerikanische Bankhaus Dillon-Read im April offeriert hatte, scheiterten am Veto des Finanzministeriums.[58] Erneut mahnte daher das Wirtschaftsministerium im Juni 1928 eine Erhöhung der regulären Haushaltsmittel an.[59]

Derlei Forderungen bedurfte es allerdings nicht mehr, denn bereits im Frühjahr 1928 hatte Mussolini den ehemaligen Finanzminister Alberto De Stefani mit der Aufgabe betraut, einen Finanzierungsplan für ein neues umfassendes Urbarmachungsprogramm auszuarbeiten.[60] Im April 1928 wurde

---

[54] Ders., La legge sulla bonifica integrale nel primo anno di applicazione, Roma 1931, S. 12.

[55] PCM 1926, 8/2/3278: Cacciari an Mussolini, 18.8.1926.

[56] PCM 1927, 7/1–2/2718: Belluzzo an Mussolini, 9.6.1927.

[57] Serpieri, L'economia italiana, S. 311.

[58] SPD, CO, f. 10.863.

[59] PCM 1928–1930, 7/1–2/3113: Belluzzo an Finanzministerium und PCM, 26.6.1928; Stellungnahme Finanzminister Mosconi für PCM, 31.7.1928: Mosconi verweist darin bereits auf das geplante Finanzierungsgesetz zur Bonifica Integrale; die Forderungen des Wirtschaftsministeriums seien damit hinfällig.

[60] Dies geht aus einem undatierten, wahrscheinlich aber im Oktober 1929 angefertigten Bericht De Stefanis hervor (PCM 1928–1930, 7/1–2/8577); vgl. außerdem die Autobiographie De Stefanis, Una riforma al rogo, Roma 1963, S. 109.

ein „Nationalverband der Urbarmachungskonsortien" (*Associazione Nazionale fra i Consorzi di Bonifica e di Irrigazione*) ins Leben gerufen und De Stefani zum Präsidenten ernannt.[61] Diesem Verband, dem alle privaten Konsortien zwangsweise angehören mußten und der nach und nach die Rolle einer staatlichen Kontrollbehörde übernehmen sollte, wurden in der Anfangsphase vor allem Planungsaufgaben übertragen: Er sollte bei den privaten und parastaatlichen Geldinstituten zunächst die Möglichkeiten der Kreditfinanzierung sondieren und einen staatlichen Finanzierungsplan zur Gesetzesreife bringen.[62]

Innerhalb weniger Wochen wurde das Gesetz in Abstimmung mit dem Finanzministerium ausgearbeitet und am 26. Juli vom Ministerrat angenommen. Im Oktober wurde der Gesetzentwurf dem Parlament vorgelegt und schließlich, nach einer langen Debatte, am 24. Dezember als „Legge Mussolini" verabschiedet.[63] Das Gesetz enthielt keine neuen Bestimmungen zur Durchführung der Urbarmachungsprogramme, sondern bestand allein aus einem Finanzplan mit einem Gesamtvolumen von 7,01 Mrd. Lire – eine beachtliche Summe in Anbetracht der restriktiven Ausgabenpolitik der faschistischen Regierung in dieser Phase.[64] Diese 7 Mrd. Lire sollten über einen

---

[61] R.D.L. 26.4.1928 (Nr. 1017); vgl. „La Costituzione dell'Associazione Nazionale fra i Consorzi di Bonifica e di Irrigazione", Informazioni Corporative, Jg. 1, H. 12, Dezember 1928, S. 654f. – De Stefani wurde im Juli 1928 außerdem Mitglied des Comitato interministeriale per l'applicazione della legge sulle trasformazioni fondiarie, das 1924 auf Initiative Serpieris eingerichtet worden war. Das Komitee hatte die Aufgabe, über die Durchführung von staatlichen Bodenverbesserungsarbeiten zu entscheiden; es spielte jedoch nur eine untergeordnete Rolle und wurde nach der Neugründung des Landwirtschaftsministeriums im September 1929 wieder aufgelöst; vgl. Schreiben Serpieris an De Stefani, 24.7.1928, in: Marcoaldi (Hg.), Vent'anni, S. 197f. – Schon im Herbst 1927 hatte man im Ministerium für Öffentliche Arbeiten erwogen, einen Ente Nazionale delle Bonifiche als parastaatlichen Verband zu gründen. Dieser Vorschlag war von dem Comitato Promotore F. Roccas ausdrücklich befürwortet worden; wenig erfreut reagierte die CNFA, die im Begriff war, zu diesem Zweck eine eigene Unterorganisation aufzubauen. Das Projekt scheiterte schließlich am Veto von Finanzminister Volpi, der sich gegen weitere „superstrutture parastatali" aussprach. (PCM 1931–1933, 3/1–1/1669/1–3: Volpi an Ministerium für Öffentliche Arbeiten, 2.9.1927; CNFA an Mussolini, 16.10.1927; Comitato Promotore, gez. Borghese, an PCM, 23.2.1928).

[62] Zu den Mitgliedern der „Associazione": Serpieri, La legge, S. 143; neben dem Präsidenten gab es drei Vizepräsidenten: Graf Giuseppe Pavoncelli, Parlamentsabgeordneter, Großgrundbesitzer und Direktor des Bonifizierungskonsortiums Volturno; Vittorio Peglion, ehemaliger Unterstaatssekretär für Landwirtschaft und Leiter der Urbarmachungsarbeiten von Maccarese; Ing. Natale Prampolini, Vertreter der Chemieindustrie und entscheidend an mehreren Urbarmachungsprogrammen in der Poebene beteiligt. Generaldirektor der Vereinigung wurde 1929 Carlo Petrocchi, ein hoher Verwaltungsbeamter des Ministeriums für Öffentliche Arbeiten.

[63] L. 24.12.1928 (Nr. 3134); vgl. die Parlamentsdiskussion in: API, CD, Leg. XXVII, sess. 1928, Discussioni, Bd. 9, Roma o.J., S. 9629–9748, 6.–7.12.1928.

[64] Vgl. Salvemini, Zamagni, Finanza pubblica, S. 10.

Zeitraum von 14 Jahren verteilt in Urbarmachungs- und Meliorationsarbeiten investiert werden (Tab. 7.2), wobei allerdings nicht der gesamte Betrag zu Lasten des Staatshaushaltes ging. Da ländliche Strukturinvestitionen – gleich ob vom Staat selbst oder von privater Seite mit öffentlichen Subventionen durchgeführt – auch eine Ertrags- und Wertsteigerung des Bodens mit sich brachten, wurde den Grundbesitzern eine finanzielle Beteiligung auferlegt. Diese wurde von Serpieri auf etwa 2,7 Mrd. Lire geschätzt; die staatlichen Aufwendungen betrugen damit nur noch gut 4,3 Mrd. Lire.[65]

Tab. 7.2
Der Finanzplan der „Bonifica Integrale" nach dem „Mussolini-Gesetz"
vom 24. Dezember 1928*

Jahr	Urbar-machungen	Bewässerungs-anlagen	Bäuerliche Siedlungen	Straßen und Trinkwasser	Gesamt-ausgaben
1930–1931	200	130	50	50	430
1931–1932	250	130	50	75	505
1932–1933	300	130	50	75	555
1933–1934	350	130	50	75	605
1934–1935	350	155	75	75	655
1935–1936	350	155	75	75	655
1936–1937	400	105	75	75	655
1937–1938	400	75	75	75	625
1938–1939	400			75	475
1939–1940	300			75	375
1940–1941	300			75	375
1941–1942	300			75	375
1942–1943	300			75	375
1943–1944	300			50	350
Gesamt	4.500	1.010	500	1.000	7.010

* in Mill. Lire
Quelle: Serpieri, La legge, S. 16.

Was die Planung und Durchführung der Urbarmachungen anging, orientierte man sich im wesentlichen an den bestehenden Gesetzen aus den Jahren 1923 und 1924, die in einigen Punkten erweitert und schließlich 1933 in einem neuen „Rahmengesetz für die Bonifica Integrale" zusammengefaßt wurden.[66]

---

[65] Serpieri, La legge, S. 17.
[66] T.U. 13.3.1933 (Nr. 215). – Zur Ausarbeitung dieses Rahmengesetzes war am 29. Mai 1930 eine Expertenkommission unter dem Vorsitz Serpieris eingesetzt worden, die den Gesetzestext im Frühjahr 1932 vorlegte. Allerdings kamen Einwände vom Minister für Öffentliche Arbeiten Crollalanza gegen das Gesetz, da dieser Kompetenzverluste seines Ministeriums befürchtete; von seiten des Finanzministeriums wurde moniert, daß das Gesetz zu breit an-

Das Konzept der „integralen Bonifizierung" war nach diesen Bestimmungen außerordentlich weit gefaßt. Nicht nur Sumpfgebiete und Zonen mit zerstörter Oberflächenstruktur, sondern alle Flurstücke, in denen eine intensive landwirtschaftliche Nutzung aus anderen Gründen unmöglich war, konnten zum staatlichen Urbarmachungsbezirk erklärt werden. Voraussetzung war, daß die Arbeiten „relevante Verbesserungen hygienischer, sozialer, wirtschaftlicher oder demographischer Art" versprachen.[67] Diese breite und unscharfe Definition sollte, wie noch darzulegen sein wird, zu einer beträchtlichen Ausweitung der Urbarmachungsfläche führen.

Das „Rahmengesetz" von 1933 unterschied drei Bereiche der Urbarmachung:[68]

1. Größere Raumordnungs- und Infrastrukturinvestitionen gehörten in den Aufgabenbereich des Staates, wurden aber vorzugsweise privaten Unternehmen und Teilnehmergemeinschaften zur Ausführung überlassen. Im Falle starker Fragmentierung des Grundbesitzes konnten auch Maßnahmen zur Flurbereinigung vorgenommen werden. Bis auf Aufforstungen und Flußregulierungen, die ganz zu Lasten des Staates gingen, mußten die betroffenen Landbesitzer einen Eigenbetrag beisteuern, der je nach Region und Typ der Arbeiten zwischen 8% und 25% schwankte. Der Gesetzgeber unterschied dabei zwischen zwei Kategorien: Zur ersten Kategorie gehörten all diejenigen Urbarmachungen, denen Maßnahmen zur Ansiedlung bäuerlicher Familien angeschlossen waren. Sie galten als besonders förderungswürdig. Der Staat übernahm daher im Regelfall 84% der Kosten, in Süditalien, in der toskanischen Maremma, im Latium und in Julisch-Venetien sogar 92%. Alle übrigen Bonifizierungen gehörten zur zweiten Kategorie und wurden mit einer Beteiligungsquote von 75% bzw. 87,5% gefördert.

2. Bodenmeliorationen und damit verbundene Arbeiten (Baum- und Heckenbepflanzung, Wege- und Straßenbau, Wohn-, Wirtschafts- und Stallgebäude) mußten von den Landbesitzern durchgeführt werden. Der Staat gewährte einen Kostenzuschuß von 33%; in Ausnahmefällen (etwa bei Kanalbauten oder Elektrizitätsinstallationen) konnte dieser Betrag auf bis zu 75% der Kosten erhöht werden. Diese Arbeiten waren obligatorisch, wenn das Gebiet

---

gelegt sei und daher zu weiteren Ausgaben führen würde. Erst ein Machtwort Mussolinis sorgte für eine rasche Verabschiedung des Gesetzes; vgl. PCM 1931–1933, 3/1–1/1669/1–2: Crollalanza an Landwirtschaftsminister Acerbo, 5.4.1932; Finanzminister Mosconi an Acerbo, 30.3.1932; Tel. Mussolinis an Crollalanza, 23.3.1932.

[67] T.U. 13.2.1933 (Nr. 215), Titolo I.

[68] Die zum Teil sehr komplizierten technischen Direktiven werden hier in vereinfachter Form wiedergegeben. Eine umfassende Dokumentation der Maßnahmen zwischen 1929 und 1935 in den fünf Jahresbänden von Arrigo Serpieri, La legge sulla bonifica integrale nel primo [secondo, terzo, quarto, quinto] anno di applicazione, Roma 1931–1935.

zum öffentlichen Urbarmachungsbezirk erklärt worden war. Kam der Landbesitzer dieser Verpflichtung nicht nach, so konnten die Behörden nach Ablauf einer bestimmten Frist eine private Firma damit beauftragen und gegebenenfalls das Grundstück enteignen.

3. Grundverbesserungsarbeiten in Gebieten, die außerhalb der „Comprensori di Bonifica" lagen, blieben privater Initiative überlassen. Sie konnten aber ebenfalls durch staatliche Zuschüsse in Höhe von 33% der Kosten gefördert werden.

3. Neugründung des Landwirtschaftsministeriums und institutionelle Konflikte

Es war klar, daß die Planung, Durchführung und Kontrolle eines so umfangreichen Investitionsprogrammes mit erheblichem Verwaltungsaufwand verbunden sein würde. Fachleute forderten daher mit Nachdruck eine Verbesserung und Zentralisierung der administrativen Strukturen. Bislang war die Zuständigkeit der Urbarmachungspolitik auf (mindestens) zwei Ministerien verteilt gewesen: Beim Ministerium für Öffentliche Arbeiten lag die Zuständigkeit für sämtliche Infrastruktur- und Wasserregulierungsmaßnahmen, beim Wirtschaftsministerium die für Bodenverbesserungsarbeiten im engeren Sinn. Hinzu kam die 1926 aus dem Wirtschaftsministerium ausgelagerte Forstmiliz sowie das Innenministerium, das als Gesundheitsbehörde in Fragen der Malariabekämpfung verantwortlich zeichnete. Schließlich war – wie bei allen finanziell aufwendigen Maßnahmen – eine ständige Rücksprache mit dem fast allmächtigen Finanzministerium notwendig. Es bestand weitgehende Einigkeit darüber, daß diese „Fragmentierung der Kompetenzen"[69] nur durch eine umfassende Neuordnung der ministeriellen Verwaltung und der nachgeordneten Behörden beseitigt werden konnte. Die „Bonifica Integrale", mahnte De Stefani bereits im Frühjahr 1929, müsse „von einem einzigen Regierungsorgan in möglichst totalitärer Form abhängen".[70] Mit Nachdruck setzte sich auch Serpieri für eine Zentralisierung der Verwaltung ein.[71]

---

[69] De Stefani, Gli agricoltori, S. 133.

[70] PCM 1931–1933, 3/1–1/1669/1–3: De Stefani an Mussolini, 19.4.1929; vgl. auch De Stefani, Il Ministero dell'agricoltura, in: ders., Il paese, S. 216–220.

[71] Vgl. Rede Serpieris in der parlamentarischen Diskussion zur Verabschiedung des Haushaltsgesetzes 1929/30 (Wirtschaftsministerium): „Il concetto fondamentale di bonifica integrale sta in questo, nell'agire non per la esecuzione di determinate categorie di opere, ma per portare un determinato territorio o comprensorio in quella condizione che consente avvaloramento intenso della terra e dell'acqua e densa popolazione agricola [. . .] e non può non recar danno che lo strumento sia frazionato fra organi diversi della pubblica amministrazione. Anche dal

In Anknüpfung an diese Forderungen kam es im Herbst 1929 zu einer Reform der Wirtschaftsressorts, die den agrarpolitischen Verwaltungsapparat erheblich verstärkte. Das *Ministero dell'Economia Nazionale*, das seit 1923 die verschiedenen Bereiche der Wirtschaftspolitik unter einem Dach vereint hatte, wurde aufgelöst. Zunächst war es das Korporationsministerium, das von dieser Umbildung am meisten profitierte. Ihm wurden die Generaldirektionen Arbeit und Soziales, Industrie und Bergbau sowie die Wirtschafts- und handelspolitische Abteilung des MEN übertragen. Die Landwirtschaft erhielt – gemeinsam mit der Forstverwaltung – ein eigenes Ressort (*Ministero dell'Agricoltura e delle Foreste*, MAF), welches seinen Sitz im Gebäude des ehemaligen Wirtschaftsministeriums in der Via XX Settembre nahm.[72] Hatte sich Mussolini noch 1925 entschieden gegen ein separates Landwirtschaftsressort ausgesprochen, so hielt er ein eigenständiges Ministerium vor dem Hintergrund der neuen Aufgabenstellungen nun für unumgänglich.[73] Mit der Leitung des Ministeriums betraute er Giacomo Acerbo, der 1923 die Wahlrechtsreform durchgeführt hatte, sich jedoch nach 1925 verstärkt agrarwirtschaftlichen Fragen zugewandt hatte.[74] Unterstaatssekretär für Landwirtschaft wurde Arturo Marescalchi, ein bekannter Agrarwissenschaftler, der 1925 von der katholischen Volkspartei zum PNF übergetreten war. Marescalchi galt in Parteikreisen als „fascista all'acqua di rose" und wurde vor allem wegen seiner technischen Kompetenz geschätzt.[75]

---

punto di vista finanziario [. . .] il frazionamento nuoce". API, CD, Leg. XXVII, sess. 1929, Documenti, Disegni di legge e relazioni, 21–A, 21–A bis, S. 22, zit. nach Desideri, L'amministrazione, S. 68.

[72] R.D.L. 12.9.1929 (Nr. 1661).

[73] Vgl. Rede Mussolinis vor einer Parteiversammlung auf der Piazza Venezia am 14.9.1929, in: O.O., Bd. 24, S. 138: „[. . .] Ein weiteres Ministerium, welches nicht nur den Namen, sondern auch den Inhalt wechselt, ist das der Nationalen Wirtschaft. Tatsache ist, daß sich dieses Ministerium in der letzten Zeit immer weiter verkleinert hat. Nachdem ihm das Statistikwesen, der Außenhandel und die Generaldirektionen für Arbeit, Soziale Fürsorge und Kreditwesen [. . .] entzogen worden sind, reduziert sich der eigentliche Kern des Wirtschaftsministeriums auf die Landwirtschaft. Geben wir ihm diesen Namen, auch um die Hauptrichtung unserer Wirtschaftspolitik zu bekräftigen, während dem Korporationsministerium andere Funktionen übertragen werden. Die Landwirtschaft braucht noch ein unterstützendes Organ, das heißt ein Ministerium; die Industrie nicht: ihre Interessen werden durch die Korporationen und das Finanzministerium vertreten." Zur Gründung des Landwirtschaftsministeriums vgl. Dokumentation in PCM 1928–1930, 1/1–2/8617–8618.

[74] Giacomo Acerbo (1888–1969) war bereits 1920 in die faschistische Partei eingetreten, beteiligte sich 1922 am „Marsch auf Rom" und leitete als Unterstaatssekretär der PCM die Wahlrechtsreform von 1923. Als studierter Agrarökonom wurde er 1928 Professor für Landwirtschaft an der Universität Rom; vgl. Missori, Gerarchie, S. 138; Chi è (1940), S. 2f. (mit Publikationsliste); Agostino Bignardi, In memoria di Giacomo Acerbo, Rivista di Storia dell'Agricoltura Jg. 9, H. 1 (1969) S. 3–6; autobiographisch: Acerbo, Fra due plotoni di esecuzione. Avvenimenti e problemi dell'epoca fascista, Rocca San Casciano 1968.

Die wichtigste administrative Neuerung betraf jedoch die Verwaltung der Urbarmachungsprogramme. Dazu wurde ein zweites Unterstaatssekretariat eingerichtet, an dessen Spitze Mussolini Serpieri berief. Als neue Verwaltungseinheit wurde eine eigene „Generaldirektion für die Bonifica Integrale" mit fünf Abteilungen eingesetzt.[76] Sie sollte von Eliseo Jandolo, einem ehemaligen Funktionär des Ministeriums für Öffentliche Arbeiten, geleitet werden.[77] Die Abteilungsleiter wurden zum Teil vom Ministerium für Öffentliche Arbeiten, zum Teil vom ehemaligen Wirtschaftsministerium übernommen.[78]

Institutioneller Verlierer der Reform vom Herbst 1929 war das Ministerium für Öffentliche Arbeiten. Es hatte auf einen Schlag seine gesamte Kompetenz im Bereich der Urbarmachungspolitik verloren.[79] Wenige Monate später sollte ihm auch die Überwachung der Migrations- und Siedlungspolitik entzogen werden. Demgegenüber war die agrarpolitische Verwaltung durch die Konstituierung eines eigenen Ressorts und durch die neu zugewiesenen Aufgabenstellungen ganz erheblich aufgewertet worden. Das Amt des Un-

---

[75] Vgl. MI, DP, PP, Fasc. Personali, Cat. 1, Nr. 820, Berichte vom 29.12.1928 u. Februar 1929; Arturo Marescalchi (geb. 1869), Experte für Weinbauwirtschaft, war seit 1919 Parlamentsabgeordneter; 1928 wurde er Präsident der Federazione Nazionale Fascista Commercio Enologico.

[76] Div. I: Coordinamento e personale; Div. II: Bonifiche idrauliche; Div. III: Applicazione delle leggi sulle trasformazioni fondiarie, bacini montani, opere idrauliche, acquedotti rurali; Div. IV: Bonificamento agrario e colonizzazione; Div. V: Irrigazioni. Den Divisionen waren insgesamt 11 Sektionen (Sezioni) und drei technische Büros zugeteilt; vgl. Melis (Hg.), L'amministrazione, Bd. 3, S. 581–584.

[77] Eliseo Jandolo (1882–1965) war bereits 1908 als Jurist in den Verwaltungsdienst eingetreten und wurde nach dem Krieg Leiter der Abteilung für Bonifizierung und Bewässerung (Divisione IX: Bonifiche e grandi irrigazioni) im Ministerium für Öffentliche Arbeiten. Er hatte bei der Formulierung der Urbarmachungsgesetze von 1923 und 1924 entscheidend mitgewirkt und wurde beim Wechsel ins Landwirtschaftsministerium zum Generaldirektor befördert. Seit Januar 1935 war er gleichzeitig Kabinettschef im Landwirtschaftsministerium; vgl. Chi è (1940) S. 504; Manlio Rossi-Doria, Eliseo Jandolo, in: ders., Gli uomini e la storia (Hg. Piero Bevilaqua), Roma – Bari 1990, S. 111–119; Giuseppe Medici, Arrigo Serpieri ed Eliseo Jandolo. Realtà e prospettive della bonifica e della trasformazione fondiaria in Italia, Bologna 1966; außerdem Eliseo Jandolo, Le leggi sulla bonifica integrale, Padova 1927.

[78] Nach der Gründung der neuen Generaldirektion im November 1929 (R.D. 14.11.1929, Nr. 2183) hatte sich die Einstellung des Personals zunächst verzögert, obgleich Minister Acerbo bereits Anfang Oktober dringend eine Erhöhung von Personal- und Sachmitteln angefordert hatte (PCM 1928–1930, 1/1–2/8618: Acerbo an Mussolini, 4.10.1929). Erst Mitte Januar konnten die neugeschaffenen Stellen besetzt werden (D.M. 11.1.1930); es handelte sich um Mario Piacentini (Div. I), Gaetano Maisto (Div. II), Vincenzo Mancinelli (Div. III) und Ugo Muzzarini (Div. IV); die Divisione V wurde erst im Mai 1933 mit Alberto Vitale besetzt.

[79] PCM 1928–1930, 1/1–2/8619: M. Bianchi, Minister für Öffentliche Arbeiten, an PCM, 25.9.1929; Bericht Serpieris „Sulla Costituzione del Sottosegretariato per la Bonifica Integrale", 23.9.1929.

terstaatssekretariats für die „Bonifica Integrale" schien dabei regelrecht auf die Person Serpieris zugeschnitten. Seine herausragenden Sachkenntnisse und seine persönliche Autorität prädestinierten ihn geradezu für diese Aufgabe. Nach seiner Nominierung zum Unterstaatssekretär nutzte Serpieri die ihm bereits gegebene politische Richtlinienkompetenz aus, um seine Stellung weiter auszubauen. Unumwunden forderte er eine vollständige „Kommandoeinheit" unter seiner Person. Andernfalls, so seine Befürchtung, sei zu erwarten, daß mit dem neuen Unterstaatssekretariat ein weiteres „Parallelorgan" entstünde und die „Fragmentierung des Kommandos" verstärkt würde.[80] Serpieri ging sogar soweit, eine „weitgehende Verfügungsgewalt" über die syndikalen Organisationen zu beanspruchen – eine Forderung freilich, die, ernsthaft verfolgt, unweigerlich zu schweren Konflikten mit dem Korporationsministerium geführt hätte.[81] Immerhin gelang es ihm, sämtliche Beratungsgremien unter seine Kontrolle zu stellen.[82] Ebenso erhielt er den Vorsitz des bislang von De Stefani geleiteten „Nationalverbands der Urbarmachungskonsortien".[83] Zumindest theoretisch sicherte sich Serpieri damit die Oberaufsicht über die privaten Urbarmachungsgesellschaften; in der Praxis erwiesen sich die staatlichen Kontrollmöglichkeiten allerdings schon bald als völlig unzureichend.

Weniger erfolgreich verliefen die gemeinsamen Bemühungen Serpieris und Acerbos, das „Komitee für Binnenmigration" in das Landwirtschaftsressort einzugliedern. Dieses Organ war im März 1926 zunächst als Beratungsorgan im Ministerium für Öffentliche Arbeiten eingesetzt worden und sollte nun im Rahmen der Urbarmachungsprogamme den Einsatz von Arbeitskräften und die Ansiedlung bäuerlicher Familien lenken. Die Kompetenzansprüche des Landwirtschaftsministeriums waren daher sachlich durchaus gerechtfertigt. Er könne „wirklich nicht verstehen", klagte Serpieri, wie „ein solches Organ von der Verwaltung der Bonifizierungsmaßnahmen getrennt wird", da dieses „doch die Lebensgrundlage einer neuen Bevölkerung" plane.[84] Das Ministe-

---

[80] Ebd.

[81] Ebd.

[82] Dies galt für das 1924 gegründete Interministerielle Komitee für Bodenverbesserungsarbeiten, das nun allein dem Landwirtschaftsministerium zugeordnet wurde (R.D. 16.2.1930, Nr. 236) sowie für das Segretariato nazionale per la montagna. Serpieri erhielt überdies den Vorsitz des Comitato per l'Agro Romano und des Comitato per l'Agro Pontino; vgl. Serpieri, La legge, S. 5f.

[83] R.D. 10.10.1929 (Nr. 1836). – De Stefani hatte die Übergabe des Vorsitzes an Serpieri selbst angeregt, denn die Gründung des Unterstaatssekretariats „rende superflua la coesistenza di altri organi, più o meno parastatali, investiti sostanzialmente delle stesse funzioni." (PCM 1928–1930, 7/1–2/8577: De Stefani an Acerbo, 19.9.1929 und Bericht der PCM an Mussolini, 5.10.1929); außerdem De Stefani an Mussolini, 26.9.1929, in: Marcoaldi (Hg.), Vent'anni, S. 206.

[84] PCM 1928–1930, 1/1–2/8619: Bericht Serpieris „Sulla Costituzione del Sottosegretariato per

rium für Öffentliche Arbeiten argumentierte dagegen, daß auch andere öffentliche Arbeiten beschäftigungs- und siedlungspolitische Relevanz hätten und unterstrich damit die Ansprüche des eigenen Ressorts.[85] Nachdem schließlich auch das Korporationsministerium (mit Hinweis auf seine arbeitsmarktpolitische Kompetenz) Ansprüche auf das Komitee angemeldet hatte,[86] entschied Mussolini kurzerhand, das Amt aus der ministeriellen Verwaltung herauszunehmen und als eigenständiges Kommissariat der Aufsicht der PCM zu unterstellen.[87] Ebenso scheiterte der Versuch des Landwirtschaftsministeriums, sich des Kriegsteilnehmerverbandes *Opera Nazionale Combattenti* (ONC) zu bemächtigen. Der Verband war Mitte der zwanziger Jahre mit der Urbarmachung der pontinischen Sümpfe – dem größten und prestigeträchtigsten Projekt des faschistischen Regimes auf diesem Gebiet – beauftragt worden und damit zu einem der wichtigsten Träger der „Bonifica Integrale" avanciert. Auch in diesem Fall konnte das Landwirtschaftsministerium daher gute Gründe für seine Ansprüche in Feld führen, zumal es als die für die Finanzierung zuständige Behörde ohnehin eine gewisse Kontrollbefugnis besaß.[88] Doch diese Organisation verblieb ebenfalls unter der Aufsicht der Regierungskanzlei.

Letztlich blieb die angestrebte Vereinheitlichung und Zentralisierung der Verwaltung somit auf halber Strecke stehen. Dieser Tatbestand sollte sich in den folgenden Jahren als verhängnisvoll erweisen. Die ständigen Rangeleien und Abstimmungsprobleme der verschiedenen Behörden wirkten sich außerordentlich negativ auf die Entwicklung der Urbarmachungsprogramme aus. Ohne diesen Aspekt überbewerten zu wollen, wird man in diesem struktu-

---

la Bonifica Integrale", 23.9.1929; ähnlich argumentierte der Vertreter der CFLA Davide Fossa in einer Parlamentsrede vom 9.4.1930, in: API, CD, Leg. XXVIII, sess. 1929–1930, Discussioni, Bd. 2, Roma o.J., S. 2342.

[85] PCM 1940–1943, 1/1–23/3299, sottof. 1–A: Korporationsminister Bottai an PCM, 22.4.1930; interner Bericht PCM an Mussolini, 23.4.1930.

[86] PCM 1940–1943, 1/1–23/3299, sottof. 1–A: Ministero dei Lavori Pubblici, 23.4.1930.

[87] Vergeblich bemühte sich Landwirtschaftsminister Acerbo im Juli 1932 noch einmal um die Übernahme des Kommissariats: „Durante due anni, in cui il Commissariato ha funzionato alla dipendenza della Presidenza, V.E. avrà potuto constatare quali stretti rapporti esso abbia con la bonifica integrale, non solo perché i lavori di bonifica sono quelli che occupano la maggior parte di mano d'opera, ma anche perché tutte le opere di bonifica e di trasformazione agraria – a differenza dei lavori pubblici – sono indirizzate agli scopi della colonizzazione. L'attività del Commissariato sarebbe pertanto resa molto più agevole ed organica se potesse esplicarsi nell'ambito di questo Dicastero." (PCM 1931–1933, 1/1–2/6282: Acerbo an Mussolini, 20.7.1932). – Ein weiterer vergeblicher Versuch zur Übernahme des Kommissariats erfolgte Anfang 1933 (PCM 1931–1933, 3/1–1/1669/3: Acerbo und Serpieri an Mussolini, 4.1.1933). Zur Arbeit des Kommissariats s. u. Kap. VIII.1.

[88] Ebd. und PCM 1928–1930, 1/1–2/8619: Bericht Serpieris „Sulla Costituzione del Sottosegretariato per la Bonifica Integrale".

rellen Moment bereits eine Ursache für das weitgehende Scheitern des Unternehmens feststellen können.

4. Das Problem der Finanzierung

Mit erheblichen Schwierigkeiten war die Finanzierung der Urbarmachungsprogramme verbunden. Ernsthafte Probleme ergaben sich im Grunde schon
bei der Ausarbeitung des Finanzierungsgesetzes im Sommer 1928, da keineswegs geklärt war, ob die benötigten Mittel durch reguläre Haushaltstitel oder
auf dem Kreditweg zu beschaffen waren. Obwohl die währungspolitische
Stabilisierung zu diesem Zeitpunkt bereits abgeschlossen war und das Konjunkturbarometer eine wirtschaftliche Erholung anzukündigen schien, hätte
eine expansive Ausgabenpolitik des Staates die gerade erst erreichten Erfolge
bei der Inflationsbekämpfung gefährdet. Eine überhöhte Belastung des
Staatshaushaltes mußte daher unbedingt verhindert werden. Auf der anderen
Seite drohte bei einer öffentlichen Kreditfinanzierung die Gefahr, daß der
private Kapitalmarkt übermäßig strapaziert und der leichte Aufschwung bereits im Ansatz abgewürgt wurde. Es ist daher kein Zufall, daß Mussolini im
Frühjahr 1928 gerade De Stefani mit der finanzpolitischen Konzeption der
Urbarmachungspolitik betraute.[89] De Stefani war zwar kein Fachmann für
Agrarpolitik, er hatte jedoch als Finanzminister (1922–1925) ausgesprochenes
Geschick bei der Konsolidierung des Staatshaushaltes bewiesen. Auch bei der
Ausarbeitung des „Mussolini-Gesetzes" gelang es De Stefani, die Belastung
der öffentlichen Hand auf ein Minimum zu reduzieren. Wie bereits dargelegt
worden ist, sollte der „Bonifica Integrale" ein Finanzvolumen von 7 Mrd.
Lire – verteilt auf einen Zeitraum von 14 Jahren – zugrundeliegen, wovon
etwa 4,3 Mrd. Lire durch staatliche Mittel aufzubringen waren. Daraus ergaben sich durchschnittliche Kosten von gut 300 Mill. Lire pro Jahr, ein
Betrag, der sich allerdings schon bald als völlig unzureichend herausstellen
sollte.

Um die jährliche Belastung des Staatshaushaltes niedrig zu halten, bediente
sich De Stefani einer wirkungsvollen, wenngleich nicht unproblematischen
haushaltstechnischen Konstruktion: Die staatlichen Beiträge wurden mit einer Progressionsrate auf einen Zeitraum von 30 Jahren verteilt.[90] In der Praxis

---

[89] Vgl. De Stefani, Una riforma, S. 109.
[90] Der bis zum Haushaltsjahr 1959/60 angelegte Finanzplan sah eine sehr starke Progression vor.
So betrugen die ordentlichen Haushaltsmittel im Fiskaljahr 1930/31 nur 65,3 Mill. Lire,
1935/36 bereits 181 Mill. und 1957/58 323,3 Mill. Lire; vgl. L. 24.12.1928 (Nr. 3134) und den
Kommentar dazu von Serpieri, La legge, S. 50ff.

bedeutete dies, daß Einrichtungen, die im Auftrag des Staates Urbarmachungsarbeiten durchführten, relativ geringe Jahresraten über einen langen Zeitraum erhielten. Um das notwendige Kapital sofort zur Verfügung zu haben, konnten die Auftragnehmer auf der Basis der Jahreszahlungen Darlehen auf dem privaten Kreditmarkt aufnehmen.[91] Dieses Verfahren war nur deshalb möglich, weil der überwiegende Teil der Arbeiten nicht vom Staat direkt, sondern von Teilnehmergemeinschaften der Landbesitzer oder privaten Unternehmen ausgeführt wurde. War die unmittelbare finanzielle Belastung der öffentlichen Hand damit einerseits stark eingeschränkt worden, so hatte man das Problem der Kapitalbeschaffung weitgehend dem privaten Sektor übertragen. Allerdings stellte sich nun die Frage, wie die enormen Summen angesichts hoher Zinsen und der relativ schlechten Kreditstruktur im agrarischen Bereich aufgebracht werden konnten. De Stefani hatte zu diesem Zweck schon kurz nach seiner Nominierung zum Präsidenten des „Nationalverbandes der Urbarmachungskonsortien" Kontakte mit den parastaatlichen Bankinstituten und Versicherungen aufgenommen. Nach längeren Verhandlungen erklärten sich die beiden großen Versicherungsinstitute bereit, für die kommenden zehn Jahre Kredite in Höhe von 300 Mill. Lire pro Jahr für Urbarmachungsprojekte zur Verfügung zu stellen.[92] Die Sparkassenverbände sicherten einen jährlichen Betrag von 200 Mill. Lire zu. Damit schien die Kapitalversorgung zunächst mehr als gesichert, zumal im Notfall auch die übrigen Agrarkreditinstitute einspringen konnten. Vor diesem Hintergrund war es De Stefani sogar möglich, Belluzzos Angebot eines ausländischen Kredites auszuschlagen.[93]

Doch bereits Anfang 1930 stellten sich erhebliche Finanzierungsschwierigkeiten ein. In einem Bericht vom 18. Januar wies Serpieri darauf hin, daß die laufenden Haushaltmittel bei weitem nicht mehr ausreichten, um die schon genehmigten Urbarmachungsprogramme zu finanzieren. Er forderte eine sofortige Zuweisung von mindestens 20 Mill. Lire, andernfalls sei mit der Unterbrechung zahlreicher Projekte zu rechnen.[94] Trotz der ablehnenden Haltung des Finanzministeriums wurde im Juni ein ergänzendes Gesetzesdekret erlassen, das für das laufende und für die kommenden vier Jahre zusätzliche Mittel in Höhe von insgesamt 150 Mill. Lire bereitstellte.[95] Damit waren die

---

[91] Die staatlichen Zuschüsse schlossen Zinskosten für die Kreditfinanzierung ein.

[92] Der größte Teil (250 Mill. Lire) entfiel dabei auf die Cassa Nazionale Assicurazioni Sociali, die verbleibenden 50 Mill. Lire auf das Istituto Nazionale per le Assicurazioni.

[93] Vgl. Schreiben Belluzzos an De Stefani vom 24.5.1928 und Antwortschreiben De Stefanis vom 28.5.1828, in: Marcoaldi (Hg.), Vent'anni, S. 195f.

[94] PCM 1931–1933, 3/1–1/1669/1–1: Serpieri an Mussolini, 18.1.1930.

[95] R.D. 24.7.1930 (Nr. 1132); PCM 1931–1933, 3/1–1/1669/1–1: „Relazione all'On. Consiglio dei Ministri sullo Schema di Decreto Legge portanti Modifiche alla Legge 24.12.1928, n. 3134

finanziellen Probleme jedoch nicht gelöst. Die Wirtschaftskrise, deren Ausmaße erst im Laufe des Jahres 1930 in vollem Umfang erkennbar wurden, schränkte nicht nur die finanziellen Möglichkeiten des Staates ein, sondern machte auch die Kapitalbeschaffung auf dem privaten Markt immer schwieriger. Die ab 1930 schrittweise durchgeführte Sanierung der großen Geschäftsbanken („Salvataggi") erforderte einen enormen Kapitalbedarf;[96] gerade die parastaatlichen Institute und Versicherungen, die bislang eine herausragende Rolle bei der Finanzierung der Urbarmachungen gespielt hatten, mußten nun umdisponieren. So sahen sich die beiden großen Versicherungsinstitute – die *Cassa Nazionale Assicurazioni Sociali* und das *Istituto Nazionale delle Assicurazioni* – im August 1931 gezwungen, ihr ursprünglich auf 300 Mill. Lire pro Jahr angesetztes Kontingent für Urbarmachungskredite auf 150 Mill. Lire zu verringern.[97] Schon im Februar hatten Acerbo und Serpieri in einem gemeinsamen Schreiben an Mussolini darauf hingewiesen, daß die Diskontierung der staatlichen Zahlungsraten „für die ausführenden Urbarmachungskonsortien äußerst schwierig" geworden sei. Dies habe „schon jetzt zu einer Verlangsamung der Arbeiten und zur Entlassung von Arbeitern" geführt. So sei die Zahl der beschäftigten Arbeiter in den vergangenen beiden Monaten um 15.000 zurückgegangen. „Wenn keine neuen Maßnahmen ergriffen werden, sind schwere Zusammenbrüche und weitere Entlassungen abzusehen", resümierten die beiden Politiker die Lage.[98] Die beschäftigungspolitische Relevanz der Urbarmachungen wurde hier bewußt in den Vordergrund gestellt,[99] denn es war allgemein bekannt, daß Mussolini die wachsende

---

sulla Bonifica Integrale"; zur Haltung des Finanzministeriums ebd. Mosconi an PCM, 26.3.1930. – Die Zuweisung der Mittel verzögerte sich allerdings erheblich, so daß Acerbo im Herbst einen Beschwerdebrief an Mussolini schicken mußte; ebd. Acerbo an Mussolini, 18.9.1930.

[96] Zur Banken- und Industriekrise nach 1930 und zu den staatlichen Sanierungsmaßnahmen vgl. T o n i o l o , L'economia, S. 210ff.

[97] PCM 1931–1933, 3/1–1/1669/1–1: Finanzminister Mosconi an PCM, 12.8.1931. – Das Istituto Nazionale delle Assicurazioni (INA), das davon 100 Mill. Lire aufzubringen hatte, reduzierte diesen Betrag im November noch einmal auf 50 Mill. Lire. Zuvor hatte Mussolini das Institut angewiesen, 50 Mill. Lire an das neugegründete Istituto Mobiliare Italiano zu überweisen (PCM 1931–1933, 3/1–1/1669/1–1: Schreiben des staatlichen Kommissars des INA, G. Bevione, an Mussolini vom 22.9.1931 und 21.11.1931). – Serpieri und Acerbo hatten diese Schwierigkeiten bereits im Herbst 1930 vorausgesehen und De Stefani um Hilfe bei der Suche nach neuen Kreditgebern gebeten. Dieser sollte als Finanzexperte und Mitglied des Verwaltungsrates der Cassa Nazionale Assicurazioni Sociali vermitteln; gemeinsames Schreiben Serpieris und Acerbos an De Stefani vom 15.9.1930, in: M a r c o a l d i (Hg.), Vent'anni, S. 215f.

[98] PCM 1931–1933, 3/1–1/1669/1–1: Acerbo und Serpieri an Mussolini, Februar 1931 (Tagesdatum nicht angegeben, aber Eingangsstempel PCM 9.2.1931).

[99] Vgl. auch PCM 1931–1933, 3/1–1/1669/1–1: Acerbo an Mussolini, 10.6.1931 sowie Acerbo und Serpieri an Mussolini vom 1.8.1931; außerdem Rundschreiben Mussolinis an die Präfek-

Arbeitslosigkeit mit Besorgnis zur Kenntnis nahm. In einem zweiten Bericht wurde der Kapitalbedarf im laufenden Haushaltsjahr auf 700 Mill. Lire veranschlagt, von denen jedoch allenfalls 400–450 Mill. verfügbar seien.[100] Zur Lösung der Liquiditätsprobleme schlug der Verfasser des Berichts vor, über die Bodenkreditinstitute und Sparkassen staatlich abgesicherte Schuldtitel in Höhe von etwa 300 Mill. Lire auf dem freien Kapitalmarkt anzubieten. Auf diesem Wege sollten vor allem die Ersparnisse der „kleinen Leute" abgeschöpft und für Urbarmachungsarbeiten nutzbar gemacht werden. In einer eilends einberufenen Sitzung, an der neben Acerbo und Serpieri die Führer der wichtigsten Bodenkreditinstitute sowie Finanzminister Mosconi teilnahmen, sicherten die Bankenvertreter einen Betrag von 197 Mill. Lire zu, der bis zum 30. Juni durch Emission von Schuldtiteln aufgebracht werden sollte.[101] Zusätzlich sollte nach Auffassung des Landwirtschaftsministeriums ein Sonderfonds in Höhe von 200 Mill. Lire zur Verfügung gestellt werden – eine Forderung, die vom Finanzministerium allerdings ebenso schroff abgelehnt wurde wie der zaghafte Vorschlag Acerbos, nun doch einen ausländischen Kredit in Betracht zu ziehen.[102]

Wenn der Finanzierungsbedarf für das Haushaltsjahr 1930/31 durch die nachhaltigen Bemühungen des Landwirtschaftsministeriums halbwegs gedeckt werden konnte, so bestand doch in ministeriellen Kreisen kein Zweifel daran, daß in Zukunft ähnliche oder noch größere Schwierigkeiten zu er-

---

ten vom 23.2.1929, in dem er eine Forcierung der Urbarmachungen zur Verminderung der Arbeitslosigkeit fordert (PCM 1928–1930, 7/1–1/74).

[100] Vgl. auch PCM 1931–1933, 3/1–1/1669/1–1: Appunto per S. E. il Capo del Governo (o.U., o.D., wahrscheinlich ebenfalls Februar 1931): „Infatti, già attualmente molti concessionari dei lavori di bonifica trovano difficile lo sconto delle annualità; il che li ha già portati a rallentare il ritmo dei lavori, con conseguente diminuzione degli operai occupati. [...] La situazione desta viva preoccupazione: se non si trovano rimedi, avverranno ulteriori rallentamenti e arresti delle opere, con nuovi licenziamenti di operai e gravi dissesti dei concessionari, costretti a lasciare parzialmente inutilizzati i loro impianti, e impediti di far fronte agli impegni finanziari che avevano provvisoriamente assunti, in attesa della liquidazione e sconto delle annualità loro dovute dallo Stato". (Hervorhebung im Text).

[101] PCM 1931–1933, 3/1–1/1669/1–1: Acerbo an Mussolini, Februar 1931. – Allerdings weigerten sich eine Reihe von Instituten, darunter das wichtige Credito Fondiario della Cassa di Risparmio delle Provincie Lombarde, weitere Schuldtitel auf dem Kapitalmarkt anzubieten; sie wurden dabei offenbar von Finanzminister Mosconi unterstützt, der ebenfalls gegen diese Form der Schuldaufnahme war (ebd. Mosconi an Mussolini, 12.8.1931).

[102] PCM 1931–1933, 3/1–1/1669/3: Acerbo an Mussolini (zur Kenntnisnahme an Mosconi), 6.6.1931; Mosconi an Mussolini (zur Kenntnisnahme an Acerbo), 9.9.1931. Zwischen dem Finanzministerium und dem Landwirtschaftsministerium bestand aufgrund der Differenzen in der Finanzierungsfrage inzwischen ein äußerst gespanntes Verhältnis. Beide Minister korrespondierten daher nicht mehr direkt miteinander, sondern nur noch über die Kanzlei Mussolinis.

warten waren. Mosconi unterstrich im August 1931, man dürfe „sich nicht der Illusion hingeben", daß die vom Landwirtschaftsministerium als jährlicher Mindestbedarf angegebene Summe von 500 Mill. Lire auf dem Kreditweg zu beschaffen sei.[103] Vor diesem Hintergrund griff das Landwirtschaftsministerium zu drastischen Mitteln. Angesichts der „Lage des Haushaltes und der Kreditschwierigkeiten" sollten im kommenden Finanzjahr (1931/32) keine neuen Programme begonnen und die bereits genehmigten Urbarmachungsarbeiten verlangsamt werden, hieß es in einem Memorandum an Mussolini.[104] Trotz dieser „erheblichen Reduzierung des Programms" wurde der Finanzbedarf jedoch auf 554 Mill. Lire geschätzt, da die begonnenen Projekte nicht einfach aufgegeben werden konnten. Um zukünftige Schwierigkeiten auszuschalten, schlugen Serpieri und Acerbo Anfang August vor, einen ständigen Finanzausschuß beim „Nationalverband der Urbarmachungskonsortien" einzusetzen.[105] Diesem sollten Vertreter der wichtigsten Bankinstitute sowie ein Repräsentant des Finanzministeriums angehören. Mussolini, der die eindringlichen Warnungen des Landwirtschaftsministeriums sehr ernst nahm, stimmte dem Vorschlag sofort zu und übernahm in der ersten Sitzung am 12. September sogar selbst den Vorsitz.[106] Daß sich die Einbindung Mussolinis als taktisch kluger Schritt erweisen würde, zeigte die Entwicklung der kommenden Wochen. Denn nicht nur das Finanzministerium sah sich gezwungen, moderate Töne anzuschlagen und den Wünschen des Landwirtschaftsministeriums entgegenzukommen. Auch diejenigen Bankenvertreter, die sich (wie der Präsident des lombardischen Sparkassenverbandes De Capitani D'Arzago) geweigert hatten, Urbarmachungen durch Emission von Schuldtiteln zu finanzieren, mußten nun einlenken. In einer Sitzung des Ausschusses vom 17. September 1931 wurde eine Lösung gefunden, die zumindest eine mittelfristige Finanzierung der „Bonifica Integrale" sichern sollte. Der Kreditbedarf für das laufende Haushaltsjahr,[107] den Serpieri inzwischen schon wieder auf rund 740 Mill. Lire bezifferte, sollte folgendermaßen aufgebracht werden:[108]

---

[103] PCM 1931–1933, 3/1–1/1669/1–1: Mosconi an PCM (zur Kenntnisnahme an Acerbo), 12.8.1931.

[104] PCM 1931–1933, 3/1–1/1669/1–1: Ministero dell'agricoltura, Memoriale per S. E. Il Capo del Governo (o.U., o.D., wahrscheinlich Juli 1931).

[105] PCM 1931–1933, 3/1–1/2275: Serpieri und Acerbo an Mussolini, 1.8.1931.

[106] PCM 1931–1933, 3/1–1/2275: Sitzungsbericht vom 17.9.1931 und ebd., 3/1–1/1669/1–1: Bericht 3.10.1931 (o.U.).

[107] Bis zum 30. Juni 1932.

[108] PCM 1931–1933, 3/1–1/2275: Sitzungsbericht des Comitato finanziario vom 17.9.1931. – Der Kreditbedarf von 740 Mill. Lire war allerdings diesmal zu hoch angesetzt worden. Tatsächlich wurden bis zum Sommer lediglich Kredite in Höhe von 587 Mill. Lire in Anspruch genommen. Serpieri führte dies auf die Wirtschaftskrise zurück, die eine generelle Verlangsamung der Arbeiten bewirkt habe (PCM 1931–1933, 3/1–1/1669/1–1: Serpieri an Mussolini, 5.7.1932).

Monte di Paschi	10 Mill. Lire
Istituto di S. Paolo	10
Cassa Depositi e Prestiti	
und andere Sparkassen	30
Istituto Fondiario delle Venezie	130
Cassa Nazionale Assicurazioni Sociali	
und Istituto Nazionale delle Assicurazioni	110
Consorzio di Credito per le Opere Pubbliche	100
Istituti di Credito Fondiario	340

Wie aus den Zahlen ersichtlich ist, wurde der Hauptbetrag durch die Bodenkreditinstitute erbracht, die dazu staatlich abgesicherte Schuldtitel ausgeben
sollten. Auf ähnlichem Wege finanzierte sich das *Consorzio di Credito per le
Opere Pubbliche* (Crediop), ein parastaatliches Bankenkonsortium, das schon
1919 zur Finanzierung öffentlicher Arbeiten gegründet worden war. Das
Konsortium wurde 1931 erstmals zur Finanzierung von Urbarmachungsprojekten herangezogen und sollte auch in den nächsten Jahren eine wichtige
Rolle einnehmen.[109] Eine weitere Einrichtung, die vor allem ab 1932 als Kre-
ditgeber in Erscheinung trat, war das „Faschistische Institut für Sozial-
fürsorge" (*Istituto Nazionale Fascista per la Previdenza Sociale*). Es stellte im
Haushaltsjahr 1932/33 Kredite in Höhe von 237,5 Mill. Lire für Urbarmachungsprojekte zur Verfügung, im Jahr 1933/34 sogar 342 Mill. Lire.[110]
Auch nach 1931 ließ sich die Finanzierung der „Bonifica Integrale" nur
durch erhebliche staatliche Interventionen realisieren. Die Diskontierung der
staatlichen Raten erforderte vor jedem Haushaltsjahr erneute schwierige Verhandlungen zwischen dem Landwirtschaftsministerium, dem Finanzministerium und den verschiedenen Bankinstituten, wobei – wie bereits gezeigt – die
agrarischen Kreditanstalten kaum eine Rolle spielten. Die Kredite, welche
Landbesitzer und Urbarmachungskonsortien zur Diskontierung der staatlichen Zahlungsraten oder zur Finanzierung des Eigenbeitrages aufnehmen
mußten, stammten zum Großteil von den halbstaatlichen Versicherungs- und
Sozialfürsorgeeinrichtungen. Immerhin gelang es dem Landwirtschaftsministerium bis 1935, beträchtliche Summen zu mobilisieren. Die Gesamtaufwen-
dungen gingen zwar gegenüber dem ersten Jahr erkennbar zurück, wie die
Zahlen in Tabelle 7.3 deutlich machen. Angesichts der verheerenden Folgen
der Wirtschaftskrise handelte es sich jedoch durchaus um eine beachtliche

---

[109] So gewährte das Crediop im Haushaltsjahr 1932/33 Kredite für Urbarmachungsarbeiten in
Höhe von 193 Mill. Lire; PCM 1931–1933, 3/1–1/1669/1–1: Bericht Serpieris an Mussolini,
14.7.1933; vgl. außerdem Luigi De Rosa, Banche e lavori pubblici in Italia fra le due guerre
(1919–1939). Il Consorzio di credito per le opere pubbliche, Milano 1929, S. 296–400.
[110] PCM 1931–1933, 3/1–1/1669/1–1: Berichte Serpieris an Mussolini vom 14.7.1933 und vom
20.7.1934.

Leistung. Die These, die „Bonifica Integrale" sei schon Anfang der dreißiger Jahre aus finanziellen Gründen gescheitert, läßt sich daher in dieser Eindeutigkeit kaum aufrecht erhalten.[111] Zwischen 1929 und 1934 wurden nach Serpieri immerhin über 3,1 Mrd. Lire für staatliche Programme und 2,1 Mrd. für private Urbarmachungsarbeiten bereitgestellt. Das eigentliche Problem bestand darin, daß das Programm in der Anfangsphase nicht an die finanziellen Möglichkeiten angepaßt worden war. Hinzu kamen – wie im folgenden Abschnitt darzulegen sein wird – fehlerhafte Planung, mangelnde Kontrolle und ineffiziente Verwendung der Mittel.

Tab. 7.3
Finanzielle Aufwendungen für Urbarmachungsprojekte 1929/30–1933/34*

	1929/30	1930/31	1931/32	1932/33	1933/34
Öffentliche Arbeiten	775,1	603,0	611,4	518,5	627,5
Private Arbeiten[a]	265,3	229,0	215,1	294,0	290,5
Private Arbeiten[b]	282,0	213,0	126,0	110,0	72,0
Gesamt	1.322,4	1.045,0	952,5	922,5	990,0

* in Mill. Lire   [a] mit öffentlichen Kapitalzuschüssen   [b] mit öffentlichen Zinsbeihilfen
Quelle: Tassinari, Die Bodenverbesserung, S. 172.

5. Das Scheitern der „Bonifica Integrale"

Noch bevor das Gesetz vom 24. Dezember 1928 im Parlament verabschiedet worden war, hatte Mussolini in drei Rundschreiben an die Präfekturen die Richtlinien der „Bonifica Integrale" bekannt gegeben.[112] Man habe „ausreichende Finanzmittel" vorgesehen, um „jeder Nachfrage" nach Urbarmachungsprojekten entsprechen zu können. Die Präfekten wurden angewiesen, die Landbesitzer durch „Anregungen, Überreden und leichten Druck" zur Gründung von Urbarmachungskonsortien zu bewegen. Die Vereinigungen der Landbesitzer sollten im Regelfall mit der Durchführung der Arbeiten betraut werden, doch würde jeder „ungerechtfertigte Verzug und jede Form der erbärmlichen Apathie" sofortige Sanktionen nach sich ziehen. Mussolini gab unmißverständlich zu erkennen, daß er im Ernstfall auch zu Enteignungsmaßnahmen greifen würde, „damit das Programm der Regierung ohne Verzögerungen verwirklicht wird".

---

[111] Diese These vertritt Roberto Cerri, Note sulla politica della bonifica integrale del fascismo. 1928–1934, Italia contemporanea 137 (1979) S. 35–63.
[112] PCM 1931–1933, 3/1–1/1669/1–3: Rundschreiben an die Präfekturen vom 27.9.1928, 2.10.1928 und November 1928 (o. genaues Datum).

Die Appelle der Regierung an die Landbesitzer, sich an den Urbarmachungsprogrammen zu beteiligen, führten innerhalb kurzer Zeit zu einer regelrechten „Inflation der Initiativen".[113] Aus Angst vor Enteignung, wohl aber auch in der Hoffnung, in den Genuß staatlicher Förderungen zu kommen, hatten sich viele Landbesitzer in kürzester Zeit in Genossenschaften zusammengeschlossen und Meliorationsprogramme beantragt. Im Frühjahr 1928 existierten landesweit knapp 300 Konsortien. Innerhalb eines Jahres entstanden 437 neue Organisationen, und Ende 1933 wurden sogar 1.150 Konsortien gezählt.[114] Die staatlichen „Urbarmachungsbezirke" umfaßten nach der Erhebung vom Sommer 1930 eine Fläche von über 6 Mill. Hektar Land, dies entsprach etwa einem Fünftel der Gesamtfläche Italiens![115] Damit hatte sich die Fläche gegenüber der letzten systematischen Erhebung von 1923 beinahe verdreifacht.[116] Der Großteil der neu klassifizierten „Urbarmachungsbezirke" entfiel auf Mittel- und Süditalien (hier nahm die Fläche um mehr als das 2,7–fache zu), während im Norden, ausgehend von einem relativ hohen Niveau, der Flächenzuwachs lediglich 63% betrug.[117]

---

[113] Ministero per la Costituente, Rapporto della Commissione Economica, I: Agricoltura, Bd. 1 (Relazioni), Roma 1947, S. 353; außerdem Rede Serpieris vor Vertretern des Nationalverbandes der Urbarmachungskonsortien vom 26.6.1930, abgedr. in: S e r p i e r i, La legge, S. 215–226, hier S. 218f.

[114] Ministero dell'Agricoltura e delle Foreste, Organizzazione dei Servizi, Roma 1934, S. 84–89 (Liste aller Konsortien). Eine Kommission der Verfassungsgebenden Versammlung schätzte die Zahl der Urbarmachungs- und Meliorationskonsortien 1946 sogar auf über 2.400; Ministero per la Costituente, Commissione per studi attinenti alla riorganizzazione dello Stato, Relazione all'Assemblea Costituente, Bd. 3: Enti pubblici non territoriali, organizzazione sanitaria, Roma 1946, S. 173.

[115] Bis 1933 stieg die Fläche um weitere 800.000 ha auf 6.900.000 ha an. Insgesamt gab es 313 amtliche Comprensori di Bonifica, deren Größe allerdings starke Unterschiede aufwiesen. Der kleinste Bezirk war zwei Hektar groß (Paludi Lago di Partinico, Prov. Palermo), der größte 440.000 Hektar (Tavoliere di Puglia, Foggia); vgl. Arturo M a r e s c a l c h i, Luigi V i s e n t i n i, Atlante agricolo dell'Italia fascista, Novara o.J., Elenco dei Comprensori di Bonifica al 1° luglio 1933 (o.S.).

[116] Hinzu kamen diejenigen Gebiete außerhalb der staatlichen Comprensori, in denen Landbesitzer auf eigene Initiative mit öffentlicher Unterstützung Meliorationsarbeiten durchführten. Über diese Gebiete gibt es allerdings keine durchgehende Flächenstatistik. Im Haushaltsjahr 1929/30 wurden 89 Mill. Lire an staatlichen Zuschüssen für private Meliorationsprojekte gewährt; diese Projekte erstreckten sich auf eine Fläche von 50.156 ha; vgl. S e r p i e r i, La legge, S. 129.

[117] Auch in der Durchführung der Arbeiten lassen sich deutliche regionale Unterschiede erkennen. Während in Norditalien knapp 90% der Urbarmachungsarbeiten von privaten Lizenznehmern (d. h. meist Landbesitzerkonsortien) ausgeführt wurden, waren es in Süditalien nur etwa 40%. Der übrige Teil wurde vom Staat selbst durchgeführt; vgl. Ministero per la Costituente, Rapporto della Commissione Economica, S. 365.

Tab. 7.4

Die Fläche der amtlichen „Urbarmachungsbezirke" 1922–1942

	1922	1923	1930	1933	1938	1942
Norditalien	1.008	1.321	2.156	2.457	3.572	3.617
Mittelitalien	221	236	1.093	1.240	1.361	1.514
Süditalien	516	654	1.829	2.131	2.479	2.492
Inseln	118	174	1.044	1.100	1.616	2.062
Gesamt	1.863	2.385	6.122	6.928	9.028	9.685

Quellen: Ministero per la Costituente, Rapporto della Commissione Economica, S. 246–266; Serpieri, La Bonifica nella storia, S. 118.

Während Mussolini nicht müde wurde, in öffentlichen Reden die Bedeutung dieses „gigantischen Planes" zu beschwören,[118] registrierten Experten des Landwirtschaftsministeriums mit Besorgnis die unüberschaubare Zunahme der Urbarmachungsarbeiten. Schon in seinem ersten Jahresbericht wies Serpieri warnend darauf hin, daß die beantragten Projekte „die finanziellen Möglichkeiten weit" überstiegen. „Nicht 7 Mrd. Lire", wie in dem „Mussolini-Gesetz" vorgesehen, sondern „70 oder 100 Mrd. wären zur Durchführung notwendig".[119] Auf Veranlassung des MAF hatte Mussolini daher schließlich die rigorose Anordnung gegeben, die Urbarmachungsprojekte zu limitieren und nach strengen Kriterien der Durchführbarkeit auszuwählen.[120] Sicherlich sei es wünschenswert, so Serpieri in einer Rede vom November 1929, „in jedem der 31 Millionen ha unseres Königreiches" Meliorationsarbeiten durchzuführen. „Vielleicht interpretieren Viele die integrale Bonifizierung auf diese Weise. Doch denke ich, daß wir die Wünsche an die Möglichkeiten anpassen müssen. [. . .] Ich muß daher meine zahlreichen Mitarbeiter, die mühevoll Gemeinde für Gemeinde und Betrieb für Betrieb nach jedem

---

[118] Rede vor einer Parteiversammlung am 14.9.1929 auf der Piazza Venezia in Rom, in: O.O., Bd. 24, S. 132–140, hier S. 133.

[119] Serpieri, La legge, S. 66. Ähnlich Acerbo in einer Parlamentsrede vom 9.4.1930, in: API, CD, Leg. XXVIII, sess. 1929–1930, Discussioni, Bd. 2, Roma o.J., S. 2353.

[120] PCM 1931–1933, 3/1–1/1669/1–3: Rundschreiben Mussolinis an die Präfekturen vom 12.3.1929: „[. . .] A pochi mesi di distanza dal mio appello debbo con soddisfazione constatare che l'incitamento è stato profondamente sentito, per modo che molte concrete iniziative si avviano rapidamente a maturazione. E' questo il momento più delicato dell'esercizio della funzione che ho affidato a LL. EE.: è il momento della saggia valutazione e della scelta. Occorre oggi procedere alla sceverazione dei progetti che hanno assunto qualche consistenza, cominciando con l'eliminare quelli informati a concezioni grandiose, difficilmente realizzabili, o rivolti a servire bisogni di urgenza non immediata o che non sono soretti da finalità economiche ben definite. E' necessario tener presente che le grandi opere preparatorie di sistemazione [. . .] assommano oramai a cifre che superano in modo preoccupante le dotazioni accordate".

Quadratkilometer Land absuchen, wo man mit etwas Nutzen ein paar hundert Lire investieren könnte, dringend bitten, sich ein wenig zu bremsen und die Prioritäten anders zu setzen: nämlich entsprechend den finanziellen Möglichkeiten diejenigen Gebiete zu wählen, wo der Einsatz am meisten Nutzen für die Nation erbringt."[121]

Während man 1930 noch davon sprach, neue Projekte nur nach genauer Prüfung aufzunehmen,[122] wurde ein Jahr später eine generelle Stornierung aller Neuanträge verfügt.[123] Die Mittel, die in absehbarer Zeit auszugehen drohten, sollten nicht mehr nach dem „Gießkannenprinzip" verteilt, sondern auf wenige erfolgversprechende Projekte konzentriert werden.[124] Allerdings ließen sich bereits begonnene Urbarmachungen nicht einfach unterbrechen, denn dies verursachte für die ausführenden Organisationen hohe Kosten und brachte auch rechtliche Probleme mit sich. Die eigentliche Schwierigkeit bestand jedoch darin, die Tätigkeit der Konsortien zu überwachen und aus den zahlreichen Projekten diejenigen auszuwählen, die tatsächlich förderungswürdig waren.

Besorgt konstatierte Serpieri schon in seinem ersten Jahresbericht, daß es in den Provinzen von Kommissionen, Komitees und Konsortien „nur so wimmelt".[125] So waren auf Initiative der CNFA in vielen Gegenden „Provinzialkommissionen" zur Koordinierung der Landbesitzer gegründet worden.

---

[121] Arrigo S e r p i e r i, La Bonifica Integrale, Atti della Reale Accademia economico-agraria dei Georgofili di Firenze, Serie V, Bd. 26, Firenze 1929, S. 344–361, hier S. 346f. (Rede in der Versammlung der Akademie vom 24.11.1929).

[122] Ebd. S. 347; vgl. außerdem Parlamentsreden von Acerbo und Guido Jung (Präsident des Nationalen Exportinstitutes) vom 5. und 8. April 1930, in: API, CD, Leg. XXVIII, sess. 1929–1930, Discussioni, Bd. 2, Roma o.J., S. 2253f. und 2301.

[123] Während 1929/30 noch 244 von 885 Mill. Lire für neue Projekte genehmigt wurden, waren es 1930/31 nur 74 von 676 und 1931/32 33 Mill.; vgl. API, CD, Leg. XXVIII, sess. 1929–1932, Discussioni, Bd. 5, Roma o.J., S. 5727, Rede Acerbos vom 19.2.1932.

[124] PCM 1931–1933, 3/1–1/1669/1–1: Memorandum des MAF an Mussolini (o.U., o.D., aber Sommer 1930); Acerbo an Mussolini, 10.6.1930. – Acerbo kündigte darüber hinaus eine „strenge Kontrolle" bereits bestehender Programme an „in modo da scartare inesorabilmente quelle che apparissero di dubbia convenienza da punto di vista dell'economia pubblica e privata". Als abschreckendes Beispiel zog Acerbo den Vergleich zur Nachkriegszeit, in der es zu einer Vielzahl von „progetti fantasiosi" gekommen sei, ohne sichtbare Ergebnisse zu zeigen. Auch befürchtete Acerbo eine Diskreditierung der staatlichen Urbarmachungspolitik durch das Scheitern einzelner Projekte. Zwar handle es sich dabei noch um Einzelfälle. „Tuttavia sono abbastanza per destare l'attenzione del pubblico e creare, nell'attuale situazione di crisi, una larga corrente di sfiducia che non solo e non tanto allontana i migliori dalle attività bonificatrici, ma ha specialmente l'effetto di gettare ombre di sfiducia sull'intero indirizzo del governo fascista, in questa materia della bonifica integrale, posta dal Duce a caposaldo della sua politica di ruralizzazione." (Ebd. Acerbo an Finanzministerium, 27.5.1931).

[125] S e r p i e r i, La legge, S. 66.

Das von Rocco gegründete *Comitato Promotore dei Consorzi di Bonifica nell'Italia Meridionale* teilte bereits im Februar 1928 stolz mit, man habe „überall Konsortien zur Durchführung von Meliorationsarbeiten aufgebaut".[126] Serpieri klagte, daß diese Organisationen vielfach nur aus wenigen Landbesitzern bestünden und weder über ausreichendes Grundkapital verfügten, noch über die technischen Mittel, die zur Planung und Ausführung der Arbeiten notwendig waren. Besonders im Süden zeige sich häufig die Tendenz, lokale „Zänkereien und Konflikte" innerhalb der Konsortien auszutragen. In zahlreichen Fällen seien die Konsortien zu einem „Arbeitsbeschaffungsbüro oder zu einem Instrument des Nepotismus" entartet, wobei sich die „Anliegen der Besitzer mit den schmutzigen Interessen von Planungsbüros und Spekulationsgesellschaften überlagern".[127] Mit Nachdruck betonte Serpieri daher, daß das Konsortium „keine private Organisation der Landbesitzer" sei, sondern eine „Körperschaft öffentlichen Rechtes mit einem staatlichen Auftrag".[128] In der Tat war die Überwachung der Konsortien und die Unterdrückung von Korruption mehr ein organisatorisches als ein juristisches Problem. Denn ein im Sommer 1929 erlassenes Dekret hatte nicht nur den öffentlich-rechtlichen Charakter der Einrichtungen festgeschrieben, sondern dem Landwirtschaftsministerium darüber hinaus weitgehende Kontrollbefugnisse übertragen.[129] So mußten Gründung und Statuten vom MAF genehmigt werden. Den Konsortien oblag die Erstellung eines „Bonifizierungsplanes" („Piano generale di bonifica"), der dem Ministerium zur Genehmigung vorgelegt werden mußte. Schließlich blieb dem Ministerium vorbehalten, den Präsidenten des Konsortiums zu ernennen und gegebenenfalls einen Regierungskommissar einzusetzen. Überdies konnte das MAF den Zusammenschluß kleinerer Konsortien verfügen.[130]

Doch gerade in den ersten Monaten nach der Verabschiedung des „Mussolini-Gesetzes", als die meisten Konsortien entstanden, war die Zentralverwaltung am wenigsten in der Lage, diese Kontrollbefugnisse wahrzunehmen. Dem Landwirtschaftsministerium, das erst im September 1929 gegründet wurde und dessen Dienststellen nach und nach aufgebaut werden mußten,

---

[126] PCM 1931–1933, 3/1–1/1669/1–3: Comitato Promotore dei Consorzi di Bonifica nell'Italia Meridionale e Insulare, gez. Borghese, an PCM, 23.2.1928.

[127] Serpieri, La legge S. 77f.; vgl. auch die Rede Serpieris vor dem Nationalverband der Urbarmachungskonsortien am 26.6.1930, abgedr. ebd. S. 216–226, hier S. 218f.

[128] Rede vor dem Nationalverband der Urbarmachungskonsortien am 14.11.1929, abgedr. ebd. S. 185–191, hier S. 186.

[129] R.D. 26.7.1929 (Nr. 1530): Nuove disposizioni in materia di bonifica integrale.

[130] Vgl. ebd. und Rundschreiben Serpieris an die Präfekturen vom 10.10.1929: Istruzioni per l'applicazione delle leggi sulla bonifica integrale, abgedr. in: Serpieri, La legge, S. 291–315, hier S. 306–309.

war es in der Anfangsphase schon aus personellen Gründen nicht möglich, alle Programme mit der gebotenen Sorgfalt zu prüfen.[131] Acerbo wies Mussolini in einem Memorandum vom 4. Oktober 1929 darauf hin, daß die Personallage des MAF „alles andere als tröstlich" sei. Es könne nicht angehen, daß die Urbarmachungskonsortien „mit dem Geld des Staates soviel Personal einstellen wie sie möchten", während „der Staat, nicht in der Lage ist, die Tätigkeit der Lizenznehmer zu überwachen".[132] Insbesondere auf lokaler Ebene fehlte es an Kontrollmöglichkeiten. Zwar gehörten die Präfekten per Gesetz dem Verwaltungsrat der Konsortien an, doch handelte es sich dabei eher um eine formale Kontrollfunktion, denn sie besaßen nur in seltenen Fällen ausreichende Sachkenntnis, um im Sinne des Landwirtschaftsministeriums einzugreifen. Überdies waren die Präfekturen dem Innenministerium unterstellt und somit nur indirekt an Weisungen des MAF gebunden. Ähnliches galt für die staatlichen Bauämter (*Genio Civile*), die zwar theoretisch für alle öffentlichen Bau- und Infrastrukturprogramme zuständig waren, aber ebenfalls nicht dem MAF, sondern dem Ministerium für Öffentliche Arbeiten unterstanden. Angesichts der Kompetenzkonflikte zwischen den beiden Ressorts waren dies keine günstigen Voraussetzungen für eine Kooperation, zumal das *Genio Civile* nach Ansicht Acerbos durch „zahlreiche vakante Ämter" und eine „kontinuierliche Abwanderung der besten Funktionäre" zu einer „blutarmen Institution" degeneriert war.[133] Als einzige dezentrale Einrichtungen, die dem MAF direkt unterstanden, verblieben die „Landwirtschaftlichen Regionalinspektorate" (*Ispettorati regionali per l'Agricoltura*). Sie waren kurz nach der Gründung des MAF eingerichtet worden[134] und sollten nach dem Willen Serpieris vorrangig für die Überwachung der Urbarmachungsarbeiten vor Ort eingesetzt werden.[135] Die Regionalinspektorate befanden sich jedoch 1929 und 1930, als die meisten neuen Programme genehmigt wurden, noch im Aufbau. Ihre Besetzung erfolgte über öffentliche Ausschreibungen und erwies sich als ausgesprochen langwierig.[136]

---

[131] Die Urbarmachungskonsortien waren dazu angehalten, vor Beginn der Arbeiten einen detaillierten Projektplan („piano di bonifica") vorzulegen, der von den zuständigen Stellen des MAF genehmigt werden mußte.

[132] Acerbo stellte Mussolini daher vor die Alternative: „[. . .] o a perfezionare i servizi, aumentando il personale quanto è assolutamente indispensabile per affrontare con competenza e serietà il largo programma di politica rurale che il Regime ha tracciato; o a diminuire il numero delle opere che si vogliono eseguire, ponendo un rapido freno al largo dilagare di iniziative in tutte le regioni e provincie d'Italia"; PCM 1928–1930, 1/1–2/8618.

[133] Ebd.

[134] R.D.L. 18.11.1929 (Nr. 2071).

[135] Rundschreiben Serpieris an die Ispettorati regionali per l'Agricoltura vom 30.11.1930: Accertamento dello stato di trasformazione fondiaria nei comprensori di bonifica, abgedr. in: Serpieri, La legge, S. 363f.

[136] Wie schwierig sich die Kontrolle der einzelnen Programme selbst Jahre nach Gründung des

Im Herbst 1933 zog Serpieri eine erste Bilanz der Urbarmachungspolitik.[137] Er bezifferte die Fläche, auf der landwirtschaftliche Meliorationen im engeren Sinne durchzuführen waren, auf rund 2,8 Mill. ha.[138] Davon seien auf 1,2 Mill. ha die staatlichen Vorarbeiten (Trockenlegungen, infrastrukturelle Erschließung) bereits abgeschlossen bzw. in einem fortgeschrittenen Stadium. Auf den übrigen 1,6 Mill. ha befänden sich die Arbeiten dagegen noch im Anfangsstadium. Während sich dieses Ergebnis immerhin sehen lassen konnte, äußerte sich Serpieri besorgt über die Entwicklung der abschließenden Bodenverbesserungsarbeiten. Wie erwähnt bestand die „Bonifica Integrale" aus zwei Phasen: Die erste Phase (wasserwirtschaftliche Regulierung etc.) ging überwiegend zu Lasten des Staates, während die zweite Phase („Agrartransformation") – abgesehen von einem staatlichen Zuschuß von einem Drittel der Kosten – den Landbesitzern überlassen blieb. Serpieri befürchtete, daß viele Landbesitzer angesichts der schwierigen wirtschaftlichen Situation schon aus finanziellen Gründen nicht in der Lage sein würden, ihren Pflichten nachzukommen. Die privaten Kosten betrugen nach seinen Berechnungen mindestens 3.000 Lire pro Hektar Land.[139] Ein Gutsbesitzer mit einem Grundstück von 1.000 ha hätte somit einen Betrag von 3 Mill. Lire aufzubringen, während die jährliche Grundrente zu diesem Zeitpunkt in der Regel unter 1.000 Lire pro Hektar lag.[140] Diese finanziellen Belastungen waren umso höher, als man im Landwirtschaftsministerium beschlossen hatte, die Fristen für die Durchführung der Meliorationsarbeiten sehr knapp zu bemessen.[141] Unbedingt wollte man verhindern, daß die Arbeiten in der End-

---

MAF gestaltete, zeigt eine Denkschrift Serpieris vom Januar 1933. Serpieri kritisiert darin, daß häufig private Projekte begonnen würden „senza che il Ministero stesso sia preliminarmente informato, con conseguenti interferenze e attriti con i programmi e l'azione del Ministero stesso. [. . .] Avviene anche che dette iniziative, dopo essere state lanciate e rese pubbliche, finiscono poi spesso per far capo al Ministero a scopo di finanziamento, ponendo questo nella condizione o di creare delusioni o di piegarsi a esse, anche quando non rientrino nei suoi programmi e direttive. Tutto ciò nuoce, a nostro avviso che al prestigio del Ministero presso il quale fu costituito uno speciale Sottosegretariato col dichiarato fine di dare ai servizi della bonifica unità di commando [. . .]" (PCM 1931–1933, 3/1–1/1669/3: Denkschrift Serpieris für Mussolini vom 4.1.1933).

[137] PCM 1931–1933, 3/1–1/1669/3: Memoria per S. E. il Capo del Governo per la trasformazione agraria delle bonifiche, gez. Serpieri, 22.11.1933.

[138] Diese Fläche schloß die weiten Gebiete, in denen lediglich allgemeine Infrastrukturmaßnahmen sowie Aufforstungsprogramme erfolgten, nicht ein. Daraus erklärt sich die Diskrepanz zwischen den 1933 klassifizierten 6,9 Mill. ha der Bonifica Integrale und den hier angegebenen 2,8 Mill. ha. Letztere spiegeln die eigentliche landwirtschaftliche Nutzfläche wider.

[139] PCM 1931–1933, 3/1–1/1669/3: Memorandum Serpieris für Mussolini vom 10.7.1933: Indirizzi e necessità della trasformazione agraria nei terretori di bonifica.

[140] Zur Entwicklung der Grundrente am Beispiel ausgewählter Agrarbetriebe vgl. Tassinari, Le vicende del reddito.

[141] PCM 1931–1933, 3/1–1/1669/3: Serpieri an Mussolini, 10.7.1933.

phase durch mangelnde Initiative der Grundeigentümer verschleppt wurden. Serpieri gab dabei zu erkennen, daß er die Finanzierung nicht als das einzige Problem ansah. Häufig fehlten den Grundbesitzern der nötige „Wille" und die „Kenntnisse über die neuen Formen der landwirtschaftlichen Bewirtschaftung", die mit der Agrartransformation einhergehen müsse. Die Zahl derjenigen – so die Prognose Serpieris –, welche die Meliorationsarbeiten nicht fristgerecht zum Abschluß bringen würden, werde „notwendigerweise sehr hoch" sein.[142]

Die Konsequenzen waren in diesen Fällen durch die geltende Gesetzgebung klar vorgegeben: Der Staat konnte eine Enteignung der Landbesitzer zugunsten Dritter vornehmen, die zur Durchführung der Arbeiten besser geeignet schienen. Serpieri sah in derartigen Besitzübertragungen keineswegs nur ein notwendiges Übel. Zwar hatte auch er – um die Vertreter der Landbesitzerorganisationen zu beruhigen – immer wieder betont, daß sich die „Enteignungen auf ein Minimum reduzieren" würden und man von „Zwangsmaßnahmen" lieber absehen wolle.[143] Umfassende „Eingriffe des Staates" in die Eigentumsverfassung oder gar eine Bodenreform hielt er generell für „schwierig und delikat".[144] Dennoch sei eine agrarwirtschaftliche Modernisierung „ohne eine gleichzeitige und tiefgreifende Veränderung der Besitzstruktur" nicht zu verwirklichen. Serpieri ließ keinen Zweifel daran bestehen, in welche Richtung ein derartiger Besitzwechsel gehen müsse: „Sowohl die Latifundienwirtschaft als auch die Zersplitterung des Besitzes sind unversöhnliche Feinde unseres Werkes. Beide müssen verschwinden."[145] Allerdings ging Serpieri 1929 noch davon aus, daß sich dieser Wandel der Besitzverhältnisse gleichsam von selbst einstellen würde. Kein Großgrundbesitzer würde es sich leisten können, die enormen Summen für die Meliorationen aus eigenen Mitteln zu bestreiten. Viele müßten daher zumindest einen Teil ihres Landes an kapitalkräftigere Anleger verkaufen.[146] Zwangsläufig werde

---

[142] Ebd.

[143] Vortrag Serpieris auf einer nationalen Tagung der Agrarwissenschaftler im Februar 1929, abgedr. in: d e r s., Problemi della terra nell'economia corporativa, Roma 1929, S. 129–140, hier S. 138.

[144] D e r s., Problemi di colonizzazione, in: d e r s., Fra politica, S. 197–211, hier S. 210; vgl. auch d e r s., La legge, S. 89: „Per vincere queste resistenze, la legge offre il rimedio eroico dell'espropriazione. Ma è ovvio che l'uso di esso va incontro a molte difficoltà, nè può essere rimedio ordinario. Si deve, occorrendo, ricorrere realmente anche ad esso: l'arma non deve troppo arruginirsi: ma l'uso ne deve essere eccezionale".

[145] Vortrag vom Februar 1929 (wie Anm. 143), S. 138; ähnlich der Syndikalist Davide Fossa in einer Parlamentsrede vom 11.12.1934 in: API, CD, Leg. XXIX, sess. 1934–1935, Discussioni, Bd. 1, Roma o.J., S. 474: „La Bonifica integrale rende necessario un vasto trasferimento di proprietà. Questo è l'aspetto inevitabile, ineluttabile, fatale della bonifica".

[146] Ebd.

es daher zu einer Neuordnung des Besitzes im Rahmen eines allgemeinen ökonomischen Allokationsprozesses kommen.

Diese anfänglichen Hoffnungen erwiesen sich jedoch schon bald als Trugschluß. In einem Memorandum, das Serpieri im Januar 1932 gemeinsam mit Luigi Razza verfaßte,[147] wurde die Erfolglosigkeit der bisherigen liberalen Praxis offengelegt. Besonders in Gebieten, in denen „große und radikale Neuordnungen der bestehenden Agrarstruktur" angestrebt würden, stießen die Bemühungen der Regierung auf erhebliche Schwierigkeiten: „le resistenze da vincere sono in generale fortissime", lautete das resignierte Urteil der beiden Politiker.[148] Doch das Problem bestand nicht allein darin, daß viele Grundbesitzer sich weigerten, ihr Land abzutreten. Der Enteignungsparagraph bot im Prinzip die rechtliche Handhabe, um gegen solche Widerstände vorzugehen. Wer aber sollte die zu veräußernden Grundstücke erwerben? Ursprünglich war geplant, die urbar gemachten Gebiete zu parzellieren und anschließend bäuerlichen Familien zuzuteilen. Solange die Meliorationen nicht abgeschlossen waren, schienen solche Pläne jedoch in weite Ferne gerückt. Generell bezweifelte Serpieri, daß man „in der momentanen Krisensituation auf private Käufer zählen" könne.[149] Auch die Konsortien, denen man ursprünglich die Rolle zugewiesen hatte, als Zwischenkäufer zumindest einen Teil der Urbarmachungsflächen zu erwerben, um diese anschließend zu einem höheren Preis zu veräußern, kamen dazu kaum noch in Frage. Ihnen fehlten in der Regel ebenfalls die Mittel, zumal sich externe Financiers und Banken seit geraumer Zeit aus dem Urbarmachungsgeschäft zurückgezogen hatten.[150] Angesichts dieser aussichtslosen Lage sah Serpieri nur eine Alternative: der Staat müsse die „Agrartransformation selbst in die Hand nehmen" und sich auch um die Bildung kleinbäuerlicher Besitzeinheiten kümmern. Dazu sollten auf regionaler Ebene staatliche bzw. parastaatliche Gesellschaften (*Enti di Bonifica*) gegründet werden, wie sie in einigen Gebieten bereits mit Erfolg operierten. Herausragende Beispiele waren der *Ente per la rinascita agraria delle Tre Venezie* für den Veneto und die *Opera Nazionale Combattenti*, der man die Urbarmachung der Pontinischen Sümpfe übertragen hatte. Gerade letztere betrachtete Serpieri als ein Musterbeispiel für eine gelungene Mischung aus staatlicher Raumplanung, Siedlungspolitik und agrarwirtschaftlicher Modernisierung.[151]

---

[147] Razza war Präsident des faschistischen Landarbeiterverbandes CNSFA und seit 1930 Kommissar für Migration und Kolonisierung.

[148] PCM 1931–1933, 3/1–1/1669/4: Appunto per S. E. il Capo del Governo sulla creazione di Enti per la bonifica integrale e la colonizzazione, 29.1.1932, gez. Serpieri u. Razza.

[149] PCM 1931–1933, 3/1–1/1669/3: Memoria per S. E. il Capo del Governo per la trasformazione agraria nelle bonifiche, 22.11.1933, gez. Serpieri.

[150] Memorandum Serpieris und Razzas vom 29.1.1932 (wie Anm. 148).

[151] Memorandum vom 22.11.1933 (wie Anm. 149).

Die Pläne Serpieris, das Erfolgsmodell des „Agro Pontino" auf andere Gebiete zu übertragen, ließ sich jedoch schon aus finanziellen Gründen kaum verwirklichen. Zwischen 1922 und 1940 wurde rund eine Mrd. Lire für die Urbarmachung dieses Areals aufgewendet. Solche Summen mochten für ein einmaliges und prestigeträchtiges Projekt, das noch dazu unmittelbar vor den Toren Roms lag, in Betracht kommen. Eine vergleichbare staatliche Förderung auch in den übrigen, mehrere Millionen Hektar umfassenden Urbarmachungsgebieten zu fordern, war jedoch illusorisch. Tatsächlich blieben die Bemühungen Serpieris auf diesem Gebiet ohne Erfolg. So wurde sein bereits Anfang 1932 vorgetragener Plan, eine staatliche Kolonisierungsgesellschaft für Sardinien zu gründen, vom Finanzministerium mit dem gewohnten Hinweis auf das beschränkte Budget zurückgewiesen.[152] Ebenso wirkungslos blieb sein Reformentwurf vom November 1933, der die Schaffung staatlicher *Enti di Bonifica e di Colonizzazione* vorsah.[153] Obgleich Mussolini zunächst grünes Licht gegeben hatte, legte Finanzminister Jung erneut ein Veto ein und verhinderte somit die Umsetzung des Planes.[154]

Da die Gründung neuer Staatsgesellschaften in dieser Phase wenig Aussicht auf Erfolg hatte, mußte Serpieri auf die bestehenden Organe zurückgreifen und versuchen, sie nach seinen Vorstellungen umzugestalten. Genau diese Strategie verfolgte er mit der Reform der Konsortien, die er bereits in seinem Memorandum vom 22. November 1932 als mögliche Alternative angedeutet hatte. Nach diesen Vorstellungen sollten die Kompetenzen der Urbarmachungskonsortien erheblich erweitert, zugleich aber auch die Kontrollmöglichkeiten des Landwirtschaftsministeriums verstärkt werden. Zwar hatten die Konsortien als Körperschaften öffentlichen Rechtes auch bisher schon unter staatlicher Aufsicht gestanden; das MAF war berechtigt, den Präsidenten zu nominieren und konnte bei schweren Verstößen einen staatlichen Kommissar mit der Leitung des Konsortiums beauftragen. Solche Maßnah-

---

[152] PCM 1931–1933, 3/1–1/1669/4: Serpieri an Mussolini, 8.7.1932 und Memorandum der PCM an Mussolini vom 24.6.1933.

[153] Denkschrift vom 22.11.1933 (wie Anm. 149). Serpieri erklärte Mussolini darin, daß die „Bonifica" ohne eine Reform der ausführenden Organe praktisch zum Scheitern verurteilt sei: „Sono profondamente convinto che, se non ci porremo decisamente sulla via indicata, la bonifica integrale non si farà, si determinerà cioè di nuovo, ma in estensione ben più vasta, la vecchia situazione tante volte deplorata: molte opere pubbliche preliminari eseguite, ma trasformazione agraria del tutto parziale e insufficiente, e quindi mancanza proprio di quei risultati – più ancora che economici, sociali e politici – pei quali lo Stato ha in tanta parte assunto a proprio carico l'onere dell'esecuzione delle opere di bonifica. Più ancora: solo per la via indicata riusciremo ad estendere la proprietà della terra da parte dei contadini, che – soprattutto nel Mezzogiorno d'Italia dove una vera borghesia agricola è rara – è, a mio avviso, uno dei fondamentalissimi fini che la bonifica integrale deve proporsi."

[154] PCM 1931–1933, 3/1–1/1669/1–1: Serpieri an Mussolini, 8.3.1934.

men, denen stets der Geruch einer staatlichen Strafaktion anhaftete, waren in der Vergangenheit aber eher selten erfolgt. In der Regel blieb das Konsortium ein selbstverwalteter Zusammenschluß der Landbesitzer eines „Urbarmachungsbezirkes".

Im März 1934 formulierte Serpieri in einem Bericht an Mussolini die Grundlinien der Reform und legte im Juli einen entsprechenden Gesetzentwurf vor.[155] Die neuen Bestimmungen sahen vor, daß nicht nur der Präsident, sondern auch die Mitglieder des Verwaltungsrates grundsätzlich vom MAF ernannt werden mußten. Der Präsident wurde mit weitgehenden Vollmachten ausgestattet und damit das Mitspracherecht der Landbesitzer erheblich beschnitten. Das Konsortium sollte als verlängerter Arm der Ministerialverwaltung die Durchführung der Agrartransformation überwachen und insbesondere dafür sorgen, daß die staatlich festgelegten Fristen eingehalten wurden. Eine wichtige Neuerung betraf die Enteignungsklausel. Bislang war eine Enteignung nur dann möglich gewesen, wenn die Landbesitzer die Arbeiten nicht fristgerecht zum Abschluß brachten. Nach den neuen Bestimmungen konnte das Konsortium auch schon vor Ablauf der Fristen zur Enteignung schreiten, wenn eine erfolgreiche Durchführung der Arbeiten nicht zu erwarten war. Schließlich erhielten die Konsortien die Möglichkeit, zur Eigenfinanzierung staatlich garantierte Schuldtitel auf dem Kapitalmarkt anzubieten. Diese Regelung war besonders wichtig, da Enteignungsmaßnahmen bislang nicht zuletzt an den hohen Entschädigungszahlungen gescheitert waren.

Stärker als bisher sollte dem Aspekt der Kolonisierung und bäuerlichen Besitzbildung Rechnung getragen werden. So wurden die Konsortien verpflichtet, die enteigneten Liegenschaften nach Abschluß der Grundverbesserungsarbeiten in kleine Besitzeinheiten aufzuteilen und diese bäuerlichen Familien zur Verfügung zu stellen. Allerdings – und darin bestand eine wesentliche Schwäche des Gesetzes – wurden keine Bestimmungen darüber erlassen, welche Größe diese Besitzeinheiten haben mußten und unter welchen vertraglichen Bedingungen diese Eigentumsübertragungen erfolgen sollten. Immerhin ging Serpieri davon aus, daß auf diesem Weg jährlich wenigstens 10.000 Hektar in bäuerliches Siedlungsland umgewandelt würden.[156]

Serpieri war sich darüber im klaren, daß die angestrebte Reform in Landbesitzerkreisen auf erhebliche Widerstände stoßen mußte. Faktisch wurden die Konsortien – bislang Teilnehmergesellschaften mit überwiegend privatem Charakter – in reine Staatsorgane umgewandelt, die durchaus gegen die In-

---

[155] PCM 1931–1933, 3/1–1/1669/1–1: Bericht Serpieris an Mussolini vom 8.3.1934; Bericht vom 23.7.1934 „Norme per la integralità della Bonifica e l'ordinamento dei consorzi" und Gesetzentwurf im Anhang.

[156] Ebd. Bericht vom 8.3.1934.

teressen der Landbesitzer handeln konnten. Zur Begründung dieser Maßnahme führte Serpieri auch ordnungspolitische Argumente an: In einer Phase, in der die Wirtschaft nach korporativen Prinzipien neugestaltet werde, dürften die wichtigsten Träger der Urbarmachungspolitik nicht mehr privatrechtlich verfaßt sein, zumal sie öffentliche Mittel in großem Umfang verwalteten.[157] Doch wußte Serpieri, daß derart tiefgreifende Veränderungen nicht ohne entsprechenden politischen Flankenschutz durchzusetzen waren. Nachdem er ein prinzipielles Placet von Mussolini bereits im Herbst 1933 erhalten hatte,[158] bemühte er sich vor allem bei den Agrarsyndikaten um Unterstützung seiner Pläne. In diese Richtung zielte auch seine Absicht, den Landarbeiterorganisationen in Zukunft mehr Gewicht innerhalb der Konsortien zu geben.[159]

Ende Mai 1934 berief er die Leiter der wichtigsten Urbarmachungskonsortien, die Spitzen der Agrarsyndikate sowie eine Reihe von Experten zu einer Tagung nach Florenz ein.[160]

In den Referaten und in der anschließenden Diskussion kristallisierten sich zwei Hauptpositionen heraus: Die CNFA verteidigte als Interessenvertretung der Landbesitzer die bisherige Tätigkeit der Konsortien. Wenn die Erwartungen nicht überall erfüllt worden waren, so sei dies auf die ökonomische Krise und die zu geringen staatlichen Zuschüsse zurückzuführen. Eine Verstaatlichung der Konsortien lehnte man ebenso ab wie Eingriffe in die Besitzverhältnisse. Akzeptiert wurden Eigentumsübertragungen allenfalls als „harte und unausweichliche Ausnahme, die aber eine Ausnahme bleiben muß".[161] Demgegenüber fanden die Reformpläne Serpieris in den Reihen des Landarbeiterverbandes CNSFA starken Beifall. Die „Privatinitiative", so das Urteil Franco Angelinis, sei den Zielen der „Bonifica Integrale" nicht „wirklich gerecht geworden".[162] Die Konsortien sollten daher im Sinne der korporativen Ordnung in staatliche Organe umgewandelt werden. In diesem Zusammenhang wurde sogar die Gründung einer eigenen *Corporazione della Bonifica* gefordert.[163] Zumindest aber sollten die Landarbeitersyndikate an der

---

[157] Ebd. Bericht vom 23.7.1934.

[158] Dies geht aus dem bereits zitierten Bericht vom 8.3.1934 hervor.

[159] Dies sah auch der Gesetzentwurf vom 23.7.1934 vor. Die Landarbeitersyndikate sollten danach durch mindestens einen Vertreter in den Verwaltungsräten der Konsortien repräsentiert sein.

[160] Die Referate und Diskussionsbeiträge der Tagung, die am 21. und 22. Mai 1934 in den Räumen der Accademia dei Georgofili stattfand, sind abgedruckt in: Atti della Reale Accademia economico-agraria dei Georgofili di Firenze, Serie V, Bd. 31, Firenze 1934, S. 235–452.

[161] Ebd. Referat der CNFA, S. 243–273, hier S. 255; außerdem Diskussionsbeitrag Aldo Ramadoro (CNFA), S. 326–333.

[162] Ebd. S. 320. – Angelini hatte am 31.12.1933 Luigi Razza als Präsidenten des Landarbeiterverbandes abgelöst.

[163] Ebd. S. 388 (Rede Davide Fossa).

Leitung der Urbarmachungsprojekte beteiligt werden.[164] Da das Hauptziel der „Bonifica" darin bestünde, aus Landarbeitern seßhafte Besitzbauern zu machen, dürften die Agrarsyndikate von der Planung und Durchführung der Projekte nicht mehr ausgeschlossen werden. Die Vertreter der Landarbeiterorganisationen machten dabei deutlich, daß sie die Veränderung der Besitzstruktur nicht nur als notwendiges Übel ansahen. Von Anfang an, so Luigi Razza, habe die „Bonifica Integrale" eine „soziale Revolution" angestrebt: „Es handelt sich folglich um eine wirkliche Bodenreform, um eine Revolution des Grundbesitzes, die [. . .] eine Masse von neuen Landbesitzern schaffen wird."[165]

Die Annäherung Serpieris an die sozialreformerischen Positionen der Agrargewerkschaften erwies sich zunächst als erfolgversprechend. Mit der Schützenhilfe der CNSFA und insbesondere Luigi Razzas, des Kommissars für Binnenwanderung und Kolonisierung, gelang es Serpieri, seine Reformpläne politisch durchzusetzen. Der Gesetzentwurf wurde im Herbst vom Ministerrat und schließlich im Dezember 1934 nach einer langen und kontroversen Debatte auch vom Parlament verabschiedet.[166]

Dennoch handelte es sich um einen Pyrrhussieg. Wenige Wochen später, am 24. Januar 1935, wurde Serpieri gemeinsam mit Acerbo und Mareschalchi von der Führung des MAF abberufen.[167] Neuer Minister wurde der frühere Gewerkschaftsführer Edmondo Rossoni, Serpieri wurde durch den apulischen Abgeordneten Gabriele Canelli ersetzt.[168] An die Stelle Marescalchis trat der ehemalige Präsident der CNFA, Giuseppe Tassinari. Über die Gründe dieses Revirements an der Spitze des Agrarministeriums ist viel spekuliert worden. Vor allem die Entlassung Serpieris wird häufig auf politische Motive zurückgeführt: Die Landbesitzerorganisationen hätten Druck auf Mussolini

---

[164] Diese Forderung wurde von den Landbesitzern allerdings erbittert bekämpft (ebd. S. 271).

[165] Ebd. S. 363 und 366.

[166] API, CD, Leg. XXIX, sess. 1934–1935, Discussioni, Bd. 1, Roma o.J., S. 416–516, 10.–12.12.1934. – In dieser Debatte wurden noch einmal die Bedenken der Landbesitzerorganisationen gegen die geplante Reform vorgetragen (vgl. Reden Maresca di Serracapriola, Graf von Salandra und Großgrundbesitzer in der Prov. Matera, S. 426–430; Mario Fregonara, Präsident der Unione Fascista Agricoltori von Novara, S. 464–468). Zustimmend dagegen: ebd., Reden von Angelini, S. 416–426, Gino Arias, S. 469–472 und Davide Fossa, S. 472–476.

[167] Schon früher hatte es immer wieder Gerüchte über Veränderungen an der Spitze des Ministeriums gegeben; vgl. MI, PS, DPP, FM, Cat. M. 83, b. 156: Bericht vom 9.12.1931; Cat. M. 28, b. 167: Bericht vom 5.8.1933 und vom 2.8.1932, in dem sogar von der Auflösung des Landwirtschaftsministeriums gesprochen wird.

[168] Canelli war Mitglied des Verwaltungsrates der Associazione Nazionale fra i Consorzi di Bonifica e d'Irrigazione und galt als Gegner Serpieris; vgl. die kritischen Bemerkungen Canellis in: API, CD, Leg. XXVII, sess. 1929–1931, Discussioni, Bd. 4, Roma o.J., S. 3748f., Rede vom 12.2.1931); vgl. auch MI, PS, DPP, FM, Cat. M. 28, b. 167: Bericht über Canelli, 7.5.1935.

ausgeübt, da sie in der von den Gewerkschaften unterstützten Reform Serpieris eine Bedrohung ihrer Besitzstände sahen.[169] Anhand der vorliegenden Quellen läßt sich diese These weder eindeutig beweisen noch widerlegen. Außer Zweifel steht, daß Serpieri nicht nur bei radikalen Parteiführern wie Farinacci, sondern auch bei konservativen Agrariern wenig Vertrauen genoß. Er blieb – trotz seiner unangefochtenen wissenschaftlichen Autorität – in Kreisen der Partei und der Agrarverbände äußerst umstritten. In Spitzelberichten der Sicherheitspolizei wurde Serpieri, der im Herbst 1924 dem PNF beigetreten war, als „vorgetäuschter Faschist" und „Wortführer des Antifaschismus" bezeichnet; schließlich brachte man ihn sogar mit dem Mussolini-Attentäter Zaniboni in Verbindung.[170] Angesichts dieser Anschuldigungen bat Mussolini Acerbo im Herbst 1931 um nähere Informationen über Serpieris politischen Hintergrund. Acerbo verteidigte seinen Unterstaatssekretär als kompetenten Fachmann und „guten Faschisten", wies aber auf Serpieris frühere Verbindungen zu katholischen und liberalen Reformkreisen hin. Er bestätigte, daß Serpieri vor seiner Nominierung „von den Führern der Agrarverbände angefeindet" worden sei, da sie „ihn näher an den Positionen der Gewerkschaftsführer (Rossoni, Razza) sahen als an den eigenen". Serpieri, so Acerbo weiter, besitze innerhalb der Partei „zahlreiche Freunde und Bewunderer", aber auch „eine Reihe von einflußreichen Gegnern, darunter einige besonders erbitterte". Dies sei auf politische Differenzen, aber auch auf Serpieris „kaltes und hartes Temperament" zurückzuführen".[171]

Wenn Mussolini trotz dieses Berichtes über weitere vier Jahre an Serpieri festhielt, so scheint dies eher ein Indiz dafür, daß er sich von den Stimmen der Agrarlobby nicht beeinflussen ließ. Serpieri leitete über fünf Jahre und vier Monate die faschistische Urbarmachungspolitik – kaum ein anderer Politiker konnte eine ähnlich lange Amtszeit aufweisen. Seine Entlassung im Januar 1935 war in der Logik Mussolinischer Kabinettspolitik gewissermaßen längst überfällig. Sie fiel mit einer allgemeinen Regierungsumbildung zusammen, bei der neben Serpieri, Acerbo und Marescalchi weitere fünf Minister und neun Unterstaatssekretäre ausgewechselt wurden. Gerade die Ernennung Rossonis zum neuen Landwirtschaftsminister zeigt, wie gering der Einfluß der Agrarverbände auf die Besetzung der politischen Ämter war. Denn aus ihrer Sicht war der frühere Gewerkschaftsführer alles andere als eine Wunschbesetzung.[172] Intern ließ Rossoni bereits kurz nach seiner Nominierung ver-

---

[169] Vgl. Bandini, Cento anni, S. 135; Cerri, Note, S. 51–52; Ministero per la Costituente, Rapporto della Commissione Economica, S. 357; Checco, Stato, S. 188; Piero Calandra, I compiti dell'amministrazione, in: Sabino Cassese (Hg.), L'amministrazione centrale, Storia della Società italiana dall'Unità a oggi, Bd. 9, Torino 1984, S. 48.

[170] SPD, CO, f. 198.066: Anonymer Brief an Mussolini; SPD, CR, b. 79: Bericht PS von 1932.

[171] SPD, CR, b. 93: Acerbo an Mussolini, 9.11.1931.

[172] MI, PS, DPP, FM, Cat. M. 28, b. 167: Bericht vom 27.2.1935.

lautbaren, daß er die staatlichen Subventionen für Urbarmachungsprogramme kürzen und die Vergabe öffentlicher Aufträge einer rigiden Kontrolle unterziehen würde.[173] In seiner ersten Rede vor dem Parlament betonte er, daß „die Bonifica vor allem Sache des Staates ist, die allerdings notwendigerweise einen Beitrag der Grundbesitzer voraussetzt. Dort, wo dieser Beitrag trotz staatlicher Zahlungen nicht erfolgt, darf das Fortbestehen von Untätigkeit nicht mehr wie früher toleriert werden".[174] Im Sommer 1936 legte er einen neuen Gesetzentwurf vor, der in wesentlichen Punkten an die Reform Serpieris anknüpfte.[175]

Es waren eher externe Gründe, welche 1935 zu einem vorläufigen Stillstand der Urbarmachungspolitik führten. Der militärische Konflikt in Äthiopien lenkte die Aufmerksamkeit der politischen Führung auf andere dringendere Probleme. Die Finanzmittel des „Mussolini-Gesetzes" von 1928 waren längst aufgebraucht; mit neuen Zuweisungen war angesichts steigender Rüstungsausgaben vorerst nicht zu rechnen. Seit dem Frühjahr 1935 konzentrierte sich die staatliche Agrarpolitik auf die Neuordnung des Ernährungssektors, der immer stärker in die kriegswirtschaftliche Planung einbezogen wurde. Aufwendige und langfristig angelegte Strukturprogramme traten demgegenüber in den Hintergrund. Es kam erst 1938 zu einer Wiederaufnahme der Urbarmachungspolitik, als man erkannte, wie begrenzt die ernährungswirtschaftlichen Ressourcen des Landes waren.

[173] MI, PS, DPP, FM, Cat. M. 28, b. 167: Bericht vom 7.2.1935.
[174] API, CD, Leg. XXIX, sess. 1934–1935, Discussioni, Bd. 1, Roma o.J., S. 792, Rede vom 5.3.1935. Rossoni kündigte auch an, daß er die Reform Serpieris fortführen würde.
[175] SPD, CR, b. 87, sottof. 3, Bericht Rossonis, überreicht an Mussolini am 12.8.1936.

VIII

DAS SCHEITERN DES FASCHISTISCHEN „RURALISMUS"

1. Arbeitslosigkeit, Landflucht und „innere Kolonisierung" in den Jahren der Krise

Es wurde bereits dargestellt, daß für Mussolini Agrar- und Bevölkerungspolitik in einem engen Wirkungszusammenhang standen. Die Erhöhung der Nahrungsmittelproduktion, eine vollständige Erschließung und Besiedlung der ländlichen Gebiete sowie die Eindämmung der Landflucht – dies waren für ihn zentrale Bedingungen für ein nachhaltiges demographisches Wachstum. Er hatte diese Vorstellungen in seiner berühmten Rede vom 26. Mai 1927 zum ersten Mal formuliert und später in zahlreichen Äußerungen bekräftigt.[1] Auf Veranlassung Mussolinis wurden seit 1927 eine Vielzahl von Maßnahmen in die Wege geleitet, die den „demographischen Primat" Italiens sichern sollten. Diese Maßnahmen – die hier nur kurz skizziert werden können – erstreckten sich im wesentlichen auf drei Bereiche:[2]

1. Finanzielle Anreize und Vergünstigungen (Steuerbefreiung für kinderreiche Familien, Geburtsprämien, Vorzugsdarlehen für Jungverheiratete, Mutterschutz etc.) sollten dazu beitragen, die Bereitschaft zur Familiengründung zu erhöhen. Eine ähnliche Wirkung erhoffte man sich von der Einführung einer Strafsteuer für Junggesellen ab dem 26. Lebensjahr und der bevorzugten Behandlung von Verheirateten bei der Einstellung in den Staatsdienst. Schließlich wurden jegliche Form der Empfängnisverhütung verboten.

2. Restriktive Auswanderungsbestimmungen führten dazu, daß Emigration ab 1927 nur noch in Ausnahmefällen und unter bestimmten Bedingungen möglich war. Das faschistische Regime brach so mit der liberalen Auswanderungspolitik des italienischen Staates. Hatte man die Abwanderung von

---

[1] O.O., Bd. 22, S. 360–368; s. o.. Kap. II.4.

[2] Vgl. ausführlich Ipsen, Dictating Demography; ders., Population Policy and Theory in Fascist Italy, Consiglio Nazionale delle Ricerche, Istituto di Ricerca sulla Popolazione, Working Paper 01/93, Roma 1993; Anna Treves, Le migrazioni interne nell'Italia fascista, Torino 1976; De Felice, Mussolini il Duce, Bd. 1, S. 148–156.

Arbeitskräften bislang als „soziales Ventil" gutgeheißen, so wurde die Emigration nun als Schwächung der wirtschaftlichen und militärischen Leistungskraft des italienischen Volkes abgelehnt. Allerdings zeigten die Auswanderungszahlen seit Anfang der zwanziger Jahre ohnehin eine stark rückläufige Tendenz, was vor allem auf die 1921 und 1924 eingeführten Immigrationsquoten der USA zurückzuführen war.[3] In gewisser Hinsicht sanktionierte die faschistische Gesetzgebung somit eine Entwicklung, die sich in mehr oder minder starkem Maße auch sonst vollzogen hätte.

3. Im Sommer 1927 wurde ein Dekret erlassen, das die Neuansiedlung von Industrieunternehmen mit mehr als 100 Beschäftigten in Großstädten an eine ministerielle Genehmigung knüpfte.[4] Ein weiteres Gesetz vom Dezember 1928 ermächtigte die Präfekturen, die Zuwanderung in Städte durch administrative Maßnahmen zu reglementieren.[5] Es handelte sich aber um eine rein fakultative Bestimmung, die keineswegs in allen Provinzen Anwendung fand.[6] Auch enthielt das Gesetz keine präzisen Richtlinien darüber, wie diese Beschränkungen im einzelnen aussehen sollten. In der Regel wurde das städtische Wohnrecht vor allem Arbeitslosen und sozialen Randgruppen verweigert, die man als potentielle Gefährdung der öffentlichen Ordnung ohnehin aus den Städten entfernen wollte.[7] In gewisser Hinsicht überlagerten sich damit recht konkrete Maßnahmen der polizeilichen Sicherheit mit eher vagen bevölkerungspolitischen Zielsetzungen.

Es ist bekannt, daß weder moralische Appelle noch fiskalische oder rechtliche Maßnahmen die Bevölkerungsentwicklung nachhaltig beeinflussen konnten. Wie bereits in den Jahrzehnten zuvor ging auch in der faschistischen Periode die Geburtenrate deutlich zurück.[8] Trotz sinkender Mortalitätsrate zeigte das natürliche Bevölkerungswachstum daher eine insgesamt rückläufige Tendenz.[9] So besorgniserregend diese Entwicklung im Lichte der pro-

---

[3] Zur Entwicklung der Auslandsemigration: Istituto Centrale di Statistica, Sommario (1958) S. 65.

[4] Treves, Le migrazioni, S. 69f.

[5] L. 24.12.1928 (Nr. 2961); vgl. Beschlußprotokoll des Ministerrates vom 1.12.1928, in: O.O., Bd. 23, S. 263.

[6] Nach Ipsen, Dictating Demography, S. 218, wurden in 62 (von insgesamt 92) Provinzen Maßnahmen gegen städtische Zuwanderungen ergriffen.

[7] PCM 1928–1930, 3/2–10/9261: Disposizioni contro l'urbanesimo.

[8] Allerdings nahm die Zahl der Eheschließungen in der zweiten Hälfte der dreißiger Jahre leicht zu; vgl. De Felice, Mussolini il duce, Bd. 1, S. 155.

[9]

	1921–1925	1926–1930	1931–1935	1936–1940
Geburtenrate	29,8	26,8	23,9	23,2
Sterbefälle	17,4	16,0	14,1	13,8
Geburtenüberschuß	12,4	10,8	9,8	9,4

Quelle: von Delhaes-Guenther, Die Bevölkerungspolitik, S. 410 (Periodendurchschnitt

natalistischen Ideologie erscheinen mochte – unter sozialen und wirtschaftlichen Aspekten mußte eine Verlangsamung des Bevölkerungswachstums eher positiv bewertet werden. Denn die Abwanderung immer größerer Bevölkerungsteile vom Land in die Städte waren in erster Linie auf die strukturelle Überpopulation und fehlende Arbeitsmöglichkeiten im ländlichen Raum zurückzuführen. Dieses Problem blieb auch den faschistischen Agrarpolitikern nicht verborgen. So hatte Serpieri schon 1925 vor einem zunehmenden „Mißverhältnis zwischen demographischer und ökonomischer Leistungsfähigkeit" gewarnt, das gerade für die Landwirtschaft „schwerwiegende Auswirkungen" haben könnte.[10] Selbst bei raschem technischen Fortschritt müsse der zunehmende Bevölkerungsdruck angesichts beschränkter Bodenressourcen und tendenziell sinkender Grenzerträge zu Einkommensrückgängen führen. Serpieri plädierte daher für eine Fortführung der Emigrationspolitik. Andernfalls sei es nicht zu vermeiden, daß „das starke demographische Wachstum am Ende [. . .] zu scharfen sozialen Konflikten und schlechteren Lebensbedingungen" führe.[11]

In der Tat wies ein großer Teil der ländlichen Gebiete Italiens eine außergewöhnlich hohe Bevölkerungsdichte auf, die weit über dem europäischen Durchschnitt lag. Nach den Erhebungen von 1931 waren im Agrarsektor über 9,4 Mill. Personen beschäftigt, also etwas mehr als 50% der gesamten Erwerbsbevölkerung. Das Verhältnis von Arbeitskräften pro Hektar landwirtschaftlicher Nutzfläche (land-man ratio) betrug 0,87, das heißt auf jeden Beschäftigten entfielen im Durchschnitt 1,15 ha Land.[12] In Frankreich oder Spanien waren es zu diesem Zeitpunkt gut 4 ha, ganz zu schweigen von Großbritannien oder den Vereinigten Staaten, wo pro Arbeitskraft durchschnittlich 15 bzw. 23 ha zur Verfügung standen.[13]

Mit Beginn der Wirtschaftskrise verschärfte sich die soziale Lage der ländlichen Bevölkerung in erheblichem Maße. Die strukturelle Unterbeschäftigung wurde nun durch die konjunkturell bedingte Arbeitslosigkeit überla-

---

in Promille); zum internationalen Vergleich Massimo L i v i   B a c c i, I fattori demografici dello sviluppo economico, in: F u à (Hg.), Lo sviluppo, Bd. 2, S. 20.

[10] S e r p i e r i, La politica agraria in Italia, S. 69ff.

[11] Ebd. S. 70; Serpieri fuhr fort: „L'attuazione di una politica agraria [. . .] andrebbe certamente incontro ai più gravi ostacoli, ove non fosse fiancheggiata da una politica dell'emigrazione, soprattutto rurale, atta a diminuire la pressione demografica sulla terra: ciò che, d'altra parte, secondo i dati dell'esperienza, contribuisce anche a una maggiore disponibilità di risparmi in Italia."

[12] Zugrundegelegt wurde bei dieser Berechnung die tatsächlich genutzte Agrarfläche einschließlich Weideland; Waldgebiete und brachliegende Grundstücke wurden nicht miteingerechnet. Nach der Erhebung von 1929 betrug diese Fläche 10,8 Mill. ha; vgl. SVIMEZ, Un secolo di statistiche italiane Nord e Sud, 1861–1961, Roma 1961, S. 146.

[13] M e d i c i, O r l a n d o, La disoccupazione, S. 54.

gert. Die Zahl der registrierten Erwerbslosen war bereits im Zuge der Deflationskrise 1928 auf 324.000 angestiegen; sie ging durch den konjunkturellen Aufschwung von 1929 leicht zurück, um ab 1930 erneut stark zuzunehmen (vgl. Tab. 8.1). Im Januar 1931 wurde erstmals die Millionengrenze überschritten.[14] Den Höchststand weisen die Statistiken für Dezember 1933 mit 1.132.257 Arbeitslosen aus. In der Landwirtschaft waren zu diesem Zeitpunkt offiziell 336.384 Personen ohne Beschäftigung, davon 265.420 Männer und 76.064 Frauen.[15] Dies war trotz der starken Zuwächse gegenüber den Vorjahren eine relativ geringe Zahl. Die Arbeitslosenrate betrug 1933 im Jahresdurchschnitt nur 4,5%, in der Landwirtschaft sogar nur 2,2%. Es handelt sich um auffällig niedrige Werte, wenn man berücksichtigt, daß in Großbritannien im selben Jahr 16%, in Deutschland 26% und in den USA 24% Arbeitslosigkeit registriert wurde.[16] Die amtlichen Daten der faschistischen Regierung erweckten somit den Eindruck, daß Italien von dem Phänomen der Massenarbeitslosigkeit verschont blieb.

Tab. 8.1

Die Zahl der offiziell registrierten Arbeitslosen 1926–1934*

	Landwirtschaft	Gesamt
1926	23.000	113.000
1927	75.000	278.000
1928	79.000	324.000
1929	89.000	300.000
1930	103.000	425.000
1931	165.000	734.000
1932	201.000	931.000
1933[a]	211.000	963.000
1934	189.000	964.000

* Jahresdurchschnitte   [a] Daten nur für die Monate Juli bis Dezember verfügbar.
Quellen: Istituto Centrale di Statistica del Regno d'Italia, Annuario Statistico Italiano (1927) S. 246, (1928) S. 263, (1929) S. 326, (1930) S. 255, (1931) S. 230, (1932) S. 239, (1933) S. 196, (1934) S. 158, (1935) S. 179.

Die offiziellen Statistiken müssen allerdings mit Vorsicht betrachtet werden. Aus mehreren Gründen ist anzunehmen, daß die Regierungsdaten zu niedrig angesetzt sind und das wirkliche Ausmaß der Arbeitslosigkeit nicht vollstän-

---

[14] Istituto Centrale di Statistica del Regno d'Italia, Annuario Statistico Italiano (1933) S. 196.
[15] Ebd. (1934) S. 158.
[16] Ebd. S. 60*–62*.

dig wiedergeben. Selbst der Präsident des staatlichen Statistikamtes, Corrado Gini, äußerte 1927 Zweifel an der Zuverlässigkeit der amtlichen Zahlen.[17] Die Statistiken wurden von den Sozialversicherungen (*Ufficio per l'Assicurazione contro la Disoccupazione, Cassa Nazionale per le Assicurazioni Sociali*) erstellt und basierten auf der Zahl der Empfänger von Arbeitslosenunterstützung.[18] Da die Gewährung von Fürsorgeleistungen in der Regel sehr restriktiv gehandhabt wurde und Sozialhilfeempfänger häufig als „arbeitsunwillig" stigmatisiert wurden, muß angenommen werden, daß viele Erwerbslose keine Unterstützung erhielten bzw. diese gar nicht erst beantragten.[19] Außerdem fanden verdeckte Formen der Arbeitslosigkeit und Unterbeschäftigung keinen Eingang in die Statistik. Gerade in der Landwirtschaft war der Übergang von der Arbeitslosigkeit zur Unterbeschäftigung fließend. Vermutlich war die Zahl derjenigen, die zwar nicht arbeitslos, aber ungenügend ausgelastet war, in diesem Sektor besonders hoch. Vor allem galt dies wahrscheinlich für die breite Schicht der kleinen Besitzbauern, Pächter und Teilpächter, die nach der Zählung von 1931 etwa 70% der ländlichen Erwerbsbevölkerung ausmachten.[20] Zwar litten auch diese Gruppen unter den Folgen der Krise und mußten hohe Einkommensverluste in Kauf nehmen. Die Zahl derjenigen, die ihren Pachtvertrag kündigte oder ihr Land verkaufte, um sich arbeitslos zu melden, dürfte aber äußerst gering gewesen sein. Die offiziell registrierten Arbeitslosen stammten wahrscheinlich überwiegend aus der Kategorie der lohnabhängigen Landarbeiter, zu der 1931 etwa 2,4 Millionen Personen (einschließlich Frauen) gerechnet wurden. Bezieht man die von den Versicherungen ermittelten Zahlen auf diese Gruppe, so erhält man für 1933 eine Arbeitslosenquote von immerhin 8,8%.[21]

Überdies gibt es Hinweise darauf, daß die veröffentlichten Statistiken von den verantwortlichen Stellen manipuliert wurden, um die faschistische Wirtschaftspolitik in einem günstigeren Licht erscheinen zu lassen.[22] Bereits 1927

---

[17] PCM 1928–1930, 3/2–15/1516: Vittorio Cini an PCM, 2.9.1927.

[18] Für die Industrie gab es bereits seit Mitte 1928 genauere Statistiken, die auf monatlichen Unternehmensbefragungen des Wirtschaftsministeriums beruhten. Ab Juli 1933 wurde die Arbeitslosenstatistik vom Korporationsministerium auf der Basis der monatlichen Zahlen errechnet, die von den Arbeitsämtern übermittelt wurden; vgl. „Le statistiche della disoccupazione in Italia", Informazioni Corporative, Jg. 1, H. 6, Juni 1928, S. 343; Istituto Centrale di Statistica del Regno d'Italia, Annuario Statistico Italiano (1934) S. 158, Anm. a.

[19] Vgl. Franceso Piva, Gianni Toniolo, Sulla disoccupazione in Italia negli anni '30, Rivista di Storia Economica, N.S., Bd. 4, H. 3 (1987) S. 345–383.

[20] Vitali, I censimenti, S. 391.

[21] Es entspricht auch dem heute in den meisten Ländern üblichen Verfahren, die Arbeitslosenquote nur auf der Basis der abhängigen Erwerbspersonen zu berechnen. Selbständige werden dabei nicht zur Gesamterwerbsbevölkerung gerechnet; vgl. Jörn Altmann, Wirtschaftspolitik, Stuttgart – Jena [5]1992, S. 41.

[22] Dies betont Salvemini, Sotto le scure, S. 275–307; anders dagegen Piva, Toniolo, Sulla disoccupazione, S. 350, die solchen Manipulationen eine geringe Bedeutung zumessen.

hatte Vizeparteisekretär Starace intern gefordert, daß arbeitslos gemeldete Personen, die über andere Einkünfte verfügten, nicht in die Statistik aufgenommen werden dürften.[23] Ob dieser Einwand berücksichtigt wurde, ist nicht bekannt. Allerdings erstellte der Verband der Industriegewerkschaften im Dezember 1931 eine eigene Statistik, die auf den Angaben der lokalen Arbeitsvermittlungsbüros beruhte.[24] Die Ergebnisse dieser Erhebung lagen weit über den Regierungszahlen. Insgesamt wurden 1.445.441 Erwerbslose ermittelt, also fast 50% mehr als in der amtlichen Statistik. In der Landwirtschaft waren nach dieser Erhebung sogar 506.734 Personen ohne Beschäftigung – mehr als doppelt so viel, wie offiziell angegeben! Bezieht man diese Zahl auf die Gruppe der Landarbeiter, so erhält man in diesem Bereich eine Arbeitslosenquote von immerhin 21%. Da die Arbeitslosigkeit bis 1933 weiter anstieg (sie lag nach den amtlichen Daten 1933 um fast ein Drittel höher als 1931), wird man die Quote auf dem Höhepunkt der Krise bei etwa 25–30% veranschlagen müssen.

Während man das Phänomen der ländlichen Arbeitslosigkeit in der Öffentlichkeit verschwieg und durch geschönte Statistiken herunterspielte, wurde das Problem intern mit äußerster Besorgnis registriert. Mussolini selbst war sich der Dramatik der Lage durchaus bewußt. Spätestens seit Ende 1926 ließ er sich monatlich die neuesten Arbeitslosenzahlen vorlegen, und seit Anfang der dreißiger Jahre erhielt er sogar jeden Samstag einen persönlichen Bericht vom Kommissar für Migration und innere Kolonisierung.[25] Bereits 1927 und 1928 wurden auf Anweisung Mussolinis außerordentliche Haushaltsmittel für öffentliche Beschäftigungsprogramme bereitgestellt, um den Arbeitsmarkt insbesondere in den Wintermonaten zu entlasten.[26] Im Februar 1929 wies Mussolini die Präfekten an, die Maßnahmen zur Milderung der Arbeitslosigkeit zu forcieren.[27] Allerdings waren die öffentlichen Aufwendungen für Arbeitsprogramme durch eine diskontinuierliche Entwicklung geprägt. Die Ausgaben erhöhten sich von etwa 1,2 Mrd. Lire Mitte der zwanziger Jahre

[23] PCM 1928–1930, 3/2–15/1516: Starace an PCM, 20.8.1927; das Korporationsministerium schlug 1933 vor, eine zweite Arbeitslosenstatistik, die auf den Angaben der Uffici di Collocamento basierte, generell um 25% nach unten zu korrigieren.

[24] PCM 1931–1933, 3/2–15/2887: Rilievo sulla disoccupazione, Dati forniti dalla Confederazione Nazionale dei Sindacati Fascisti dell'Industria; Begleitschreiben Korporationsministerium an PCM, 14.1.1933.

[25] Dies geht hervor aus PCM 1928–1930, 3/2–15/1516: Disoccupazione, und SPD, CO, f. 106.414, sottof. 3: Appunto per il Duce, 2.8.1933.

[26] Vgl. PCM 1928–1930, 3/2–15/1516: Wirtschaftsminister Belluzzo an Mussolini, 29.8.1927; PCM 1928–1930, 7/1–2/3113: Belluzzo an Finanzministerium, 26.6.1928; PCM 1934–1936, 7/1–1/1261: Opere pubbliche nelle varie regioni d'Italia a sollievo della disoccupazione; Autografi del Duce, sc. 6, Nr. 6.3.15: Mussolini an Vittorio Cini, 30.3.1928.

[27] PCM 1928–1930, 7/1–1/74: Telegramm Mussolinis an die Präfekturen, 23.2.1929.

auf rund 2 Mrd. Lire in den Haushaltsjahren 1926/27–1928/29, wobei der reale Zuwachs aufgrund der Lira-Aufwertung in Wirklichkeit noch höher war. 1929/30 und 1930/31 gingen die Aufwendungen leicht zurück, um nach 1931 erneut anzusteigen.

Tab. 8.2
Ausgaben für öffentliche Arbeitsprogramme 1924–1935*

1924/25	1.208	1930/31	1.687
1925/26	1.274	1931/32	1.937
1926/27	2.068	1932/33	2.069
1927/28	1.976	1933/34	2.183
1928/29	2.048	1934/35	2.166
1929/30	1.850		

* in Mill. Lire
Quellen: Istituto Centrale di Statistica del Regno d'Italia,
Annuario Statistico Italiano (1932) S. 422, (1936) S. 199.

Auch die Urbarmachungs- und Meliorationsprogramme wurden in zunehmendem Maße unter beschäftigungspolitischen Aspekten gesehen. Nach den Vorstellungen Serpieris sollten sie den Arbeitsmarkt in zweierlei Hinsicht entlasten: Zum einen entstand bei der Durchführung der Meliorationsarbeiten ein *kurzfristiger* Bedarf an Arbeitskräften. Zum andern erhoffte man sich *langfristig* zusätzliche Beschäftigungsmöglichkeiten durch die Gewinnung von neuem Ackerland und die Intensivierung bereits bestehender Nutzflächen.[28] Serpieri erwartete sich davon einen „beachtlichen Beitrag zur Lösung der Arbeitslosigkeit".[29]

In Wirklichkeit – und dies wußte auch Serpieri – war der Beschäftigungsimpuls, der von den staatlichen Arbeitsprogrammen ausging, eher gering. In den Jahren der Wirtschaftskrise (1930–1934) wurden durchschnittlich etwa 150.000–200.000 Personen in öffentlichen Programmen beschäftigt;[30] davon entfiel etwa ein Drittel auf Projekte der „Bonifica Integrale" (Tab. 8.3). Die

[28] Vgl. Mario M a r i a n i, Direttive agricole in rapporto all'incremento demografico. Memoria letta al 9.2.1930, Atti della Reale Accademia economico-agraria dei Georgofili di Firenze, Ser.V, Bd. 27, Firenze 1930, S. 23–49.

[29] S e r p i e r i, La legge, S. 137; vgl. auch Parlamentsrede Davide Fossa vom 11.12.1934, API, CD, Leg. XXIX, sess. 1934–1935, Discussioni, Bd. 1, Roma o.J., S. 473: „La disoccupazione è un problema sociale che la bonifica deve risolvere unitamente al problema demografico. Occorre affrontare la situazione di alcune provincie assillate dalla sempre più pesante esigenza di fissare sulla terra i braccianti. Nella valle padana, nella pianura della Puglia riscontriamo e permane una situazione che deve anche preoccupare."

[30] P i v a, T o n i o l o, Sulla disoccupazione, S. 358, Tab. 3.

Zahl der Beschäftigten stieg in diesem Bereich von 46.000 im Jahre 1931 auf 67.000 im Jahre 1934, um dann ab 1935 wieder deutlich abzufallen.[31] Bei diesen Zahlen handelt es sich überdies um Jahresdurchschnittswerte, die auf der Basis der Monatsberichte des Landwirtschaftsministeriums errechnet wurden. Sie verdecken, daß es hohe saisonale Schwankungen gab und die Beschäftigtenzahlen in den Sommermonaten höher lagen als im Winter. So wurden im Januar 1934 43.000 Personen in Urbarmachungsprojekten beschäftigt, im September des gleichen Jahres dagegen über 80.000.[32] Gerade in den kritischen Wintermonaten wären zusätzliche Arbeitsplätze aber besonders wichtig gewesen.[33] Viele Arbeiten, insbesondere bauliche Maßnahmen, konnten jedoch witterungsbedingt nur in den trockenen Jahreszeiten durchgeführt werden. Die „Bonifica Integrale" trug daher allenfalls zur Abmilderung der ländlichen Arbeitslosigkeit bei; wirkungsvoll bekämpft wurde sie auf diesem Wege nicht.[34]

Tab. 8.3
Beschäftigte in öffentlichen Urbarmachungs-
programmen 1931–1937*

1931	46.806	1935	52.334
1932	57.636	1936	32.395
1933	60.330	1937	35.477
1934	67.708		

* Jahresdurchschnitt
Quellen: PCM 1931–1933, 3/2–15/2657 und PCM
1934–1936, 3/2–15/122.

Angesichts dieser mäßigen Erfolge hatte die Regierung 1930 und 1931 sogar vorübergehend die restriktiven Auswanderungsbestimmungen gelockert, um den Arbeitsmarkt kurzfristig zu entlasten. Es handelte sich um eine pragmatische Entscheidung, die im Prinzip einen eklatanten Verstoß gegen die bevölkerungspolitischen Ziele darstellte. Immerhin lag die Zahl der Auswanderer 1930 mit 280.000 Personen knapp doppelt so hoch wie im Vorjahr, und

---

[31] Die Beschäftigungszahlen blieben damit leicht unter den Prognosen Serpieris, der 1931 davon ausgegangen war, in den kommenden Jahren mindestens 85.000 Arbeiter pro Jahr in Urbarmachungsprogrammen zu beschäftigen; Serpieri, La legge, S. 136.

[32] PCM 1934–1936, 3/2–15/122.

[33] SPD, CO, f. 106.414: Bericht 19.11.1935 (o.U.) „Per fronteggiare la disoccupazione invernale".

[34] Anders dagegen Gregor, Italian Fascism; er geht davon aus, daß im Rahmen der „Bonifica Integrale" zwischen 1928 und 1938 600.000 Arbeiter beschäftigt wurden. „The direct and indirect effects of these employments clearly reduced the impact of unemployment" (S. 276).

man wird vermuten können, daß es sich überwiegend um Arbeitsemigranten handelte.[35]

In einer Sitzung vom 25. März 1930 befaßte sich der Faschistische Großrat mit der Frage der ländlichen Arbeitslosigkeit.[36] Die Syndikate wurden angehalten, bei der Aushandlung der kollektiven Arbeitsverträge dem Aspekt einer dauerhaften Anstellung mehr Gewicht zu geben als der Lohnfrage. Den Arbeitgebern sollte die Auflage gemacht werden, eine bestimmte Anzahl von Arbeitskräften pro Flächeneinheit einzustellen („Imponibile di mano d'opera").[37] Paradoxerweise wurde damit auf eine Regelung zurückgegriffen, die von den sozialistischen Gewerkschaften nach dem Ersten Weltkrieg durchgesetzt worden war und die die faschistische Führung stets abgelehnt hatte.[38] Allerdings wurde die Auflage in der Praxis weitaus flexibler gehandhabt, als dies früher der Fall gewesen war. Am 25. Oktober 1934 schlossen die landwirtschaftlichen Dachverbände ein Abkommen, das die Rahmenbedingungen für die kollektiven Arbeitsverträge absteckte. Darin wurde die rigide Flächenbestimmung zugunsten einer ökonomischen Bedarfsorientierung aufgegeben.[39] Denn häufig, so lautete die Begründung, seien „Landarbeiter ohne Bezug zu den realen Erfordernissen der Betriebe" zugeteilt worden. Da man solche pauschalen Lösungen als „unökonomisch" betrachtete, sollten in Zukunft Arbeitskräftezuweisungen nur noch nach „Bedarf und technisch-ökonomischer Kapazität des Betriebes" erfolgen.[40] Dabei wurde nicht mehr wie früher die Zahl der Arbeitskräfte, sondern die Jahresstundenzahl festgelegt. Dies hatte für die Betriebe den Vorteil, daß Arbeiter nicht das ganze Jahr über fest beschäftigt werden mußten, sondern entsprechend den saisonalen Erfordernissen eingestellt werden konnten. Sollte danach noch ein lokaler Überschuß an Arbeitskräften bestehen, konnte ein Rotationssystem eingeführt werden, was faktisch Kurzarbeit bedeutete. Von einer unternehmensfeindlichen Auflage konnte somit kaum noch die Rede sein, zumal in vielen Provinzen – namentlich im Süden des Landes – gar keine Festsetzung von Ar-

---

[35] Zur Zahl der Emigranten vgl. Istituto Centrale di Statistica, Sommario (1958) S. 65.

[36] SPD, CR, b. 30, f. 8, sottof. 8, Ins. A: Gran Consiglio, Sitzungsbericht 25.3.1930.

[37] Die Gewerkschaften forderten außerdem, das „imponibile" auch bei öffentlichen Arbeitsbeschaffungsmaßnahmen anzuwenden; vgl. PCM 1931–1933, 18/3/2752: Bericht des Korporationsministeriums an Mussolini (o.D., Eingangsstempel PCM 5.10.1931), S. 5.

[38] Noch im November 1927 hatte der Faschistische Großrat beschlossen, das „imponibile" grundsätzlich aus den kollektiven Arbeitsverträgen herauszunehmen. (O.O., Bd. 23, S. 66–68: Sitzungsbericht des Gran Consiglio vom 15.11.1927).

[39] AS Venezia, Prefettura, Gabinetto, versamento 1971, b. 55, N.7798: CFNA, CFLA, Disposizioni per l'applicazione dell'accordo interconfederale firmato a Palazzo Littorio il 25 ottobre 1934. – Dieses Abkommen sollte lediglich als Orientierung für die eigentlichen, auf Provinzebene abzuschließenden Kollektivverträge dienen.

[40] Ebd. S. 3.

beitskräftekontingenten existierte.[41] Dort waren die Agrarbetriebe lediglich dazu verpflichtet, ihren Bedarf zu melden und die Zahl der im Vorjahr beschäftigten Arbeitskräfte nicht zu unterschreiten.

Eine wichtige Rolle bei der Vermittlung und Anstellung von Arbeitskräften spielten die *Uffici di Collocamento*, die im Frühjahr 1928 auf kommunaler Ebene eingerichtet worden waren.[42] Diese Ämter hatten ihren Sitz bei den lokalen Gewerkschaftsbüros und unterstanden der Kontrolle des örtlichen Parteisekretärs und des Korporationsministeriums. Arbeitssuchende mußten sich hier registrieren lassen, während Arbeitgeber verpflichtet waren, bei Einstellungen auf die Angebote dieser Büros zurückzugreifen.[43]

Zur überregionalen Koordinierung von Arbeitseinsätzen und Siedlungsmaßnahmen hatte Mussolini bereits im März 1926 die Gründung eines „Komitees für Innere Migration" beim Korporationsministerium veranlaßt.[44] Er nahm damit einen Vorschlag auf, der zuvor bereits von verschiedenen Seiten – unter anderem von dem Liberalen und ehemaligen Landwirtschaftsminister Edoardo Pantano – gemacht worden war.[45] Dem Komitee, das zunächst nur beratende Funktionen besaß, wurde Ende 1928 die Aufgabe übertragen, den Einsatz von Arbeitskräften im Rahmen der Urbarmachungsprogramme zu koordinieren.[46] Im Juni 1930 wurde das Komitee in ein „Kommissariat für

---

[41] Das „imponibile di mano d'opera" beschränkte sich weitgehend auf die Provinzen der Po-ebene. 1934 gab es solche Verträge in acht Provinzen (Ferrara, Novara, Pavia, Vercelli, Rovigo, Cremona, Mantua, Brescia), 1935 in ca. 30 Provinzen. Vgl. Confederazione Fascista dei Lavoratori dell'Agricoltura (Hg.), L'organizzazione sindacale fascista dei lavoratori dell'agricoltura 1934–1937, Roma 1937, S. 39.f. und Bruno Biagi, Contenuto economico e forme giuridiche dei rapporti di conduzione agricola in regime corporativo, Atti della Reale Accademia economico-agraria dei Georgofili di Firenze, Serie VI, Bd. 1, Firenze 1935, S. 10–14, hier S. 13.

[42] R.D. 29.3.1928 (Nr. 1003).

[43] PCM 1928–1930, 18/3/8900: Uffici di collocamento.

[44] PCM 1925, 3/1–1/1649, Mussolini an Giurati, 31.1.1926: „Caro Giurati, A proposito della colonizzazione interna che io ritengo problema di urgente soluzione anche perché – fra un ventennio – potremmo avere fenomeni preoccupanti di urbanesimo con quel che ne consegue, ti mando le accluse note. Ti prego di concretare. Bisogna evitare da una parte l'urbanesimo e dall'altra l'esodo dalle campagne. E agire in tempo! Mussolini"; Gründungsgesetz R.D. 4.3.1926 (Nr. 440); vgl. zur Tätigkeit des „Comitato permanente per le migrazioni interne" den ausführlichen Bericht Giuratis vom 15.3.1927 (PCM 1934–1936, 1/1–23/3299/1–B).

[45] PCM 1925, 3/1–1/1649: Per la colonizzazione interna, Proposta di legge del Senatore Edoardo Pantano, 30.1.1925; Edoardo Pantano, La colonizzazione interna, Bologna 1925; außerdem PCM 1925, 3/1–1/1649: Aufruf der Confederazione Meridionale del Commercio, 9.4.1925; Commissione Tecnica per il Miglioramento dell'Agricoltura, Relazione sulla migrazione interna e la colonizzazione (o.D., Eingangsstempel PCM 9.11.1925); Bericht „Il progetto di colonizzazione interna" (o.D.).

[46] R.D. 28.11.1928 (Nr. 2874). Vgl. auch PCM 1940–1943, 1/1–23/3299/1–A: Relazione per il Consiglio dei Ministri (o.D., wahrscheinlich 1930).

Migration und innere Kolonisierung" umgewandelt und der Regierungskanzlei unterstellt.[47] Damit sollte nicht nur die politische Bedeutung des Amtes herausgestellt, sondern auch der Kompetenzkonflikt beigelegt werden, der in dieser Frage zwischen den Ministerien für Landwirtschaft, Korporationen und Öffentliche Arbeiten entstanden war.[48] Zum Leiter des Kommissariats ernannte Mussolini den Präsidenten des Landarbeiterverbandes Luigi Razza.[49]

Die Aufgaben des Kommissariats wurden durch ein Gesetz vom 9. April 1931 neu definiert.[50] Danach war das Amt nicht nur für die räumliche Verteilung von Arbeitskräften verantwortlich, sondern auch für Auswahl, Transport und Unterbringung der Arbeitskräfte und ihrer Familien an den Bestimmungsorten.[51] Generell mußte jeder Arbeiter, der eine neue Beschäftigung in einer anderen Provinz fand, zuerst die Genehmigung des Kommissariates einholen.[52] Schließlich war das Kommissariat auch an den Siedlungsmaßnahmen in den afrikanischen Kolonien und an der Rekrutierung

---

[47] R.D. 26.6.1930 (Nr. 870): Commissariato per le migrazioni e la colonizzazione interna; Mussolini selbst maß dem Problem der Arbeitslosigkeit außerordentlich große Bedeutung bei und ließ sich jeden Samstag vom Kommissar für Migration und innere Kolonisierung Bericht erstatten; vgl. SPD, CO, f. 106.414, sottof. 3: Appunto per il Duce 2.8.1933.

[48] S.o. Kap. VII.3; offenbar glaubte Mussolini auch, daß das Kommissariat außerhalb der Ministerialbürokratie effizienter arbeiten würde; PCM 1940–1943, 1/1–23/3299/3: Rundschreiben Mussolinis an die Präfekten, 20.7.1930: „E' mio intendimento che il Commissariato per le Migrazioni Interne sia un organo centrale, snello, a contatto diretto con la vita del Paese, che dovrà tempestivamente curare la distribuzione della mano d'opera disponibile per evitare agglomeramenti e deficienze dannose e dovrà attuare la politica di ruralizzazione e colonizzazione che il Governo Fascista intende di perseguire."

[49] Aufgrund seiner Doppelfunktion wurde Razza im Dezember 1931 von Franco Angelini als Präsident der CNSFA abgelöst. Nachdem er 1934 bereits als neuer Korporationsminister gehandelt wurde, ernannte ihn Mussolini im Januar 1935 zum Minister für Öffentliche Arbeiten. Im August 1935 kam Razza bei einem Flugzeugabsturz ums Leben (SPD, CR, b. 90 und MI, PS, DP, Fascicoli Personali, b. 1141). – Nach dem Tod Razzas übernahm zunächst Sergio Nannini (Januar 1935) und im Oktober 1939 Giuseppe Lombrassa die Leitung des Kommissariats. 1942 wurde das Kommissariat dem Korporationsministerium unterstellt und Lombrassa wurde Unterstaatssekretär für Innere Migration.

[50] L. 9.4.1931 (Nr. 358); PCM 1940–1943, 1/1–23/3299/1–C; vgl. auch die Parlamentsdebatte zu diesem Gesetz, API, CD, Leg. XXVIII, sess. 1929–1930, Discussioni, Bd. 3, Roma o.J., S. 3552–3563 „Norme per la disciplina e lo sviluppo delle migrazioni e della colonizzazione interna", sowie Camera dei Deputati, Leg. XXVIII, sess. 1929–1934, Raccolta degli Atti stampati per ordine della Camera, Bd. 9, Roma 1934, Nr. 692–A.

[51] Das Kommissariat, das über keine eigenen lokalen Büros verfügte, konnte sich dabei auf die Uffici di Collocamento und die lokalen Parteiorganisationen stützen; vgl. Anweisung des Generalsekretärs des PNF vom 15.4.1932, in: Atti del P.N.F., Bd. I, (7.12.1931–28.10.1932), Roma o.J., S. 166.

[52] Zuwiderhandlungen konnten mit Geld- und Gefängnisstrafen geahndet werden; D.C.G. 22.7.1933; vgl. Sergio Nannini, Migrazione e colonizzazione interna, in: Dizionario di Politica, Bd. 3, Roma 1940, S. 164–166.

der italienischen Arbeiter beteiligt, die ab 1938 zum Arbeitseinsatz nach Deutschland gebracht wurden.[53]

Es handelte sich folglich um ein arbeitsteiliges System, bei dem die *Uffici di Collocamento* die lokale und intraprovinziale, das Kommissariat die überregionale Arbeitsmigration steuern sollte, um somit eine effiziente Verteilung der Arbeitskräfte zu erreichen.[54] Auch in diesem Bereich blieben die Ergebnisse allerdings weit hinter den Erwartungen zurück. Seit 1928 hat das Kommissariat eine Statistik der Arbeitsmigranten veröffentlicht, die nach Beschäftigungssektoren, Geschlecht, Herkunfts- und Zielort etc. aufgeschlüsselt ist (Tab. 8.4). Die Statistik weist für das Jahr 1929 einen markanten Anstieg der ländlichen Arbeitsmigration auf, und zwar von 150.000 auf über 260.000. Von geringfügigen Schwankungen abgesehen blieb die Zahl der arbeitsbedingten Ortswechsel bis 1933 auf diesem Niveau bestehen; 1934 und 1935 ist ein leichter Abfall, seit 1935 ein erneuter Anstieg zu verzeichnen. Um einen näheren Einblick in Dauer und Art der Wanderungen zu gewinnen, sollen die Daten exemplarisch für 1931 ausgewertet werden.[55] Von den für dieses Jahr registrierten 247.153 Migranten – 170.425 Männer und 76.728 Frauen – halfen mehr als 90% bei Ernteeinsätzen aus, der Rest fand bei Bodenverbesserungsmaßnahmen, Pflege von Baumkulturen etc. eine Beschäftigung. Entsprechend hoch (90%) war die Zahl derjenigen, die den Ort für weniger als zwei Monate wechselten. Ein Drittel der Personen fand innerhalb derselben Provinz eine Beschäftigung, 66% mußten sich dazu in andere Provinzen begeben. Etwa zwei Drittel der hier erfaßten Arbeitsverträge kamen auf Vermittlung der *Uffici di Collocamento* zustande, die übrigen durch direkte Kontakte zwischen Arbeitssuchenden und den landwirtschaftlichen Betrieben.[56]

Es ist indes fraglich, ob die steigende Zahl der Arbeitsvermittlungen als Indikator für eine verbesserte Beschäftigungssituation betrachtet werden kann. Vermutlich ist eher das Gegenteil der Fall gewesen. Viele Betriebe

---

[53] Vgl. dazu Brunello Mantelli, „Camerati del lavoro". I lavoratori italiani emigrati nel Terzo Reich nel periodo dell'Asse 1938–1943, Firenze 1992; zur landwirtschaftlichen Erschließung und Besiedlung der Kolonien vgl. Ipsen, Dictating Demography, S. 185–215; Angelo Del Boca, Gli italiani in Libia, Bd. 2: Dal fascismo a Gheddafi, Roma – Bari 1988; ders., Gli italiani in Africa Orientale, Bd. 3: La caduta dell'Impero, Roma – Bari 1982; Carlo Giglio, La colonizzazione demografica dell'Impero, Roma 1939.

[54] Zu diesem Zeitpunkt wurde im Landwirtschaftsministerium auch erwogen, die staatlichen Domänengüter zur inneren Kolonisierung heranzuziehen. Dieser Plan wurde jedoch schon bald wieder aufgegeben, insbesondere weil es sich bei den verbliebenen Staatsbesitzungen meist um landwirtschaftlich nicht nutzbare Flächen handelte (PCM 1928–1930, 3/1–1/9364: Interner Bericht des Finanzministeriums, gez. Bartolini, Provveditore generale dello Stato, 5.4.1930).

[55] Istituto Centrale di Statistica del Regno d'Italia, Annuario Statistico Italiano (1933) S. 193.

[56] Serpieri, L'economia italiana, S. 354, Anm. 39.

verzichteten auf Festangestellte und griffen bei Bedarf – etwa in Erntezeiten – lieber kurzfristig auf Hilfsarbeiter zurück.[57] Im übrigen galt das, was bereits für die staatlichen Arbeitsprogramme festgestellt wurde: Die Arbeitsmigration konzentrierte sich weitgehend auf die Zeit zwischen Mai und September, in denen erntebedingt ohnehin eine hohe Nachfrage nach Arbeitskräften bestand. In den kritischen Wintermonaten konnten hingegen kaum Stellen vermittelt werden.[58]

Tab. 8.4
*Landwirtschaftliche Arbeitsmigration innerhalb Italiens
1928–1937*

1928	150.578	1933	290.229
1929	261.103	1934	224.389
1930	277.025	1935	239.882
1931	247.153	1936	291.831
1932	249.896	1937	343.310

Quellen: Istituto Centrale di Statistica del Regno d'Italia, Annuario Statistico Italiano (1930) S. 250, (1931) S. 226, (1932) S. 235, (1933) S. 193, (1934) S. 156, (1936) S. 149, (1938) S. 191, (1939) S. 225.

Noch viel dürftiger sah die Bilanz bei den dauerhaften Umsiedlungen im Rahmen der staatlichen Urbarmachungs- und Kolonisierungsmaßnahmen aus. Nach den veröffentlichten Statistiken des *Commissariato per la Migrazione e la Colonizzazione interna* wurden zwischen 1928 und 1938 nur 10.849 Familien mit insgesamt 80.581 Personen umgesiedelt (vgl. Tab. 8.5). Davon stammte der überwiegende Teil aus dem Veneto, und zwar insbesondere aus der von Arbeitslosigkeit stark betroffenen Polesine.[59] Wichtige Herkunftsregionen waren außerdem die Lombardei, Emilia-Romagna und die Marken (vgl. Tab. 8.6). Über die soziale Zusammensetzung dieser Personengruppe gibt es keine verläßlichen Angaben. Wahrscheinlich handelte es sich überwiegend um Landarbeiter und Tagelöhner, die von den Funktionären des Kommissariates ausgewählt und in die Zielregionen verbracht wurden. In der Regel erhielten sie in Form von Teilpachtverträgen Landparzellen in einer

---

[57] Vgl. auch Piva, Toniolo, Sulla disoccupazione, S. 347f.

[58] So entfielen 1931 86,6% der Arbeitsmigration auf die Monate Mai bis September; Istituto Centrale di Statistica del Regno d'Italia, Annuario Statistico Italiano (1933) S. 193.

[59] Der Faschistische Großrat hatte in der bereits erwähnten Sitzung vom 25.3.1930 angeordnet, daß in erster Linie arbeitslose Landarbeiter aus dem östlichen und südlichen Teil der Poebene bei Siedlungs- und Arbeitsbeschaffungsmaßnahmen berücksichtigt werden sollten (SPD, CR, b. 30, f. 8, sottof. 8, Ins.A, Gran Consiglio).

Größe von 4–10 ha zugewiesen, meist mit der Auflage, Bodenverbesserungen durchzuführen.[60]

Tab. 8.5

Umsiedlungen im Rahmen der Inneren Kolonisierung
1930–1938

	Familien	*Personen insgesamt*
1930	266	1.870
1931	841	5.650
1932	1.371	11.309
1933	1.547	12.350
1934	1.456	12.057
1935	1.285	9.343
1936	1.320	9.922
1937	1.522	10.099
1938	1.241	7.981
Gesamt	10.849	80.581

Quelle: Ipsen, Dictating Demography, S. 446, Tab. 3.4.

Wie Tabelle 8.7 zeigt, waren die wichtigsten Zielregionen für die Siedlungs-migranten Sardinien, die Toskana und Latium. In Sardinien hatte man bereits nach dem Ersten Weltkrieg mit der Urbarmachung der Ebene von Campi-dano begonnen, die der Obhut einer privaten Gesellschaft (*Società anonima bonifiche sarde*, gegr. 1918) anvertraut wurde.[61] Im Oktober 1928 wurde die neue Gemeinde „Mussolinia" eingeweiht und die ersten Neubauern mit ihren Familien, überwiegend aus dem Polesine, angesiedelt. 1936 zählte die Stadt 4.000 Einwohner.[62] In der Toskana wurden Siedlungsmaßnahmen vor allem in den sumpfigen Küstengebieten der Maremma (Provinz Grosseto) durch-geführt.[63] Eine herausragende Rolle bei der Aufnahme von Siedlern spielten

---

[60] Vgl. Ipsen, Dictating Demography, S. 170f.

[61] Vgl. Giampaolo Pisu, Società Bonifiche Sarde 1918–1939. La bonifica integrale della Piana di Torralba, Milano 1995.

[62] Luigi Razza, Le migrazioni interne e la colonizzazione, in: Luigi Federzoni (Hg.), I problemi attuali dell'agricoltura italiana, Bologna 1933, S. 355–363, hier S. 356; 1930 gab es in Mussolinia 90 Siedlerfamilien mit 790 Personen; vgl. Ipsen, Dictating Demography, S. 174 und 448; Barone, Mezzogiorno, S. 290–315; Checco, Stato, S. 89–127; außerdem Gaetano Seghetti, La mano d'opera agricola e la colonizzazione in Sardegna (Hg. Ministero dei Lavori Pubblici, Comitato Permanente per le Migrazioni Interne), Roma 1929; Sergio Nan-nini, La colonizzazione interna e le opere di bonifica nei primi vent'anni di Regime Fascista, Roma 1942, S. 63–70.

[63] PCM 1928–1930, 7/1–2/2289: Per la soluzione del problema Maremmano. Relazione al Mi-nistro dei LL.PP. S. E. Giurati, Grosseto 1928.

268

die Urbarmachungsgebiete von Maccarese nordwestlich von Rom und die Pontinischen Sümpfe. Auf dem etwa 75.000 ha umfassenden Sumpfareal zwischen Cisterna und Terracina hatte man die Entwässerungs- und Infrastrukturmaßnahmen seit 1926 mit hohen Regierungszuschüssen subventioniert, so daß die Arbeiten mit zügigem Tempo vorangetrieben werden konnten.[64] Etwa 60.000 ha Land wurden zugunsten des Kriegsteilnehmerverbandes ONC enteignet, der nicht nur für die Durchführung der Meliorationen, sondern auch für die Siedlungsprojekte verantwortlich war. Bereits am 18. Dezember 1932 konnte Mussolini unter großem propagandistischen Aufwand Littoria als erste Siedlungsstadt einweihen;[65] es folgten Sabaudia (April 1934),[66] Pontinia (Dezember 1934), Aprilia (Oktober 1937) und schließlich Pomezia im April 1938.[67] Die neuentstandenen Städte, die auch im Ausland Anerkennung fanden, galten architektonisch wie siedlungspolitisch als vorbildlich.[68] Die Einwohnerzahl des Agro Pontino erhöhte sich von wenigen Hundert in den zwanziger Jahren auf etwa 60.000 im Jahre 1935. Davon waren knapp 20.000 Siedler aus anderen Regionen, während die übrigen 40.000 aus dem näheren Umland stammten.[69]

---

[64] PCM 1928–1930, 7/1–1/74: Finanzplan und Schreiben Mussolinis an Volpi, 2.3.1926.

[65] Vgl. Rede Mussolinis in Littoria vom 18.12.1932, in: O.O., Bd. 25, S. 184f.; vgl. außerdem die Sondernummer im Presseorgan der ONC, La conquista della terra, Jg.III, H. 12, Dezember 1932 sowie die umfangreiche Dokumentation in PCM 1934–1936, 3/1–1/1005, sottof. 1–4: „Città di Littoria".

[66] PCM 1934–1936, 3/1–1/598, sottof. 1–5: „Costruzione del nuovo Comune di Sabaudia".

[67] Auf eine eingehendere Darstellung der Urbarmachung der Pontinischen Sümpfe muß hier trotz der herausragenden Bedeutung dieses Projektes verzichtet werden. Verwiesen sei auf die Darstellungen von Riccardo Mariani, Fascismo e „città nuove", Milano 1976; L. Menassè, La bonificazione pontina, Latina 1965; Opera Nazionale per i Combattenti, Le bonifiche e le trasformazioni fondiarie dell'ONC, Agro Pontino, Tivoli o.J.; Ingo Skoneczny, Regionalplanung im faschistischen Italien. Die Besiedlung der pontinischen Sümpfe, Berlin 1983; Patrizia Luzzatto, Bonificatori e coloni nell'Agro Pontino, in: Carlo Vallauri (Hg.), Fascismo e Aratro. La condizione contadina nel Lazio tra le due guerre, Roma 1985, S. 151–220; zeitgenössisch: Vincenzo Rossetti, Dalle paludi a Littoria. Diario di un medico (1926–1932), Milano 1937; Corrado Alvaro, Terra Nuova (Hg. Istituto Nazionale Fascista di Cultura), Roma 1934; Natale Prampolini, La bonifica idraulica delle paludi Pontine, Roma 1939; archivalische Dokumentation: PCM 1928, 7/1–2/567, 3346 und 1670: „Bonifica Agro Pontino" (v. a. vor 1930); PCM 1937–1939, 3/1–1/1038; PCM 1931–1933, 3/1–1/1669/1–1 (zur Finanzierung und Enteignung); SPD, CO, f. 509.831, sottof. 1–5.

[68] Zum ausländischen Presseecho vgl. Alberto Paolo Torri, La rinascita pontina, Roma 1934, S. 147–158.

[69] Vgl. Ipsen, Dictating Demography, Tab. 3.11, S. 449. Zum Prozeß der Amalgamisierung von einheimischen Bevölkerungsgruppen und Siedlern aus anderen Regionen vgl. O. Gaspari, L'emigrazione veneta nell'Agro Pontino durante il periodo fascista, Brescia 1985.

Tab. 8.6

Herkunftsregionen der Siedlungsbauern 1930–1938

Region	1930	1931	1932	1935	1938
Lombardei	21,1 %	14,6 %	4,1 %	12,3 %	7,2 %
Veneto	61,3 %	63,7 %	82,9 %	29,5 %	45,3 %
Emilia-Romagna	9,0 %	8,5 %	2,2 %	29,2 %	12,0 %
Marken	4,9 %	10,5 %	5,3 %	12,8 %	12,2 %

Quelle: Ipsen, Dictating Demography, S. 448.

Tab. 8.7

Zielregionen der Siedlungsbauern 1930–1938

Region	1930	1931	1932	1935	1938
Toskana	18,9 %	31,5 %	3,6 %	3,5 %	3,0 %
Latium	19,0 %	34,0 %	86,4 %	39,1 %	40,7 %
Sardinien	60,7 %	23,4 %	3,4 %	7,9 %	9,3 %

Quelle: ebd.

Wurden die Siedlungsmaßnahmen in der Propaganda als „größte Leistung des Regimes" gefeiert,[70] so blieben die Ergebnisse insgesamt bescheiden. Wie bereits erwähnt, wurden bis 1938 nur wenig mehr als 80.000 Personen auf neugewonnenem Land angesiedelt. Für die Jahre danach gibt es keine Statistiken mehr. Die Zahl der umgesiedelten Personen dürfte aber gering gewesen sein und allenfalls einige tausend Menschen umfaßt haben. Zwar wurde 1939 ein neues ehrgeiziges Kolonisierungsprojekt in Sizilien begonnen. Mit dem Eintritt Italiens in den Zweiten Weltkrieg wurden jedoch alle Urbarmachungsprogramme eingestellt, so daß dieses Projekt nicht wesentlich über die Planungsphase hinauskam.[71] Selbst bei einer optimistischen Schätzung ist deshalb davon auszugehen, daß die staatlichen Siedlungsprogramme innerhalb Italiens in keinem Fall mehr als 100.000 Menschen eine neue Heimat verschafften.[72] Angesichts eines Bevölkerungszuwachses von etwa

---

[70] Rede Mussolinis vor Siedlern in Littoria (Agro Pontino) am 18.12.1933, in: O.O., Bd. 26, S. 123f.

[71] Vgl. Kap. XI.7.

[72] Um ein vollständiges Bild über die Zahl der Neuansiedlungen zu erhalten, müßte man allerdings auch die privaten Urbarmachungsprogramme berücksichtigen. Dies ist mangels statistischer Quellen jedoch nicht möglich. Da bei kleineren privaten Programmen meist auf die Landbevölkerung vor Ort zurückgegriffen wurde, war das Kommissariat für Migration und innere Kolonisierung nicht beteiligt, so daß diese Siedlungsmaßnahmen nicht in die offiziellen Statistiken eingegangen sind. Da nicht einmal gesicherte Daten über den Umfang der abgeschlossenen Meliorationen existieren, sind auch Schätzungen außerordentlich schwierig.

270

350.000 Personen pro Jahr konnte daher nicht einmal ein Bruchteil des demographischen Überschusses durch innere Kolonisationsprojekte absorbiert werden.

Zusammenfassend kann festgehalten werden, daß weder die kurzfristigen Maßnahmen zur Bekämpfung der ländlichen Arbeitslosigkeit noch die Siedlungspolitik eine spürbare Wirkung entfalteten. Sie mochten im öffentlichen Bewußtsein den Eindruck erwecken, daß das faschistische Regime die Probleme der ländlichen Bevölkerung ernst nahm. Ihren politischen und ideologischen Zweck erfüllten sie somit. Eine spürbare Verbesserung der materiellen Lebensbedingungen bewirkten diese Maßnahmen jedoch nicht, zumindest nicht für die breite Masse des Landproletariates. Vor diesem Hintergrund verwundert es nicht, wenn die (unkontrollierten) Wanderungsbewegungen seit Beginn der faschistischen Machtübernahme kontinuierlich zunahmen und gerade in den dreißiger Jahren eine ausgeprägte Dynamik entfalteten. Aus den Statistiken der Melderegister ist zu entnehmen, daß in den dreißiger Jahren fast doppelt so viele Personen den Wohnsitz wechselten wie im Jahrzehnt zuvor.[73] Die Migrationsbewegungen können zwar nicht exakt rekonstruiert werden; es lassen sich aber zwei Haupttendenzen erkennen:

1. Die Regionen mit überwiegend agrarischer Struktur (neben dem Veneto die meisten süditalienischen Regionen) wiesen hohe Emigrationsraten auf, stärker industrialisierte und großstädtische Zonen (vor allem das industrielle Dreieck Mailand – Genua – Turin sowie Rom) verzeichneten eine kontinuierliche Zuwanderung.[74]

2. Die Wanderungsbewegung vom Land in die Städte nahm trotz der gesetzlichen Restriktionen deutlich zu. Der Anteil der städtischen Wohnbevölkerung an der Gesamtbevölkerung erhöhte sich zwischen 1921 und 1931 von 45% auf 51% und wuchs bis 1936 noch einmal auf 55% an.[75]

Die hier beschriebene Tendenz läßt sich auch an der Verteilung der Erwerbsbevölkerung auf die einzelnen Wirtschaftssektoren ablesen. Während die Gesamtzahl der Beschäftigten zwischen den Volkszählungen von 1921 und 1936 (in den vierziger Jahren wurde keine Erhebung durchgeführt) um 1,1 Mill. zunahm, ging sie im Agrarsektor um 530.000 zurück. Dies entsprach

---

Schließlich beschränkte sich die Bonifica Integrale nicht auf die Urbarmachung von Brachland, sondern schloß auch Meliorationen von Flächen ein, die bereits zuvor landwirtschaftlich genutzt und besiedelt waren. Hier müßte folglich der Nettoeffekt an zusätzlicher Besiedlung gemessen werden.

[73] Vgl. Treves, Le migrazioni, S. 167–169, Tab. 1.

[74] Ebd. S. 169–189, Tab. 2, 5, 6, 9, 10 und 12. – Es ist angesichts der restriktiven Meldebestimmungen sogar zu vermuten, daß die reale Zuwanderung in die Städte höher lag, als dies aus den statistischen Erhebungen hervorgeht.

[75] De Felice, Mussolini il duce, Bd. 1, S. 154; außerdem Hertner, Italien, S. 1011.

einer Verminderung von 5,7%. Entsprechende Zuwächse lassen sich für die Industrie (+ 11,7%) und besonders für den tertiären Sektor einschließlich der Staatsbediensteten (+ 27,4%) erkennen.[76] Wie aus Tab. 8.8 zu entnehmen ist, sank der Anteil der agrarischen an der Gesamterwerbsbevölkerung 1936 erstmals unter die 50%-Marke. Dies war für ein Land, das sich auf dem Weg zur Industriegesellschaft befand, zwar immer noch eine relativ hohe Quote, die auch im europäischen Vergleich hervorstach.[77] Dennoch bleibt festzuhalten, daß sich die Erwerbsstruktur in den Jahren des Faschismus weiter von der Landwirtschaft zum sekundären und tertiären Sektor verlagert hat. Dieser bereits Mitte des 19. Jahrhunderts einsetzende Trend konnte von den faschistischen Machthabern nicht nur nicht aufgehalten werden; er hat sich nach 1922 sogar erkennbar beschleunigt und steht damit am Anfang einer Entwicklung, die wenige Jahrzehnte später zur Marginalisierung der Landwirtschaft führen sollte.[78]

Tab. 8.8

Sektorale Verteilung der Erwerbsbevölkerung 1901–1951

Jahr	Landwirtschaft	Industrie	Tertiärer Sektor
1901	61,7 %	22,3 %	16,0 %
1911	58,4 %	23,7 %	17,9 %
1921	55,7 %	24,8 %	19,5 %
1931	51,7 %	26,3 %	22,0 %
1936	49,4 %	27,3 %	23,3 %
1951	42,2 %	32,1 %	25,7 %

Quelle: Istituto Centrale di Statistica, Sommario (1976) Tab. 8.

---

[76] Istituto Centrale di Statistica, Sommario (1976) Tab. 8.

[77] Zu diesem Zeitpunkt wiesen in Europa nur Irland, Spanien, Portugal, Griechenland und die mittelosteuropäischen Agrarländer höhere Quoten auf. In Ländern wie Deutschland, Belgien, den Niederlanden, Dänemark und Schweden waren zu diesem Zeitpunkt weit weniger als 30% der Erwerbsbevölkerung in der Landwirtschaft beschäftigt, in Großbritannien sogar nur 6%; vgl. Medici, Orlando, Agricoltura e disoccupazione, S. 21.

[78] Um dies zu verdeutlichen, sei hier die prozentuale Verminderung zwischen den jeweiligen Zensusjahren berechnet. Wenn der Rückgang zwischen 1931 und 1936 mit 4,5% relativ gering ausfällt, so ist zu berücksichtigen, daß es sich dabei um einen Zeitraum von nur 5 Jahren handelt, während üblicherweise zehn Jahre zwischen den Volkszählungen lagen. Um einen vergleichbaren Abnahmequotienten zu erhalten, müßte man diesen Betrag daher verdoppeln:

1861–1871	3,1 %	1911–1921	4,6 %
1871–1881	3,1 %	1921–1931	7,2 %
1881–1891	5,2 %	1931–1936	4,5 %
1901–1911	5,3 %	1936–1951	9,1 %

Quelle: Istituto Centrale di Statistica, Sommario (1976) Tab. 8.

2. „Entproletarisierung" und „Carta della Mezzadria"

Während die faschistische Propaganda die Erfolge der inneren Kolonisierung herausstellte, gab es durchaus auch kritische Stimmen, welche die Grenzen der bisherigen „Ruralisierungspolitik" erkannten und weitergehende Maßnahmen forderten. Insbesondere in den Reihen der faschistischen Landarbeitersyndikate machte sich seit Anfang der dreißiger Jahre Unmut über die staatliche Agrarpolitik breit. Dabei wurde an harscher Kritik gegenüber der politischen Führung nicht gespart. Es sei „verschleierte Demagogie", die „ländlichen Arbeiter mit dem illusorischen Ziel zu verlocken, früher oder später allesamt Landbesitzer zu werden", schrieb Leopoldo Medici 1934 in der gewerkschaftsnahen Zeitschrift *Avanguardia Rurale*.[79] Immer häufiger wurden Forderungen nach einer „Agrarreform" laut, die auch Eingriffe in die Eigentumsverfassung nicht ausschließen sollte.[80] Der Gewerkschaftsfunktionär Gino Panconesi wies auf einer Tagung des Landarbeiterverbandes vom Juli 1932 darauf hin, daß es angesichts des angestrebten demographischen Wachstums immer schwieriger werden würde, das Problem der ländlichen Arbeitslosigkeit durch bloße Umsiedlungsmaßnahmen und eine bessere räumliche Verteilung der Bevölkerung zu lösen. Die Wirkung dieser Maßnahmen, so seine pessimistische Prognose, werde „fast völlig unbedeutend" sein. Mit „faschistischem Geist" müsse man sich daher der „komplexeren, aber realistischeren Lösung einer Agrarreform" annehmen.[81] Noch deutlichere Worte finden sich in einem Artikel, der am 29. Januar 1936 in der radikalfaschistischen Tageszeitung *Ottobre* unter dem Titel „Riforma agraria" erschien:[82]

> Wenn man weder die Augen verschließt noch Angst vor Worten hat, wird man zu der unzweifelhaften Erkenntnis kommen, die sich jedem offenbart, der auf die Felder geht und die Bauern kennt: Die italienische Landwirtschaft ist nicht dafür geschaffen, daß von einem Stück Land zwei Personen [. . .], Grundbesitzer und Arbeiter, leben. Einer von beiden muß verschwinden. Die Landbesitzer müssen, wenn sie überleben wollen, zu Arbeitern werden.

---

[79] Leopoldo M e d i c i , Proprietà fondiaria e benessere dei lavoratori, Avanguardia Rurale, Jg. 5, Nr. 10–11, November-Dezember 1934, S. 13–14.

[80] Vgl. z. B. Giuseppe P a l l a d i n o , I maggiori problemi delle corporazioni a ciclo produttivo. Saggi di economia programmatica corporativa, Roma 1935, S. 486–511 (Kapitel „Il problema terriero e la riforma agraria").

[81] Diskussionsbeitrag Panconesi in: Confederazione Nazionale dei Sindacati Fascisti dell'Agricoltura, Atti del Consiglio nazionale: 28–30 luglio, Roma 1933, S. 304–306, hier 305.

[82] A.O. Ottobre, 29.1.1936; vgl. auch SPD, CO, f. 500.003/1.

Dieser ohne Verfasser veröffentlichte Beitrag erregte den heftigen Widerspruch der CNFA, die sich wenige Tage nach seinem Erscheinen mit einem Protestbrief an Mussolini wandte. Der Artikel, so ihr Präsident Mario Muzzarini, habe bei den Landwirten „Gefühle der Angst und der Depression" hervorgerufen.[83] Insbesondere in der gegenwärtigen Situation, in der angesichts der Wirtschaftssanktionen „alle Landwirte ihren vollen Einsatz zeigen müssen", würden derartige Äußerungen eine schädliche Wirkung entfalten. Das Ministerium für Presse und Propaganda untersagte der Zeitung daraufhin, in Zukunft ähnliche Artikel zu veröffentlichen.[84] Dies verhinderte allerdings nicht, daß Gewerkschaftsvertreter weiterhin öffentlich gegen die Landbesitzer polemisierten und Kritik am mangelnden Reformwillen der Regierung äußerten. Bereits ein Jahr später kam es zu einem erneuten Eklat. Mussolini hatte im April 1937 bei der Einweihung der Stadt Aprilia im Agro Pontino eine Rede gehalten und dabei eine rasche Reform der Besitzverhältnisse angekündigt. Die Siedlerfamilien, die zunächst Teilpachtverträge erhalten hatten, sollten „so bald wie möglich Besitzer des Landes werden, das sie mit ihrem Schweiß fruchtbar gemacht haben".[85] Diese Äußerungen bezogen sich offensichtlich auf das Gebiet der Pontinischen Sümpfe. Der Präsident der CFLA, Angelini, ließ dagegen verlauten, die Ankündigung Mussolinis besitze „für das gesamte nationale Territorium Gültigkeit".[86] „Der Großgrundbesitz", so betonte Angelini auf einer Gewerkschaftstagung, „ist im Rahmen der faschistischen Landwirtschaftsordnung ein Anachronismus. Die Agrarreform muß zu Ende gebracht werden".[87] Erneut protestierte die CNFA bei Mussolini, allerdings diesmal ohne Erfolg.[88]

Die Forderung nach einer Reform der agrarischen Arbeitsverfassung war keineswegs neu, sondern reichte bis in die Frühphase der faschistischen Bewegung zurück.[89] Den eher vagen Versprechungen, die Landwirtschaft zu „entproletarisieren" (*sbracciantizzazione*) und die bäuerliche Besitzbildung zu

---

[83] PCM 1934–1936, 3/2–6/5937: Präsident der CNFA Tassinari an PCM, 31.1.1936. Nach diesem Bericht war der Artikel von zahlreichen anderen Zeitungen nachgedruckt worden und hatte dadurch eine große Verbreitung gefunden.

[84] Dies geht hervor aus PCM 1934–1936, 3/2–6/5937: Ministero per la Stampa e la Propaganda an PCM, 15.2.1936.

[85] O.O., Bd. 39, S. 18–19 (Rede vom 29.10.1937).

[86] Rede Angelinis vom 17.12.1937, Zusammenfassung in: La ferma promessa dei rurali, Corriere della Sera, 18.12.1937, S. 1.

[87] Franco Angelini, La Rivoluzione Fascista e il lavoro agricolo, in: Confederazione Fascista dei Lavoratori dell'Agricoltura, La Carta del Lavoro e l'Agricoltura, Roma 1937, S. 7–19, hier S. 14; Ähnlich Aldo Finzi in einer Parlamentsrede vom 20.3.1928, API, CD, Leg. XXVII, sess. 1928, Discussioni, Bd. 9, Roma o.J., S. 8742.

[88] PCM 1937–1939, 3/1–1/3599: Zusammenfassender Bericht der PCM an Mussolini (o.D.).

[89] S.o. Kap. II.1.

unterstützen, waren in den Jahren nach 1922 jedoch keine konkreten Maßnahmen gefolgt. Erst im Zuge der Arbeitsgesetzgebung von 1926/27 begann man erneut über eine Reform der ländlichen Arbeits- und Besitzverfassung nachzudenken. Dazu trugen auch die Folgen der Weltwirtschaftskrise bei, galt es doch nun, nicht nur die Arbeitslosigkeit zu beseitigen, sondern auch die landwirtschaftlichen Betriebe von dem zunehmenden Kostendruck zu entlasten. Besonders propagiert wurde in diesem Zusammenhang die Verbreitung sogenannter Produktbeteiligungssysteme (*contratti di compartecipazione*), die in Italien in unterschiedlicher Ausprägung existierten. Die Palette solcher *compartecipazioni* reichte von einfachen Formen der Naturalienentlohnung und Erntebeteiligung nach einer bestimmten Quote bis hin zu Teilpachtverhältnissen, bei denen der Arbeiter das ihm überlassene Grundstück eigenverantwortlich bewirtschaftete. Der Faschistische Großrat hatte in einem Beschluß vom 25. März 1930 die Verbreitung von Produktbeteiligungsverträgen ausdrücklich befürwortet, ohne freilich eine verbindliche Regelung vorzuschreiben. Nur dort, „wo es möglich und ökonomisch sinnvoll ist", sollte diese Arbeitsform eingeführt werden.[90] Dieser Beschluß wurde durch ein Rundschreiben des Parteisekretärs vom 10. September 1932 bekräftigt.[91] Das bereits erwähnte Abkommen der Syndikatsverbände vom Oktober 1934 legte schließlich Rahmenbedingungen für die Ausgestaltung der Arbeitsverträge fest.[92]

Produktbeteiligungssysteme galten als besonders sozialstabilisierend und sollten dazu beitragen, das Interesse des Arbeiters am Produkt zu erhöhen.[93] Im Sinne des korporativen Ideals der „Klassenkollaboration" sollten die „Tagelöhner zu echten Produzenten werden, die in voller Verantwortung und solidarisch mit dem Kapital am Produktionsprozeß teilhaben und somit an den Boden gebunden werden".[94] Gerade die Möglichkeit des sozialen Aufstiegs wurde besonders hervorgehoben. Der einfache Arbeiter könne sich

---

[90] SPD, CR, b. 30, f. 8, sottof. 8, Ins. A, Gran Consiglio: Sitzungsprotokoll 25.3.1930.

[91] Atti del P.N.F., Bd. I, Foglio di disposizione 10.9.1932, S. 276–277: „Favorire, ove sia possibile, in relazione alle condizioni di ambiente, gli esperimenti relativi alla attuazione di sistemi di compartecipazione collettiva per la conduzione di aziende agricole. Lo scopo da raggiungere è quello di fissare alla terra il maggior numero di braccianti."

[92] AS Venezia, Prefettura, Gabinetto, versamento 1971, b. 55, N.7798: CFNA/CFLA, Disposizioni a. a.O.

[93] PCM 1928–1930, 3/1–1/8901: CNSFA, Per un esame dei patti agricoli, (o.D, Eingangsstempel PCM 21.10.1929); Korporationsminister Bottai an PCM, 9.12.1929.

[94] Rede Angelinis vom 17.12.1937, a. a.O., S. 2. ähnlich Bruno Biagi, Contenuto economico e forme giuridiche dei rapporti di conduzione agricola in Regime corporativo, Atti della Reale Accademia economico-agraria dei Georgofili di Firenze, Serie VI, Bd. 1, Firenze 1935, S. 10–14, hier S. 12; Confederazione Nazionale Fascista dei Lavoratori dell'Agricoltura (Hg.), L'organizzazione sindacale, S. 35; Alcide Aimi, Verso la scomparsa del salariato, Mantova 1932.

durch die Beteiligung an dem Ernteertrag und an der Betriebsführung langsam zum Halbpächter hocharbeiten und schließlich mit seinen Ersparnissen einen Teil des von ihm bewirtschafteten Landes erwerben.[95] „Der Fortschritt in der Landwirtschaft", so Gino Cacciari, „bewirkt fast immer einen Übergang der ländlichen Arbeiter von der Kategorie der Tagelöhner zu derjenigen der Teilpächter, der kleinen Pächter und Besitzbauern".[96]

Hatten Naturalienentlohnung und Teilpacht wegen ihres subsistenzwirtschaftlichen Charakters lange Zeit als unökonomisch und fortschrittshemmend gegolten, so sahen faschistische Agrarpolitiker darin eine zukunftsweisende Betriebsform.[97] Landwirtschaftsminister Acerbo wies in einer Parlamentsrede vom Februar 1931 darauf hin, daß die Mezzadriazonen Mittelitaliens von der Krise am wenigsten betroffen seien.[98] Auch nach Tassinari erwiesen sich Produktbeteiligungssysteme, die „lange Zeit als ungeeignet für Phasen einer tiefgreifenden wirtschaftlichen Entwicklung betrachtet wurden, gegenüber den Wechsellagen der Wirtschaft als besonders stabil".[99] Der Präsident der CNFA stützte sich dabei auf eigene wissenschaftliche Untersuchungen, die zeigten, daß Betriebe mit hohem Anteil an Lohnarbeit wesentlich stärkere Einkommensverluste aufwiesen als solche, die sich auf Produktbeteiligung stützten.[100] Gerade zu Beginn der Wirtschaftskrise, als die Produktpreise schneller sanken als die Löhne, bildete die Umstellung von Geld- auf Naturalienentlohnung offenbar für viele Landbesitzer die einzige Möglichkeit, Verluste zu verhindern. Zwar mußten die Betriebe den Lohn zu Großhandelspreisen in Naturalien umrechnen, die deutlich unter den auf dem Markt erzielbaren Preisen lagen. Dafür entfielen die Kosten für Lagerhaltung, Transport und Vermarktung. Bei festen Anteilsquoten war das unternehmerische Risiko der Landbesitzer besonders gering, da im Falle einer Mißernte auch der bäuerliche Ernteanteil zurückging und somit keine übermäßigen Lohnkosten entstanden. Halbpachtsysteme erwiesen sich als vorteilhaft, weil der bäuerliche Pächter die Hälfte der Betriebs- und Investitionskosten tragen mußte und der Landbesitzer somit sein Produktionsrisiko verringern konnte. „Die Mezzadria", stellte Franco Angelini 1935 fest, „hat nicht

---

[95] Vgl. z. B. Francesco Angelini, I lavoratori dell'agricoltura e le corporazioni, in: Luigi Lojacono (Hg.), Le corporazioni fasciste, Milano 1935, S. 183–190, hier S. 189.

[96] Gino Cacciari, Per i contadini, Gerarchia, Jg. 9, H. 1, Januar 1929, S. 49–51, hier S. 49.

[97] Vgl. Luigi Bottini, La mezzeria nello Stato Corporativo, Atti della Reale Accademia economico-agraria dei Georgofili di Firenze, Serie V, Bd. 26, Firenze 1929, S. 179–290.

[98] Parlamentsrede vom 18.2.1931, in: API, CD, Leg. XXVIII, sess. 1929–1931, Discussioni, Bd. 4, Roma o.J., S. 3817.

[99] Parlamentsrede vom 17.2.1931, ebd. S. 3848.

[100] Tassinari, Le vicende, S. 327; vgl. auch Dario Perini (Hg.), Risultati economici di aziende agrarie negli anni 1933–1934–1935, Roma 1937, S. 395.

wenige Agrarbetriebe gerettet".[101] Tatsächlich war die ländliche Arbeitslosigkeit in den klassischen Mezzadriagebieten Mittelitaliens relativ gering. So wurden Anfang 1933 in den Regionen Toskana, Umbrien und den Marken nur etwas mehr als 13.000 arbeitslose Landarbeiter registriert, während allein in der Emilia, wo die Lohnarbeit stärker verbreitet war, 114.000 Personen in diesem Sektor ohne Beschäftigung waren.[102] Auch von dem Phänomen der Landflucht waren die Halbpachtgebiete offenbar weniger betroffen. So war die Zahl der landwirtschaftlich Erwerbstätigen zwischen 1921 und 1931 in Norditalien um 8,8% und in Süditalien um 13,8% zurückgegangen, während sie sich in Mittelitalien nur um 0,01% vermindert hatte.[103]

Vor diesem Hintergrund forderten Agrarpolitiker und Vertreter der landwirtschaftlichen Verbände fast einhellig eine stärkere Verbreitung der „Mezzadria".[104] Sie wurde als „soziale Institution des Faschismus" und als „Oase der moralischen, zivilen, politischen und religiösen Gesundheit" gepriesen.[105] Der Syndikalist Sergio Panunzio sah in der Mezzadria sogar ein Vorbild für die Industrie. Sie würde auch in diesem Sektor zu einer stärkeren Beteiligung der Arbeiter am Produktionsprozeß führen und sollte daher zum „Dreh- und Angelpunkt unseres wirtschaftlichen und sozialen Systems" werden. Die „Universalisierung der Mezzadria" sei „die wirkungsvollste Antwort auf die Theorie und Praxis der allgemeinen Proletarisierung von Arbeit und Menschen".[106] Der Parlamentsabgeordnete und ehemalige Generalsekretär des PNF, Francesco Giunta, bezeichnete die Mezzadria sogar als die „einzige logische Form des Kommunismus".[107]

---

[101] Angelini, I lavoratori, S. 188.

[102] Domenico Preti, La „Carta della mezzadria" tra politica agraria e organizzazione dello Stato corporativo, in: ders., Economia e istituzioni, S. 179–205, hier S. 185f.

[103] Ebd. S. 184; vgl. auch Principi e realizzazioni italiane in rapporto ai problemi demografici della popolazione, Terra e Lavoro, Jg. 1, H. 3, Juli/August 1935, S. 7–13; Sergio Anselmi, Mezzadri e mezzadrie nell'Italia centrale, in: Bevilacqua (Hg.), Storia dell'agricoltura, Bd. 2, S. 201–259, hier S. 248f.

[104] Dies galt auch für die Regionen, in denen die Mezzadria keine Tradition hatte, so etwa in Süditalien; vgl. Michele Luisi, Per l'agricoltura del Mezzogiorno. La mezzadria e la ripresa economica, L'Avanguardia Rurale, Jg. 3, H. 11, Juni 1932, S. 8–9. In den Urbarmachungsgebieten wurde der Mezzadria-Vertrag als Standardvertrag eingesetzt; vgl. Vasco Patti, Il contratto di Mezzadria per i coloni dell'Agro Pontino, La Conquista della Terra, Jg. 4, H. 5, Mai 1933, S. 13–26.

[105] Davide Fossa, La „Carta della mezzadria", in: ders., Dal sindacalismo, S. 274.

[106] Sergio Panunzio, La mezzadria nell'industria, Ottobre, 13.2.1933, (auch in: ders., L'economia mista. Dal sindacalismo giuridico al sindacalismo economico, Milano 1936, S. 123–128, hier S. 126f.).

[107] API, CD, Leg. XXIX, sess. 1934–1937, Discussioni, Bd. 4, Roma o.J., S. 3525 (Sitzung vom 3.5.1937).

Diese harmonisierenden Formeln verdecken allerdings, daß die Mezzadria Gegenstand außergewöhnlich harter Auseinandersetzungen zwischen den Gewerkschaften und den Arbeitgeberverbänden war. Kaum ein anderes agrarpolitisches Thema ist zwischen 1928 und 1933 so intensiv und kontrovers diskutiert worden wie die Frage nach dem Rechtscharakter und der inhaltlichen Ausgestaltung der Mezzadria-Verträge.[108] Nicht nur wissenschaftliche Einrichtungen wie die einflußreiche *Accademia dei Georgofili* in Florenz befaßten sich mit diesem Thema.[109] Beide Kammern des Parlaments, mehrere Ausschüsse von Senat und Deputiertenkammer und der Nationalrat der Korporationen bemühten sich darum, Mezzadria und Teilpachtsystemen einen einheitlichen gesetzlichen Rahmen zu geben.[110] Hauptstreitpunkt war, ob die Mezzadria durch kollektive Arbeitsverträge oder durch individuelle Absprachen geregelt werden sollte.[111] Die Repräsentanten der CNFA vertraten die Ansicht, daß es sich bei der Teilpacht nicht um einen Arbeits-, sondern um einen „Gesellschaftervertrag" (*contratto di società*) handle.[112] Da der Halbpächter einen Teil der Betriebskosten trage und eigene Kapitalgüter miteinbringe, sei er als gleichberechtigter Teilhaber (*socio*) des Betriebes anzusehen. Nach Auffassung der CNFA lag folglich ein rein privates Rechtsverhältnis vor, das nicht in den Geltungsbereich des Arbeitsrechts fiel. Auch aus ökonomischen Gründen wurden Kollektivverträge mit den Gewerkschaften abgelehnt. Es gebe eine „unendliche Vielfalt" von Vertragsformen, die aus den unterschied-

---

[108] Vgl. die zahlreichen Beiträge zur Mezzadria in Italia Agricola 67 (1930), so z. B. Francesco Coletti, Mezzadria e rendita differenziale, S. 246–253; Eugenio Masè-Dari, Mezzadro, piccolo affittuario e loro pertinenza sindacale, S. 453–466; außerdem die Beiträge in: Confederazione Nazionale dei Sindacati Fascisti dell'Agricoltura, Atti del Consiglio nazionale: 28–30 luglio 1932, Roma 1933; Cirio Quagliotti, Contributo allo studio della Carta della Mezzadria, L'Avanguardia Rurale, Jg. 2, H. 7, April 1931, S. 9–11.

[109] Bottini, La mezzeria; zwischen Oktober 1928 und Mai 1929 wurden in der Accademia dei Georgofili eine Reihe von Sitzungen zu diesem Thema abgehalten, vgl. Atti della Reale Accademia economico-agrario dei Georgofili di Firenze, Serie 5, Bd. 26, Firenze 1929; dazu Mario Toscano, Note sulla mezzadria nello stato corporativo: il dibattito dei Georgofili, Annali della Fondazione Luigi Einaudi 13 (1979) S. 335–381.

[110] Attilio Fontana, Il contratto di mezzadria dinanzi al Parlamento, Rivista di Politica Economica 23 (1933) S. 1101–1119.

[111] PCM 1931–1933, 1/1–26/4135: Ministero delle Corporazioni, Appunto informativo per il Capo del Governo sul disegno di legge per la estensione della disciplina giuridica dei contratti collettivi di lavoro ai rapporti di mezzadria ed affini e di piccola affittanza.

[112] SPD, CR, b. 29, Ins. E: Bericht CNFA an Mussolini, 8.11.1927; vgl. besonders die Parlamentsdebatte vom 1.–2.5.1930, in: API, CD, Leg. XXVIII, sess. 1929–1930, Discussioni, Bd. 3, Roma o.J., S. 2388–2426; zur Haltung der CNFA: Rede Gino Cacciari, S. 2390–2394; Arcangeli, S. 2397–2400; Julo Fornaciari, S. 2408–2415; außerdem A. Arcangeli, Natura giuridica e problemi sindacali della mezzadria, Italia Agricola 67 (1930) S. 69–79; Fontana, Il contratto, passim.

lichen lokalen Rechts- und Wirtschaftstraditionen erwachsen seien.[113] Diese Vielfalt könne durch kollektive Abkommen nicht ausreichend berücksichtigt werden.

Nach Ansicht der Gewerkschaften besaß die Teilpacht dagegen überwiegend den Charakter eines Arbeitsverhältnisses.[114] Der Bauer stelle seine Arbeitskraft zur Verfügung und erhalte dafür eine Gegenleistung, die sich von anderen Entlohnungsformen nur durch ihren Naturaliencharakter unterscheide. Es sei eine Fiktion, den Pächter als gleichberechtigten Partner der Landbesitzer zu betrachten. Nicht zu Unrecht warf man den Landbesitzern vor, diese wollten am „feudalen Prinzip des Individualvertrages" festhalten und den Gewerkschaften jegliches Mitspracherecht verweigern.[115]

Das Arbeitsgesetz vom April 1926 und die ein Jahr später verabschiedete „Carta del Lavoro" hatten Teilpachtverträge nicht ausdrücklich erwähnt. Die Rechtslage war damit zunächst unklar geblieben. Erst ein Beschluß des Faschistischen Großrates vom 15. November 1927 ordnete an, daß auch Mezzadria- und Kleinpachtverträge durch kollektive Abkommen der Syndikate geregelt werden sollten.[116] Das Korporationsministerium legte dazu im April 1929 einen Gesetzentwurf vor.[117] Dieser Entwurf ging allerdings erheblich über die Vorgabe des Faschistischen Großrates hinaus. Neben der Kollektivvertragsklausel war vorgesehen, alle Bestimmungen der Arbeitsgesetze auf die Mezzadria- und Kleinpachtverträge auszudehnen. Dadurch traten Arbeitnehmerrechte wie Kündigungsschutz, Mindestlohn, Anspruch auf Urlaub etc. ebenso in Kraft wie das Arbeitsvermittlungsmonopol der *Uffici di Collocamento*. Der Gesetzentwurf wurde nach langen Diskussionen von der Deputiertenkammer verabschiedet,[118] blieb jedoch zwei Jahre in den Ausschüssen des Senats stecken. Unter dem Druck der Landbesitzerlobby, die im Senat besonders stark vertreten war, wurde der ursprüngliche Entwurf in entscheidenden Punkten abgeändert.[119]

---

[113] Rede Cacciari (wie Anm. 112), S. 2391.

[114] Reden Dante Giordani (wie Anm. 112, S. 2388–2390); Davide Fossa (S. 2394–2397); Luigi Razza (S. 2415–2419); außerdem Francesco Angelini, Il lavoro nell'azienda agricola corporativa. Relazione al Consiglio Nazionale della C.F.L.A., Bologna 13.5.1935, Roma 1935, bes. S. 8; Giordano Gattamorta, I problemi della Mezzadria, in: Confederazione Nazionale Sindacati Fascisti dell'Agricoltura, Atti del Consiglio, S. 3–26; Luigi Razza, I rapporti collettivi di lavoro e le norme di affittanza e mezzadria, in: ders., Problemi, S. 71–77.

[115] Rede Fossa (wie Anm. 112), S. 2396.

[116] O.O., Bd. 23, S. 66–68: Sitzungsbericht des Faschistischen Großrates vom 15.11.1927.

[117] Camera dei Deputati, Leg. XXVIII, sess. 1929–1934, Raccolta degli Atti stampati per ordini della Camera, Bd. 2, Roma 1934, Nr. 126–A: Disegno di Legge „Estensione della disciplina giuridica dei contratti collettivi di lavoro ai rapporti di mezzadria ed affini e di piccoli affittanza", vorgelegt am 12.3.1929 von Mussolini in seiner Eigenschaft als Korporationsminister.

[118] API, CD, Leg. XXVIII, sess. 1929–1930, Discussioni, Bd. 3, Roma o.J., S. 2426, Sitzung vom 2.5.1930. Der Gesetzentwurf war zuvor von einer Kommission leicht abgeändert worden.

Die Neufassung des Gesetzentwurfes, die im Dezember 1932 vom Senat und zwei Monate später von der Deputiertenkammer verabschiedet wurde, sah folgende Kompromißlösung vor: Die Teilpachtverhältnisse sollten zwar wie vorgesehen durch kollektive Verträge geregelt werden, jedoch unter Berücksichtigung der „lokalen Gewohnheiten und Verhältnisse". Außerdem durften die Verträge keine Bestimmungen über „Entlohnung, Arbeitszeit, Ferien, Probezeit und andere in den kollektiven Arbeitsverträgen vorgesehene Regelungen enthalten".[120] Damit waren die Forderungen der CNFA weitgehend erfüllt worden. Zwar hatten sich die Gewerkschaften in der Frage der kollektivrechtlichen Normierung der Teilpachtverträge durchsetzen können. Die Gestaltungsmöglichkeiten waren durch die Einschränkungen des Gesetzes aber stark begrenzt worden. Auch das Ziel, die Teilpacht rechtlich als ein Arbeitsverhältnis zu definieren, war nicht erreicht worden. Die Gewerkschaften scheiterten in dieser Frage nicht zuletzt an den Widersprüchen der eigenen Argumentation. Denn während man einerseits den Pächter als Arbeiter und nicht als Teilhaber des Betriebs behandeln sehen wollte, forderte man andererseits eine stärkere Beteiligung der Arbeiter an der Betriebsführung. Die CNFA konnte dagegen mit der Definition der Mezzadria als „Gesellschaftervertrag" ein zumindest theoretisch schlüssigeres Konzept vorlegen.

Am 14. November 1933 verabschiedete der Nationalrat der Korporationen die „Allgemeinen Normen zur Regelung der Mezzadria-Verträge".[121] Die darin enthaltenen Bestimmungen, die analog zur „Carta del Lavoro" als „Carta della Mezzadria" bezeichnet wurden, sollten den Rahmen für die von den Tarifparteien auszuhandelnden Regionalverträge abstecken. Inhaltlich knüpfte die „Carta" in vielen Punkten an die Empfehlungen der *Accademia dei Georgofili* von 1929 und die Entwürfe der CNFA an.[122] Die Mezzadria wurde erneut ausdrücklich als „Gesellschaftervertrag" bezeichnet. Allerdings blieb die Leitung des Betriebes dem Verpächter vorbehalten. Dieser konnte zwar

---

[119] PCM 1931–1933, 1/1–26/4135: Schreiben des Senatspräsidenten Luigi Federzoni an Mussolini, 30.11.1932; Senatseingabe des Präsidenten der CNFA Antonio Marozzi (o.D., aber ebenfalls November 1932). Neufassung des Senats in Camera dei Deputati, Leg. XXVIII, sess. 1929–1934, Raccolta degli Atti stampati per ordini della Camera, Bd. 2, Roma 1934, Nr. 126–B.

[120] Ebd. Nr. 126–C, Art. 1. Das Gesetz trat am 19.5.1933 (Nr. 117) in Kraft.

[121] Confederazione Nazionale Fascista degli Agricoltori, Norme generali per la disciplina del rapporto di mezzadria, Roma 1933; vgl. auch Giuseppe M e d i c i, Mezzadria, in: Dizionario di politica, Bd. 3, S. 163–164.

[122] Atti della Reale Accademia economico-agraria dei Georgofili di Firenze, Serie VI, Bd. 1, Firenze 1935, S. CXLI–CXLVII; Serpieri, der Präsident der Akademie war, hatte Mussolini diese Empfehlungen im Mai 1930 zukommen lassen (PCM 1931–1933, 1/1–26/4135: Serpieri an Mussolini, 5.5.1930).

dem Bauern Leitungsfunktionen übertragen und ihn somit an betrieblichen Entscheidungsprozessen beteiligen, war jedoch nicht dazu verpflichtet.[123] Auch der Vorschlag Serpieris, dem Pächter durch die Einbringung eigener Kapitalgüter die Möglichkeit zu geben, Miteigentümer des Betriebes zu werden, wurde nicht berücksichtigt.[124] Die Erträge sollten wie bislang üblich jeweils zur Hälfte zwischen Pächter und Verpächter aufgeteilt werden.[125] Im Fall überdurchschnittlicher Erträge erhielt der Bauer eine Sondervergütung. Ein Mindestverdienst, wie er von den Gewerkschaften gefordert worden war, wurde nicht festgeschrieben. Allerdings sollte die Größe des Pachtgrundstückes so dimensioniert sein, daß sie der bäuerlichen Familie ein ausreichendes Jahreseinkommen ermöglichte. Dabei handelte es sich aber lediglich um eine Empfehlung; eine verbindliche Mindestgrößenregelung wurde nicht eingeführt. Auch in der wichtigen Frage der Pachtfristen enthielt die „Carta" keine Neuerungen. Nach der schon früher gängigen Praxis sollte die Vertragsdauer auf ein Jahr festgelegt werden. Der Vertrag verlängerte sich allerdings automatisch, wenn nicht einer der beiden Vertragspartner kündigte.

Abgesehen von kleinen Änderungen und der Einführung der letztlich belanglosen Kollektivvertragsklausel hatte die „Carta" die Praxis der klassischen toskanischen Mezzadria sanktioniert. Die Hoffnungen der Gewerkschaften auf eine „Erneuerung der Mezzadria" im Sinne einer Verbesserung der Rechtsposition des Pächters waren damit nicht erfüllt worden. Schon wenige Jahre nach Verabschiedung der „Carta" forderten die Gewerkschaftsvertreter daher eine Revision der geltenden Bestimmungen zugunsten der Teilpächter. Insbesondere Franco Angelini setzte sich 1936 für eine Abänderung der „Carta della Mezzadria" ein, die er als „längst überholt und reformbedürftig" bezeichnete. Angelini forderte erneut mehr Rechte für den bäuerlichen Pächter und eine Erhöhung seines Ernteanteils auf 60%.[126] Mussolini reagierte schroff auf diesen Vorstoß. Er ließ den Präsidenten des Landarbeiterverbandes wissen, daß er keine neue Diskussion um die Mezzadria wünsche. Angelini befinde sich „auf dem falschen Weg", wenn er die Mezzadria „zur Erzeugung von Panik instrumentalisieren" wolle. „Die Mezzadria", so Mussolini abschließend, „bleibt wie sie ist".[127]

---

[123] Art. 2 und 7.

[124] Toscano, Note, S. 354f.

[125] Allerdings blieb dem Verpächter das Recht der Vermarktung vorbehalten.

[126] SPD, CO, f. 500.381/1: Bericht „Mezzadria" 30.?.1936 (ohne Verf.).

[127] Ebd. handschriftlicher Vermerk Mussolinis und Schreiben PCM an Korporationsministerium vom Dezember 1936 mit der Anweisung, Angelini zu ermahnen. – Ähnliche Kritik an der Mezzadria kam vom Parlamentsabgeordneten Vignati in einer Rede vom 3.5.1937, API, CD, Leg. XXIX, sess. 1934–1937, Discussioni, Bd. 4, Roma o.J., S. 3522–3526.

3. Vom Tagelöhner zum Kleinbauern?
Eine Bilanz der faschistischen Ruralisierungspolitik

Faschistische Agrarpolitiker hatten stets betont, daß Teilpachtverhältnisse lediglich eine „Übergangsphase" in der landwirtschaftlichen Entwicklung darstellten. Langfristig sollte dem einfachen Tagelöhner die Möglichkeit zum sozialen Aufstieg gegeben und der bäuerliche Besitzbildungsprozeß gefördert werden. Das Leitbild des „kleinbäuerlichen Familienbetriebes" (*piccola proprietà coltivatrice*) hat die agrarpolitische Propaganda ebenso wie die Fachliteratur der Zeit entscheidend geprägt.[128] In auffälligem Kontrast dazu steht die Tatsache, daß staatliche Maßnahmen zugunsten des bäuerlichen Landerwerbs fast vollständig ausblieben. Sieht man von den Landzuweisungen in den staatlichen Urbarmachungsgebieten ab (die überdies meistens im Rahmen von Halbpachtverträgen und nicht als Besitzübertragung erfolgten), verzichtete man auf direkte Eingriffe in die ländliche Eigentumsverfassung. Auch von finanziellen Maßnahmen zugunsten bäuerlicher Betriebsgründungen (Steuererleichterungen, Kredithilfen etc.) wurde weitgehend abgesehen.[129] Eine ähnliche politische Abstinenz ist im Bereich der Bestandssicherung der bäuerlichen Betriebe zu beobachten. Die Einführung rechtlicher Schutzbestimmungen – etwa im Hinblick auf Unveräußerlichkeit oder Unteilbarkeit des bäuerlichen Betriebes – wurde nie ernsthaft erwogen, wenngleich einige Agrarexperten solche Maßnahmen mit Hinweis auf die deutsche Erbhofgesetzgebung forderten.[130] Mehr symbolischen Charakter hatte die Kampagne „Fedeli alla Terra", bei denen Bauern, deren Familien seit mindestens 100 Jahren dasselbe Stück Land bewirtschafteten, mit Geldprämien von 1.000 Lire ausgezeichnet wurden. Diese Kampagne war Anfang 1931 von der Landarbeitervereinigung der Provinz Forlì in die Wege geleitet worden.[131] Ein Jahr später wurde die Initiative von der CNSFA übernommen, zum nationalen Wettbewerb ausgebaut und schließlich einer eigenen Stiftung anvertraut (*Fondazione Arnaldo Mussolini „Fedeli della Terra"*, Rom).[132] Seit 1936

---

[128] Vgl. Maria Letizia D'Autilia, Le ricerche sull'agricoltura negli anni Trenta, La Questione Agraria 19 (1985) S. 109–134.

[129] Zu den wenigen Maßnahmen gehörten die öffentlichen Zinsbeihilfen für sogenannte „agricoltori benemeriti", die jedoch nicht ausdrücklich für Landerwerb gedacht waren, sondern in erster Linie verschuldete Betriebe in den Jahren der Wirtschaftskrise entlasten sollten. Der Umfang dieser Zahlungen blieb aber insgesamt bescheiden; s. o. Kap. VI.2.c.

[130] Vgl. z. B. Nallo Mazzocchi Alemanni, Difendere la piccola proprietà coltivatrice, La conquista della terra, Jg. 6, Nr. 10, Oktober 1935, S. 3–10; Rede Angelinis vom 10.12.1934, API, CD, Leg. XXIX, sess. 1934–1935, Discussioni, Bd. 1, Roma o.J., S. 424.

[131] Vgl. Rustico, I Fedeli della Terra, Il Popolo d'Italia, 25.3.1931, S. 3; Fossa, Dal sindacalismo, S. 267–270.

[132] Confederazione Nazionale Sindacati Fascisti dell'Agricoltura, Atti del Consiglio, S. 23–26 (Relazione Gattamorta).

fanden unter großem propagandistischen Aufwand landesweite Prämierungen statt, bei denen die Bauern die Preise aus der Hand des „Duce" empfingen.[133]

Trotz dieses in Wirklichkeit eher bescheidenen Maßnahmenkatalogs versuchte man in der Öffentlichkeit den Eindruck zu erwecken, daß der bäuerliche Besitzbildungsprozeß seit der faschistischen Machtergreifung Fortschritte gemacht habe. Wissenschaftliche Untersuchungen sollten den Nachweis dazu erbringen. Ende der zwanziger Jahre betraute das staatliche *Istituto Nazionale di Economia Agraria* (INEA) eine Enquete-Kommission unter der Leitung des Agrarwissenschaftlers Giovanni Lorenzoni mit der Aufgabe, die bäuerliche Besitzbildung nach dem Ersten Weltkrieg zu untersuchen.[134] Die ersten Regionalstudien wurden Anfang der dreißiger Jahre abgeschlossen. 1937 veröffentlichte Lorenzoni den Abschlußbericht.[135] Die Enquete kam zu dem Ergebnis, daß innerhalb des Untersuchungszeitraums (1919 bis 1933) fast eine Million Hektar Land in bäuerlichen Besitz übergegangen war. Dies entsprach knapp 6% der landwirtschaftlichen Nutzfläche. Besonders starke Besitzwechsel verzeichneten die Lombardei und Venetien (142.517 und 175.977 ha) sowie Sizilien und Apulien mit 153.802 bzw. 97.028 Hektar. Der überwiegende Teil (84%) der betroffenen Grundstücke lag in der Ebene und im Hügelland, also in bodenwirtschaftlich günstigen Lagen. Lorenzoni schätzte den durchschnittlichen Verkaufswert des Landes auf 4.500 Lire pro Hektar. Die bäuerlichen Käufer hatten demnach eine Summe von rund 4,5 Milliarden Lire in Landerwerb investiert.[136]

---

[133] Vgl. Atti del P.N.F., Bd. V/1, S. 382 (Foglio di disposizione Nr. 576, 24.4.1936); I „Fedeli della Terra" premiati dal Duce, L'Avanguardia Rurale, Jg. 7, H. 5, Mai 1936, S. 72; Rede Mussolinis anläßlich der Prämierung am 3.5.1936 im Regierungssitz Palazzo Venezia, in O.O., Bd. 27, S. 261; außerdem O.O., Bd. 29, S. 88f. (21.4.1938) und S. 396 (26.5.1940).

[134] Der Kommission gehörten neben Lorenzoni 14 weitere Agrarwissenschaftler an, die jeweils regionale Untersuchungen durchführen sollten. Es handelte sich um M. Bandini (Toskana), E. Blandini (Kalabrien), R. Rossi (Lombardei), N. Prestianini (Sizilien), Z. Vignati (Umbrien), L. Franciosa (Abruzzen und Molise), O. Passerini (Emilia und Marken), A. Scoyni (Basilicata), A. Brizi (Kampanien), E. Turbati (Piemont), V. Ricchioni (Apulien), F. Passino und G. Sirotti (Sardinien) sowie V. Ronchi (Venetien).

[135] Lorenzoni, Inchiesta.

[136] Ebd. S. 10–12.

Tab. 8.9
Bäuerlicher Landerwerb 1919–1933

Region	Besitzzuwachs	Anteil an der LNF
Norditalien	450.183 ha	7,1 %
Mittelitalien	115.540 ha	3,5 %
Süditalien	230.973 ha	5,3 %
Inseln	156.002 ha	5,9 %
Italien	948.689 ha	5,7 %

Quelle: Lorenzoni, Inchiesta, S. 10.

Die Ergebnisse der Studie werden scheinbar auch durch die Volkszählungen der Jahre 1911, 1921 und 1931 bestätigt. Bei diesen Erhebungen wurde der Berufsstatus erfaßt, so daß sich die Entwicklung der landwirtschaftlichen Berufsgruppen zwischen den jeweiligen Zensusjahren ermitteln läßt. Tatsächlich erhöhte sich die Zahl der Besitzbauern zwischen 1911 und 1931 von 1,1 auf 2,4 Millionen, das heißt um mehr als auf das Doppelte (Tab. 8.10). Allerdings konzentrierte sich die Zunahme auf den Zeitraum 1911–1921 (+ 1,18 Mill.), während im darauffolgenden Jahrzehnt nur ein Zuwachs von 112.000 Besitzbauern verzeichnet werden konnte.[137] Die Ergebnisse der Volkszählungen legen daher die Vermutung nahe, daß sich die bäuerlichen Landkäufe vor allem auf die unmittelbaren Nachkriegsjahre konzentrierten, als sowohl Kleinbauern wie Landarbeiter ihre Einkommenslage verbessern konnten, während viele Landbesitzer durch die sozialen Unruhen verunsichert waren und ihr Land zum Verkauf anboten.[138] Es ist anzunehmen, daß viele von ihnen ihre zusätzlichen Einkommen in Grundstückskäufe investierten. Kreditfinanzierte Immobilienkäufe waren in dieser Phase besonders günstig, weil ein Teil der Schulden durch die Inflation getilgt wurde.[139] Schon seit 1921 hatte sich diese Besitzumschichtung offenbar deutlich abgeschwächt. Darauf deutet die Zahl der notariell festgehaltenen Grundstücksveräußerungen hin. Sie stieg zwischen 1918 und 1919 von 160.000 auf 330.000 an, erhöhte sich 1920 noch einmal leicht, um in den Jahren danach langsam wieder zurückzugehen.[140] Die günstigen Bedingungen der Nachkriegsjahre fanden mit der Deflationspolitik und der Wirtschaftskrise seit 1927 ein jähes Ende. Sinkende

---

[137] Ohnehin gehen Experten davon aus, daß die Zahl der für 1911 ermittelten Besitzbauern zu gering ist. Die Zuwächse müßten deshalb niedriger veranschlagt werden; vgl. Ornello Vitali. La popolazione attiva in agricoltura attraverso i censimenti italiani, Roma 1968, S. 36.

[138] Serpieri, La guerra.

[139] Die Zahl der durch Grundstücke hypothekarisch abgesicherten Kredite stieg nach 1918 stark an; vgl. Istituto Centrale di Statistica, Sommario (1958) S. 89.

[140] Ebd.

Agrarpreise und Einkommensrückgänge bei gleichzeitiger Aufwertung der Schulden belasteten vor allem die neu gegründeten bäuerlichen Betriebe und zwangen wahrscheinlich viele zum Verkauf des gerade erst erworbenen Landes.[141] Selbst Lorenzoni mußte zugeben, daß sich „die Lage während der Deflation und der Krise verschlechtert hatte und nicht alle Bauern überlebten". Er schätzte, daß etwa ein Zehntel der bäuerlichen Neuerwerbungen in dieser Phase wieder veräußert wurde.[142] Allem Anschein nach hat sich der kleinbäuerliche Besitzstand in den dreißiger Jahren weiter vermindert. So wurden bei der Volkszählung von 1936 330.000 Besitzbauern weniger registriert als noch 1931 (Tab. 8.10), eine Entwicklung, die im übrigen auch faschistischen Agrarexperten nicht verborgen blieb.[143]

Tab. 8.10

Die männliche Erwerbsbevölkerung in der Landwirtschaft nach den Volkszählungen 1911–1951

Kategorie	1911	1921	1931	1936	1951[a]
Besitzbauern	1.109	2.292	2.404	2.074	3.088
Pächter	561	513	834	1.162	
Teilpächter	1.129	1.089	1.287	1.247	1.099
Arbeiter[b]	3.313	3.253	2.105	1.929	2.041
Gesamt	6.112	7.147	6.630	6.412	6.228

[a] Seit der Volkszählung von 1951 wurden Pächter und Besitzbauern nicht mehr getrennt aufgeführt. [b] Die in der Statistik als „Sonstige" (v. a. Fischerei- und Forstpersonal) aufgeführten Personen wurden zu den Arbeitern gerechnet. Ihre Zahl schwankt zwischen 0,8 und 1,1% aller Beschäftigten der Landwirtschaft.
Quelle: Vitali, I Censimenti, S. 402.

Um das Bild über die Lage der kleinbäuerlichen Eigentümer in der faschistischen Zeit abzurunden, seien hier zwei weitere Quellen erwähnt, die ebenfalls Aufschlüsse über Betriebs- und Eigentumsstruktur der italienischen Landwirtschaft geben können. Zum einen wurde 1930 erstmals eine vollstän-

---

[141] Ein Indiz für diesen Tatbestand ist die steigende Zahl der Zwangsversteigerungen von Grundstücken; sie stieg von 677 im Jahre 1927 auf 1.872 1929 und 4.026 1934 an; ebd. S. 88; vgl. auch Sereni, La questione agraria, S. 123.

[142] Lorenzoni, Inchiesta, S. 12; allerdings seien diese Grundstücke in der Mehrheit von anderen Kleinbetrieben erworben worden, so daß der bäuerliche Besitzstand in seiner Gesamtheit nicht wesentlich vermindert worden sei.

[143] Vgl. Angelini, Rede vom 10.12.1934, in: API, CD, Leg. XXIX, sess. 1934–1935, Discussioni, Bd. 1, Roma o.J., S. 424, und Mazzocchi Alemanni, Difendere, S. 5; außerdem Schmidt, The Plough, S. 133.

dige statistische Erhebung der landwirtschaftlichen Betriebe durchgeführt.[144] Zum anderen hat das staatliche Statistikamt 1946 gemeinsam mit dem Finanzministerium und dem INEA eine Eigentumsstatistik auf der Basis der Steuerlisten erstellt.[145] Da diese Aufstellung vor der Bodenreform der fünfziger Jahre angefertigt wurde, dürfte sie in etwa die Verhältnisse der faschistischen Zeit wiedergeben.

Betrachten wir zunächst die Betriebsstruktur. Wie Tabelle 8.11 zeigt, wurden 1930 immerhin 57,5% der landwirtschaftlichen Nutzfläche durch Betriebe bewirtschaftet, die unter der Leitung des Besitzers standen; 12,7% entfielen auf Pacht-, 15,8% auf Teilpacht- und der Rest auf Mischbetriebe. Die Gesamtzahl der Agrarbetriebe bezifferte sich auf knapp 4,2 Millionen; die durchschnittliche Flächengröße betrug 6,2 ha. Die Aufschlüsselung der Betriebe nach Hektargrößen zeigt jedoch, daß der überwiegende Teil dieser Betriebe zur Ernährung einer Familie bei weitem nicht ausreichte (Tab. 8.12).[146] Knapp 3,3 Millionen – also mehr als drei Viertel aller Betriebe – hatten eine Größe von weniger als fünf Hektar und lagen damit unter der Flächenausstattung eines Vollerwerbsbetriebes. Allein 35% verfügten über weniger als ein Hektar Nutzland; vermutlich handelte es sich vor allem um gartenähnliche Selbstversorgungsstellen, mit denen kein Markteinkommen erzielt werden konnte. Faßt man die Kleinbetriebe unter 5 ha zusammen, so bewirtschafteten 75% der Betriebe lediglich 19,6% der landwirtschaftlichen Nutzfläche. Noch unausgewogener und stärker fragmentiert war die Eigentumsstruktur: Nach den 1946 erstellten Daten waren 83% der landwirtschaftlichen Besitzeinheiten kleiner als zwei Hektar und 93% kleiner als fünf Hektar (Tab. 8.13).

Diese beiden Erhebungen, die aufgrund unterschiedlicher Klassifizierungsmerkmale nicht miteinander verglichen werden können, geben lediglich ein statisches Bild der Eigentums- und Betriebsstruktur wieder. Da in der Zwischenkriegszeit keine weiteren Untersuchungen durchgeführt wurden, ist es nicht möglich, Aussagen über etwaige Veränderungen innerhalb der faschi-

---

[144] Istituto Centrale di Statistica del Regno d'Italia, Censimento generale dell'agricoltura 19 marzo 1930, Bd. 2, Censimento delle aziende agricole, 1. Teilbd.: Relazione generale; 2. Teilbd.: Tavole, Roma 1935–1936.

[145] Giuseppe Medici (Hg.), La distribuzione della proprietà fondiaria in Italia. Relazione generale, 2 Bde., Roma 1956; Arrigo Serpieri, La struttura sociale dell'agricoltura italiana, Roma o.J. (aber 1947); Ministero per la Costituente, Rapporto della Commissione Economica, I,1, S. 17ff.

[146] Die Ermittlung aussagekräftiger Betriebsgrößenkennziffern (z. B. Standarddeckungsbeitrag), die Auskünfte über Kapitalausstattung und den aggregierten Faktoreinsatz der Betriebe erlauben, ist auf der Datenbasis der Agrarerhebung aber nicht möglich. Die Flächenausstattung der Betriebe liefert jedoch nur bedingt Informationen über die tatsächliche wirtschaftliche Leistungskraft der Unternehmen.

stischen Periode zu machen.[147] Es kann aber generell gesagt werden, daß der überwiegende Teil der in den Berufsstatistiken als „Besitzbauern" klassifizierten Personen nur sehr kleine Grundstücke bewirtschaftete. Allen Absichtserklärungen zum Trotz ist es dem faschistischen Regime nicht gelungen, einen leistungsfähigen und ökonomisch selbständigen Bauernstand aufzubauen.[148]

Tab. 8.11

Verteilung der landwirtschaftlichen Nutzfläche (LNF)
nach Betriebsform (Stand 19.3.1930)

Betriebsform	Anteil an der LNF
Bewirtschaftung von Eigenbesitz	15.084.452 ha
Pachtbetrieb	3.338.268 ha
Teilpachtbetrieb	4.157.069 ha
Gemischt	3.671.955 ha
	26.251.744 ha

Quelle: Istituto Centrale di Statistica del Regno d'Italia, Annuario statistico dell'agricoltura 1939, S. 97.

Tab. 8.12

Betriebsgrößenstruktur (Stand 19.3.1930)

Flächenkategorie	Betriebe		Betriebsfläche	
bis 1 ha	1.491.081	35,5 %	645.459 ha	2,5 %
1–3 ha	1.272.590	30,3 %	2.398.333 ha	9,1 %
3–5 ha	532.827	12,7 %	2.092.259 ha	8,0 %
5–10 ha	492.209	11,7 %	3.482.148 ha	13,3 %
10–50 ha	360.920	8,7 %	6.724.491 ha	25,5 %
50–100 ha	25.575	0,6 %	1.782.090 ha	6,8 %
über 100 ha	21.064	0,5 %	9.126.964 ha	34,8 %
Gesamt	4.196.266	100,0 %	26.251.744 ha	100,0 %

Quelle: Eigene Berechnung nach Istituto Centrale di Statistica del Regno d'Italia, Annuario statistico dell'agricoltura 1939, S. 85f.

---

[147] Erst 1960 wurde wieder eine landesweite Agrarbetriebsstatistik erstellt.

[148] Neuerdings gehen einige Autoren dagegen von einer kontinuierlichen bäuerlichen Besitzbildung in der Zwischenkriegszeit aus; vgl. z. B. Gino Massullo, Contadini. La piccola proprietà coltivatrice nell'Italia contemporanea, in: Bevilacqua (Hg.), Storia dell'agricoltura, Bd. 2, S. 5–43, hier S. 31–34; Roberto Fanfani, Proprietà terriera e azienda agricola nell'Italia, ebd. S. 415–466. Ein abgewogenes Urteil dagegen bei Costanza D'Elia, Formazione della proprietà contadina e intervento statale in Italia (1919–1975), La Questione Agraria 23 (1986) S. 153–192.

Tab. 8.13

Besitzstruktur in der Landwirtschaft auf der Basis der Steuerlisten (Stand 30.6.1946)

Flächenkategorie	Besitzeinheiten		Fläche	
bis 2 ha	7.925.963	83,3 %	3.757.981 ha	17,4 %
2–5 ha	952.080	10,0 %	2.943.375 ha	13,6 %
5–10 ha	330.743	3,5 %	2.289.669 ha	10,6 %
10–50 ha	253.689	2,7 %	5.049.909 ha	23,4 %
50–100 ha	28.371	0,3 %	1.956.450 ha	9,1 %
über 100 ha	21.396	0,2 %	5.575.567 ha	25,9 %
Gesamt	9.512.242	100,0 %	21.572.951 ha	100,0 %

Quelle: Eigene Berechnung nach Istituto Centrale di Statistica, Annuario statistico dell'agricoltura italiana 1947–1950, S43f.

Abschließend soll der Frage nachgegangen werden, welche Veränderungen sich bei den anderen Kategorien der ländlichen Arbeitsbevölkerung feststellen lassen. Die in Tabelle 8.10 zusammengefaßten Daten der Berufsstatistik ergeben ein widersprüchliches Bild, das keine eindeutige Interpretation zuläßt.[149] Zunächst fällt auf, daß die Zahl der Lohnarbeiter zwischen 1921 und 1936 um knapp 1,3 Millionen zurückging. Auf den ersten Blick scheint die staatliche Politik der „sbracciantizzazione" durchaus erfolgreich gewesen zu sein. Allerdings wirkten bei dieser Entwicklung offenbar mehrere Faktoren zusammen. Zum einen muß die Verminderung der Lohnarbeiter auf die allgemeine Abwanderung von Arbeitskräften aus dem Agrarbereich zurückgeführt werden, die nach den hier vorliegenden Daten 1921–1936 735.000 Personen umfaßte. Bei dieser Personengruppe handelt es sich wahrscheinlich überwiegend um Lohnarbeiter, bei denen die berufliche Mobilität sehr viel höher einzuschätzen ist als im kleinbäuerlichen Bereich. Zum anderen gelang offenbar tatsächlich vielen Lohnarbeitern der Aufstieg in die Schicht der (Teil-)Pächter und Kleinbauern. Darauf deutet der starke Zuwachs bei diesen Gruppen vor allem in der ersten Dekade der faschistischen Herrschaft hin, in der die Abnahme bei den Landarbeitern besonders hervorsticht. Nach 1931 hat sich dieser Trend allerdings sichtbar verlangsamt. Lediglich bei den Vollpächtern ist auch nach 1931 ein deutlicher Zuwachs zu erkennen, während nicht nur die Zahl der Besitzbauern, sondern auch die der Teilpächter erkennbar abnahm. Zugleich hat sich der Rückgang bei den Lohnarbeitern stark abgeschwächt.

---

[149] Es wurde hierbei nur die männliche erwachsene Arbeitsbevölkerung berücksichtigt, da Statusangaben bei Frauen und Kindern insgesamt wenig aussagefähig sind.

Bei aller Vorsicht, welche die unsichere sozialstatistische Quellenlage gebietet, läßt sich daher folgendes Fazit ziehen: In der Nachkriegszeit und in den ersten Jahren der faschistischen Herrschaft ist eine deutliche Verringerung der Zahl der reinen Lohnarbeiter und eine Zunahme der kleinbäuerlichen Kategorien zu verzeichnen. Diese Entwicklung wurde spätestens Anfang der dreißiger Jahre – wahrscheinlich schon früher mit dem Einsetzen der Deflationskrise – unterbrochen. Die zahlreichen, letztlich aber halbherzig verfolgten Maßnahmen zur Stärkung der kleinbäuerlichen Schichten – von den Siedlungsprojekten über die Prämienwettbewerbe der „Fedeli alla Terra" bis zur Propagierung der Mezzadria – haben ihre beabsichtigte Wirkung am Ende verfehlt.

IX

AGRARSTAAT ODER INDUSTRIESTAAT?

1. Binnenwirtschaftliche Entwicklungskonzepte und sektorales Gleichgewicht

Unter dem Titel „Ruralizzazione o industrializzazione?" veröffentlichte Ugo Spirito im Januar 1931 einen programmatischen Aufsatz in der Zeitschrift *Archivio di Studi Corporativi*.[1] Spirito, der als Hauptvertreter des sogenannten „integralen" Korporativismus galt, kritisierte darin den „Dogmatismus" der herrschenden Agrarideologie und formulierte ein alternatives, elf Punkte umfassendes „Industrialisierungsprogramm". Im Mittelpunkt stand die Forderung nach einer „maximalen Industrialisierung" der italienischen Ökonomie. Die korporative Wirtschaftspolitik müsse die „nationalen Industrien" fördern und ihnen eine „rationelle Organisation" verleihen. Unverzichtbar sei überdies eine „Industrialisierung der Landwirtschaft" sowie eine „Urbanisierung des ländlichen Raumes". Nur so könne der „Dualismus zwischen Industrie- und Landwirtschaftspolitik" aufgehoben werden.

Spirito beurteilte die Forderung nach einer „Reagrarisierung" der Gesellschaft als entwicklungsgeschichtlichen „Anachronismus". Anders als Serpieri, der einen „hohen Grad der Ruralität" als Idealzustand begriff, sah Spirito in der Agrarwirtschaft lediglich die „erste Stufe des Wirtschaftslebens" und damit eine historisch längst überwundene „primitive" Sozialformation.[2] Eine bäuerlich geprägte Wirtschaft schien ihm nicht nur mit den machtpolitischen Zielen des Faschismus unvereinbar („Agrarwirtschaft ist gleichbedeutend mit patriarchalischer, antiexpansionistischer, antiimperialistischer Wirtschaft"),

---

[1] Ugo Spirito, Ruralizzazione o industrializzazione?, Archivio di Studi Corporativi 1 (1930) S. 131–150; zu Spirito vgl. Giampasquale Santomassimo, Ugo Spirito e il corporativismo, Studi Storici 14 (1973) S. 61–113.

[2] Spirito bezog sich in seiner Kritik explizit auf Serpieri, der im Jahr zuvor ein Buch mit dem Titel „Problemi della terra nell'economia corporativa" (Roma 1929) veröffentlicht hatte. Eine Replik Serpieris erfolgte im Mai 1932 auf der Korporativismus-Tagung in Ferrara; Serpieri, Economia corporativa e Agricoltura, in: Ministero delle Corporazioni, Atti del secondo convegno di Studi sindacali e corporativi, Ferrara (5.– 8.5.1932), Bd. 1 (Relazioni), Roma 1932, S. 445–464; einige kritische Briefe Serpieris an Spirito sind erhalten in der Fondazione Ugo Spirito, Carteggio Ugo Spirito, Nr. 366, 404, 420, 425.

sondern stand überdies dem angestrebten Bevölkerungswachstum entgegen. Zwar erkannte auch er, daß die Geburtenrate auf dem Land höher war als in den städtischen Zentren. Langfristig würde eine agrarische Wirtschaftsstruktur „den demographischen Wachstumsprozeß aber nicht begünstigen, sondern stark behindern". Das „Phänomen des abnehmenden Grenzertrags des Bodens" müsse angesichts der gegenwärtigen Bevölkerungszunahme zu einer Verarmung der Gesellschaft führen und schließlich eine Umkehrung des demographischen Wachstums bewirken.

Spirito hatte mit seinen Äußerungen eine kritische Frage angesprochen, die auch radikale Verfechter der Agrarstaatsideologie in Argumentationsschwierigkeiten bringen mußte. Wie ließen sich die Forderungen nach einer agrarisch und kleinindustriell geprägten Wirtschaft mit den politischen und ökonomischen Großmachtzielen Italiens vereinbaren? Wie war es möglich, einerseits industrielle Konzentrationsprozesse zu fördern und eine systematische militärische und wirtschaftliche Aufrüstung zu betreiben, andererseits den Primat der Landwirtschaftspolitik zu verkünden?

Offenbar erkannte auch Mussolini, daß das faschistische Wirtschaftsprogramm in seiner bestehenden Form nicht frei von Widersprüchen war. Andererseits war er nicht bereit, in der Debatte um Agrarstaat oder Industriestaat eine eindeutige Position einzunehmen. Vielmehr läßt sich seit etwa 1929 die Bemühung um eine vermittelnde Lösung erkennen. Es ist auffallend, wie häufig Mussolini das Verhältnis von Landwirtschaft und Industrie in seinen Reden thematisierte. Immer öfter betonte er, daß kein grundsätzlicher Widerspruch zwischen industrieller und landwirtschaftlicher Entwicklung bestünde. Nur durch eine „Industrialisierung der Landwirtschaft"[3] könne die Nahrungsmittelproduktion gesteigert und das Ziel der Autarkie verwirklicht werden. Es sei „grotesk, einen Gegensatz zwischen Industrie und Agrarwirtschaft heraufzubeschwören", denn beide seien „grundlegende und voneinander abhängige Kräfte der nationalen Wirtschaft".[4] Während die Landwirtschaft auf industrielle Investitions- und Vorleistungsgüter angewiesen sei, profitiere die Industrie von der „höheren Aufnahmekapazität des Binnenmarktes". Die faschistische Agrarpolitik trüge daher zur „Genesung der gesamten Industriewirtschaft" bei, die angesichts schrumpfender Exportmärkte zunehmend auf inländische Abnehmer angewiesen sei.[5] Nur eine „große

---

[3] O.O., Bd. 21, S. 97: Rede Mussolinis vor der Associazione Costituzionale in Mailand vom 4.10.1924.

[4] O.O., Bd. 25, S. 55f.: Rede vor der Generalversammlung des Nationalrates der Korporationen am 13.11.1931; ähnlich Grußtelegramm an den Nationalkongreß der CNFA vom 7.6.1928: „[. . .] l'agricoltura deve avvicinarsi all'industria et viceversa essendo le due attività necessarie et in talune branche inscindibili ai fini della economia nazionale [. . .]" (SPD, CO, f. 509.808/6).

[5] O.O., Bd. 24, S. 181: Sitzung des Faschistischen Großrates vom 12.12.1932.

Landwirtschaft" ermögliche „die Entwicklung zahlreicher Industrien".[6] In einem Rundschreiben an die Präfekturen vom 15. Februar 1930 begründete Mussolini seine wirtschaftspolitischen Ideen:

> Die italienische Industrie kann nur überleben, wenn sie über einen breiten Markt zur Aufnahme ihrer Produkte verfügt; die 20 Millionen Italiener auf dem Land müssen daher in die Lage versetzt werden, Industrieprodukte zu erwerben, die häufig ihrerseits auf der Basis agrarischer Rohstoffe (z. B. Nahrungsmittel und Textilien) hergestellt sind oder die für die landwirtschaftliche Produktion erzeugt werden (Maschinen, chemische Dünger).[7]

Die Förderung der Landwirtschaft sollte folglich nicht nur die Nachfrage nach Investitionsgütern ankurbeln, sondern auch breite Bevölkerungsschichten in die Lage versetzen, industrielle Fertigprodukte zu erwerben. Zumindest im Ansatz läßt sich hier sogar das Konzept einer konsumorientierten Nachfragepolitik erkennen. Mussolini vertrat eine vulgarisierte Form der sogenannten „Unterkonsumptionstheorie", das heißt, er interpretierte die Wirtschaftskrise nicht als Ergebnis von Überproduktion, sondern als Folge einer stockenden Entwicklung des Konsums. Die einzige Möglichkeit, dieses als strukturell empfundene Ungleichgewicht zu beseitigen,[8] bestand seiner Auffassung nach in einer Forcierung des Bevölkerungswachstums und in der Stärkung der Landwirtschaft.[9] Ökonomische Leistungsfähigkeit und gesellschaftlicher Wohlstand ließen sich langfristig nur dann sichern, wenn Italien den Charakter einer „Mischökonomie" („economia mista") bewahre, in der sich Landwirtschaft und Industrie die Waage hielten.[10] Bezeichnenderweise betrachtete Mussolini die „New Deal"-Politik Roosevelts als nachahmenswertes Vorbild zur Bekämpfung der Wirtschaftskrise. Offen brachte er in seinen Gesprächen mit Yvon De Begnac seine Bewunderung für den amerikanischen Präsidenten zum Ausdruck, welcher der Landwirtschaft einen zentralen Platz in der Gesellschaft einräume.[11]

---

[6] O.O., Bd. 23, S. 270: Parlamentsrede vom 8.12.1928; ähnlich O.O., Bd. 22, S. 196 (Rede vom 15.12.1926) und O.O., Bd. 25, S. 133 (Rede vom 4.10.1932).

[7] SPD, CR, b. 30, sottof. 8, S. 74646: Rundschreiben 14–I, 15.2.1930; ähnlich Carlo Foà, Pressione demografica e alimentazione nazionale, Gerarchia, Jg. 7, H. 5, Mai 1927, S. 357f.

[8] Keynes betrachtete die Ungleichgewichte dagegen als konjunkturell bedingt.

[9] Mussolini, Il numero è forza, Il Popolo d'Italia, 16.9.1933 (jetzt in: O.O., Bd. 26, S. 52f.); Rede vom 18.3.1934, zit. nach Amerigo Montemaggiori (Hg.), Dizionario della dottrina fascista, Torino 1934, S. 187f.: „Economisti di fama additano nella denatalità una delle cause della crisi: infatti chi dice denatalità dice sottoconsumo o niente consumo".

[10] O.O., Bd. 26, S. 92: Rede vor dem Nationalrat der Korporationen vom 14.11.1933.

[11] De Begnac, Taccuini mussoliniani, S. 505 und 606–615; vgl. auch die Rede Serpieris vom 12.3.1933, Atti della Reale Accademia economico-agraria dei Georgofili di Firenze, Ser.V, Bd. 30, Firenze 1933, S. 6.

Ähnliche Vorstellungen lassen sich seit Ende der zwanziger Jahre bei vielen Nationalökonomen finden.[12] Wenngleich das Konzept der „economia mista" unscharf blieb und kaum Eingang in die wirtschaftspolitische Diskussion fand,[13] hielten die meisten Autoren einen Gleichgewichtszustand zwischen Industrie und Landwirtschaft für unabdingbar. Die Entwicklung der beiden Sektoren, so etwa De Stefani, müsse „notwendigerweise komplementär" verlaufen.[14] Korporationsminister Bottai sah die Agrarpolitik als zentralen Aspekt der „inneren Neuordnung der wirtschaftlichen Produktion Italiens" an:

> Ruralisierung bedeutet keineswegs, daß die Agrar- von der Industriewirtschaft getrennt wird [. . .], vielmehr soll die Industrie stärker an die Landwirtschaft angebunden werden, ein natürlicher und notwendiger Integrationsprozeß, mit immer intensiveren Austauschbeziehungen und immer organischeren Abkommen und Vereinbarungen. [. . .] Die neue Generation der Landwirte [. . .] betrachtet die Industriellen zunehmend als natürliche Verbündete.[15]

Giuseppe Tassinari, Präsident der CNFA, betonte, es ginge nicht „um die Apologie eines bestimmten Produktionsbereiches gegenüber einem anderen". Doch müsse „die Landwirtschaft in einem überwiegend agrarischen Land notwendigerweise eine herausragende Rolle spielen". Dies sei „auch im Interesse der Industrie", die in der Landwirtschaft ein „natürliches Feld der eigenen Entwicklung" finden könne.[16] Nach Serpieri war es nicht das Ziel,

---

[12] Vgl. Mario Mariani, Direttive agricole in rapporto all'incremento demografico, ebd., Bd. 27, Firenze 1930, S. 219–232; Mariani, Generaldirektor im MAF, ging wie Mussolini davon aus, daß das „unteroptimale" Bevölkerungswachstum und die sich daraus ergebende Nachfrageschwäche für die Wirtschaftskrise verantwortlich sei. Italien war in seinen Augen noch deutlich von einem „demographischen Optimum" entfernt. Der Förderung der Landwirtschaft kam daher eine in zweierlei Hinsicht zentrale Funktion zu. Sie sollte zum einen das Bevölkerungswachstum beschleunigen, zum anderen neue Arbeitsplätze schaffen. Ein nachfragesteigernder Effekt könne jedoch nur bei relativ hohen Löhnen gewährleistet werden. Daher müsse die Agrarproduktion intensiviert und die Landwirtschaft „industrialisiert" werden.

[13] Wenige Beispiele: Girolamo della Valle, Agricoltura, industria ed esportazione marittima, La Conquista dell Terra, Jg.VI, Nr. 1, Januar 1935, S. 29–34; Sergio Panunzio, L'economia mista.

[14] De Stefani, Gli agricoltori, S. 136; vgl. außerdem Parlamentsrede von Wirtschaftsminister Martelli, 11.6.1929 (API, CD, Leg. XXVIII, sess. 1929, Discussioni, Bd. 1, Roma o.J., S. 818–823).

[15] Giuseppe Bottai, Ricollegare l'industria all'agricoltura, in: ders., L'economia fascista, Roma 1930, S. 111–114; außerdem ders., I rurali nell'Ordinamento Corporativo, Atti della Reale Accademia economico-agraria dei Georgofili di Firenze, Ser.V, Bd. 31, Firenze 1934, S. 125–137, hier S. 132: „Se [. . .] per industrializzazione deve intendersi la necessità di una perfetta organizzazione delle attività degli agricoltori, anche il Fascismo può dirsi sostenitore della necessità di una industrializzazione dell'agricoltura."

[16] Giuseppe Tassinari, L'economia agricola nello Stato corporativo, in: Federzoni, I pro-

die Uhr zurückzudrehen und zu einer primitiven und ausschließlich agrarischen Wirtschaft zurückzukehren. Es handelt sich darum, eine neue, ausgeglichenere Gesellschaft zu schaffen, die den Gegensatz zwischen Stadt und Land überwindet und die besten Werte beider Seiten in ein harmonisches Verhältnis zueinander bringt.[17]

Auch der Präsident des Landarbeiterverbandes, Franco Angelini, beschwor die Interessenidentität von Landwirtschaft und Industrie. „Die Industriellen", so der Gewerkschaftsführer, könnten „gar keine bessere Politik machen als Agrarpolitik".[18]

Nun entsprachen derartige Feststellungen mehr einem Wunschdenken der Agrarvertretungen als den tatsächlichen Interessen der Industrie. Führer der Confindustria wie Stefano Benni, Gino Olivetti oder Ettore Conti zeigten sich durchaus besorgt über die 1925 begonnenen Ruralisierungskampagnen und die daraus möglicherweise erwachsenden negativen Konsequenzen für die Industrie. In einer Rede vor dem Faschistischen Großrat am 30. März 1926 hob Benni hervor, daß

Italien in der gegenwärtigen Phase der kapitalistischen Entwicklung und unter den demographischen Bedingungen nur durch die Industrie – wie zuvor Deutschland, Frankreich und die Vereinigten Staaten – die Kraft und den Auftrieb erhalten kann, den ein überwiegend agrarisches Land wie Spanien bislang nicht erfahren hat. Wenn die Landwirtschaft eine lebendige Kraft und einen großen Reichtum für unser Land darstellt, so ist sie allein doch nicht in der Lage, allen Italienern Brot und Arbeit zu geben.[19]

Einen ähnlichen Standpunkt vertrat der Generaldirektor der *Banca Commerciale*, Ettore Conti, in einer Senatsdebatte vom Juni 1925, nicht ohne beschwichtigend anzufügen, daß „ein wirklicher Antagonismus zwischen agrarischen und industriellen Interessen nicht existiert".[20] Denn trotz einer gewissen Beunruhigung über die immer mehr an Boden gewinnenden agrar-

---

blemi attuali, S. 407; ähnlich äußerte er sich am 1.7.1934 in einer Rede vor der Accademia dei Georgofili (d e r s., Disciplina corporativa della produzione e commercio estero, Atti della Reale Accademia economico-agraria dei Georgofili, Ser.V, Bd. 31, Firenze 1934, S. 210f.).

[17] S e r p i e r i, Discorso all'Adunanza inaugurale, 12.3.1933, ebd., Bd. 30, Firenze 1934, S. 6; vgl. auch F i l e n i, Ruralizzazione, S. 54.

[18] Franco A n g e l i n i, Impostazione unitaria e corporativa del problema autarchico, in: Confederazione Fascista dei Lavoratori dell'Agricoltura (Hg.), Agricoltura e autarchia economica, Roma 1937, S. 10. – Vgl. auch A g r o f i l o, Il selvaggio agricoltore, Il Selvaggio, Jg. 2, Nr. 20, 2.6.1925, S. 150: „Non vogliamo [. . .] la morte dell'industria. Siamo anzi convinti che dal progresso agricolo le prime ad essere avvantaggiate sarebbero le industrie numerosissime alle quali l'agricoltura deve ricorrere per le sue macchine e per i suoi fertilizzanti, ma si deve mettere l'agricoltura in condizione di svilupparsi."

[19] Partito Nazionale Fascista, Il Gran Consiglio, S. 220f.

[20] C o n t i, Dal taccuino, S. 339ff. (Eintrag vom 5.6.1925).

fundamentalistischen Strömungen begrüßte die Confindustria die landwirtschaftlichen Kampagnen des Regimes. Dies galt in besonderem Maße für die landwirtschaftliche Autarkiepolitik: Die Selbstversorgung mit Nahrungsmitteln und der dadurch ermöglichte Verzicht auf Importe setzte Devisen frei, die für die Einfuhr industrieller Rohstoffe und Halbfabrikate dringend benötigt wurden. Es nimmt daher nicht Wunder, daß Industrieführer wie Gino Olivetti zu den lautstärksten Befürwortern eines Getreidezolls gehörten.[21] Überdies erkannte man in Übereinstimmung mit Mussolini durchaus die Wechselwirkung zwischen agrarischer und industrieller Expansion. Olivetti war davon überzeugt, daß die „Industrie von der Modernisierung der landwirtschaftlichen Produktion nur profitieren" könne.[22] Zugleich – so Olivetti 1935 in einer Rede vor faschistischen Parteirepräsentanten – habe die Integration von Agrar- und Industrieproduktion den „schädlichen und unlogischen Antagonismus" der beiden Sektoren weitgehend beseitigt. Inzwischen existiere eine „breite Kooperation und in vielen Bereichen sogar Übereinstimmung und Konvergenz im Handeln" von Landwirtschaft und Industrie. Im primären Sektor sah er gute Chancen für eine „maximale Potenzierung des heimischen Marktes" für Industrieprodukte.[23]

An zwei Beispielen – der Entwicklung der chemischen Düngerindustrie und der landwirtschaftlichen Maschinenproduktion – sollen in den folgenden Abschnitten die Expansionsstrategien der italienischen Industrie dargestellt werden.

2. Die Industrialisierung der Landwirtschaft

a) Chemische Bodenverbesserung und Pflanzenschutz

Bereits seit dem Ersten Weltkrieg setzte die chemische Industrie große Hoffnungen auf eine stärkere Verbreitung von anorganischen Düngern und Pflanzenschutzmitteln in der Landwirtschaft. Abgesehen von den entwickelten Agrarzonen der Poebene war die Verwendung chemischer Dünger im Landesdurchschnitt außerordentlich gering. Bezogen auf die gesamte Ackerfläche des Landes lag der jährliche Einsatz von Phosphatdüngern Anfang der zwanziger Jahre bei etwa 60 kg/ha, im Bereich der stickstoff- und kalium-

---

[21] Vgl. Kap. V.1.a. Hingegen betont De Felice, daß „die Förderung der Agrarwirtschaft von Beginn an Mißtrauen und Zweifel" in industriellen Kreisen hervorgerufen habe; De Felice, Mussolini il duce, Bd. 1, S. 157.

[22] Rede Olivettis vom Dezember 1928, zit. nach Piero Melograni, Gli industriali e Mussolini. Rapporti tra Confindustria e fascismo dal 1919 al 1929, Milano 1972, S. 203.

[23] Olivetti, Agricoltura, S. 21 und 26.

haltigen Mittel wurden sogar nur 6 bzw. 1 kg/ha erreicht.[24] Experten hielten dagegen einen jährlichen Hektaraufwand von 800–1000 kg Phosphat und 300–400 kg Stickstoff für angebracht und forderten daher mit Nachdruck eine stärkere Verbreitung des Mineraldüngereinsatzes.[25] Wenngleich die empfohlenen Düngequoten schon aus Kostengründen nicht für alle Betriebe in Frage kamen, so bestand hier doch zumindest langfristig ein enormes Entwicklungspotential für die chemische Industrie.

Auch in politischen Kreisen wurde dem Problem der chemischen Düngung große Bedeutung beigemessen. Seit Beginn der zwanziger Jahre hatten sich mehrere Regierungskommissionen mit der Frage von Produktion, Verteilung und Kosten im Düngemittelsektor beschäftigt.[26] Im Mittelpunkt der Diskussionen stand dabei nicht nur das Problem der Verbrauchssteigerung, sondern auch die Frage, wie der hohe Importanteil im Düngemittelbereich vermindert und durch heimische Produkte substituiert werden konnte. Denn obgleich die italienische Chemieindustrie seit der Jahrhundertwende eine starke Expansion erfahren hatte,[27] konnte die inländische Nachfrage lediglich bei

---

[24] Zum Düngerverbrauch s. u. Tab. 9.2. Der italienische Düngerverbrauch lag pro Hektar deutlich unter dem Niveau der meisten europäischen Länder. So lag der Hektaraufwand bei Phosphatdüngern 1922 in Deutschland um 50% höher als in Italien, bei Stickstoff übertraf Deutschland Italien um das 12-fache und bei Kalidüngern um das 200-fache; vgl. Mario Pezzati, Industria e agricoltura: i concimi chimici, in: D'Attorre, De Bernardi (Hgg.), Studi sull'agricoltura, S. 373–401, hier S. 400f., Tab.D.

[25] PCM 1931–1933, 3/1–1/1309: Ugo Pratolongo, Perché e come si deve concimare (Hg. Comitato Nazionale per l'incremento delle concimazioni), o.D.; SPD, CR, b. 13: Abschrift eines Artikels von Mario Ferraguti für die Zeitung La Domenica dell'Agricoltore.

[26] So war 1919 eine Kommission zur Förderung der Stickstoffindustrie eingesetzt worden. Das Wirtschaftsministerium beauftragte 1925 ein Expertengremium mit der Untersuchung der Kosten- und Preisstruktur im Düngemittelbereich. Der Oberste Nationale Wirtschaftsrat widmete diesem Sektor allein zwischen 1925 und 1927 drei Sitzungen (vgl. PCM 1926, 3/1–1/114, sottof. 1: Schreiben Belluzzos an Mussolini vom 6.11.1925; Ministero dell'Economia Nazionale, Atti del Consiglio Superiore dell'Economia Nazionale, 2° Sessione, Sitzung vom 29.5.1925 „Il problema dei fertilizzanti", Roma 1925, S. 122–140 und S. 159–165; ebd., 4° Sessione, Sitzung vom 7.5.1926 „Aspetti più immediati dell'industrializzazione dell'agricoltura italiana e possibili iniziative statali", Roma 1926, S. 185–232; ebd., 6° Sessione, Sitzung vom 26.4.1927 „L'importazione di fertilizzanti e l'economia nazionale", Roma 1927, S. 87–147).

[27] Dies galt gerade auch für den Düngemittelsektor. So war die Herstellung von Superphosphat zwischen 1900 und 1912 von 3.687 auf 10.192 tsd. dz gesteigert worden; Italien war damit nach Deutschland, Frankreich und den USA der viertgrößte Hersteller auf diesem Gebiet; die Produktion von Kupfersulfat erhöhte sich 1900–1912 von 132 auf 523 Mill. dz, die von Ammoniumsulfat von 21 auf 111 Mill. dz. Die Herstellung von Calciumzyanamid begann 1905; 1912 wurden 103 Mill. dz von diesem Stickstoffdünger produziert; vgl. Istituto Centrale di Statistica, Sommario (1958) S. 131 und Rey (Hg.), I conti, S. 137; außerdem Vera Zamagni, L'industria chimica in Italia dalle origini agli anni '50, in: Franco Armatori, Bruno

den relativ kostengünstig herstellbaren Phosphatdüngern gedeckt werden. Wichtigster Anbieter war hier der Montecatini-Konzern, der 1920 durch die Fusion mit dem römischen Düngerhersteller *Società Produttori Chimici, Colla e Concimi* und der Mailänder Gruppe *Unione Italiana tra Consumatori e Fabbricanti di Concimi e Prodotti Chimici* eine marktbeherrschende Position erlangt hatte.[28] Lediglich in Norditalien existierten eine Reihe von genossenschaftlichen Phosphatfabriken, die der Montecatini Konkurrenz bieten konnten. In Süditalien und weiten Teilen Mittelitaliens nahm der Konzern dagegen eine Monopolstellung ein.[29]

Konnte die italienische Industrie den Phosphatdüngerbedarf zu fast 100% abdecken,[30] so bestand bei den Rohstoffen eine starke Importabhängigkeit, da das Land fast keine Phosphatvorkommen besaß.[31] Die zur Herstellung benötigten Salze der Phosphorsäuren (v. a. Calciumdihydrogenphosphat), die in Italien unter Beimischung von Calciumsulfat zu Superphosphat verarbeitet wurden, mußten aus Algerien, Tunesien und Marokko importiert werden. Die Rohstoffabhängigkeit hatte sich während des Ersten Weltkrieges negativ bemerkbar gemacht, als Frankreich die Ausfuhr von Rohstoffen aus den Kolonien stark kontingentiert hatte. Die italienische Superphosphatproduktion erfuhr daher nach 1915 einen starken Einbruch.[32] Erst 1923 wurde das Vorkriegsniveau wieder erreicht.

Bezza (Hgg.), Montecatini 1888–1966. Capitoli di storia di una grande impresa, Bologna 1990, S. 69–148.

[28] Vor dem Krieg hatte sich der Konzern vor allem im Bergbau betätigt. Erst nach 1918 verlagerte Montecatini seinen Produktionsschwerpunkt auf den Düngersektor. Nach dem Unternehmenszusammenschluß von 1920 gehörten landesweit 35 chemische Düngerfabriken zum Montecatini-Konzern. Das Unternehmen kontrollierte zu diesem Zeitpunkt 70% der Phosphatdüngerproduktion Italiens; vgl. Franco Armatori, Montecatini: un profilo storico, in: ders., Bezza (Hgg.), Montecatini, S. 19–68, hier S. 33; außerdem Rodolfo Morandi, Storia della grande industria in Italia, Torino 1959, S. 211ff.

[29] Lieferungen aus den norditalienischen Genossenschaftsfabriken in den Süden waren aufgrund der hohen Transportkosten nicht rentabel. Landwirtschaftsvertreter beklagten, daß der Montecatini-Konzern seine Monopolstellung in Süditalien ausnutze und weitaus höhere Preise verlange als in den norditalienischen Regionen. Die süditalienischen Landwirte hätten die Dumping-Preise der nördlichen Landesteile zu bezahlen, mit denen Montecatini die genossenschaftlichen Fabriken vom Markt zu verdrängen versuche (PCM 1931–1933, 3/1–1/1309: Julo Fornaciari, Osservazioni alla Relazione del prof. Menozzi sull'inchiesta per la produzione ed il commercio dei fertilizzanti, September 1926).

[30] 1924 wurden in Italien 12.600 tsd. dz Superphosphat verbraucht; lediglich 220 tsd. davon waren importiert; Angelo Menozzi, Emilio Morandi, La produzione, l'importazione ed il consumo dei fertilizzanti in Italia, in: Ministero dell'Economia Nazionale, Atti, Sitzung vom 29.5.1925, S. 159.

[31] Verstärkte Hoffnungen setzte man in Regierungskreisen seit Mitte der zwanziger Jahre auf die Ausbeutung der Phosphatvorkommen auf der salentinischen Halbinsel und in den Kolonien (PCM 1931–1933, 3/1–1/1309: Wirtschaftsminister Belluzzo an Mussolini, 11.4.1927).

[32] 1918 wurden lediglich 4.318 Mill. dz Superphosphat produziert, d. h. 60% weniger als 1912; Rey (Hg.), I conti, S. 137.

Der zweite phosphathaltige Dünger, der in Italien verwendet wurde, war das sogenannte Thomasmehl, ein Abfallprodukt der Stahlindustrie.[33] Da Thomasmehl fast ausschließlich importiert wurde, bemühte man sich verstärkt um eine Substitution durch heimischen Phosphatdünger, wobei neben Superphosphat vor allem Knochenmehl in Frage kam, das insbesondere für saure Böden geeignet war.[34] Zwar stieg der Verbrauch von Thomasmehl in der zweiten Hälfte der zwanziger Jahre noch an; seit 1929 ist jedoch ein konstanter Rückgang zu beobachten. 1939 war der Verbrauch von Thomasmehl mit 113 tsd. dz auf ein Zehntel des Niveaus von 1928 abgesunken.[35]

Im Gegensatz zur Phosphatproduktion befand sich die italienische Stickstoffindustrie Anfang der zwanziger Jahre noch im Aufbau. Auch der Verbrauch war mit etwa 800.000 dz pro Jahr außerordentlich niedrig, wenngleich seit dem Ersten Weltkrieg eine steigende Tendenz zu beobachten war. Bereits 1924 wurden 1,5 Mill. dz Stickstoffdünger in der Landwirtschaft eingesetzt. Dabei handelte es sich vor allem um Kalkstickstoff (Calciumzyanamid), Ammoniumsalze (Ammoniumsulfat) und verschiedene Nitratverbindungen. Während die Nachfrage von Kalkstickstoff und Ammoniumsulfat Mitte der zwanziger Jahre immerhin schon zu etwa zwei Dritteln aus heimischer Produktion befriedigt werden konnte, wurde Nitrat zu fast 100% aus dem Ausland eingeführt.[36] Wichtigster Nitratdünger war Natronsalpeter, das überwiegend aus Chile bezogen wurde.[37] Aufgrund fehlender Salpetervorkommen wurde der Aufbau einer nationalen Nitratdüngerproduktion von Fachleuten eher skeptisch beurteilt.[38] Daher sollten die in Italien herstellbaren Stickstoffdünger Calciumzyanamid und Ammoniumsulfat langfristig als Ersatzstoffe dienen, wenngleich eine solche Substitution unter düngetechnischen Aspekten nicht ganz unumstritten war.[39] Die Herstellung von syntheti-

---

[33] Bei dem Thomas-Verfahren wurden phosphorreiche Eisenerze zu Stahl verarbeitet. Der zu Phosphorpentoxid oxidierte Phosphor wurde mit zugefügtem Kalk verschlackt und fein gemahlen als Phosphatdünger verkauft.

[34] Superphosphat wurde in erster Linie für basische oder ph-neutrale Böden verwendet; demgegenüber setzte man gemahlene Thomasschlacke vor allem auf sauren Böden ein.

[35] Istituto Centrale di Statistica del Regno d'Italia, Annuario Statistico Italiano (1930), ebd. S. 179 (1939) S. 80.

[36] Ebd. (1927) S. 132.

[37] Ebd. S. 174: 1925 wurden 551.860 dz Natronsalpeter im Wert von 81 Mill. Lire importiert; davon stammten 510.040 dz aus Chile, 22.230 dz aus Norwegen und 19.590 dz aus anderen Ländern.

[38] Ministero dell'Economia Nazionale, Atti, Sitzung vom 26.4.1927, Relazione Prof. Angelo Menozzi, S. 90.

[39] Ebd. S. 91 und S. 96f. (Diskussionsbeitrag Emilio Morandi) und Menozzi, Morandi, La produzione, S. 163; z. B. eignete sich Natronsalpeter aufgrund seiner basischen Eigenschaften v. a. für saure Böden, während für Ammoniumsulfat das Umgekehrte galt; Morandi hielt es

schem Stickstoff auf breiter Basis wurde aber auch aus rüstungswirtschaftlichen Gründen für notwendig erachtet. So war Ammoniumnitrat ein hochwertiger Stickstoffdünger, zugleich aber auch ein wichtiger Grundstoff für die Herstellung von Sprengstoff; nach allgemeiner Auffassung entsprach die Herstellung von synthetischem Ammoniak daher einem „vitalen Interesse der nationalen Verteidigung".[40] Der Präsident der Montecatini, Guido Donegani, äußerte 1927 die Meinung, ein zukünftiger Krieg werde „auf der Basis von Flugzeugen und chemischen Produkten" geführt.[41] Von staatlicher Seite wurde der Aufbau der Stickstoffindustrie nach dem Krieg energisch unterstützt. Eine eigens zu diesem Zweck eingesetzte Regierungskommission empfahl 1920 die Bildung eines Industriekonsortiums, das unter staatlicher Aufsicht leistungsfähige Produktionsanlagen aufbauen sollte.[42] Denn im Unterschied zur Superphosphatproduktion war die Herstellung von Stickstoffverbindungen technisch sehr aufwendig und mit hohen Energiekosten verbunden.[43] Das geplante Konsortium wurde zwar nicht gegründet, doch entstanden Anfang der zwanziger Jahre eine Reihe von Stickstoffabriken mit beträchtlichen Produktionskapazitäten.[44] Im Sommer 1923 wurde beschlossen, den Einfuhrzoll für Ammoniumsulfat und Ammoniumnitrat um das Vierfache anzuheben.[45] Zwar erreichten Vertreter der Landwirtschaftsverbände zunächst einen Aufschub des Gesetzes.[46] Die Einfuhrzölle für Stickstoffdünger blieben in

---

daher „für eine Illusion [. . .] zu glauben, der Verbrauch von Natronsalpeter könne in kurzer Zeit verschwinden" (Sitzung vom 26.4.1927, S. 97).

[40] Ebd., Diskussionsbeitrag Guido Donegani (Präsident der Montecatini), S. 102f.; ähnlich General Alberto Dall'Olio, S. 98; außerdem Conti, Dal taccuino, S. 341 (Eintrag vom 5.6.1925).

[41] Zit. nach Roberto Petrini, L'azienda giudicata: la Montecatini tra mito, immagine e valore simbolico, in: Armatori, Bezza (Hgg.), Montecatini, S. 273–308, hier S. 383.

[42] Zamagni, L'industria chimica, S. 85.

[43] Nach den gängigen großtechnischen Verfahren erfolgte die Ammoniaksynthese aus Stickstoff und Wasserstoff unter hohen Drücken von über 200 bar und Temperaturen von 500°C mit Hilfe eines Eisenkatalysators.

[44] Nach einer Bestandsaufnahme des Obersten Nationalen Wirtschaftsrates produzierten 1925 drei Unternehmen vollsynthetischen Ammoniak: Società Italiana Ammoniaca Sintetica mit Werken in Terni und Nera Montoro und einer Produktionskapazität von 37.000 dz Ammoniak pro Jahr; Società Piemontese ammonia in Novara (21.000 dz); Montecatini ammonia (6.000 dz); im Aufbau befanden sich zu diesem Zeitpunkt: Società Alto Adige ammonia in Meran (geplante Kapazität: 100.000 dz), Società Sarda-ammonia e prodotti sintetici in Coghinas (60.000 dz); Ministero dell'Economia Nazionale, Atti, Sitzung vom 29.5.1925 (Relazione Morandi) S. 163.

[45] R.D.L. 11.7.1923 (Nr. 1545).

[46] In der Zollfrage war es Mitte der zwanziger Jahre zu kontroversen Diskussionen gekommen. Im Herbst hatte das Wirtschaftsministerium eine Untersuchungskommission eingesetzt, welche unter anderem die Kosten- und Preisstrukturen auf dem Düngermarkt klären sollte. In

den zwanziger Jahren auf einem bescheidenen Niveau. Nach der Auflösung des internationalen Stickstoffkartells führte Italien jedoch 1931 extrem hohe Zölle ein.[47]

Auch bei der dritten Mineraldüngergruppe, den Kalisalzen, bemühte man sich seit Mitte der zwanziger Jahre um den Ausbau der Produktionskapazitäten. Allerdings stuften Experten das Nachfragepotential des inländischen Marktes als „äußerst bescheiden" ein.[48] Mitte der zwanziger Jahre wurden jährlich nur knapp 500.000 dz Kalidünger konsumiert. Da Italien selbst über keine Kalisalzlagerstätten verfügte, wurde der Rohstoff aus dem Ausland – vorwiegend aus Frankreich und Deutschland – importiert und in Italien zu Dünger verarbeitet.[49] Kleine Mengen von Kalisalzen entstanden als Abfallprodukt bei der Zuckerraffination. 1924 wurden auf diesem Weg 38.000 dz Kalidünger gewonnen, das entsprach etwa 6% des italienischen Bedarfs.[50] Große Hoffnung setzte man auf die Gewinnung von Kalidüngern aus Leuzit, das in Italien reichlich vorhanden war. Seit Anfang der zwanziger Jahre liefen Experimente, Leuzit, das einen Anteil von 7–9% an kohlensaurem Kali hatte, in vermahlener Form oder als Granulat in den Boden einzudüngen. Dazu wurden kostenlose Granulatproben an die „Wanderlehranstalten" abgegeben. Die Ergebnisse blieben jedoch weit hinter den Erwartungen zurück, da das Leuzitgranulat nur sehr langsam Kalinährstoffe an den Boden abgab.[51] Mehr versprach man sich von einem wenige Jahre zuvor entwickelten Verfahren zur Trennung von Leuzit in Aluminium und Kaliumchlorid bzw. Kaliumnitrat, das auf ein Patent des römischen Geophysikers Alberto Blanc zurückging.[52] Seit 1920 bemühte sich die *Società italiana potassa* um eine industrielle Anwendung des Verfahrens, das sich langfristig allerdings als nicht rentabel

---

der Zollfrage wurde jedoch kein Konsens erzielt. PCM 1926, 3/1–1/114, sottof. 1: Schreiben Belluzzos an Mussolini vom 6.11.1925; PCM 1926, 3/1–1/2033: Abschlußbericht der Kommission; PCM 1931–1933, 3/1–1/1309: Julo Fornaciari, Osservazioni alla Relazione del prof. Menozzi sull'inchiesta per la produzione ed il commercio dei fertilizzanti, September 1926; PCM 1925, 9/2/1383: Schreiben der FISA an Mussolini vom 18.4.1925, 15.12.1925 und 20.12.1925.

[47] Zamagni, L'industria chimica, S. 130 und S. 143, Tab. A3.

[48] Ministero dell'Economia Nazionale, Atti, Sitzung vom 29.5.1925 (Relazione Morandi), S. 161; insgesamt wurde der Bedarf bei Kalisalzen geringer eingeschätzt als bei anderen Mineraldüngern. Dies hing damit zusammen, daß die meisten Bodenprodukte Italiens relativ wenig Kalium aufnahmen.

[49] 1925 wurden 501.420 dz Kalidünger im Wert von 26,6 Mill. Lire importiert; Istituto Centrale di Statistica del Regno d'Italia, Annuario Statistico Italiano (1927) S. 132.

[50] Aufgrund der geringen Wirtschaftlichkeit dieses Verfahrens ging die Produktion in den dreißiger Jahren jedoch zurück (vgl. Tab. 9.1).

[51] Vgl. Ministero dell'Economia Nazionale, Atti, Sitzung vom 26.4.1927 (Relazione Menozzi), S. 92.

[52] Ebd. S. 92 und S. 98–101 (Diskussionsbeitrag Prof. Alberto Blanc).

erwies. Der Versuch, die Kalisalzimporte durch Ausbeutung von Leuzit zu substituieren, endete in einem Fiasko. 1938 deckte die italienische Kalidüngerproduktion nicht einmal 10% des Bedarfs ab (Tab. 9.1), obwohl der Verbrauch seit Mitte der zwanziger Jahre praktisch stagnierte.

Erfolgreicher verliefen die Bemühungen bei den Stickstoff- und Phosphatdüngern. Der Verbrauch an Phosphatdünger lag Ende der dreißiger Jahre nur unwesentlich über dem von 1924, doch war der Importanteil von etwa 10% auf 2,3% geschrumpft und somit ein hoher Selbstversorgungsgrad verwirklicht. Der Phosphatdüngerverbrauch hatte in den landwirtschaftlich entwikkelten Gebieten bereits Mitte der zwanziger Jahre ein hohes Niveau erreicht, das in den nachfolgenden fünfzehn Jahren nicht wesentlich überschritten werden sollte. Kontinuierliche Zuwächse verzeichneten dagegen die süditalienischen Regionen.[53] Allerdings lag der Düngereinsatz pro Flächeneinheit in diesen Regionen noch 1938 um ein Vielfaches unter dem des Nordens.

Besonders hohe Zuwachsraten lassen sich bei der Produktion von stickstoffhaltigen Nährsalzen beobachten, die sich zwischen 1924 und 1938 etwa verzehnfachte. In etwa gleichem Umfang erhöhte sich der Verbrauch bei dieser Düngergruppe.[54] Wenngleich bei Stickstoffdüngern im strengen Sinne keine Importsubstitution stattfand (die Einfuhr nahm absolut sogar leicht zu), konnte der Mehrverbrauch doch weitgehend durch heimische Herstellung gedeckt werden.

Die Zunahme der Mineraldüngung in der Landwirtschaft war jedoch nicht allein auf das verbesserte Angebot an inländischen Produkten zurückzuführen. Wie bereits gezeigt wurde, bemühten sich staatliche Stellen und Verbände im Rahmen der „Getreideschlacht" intensiv um eine stärkere Verbreitung des Düngereinsatzes, da man sich davon Ertragssteigerungen in relativ kurzer Zeit versprach. Spitzenerträge von 30–40 dz Weizen pro Hektar waren nur unter massiver Düngung zu realisieren. Bei sehr intensiver Nutzung der Böden, etwa durch mehrfache jährliche Ernten, mußte ohne externe Zufuhr von Nährstoffen rasch eine Verarmung der Böden eintreten.[55]

---

[53] Hektaraufwand von Phosphat und Stickstoffdüngern 1926 und 1937 (in Kg/ha):

	Norditalien		Mittelitalien		Süditalien	
	1926	1938	1926	1938	1926	1938
Superphosphat	181,4	161,4	100,7	98,0	47,6	55,4
Stickstoffdünger	23,9	87,0	14,0	31,0	5,7	18,4

Quelle: Istituto Centrale di Statistica del Regno d'Italia, Annuario Statistico Italiano (1927) S. 132, (1939) S. 80; bei der Ermittlung der landwirtschaftlichen Nutzfläche wurden die Daten des Agrarkatasters von 1929 zugrunde gelegt.

[54] Vgl. auch S. Gaddini, Il consumo dei fertilizzanti negli ultimi ventisette anni, Italia Agricola 70 (1933) S. 932–936.

[55] Eine hohe Bedeutung wurde auch dem Einsatz von Pflanzenschutzmitteln beigemessen. Nach

Tab. 9.1

Produktion und Einfuhr von Mineraldüngern 1924 und 1938*

| | 1924 | | 1938 | |
	Produktion	Import	Produktion	Import
Phosphatdünger	12.526	1.132	14.881	344
Natronsalpeter	–	570	45	592
Ammoniaksulfat	137	225	2.072	228
Calciumzyanamid	432	143	1.671	186
Calciumnitrat	–	10	1.296	201
Ammoniumnitrat	–	38	396	–
Kalisalze	–	329	25	401
Leuzit	–	–	1	–
Kalidünger aus Zuckermelasse	38	–	10	–

* in tsd. dz
Quellen: Istituto Centrale di Statistica del Regno d'Italia, Annuario Statistico
Italiano (1927) S. 132, 142–144 und ebd. (1939) S. 80.

Tab. 9.2

Verbrauch an Kunstdüngern 1921/22–1939/40*

	Phosphat	Stickstoff	Kalium
1921–1922	8.450	800	135
1923–1924	12.675	1.304	347
1925–1926	15.490	1.922	490
1927–1928	13.698	2.351	449
1929–1930	14.872	3.359	526
1931–1932	10.218	3.260	283
1933–1934	11.733	4.376	517
1935–1936	14.033	5.457	415
1937–1938	15.482	7.114	413
1939–1940	17.055	8.178	596

* Jahresdurchschnitt in tsd. dz
Quellen: Istituto Centrale di Statistica, Annuario Statistico dell'Agricoltura
1947–1950, S. 136; Alessandra Staderini, Agricoltura, in: Annali dell'Economia italiana, Bd. 7, Teil 2 (1923–1929), S. 40; Mario Toscano, Agricoltura, ebd., Bd. 8, Teil 2 (1930–1938), S. 22.

Angaben G. Josas erlitt die italienische Landwirtschaft jährlich schätzungsweise 5–8 Mrd. Lire
Verluste durch Parasiten und Pflanzenschädlinge; Vgl. Parlamentsrede G. Josa vom
26.11.1924, in: API, CD, Leg. XXVII, sess. 1924–1925, Discussioni, Bd. 5, Roma 1925,
S. 820.

In den ersten Jahren der „Getreideschlacht" hatte man die Düngerpropaganda den einzelnen lokalen Organisationen (vor allem den Wanderlehranstalten und Getreidekommissionen) überlassen. Das „Getreidekomitee" unter Ferraguti hatte diesen Bereich zunächst etwas vernachlässigt. Eine wichtige Rolle spielten dagegen die Werbekampagnen der Industrie. Bereits 1921 hatte der Montecatini-Konzern in Rom ein *Ufficio di Propaganda* eingerichtet, das die Verbreitung chemischer Dünger unterstützen sollte.[56] Im Zuge der „Battaglia del grano" verstärkte das Unternehmen seine Propaganda. 1927 wurde ein zweites Büro in Mailand eingerichtet. Bis 1928 publizierten die beiden Büros 50 Werbeschriften und legten landesweit 8.000 Musterfelder zur Demonstration konzerneigener Produkte an. Auf einem Werbeplakat stand der Text:

> Jeder italienische Landwirt ist verpflichtet, seinen Glauben, Willen und seine Arbeit für die Getreideschlacht einzusetzen, damit Italien bald sein gesamtes Brot selbst erzeugen kann. Die angestrebte Erhöhung der Produktion wird mit verschiedenen Mitteln erreicht, aber die wichtigste Bedeutung hat die chemische Düngung. Das italienische Getreide muß mit italienischem Dünger produziert werden.[57]

Auf Initiative des Agrartechnikerverbandes SNFTA wurde im Sommer 1932 ein „Nationalkomitee für die Förderung des Düngereinsatzes" ins Leben gerufen.[58] Das Komitee sollte einerseits der Regierung als Beratungsorgan zur Seite stehen, andererseits die technische Propaganda auf dem Land koordinieren. Nach eigenen Angaben wurden auf Initiative des Komitees 1932 130.000 Broschüren und 1,6 Mill. Flugblätter verteilt, zahlreiche Schulungskurse für Agrarökonomen durchgeführt und in 600 ländlichen Gemeinden Informationsveranstaltungen für Landwirte organisiert.[59]

Ein wichtiges Problem stellte die Verbesserung der Vertriebsorganisation dar. Ein Großteil der chemischen Dünger wurde nicht über den freien Handel, sondern über das Vertriebssystem der Agrargenossenschaften verkauft. 1925 kontrollierte der Genossenschaftsverband Federconsorzi 50,1% der Verkäufe von Phosphatdünger; bei Stickstoffdüngern betrug diese Quote 58% und bei Kalisalzen sogar 63,5%.[60] Dabei handelte es sich zum Teil –

---

[56] Armatori, Montecatini, S. 33.
[57] Zit. nach Petrini, L'azienda giudicata, S. 277.
[58] Comitato Nazionale per l'Incremento delle Concimazioni.
[59] PCM 1931–1933, 3/1–1/1309: Comitato Nazionale per l'Incremento delle Concimazioni, gez. Angelini, an Mussolini, 29.8.1932; Sindacato Nazionale Fascista Tecnici Agricoli, Proposte del Comitato Nazionale per l'Incremento delle Concimazioni, o.D., Eingangsstempel PCM 11.6.1932; Franco Angelini, Due anni di attività del Sindacato Nazionale Fascista Tecnici Agricolo (1931–1933) Roma 1933, S. 76–79.
[60] Emilio Morandi, I Consorzi cooperativi, in: Note sull'agricoltura italiana dell'ultimo venticinquennio, Roma 1927, S. 52–62, hier S. 59; zum Vertrieb von industriellen Vorleistungsgütern durch die Genossenschaften vgl. außerdem Staderini, La Federazione, S. 964–974.

insbesondere bei Phosphat – um Produkte genossenschaftlicher Fabriken; zum Teil wurde der Dünger wie andere Betriebsmittel (Geräte und Maschinen, Saatgut) direkt bei der Industrie bezogen oder importiert. Da diese Vertriebsform für die Landwirte kostengünstiger war als ein Bezug über den Handel, forderten die Agrarverbände ein Verkaufsmonopol für chemische Dünger.[61] Sie versprachen sich davon nicht nur eine „Reduzierung der Verteilungskosten", sondern auch eine allgemeine „Moralisierung des Handels" durch Ausschaltung „jeglicher erlaubter und unerlaubter Preisspekulation". Im Rahmen nationaler Verträge sollten die Preise für Dünger und Pflanzenschutzmittel festgesetzt werden. Nur durch eine staatlich überwachte „Kollaboration von Landwirtschaft und Industrie" würden die bestehenden „Spannungen" zwischen den beiden Sektoren beseitigt. Ein Verkaufsmonopol wurde von der Industrie aus naheliegenden Gründen abgelehnt. Dennoch waren auch Industrievertreter an einer Zusammenarbeit mit den landwirtschaftlichen Organisationen interessiert. Insbesondere im Zuge der Wirtschaftskrise ab 1926/27 intensivierten sich die Beziehungen zwischen den Düngerherstellern und den Agrarverbänden. Mit Besorgnis stellten Verbände und Behörden im Herbst 1927 fest, daß viele landwirtschaftliche Betriebe den Einsatz von Mineraldüngern reduzierten. Das Wirtschaftsministerium ging von einem Rückgang in einer Größenordnung von 30–50% aus.[62] Die CNFA sprach von einer „alarmierenden Kontraktion beim Verbrauch chemischer Dünger", der auf die kritische „wirtschaftliche und finanzielle Lage" der Landwirte zurückgeführt wurde.[63] Nachdrücklich wurde daher eine Verringerung der Düngerpreise gefordert, während die Industrie ihre Preispolitik verteidigte.[64] Nachdem jedoch auch das „Getreidekomitee" mit Blick auf die Weizenproduktion vor den negativen Konsequenzen eines reduzierten Düngereinsatzes gewarnt hatte,[65] setzte sich Mussolini persönlich für eine Vermittlung zwischen Industrie- und Landwirtschaftsvertretern ein. In einer von Mussolini

---

[61] SPD, CO, f. 509.808/6: Präsident der CNFA Cacciari an Mussolini, 21.7.1927 und Bericht CNFA vom 20.7.1927 „Circa il contratto nazionale dei concimi"; darin wird ein Verkaufsmonopol für die Genossenschaften der Federconsorzi (die mittlerweile an die CNFA angegliedert war) gefordert. Nur in Landesteilen, in denen keine genossenschaftlichen Vertriebsorganisationen existierten, sollte der Verkauf weiterhin über den freien Handel abgewickelt werden.

[62] PCM 1931–1933, 3/1–1/1309: Wirtschaftsminister Belluzzo an Mussolini vom 24.10.1927, 16.11.1927, 29.11.1927 und 18.1.1928; vgl. auch AD, sc. 4, Nr. 5.1.7, All. 5: Berichte der Provinzpräfekten vom Oktober 1927.

[63] PCM 1931–1933, 3/1–1/1309: Bericht CNFA, Consumo dei concimi chimici (o.D., Eingangsstempel PCM 18.3.1928).

[64] PCM 1931–1933, 3/1–1/1309: Donegani an Mussolini, 21.12.1927.

[65] PCM 1926, 3/1–1/4100: Sitzungsbericht des Comitato Permanente del Grano, o.D. (wahrscheinlich Anfang Dezember 1926).

geleiteten Sitzung des „Getreidekomitees" vom 20. Dezember 1926, an der neben CNFA-Spitzenvertretern auch der Präsident der Montecatini, Guido Donegani, teilnahm, wurde eine Reduzierung der Phosphat- und Stickstoffdüngerpreise vereinbart.[66] Eine ähnliche Übereinkunft kam im darauffolgenden Frühjahr zwischen der CNFA und der *Società italiana potassa* für Kalidünger zustande.[67] Im Juli 1927 wurden die Düngerpreise erneut nach unten korrigiert und in einem nationalen Vertrag zwischen CNFA und der Chemieindustrie fixiert. Auch diesmal hatten Mussolini und das Wirtschaftsministerium vermittelnd zur Seite gestanden.[68]

Auch in Zukunft wurden die Beziehungen zwischen den Landwirten und der Chemieindustrie immer mehr durch kollektivvertragliche Absprachen geregelt. So kam es 1931, als der Düngerverbrauch erneut stark zurückging, zu weiteren Preis- und Produktionsabsprachen unter staatlicher Vermittlung.[69] Die von faschistischen Politikern beschworene „Interessenidentität" von Landwirtschaft und Industrie konnte zwar keineswegs verhindern, daß es in den entscheidenden Fragen immer wieder zu Konflikten kam und – gerade auf dem Düngersektor – durchaus eine Konkurrenzsituation zwischen Industrieunternehmen und Agrargenossenschaften bestand.[70] Langfristig besa-

---

[66] PCM 1931–1933, 3/1–1/1309: Sitzungsbericht des Comitato Permanente del Grano vom 20.12.1926; „Le sedute del Comitato del Grano per il prezzo dei Concimi", L'Agricoltore d'Italia, 25.12.1926; Dankschreiben Cacciaris an Mussolini, 21.12.1926; Cacciari forderte darin, daß auch in Zukunft die Beziehungen zwischen Agrarverbänden und Chemieindustrie im Rahmen nationaler Verträge geregelt werden sollten. Entsprechende Vereinbarungen sollten aber auch für die Beziehungen mit anderen Industriebereichen (Kraftstoff, Zuckerindustrie, landwirtschaftliche Maschinen) getroffen werden.

[67] PCM 1931–1933, 3/1–1/1309: Wirtschaftsminister Belluzzo an Mussolini, 11.4.1927.

[68] SPD, CO, f. 500.808/6: Cacciari an Belluzzo, 22.7.1927, und an Mussolini, 23.7.1927.

[69] PCM 1931–1933, 3/1–1/1309: Federazione Nazionale Fascista dell'Industria dei Prodotti Chimici per l'Agricoltura an PCM, Eingangsstempel PCM 20.12.1930; Landwirtschaftsminister Acerbo an Mussolini vom 21.7.1931 und 14.1.1931; vgl. auch Mario Pezzati, I prodotti chimici per l'agricoltura in Italia nel primo trentennio del secolo, in: Armatori, Bezza (Hgg.), Montecatini, S. 149–203, hier S. 175f. und S. 194f.

[70] So kam es in der Frage der Handelssteuer im Sommer 1930 zu einem Streit zwischen der Federconsorzi einerseits und den chemischen Düngerproduzenten und Händlern andererseits. Die Agrargenossenschaften waren 1925 von der Handelssteuer, die zu diesem Zeitpunkt 0,5% betrug, befreit worden. Diese Bevorzugung der Genossenschaften fiel angesichts des geringen Hebesatzes nicht besonders ins Gewicht. 1930 wurde jedoch beschlossen, die Steuer auf 1,5 % anzuheben. Die Industrie- und Handelsorganisationen forderten nun mit Nachdruck eine Gleichbehandlung von Genossenschaften und Handel. Das Finanzministerium unterstützte diese Position, während sich das Landwirtschaftsministerium weiterhin für eine steuerliche Subvention der Genossenschaften aussprach. Schließlich wurde ein Kompromiß gefunden, der vorsah, die Genossenschaften zwar mit dem vollen Hebesatz, aber nur auf einer Handelsstufe zu besteuern, nämlich nur bei der Abgabe der Produkte von der Federconsorzi an die einzelnen Genossenschaften. (PCM 1931–1933, 3/1–1/1309: Confederazione Commercianti,

ßen jedoch beide Seiten ein vitales Interesse an einer Regulierung der Konflikte.

b) Mechanisierung und Motorisierung der Landwirtschaft

Während die chemische Düngung zumindest regional schon vor dem Ersten Weltkrieg Verbreitung gefunden hatte, war der Mechanisierungsgrad in der Landwirtschaft zu diesem Zeitpunkt noch äußerst gering. Zwar waren 1914 landesweit etwa 45.000 Mähmaschinen und 12.500 Dreschmaschinen im Einsatz.[71] Doch handelte es sich überwiegend um einfache, mit Zugvieh angetriebene Geräte, die vor allem aus Deutschland importiert wurden. Eine nationale landwirtschaftliche Maschinenindustrie hatte sich bis dahin noch nicht etablieren können.[72] Motorisierte Maschinen und Ackerschlepper waren in Italien vor 1914 gänzlich unbekannt. Erst während des Krieges, als Arbeitskräfte knapp waren und Zugvieh von den Militärbehörden rekrutiert wurde, bemühte man sich um den Aufbau eines landwirtschaftlichen Maschinenparks, um Einbrüche bei der Nahrungsmittelversorgung zu verhindern. 1916 wurde beim Zentralkomitee für die Industrielle Mobilisierung (*Comitato Centrale di Mobilitazione Industriale*) ein staatliches Büro für die Motorisierung der Landwirtschaft eingerichtet (*Ufficio Centrale di Motoaratura*).[73] Dieses koordinierte die Einfuhr und die Verteilung der überwiegend aus den USA gelieferten Traktoren. Zwischen 1916 und 1918 importierte Italien so immerhin 3.323 Schlepper, 3.395 Motorpflüge und 4.768 Eggen aus Amerika.[74] Diese wurden den Landwirten gegen ein geringes Entgelt zur Verfügung gestellt.[75] Nach dem Krieg wurden die auf Staatskosten eingeführten

---

gez. Cartoni, an Mussolini, 24.7.1930; Landwirtschaftsminister Acerbo an Finanzministerium, 19.7.1930; Finanzministerium an Mussolini, 26.7.1930 und 7.10.1930).

[71] Gianluigi Della Valentina, Meccanica agraria e motorizzazione dell'agricoltura italiana, in: D'Attorre, De Bernardi (Hgg.), Studi, S. 426.

[72] Vgl. Alberto De Bernardi, Appunti sulle innovazioni delle techniche agrarie in Val Padana tra Ottocento e Novecento, Padania, Jg. 2, Nr. 3 (1988) S. 21–41 (Themenheft La meccanizzazione agricola in pianura padana); Gianluigi Della Valentina, Il difficile cammino delle macchine nelle campagne lombarde, ebd. S. 42–77.

[73] Dieses wurde nach der Gründung der Generaldirektion für landwirtschaftliche Mobilisierung (14.2.1918) im Mai 1918 dem Landwirtschaftsministerium übertragen. 1919 wurde das Büro in eine eigene Generaldirektion umgewandelt, die vor allem für die Auflösung des staatlichen Maschinenparks verantwortlich war. 1922 wurde die Generaldirektion aufgelöst. Vgl. Melis (Hg.), L'amministrazione, Bd. 3, S. 233; außerdem Piva, Mobilitazione agraria, passim.

[74] Einaudi, La condotta economica, S. 136.

[75] Die Maschinen wurden über dezentralisierte Uffici di moto-aratura dello Stato an die Landwirte verteilt. In einigen Fällen stellten diese Büros auch selbst Ernteeinsatzgruppen zusammen; ebd. S. 137.

Maschinen auf dem privaten Markt verkauft.[76] Tabelle 9.3 zeigt, daß der Krieg in der Tat den Auftakt für die Motorisierung der italienischen Landwirtschaft bildete. Befanden sich 1915 gerade 200 Traktoren im Einsatz, so waren es 1916 bereits 700 und 1920 etwas mehr als 4.500. Nach einer kurzen Stagnationsphase in der ersten Hälfte der zwanziger Jahre setzte 1925 eine zweite Motorisierungs- und Mechanisierungswelle ein.[77] Im Zuge der „Battaglia del grano" wurde die Erweiterung des landwirtschaftlichen Maschinenparks zum festen Bestandteil der staatlichen Agrarpolitik. Die beauftragten Stellen förderten insbesondere die Verbreitung von Mähdreschern, Sämaschinen (maschinelle Reihensaat) und von Motorpflügen, die eine höhere Bearbeitungstiefe ermöglichten. Experten schätzten, daß beim manuellen Mähen und Dreschen pro Hektar etwa ein bis zwei Doppelzentner Weizen verloren gingen; allein durch einen flächendeckenden Einsatz von Mähdreschern konnte nach diesen Berechnungen die jährliche Weizenproduktion um 5–10 Mill. dz gesteigert werden.[78] Im Süden des Landes war der Einsatz von Mähdreschern besonders wichtig, da die Ernte innerhalb von wenigen Tagen eingebracht werden mußte, um ein Austrocknen des Korns zu verhindern.

Neben der Erhöhung der Getreideproduktion hatte der verstärkte Maschineneinsatz auch einen zweiten positiven Effekt auf die Ernährungswirtschaft. Denn langfristig wurden nicht nur Arbeitskräfte freigesetzt – was unter sozialen Aspekten eher negativ beurteilt wurde[79] –, sondern auch Zugtiere, die zukünftig für die Nahrungsmittelproduktion verwendet werden konnten. Nach einer staatlichen Erhebung gab es 1930 2,3 Mill. Pferde, Esel und Maultiere, die überwiegend für landwirtschaftliche Arbeiten eingesetzt wurden. Hinzu kamen etwa 1,5 Mill. Kühe und 0,6 Mill. Ochsen (42% bzw. 64% des Gesamtbestandes), die ebenfalls als Zugtiere Verwendung fanden.[80] Hier bestand ein beträchtliches Potential für die Erweiterung der knappen Ressourcen an tierischen Ernährungsgütern.[81]

---

[76] Ebd. S. 136–138; vgl. auch De Stefani, La legislazione, S. 102f.

[77] Zwischen 1920 und 1924 erhöhte sich der Traktorenbestand im Durchschnitt lediglich um 300 Stück pro Jahr.

[78] Ministero dell'Economia Nazionale, Atti, 8° Sessione, Sitzung vom 24.1.1929, I problemi attuali relative alle macchine agricole, Roma 1929, S. 212.

[79] Vgl. die Diskussion in: Istituto Fascista di Tecnica e Propaganda Agraria, Comitato Nazionale della Meccanica Agraria, Atti del VI. Congresso Nazionale della Meccanica Agraria (Bologna 17.–18.6.1935), Roma 1935; außerdem Franco Cazzola, Lavoro agricolo, imponibile di mano d'opera e meccanizzazione in area padana, Padania, Jg. 2, Nr. 3 (1988) S. 110–130.

[80] Vgl. Istituto Centrale di Statistica del Regno d'Italia, Annuario Statistico Italiano (1934) S. 46 (Censimenti del bestiame, 19.3.1930).

[81] Vgl. SPD, CR, b. 93: A. Serpieri, L'agricoltura e l'energia elettrica; Sindacato Nazionale Fascista dei Tecnici Agricoli, Le manifestazioni agricole del Decennale, Torino 1933, S. 30.

Allerdings lohnte sich der Einsatz von Maschinen vor allem auf großen monokulturell bewirtschafteten Flächen; in Italien überwogen jedoch Betriebe mit Mischkulturen, die aus technischen Gründen häufig keine maschinelle Bearbeitung des Bodens erlaubten. Dies galt besonders für Ackerflächen, die mit Baumkulturen (Oliven, Maulbeeren, Obst) durchsetzt waren. Besonders für Kleinbetriebe bedeutete der Kauf von Maschinen eine kaum zu erbringende Investition, die sich angesichts der niedrigen Arbeitskosten nicht immer rechnete.[82] Eine wichtige Rolle spielten daher genossenschaftliche Organisationen, bei denen sich mehrere Betriebe die Kosten für Anschaffung und Unterhalt der Maschinen teilten. Seit Sommer 1925 wurden solche Zusammenschlüsse mit staatlichen Prämien subventioniert.[83] 1925 gründete der Agrarverband FISA eine Zentralorganisation für Maschinengenossenschaften (*Federazione Consorzi Utenti Motori Agricole*, UMA), die die Gründung neuer lokaler Kooperativen fördern sollte und bestimmte Dienstleistungen übernahm.[84] Unter anderem war die UMA für die Versicherung der Fahrzeuge und für die Zuteilung technischer Betriebsmittel, insbesondere von Kraftstoff, verantwortlich, während der Verkauf der Maschinen über die Federconsorzi abgewickelt wurde.[85] Nachdem die Regierung bereits im Juli 1925 landwirtschaftliche Maschinen von der Mineralölsteuer befreit hatte,[86] erwirkte die UMA Anfang 1927 mit Unterstützung des Wirtschaftsministeriums einen nationalen Liefervertrag mit der AGIP, der den Landwirten äußerst günstige Konditionen bot.[87]

Doch nicht nur Agrarbetriebe und Genossenschaften, sondern auch die Maschinenhersteller wurden seit 1925 massiv staatlich subventioniert. Ein im Juli 1926 erlassenes Gesetz verpflichtete alle staatlichen Behörden sowie Verbände und Körperschaften, die unter staatlicher Aufsicht standen oder öffent-

---

[82] Ministero dell'Economia Nazionale, Atti, Sitzung vom 24.1.1929, S. 206 (Relazione Marozzi).

[83] R.D.L. 29.7.1925 (Nr. 1313) und 13.1.1926 (Nr. 55). Gefördert wurden Genossenschaften mit mindestens vier Traktoren. Sie erhielten eine Prämie von 75 bis 150 Lire pro Hektar (je nach Gerätetyp); handelte es sich um reine Selbsthilfeorganisationen ohne kommerzielle Interessen, so erhöhte sich die Prämie um weitere 10%. Für Saatmaschinen wurde eine Prämie von 60 Lire pro Hektar bezahlt. (vgl. außerdem PCM 1931–1933, 3/1–2/6611/3, La battaglia del grano in Italia. Relazione disposta dal Ministero dell'Agricoltura e delle Foreste, Roma 1930).

[84] Confederazione Nazionale Fascista degli Agricoltori, Dieci anni, S. 137.

[85] PCM 1926, 3/1–1/4236: Federazione Nazionale Consorzi Utenti Motori Agricoli, Motocultura, 1926.

[86] R.D.L. 26.7.1925 (Nr. 1258).

[87] PCM 1927, 3/1–1/185: Cacciari an Mussolini, 21.12.1926; Belluzzo an Mussolini, 11.1.1927; Belluzzo an PCM, 26.1.1926. In den Jahren darauf wurden weitere Verträge mit der AGIP und der SIAP E NAFTA abgeschlossen und Preissenkungen vereinbart. Die Dieselölpreise für landwirtschaftliche Nutzfahrzeuge wurden zwischen 1926 und 1931 von ca. 175 auf 55 Lire pro hl gesenkt (PCM 1931–1933, 3/1–1/1309: Bericht Motocultura).

liche Mittel erhielten, vorzugsweise Produkte italienischer Hersteller zu kaufen.[88] Diese Regelung galt im Prinzip auch für den Erwerb von Produktionsmitteln durch landwirtschaftliche Genossenschaften. Hier stellte sich jedoch das Problem, daß italienische Traktoren und Nutzfahrzeuge weder qualitativ noch preislich mit ausländischen Marken konkurrieren konnten; einige Gerätetypen wurden in Italien überhaupt nicht hergestellt.[89] 1928 waren 83% aller eingesetzten Traktoren ausländischer Herkunft (vgl. Tab. 9.3).[90] Der Gesamtwert aller in Italien verkauften landwirtschaftlichen Maschinen belief sich zu diesem Zeitpunkt auf etwa 160 Mill. Lire jährlich; davon entfiel lediglich ein Drittel auf italienische Fabrikate, ein Zustand, der auch aus Devisengründen als bedenklich eingestuft wurde.[91]

Tab. 9.3
Registrierter Traktorenbestand laut UMA 1914–1942

Jahr	Traktoren-bestand	ausländische Fabrikate		heimische Fabrikate	
1914	200				
1916	700				
1920	4.527				
1924	5.840				
1928	18.184	15.058	(83%)	3.126	(17%)
1930	24.044	19.509	(81%)	4.535	(19%)
1932	28.161	22.466	(80%)	5.695	(20%)
1934	30.210	23.589	(78%)	6.621	(22%)
1936	35.763	26.777	(75%)	8.986	(25%)
1938	38.621	27.874	(72%)	10.747	(28%)
1940	42.360	29.397	(69%)	12.963	(31%)
1942	50.756	29.820	(59%)	20.936	(41%)

[88] L. 15.7.1926 (Nr. 1379) und R.D.L. 20.3.1927 (Nr. 527); vgl. PCM 1934–1936, 3/1–8/3528: Preferenza ai prodotti dell'industria italiana; API, Senato, Leg. XXVII, sess. 1924–1927, Disegni di Legge, Nr. 973, Roma o.J.; in diesem Zusammenhang wurde auch ein Comitato per il Prodotto Italiano gegründet, dem Wirtschaftsminister Belluzzo vorsaß (SPD, CO, f. 549.130). In eine ähnliche Richtung zielte die Kampagne des Mailänder Verlagshauses Mario Foà & Co., das 1926 einen Werbefeldzug mit Unterstützung der Regierung und der Industrieverbände zugunsten des Markenzeichens „Prodotto italiano" startete. (PCM 1926, 3/8/2526: Propaganda al „Prodotto italiano").

[89] Dies galt für Mäh- und Erntemaschinen, Bindemaschinen und Doppelpflüge; im Frühjahr 1926 forderte Mussolini den Präsidenten der Confindustria, Benni, dazu auf, die Maschinenindustrie zu Herstellung italienischer Motorpflüge zu veranlassen (PCM 1926, 3/8/1356: Mussolini an Benni, 1.4.1926).

[90] In erster Linie handelte es sich dabei um US-amerikanische Schlepper der Marke Ford.

[91] Ministero dell'Economia Nazionale, Atti, Sitzung vom 24.1.1929, S. 214.

Quellen: Utenti Motori Agricoli, Quarant'anni di motorizzazione agricola in Italia, Roma 1968, S. 22–47; Relazione Marozzi a. a.O., S. 205; Confederazione Nazionale Fascista degli Agricoltori, Dieci anni, S. 137; Della Valentina, Meccanica agraria e motorizzazione, S. 428, Tab. 4.

Die schwache Präsenz der italienischen Maschinenindustrie auf diesem Sektor hatte mehrere Gründe: Der italienische Markt war – trotz seiner starken Expansion seit dem Ersten Weltkrieg – immer noch relativ klein. Viele Hersteller scheuten daher die hohen Entwicklungskosten, die insbesondere bei großen Arbeitsmaschinen anfielen. Gegenüber den ausländischen Anbietern bestanden erhebliche Entwicklungsrückstände, die sich sowohl in der Qualität als auch in den Preisen niederschlugen. Ein interner Bericht von 1931 bezeichnete die Preise für italienische Schlepper als regelrecht „prohibitiv". So kostete der am meisten verbreitete Traktor italienischer Bauart, der FIAT 700B, 20.000 Lire; für angemessen wurde ein Preis von 12.000 Lire gehalten. Überdies galt der Service als schlecht, und Ersatzteile waren viel zu teuer.[92] Beklagt wurde auch die große Zahl von Einzelprodukten und die mangelnde Standardisierung. So waren in Italien allein 400 verschiedene Pflugmodelle auf dem Markt.[93] Viele Landwirte und Genossenschaften bevorzugten daher ausländische Marken, was immer wieder zu Konflikten mit Industrievertretern führte.[94] Der überwiegende Teil der Maschinen wurde über den Genossenschaftsverband Federconsorzi vertrieben. Anders als bei Mineraldüngern, Futtermitteln und Saatgut trat die Federconsorzi in diesem Bereich nicht als Produzent, sondern lediglich als Zwischenhändler auf. Insofern bestand hier kein direktes Konkurrenzverhältnis zur heimischen Industrie. Im Gegenteil: Die Federconsorzi hatte nach dem Weltkrieg Lieferverträge mit den meisten italienischen Maschinenherstellern abgeschlossen, die dem Verband ein ex-

---

[92] PCM 1931–1933, 3/1–1/1309: Bericht Motocultura.

[93] A. Carena, La produzione ed il commercio mondiale delle macchine agricole, Italia Agricola 68 (1931) S. 507–523, hier S. 520.

[94] So hatte etwa Mario Ferraguti 1931 mehrfach öffentlich gegen die schlechte Qualität und die hohen Preise der italienischen Maschinen polemisiert, was ihm eine heftige Rüge des Präsidenten des Comitato per il prodotto italiano, Belluzzo, einbrachte (SPD, CR, b. 13, Belluzzo an Ferraguti, 14.3.1931). – Im Juni 1929 beschwerte sich die Confindustria bei Mussolini, daß das Istituto Agrario Michele in Sansevero (Foggia) einen ausländischen Traktor erworben habe („[. . .] che assume [. . .] un particolare carattere di gravità perché è in aperto contrasto con le vigenti disposizioni di legge in materia di preferenza ai prodotti dell'industria nazionale, come pure per le ripercussioni morali fra gli agricoltori locali, a tutto danno della nostra industria"). Die PCM antwortete daraufhin, daß das Institut den Traktor nur zu Demonstrationszwecken gekauft habe; außerdem koste das erworbene Modell der Firma Hofther-Schrantz-Clayton-Shuttlewort nur 27.000 Lire, während für das vergleichbare Modell des italienischen Herstellers Pavesi P4 33.000 Lire bezahlt werden müßten (PCM 1928–1930, 3/1–3/7305: Confindustria an PCM, 4.6.1929; PCM an Confindustria, 6.8.1929).

klusives Verkaufsrecht gewährten. Solche Verträge waren 1917 mit der *Società anonima meccanica* in Monza (Sämaschinen), mit dem Stahlproduzenten Terni (Stahlpflüge), 1918 mit FIAT (Traktoren) und 1919 mit dem Breda-Konzern (Dreschmaschinen) abgeschlossen worden.[95] Dennoch bot die Federconsorzi weiterhin ausländische Fabrikate an,[96] was ihr den Vorwurf einbrachte, der nationalen Industrie absichtlich Schaden zuzufügen. In einem internen Bericht an Mussolini vom Frühjahr 1932 heißt es:

> Die Hauptschwierigkeit, mit der die landwirtschaftliche Maschinenindustrie Italiens zu kämpfen hat, ist das Räderwerk der landwirtschaftlichen Genossenschaften. [. . .] Die Genossenschaften versuchen, zuerst mit allen möglichen Mitteln ausländische Maschinen zu verkaufen, bevor sie bestimmte italienische Fabrikate erwerben. Die gegenwärtige Situation verhindert jede gesunde und unabhängige Entwicklung der Industrie.[97]

Der Bericht forderte daher ein staatliches Verbot für den Vertrieb ausländischer Maschinen. Demgegenüber verteidigte der Präsident der Federconsorzi, Augusto Calore, die Tätigkeit der Genossenschaften und verwies auf die bestehenden Lieferverträge mit der italienischen Industrie.[98] Da die Federconsorzi jedoch neuerdings aus Kostengründen nicht mehr selbst als Händler auftrete, sondern nur eine Mittlerposition einnehme, könne man die Landwirte nicht zum Kauf bestimmter Marken zwingen. Dennoch sicherte Calore zu, die „Italianisierung des landwirtschaftlichen Maschinenmarktes" zu fördern.[99]

Zur Unterstützung der italienischen Hersteller startete der Verband der Agrartechniker SNFTA 1931 eine Kampagne unter dem Motto „A terra italiana, macchine agricole italiane". Im Mai 1932 fand in Rom eine „Werbewoche der landwirtschaftlichen Mechanisierung" mit einer Ausstellung und zahlreichen anderen Veranstaltungen statt.[100] Der Kriegsteilnehmerverband

---

[95] Ventura, La Federconsorzi, S. 703.

[96] Ebd.; bereits 1918 wurden etwa 50% der importierten Maschinen und Geräte von der Federconsorzi vertrieben.

[97] SPD, CO, f. 552.802: Bericht „L'industria delle macchine agricole in Italia".

[98] Mussolini hatte auf dem Bericht den Vermerk „Intell. Osservazione" angebracht und ihn anschließend dem Präsidenten der CNFA Tassinari zukommen lassen. Dieser hatte ihn an den Präsidenten der Federconsorzi Calore weitergegeben, welcher daraufhin eine Stellungnahme verfaßte (SPD, CO, f. 555.802: Calore an Tassinari, 7.7.1932).

[99] Ebd., Pio Perrone an Tassinari, 3.8.1932.

[100] Die „Settimana della meccanica agraria" hatte das Ziel „di far conoscere, apprezzare e meglio valutare i pregi delle macchine agricole che l'industria nazionale offre ai nostri agricoltori [. . .], di incitare l'industria nazionale alla fabbrica di macchine che attualmente difettano il nostro lavoro agricolo, specialmente in relazione alla raccolta e manipolazione dei prodotti [. . .]". (PCM 1931–1933, 14/1/639: Programma-Regolamento della „Settimana della Meccanica agraria", Roma 1932).

ONC beschloß 1931, für die eigenen Betriebe ausschließlich italienische Maschinen zu erwerben.[101]

Auch von Regierungsseite wurden verschiedene Maßnahmen ergriffen, um die Entwicklungsrückstände der italienischen Industrie zu beseitigen. So wurden im Rahmen der „Getreideschlacht" verschiedene Prämienwettbewerbe zur Entwicklung spezieller Maschinen, etwa Sämaschinen für unwegsame und hügelige Anbaugebiete, durchgeführt.[102] Die lokalen „Getreidekommissionen" wurden zu Demonstrationszwecken mit Geräten italienischer Bauart ausgestattet. Landwirte, die italienische Traktoren erwarben, erhielten Kredite zu Sonderkonditionen.[103] 1928 wurde beschlossen, Betrieben in Mittel- und Süditalien beim Kauf italienischer Traktoren 20% des Kaufpreises zurückzuerstatten. Dazu sollten jährlich drei Mill. Lire aus öffentlichen Mitteln bereitgestellt werden, womit etwa 500 Traktoren pro Jahr subventioniert werden konnten. Allerdings wurde dieser Betrag 1929 aus finanzpolitischen Gründen auf 1,5 Mill. Lire reduziert; ein Jahr später wurde die Subvention trotz energischer Proteste der Industrie und des Landwirtschaftsministeriums eingestellt.[104] Auch ein 1931 vorgetragener Vorschlag des FIAT-Konzerns, 300–500 Traktoren mit Hilfe eines staatlichen Konsortiums zu erwerben und Landwirten zu Sonderkonditionen zur Verfügung zu stellen, wurde angesichts finanzieller Schwierigkeiten abgelehnt.[105] FIAT hatte angekündigt, andernfalls ein Traktorenwerk in Modena schließen zu müssen, das auch eine rüstungswirtschaftliche Bedeutung (militärische Lastfahrzeuge) hatte.[106]

Im Januar 1929 beschäftigte sich der Nationale Wirtschaftsrat mit dem Problem der landwirtschaftlichen Maschinenindustrie Italiens. In seinem Einführungsvortrag sicherte der CNFA-Vertreter Senator Antonio Marozzi der Industrie seine Unterstützung bei der Verbreitung italienischer Marken zu.[107] In der anschließenden Diskussion wurde auch die Frage der militärischen

---

[101] „A terra italiana, macchine agricole italiane", La Conquista della Terra, Jg. 9, Nr. 8, August 1931, S. 3–10.

[102] PCM 1931–1933, 3/1–2/6611/3: La battaglia del grano in Italia. Relazione, S. 31.

[103] PCM 1928–1930, 3/1–1/11622: Acerbo an Mussolini, 10.1.1931.

[104] PCM 1928–1930, 3/1–1/11622: Acerbo an PCM, 6.3.1930; Telegramm verschiedener Traktorenhersteller (Breda, Bubba, Pavesi, Landini) an Mussolini, 21.4.1929; Acerbo an Mussolini, 26.4.1930; Finanzminister Mosconi an PCM, 21.5.1930; Acerbo an PCM, 20.6.1930.

[105] PCM 1928–1930, 3/1–1/11622: Acerbo an Mussolini, 10.1.1931; Acerbo hatte dafür einen Betrag von ca. 12 Mill. Lire veranschlagt.

[106] Ebd.

[107] Ministero dell'Economia Nazionale, Atti, Sitzung vom 24.1.1929, S. 204–228; Marozzi, der während des Krieges ein Sonderbüro des Landwirtschaftsministeriums (Ufficio Agricolo Speciale) geleitet hatte, betonte die dringende Notwendigkeit, die Einfuhren durch heimische Produkte zu ersetzen. Dazu müßten die italienischen Maschinen jedoch im Preis und in der technischen Qualität attraktiver werden und einen höheren Standardisierungsgrad erreichen.

Nutzbarkeit von landwirtschaftlichen Traktoren angesprochen. General Alberto Dall'Olio, Präsident des „Komitees für Zivile Mobilmachung", plädierte für die Entwicklung eines „Einheitstraktors", der sich sowohl für landwirtschaftliche als auch für militärische Zwecke einsetzen ließ.[108] Dazu müßten die Traktoren so konstruiert werden, daß sie in kurzer Zeit für die Straßenbenutzung umgebaut werden könnten.[109] Im Anschluß an diese Diskussion beauftragte das Landwirtschaftsministerium eine Expertenkommission mit der Erstellung der technischen Normen für einen derartigen „Einheitstraktor"; allerdings verweigerte das Kriegsministerium nach anfänglichem Interesse eine finanzielle Beteiligung an den Entwicklungskosten. Als Begründung wurde angeführt, daß landwirtschaftliche Traktoren allenfalls zu Kriegsbeginn oder in extremen Engpaßsituationen im logistischen Bereich eingesetzt werden könnten. Im allgemeinen entsprächen diese Fahrzeuge jedoch nicht den militärischen Erfordernissen.[110]

Wenngleich das Projekt eines militärisch-zivilen „Einheitstraktors" nicht verwirklicht wurde, konnte der Bestand an landwirtschaftlichen Maschinen seit Mitte der zwanziger Jahre erheblich aufgestockt werden. Die Zahl der verfügbaren Schlepper erhöhte sich seit 1924 jährlich um 3.000 Stück. Bereits 1928 existierten in Italien mehr Traktoren als in Deutschland.[111] Anfang der dreißiger Jahre verlangsamte sich die Zuwachsrate deutlich, ohne daß es jedoch zu der befürchteten Rückkehr zu tierischer Zugkraft kam.[112] Nach 1934 stieg die Nachfrage nach Traktoren wieder kräftig an. Zwischen 1924 und 1942 hat sich die Zahl der eingesetzten Schlepper verzehnfacht, allerdings mit einem deutlichen Übergewicht im Norden des Landes. 1928 befanden sich 73% der registrierten Traktoren im Norden, 16% in Mittelitalien und nur 11% in Süditalien und auf den Inseln. Praktisch identisch war die regionale Verteilung Ende der dreißiger Jahre.[113] Starke Zuwächse lassen sich auch im Bereich der Dreschmaschinen beobachten. Die Zahl der Dreschmaschinen

---

[108] In der Industrie wurden solche Parallelnutzungen bereits bis zu einem gewissen Grad praktiziert. So stellte das Unternehmen Pavesi Traktoren und Schlepper für Artilleriegeschütze her.

[109] Ebd. S. 222–226.

[110] PCM 1928–1930, 3/1–1/11622: Acerbo an Mussolini, 10.7.1931.

[111] In Deutschland gab es zu diesem Zeitpunkt etwa 11.000 Zugfahrzeuge. In Kalifornien, das etwa die doppelte Fläche wie Italien hatte, wurden 1927 47.000 Traktoren gezählt (Ministero dell'Economia Nazionale, Atti, Sitzung vom 24.1.1929, S. 205f.).

[112] Diese Befürchtung war in einem Bericht von 1931 geäußert worden, da die Preise für Arbeitsvieh mit der Wirtschaftskrise stark gefallen waren, während die Anschaffungs- und Unterhaltskosten bei Maschinen gleich blieben. Während ein Traktor 1926 soviel kostete wie zwei Zugochsen, bestand 1931 ein Verhältnis von 1:6 (PCM 1931–1933, 3/1–1/1309: Bericht Motocultura).

[113] Utenti Motori Agricoli, Quarant'anni, S. 22–47.

erhöhte sich zwischen 1927 und 1935 von 21.500 auf knapp 30.000, die Dreschkapazitäten von 34 auf 53 Mill. dz. Weizen. 1935 wurden somit knapp 80% der Weizenproduktion maschinell gedroschen.[114] Keine verläßlichen Statistiken gibt es dagegen über die Bestandsentwicklung bei den übrigen Maschinen. Nach Schätzungen der CNFA waren Mitte der dreißiger Jahre 800.000 Stahlpflüge, 100.000 Saat- und 8.000 Mähmaschinen im Einsatz.[115]

Tab. 9.4
Einfuhr von landwirtschaftlichen Maschinen (ohne Traktoren)
1922–1938*

1922	19,5	1928	43,2	1934	40,7
1923	19,3	1929	85,3	1935	34,2
1924	31,2	1930	76,6	1936	33,7
1925	51,8	1931	43,2	1937	44,2
1926	90,5	1932	31,8	1938	44,2
1927	95,0	1933	38,0		

* in Mill. Lire
Quellen: Istituto Centrale di Statistica del Regno d'Italia, Annuario Statistico Italiano (1927) S. 131, (1932) S. 188, (1935) S. 66, (1939) S. 88.

Trotz umfangreicher staatlicher Subventionen gelang es der italienischen Industrie aber nur partiell, die ausländischen Anbieter vom Markt zu verdrängen. Noch 1942 waren 59% der Traktoren ausländischer Herkunft.[116] Dies waren zwar deutlich weniger als noch Ende der zwanziger Jahre. Eine vollständige Importsubstitution wurde jedoch – anders als im Bereich der chemischen Dünger – nicht verwirklicht. Ähnliches galt für die übrigen landwirtschaftlichen Maschinen, wie Motorpflüge, Sä- und Erntemaschinen. Die Importe gingen zwar seit 1931 zurück. Dennoch mußten auch weiterhin für

[114] Istituto Centrale di Statistica del Regno d'Italia, Annuario Statistico Italiano (1929) S. 153; ebd. (1936) S. 50; zur regionalen Verteilung vgl. außerdem SPD, CO, f.500.003/II: Federazione italiana dei Consorzi Agrari, Diffusione della trebbiatura a macchina, 1937; PCM 1931–1933, 3/1–1/1309: Bericht Landwirtschaftsminister Rossoni an Mussolini, 16.9.1937.

[115] Confederazione Fascista degli Agricoltori, Necessità attuale e sviluppi della meccanica agraria in Italia, in: Istituto Fascista di Tecnica e Propaganda Agraria, Comitato Nazionale della Meccanica Agraria, Atti del II. Congresso Nazionale della Meccanica Agraria (Bologna 17.–18.6.1935), Roma 1935, S. 23–25.

[116] Industrievertreter führten die hohe Importquote auf einen ungenügenden Zollschutz für landwirtschaftliche Maschinen zurück, während die Einfuhr der zur Herstellung notwendigen Rohstoffe (Eisen, Stahl, Kohle) mit hohen Kosten verbunden sei; vgl. Confederazione Fascista degli Industriali, Necessità attuale e sviluppi della meccanica agraria in Italia, in: Istituto Fascista di Tecnica e Propaganda Agraria, Comitato Nazionale della Meccanica Agraria, Atti, S. 97–105.

30 bis 40 Mill. Lire pro Jahr landwirtschaftliche Maschinen aus dem Ausland eingeführt werden (vgl. Tab. 9.4). Ein hoher Importanteil bestand vor allem bei Mäh- und Erntemaschinen, die in Italien nicht in größeren Serien hergestellt wurden, während der Bedarf an Stahlpflügen und Dreschmaschinen zu 70% bzw. 60% durch heimische Fabrikate abgedeckt wurde.[117]

3. Kapitalmarkt, Investitionen und sektorale Terms of Trade

Die Entwicklung der Dünger- und Maschinenindustrie zeigt, wie stark das Interesse der Industrie an einer technischen Modernisierung des Agrarsektors war. In der „Battaglia del grano" erkannten die italienischen Industriellen eine Chance, mit staatlicher Unterstützung die Landwirtschaft als Absatzmarkt für Investitions- und Vorleistungsgüter zu erschließen. Realistischerweise sollte man diesen Aspekt aber auch nicht überbewerten. Der Umsatz an chemischen Dünger- und Pflanzenschutzmitteln betrug selbst in einem guten Geschäftsjahr wie 1926 nur rund 1,3 Mrd. Lire (Tab. 9.5), der Umsatz an landwirtschaftlichen Maschinen bewegte sich in einer Größenordnung von 160 Mill. Lire.[118] Zusammen genommen entsprach dies etwa 3% der Bruttowertschöpfung des Industriesektors. Das Nachfragepotential der Landwirtschaft konnte dem industriellen Wachstum somit allenfalls in einigen Branchen einen zusätzlichen Impuls verleihen, dieses jedoch keineswegs alleine stützen.

Tab. 9.5

Aufwendungen der Landwirte für Dünger und Pflanzenschutzmittel 1922–1939*

1922	786	1928	1.155	1934	930
1923	929	1929	1.150	1935	1.005
1924	954	1930	991	1936	1.081
1925	1.140	1931	792	1937	1.438
1926	1.362	1932	816	1938	1.417
1927	1.074	1933	810	1939	1.673

* in Mill. Lire
Quelle: Istituto Centrale di Statistica, Indagine statistica sullo sviluppo del reddito, S. 202.

---

[117] Confederazione Fascista degli Agricoltori, Neccesità, S. 23–25.

[118] Der Umsatz für Dünger- und Pflanzenschutzmittel wurde auf der Basis der ISTAT-Statistiken (vgl. Tab. 9.2) und einer vom Comitato Permanente del Grano kalkulierten Preisstatistik aus dem Jahre 1926 errechnet (vgl. PCM, 1926, 3/1–1/4100); zum Umsatz der Maschinenindustrie s. o. S. 310.

Die in den zwanziger Jahren einsetzende Mechanisierungswelle schlug sich auch in den Investitionen nieder. Sowohl die Brutto- als auch die Nettoinvestitionen weisen in der Landwirtschaft seit 1926 eine deutlich steigende Tendenz auf (Tab. 9.6 und 9.7). Interessant ist dabei, daß der Anteil der Landwirtschaft an den Gesamtinvestitionen zumindest bis Mitte der dreißiger Jahre erkennbar zunimmt, und zwar insbesondere bei den Nettoinvestitionen, die zur Erweiterung des Produktionspotentials dienen. Allerdings stiegen die Investitionen vor allem im Bereich der Meliorationen und Urbarmachungen an, während die Ausgaben für Maschinen und technische Betriebsmittel seit Anfang der dreißiger Jahre stagnierten bzw. sogar leicht abnahmen (Tab. 9.8). Trotz dieser Verringerung der Investitionsneigung verzeichnet der Nettokapitalstock, also der reale (abschreibungsbereinigte) Kapitalbestand im Agrarbereich ein bemerkenswertes Wachstum. Er wurde zwischen 1921 und 1936 annähernd verdoppelt (Tab. 9.9). Betrachtet man die Kapitalintensitäten, so läßt sich vor allem bei der Kapitalausstattung pro Arbeitskraft eine starke Zunahme erkennen, was auf eine beschleunigte Veränderung der Faktoreinsatzrelationen hindeutet. Die häufig vertretene These, es sei in der faschistischen Zeit zu einer Rückkehr zu arbeitsintensiven Produktionsmethoden gekommen, läßt sich somit kaum aufrecht halten.

Tab. 9.6

Durchschnittliche jährliche Bruttoinvestitionen in Landwirtschaft und Industrie 1921–1940*

Jahr	Landwirtschaft (a)	Industrie	Gesamt (b)	a/b × 100
1921–1925	591	11.938	16.874	3,5%
1926–1930	1.293	16.760	22.420	5,8%
1931–1935	1.758	12.780	20.500	8,6%
1936–1940	1.960	21.080	29.220	6,7%

* in Mill. Lire, Preise von 1938
Quelle: Ercolani, Documentazione statistica, S. 441.

Tab. 9.7

Durchschnittliche jährliche Nettoinvestitionen in Landwirtschaft und Industrie 1921–1940*

Jahr	Landwirtschaft (a)	Industrie	Gesamt (b)	a/b × 100
1921–1925	10	4.900	6.336	0,2%
1926–1930	399	7.694	10.780	3,7%
1931–1935	1010	1.584	6.674	15,1%
1936–1940	995	7.460	11.280	8,8%

* in Mill. Lire, Preise von 1938
Quelle: ebd. S. 447.

Tab. 9.8

Durchschnittliche jährliche Bruttoinvestitionen in der Landwirtschaft nach Bereichen 1921–1940*

Jahr	Urbar-machungen	Melio-rationen	Maschinen und Werkzeuge	Gesamt
1921–1925	419	99	73	591
1926–1930	1.027	120	146	1.293
1931–1935	1.335	297	126	1.758
1936–1940	1.368	476	116	1.960

* in Mill. Lire, Preise von 1938
Quelle: ebd., S. 452.

Tab. 9.9

Nettokapitalstock und Kapitalintensitäten in der Landwirtschaft 1921–1951*

Jahr	Kapitalstock (Mrd. Lire)	Kapital/LNF (Lire/ha)	Kapital/Arbeit (Lire/Arbeitskraft)
1921	11,1	514	1.081
1931	15,5	717	1.897
1936	20,7	981	2.341
1951	31,5	1.528	3.514

* Preise von 1938
Quellen: Berechnet nach ebd. S. 419; Istituto Centrale di Statistica, Sommario (1968) S. 60; Vitali, I censimenti, S. 391 und 407.

In der Forschung ist vielfach die Auffassung vertreten worden, daß es in der faschistischen Zeit zu einem „Ressourcentransfer" vom agrarischen zum industriellen Sektor gekommen sei.[119] Bewußt habe das faschistische Regime die Interessen der Landwirtschaft gegenüber den Erfordernissen eines industriellen Wachstums zurückgestellt. Es sei somit zu einer „Unterordnung [. . .] und Funktionalisierung des Agrarsektors für die Belange des Industrialisierungsprozesses" gekommen.[120] Diese Argumentation stützt sich auf zwei Thesen. Zum einen habe die Geld- und Kreditpolitik eine Umleitung der Kapitalströme von der Landwirtschaft zur Industrie gefördert.[121] Zum an-

---

[119] Vgl. z. B. Tattara, Cerealicoltura, S. 383; D'Alessandro, La politica agraria, spricht von einer „Umverteilung des Reichtums innerhalb des ökonomischen Systems" und einem „Transfer der Profite vom Agrar- zum Industriesektor" (S. 216).

[120] Rafalski, Italienischer Faschismus, S. 80f.; ähnlich Preti, La politica, S. 855 und 867f.; Zamagni, Dalla periferia al centro, S. 330; Fano, Problemi, S. 492; Checco, Fascismo e Campagne, S. 64: „L'evidenza storica della prevalenza dei settori della grande industria e del capitale finanziario, rispetto all'agricoltura, appare ovvia e scontata".

[121] Rafalski, Italienischer Faschismus, S. 81; Corner, Fascist Agrarian Policy, S. 258–262;

318

deren hätten sich die Preisrelationen zugunsten der Industrie verschoben, wodurch ein Einkommenstransfer vom primären zum sekundären Sektor bewirkt worden sei.[122] Beide Thesen halten jedoch einer empirischen Überprüfung nur bedingt stand.

Zunächst wird man grundsätzlich feststellen müssen, daß der Bedarf an externen Finanzierungsquellen in einem kapital- und vorleistungsintensiven Sektor wie der Industrie weit höher war als in der Landwirtschaft. Wenngleich es keine genauen Daten gibt, so dürfte die Fremdkapitalquote in der Landwirtschaft doch deutlich unter 10% gelegen haben. Neben produktionsspezifischen Faktoren wird man dafür die relativ geringe Kapitalverzinsung und ein eher konservatives Finanzierungsverhalten in der Landwirtschaft verantwortlich machen müssen. Auch das Investitionsvolumen war insgesamt weit niedriger als in der Industrie, wie die obenstehenden Tabellen zeigen. Ohne Zweifel wurden somit nicht konsumierte (d. h. gesparte) Einkommen der Landwirtschaft über den Geld- und Kapitalmarkt in andere Wirtschaftssektoren umgeleitet. Es stellt sich jedoch die Frage, ob sich diese Entwicklung in der faschistischen Zeit verstärkt hat und in welchem Maße dies auf eine politisch beabsichtigte und gelenkte Reallokation der Ressourcen zurückzuführen ist. Die vorliegenden Statistiken deuten in der Tendenz nämlich eher auf eine umgekehrte Entwicklung hin. Wie bereits gezeigt wurde, nahm das agrarische Kreditvolumen seit 1928 (für den Zeitraum davor gibt es keine Gesamtstatistik) erheblich zu, auch wenn dies zum Teil auf die über die Kreditinstitute abgewickelte Finanzierung der Urbarmachungsprogramme zurückzuführen ist. Ähnliches gilt für die Investitionen, die in der Landwirtschaft vor allem nach 1927 stark expandierten, während sie sich in der Industrie deutlich abschwächten. Auch hier wird man die „Bonifica Integrale" als einen wesentlichen, aber nicht allein bestimmenden Faktor betrachten müssen.[123] Wie immer man diese Investitionen hinsichtlich ihrer ökonomischen Effizienz bewerten möchte – eine „systematische Politik der Kapital-Drainage zum Vorteil des Industriesektors" wird man zumindest für den Zeitraum 1927–1935 nicht nachweisen können.[124]

Schwieriger zu beurteilen ist das Problem der agrarsektoralen Terms of Trade und deren Bedeutung für die Einkommensverteilung zwischen Land-

---

Corner weist – ohne dies mit Zahlen belegen zu können – auf die stärkere Kapitalbeteiligung der Landbesitzer an Industrieunternehmen hin. Außerdem sei ländliches Sparkapital über die Post- und Sparkassen sowie über Staatsanleihen zur Finanzierung der Industrie herangezogen worden.

[122] Tattara, Cerealicoltura, S. 382–386 und passim; Sereni, La questione, S. 204–206.

[123] Die in Tab. 9.6–9.9 aufgeführten Zahlen enthalten nur private und nicht öffentliche Investitionen.

[124] Rafalski, Italienischer Faschismus, S. 81; vgl. auch Barone, Mezzogiorno, S. 141.

wirtschaft und Industrie. Grundsätzlich wird man annehmen können, daß eine Veränderung der Produktpreisrelationen zwischen zwei Sektoren langfristig einen Ressourcentransfer nach sich zieht. Die Erstellung sektoraler Preisindices ist jedoch ein schwieriges Unterfangen. Neben den quellenstatistischen Problemen stellt sich dabei stets die Frage, welches Jahr man als Basisjahr wählt. Gerade in der Landwirtschaft sind die Preise nicht nur von ökonomischen Faktoren, sondern von Umfang und Qualität der Ernte abhängig. Ein gutes Erntejahr bewirkt tendenziell einen Rückgang der Preise, ein schlechtes Erntejahr hingegen einen Anstieg. Je nach Wahl des Basisjahres wird man daher sehr unterschiedliche Ergebnisse erhalten.

Vergleicht man die Entwicklung der Großhandelspreise in Landwirtschaft und Industrie, so läßt sich nach 1928 keine starke Abweichung zwischen den beiden Sektoren erkennen (Tab. 9.10). Die Preise gingen in der Landwirtschaft etwas stärker zurück als in der Industrie, ohne daß man dies schon als eine „Preisschere" bezeichnen könnte.[125] Für die Jahre nach 1933 gibt es keinen Industriepreisindex mehr, doch zeigt der Vergleich mit dem Gesamtpreisindex, daß die Agrarpreise allenfalls eine leichte Verschlechterung gegenüber den Preisen in anderen Sektoren erfahren.

Ein etwas ungünstigeres Bild ergibt sich, wenn man das Verhältnis von Faktor- und Produktpreisen in der Landwirtschaft betrachtet.[126] Die in Tabelle 9.11 zusammengefaßten Daten, die auf zeitgenössischen Berechnungen des italienischen Statistikamtes beruhen, werden von Autoren wie Tattara oder Sereni als Beweis für eine Verschlechterung der agrarischen Terms of Trade angeführt. Bei der Interpretation dieser Daten wird man jedoch differenzieren müssen. Denn erstens verschlechterte sich zwar das Austauschverhältnis bei Maschinen, deren Preise nur sehr wenig nachgaben, nicht jedoch bei chemischen Düngern, welche bei den industriellen Vorleistungsgütern den wichtigsten Platz einnehmen.[127] Zweitens zeigt sich, daß nicht nur die Preise für industrielle Produktionsmittel relativ teurer wurden, sondern auch die Preise für nichtindustrielle Produktionsfaktoren und Vorleistungsgüter (Pachten, Löhne, Saatgut, Tierfutter). Die Ausgaben der Landwirte für Saatgut und Tierfutter lagen insgesamt etwa doppelt so hoch wie die für industrielle Produktionsmittel und spielten für die Kostenstruktur der Agrarbetriebe eine weit wichtigere Rolle.[128] Die Verschiebung der Faktor-/Produkt-

---

[125] Die Entwicklung würde umgekehrt verlaufen, wenn man das Jahr 1929 als Basisjahr wählte.

[126] Autoren wie Tattara, Sereni usw. stützen sich vor allem auf diese Statistik.

[127] Im Zeitraum 1926–1930 betrugen die durchschnittlichen jährlichen Aufwendungen für Dünger und Pflanzenschutz 1.146 Mill. Lire und machten damit 33,7% der gesamten Ausgaben für Vorleistungsgüter (einschließlich Saatgut und Tierfutter) aus: Istituto Centrale di Statistica, Indagine statistica sullo sviluppo del reddito, S. 202.

[128] Zu berücksichtigen ist auch, daß die Landwirte beim Erwerb landwirtschaftlicher Maschinen

320

preisrelationen bedeutete für viele Landwirte zwar eine Verschlechterung der Betriebsbilanz; ein „Ressourcentransfer" vom Agrar- zum Industriesektor läßt sich daraus jedoch nicht ableiten.[129] Wenn überhaupt, dann führten die veränderten Preisrelationen zu einer Umverteilung von Einkommen innerhalb des Agrarsektors.

Tab. 9.10

Großhandelspreisindex in Landwirtschaft und Industrie 1928–1940

Jahr	Landwirtschaft	Industrie	Gesamt
1928	100,0	100,0	100,0
1929	93,0	98,3	95,4
1930	80,2	85,6	85,4
1931	69,1	71,0	74,5
1932	65,0	63,3	69,6
1933	55,2	59,0	63,4
1934	55,9		62,0
1935	64,5		72,9
1936	70,7		80,0
1937	82,8		90,5
1938	86,6		97,1
1939	92,4		101,4
1940	109,3		119,3

Quellen: Istituto Centrale di Statistica del Regno d'Italia, Annuario Statistico Italiano (1931) S. 239, (1934) S. 133, (1935) S. 151, (1938) S. 170, (1943) S112; Istituto Centrale di Statistica, Sommario (1958) S. 172.

---

finanzielle Beihilfen aus öffentlichen Mitteln erhielten. Ihre tatsächlichen Aufwendungen lagen daher unter den Marktpreisen.

[129] Nach der Theorie ist eine intersektorale Verlagerung ökonomischer Ressourcen ohnehin weniger von den unterschiedlichen Niveaus der Produktpreise abhängig, als vielmehr von den Entlohnungsdifferenzen bei den Produktionsfaktoren (Entlohnung von Arbeitskräften und Unternehmerleistung, Verzinsung von Kapital, Bodenrente). Ein Vergleich der Faktorentlohnung in Landwirtschaft und Industrie ist aber statistisch nur sehr schwer durchführbar. Schließlich findet eine Abwanderung von Ressourcen nur dann statt, wenn die Faktoren mobil sind. Gerade die Landwirtschaft ist jedoch kurz- und mittelfristig von einer sehr geringen Faktormobiltät gekennzeichnet.

Tab. 9.11

Faktor- und Produktpreise in der Landwirtschaft 1922–1940*

	1922–1928	*1929–1932*	*1933–1936*	*1937–1940*
Faktorpreise				
Dünger u. Pflanzenschutz	100,0	71,9	59,3	82,1
Saatgut	100,0	82,1	74,1	106,1
Maschinen[a]	100,0	92,1	86,0	124,7
andere Industrieprodukte	100,0	77,5	68,9	115,7
Tierfutter	100,0	70,4	61,3	90,4
Löhne	100,0	84,0	69,5	83,1
Pachten	100,0	104,7	54,0	95,3
Gesamt (ohne Pachten)	100,0	78,7	66,8	88,1
Produktpreise				
Tierprodukte	100,0	67,1	52,4	84,9
Pflanzliche Produkte	100,0	61,4	50,1	72,9
Gesamt	100,0	63,0	50,4	76,1
Produktpreise/Faktorpreise	100,0	80,1	75,4	86,4

* Indexwerte   [a] Für Index 1922–1928 nur 1928

Quellen: Istituto Centrale di Statistica del Regno d'Italia, Annuario statistico dell'agricoltura italiana 1936–1938, S. 417; dass., Annuario statistico italiano (1943) S. 111; De Maria, Le variabilità, S. 693, Tattara, Cerealicoltura, S. 403f.

X.

KORPORATIVISMUS UND STAATLICHE
WIRTSCHAFTSLENKUNG IM AGRARSEKTOR

Mit den Syndikatsgesetzen der Jahre 1926/28 hatte der Aufbau der berufsständischen Ordnung einen vorläufigen Abschluß gefunden. Die kollektive
Regelung der Arbeitsbeziehungen und die Organisation von Arbeitgebern
und Arbeitnehmern in staatlich kontrollierten Syndikaten sollte jedoch nur
die erste Stufe der korporativen Entwicklung bilden. Langfristig war eine
umfassende Neugestaltung der wirtschaftlichen Ordnung geplant. Allerdings
herrschte Ende der zwanziger Jahre noch Unklarheit darüber, wie eine solche
Wirtschaftsordnung in der Praxis aussehen sollte. Die gängigen Definitionen
des Korporativismus als „Überwindung des Gegensatzes von Arbeit und
Kapital" oder als „dritter Weg" zwischen dem „Kommunismus Moskaus"
und dem „Superkapitalismus New Yorks"[1] mochten in der politischen Rhetorik ihre Wirkung zeigen – ein schlüssiges ordnungspolitisches Konzept ließ
sich daraus nicht ableiten. Erst seit etwa 1929 gewannen die theoretischen
Konzeptionen des Korporativismus schärfere Konturen. Vor dem Hintergrund der Wirtschaftskrise entfaltete sich eine rege Debatte um Funktionen
und institutionelle Ausgestaltung des *stato corporativo*, die auch im Ausland
mit großem Interesse verfolgt wurde.[2] Dabei ging es nicht in erster Linie um
kurzfristige Strategien zur Überwindung der wirtschaftlichen Krise. Die Krise schien aber zu beweisen, daß der Liberalismus nicht nur als politisches,
sondern auch als ökonomisches System versagt hatte und durch ein neues
Ordnungsmodell abgelöst werden mußte.

---

[1] Arrigo Serpieri, La disciplina corporativa della produzione con particolare riguardo
all'agricoltura, Giornale degli economisti, März 1936; jetzt in: Ombretta Mancini, Francesco D. Perillo (Hgg.), La teoria economica del Corporativismo, Bd. 2: Teoria economica
e pensiero coporativo, Napoli 1982, S. 601–623, hier S. 603.

[2] Vgl. z. B. Louis Rosenstock-Franck, L'Economie corporative fasciste en doctrine et en
fait. Ses origines historiques et son évolution, Paris 1934; William G. Welk, Fascist Economic Policy. An Analysis of Italy's Economic Experience, Cambridge (Massachusetts) 1938;
Lutz Richter, Das italienische Organisationswesen. Syndikate und Korporationen, Leipzig
1933; Fritz Ermarth, Theorie und Praxis des faschistisch-korporativen Staates, Heidelberg
1932; Ludwig M. Lachmann, Probleme des korporativen Staates, Zeitschrift für die gesamten Staatswissenschaften 94 (1933) S. 193–212.

Wichtigster Motor der Korporativismus-Debatte war Giuseppe Bottai, seit 1926 Unterstaatssekretär für Korporationen, Gründer der *Scuola Superiore di Scienze Corporative* in Pisa und Herausgeber wichtiger Zeitschriften wie *Critica Fascista* und *Archivio di Studi Corporativi*.[3] Bottai vertrat die Auffassung, daß die faschistische „Erneuerung" der Gesellschaft nicht „von oben" dekretiert werden dürfe, sondern Ergebnis eines breiten öffentlichen Diskurses sein müsse. Dem pluralistischen Ansatz Bottais war es schließlich auch zu verdanken, daß die Diskussion um die korporative Ordnung relativ frei verlief. Aus der Vielzahl von Meinungen und theoretischen Ansätzen kristallisierten sich dabei vier Hauptpositionen heraus:[4]

1. Eine zurückhaltende Position nahmen die Industrieverbände ein, vertreten v. a. durch Gino Olivetti und konservative Staatstheoretiker wie Gino Arias.[5] Sie wollten die Rolle der Korporationen auf die Regelung der Arbeitsbeziehungen beschränken und lehnten eine umfassende Neuordnung der Wirtschaft ab. Zwar waren sie nicht grundsätzlich gegen eine Regulierung der Märkte, doch sollte diese Aufgabe der Ministerialbürokratie und den bereits bestehenden Verbänden und Zusammenschlüssen überlassen werden.

2. Von einem anderen Standpunkt, aber mit ähnlicher Zielsetzung argumentierte ein Teil der Gewerkschaftsvertreter. Sie sahen ihre bereits erlangte Machtstellung gefährdet und waren nur ungern bereit, Kompetenzen an die zukünftigen Korporationen abzutreten. Die wichtigsten Vertreter dieser Position waren der ehemalige Gewerkschaftsführer Rossoni und Luigi Razza, Präsident des faschistischen Landarbeiterverbandes.[6]

3. Die Mehrheit der Korporationstheoretiker – darunter auch Bottai – hielt eine tiefgreifende Umgestaltung der sozialen und wirtschaftlichen Ordnung für dringend notwendig. Sie forderten eine zentrale Steuerung der ökonomischen Abläufe und der Beziehungen zwischen den einzelnen Bereichen der Wirtschaft. Als ordnungspolitischer Dreh- und Angelpunkt sollten die Korporationen wirken, die in ihrer Doppelfunktion als staatliche Körperschaften

---

[3] Vgl. Alexander D e G r a n d , Bottai e la cultura fascista, Roma – Bari 1978; Francesco M a l g e r i , Giuseppe Bottai, in: Ferdinando C o r d o v a (Hg.), Uomini e volti del fascismo, Roma 1980, S. 107–144.

[4] Vgl. Renzo D e F e l i c e , Mussolini il Duce, Bd. 1, S. 12–18; Giampasquale S a n t o m a s s i m o , Aspetti della politica culturale del fascismo: il dibattito sul corporativismo e l'economia politica, Italia Contemporanea 121 (1975) S. 3–25; Sabino C a s s e s e , Corporazioni e intervento pubblico nell'economia, in: A q u a r o n e , V e r n a s s a (Hgg.), Il regime fascista, S. 327–355.

[5] Gino A r i a s , L'economia nazionale corporativa, Roma 1929.

[6] Luigi R a z z a , La corporazione nello Stato fascista, Quaderni della Rivista La Terra 1, Roma 1933; vgl. auch D e F e l i c e , Mussolini il fascista, Bd. 1, S. 16ff. und Giuseppe P a r l a t o , Il sindacalismo fascista, Bd. 2: Dalla „grande crisi" alla caduta del regime (1930–1943), Roma 1989, S. 31–50.

und Produzentenvertretungen für diese Aufgabe besonders geeignet schienen. Die Tätigkeit der Korporationen sollte jedoch auf die Steuerung makroökonomischer Prozesse beschränkt bleiben. Eingriffe in die betriebliche Sphäre und in die Eigentumsordnung wurden abgelehnt. Diese Konzeption fand auch Zustimmung bei ehemaligen Vertretern der liberalen Schule wie Arrigo Serpieri, Alberto De Stefani und Luigi Amoroso.[7]

4. Einen radikalen Umbau des Wirtschaftssystems forderten die „integralen" Korporativisten, die sich um die von Ugo Spirito und Arnaldo Volpicelli herausgegebene Zeitschrift *Nuovi Studi di Diritto, Economia e Politica* sammelten. Wortführer und theoretischer Kopf dieser Gruppe war Ugo Spirito, ein Schüler Giovanni Gentiles, der vorübergehend auch von Giuseppe Bottai unterstützt wurde.[8] Spirito lehnte die klassische liberale Lehre als „reine Theorie" ab. Er hielt sie für wirklichkeitsfremd und nicht geeignet, konstruktiv zur Lösung wirtschaftspolitischer Probleme beizutragen.[9] Der Liberalismus war in seinen Augen durch die reale Entwicklung längst überholt. Angesichts der dominierenden Stellung der großen Unternehmen und Kartelle sowie einer zunehmenden Verflechtung von privater und öffentlicher Sphäre könne von einem konkurrenzwirtschaftlichen System nicht mehr gesprochen werden. Dies dürfe jedoch nicht mit „Korporativismus" verwechselt werden, denn letztlich handle es sich lediglich um eine „öffentliche Finanzierung der privaten Verluste".[10] Spirito sah in der Identifizierung von Staat und Individuum das wichtigste Ergebnis der „faschistischen Revolution". Diese Identifizierung müsse auch in der Wirtschaft zum gestaltenden Prinzip werden. Gegenwärtig seien der private und öffentliche Bereich zwar „miteinander verwoben", nicht jedoch zu einer Einheit „verschmolzen".[11] Für Spirito hatte die Syndikatsordnung den Gegensatz von Arbeit und Kapital nicht überwunden, sondern durch die getrennte Organisation von Arbeitgebern und Arbeitnehmern sogar noch verstärkt und institutionell verfestigt.

---

[7] Die wichtigsten Organe, in denen diese Position vertreten wurde, waren die Zeitschriften Critica Fascista (Hg. Bottai), Lo Stato (Ettore Rosboch und Carlo Costamagna), Il Secolo Fascista (Giuseppe Attilio Fanelli), Nuovi Problemi di Politica, Storia ed Economia (Nello Quilici und Giulio Colamarino).

[8] Vgl. Silvio L a n a r o, Appunti sul fascismo „di sinistra". La dottrina corporativa di Ugo Spirito, in: A q u a r o n e, V e r n a s s a (Hgg.), Il Regime fascista, S. 357–387; Giampasquale S a n t o m a s s i m o, Ugo Spirito e il corporativismo, Studi Storici 14 (1973) S. 61–113; Luca Leonello R i m b o t t i, Il fascismo di sinistra. Da Piazza San Sepolcro al Congresso di Verona, Roma 1989, S. 75–107.

[9] Ugo S p i r i t o, Critica dell'economia liberale, Milano 1930.

[10] Vgl. d e r s., Individuo e stato nella concezione corporativa, in: Ministero delle Corporazioni, Atti del secondo convegno di Studi sindacali e corporativi, Ferrara (5.– 8.5.1932), Bd. 1 (Relazioni), Roma 1932, S. 186.

[11] Ebd.

Die Syndikate sollten daher vollständig durch die Korporationen ersetzt werden.[12]

Rüttelten diese Forderungen schon an den Grundfesten der bestehenden Ordnung, so kam es zu einem regelrechten Eklat, als Spirito auf einer großen Korporativismus-Tagung, die im Mai 1932 in Ferrara abgehalten wurde, die These einer „Besitzkorporation" (*Corporazione proprietaria*) formulierte.[13] Danach sollten die Korporationen nicht nur „von oben" regulierend in den Produktionsprozeß eingreifen, sondern gleichsam von der Basis her die wirtschaftliche Ordnung neugestalten. Dies bedeutete für Spirito, daß die Produktionsmittel in die Hände der Korporationen übergingen und die in den Betrieben beschäftigten Arbeiter zu „korporierten Aktionisten" wurden. Diese Forderung, die auf eine Enteignung der Unternehmer und die Auflösung der kapitalistischen Wirtschaft hinauslief, stieß in Ferrara auf eine breite Front der Ablehnung. Spirito wurde selbst von seinem früheren Mentor Bottai scharf angegriffen und als „Sozialist" und „Kommunist" gebrandmarkt.[14]

1. Die Landwirtschaft in der Korporativismus-Debatte

Welche Position nahmen Vertreter der Agrarökonomie und der landwirtschaftlichen Organisationen im Spektrum der obengenannten Richtungen ein? Zunächst fällt auf, daß Fragen der Landwirtschaft innerhalb der Korporativismus-Debatte kaum eine Rolle spielten. Die Beiträge führender Agrarexperten und Funktionäre wie Serpieri, Tassinari, Angelini, Razza und Muzzarini fielen nicht ins Gewicht und konnten die Diskussion aufgrund ihres meist bescheidenen theoretischen Niveaus kaum beeinflussen. Bezeichnenderweise kritisierte Serpieri, der als einziger Repräsentant der Landwirtschaft an dem Ferrareser Kongreß vom Mai 1932 teilnahm, den hohen Abstraktionsgrad und die Praxisferne der Korporativismus-Debatte. Er forderte die „neuen Ökonomen" auf, sich „nicht zu lange im Vestibulum der Wissenschaft aufzuhalten und sich den realen Problemen zuzuwenden".[15]

Serpieri gehörte ähnlich wie De Stefani und Luigi Amoroso zu den „gemäßigten" Korporativisten. Eine völlige Umstrukturierung der Wirtschaft,

---

[12] Ders., Verso la fine del sindacalismo, Critica Fascista, 15.10.1933, auch in: ders., Capitalismo e corporativismo, Firenze 1933, S. 119–123; ders., La Corporazione mangia i sindacati, Critica fascista, Jg. 11, Nr. 2, 15.10.1933, S. 383f.

[13] Ders., Individuo e stato, S. 188ff.

[14] Francesco Perfetti, Ugo Spirito e la concezione della „Corporazione proprietaria" al convegno di studi sindacali e corporativi di Ferrara del 1932, Critica storica 25 (1988) S. 202–243.

[15] Arrigo Serpieri, Economia corporativa e Agricoltura, in: Ministero delle Corporazioni, Atti, Bd. 1, S. 445–464, auch in: ders., Fra politica, S. 177–196, hier S. 195.

wie sie Spirito und anderen Vertretern eines „integralen" Korporativismus vorschwebte, lehnte er ab. Auch die von Spirito geforderte Abkehr von den Prinzipien der klassischen liberalen Theorie hielt Serpieri für falsch. Er betrachtete sie als „Orientierungsinstrument" und als „heuristisches Schema" nach wie vor für unentbehrlich.[16] Privates Eigentum als Motor wirtschaftlicher Entwicklung, Preise als Indikatoren für Knappheit und Gewinnchancen, der Markt als ökonomischer Ort des Tausches – all dies waren für ihn Kategorien, die auch in einem zukünftigen, korporativ verfaßten Wirtschaftssystem zum Tragen kommen mußten. Als ehemaliger Anhänger der paretianischen Gleichgewichtstheorie ging Serpieri nach wie vor von einer Eigengesetzlichkeit der Ökonomie aus. Dennoch gab es für Serpieri gewichtige Gründe für eine umfassende Planung und Steuerung der wirtschaftlichen Abläufe. Dabei standen drei theoretische Probleme im Vordergrund: der Gleichgewichtszustand auf den verschiedenen Märkten, die zunehmenden wirtschaftlichen Konzentrationsprozesse und das Verhältnis von sozialer und individueller Nutzenmaximierung.

1. Nach Serpieri führte die Herstellung eines Gleichgewichtszustandes selbst unter der (unrealistischen) Annahme vollständiger Konkurrenz zu hohen Reibungsverlusten und Anpassungskosten, die „der nationalen Wirtschaft schwere Verluste und Belastungen auferlegten".[17] Diese Kosten – die in der modernen Institutionenökonomie als Transaktionskosten bezeichnet werden – seien in einer regulierten Wirtschaft durch die Vermeidung von Fehlentwicklungen, schädlichen Konkurrenzkämpfen und teuren Verteilungskonflikten wesentlich geringer zu veranschlagen als in einem rein marktwirtschaftlichen System.

2. Da die in der liberalen Theorie unterstellte vollständige Konkurrenzsituation angesichts der Mono- und Oligopolisierung der Märkte ohnehin eine Fiktion sei, könne man ein automatisches Einpendeln des Gleichgewichtes nicht erwarten. Vielmehr seien die schwachen Wirtschaftssubjekte den starken Marktkräften hilflos ausgeliefert. Als langfristige Folge müsse es zu Verzerrungen und Ungleichgewichtszuständen kommen.

3. Nach der neoklassischen Theorie führt die individuelle Nutzenmaximierung notwendigerweise zu einer optimalen Allokation der Ressourcen. Serpieri bestritt diesen Zusammenhang. Nach seiner Auffassung waren individueller und gesellschaftlicher Nutzen keineswegs immer identisch. So könne es für private Unternehmen günstig sein, die Produktion durch Absprachen

---

[16] Ebd. S. 179: „Ma, poiché appunto si tratta di schemi strumentali, mi pare non meno ragionevole attendere che quello nuovo sia costruito, e si dimostri più fecondo, prima di abbandonare l'antico".

[17] Ders., La disciplina corporativa, S. 604.

zu drosseln, um höhere Marktpreise zu erzielen, während aus der Sicht des Staates eine maximale Nutzung des Produktionspotentials angestrebt werden müsse.[18] Korporativismus bedeutete daher für ihn nicht einfach Selbstregulierung der Produzenten, sondern Anpassung einzelwirtschaftlicher Entscheidungen an übergeordnete Ziele von Staat und Gesellschaft. Auch zur Durchsetzung betrieblicher Innovationen bedurfte es nach Serpieri häufig staatlicher Initiative. Gerade in der Landwirtschaft bestand seiner Auffassung nach erheblicher Interventionsbedarf, damit „Tradition, Fortschrittsfeindlichkeit und die Liebe zum ruhigen Leben die neuen Prozesse nicht aufhalten".[19]

Nach Serpieri stellten die Korporationen in der Praxis ein Bindeglied zwischen Staat und Individuum dar. Sie sollten in Abstimmung mit den staatlichen Organen allgemeine Zielvorstellungen formulieren und durch ein umfassendes Kontrollsystem nachprüfen, inwiefern diese Vorgaben von der privaten Wirtschaft erfüllt wurden.[20] Nur wenn die privaten und öffentlichen Zielsetzungen voneinander abwichen, bestand die Notwendigkeit zu regulierenden Eingriffen, wobei durch direkte Vorschriften (Gesetze, Kollektivverträge, korporative Normen) oder indirekte Maßnahmen (Preisvorschriften, Zölle, Prämien usw.) auf die Marktentwicklung eingewirkt werden sollte. Serpieri betonte, daß es dabei eher um allgemeine „Richtlinien und Orientierungen" ging als um ein planwirtschaftliches „Programm":[21]

> Der Korporativismus möchte nicht einen rigiden Einheitsplan an die Stelle der zahlreichen Voraussagen der einzelnen Produzenten setzen, die ihre eigenen Bilanzen erstellen und – auf der Basis eigener Initiative [. . .] – die Produktion des Betriebes lenken: [. . .] Er möchte lediglich, daß die Voraussagen der einzelnen Produzenten und die darauf basierenden Aktivitäten und Ergebnisse an bestimmten Zielen von nationalem Interesse ausgerichtet und von schädlichen Entwicklungen abgelenkt werden. Nur im Notfall wird der Staat mit Hilfe der syndikalen und korporativen Organe eingreifen.[22]

---

[18] Ders., Economia corporativa, S. 278.

[19] Ders., La disciplina corporativa, S. 614.

[20] Dies entsprach im übrigen den Bestimmungen der „Carta del Lavoro" vom 21.4.1927, Art. VII: „Lo Stato corporativo considera l'iniziativa privata nel campo della produzione come lo strumento più efficace e più utile nell'interesse della Nazione. L'organizzazione privata della produzione essendo una funzione di interesse nazionale, l'organizzatore dell'impresa è responsabile dell'indirizzo della produzione di fronte allo Stato. [. . .]"; Art. IX: „L'intervento dello Stato nella produzione economica ha luogo soltanto quando manchi o sia insufficiente l'iniziativa privata o quando siano in giuoco interessi politici dello Stato. Tale intervento può assumere la forma del controllo, dell'incoraggiamento e della gestione diretta."; abgedr. in: Pennacchio, Lo Stato corporativo, S. 195.

[21] Serpieri, La disciplina corporativa, S. 611.

[22] Ebd. S. 612.

Ohne weiteres läßt sich erkennen, wie weit Serpieri – und mit ihm die meisten Agrarfunktionäre – von Spiritos Konzept einer „Besitzkorporation" entfernt war. Nach Giuseppe Tassinari, Präsident des faschistischen Verbandes der Landwirte, unterschied sich die korporative Wirtschaft von der sozialistischen dadurch, daß sie „die private Initiative nicht nur nicht ablehnt, sondern im Gegenteil sogar als wichtigsten Anreiz des ökonomischen Fortschritts betrachtet".[23] Gino Arias betonte, daß es in der Landwirtschaft technisch und ökonomisch nicht möglich sei, „Betriebe zu schaffen, in denen die Korporation oder das Syndikat als Eigentümer auftritt". Zwar müsse ein gewisses Maß an Kontrolle ausgeübt werden, jedoch „ohne Einmischung in die Führung des Betriebes".[24] Die Regulierung der Wirtschaft, so der Agrarwissenschaftler Roberto Curato 1934 in einem Vortrag vor der *Accademia dei Georgofili*, könne „nicht durch Detailsteuerung von Produktion und Arbeit, sondern nur durch allgemeine Maßnahmen bewerkstelligt werden".[25]

Selbst die Exponenten der Agrargewerkschaften stellten die private Eigentumsordnung nicht in Frage. Der ehemalige Gewerkschaftsfunktionär und Kommissar für Migration und innere Kolonisierung, Luigi Razza, betonte 1934, daß sich die korporative Wirtschaft „sowohl von der sowjetischen als auch von der des hochmechanisierten Amerikas deutlich unterscheidet". Eine „Staatswirtschaft" werde ebensowenig angestrebt wie ein Verzicht auf privates Eigentum. Die korporativen Eingriffe würden „die private Initiative sogar begünstigen", da die knappen Ressourcen gerechter verteilt werden könnten.[26] Der Präsident des Landarbeiterverbandes Angelini hielt zwar eine

---

[23] Giuseppe Tassinari, Scritti di economia corporativa, Bologna 1937, S. 83f.; vgl. außerdem ders., L'economia agricola nello stato corporativo, in: Federzoni (Hg.), I problemi attuali, S. 405–416; ders., Disciplina corporativa della produzione e commercio estero, Atti della Reale Accademia economico-agraria dei Georgofili, Ser.V, Bd. 31, Roma 1934, S. 210–213 (Rede vom 1.7.1934).

[24] Gino Arias, Oggetto e limiti della norma corporativa in agricoltura, Atti della Reale Accademia economico-agraria dei Georgofili, Ser.VI, Bd. 1, Roma 1935, S. 78–80.

[25] Roberto Curato, La regolazione della produzione e del lavoro in agricoltura, Atti della Reale Accademia economico-agraria dei Georgofili, Ser.VI, Bd. 1, Roma 1935, S. 44–47. – Ähnlich äußerte sich Giacomo Acerbo: „[Lo stato corporativo] potrà accentuare in maggiore o minore misura i processi economici di controllo, coordinamento e sintetizzazione delle libere attività, secondo le concrete esigenze della società nazionale. Però ·non si può ignorare che questi processi non potranno essere di uguale forma e intensità per tutti i tipi e per tutte le categorie delle attività produttive. E nel campo dell'impresa agraria questa azione difficilmente potrà essere spinta oltre certi limiti" (ders., L'economia agraria nello Stato corporativo, in: ders., Studi corporativi con saggio bibliografico generale sulle associazioni professionali e sui problemi sindacali, Firenze 1927, S. 68f.).

[26] Luigi Razza, Disciplina e gestione della produzione agricola nello Stato corporativo, Atti della Reale Accademia economico-agraria dei Georgofili, Ser.V, Bd. 31, Roma 1934, S. 575–579: „Se bene applicata l'intervento corporativo favorirà l'iniziativa privata. Sta in fatto che i

stärkere Beteiligung der Arbeiter an der Betriebsführung für notwendig, nicht jedoch die Abschaffung des privaten Eigentums.[27] Von gewerkschaftlicher Seite wurde allerdings betont, daß das private Eigentum nicht mit uneingeschränkter Verfügungsgewalt zu verwechseln sei, sondern eine Verpflichtung gegenüber dem „Gemeininteresse" mit sich bringe.[28] Wenn das private Eigentum in der Praxis den Erfordernissen der wirtschaftlichen Produktion besser entspräche als andere, etwa kollektive Besitzformen, so dürfe dies nicht zum „Alibi für unproduktives und absenteistisches Eigentum werden".[29] Auch hier sollten die Korporationen als übergeordnete Kontrollinstanzen wirken und gegebenenfalls auch Eingriffe in die Eigentumsordnung vornehmen. Die Formel der „sozialen Funktion des Eigentums", die bereits im Parteiprogramm von 1921 festgeschrieben worden war, fand schließlich auch Eingang in die Gesetzgebung und wurde in dem neuen *Codice Civile* von 1942 verankert.[30]

Einigkeit bestand innerhalb der agrarpolitischen Vertretungen darin, daß der Korporativismus die Beziehungen zwischen den einzelnen Wirtschaftsbereichen auf eine neue institutionelle Grundlage stellen sollte. Diese dürften nicht allein nach Kriterien der „ökonomischen Effizienz" gestaltet werden, sondern müßten nach Maßgabe der „nationalen Interessen" zu mehr „Gerechtigkeit" zwischen den verschiedenen Sektoren führen.[31] Aus der Sicht der Agrarvertreter war klar, daß mehr „Gerechtigkeit" vor allen Dingen bedeu-

---

mezzi di produzione sono limitati e, attraverso la così detta libertà, sono sempre stati accaparrati dalle organizzazioni più potenti che ognora hanno ostacolato lo sviluppo della vera iniziativa dei privati. Nel nuovo ordinamento i mezzi di produzione non potranno essere accaparrati da alcun gruppo, ma usati secondo l'interesse generale." (S. 577).

[27] Franco Angelini, I lavoratori dell'agricoltura e le corporazioni, in: Lojacono (Hg.), Le corporazioni, S. 183–190; nach Angelini „è corporativa quell'azienda in cui la collaborazione tra lavoro e capitale è saldamente organizzata per realizzare una più alta giustizia sociale [...] Nell'azienda agraria corporativa l'ordinamento produttivo non è soltanto dettato dal privato interesse, ma è determinato e disciplinato anche dagli organi preposti alla tutela della economia agricola nazionale"; ders., La Rivoluzione Fascista, S. 9f. u. 11; ähnlich ders., Il lavoro nell'azienda agricola corporativa, S. 7f.

[28] Mario Pepe, La proprietà privata nella sintesi fascista, in: Confederazione Fascista dei Lavoratori dell'Agricoltura (Hg.), La concezione fascista della proprietà privata, Roma 1939, S. 594.

[29] Ebd. S. 596; vgl. auch Giuseppe Medici, L'iniziativa privata in agricoltura, in: Confederazione Fascista dei Lavoratori dell'Agricoltura (Hg.), La Carta del Lavoro, S. 103–119; Carlo Costamagna, Proprietà, in: Dizionario di politica, Bd. 3, Roma 1940, S. 554–558.

[30] Über die Verankerung des sozialen Eigentumsbegriffs im *Codice Civile* von 1942 vgl. Giuseppe Medici, Aspetti della proprietà nel nuovo Codice civile, Italia Agricola 77 (1940) S. 815–817; Mariano D'Amelio, Linee fondamentali della riforma, Roma 1943, S. 41–44.

[31] Mario Muzzarini, Gli agricoltori e le corporazioni, in: Lojacono (Hg.): Le corporazioni fasciste, S. 181.

tete, der Landwirtschaft bei der Verteilung volkswirtschaftlicher Ressourcen eine Vorrangstellung einzuräumen. Dies sei schon deshalb gerechtfertigt, weil bislang „die Interessen der Landwirtschaft den anderen Kategorien geopfert worden" seien.[32] Auch hier wurden ordnungspolitische Argumente angeführt. Eine ausschließlich auf „Laissez-faire"-Prinzipien beruhende Wirtschaft führe zwangsläufig zu einer Benachteiligung der Agrarwirtschaft. Während sich in der Industrie Monopole und Kartelle herausgebildet hätten, seien entsprechende Konzentrationsprozesse in der Landwirtschaft aus produktionsspezifischen Gründen nur begrenzt möglich.[33] Nach Mario Muzzarini, der Tassinari 1934 als Präsident der CNFA abgelöst hatte, gehörte „die Schaffung vertraglicher Beziehungen zwischen Landwirtschaft, Industrie und Handel" daher zu den wichtigsten Funktionen des korporativen Systems. Dieses sollte der Landwirtschaft ökonomische „Sicherheit" garantieren, zu einer „gerechten Verteilung der Aufgaben und Interessen" führen und „ein System paritätischer Einkommen aufbauen".[34]

Auch die Handelspolitik durfte nach übereinstimmender Ansicht der Landwirtschaftsvertreter nicht nach liberalen Grundsätzen oder durch ein selektives Protektionssystem gestaltet werden. Nach Serpieri mußte ein ausschließlich nach Kriterien des komparativen Kostenvorteils funktionierender Außenhandel langfristig zu einer „Deruralisierung" führen und somit den „objektiven" Interessen der Nation zuwiderlaufen.[35] Da die landwirtschaftliche Produktion die Versorgung des Landes mit lebensnotwendigen „Primärgütern" leiste, müsse sie auch dann aufrecht erhalten werden, wenn rein ökonomische Kosten-/Nutzenkalküle eine Verlagerung der Produktion auf andere Sektoren sinnvoll erscheinen ließe.[36] Damit war klar formuliert, daß die Agrarfunktionäre den Korporativismus vor allem als Instrument landwirtschaftlicher Interessenpolitik und zur Durchsetzung sektorspezifischer Vorteile verstanden.

[32] Tassinari, Scritti, S. 91.
[33] Vgl. auch Arias, Oggetto e limiti, S. 78.
[34] Muzzarini, Gli agricoltori, S. 181.
[35] Serpieri, La disciplina corporativa, S. 611; vgl. auch Tassinari, Agricoltura e ordinamento corporativo, Italia Agricola 31 (1931) S. 349–354.
[36] Serpieri, Economia corporativa, S. 182f.

2. Die Rolle der korporativen Organe im Rahmen der landwirtschaftlichen Marktordnung

Der Beginn des „korporativen Staates" setzte nominell bereits im Sommer 1926 ein. In einem am 1. Juli 1926 erlassenen Ergänzungsdekret zur Regelung der Arbeitsbeziehungen wurde die Gründung von Korporationen angeordnet sowie Rechtscharakter und Funktionen der Organe definiert.[37] Auch die „Carta del Lavoro" vom April 1927 sprach ausdrücklich von den Korporationen als „Einheitsorganisationen der Produktionskräfte" und wies ihnen neben arbeitsrechtlichen Aufgaben die „Koordinierung der Produktion" zu.[38] Diese Bestimmungen blieben jedoch zunächst ohne Wirkung. Zwar wurde noch im Juli 1926 ein „Ministerium für die Korporationen" gegründet, die Einsetzung der eigentlichen Korporationen erfolgte jedoch erst acht Jahre später, im Frühjahr 1934. Der korporative Aufbau blieb somit vorerst ein „Kopf ohne Glieder" (Bottai) und war weit davon entfernt, entscheidende wirtschaftspolitische Funktionen wahrzunehmen. Das Ministerium wurde formal von Mussolini selbst geleitet, in der Praxis war es aber Unterstaatssekretär Bottai, der die Amtsgeschäfte führte. Im September 1929 übertrug Mussolini die Ressortleitung vollständig an Bottai.[39] Die Aufgaben des Ministeriums, das lediglich über zwei Generaldirektionen verfügte, blieben jedoch in den ersten drei Jahren auf die Arbeitsgesetzgebung und die Aufsicht über die Syndikate beschränkt.[40] Im Zuge der Neuordnung der Wirtschaftsressorts im Herbst 1929 wurden die Kompetenzen des Ministeriums stark erweitert. Zwei zusätzliche Generaldirektionen übernahmen die Zuständigkeit für Sozialwesen, Industrie und Handel.[41] Damit war das Korporationsministerium neben dem Finanz- und Landwirtschaftsministerium die wichtigste wirtschaftspolitische Entscheidungszentrale geworden.

Ein bedeutender Schritt erfolgte im März 1930 mit der Reform des „Nationalrates der Korporationen". Dieser war im Sommer 1926 zunächst als reines Beratungsgremium des Ministeriums eingesetzt worden. Seine Funktionen beschränkten sich auf den Bereich der Arbeits- und Sozialpolitik.[42]

---

[37] R.D. 1.7.1926 (Nr. 1130), Art. 42–46.

[38] La Carta del Lavoro, Art. VI–IX, abgedr. in: Aquarone, L'organizzazione, S. 477–481, Doc. 40.

[39] Am 20. Juli 1932 entließ Mussolini Bottai ohne nähere Begründung und übernahm erneut selbst den Ministerposten.

[40] Das Korporationsministerium wurde am 2.7.1926 offiziell gegründet (R.D. Nr. 113), der Aufbau der Behörde begann jedoch erst im März 1927 (R.D. 17.3.1927, Nr. 401); vgl. PCM 1927, 1/1–2/1102: Ministero delle Corporazioni; Palopoli, Legislazione del Lavoro, S. 431–441; Ministero delle Corporazioni, Disciplina giuridica, Bd. 1, S. 315–347.

[41] R.D. 27.9.1929 (Nr. 1663).

[42] Guarneri betont, daß der Nationalrat „aveva svolto nei primi tempi della sua esistenza vita scarsamente attiva e quasi insignificante"; ders., Battaglie economiche, S. 384.

Nachdem der *Consiglio Superiore dell'Economia Nazionale* im Zuge der Ministerialreform von 1929 aufgelöst worden war, wurden die Kompetenzen des Nationalrates auf allgemeine wirtschaftspolitische Fragen ausgedehnt. Nach den Plänen Bottais sollte der Nationalrat zu einer Gesamtvertretung aller syndikalen Organisationen und anderer wirtschaftspolitischer Entscheidungsträger werden, eine Art Korporationsparlament, das auch über die Weiterentwicklung der korporativen Ordnung zu befinden hatte.

Nachdem der Faschistische Großrat Bottais Vorschlag im April 1929 angenommen hatte, wurde die Reform mit dem Gesetz vom 20. März 1930 in die Wege geleitet.[43] Der Nationalrat bestand danach aus sieben, nach Wirtschaftsbereichen gegliederten Sektionen (Landwirtschaft, Industrie, Banken usw.), deren Mitglieder paritätisch von den jeweiligen Arbeitnehmer- und Arbeitgebersyndikaten gestellt wurden.[44] Darüber hinaus gab es eine Vollversammlung des Nationalrates, der neben den Sektionsmitgliedern die wichtigsten Vertreter der Wirtschaftsbürokratie angehörten. Da die Vollversammlung in der Regel nur zweimal pro Jahr zusammentrat, wurde außerdem ein „Zentrales Korporationskomitee" (*Comitato Corporativo Centrale*) als ständiges Gremium konstituiert. Ihm gehörten die Präsidenten der Syndikatsverbände, die Minister für Inneres, Landwirtschaft und Korporationen, der Generalsekretär des PNF und der Unterstaatssekretär für Korporationen an.[45] Den Vorsitz führte in allen Gremien und Sektionen der Regierungschef und in dessen Abwesenheit der Minister oder Unterstaatssekretär für Korporationen.

Die gesetzlichen Bestimmungen, die sich sowohl auf konsultative und schlichtende als auch auf normative Funktionen erstreckten, schienen dem Korporationsrat zunächst außerordentlich weitgehende Befugnisse zu übertragen.[46] Im Prinzip mußte bei allen wirtschafts- und sozialpolitischen Fragen das Votum des Korporationsrates eingeholt werden. Dieses Votum hatte allerdings keine bindende Wirkung. Ähnlich weit gefaßt wurden die gesetzgeberischen Funktionen des Organs. Im Grunde konnte der Rat zu allen

---

[43] Sitzungsbericht des Gran Consiglio, 9.4.1929, in: O.O., Bd. 24, S. 29ff.; L. 20.3.1930 (Nr. 206); wichtige Ergänzungsbestimmungen in R.D. 12.5.1930 (Nr. 908). Eine Sammlung aller Korporations- und Syndikatsgesetze findet sich in: Mazzoni, Sambo, Codice.

[44] So gehörten etwa der 3. Sektion, die für Landwirtschaft zuständig war, die Präsidenten und jeweils sieben weitere Mitglieder der CNFA und der CFLA sowie zwei Vertreter des Ente Nazionale della Cooperazione an.

[45] Hinzu kamen die Präsidenten des Ente Nazionale della Cooperazione und des Patronato Nazionale di Assistenza Sociale; vgl. auch Sergio Panunzio, Il Consiglio Nazionale delle Corporazioni (Prime osservazioni giuridiche), Lo Stato 1 (1930) S. 306–314.

[46] Vgl. mit ausführlicher Dokumentation Giuseppe Bottai, Il Consiglio Nazionale delle Corporazioni, Milano 1932, sowie Gaspare Ambrosini, Il Consiglio Nazionale delle Corporazioni, Roma 1930.

arbeitsrechtlichen Fragen und zur „Regelung der wirtschaftlichen Beziehungen zwischen den Produzentenkategorien" Gesetze erlassen.[47] Allerdings hatte der Rat kein eigenes Initiativrecht, sondern konnte nur auf Antrag der Regierung oder der Syndikate gesetzgeberisch tätig werden. Eine weitere Einschränkung brachte ein Ergänzungsdekret vom Mai 1930, das die legislative Gewalt des Rates auf diejenigen Bereiche begrenzte, „die nicht schon durch bestehende Gesetze und Normen geregelt sind".[48]

Die praktischen Möglichkeiten des Rates waren daher trotz formal weitreichender Befugnisse außerordentlich gering.[49] Er blieb weit davon entfernt, zum „Generalstab" und „denkenden Hirn" der Wirtschaftspolitik zu werden, wie dies von Mussolini in der ersten Sitzung des Rates angekündigt worden war.[50] Die Zahl der verabschiedeten Gesetze blieb bis 1934 verschwindend gering.[51] Im landwirtschaftlichen Bereich wurde überhaupt nur ein einziges Gesetz verabschiedet, das zudem ein rein lokales Problem von untergeordneter Bedeutung betraf.[52] Die Vollversammlung des *Consiglio* trat zwischen 1930 und 1934 lediglich fünfmal zusammen und beschäftigte sich kaum mit aktuellen wirtschaftspolitischen Problemen (so wurden etwa die Gründung des IMI und des IRI gar nicht erst auf die Tagesordnung gesetzt). Im Mittelpunkt standen zweitrangige Fragen der Arbeitsgesetzgebung und programmatische Diskussionen über den weiteren Aufbau der korporativen Organe.[53]

Häufiger versammelte sich das „Zentrale Korporationskomitee", doch handelte es sich auch hier eher um beratende Gespräche. Die Tatsache, daß die Leiter der Wirtschaftsressorts mit den Führern der Syndikatsverbände verhandeln mußten, gab letzteren zwar ein formales Mitspracherecht auf höchster Ebene. Dennoch entwickelte sich das Komitee nie zur zentralen wirtschaftspolitischen Entscheidungsinstanz. Eine gewisse Bedeutung erlangten dagegen die einzelnen Sektionen des Korporationsrates. Sie traten bei weitem häufiger zusammen als die Vollversammlung und beschäftigten sich stärker mit sektorspezifischen Fragen. So diskutierte etwa die Landwirt-

---

[47] Dies galt u. a. auch für die Festsetzung von Preisen und Löhnen.

[48] R.D. 12.5.1930 (Nr. 908), § 32.

[49] Vgl. A q u a r o n e , L'organizzazione, S. 193f.

[50] Rede anläßlich der Eröffnungssitzung des Rates am 21.4.1930 auf dem Kapitol, abgedr. in: B o t t a i , Le corporazioni, S. 284.

[51] C a s s e s e , Intervento, S. 349.

[52] Es handelte sich um einen Vertrag zwischen dem Agrarverband der Provinz Rom und den lokalen Handelsorganisationen über den Vertrieb von Milchprodukten in der Hauptstadt, als Gesetz verabschiedet vom Nationalrat der Korporationen am 13.11.1931; vgl. Sitzungsbericht in: B o t t a i , Le corporazioni, S. 466ff.

[53] Zusammenfassende Sitzungsberichte ebd. S. 465–472.

schaftssektion über das Problem der ländlichen Arbeitslosigkeit, die juristische Ausgestaltung von Pacht- und Arbeitsverträgen und über die Neuordnung der Außenhandelspolitik. Eine lebhafte Debatte entstand im Herbst 1931 um die Reform der Zolltarife. In dieser Frage konnten die Agrarvertreter schließlich auch einen wichtigen Erfolg verbuchen. Sie setzten sich gegenüber der Industrie durch und erreichten eine Revision der geltenden Zollordnung zugunsten landwirtschaftlicher Erzeugnisse.[54]

Trotz vereinzelter Erfolge zeigten sich die Agrarvertreter keineswegs zufrieden mit der provisorischen Ordnung, wie sie durch die Reform vom Frühjahr 1930 geschaffen worden war. Auch wenn der Korporationsrat die Möglichkeit geschaffen hatte, sektorspezifische Interessen politisch abzustimmen und stärker zur Geltung zu bringen, so blieben doch die einzelnen Fachressorts und der Ministerrat die entscheidenden Instanzen der Wirtschaftspolitik. Luigi Razza klagte 1933, man möge ihm „einen einzigen Fall nennen, in dem eine staatliche Verwaltung außer dem Korporationsministerium ein korporatives Organ konsultiert" habe.[55] Ähnlich äußerte sich Franco Angelini, der nach anfänglichem Enthusiasmus enttäuscht feststellen mußte, daß die korporativen Organe nichts anderes seien als „Kommissionen, die sich drei- oder viermal jährlich unter dem Vorsitz des Korporationsministers versammeln".[56] Die Unzufriedenheit der Agrarvertreter mit der bestehenden Ordnung kam auch in den Nationalratssitzungen vom Herbst 1933 zum Vorschein, in denen über die noch zu gründenden Korporationen debattiert wurde. Mussolini hatte die einzelnen Sektionen aufgefordert, zunächst getrennt zu beraten und Vorschläge auszuarbeiten. Der Nationalrat sollte dann in einer

---

[54] Die Resolution der Agrarsektion wurde am 14./15.9.1931 verabschiedet; die Debatte der Vollversammlung zu dieser Frage fand vom 11.–14. November statt. Ausführliche Dokumentation in: A s c i o n e (Hg.), L'agricoltura; außerdem Giuseppe T a s s i n a r i, Agricoltura e politica doganale (Rede vor dem CNC, 11.11.1931), in: d e r s., Problemi, S. 57–66; vgl. außerdem Kap. VI.2.d.

[55] R a z z a, La corporazione, S. 57: „In fatto, mi si indichi un solo caso in cui un'amministrazione, che non sia il ministro delle Corporazioni, abbia chiesto il parere di un organo corporativo. E lo stesso ministero delle Corporazioni ad ogni consiglio dei ministri vara dozzine di provvedimenti in materia industriale e commerciale, di cui nessun organo Corporativo ha avuto notizia, dimostrando così con l'esempio come, in fatto di corporazioni, la parola d'ordine sia: parliamone sempre e non pensiamoci mai; anzi non riccorriamoci mai."

[56] Franco A n g e l i n i, Problemi corporativi, L'Avanguardia Rurale, Jg. 1, Nr. 5, 15.4.1930, S. 1; d e r s., In tema di Corporazione, ebd. Jg. 2, Nr. 8/9, 1.5.1931, S. 1–2; d e r s., Corporazione dell'agricoltura e corporazione di categoria, ebd. Jg. 3, Nr. 13/14, 15.7./1.8.1931, S. 1–2; Angelini forderte daher „un istituto corporativo snello, libero più che sia possibile, autonomo e non ridotto quasi a semplice commissione poco atta al dinamismo e alla realizzazione; istituto corporativo che, a parere nostro, dovrebbe essere una vera e propria organizzazione integrale, operante nello Stato, sì, ma non troppo legata e inceppata nella sua attività." (D e r s., Spunti polemici corporativi, ebd. Jg. 2, Nr. 15/16, 1./15.8.1931, S. 2).

abschließenden Vollversammlung über die endgültige Fassung entscheiden. Die Agrarsektion, die ihren Abschlußbericht am 20. September 1933 vorlegte, ging mit ihren Forderungen weit über die der anderen Sektionen hinaus.[57] Nach den enttäuschenden Erfahrungen mit dem Nationalrat forderten sie für die neuen Korporationen eine möglichst „exakte Bestimmung der Funktionen" und eine stärkere Betonung der normativen Aufgaben im Bereich der Wirtschaftspolitik. Aufgrund der „Unbestimmtheit" der geltenden Gesetzgebung, so die Kritik der Agrarsektion, seien die Funktionen der korporativen Organe bisher „in der Praxis außerordentlich begrenzt" geblieben. Neben der Arbeitsgesetzgebung sollten in Zukunft vier Bereiche durch die Korporationen gestaltet werden: 1. Die Aufteilung von Produktionsquoten, 2. Die Genehmigung von Betriebsgründungen, 3. Die Zolltarife in Abstimmung mit der Regierung sowie 4. Die Festlegung von Import- und Exportkontingenten. Dabei müßten die Beschlüsse der Korporationen „exekutiven Charakter" besitzen. Nur dem Regierungschef sollte ein Vetorecht eingeräumt werden.[58]

Von den anderen Sektionen, vor allem von der Industrie, wurden diese Vorschläge mit Skepsis zur Kenntnis genommen. Strittig war insbesondere die Frage, ob die Korporationen – ähnlich wie die Syndikatsverbände – nach Berufskategorien oder nach Produktionszyklen strukturiert werden sollten.[59] Die erste Lösung wurde von der Industrie favorisiert. Die Agrarvertreter plädierten dagegen für die übergreifende Organisation nach dem Prinzip der Produktionszyklen. Nach ihrer Auffassung sollte zunächst jeder Sektor (Landwirtschaft, Industrie etc.) eine *Corporazione generale* erhalten und im zweiten Schritt *Corporazioni speciali* für die einzelnen Produktbereiche gebildet werden. Der Streit zwischen Landwirtschaft und Industrie war keineswegs akademischer Natur, sondern betraf ein zentrales Problem. Organisation nach Berufskategorien bedeutete, daß im wesentlichen die Struktur der bisherigen Syndikatsverbände auf die Korporationen übertragen wurde und der Bruch mit der bestehenden Ordnung weniger tiefgreifend war. Es war offensichtlich, daß die Industrievertreter dies als beste Möglichkeit zur Wahrung ihrer Einflußmöglichkeiten betrachteten. Ein Aufbau nach „Produktionszyklen" bewirkte dagegen, daß alle Herstellungsstufen vom Rohstoff bis zum Endprodukt von einer Organisation kontrolliert wurden. Dies hatte insbesondere für die Landwirtschaft weitreichende Konsequenzen, da der

---

[57] Die Diskussion ist wiedergegeben in Ministero delle Corporazioni, Direzione Generale del Lavoro, della Previdenza e dell'Assistenza, Le Corporazioni. Lavori preparatori – Legge e decreti istituivi – composizione – insediamento, Roma 1935.

[58] Ebd. S. 16–19.

[59] Ebd. passim; vgl. auch „La Corporazione di Categoria", Lo Stato 4 (1933) S. 242–260.

überwiegende Teil der Agrargüter nicht direkt an den Verbraucher abgegeben, sondern weiterverarbeitet oder über den Handel vermarktet wurde. Die Korporationen sollten nach diesem Modell die Beziehungen zwischen der Agrarwirtschaft und den nachgelagerten Gewerbebereichen regulieren und damit eine Aufgabe erfüllen, die von den Agrarverbänden schon lange gefordert wurde. Es verstand sich von selbst, daß der Landwirtschaft innerhalb dieser sektorübergreifenden Korporationen eine dominierende Stellung zukommen mußte. Bei der Verteilung der Sitze, so Tassinari, dürfe nicht nach dem „Kriterium der Parität" verfahren werden; vielmehr müsse „das Gewicht des jeweiligen Sektors innerhalb der nationalen Wirtschaft" Berücksichtigung finden.[60]

Was den formalen Aufbau der Korporationen anbetrifft, so konnten sich die Agrarvertreter mit ihren Forderungen durchsetzen.[61] Alle acht Agrarkorporationen wurden nach dem Prinzip des Produktionszyklus aufgebaut. Sie wurden am 29. Mai 1934 per Regierungsdekret eingesetzt und waren nach folgenden Produktbereichen gegliedert:[62] 1. Getreide; 2. Gemüse- und Obstanbau; 3. Winzereiwesen; 4. Speiseöl; 5. Zuckerwirtschaft; 6. Viehzucht und Fischereiwesen; 7. Holzwirtschaft; 8. Textile Grundstoffe. Die Korporationen setzten sich aus Vertretern der Agrarwirtschaft, des Handels und der verarbeitenden Industrie zusammen. Hinzu kamen eine Reihe von Experten sowie drei Abgeordnete der Partei.[63] Den Vorsitz führte ein vom Regierungschef bestimmter Minister bzw. Unterstaatssekretär oder der Generalsekretär des PNF. Einer der drei Parteivertreter wurde zum stellvertretenden Vorsitzenden ernannt. In Tabelle 10.1 ist exemplarisch die Zusammensetzung der Getreidekorporation dargestellt.

---

[60] Ministero delle Corporazioni, Le Corporazioni, S. 18 sowie Tassinari, Corporazioni e crisi del sistema, in: ders., Scritti, S. 121–127.

[61] Vgl. Assemblea generale del CNC, Resoconto e voto dell'Assemblea (8.–14.11.1933), in: Ministero delle Corporazioni, Le corporazioni, S. 46–81.

[62] Die Gründung der Korporationen wurde mit dem Gesetz vom 5.2.1934 (Nr. 163) angeordnet. Das Gesetz sah in Art. 1–3 vor, daß die einzelnen Korporationen per Dekret des Regierungschefs auf Vorschlag des Korporationsministers und des Zentralen Korporationskomitees eingesetzt werden sollten; vgl. Ministero delle Corporazioni, Istituzione delle Corporazioni. Legge 5 febbraio 1934, N.163, e lavori preparatori, Roma 1934; die Gründungsdekrete sind abgedruckt in: Mazzoni, Sambo, Codice, S. 129–145.

[63] Die genaue Zusammensetzung und Mitgliederzahl der Korporationen waren unterschiedlich; sie wurden durch das Gründungsdekret des Regierungschefs festgelegt. Die Nominierung der Mitglieder erfolgte auf Vorschlag des Korporationsministers durch den Regierungschef. In der Praxis waren es allerdings die jeweils vertretenen Organisationen, die ihre Repräsentanten bestimmten. – Zur genauen Zusammensetzung der landwirtschaftlichen Korporationen vgl. „Struttura delle Corporazioni", L'Avanguardia Rurale, Jg. 5, Nr. 5, Mai 1934, S. 2–4; „I componenti della Corporazione delle Professioni e delle Arti e le otto Corporazioni dell'Agricoltura", ebd. Jg. 5, Nr. 10/11, Okt./Nov. 1934, S. 17–20 (mit namentlicher Aufführung der Mitglieder).

Tab. 10.1

Zusammensetzung der Corporazione dei Cereali 1934

	Arbeitnehmer	*Arbeitgeber*	*Sonstige*
Getreideanbau	7	7	–
Dreschindustrie	1	1	–
Müllereien, Teig- und Süßwarenindustrie	3	3	–
Brotindustrie	1	1	–
Handel	3	3	–
Konsumgenossenschaften	–	–	1
freiberufliche Agrartechniker	–	–	1
Handwerker	–	–	1
PNF	–	–	3

Quelle: D.C.G. 29.5.1934, in: M a z z o n i , S a m b o , Codice, S. 132.

Die Befugnisse der Korporationen gingen jedoch nicht wesentlich über die des Nationalrates hinaus und lagen weit unter den Forderungen, welche die Agrarsektion im Herbst 1933 aufgestellt hatte. So war ihr Aufgabenfeld zwar außerordentlich weit gefaßt (Arbeitsrecht, Festsetzung von Löhnen und Produktpreisen etc.), doch konnten sie kaum aus eigener Initiative tätig werden. Ihre normgebende Gewalt trat nur auf Antrag eines Ministeriums oder eines der in der jeweiligen Korporation vertretenen Syndikatsverbände in Kraft. Dasselbe galt für die konsultativen Aufgaben. Die staatlichen Wirtschaftsbehörden *konnten* die Korporationen im Vorfeld politischer Entscheidungen anhören, sie waren dazu jedoch keineswegs verpflichtet. Zwar lag es im Ermessen des Regierungschefs, derartige Konsultationen anzuordnen.[64] In der Praxis kam dies jedoch fast nie vor.

Welche Funktionen erfüllten die Korporationen innerhalb der italienischen Wirtschaftsordnung nach 1934? Entwickelten sie sich tatsächlich zum „Instrument der Selbstregulierung" der Produzenten und der „Kontrolle aller wirtschaftlichen Aktivitäten"?[65] Oder handelte es sich, wie Kritiker des korporativen Staates nach 1945 betonten, um einen großen ideologischen „Bluff"?[66] Die historische Forschung vertritt bis heute weitgehend geschlossen die Meinung, daß der Korporativismus zwar die theoretischen Debatten beeinflußt habe, die praktische Bedeutung der Korporationen jedoch außerordentlich gering gewesen sei. Die Aufgaben der neuen Institutionen, so etwa

---

[64] L. 5.2.1934 (Nr. 163), Art. 12.

[65] Relazione ministeriale alla Legge L. 5.2.1934 (Nr. 163), abgedr. in: M o n t e m a g g i o r i (Hg.), Dizionario, S. 118.

[66] R o s s i , I padroni, S. 171–198.

Cassese, hätten sich auf den Bereich der Arbeitsbeziehungen beschränkt, während die staatliche Wirtschaftslenkung „mit anderen effizienteren Instrumenten umgesetzt wurde, [. . .] die nichts mit der korporativen Ordnung gemeinsam hatten".[67]

Diese Einschätzung stützt sich nicht zuletzt auf die Kommentare zahlreicher zeitgenössischer Theoretiker, die ihre Enttäuschung über die Realität des „korporativen Staates" Ende der dreißiger Jahre immer unverhüllter zum Ausdruck brachten. Dies galt nicht nur für radikale Theoretiker wie Ugo Spirito oder Arnaldo Volpicelli, sondern auch für gemäßigtere Vertreter wie Carlo Costamagna, Sergio Panunzio, Arrigo Serpieri und schließlich auch für Giuseppe Bottai, den Mussolini bereits im Juli 1932 als Korporationsminister abgesetzt hatte.[68] Beklagt wurde nicht nur das schlechte Funktionieren und die geringe Bedeutung der korporativen Organe, sondern auch die inflationäre Verwendung des Korporativismus-Begriffes, der zur Rechtfertigung eines nicht mehr überschaubaren Behördenwildwuchses herangezogen wurde. Mögen diese Kommentare auch persönliche Enttäuschungen widerspiegeln (bei Serpieri und Bottai nicht zuletzt wegen der frühzeitig beendeten politischen Karriere), so besteht dennoch kein Zweifel daran, daß die Korporationen in der wirtschaftspolitischen Praxis nach 1935 bei weitem nicht die Bedeutung erlangten, die ihnen ursprünglich zugedacht worden war. Die zentralen Fragen der Finanz-, Währungs- und Außenhandelspolitik wurden nach wie vor vom Ministerrat und den zuständigen Fachressorts in Abstimmung mit Mussolini entschieden. Auch bei der Ausgestaltung der Marktordnungen, die sich – wie noch darzustellen sein wird – gerade im landwirtschaftlichen Bereich außerordentlich schwierig gestalten sollte, spielten die Korporationen nur eine zweitrangige Rolle.

---

[67] Cassese, Corporazioni, S. 352. Ähnlich Santomassimo, Aspetti, passim; Aquarone, Organizzazione, S. 207–219; Claudio Pavone, La continuità dello Stato. Istituzioni e uomini, in: Italia 1945/1948. Le origini della Repubblica, Torino 1974, S. 285; De Felice, Mussolini il Duce, Bd. 2, S. 57; Riccardo Faucci, Appunti sulle istituzioni economiche del tardo fascismo 1935–1943, Quaderni Storici 10 (1975) S. 607–630; Marco Palla, Fascismo e Stato corporativo. Un'inchiesta della diplomazia britannica, Milano 1991, S. 32f.; Peter C. Mayer-Tasch, Korporativismus und Autoritarismus. Eine Studie zu Theorie und Praxis der berufsständischen Rechts- und Staatsidee, Frankfurt a.M. 1971, S. 144ff.; großen Einfluß auf die Beurteilung des faschistischen Korporativismus besitzt noch heute die zeitgenössische Darstellung von Rosenstock-Franck, L'Economie corporative, passim; vgl. auch die Neuauflage einiger Schriften des Autors in italienischer Übersetzung: ders., Il corporativismo e l'economia dell'Italia fascista (Hg. Nicola Tranfaglia), Torino 1990.

[68] Zahlreiche Beispiele bei Cassese, Corporazioni, S. 349ff. und Aquarone, L'organizzazione, S. 211–219; zur Kritik Bottais vgl. Giordano Bruno Guerri, Bottai, un fascista, Milano 1976, S. 126–132; Guarneri, Battaglie economiche, S. 386f. u. S. 237: „Lo Stato rimarrà confinato nelle nebbie di una vaga concezione dottrinale e negli esperimenti [. . .] verbali di interminabili accademie."

Es waren eine Reihe von Faktoren institutioneller, juristischer und politischer Natur, die hierfür verantwortlich waren. Schon die im Gesetz vom 5. Februar 1934 verankerten Beschränkungen – namentlich das fehlende Initiativrecht – hemmten die Möglichkeiten der Korporationen und degradierten sie zu Hilfsorganen, die kaum eigene Machtbefugnisse besaßen. Da die Einbeziehung der Korporationen in den politischen Entscheidungsprozeß fakultativ war, begrenzte sich ihr Aufgabenfeld auf wenige Bereiche, die die staatlichen Behörden und Syndikatsverbände aus unterschiedlichen Gründen nicht zu leisten vermochten. Wenn sich die Korporationen nie zu selbständigen Machtzentren entwickelten, so lag dies auch daran, daß sie weder über exekutive Gewalt noch über eigene Verwaltungsstrukturen verfügten. Obgleich es sich formal um staatliche Organe handelte, besaßen sie nicht einmal einen eigenen Amtssitz, sondern tagten in den Räumlichkeiten des Korporationsministeriums. Auch aus formalen Gründen waren die Korporationen, die nur selten und in unregelmäßigen Abständen zusammentraten,[69] daher kaum geeignet, die immer komplexeren Probleme der Wirtschaftsverwaltung (Preise, Produktionsquoten, Importkontingente etc.) eigenständig und effizient zu bewältigen. Hinzu kam die Tatsache, daß weder die staatlichen Wirtschaftsbehörden noch die Syndikatsverbände bereit waren, eigene Befugnisse und Kompetenzen an die neugeschaffenen Organe abzutreten.[70] Angesichts der Mitte der dreißiger Jahre bereits stark ausgebildeten verwaltungswirtschaftlichen Strukturen hätte eine Neuorganisation nach „korporativem" Muster tiefgreifende Eingriffe in die bestehende Ordnung erfordert, was nicht nur zu erheblichen Widerständen geführt hätte, sondern auch unwägbare Risiken hinsichtlich der Effizienz der Wirtschaftspolitik mit sich gebracht hätte. Auch Mussolini konnte angesichts des heraufziehenden Konfliktes in Ostafrika kein wirkliches Interesse daran haben, durch wirtschaftspolitische Experimente die ökonomische und militärische Leistungsfähigkeit des Landes aufs Spiel zu setzen.

Es scheint dennoch nicht angemessen, den Korporativismus ausschließlich als ideologisches Konstrukt zu betrachten. Zu Recht ist bemerkt worden, daß das Gesetz vom 5. Februar 1934 „einem Zustand juristische Ordnung verlieh, der [. . .] de facto bereits seit Jahren existierte".[71] Dies galt in besonderem Maße für die Arbeitsbeziehungen, die seit Mitte der zwanziger Jahre durch kollektive Verträge zwischen Arbeitgeber- und Arbeitnehmerorganisationen

---

[69] Die ersten Sitzungen fanden erst im Frühjahr 1935, also ein Jahr nach Einsetzung der Korporationen statt; vgl. Ministero delle Corporazioni, Segretariato Generale del Consiglio Nazionale delle Corporazioni, I lavori degli organi corporativi nel primo ciclo della loro attività, Roma 1936.

[70] Guarneri, Battaglie economiche, S. 237.

[71] Grifone, Il capitale finanziario, S. 112.

geregelt wurden. Die bei schwierigen Lohnverhandlungen zur Vermittlung eingeschalteten *Comitati intersindacali*, denen der lokale Parteivorsitzende vorsaß, ähnelten in Struktur und Funktion bereits weitgehend den 1934 gegründeten Korporationen. Die Syndikatsverbände nahmen gerade im landwirtschaftlichen Bereich in zunehmendem Umfang marktregulierende Aufgaben wahr, etwa wenn es um die Festsetzung von Preisen oder Produktions- und Anbauquoten ging. Ein Beispiel für ein de facto korporatives Organ ist das 1931 gegründete Reiskartell *Ente Nazionale Risi*, das in weitgehender Selbstverwaltung von Vertretern der Agrarverbände, dem Handel und der weiterverarbeitenden Industrie geführt wurde.[72] Bereits vor 1934 hatte sich somit in verschiedenen Bereichen ein informelles System der Marktkontrolle und Konfliktregulierung herausgebildet. Die Korporationen konnten dieses System zwar nicht – wie vorgesehen – ersetzen, sie ergänzten es jedoch und gaben ihm eine institutionelle und juristische Grundlage. Dies galt nicht so sehr für die kollektiven Arbeitsverträge, die weiterhin meist direkt von den Syndikaten ausgehandelt wurden, sondern in erster Linie für die Ausgestaltung der wirtschaftlichen Vertragsbeziehungen. Hier lieferte das Gesetz vom 5.2.1934 ein verbindliches juristisches Normensystem. Während Vereinbarungen bislang nur auf der Basis gegenseitiger Verständigung oder aber durch informelle Vermittlung von Regierungstellen zustande gekommen waren, konnte nun zumindest theoretisch jederzeit auf die Korporationen als schlichtende und normgebende Instanz zurückgegriffen werden. Wie bereits dargestellt, erwarteten sich gerade die landwirtschaftlichen Vertreter hiervon eine Stärkung ihrer Verhandlungsposition. Da sie in den Agrarkorporationen (in denen auch Nahrungsmittelindustrie und Handel organisiert waren) zwar nicht über die absolute, aber doch über die relative Stimmenmehrheit verfügten, war ihre Stellung vergleichsweise stark. Es war kein Zufall, daß die erste korporative Norm, die überhaupt verabschiedet wurde, die Preise und Lieferquoten zwischen Rübenproduzenten und der Zuckerindustrie vertraglich fixierte.[73] Auch in den Sitzungen der übrigen Landwirtschaftskorporationen standen die Beziehung zwischen Agrarproduzenten und den nachgelagerten Gewerbesektoren im Mittelpunkt.[74] Typische Aufgaben waren die For-

---

[72] Vgl. Kap. VI.3.

[73] Gazzetta Ufficiale 7.5.1935, Nr. 107; vgl. außerdem Kommentar von C. Simoncini, Il primo atto di potestà corporativa, L'Avanguardia Rurale, Jg. 6, Nr. 4, April 1935, S. 5–6.

[74] Vgl. die Protokolle der ersten Sitzungsperiode der Agrarkorporationen in: PCM 1934–1936, 18/2/3427: Riunioni delle Corporazioni; außerdem Ministero delle Corporazioni, I lavori, S. 25–45 und S. 103–208; Ugo Manunta, Il lavoro agricolo nelle Corporazioni, in: Confederazione Fascista dei Lavoratori dell'Agricoltura (Hg.), La Carta del Lavoro, S. 231–262; „I problemi economici all'esame delle Corporazioni", L'Avanguardia Rurale, Jg. 5, Nr. 10/11, Okt./Nov. 1934, S. 4.

mulierung von Musterverträgen, die Festsetzung von Produktionsquoten, die Gründung von Genossenschaften, die Verteilung von Produktionsmitteln und Probleme des Binnenhandels.

Exemplarisch sei hier die Arbeit der Getreidekorporation in der ersten Sitzungsperiode im September 1935 beschrieben.[75] Auf der Tagesordnung standen fünf Hauptdiskussionspunkte: 1. Regulierung des Getreidemarktes und der Beziehungen zu den Müllereibetrieben, 2. Revision der Normen über die Vermahlung von Getreide (Vermahlungsquoten), 3. Verkaufsordnung für Brot, 4. Regelungen für reisverarbeitende Betriebe; Einführung einer Eröffnungslizenz und Beschränkung der Verarbeitungskapazitäten, 5. Festlegung der Tarife für das Dreschen von Getreide.[76]

Besonders delikat war der erste Punkt, denn die Regulierung des Getreidemarktes hatte seit Jahren immer wieder zu schweren Konflikten zwischen Agrarproduzenten und Getreidemühlen geführt. Während Erfassungshandel und Nahrungsmittelindustrie für einen freien Warenverkehr plädierten, forderten die Landwirte eine Beschränkung und Kontrolle des Handels (vor allem der Importe) sowie eine Mengenkontingentierung durch Lagerhaltung. Nachdem die vertretenen Organisationen jeweils ein Vorschlagspapier eingereicht hatten,[77] verabschiedete die Korporation am 2. Oktober einen Antrag auf eine umfassende Regulierung des Getreidemarktes auf der Basis eines staatlich kontrollierten Lagerhaltungssystems.[78] Zwar sollte dabei auch dem Versorgungsbedarf der Müllereien Rechnung getragen werden, in erster Linie ging es jedoch um die „Aufrechterhaltung einer gewissen Stabilität der nationalen Getreidepreise".[79] Wenngleich dieser Antrag keine rechtlich binden-

---

[75] Die Sitzungen fanden zwischen dem 28.9. und dem 2.10.1935 statt; neben den gewählten Vertretern der Berufsorganisationen nahmen Mussolini, PNF-Generalsekretär Starace, die Minister für Landwirtschaft, Korporationen und Finanzen Rossoni, Solmi und Thaon di Revel sowie die Unterstaatssekretäre der genannten Ministerien teil; vgl. I lavori della Corporazione dei Cereali, L'Avanguardia Rurale, Jg. 6, Nr. 10, Okt. 1934, S. 18.

[76] PCM 1934–1936, 18/2/3427/10: Corporazione dei Cereali, Seduta del 28.9.1935, Ordine del giorno.

[77] Vgl. PCM 1934–1936, 18/2/3427/10: Corporazione dei Cereali, N.1 dell'O.d.g.: Disciplina del mercato granario in rapporto all'industria molitoria (Entwürfe von: Ministero dell'Agricoltura e delle Foreste; Confederazione Fascista dei Lavoratori dell'Industria; Federazione Nazionale Fascista degli Industriali Mugnai, Pastai, Risieri e Trebbiatori; Confederazione Fascista degli Agricoltori; Confederazione Fascista dei Lavoratori dell'Agricoltura; Federazione Nazionale dei Panificatori ed Affini; Confederazione dei Lavoratori del Commercio; Istituto Nazionale Fascista per gli Scambi con l'Estero; Ente Nazionale Fascista della Cooperazione).

[78] ACONF, FGB, b. 1, C: Disciplina mercato granario, Mozione approvata dalla Corporazione dei Cereali in merito alla disciplina del Mercato granario in rapporto all'industria molitoria (Sessione 28 settembre–2 ottobre 1935).

[79] Ebd. S. 2.

de Wirkung besaß (die Korporation hatte hier auf die Verabschiedung von Normen verzichtet), war damit zumindest in Umrissen ein Programm für die zukünftige Ausgestaltung der Getreidemarktordnung formuliert worden. Dieses Programm wurde schließlich auch zur Grundlage des im Sommer 1936 eingerichteten Ablieferungs- und Verteilungssystems, das freilich – wie im folgenden noch ausführlich zu beschreiben sein wird – in ein staatliches Zwangsinstrument umgewandelt wurde.

Als Fazit bleibt festzuhalten, daß die Einflußmöglichkeiten der korporativen Organe in den zentralen wirtschaftspolitischen Fragen gering waren. Dies bedeutete jedoch nicht, daß sie völlig bedeutungslos blieben. Insbesondere auf der mittleren und unteren Entscheidungsebene übernahmen die Korporationen und die anderen berufsständisch aufgebauten Organisationen wichtige Abstimmungs- und Lenkungsfunktionen.

XI

AUSSENHANDEL UND LANDWIRTSCHAFTLICHE
MARKTORDNUNG IM ZEICHEN DER AUTARKIE
(1935–1939)

1. Die wirtschaftlichen Rahmenbedingungen im Vorfeld der Autarkiepolitik

Erst Anfang 1935 waren in Italien Anzeichen wirtschaftlicher Erholung zu erkennen. Nach beinahe acht Jahren der Rezession deuteten die wichtigsten Konjunkturindikatoren nun erstmals auf eine Besserung der ökonomischen Gesamtsituation hin. Das Bruttoinlandsprodukt wies für 1935 einen realen Zuwachs von 10,1% gegenüber dem Vorjahr aus, die Investitionen nahmen sogar um über 50% zu (Tab. 11.1). Es ist zu vermuten, daß die konjunkturelle Belebung vor allem von den hohen Rüstungsinvestitionen im Vorfeld des Äthiopienkrieges ausging.[1] Bereits im April 1934 waren zusätzliche Haushaltsmittel für Rüstungsausgaben zur Verfügung gestellt worden, um das Land auf einen militärischen Konflikt in Ostafrika vorzubereiten.[2] Nachdem Mussolini im Dezember 1934 die Entscheidung zur Intervention gefällt hatte, wurde das Rüstungstempo weiter forciert. Doch schon bald zeigte sich, daß die ökonomischen Ressourcen und Produktionskapazitäten des Landes den Erfordernissen der Kriegsvorbereitung kaum gewachsen waren. Noch vor Beginn des Krieges und der Verhängung der Völkerbund-Sanktionen im Oktober 1935[3] machten sich erste Symptome einer konjunkturellen Überhitzung bemerkbar. Die während der Krise vorübergehend in den Hintergrund getretenen strukturellen Schwächen der italienischen Wirtschaft kamen nun immer deutlicher zum Vorschein und zwangen die faschistische Führung zu umfassenden Eingriffen in die außen- und binnenwirtschaftliche Ordnung. Vier Problembereiche lassen sich dabei unterscheiden:

---

[1] Vgl. Toniolo, L'economia, S. 272f.

[2] Vgl. De Felice, Mussolini il duce, Bd. 1, S. 605f. und passim. – Die staatlichen Mittel für Rüstungsausgaben erhöhten sich von 4,3 Mrd. Lire im Haushaltsjahr 1933/34 auf 9,8 Mrd. Lire 1938/39; vgl. Repaci, Finanza pubblica, S. 168 u. 354.

[3] Die Wirtschaftssanktionen wurden am 9.10.1935 durch den Völkerbund verhängt und traten am 18.11.1935 in Kraft.

Tab. 11.1
*Bruttoinlandsprodukt, Bruttoinvestitionen, öffentlicher und privater
Konsum in konstanten Preisen 1934–1939**

Jahr	BIP	Inv.	Öff. Konsum	Priv. Konsum
1934	100,0	100,0	100,0	100,0
1935	110,1	152,1	117,5	101,9
1936	111,5	131,1	155,2	98,1
1937	118,7	166,7	151,9	104,9
1938	119,0	149,5	143,7	117,5
1939	125,9	177,6	159,0	108,7

* Index 1934 = 100
Quelle: E r c o l a n i , Documentazione statistica, S. 422f.

1. Die steigenden Ausgaben im Rüstungsbereich führten zu hohen Belastungen des Staatshaushaltes, die durch Steuererhöhungen nicht vollständig ausgeglichen werden konnten. Die laufenden Ausgaben des Zentralstaates erhöhten sich von 22 Mrd. Lire im Jahre 1933 auf 36 Mrd. Lire 1936, die jährliche Nettoneuverschuldung nahm im gleichen Zeitraum von 3,9 auf 15,1 Mrd. Lire zu. Zur Finanzierung dieses Fehlbetrages mußte der Staat neue Schuldtitel auf dem Kapitalmarkt anbieten, was die Gefahr einer Verdrängung privater Investitionen mit sich brachte. Die Staatsquote (der Anteil der Staatsausgaben am Volkseinkommen) betrug 1936 29,9% und war damit doppelt so hoch wie Ende der zwanziger Jahre.[4]

2. Der konjunkturelle Aufschwung bewirkte einen Anstieg der Einfuhren, so daß sich – bei rückläufigen Exporten – das Defizit der Handelsbilanz zwischen 1933 und 1935 von 1,4 auf 2,6 Mrd. Lire vergrößerte. Infolge der Völkerbund-Sanktionen reduzierte sich das Defizit 1936 auf knapp eine halbe Milliarde Lire, doch schon 1937 wurde wieder ein Negativsaldo von 3,5 Mrd. Lire verzeichnet. Besorgniserregend war diese Entwicklung vor allem deshalb, weil die wichtigsten Aktivposten der italienischen Dienstleistungs- und Transferbilanz (Tourismus, Schiffsfrachten und Geldüberweisungen der Emigranten) seit Anfang der dreißiger Jahre ebenfalls stark rückläufig waren. Die Deviseneinnahmen aus diesem Bereich reduzierten sich zwischen 1929 und 1934 von 8,5 auf 1,6 Mrd. Lire.[5] Der latente Devisenmangel weitete sich im Sommer 1935 zu einer regelrechten Devisenkrise aus: Nicht einmal ein Drittel der benötigten Auslandsvaluta konnte zwischen Juni und Oktober 1935 durch laufende Einnahmen aus dem Exportgeschäft bestritten werden.[6] Der

[4] S a l v e m i n i , Z a m a g n i , Finanza pubblica, S. 10.
[5] G u a r n e r i , Battaglie economiche, S. 348 und 450.
[6] Ebd. S. 488f.

italienischen Regierung blieb nichts anderes übrig, als ihre Auslandsver-
bindlichkeiten durch Zuweisungen aus den Gold- und Devisenbeständen der
Zentralbank zu begleichen. Das Devisenproblem wurde durch die Völkerbund-Sanktionen verschärft, da neben einer allgemeinen Handelssperre auch
eine Stornierung der italienischen Auslandskredite verhängt wurde.

Tab. 11.2
Die italienische Handelsbilanz 1921–1939*

Jahr	Importe (a)	Exporte (b)	Defizit	b/a x 100
1921–1925	19.077	12.119	–6.958	63,5
1926–1930	21.365	15.078	–6.287	70,6
1931	11.643	10.210	–1.433	87,7
1932	8.268	6.812	–1.456	82,4
1933	7.432	5.991	–1.441	80,6
1934	7.675	5.224	–2.451	68,1
1935	7.790	5.238	–2.552	67,2
1936	6.039	5.542	–497	91,8
1937	13.943	10.444	–3.499	74,9
1938	11.273	10.497	–776	93,1
1939	10.309	10.823	514	105,0

* in Mill. Lire
Quelle: Istituto Centrale di Statistica, Sommario (1968) S. 97.

3. Infolge der Zahlungsbilanzprobleme gestaltete sich auch die Währungspolitik immer schwieriger. Bereits 1933 hatte die *Banca d'Italia* mit hohen
Summen auf den Devisenmärkten intervenieren müssen, um die Lira vor
einer Abwertung zu bewahren.[7] Die steigenden Ausgaben der Zentralbank
für Stützungskäufe und zur Deckung von Auslandszahlungen trugen jedoch
zu einer erheblichen Verminderung der Reserven bei. Die Gold- und Devisenbestände der Zentralbank waren schon zwischen 1930 und 1933 von 9,6
auf 7,4 Mrd. Lire zusammengeschmolzen; 1935 betrugen sie nur noch 3,4
Mrd. Lire. Bei gleichzeitiger Erhöhung des Geldumlaufs[8] wurde die 1927
eingeführte 40–prozentige Golddevisendeckung immer mehr zur Fiktion, so
daß die Regierung im Juli 1935 den Deckungsstandard auch offiziell aufgegeben mußte.[9] Im Oktober 1936 folgte schließlich eine Abwertung der Lira
um 40%, nachdem die verbliebenen Länder des „Goldblocks" (Frankreich,

---

[7] Ebd.; die Zentralbank hatte 1933 616,9 Mill. Lire angekauft, um den Wechselkurs stabil zu
    halten.
[8] Istituto Centrale di Statistica, Sommario (1958) S. 164.
[9] R.D.L. 21.7.1935 (Nr. 1293); Ende 1935 waren nur noch 20% der Geldmenge durch Gold-
    devisenbestände der Zentralbank abgedeckt; vgl. G r i f o n e , Il capitale finanziario, S. 120.

Belgien, die Niederlande und die Schweiz) ihre Währungen ebenfalls abgewertet hatten.[10]

4. Die Preisstabilität, seit 1927 Dreh- und Angelpunkt der faschistischen Wirtschafts- und Finanzpolitik, drohte 1935 einem inflationären Trend zu weichen. Die Großhandelspreise stiegen 1935 um 10% gegenüber dem Vorjahr an; 1936 erhöhten sie sich um 12% und 1937 um 16%.[11] Dies war im Prinzip noch keine besorgniserregende Größenordnung, zumal die Konsumgüterpreise geringere Zuwächse verzeichneten.[12] Doch ließ sich angesichts dieser Entwicklung eine ohnehin längst anstehende Erhöhung der Löhne kaum noch verhindern, womit über kurz oder lang eine Verstärkung der inflationären Entwicklung eintreten mußte. Es bestand die Gefahr, daß sich die in den Krisenjahren aufgestaute Konsumgüternachfrage entlud, was nicht nur eine Verringerung der Sparquote (und damit der Investitionen) erwarten ließ, sondern auch zu einer Erhöhung der Einfuhren und des Preisniveaus führen mußte. Auf der anderen Seite drohte dem Regime ein Konsensverlust innerhalb der Bevölkerung, wenn es nicht gelang, die materiellen Bedingungen der Bevölkerung nach den mageren Jahren der Rezession zu verbessern. Dieser Zielkonflikt sollte nach 1936 in verschiedenen Bereichen zum Ausbruch kommen und zu erheblichen wirtschaftspolitischen Abstimmungsproblemen führen.

2. Vom Protektionismus zur Bewirtschaftung von Devisen und Außenhandel

Die im vorigen Abschnitt komprimiert dargestellten ökonomischen „Problembereiche" waren in hohem Maße miteinander verflochten und ließen sich nicht durch isolierte Maßnahmen lösen. Handelsdefizit, Devisenmangel, Inflation und Abwertungsdruck waren Phänomene, die nicht nur zeitgleich auftraten, sondern sich gleichsam gegenseitig bedingten und in ihrer Wirkung verstärkten. Dennoch war der Mangel an Rohstoffen und die damit verbundene Importabhängigkeit das eigentliche Strukturproblem der italienischen Volkswirtschaft. Trotz der durchaus erfolgreichen Bemühungen, einen Teil der Importe durch inländische Produktion zu substituieren, war Italien nach wie vor auf Lieferungen aus dem Ausland angewiesen.[13] Zu den Schwierigkeiten der Devisenbeschaffung trat seit 1935 das Problem, sichere Handelspartner im Ausland zu finden, die auch unter schwierigen außen-

---

[10] R.D.L. 5.10.1936 (Nr. 1746).
[11] Ebd. S. 172.
[12] Ebd.
[13] Vgl. ausführlich G u a r n e r i, Battaglie economiche sowie P e t r i, Selektives Wachstum.

politischen Konstellationen ihre Lieferungen aufrecht hielten. Wenn die Sanktionen ihre Wirkung letztlich verfehlten und die Rohstoffversorgung Italiens niemals ernsthaft gefährdet wurde, so war dies vor allem der Kürze ihrer Dauer[14] sowie dem Umstand zu verdanken, daß sich wichtige Handelspartner wie Deutschland, die USA, Österreich, Albanien und Ungarn nicht beteiligt hatten. Dennoch war deutlich geworden, daß die Sicherung der Einfuhr von Rohstoffen (und Nahrungsmitteln in schlechten Erntejahren) nicht mehr nur ein finanzielles, sondern zunehmend auch ein außenpolitisches Problem darstellte.

Offiziell wurde die Autarkie erst im März 1936 unter dem Eindruck der Sanktionen verkündet.[15] De facto hatten sich im Außenhandelsbereich schon früher strukturelle Veränderungen vollzogen, welche die Autarkiepolitik in vieler Hinsicht antizipierten. Konkrete Bemühungen, Importe durch Steigerung der inländischen Produktion zu ersetzen, lassen sich bis ins Jahr 1925 zurückverfolgen, als das faschistische Regime mit der „Battaglia del grano" die Selbstversorgung mit Nahrungsmitteln zum Ziel seiner Agrarpolitik machte. Ähnliche Maßnahmen wurden – meist mit weniger Erfolg – auch für andere Produkte in die Wege geleitet. Erinnert sei hier an die 1926 eingeleitete Propagandakampagne zum bevorzugten Verbrauch heimischer Produkte, die von zahlreichen gesetzlichen Bestimmungen flankiert wurde. Es ist schwer, die Wirkung dieser Maßnahmen zu quantifizieren, da der starke Rückgang des Handelsvolumens nach 1927 in erster Linie eine Folge der Wirtschaftskrise war (vgl. Tab. 11.2). Dennoch läßt sich eine Tendenz zur Autarkie bereits lange vor 1936 erkennen.

Auch in der Handelspolitik kam es bereits Anfang der dreißiger Jahre zu einschneidenden Veränderungen. Zwischen 1931 und 1932 schloß Italien eine Reihe von neuen Handelsverträgen ab, in denen das bis dahin gültige Prinzip der Meistbegünstigungsklausel zugunsten bilateraler Präferenzabkommen aufgegeben wurde.[16] Diese Verträge zielten zunächst weniger auf eine prinzipielle Verringerung der Einfuhren als auf eine Sicherung der italienischen Handelsinteressen, die sich immer stärker auf den Donau-Balkanraum und auf Deutschland richteten.[17] Mit besonderem Nachdruck hatten sich die Agrarverbände 1931 für eine Revision der bestehenden Handelsverträge eingesetzt, während man in der Industrie solchen Forderungen eher ablehnend

---

[14] Die Sanktionen wurden schon am 15.7.1937 wieder aufgehoben und waren somit 241 Tage in Kraft.

[15] Rede Mussolinis vor dem Nationalrat der Korporationen, 23.3.1936, in: O.O., Bd. 27, S. 241–248.

[16] Benvenuto Griziotti, La politica degli scambi bilanciati, Italia Agricola 69 (1932) S. 3–9.

[17] Zur wirtschaftlichen Expansion Italiens im Donau-Balkanraum vgl. Rafalski, Italienischer Faschismus, S. 177–278.

gegenüberstand.[18] Die Agrarvertreter sahen sich durch die bestehenden Verträge benachteiligt, da diese zum Großteil Anfang der zwanziger Jahre im Zeichen hoher Agrarpreise abgeschlossen worden waren, als man noch glaubte, auf Zollschutz verzichten zu können. Eine Neuordnung der außenhandelspolitischen Vertragsbeziehungen schien daher dringend geboten, zumal Italien immer mehr von Billigagrarimporten aus den Balkan- und Donaustaaten überschwemmt wurde. Neben einer effizienteren Zollprotektion forderten die Agrarvertreter eine Bilateralisierung des Handels auf der Basis ausgeglichener Handelsströme ("scambi bilanciati"). Damit sollte ein wirkungsvoller Schutz vor Massenimporten gewährleistet, zugleich aber auch die eigenen Absatzchancen auf den ausländischen Märkten verbessert werden.

War die Bilateralisierung des Handels Anfang der dreißiger Jahre noch mehr von wirtschaftlichen Interessen der italienischen Produzenten als von übergeordneten Autarkievorstellungen geprägt, so traten zahlungsbilanzpolitische Überlegungen nach und nach immer stärker in den Vordergrund. Schon die meisten der 1931/32 abgeschlossenen Handelsverträge enthielten Kompensationsklauseln, die eine gegenseitige Verrechnung der Warenströme vorsahen.[19] Das System des Handelsclearings wurde in den Jahren danach schrittweise ausgebaut: Bis zum Sommer 1935 wurde der Handel mit allen wichtigen Handelspartnern (außer den USA) über devisenfreie Clearing-Verträge abgewickelt.[20]

---

[18] Die Agrarverbände hatten am 14./15.9.1931 in einer Sitzung der Landwirtschaftssektion des Nationalrates der Korporationen eine Resolution verabschiedet, welche einen neuen Generalzolltarif mit höheren Agrarzöllen, eine Neuordnung der Handelsverträge sowie eine Verbesserung der Exportmöglichkeiten forderte. Die Resolution führte in der Vollversammlung des Nationalrates vom 9.–13. November zu scharfen Kontroversen zwischen Vertretern der Agrarverbände (Razza, Tassinari) und der Confindustria (Felice Guarneri), in der sich die Agrarverteter schließlich durchsetzen konnten. Vgl. Reden und Protokolle in: Ascione (Hg.), Agricultura, passim und in: Bottai, Le corporazioni, S. 466ff. Zur Haltung der Landwirtschaft außerdem Tassinari, Agricoltura e politica doganale, in: ders., Problemi, S. 57–66; ders. (Hg.), Scritti, S. 11.

[19] Nachdem immer mehr Länder Anfang der dreißiger Jahre zu einer mehr oder weniger rigorosen Bewirtschaftung der Devisen übergegangen waren (darunter z. B. auch Österreich und Ungarn), erließ die italienische Regierung am 21.12.1931 ein Dekretgesetz (Nr. 1680), das Devisenrestriktionen gegenüber den Exporteuren der betreffenden Länder ermöglichte. Das erste Clearingabkommen wurde am 20.12.1931 mit Österreich abgeschlossen. Auch die 1932 mit Deutschland, Ungarn, Bulgarien, Rumänien, Jugoslawien, Chile und Argentinien abgeschlossenen Verträge sahen Kompensationsmechanismen vor; nach Guarneri funktionierten diese ersten Clearingabkommen jedoch nur unzureichend und blieben daher in ihrer Wirkung begrenzt; Guarneri, Battaglie economiche, S. 355.

[20] Clearing-Abkommen bestanden Mitte 1935 mit Deutschland, Ungarn, Bulgarien, Rumänien, Jugoslawien, Chile, Argentinien, Großbritannien, Irland, Griechenland, Schweden, der Türkei, Norwegen und Frankreich; mit der Schweiz wurde am 3.12.1935 ebenfalls ein Handels-

350

Trotz dieser einschneidenden Veränderungen in den außenwirtschaftlichen Beziehungen kann von einer vollständigen staatlichen Regulierung des Außenhandels bis Anfang 1935 nicht gesprochen werden. Die Ausfuhren blieben bis auf wenige Ausnahmen von Auflagen frei; das gleiche galt im Prinzip für die Importe, die zwar durch Einfuhrabgaben und nichttarifäre Restriktionen (z. B. Vermahlungsquoten für Weizen) behindert wurden, jedoch keiner direkten Mengenbewirtschaftung unterstanden. Lediglich die Einfuhren von Wolle, Ölsaaten, Kaffee und Kupfer wurden schon im April 1934 einer ministeriellen Genehmigungspflicht unterworfen.[21] Diese Maßnahmen entfalteten jedoch keine importmindernde Wirkung: Der Einfuhrwert dieser Produkte nahm 1934 sogar noch leicht zu (von 879 auf 930 Mill. Lire).[22]

Erst im Februar 1935 ging das faschistische Regime zu einer umfassenden Regulierung der Einfuhren über. Der am 24. Januar berufene neue Finanzminister Thaon Di Revel erließ am 16. Februar ein Ministerialdekret, das praktisch alle aus dem Ausland bezogenen Waren durch Quoten oder Lizenzen kontrollierte. Als zentrale Koordinationstelle wurde am 20. Mai die *Sovrintendenza agli Scambi e alle Valute* eingerichtet.[23] An ihre Spitze berief Mussolini den Wirtschaftsdirektor der Confindustria, Felice Guarneri, der – mit „beinahe diktatorischen Vollmachten ausgestattet"[24] – bis zu seiner Entlassung im Oktober 1939 die gesamte Außenhandels- und Devisenbewirtschaftung steuern sollte. Die Sovrintendenza, der auch die Aufsicht über das staatliche Devisenamt (*Istituto Nazionale per i Cambi con l'Estero*) und das Nationale Exportamt übertragen wurde, erhielt im Dezember 1935 den Status eines Unterstaatssekretariats und im November 1937 den eines Ministeriums.

Das kombinierte Lizenz- und Quotensystem zur Kontingentierung der Importe wurde durch ein Ministerialdekret vom 26. Juni 1935 erweitert. Nach den neuen Bestimmungen, die am 1. Juli in Kraft traten, wurden die Einfuhren nach drei Warengruppen unterschieden:[25]

1. Für eine Reihe besonders wichtiger Importgüter legte das Finanzministerium nach Rücksprache mit anderen Stellen (Landwirtschafts-, Kriegs-

---

clearing vereinbart; vgl. G u a r n e r i, Battaglie economiche, S. 470f.; außerdem Giuseppe T a t t a r a, Un esempio di countertrade: il clearing anglo-italiano, Rivista di Storia Economica, N.S., 2 (1985).

[21] R.D.L. 14.4.1934 (Nr. 564). – Die Einfuhrlizenzen wurden vom Finanzministerium in Absprache mit speziellen Beratungskomitees erteilt. Die Komitees bestanden aus Mitgliedern des Korporationsministeriums sowie der betroffenen Handels- und Produzentenorganisationen.

[22] G u a r n e r i, Battaglie economiche, S. 428; der Anteil am Gesamtimport dieser Warengruppe erhöhte sich 1933–1934 von 10,8 auf 11,9%.

[23] R.D.L. 20.5.1935 (Nr. 654).

[24] D e F e l i c e, Musolini il duce, Bd. 1, S. 695.

[25] Vgl. B a c o n, S c h l o e m e r, World Trade, S. 827f.

und Korporationsministerium etc.) die notwendige Importmenge fest. Entsprechend dieser Menge wurden Lizenzen an die Wirtschaftsorganisationen und Verbände verteilt, die diese wiederum an die einzelnen Unternehmen weitergaben. Für die ernährungswirtschaftlich besonders wichtigen Getreideeinfuhren wurde beim Landwirtschaftsministerium ein *Comitato dei Cereali* eingerichtet, das den Importbedarf festsetzte und die Ausgabe der Lizenzen selbst vornahm.[26] Im Agrarbereich unterlagen neben Weizen folgende Produkte einer Importlizenz: Wein, Kakao, Tier- und Pflanzenfette, Schweine, Butter, Frisch- und Dosenfleisch, Ölsaaten, Seide, Kaffee, Wolle und Naturfasern (Flachs, Leinen, Baumwolle). Auf diese Einfuhren wurde außerdem ein allgemeiner dreiprozentiger Wertzoll erhoben.

2. Da das Festlegen von Importlizenzen eine komplizierte Bedarfsanalyse voraussetzte, wurden für eine große Zahl weniger bedeutender Waren länderspezifische Importquoten auf der Basis des Vorjahres eingeführt. Dabei handelte es sich um eine Übergangsregelung, die nach und nach zugunsten des Lizenzverfahrens aufgegeben wurde. Die Quoten schwankten je nach Produkt zwischen 10 und 35% der Importmenge von 1934. Allerdings wurde Ländern, mit denen bilaterale Handelsabkommen bestanden, wesentlich höhere Quoten gewährt. Bevorzugte Handelspartner wie Deutschland, Österreich, die Balkan- und Donaustaaten, aber auch Spanien, Portugal, Norwegen, Dänemark, Uruguay, die Türkei und die Niederlande konnten 100% der Importmenge von 1934 nach Italien ausführen. Für Frankreich wurde eine Quote von 85%, für Großbritannien und Schweden von 80% und für Belgien eine Quote von 55% festgelegt. Folgende Agrarprodukte waren von dieser Quotenregelung betroffen: Mehl, Zucker, Tee, Eier, Milch, Käse, Frischobst, Gemüse, Gefrierfleisch, Kälber, Geflügel sowie alle Getreidesorten außer Weizen. Die Einhaltung der Quoten wurde von den Zollbehörden kontrolliert, die auch entsprechende Einfuhrgenehmigungen erteilten.

3. Für die verbleibenden Produkte mußte zwar eine Genehmigung bei den Zollbehörden eingeholt werden, doch gab es keine festen Lizenz- oder Quotenregelungen. Dies galt u. a. für importierte Güter, die in Italien weiterverarbeitet und dann erneut exportiert wurden (z. B. für Getreide, daß zu Teigwaren und Süßigkeiten verarbeitet wurde). Für einige wenige Agrarprodukte wie Schafe und Ziegen, Trockenobst und Tomaten, die nur in sehr geringen Mengen eingeführt wurden, bestanden keine Importrestriktionen. Darüber

---

[26] PCM 1934–1936, 3/1–2/3223: Bericht PCM an Mussolini, 13.2.1935; Relazione al Consiglio dei Ministri (o.D., aber Januar 1935). – Das Comitato dei Cereali wurde per Dekretgesetz vom 17.1.1935 (Nr. 38) ins Leben gerufen. Ihm gehörten jeweils zwei Vertreter des Finanz-, Landwirtschafts- und Korporationsministeriums, je ein Vertreter des PNF, des Außenministeriums und des Nationalen Exportinstitutes sowie der Syndikatsverbände für Landwirtschaft, Industrie und Handel an.

hinaus wurde für alle Gütergruppen die Möglichkeit privater Kompensationsgeschäfte geschaffen, bei denen Handelsorganisationen Waren außerhalb von Lizenzen oder Quoten einführen konnten, wenn sie im Gegenzug entsprechende Ausfuhren vorwiesen. Diese Regelung sollte gleichsam ein marktwirtschaftliches Korrektiv zu den rigiden und noch nicht ausreichend erprobten Kontingentierungsgesetzen schaffen.[27]

Die Neuordnung des Importsektors im Frühjahr und Sommer 1935 – der zunächst noch keine entsprechende Regulierung des Ausfuhrbereiches gegenüberstand – bedeutete die endgültige Abkehr vom klassischen Zollprotektionismus. Angesichts der zunehmenden Bilateralisierung des Handels mit zahlreichen Präferenzabkommen hatten Importzölle ihre zentrale Funktion als Instrument der Handelspolitik immer mehr verloren. Eine Steuerung der Warenströme über die Beeinflussung der Preise schien angesichts der dramatischen weltwirtschaftlichen Veränderungen kaum noch realistisch. Auch das zweite Motiv für Einfuhrzölle, nämlich den heimischen Produzenten Einkommens- und Konkurrenzvorteile gegenüber dem Ausland zu verschaffen, verlor seit 1935 immer mehr an Bedeutung. Im Gegenteil: der Preisschub durch den Konjunkturaufschwung und die Währungsabwertung vom Herbst 1936 drohte in eine Inflation umzuschlagen, die nur noch durch eine restriktive Preispolitik aufgehalten werden konnte. Dabei spielten Agrarprodukte eine wichtige Rolle, da die Nahrungsmittelpreise bei der Bildung des Konsumpreisniveaus besonders ins Gewicht fielen. Die zentrale Aufgabe der staatlichen Agrarpolitik bestand daher nicht mehr in der Stützung der Agrarpreise auf möglichst hohem Niveau, sondern in einer Begrenzung der Preissteigerungen durch direkte Vorschriften und andere preispolitische Maßnahmen. Der schrittweise Abbau der Agrarzölle seit dem Frühjahr 1935[28] sollte diese Funktion ebenso erfüllen wie die staatliche Markt- und Preispolitik, die zwischen Anfang 1935 und Sommer 1936 Schritt für Schritt ausgeweitet wurde.

---

[27] Guarneri, Battaglie economiche, S. 455f.

[28] Die Agrarzölle wurden zwischen Mai 1935 und Mai 1937 um durchschnittlich etwa zwei Drittel gesenkt. Die wichtigsten Agrarzölle waren im Mai 1937: Weizen und Mais: 18 (Mai 1935: 75) Lire/dz; Zucker über 94%: 132 (165) Lire/dz; Olivenöl: 139 (209) Lire/dz; Kühe: 30 (85) Lire/dz; Kälber bis 300 kg: 38 (106) Lire/dz; Frischfleisch: 50 (200) Lire/dz; Eier: 50 (145) Lire/dz. Dagegen blieben die Zölle auf Wein, Rohkaffee, Ölsaaten, Wolle, Käse, Butter und Geflügel unverändert. Der Einfuhrzoll auf Baumwolle wurde von 18,4 auf 150 Lire/dz erhöht; vgl. Bacon, Schloemer, World Trade, S. 826.

3. Der Ausbau der staatlichen Verwaltung im Agrarsektor

Schon im Vorfeld der Autarkiepolitik war es auf der wirtschaftspolitischen Führungsebene zu wichtigen personellen Veränderungen gekommen. Im Finanzministerium wurde Guido Jung am 24. Januar 1935 durch Thaon Di Revel ersetzt, während Ferruccio Lantini die Leitung des Korporationsministeriums übernahm.[29] Auch die politische Führung des Landwirtschaftsressorts wurde im Januar 1935 ausgewechselt. An die Spitze des Ministeriums berief Mussolini Edmondo Rossoni, der nach seiner Entmachtung als Gewerkschaftsführer im Herbst 1928 zunächst einige Jahre von der politischen Bildfläche verschwunden war, dann aber am 20. Juli 1932 überraschend zum Unterstaatssekretär der PCM nominiert wurde und damit in den engeren Beraterkreis Mussolinis vorgedrungen war.[30] Rossoni war in agrarpolitischen Fragen völlig unerfahren, aber dennoch gab es gute Gründe für Mussolini, den ehemaligen Chef der Arbeitnehmersyndikate zum Nachfolger Acerbos zu bestellen. Der für seinen Dezisionismus und sein Organisationstalent bekannte Rossoni schien besser für die zukünftigen Aufgaben der Agrarpolitik geeignet als der zurückhaltende Acerbo, der zwar akademisch ausgebildeter Agrarökonom war, aber in der Vergangenheit immer wieder seine Abneigung gegen staatliche Eingriffe in die Wirtschaft bekundet hatte.[31] Ähnliche Motive dürften auch bei der Nominierung Giuseppe Tassinaris den Ausschlag gegeben haben, der Arturo Marescalchi als Unterstaatssekretär für Landwirtschaft ablöste. Tassinari war Professor für Agrarökonomie und als ehemaliger Präsident der CNFA mit Problemen der Wirtschaftsorganisation vertraut. Möglicherweise spielten bei seiner Ernennung auch politische Paritätsgründe eine Rolle. Zweifelsohne genoß Tassinari bei Landwirten und Grundbesitzern mehr Vertrauen als Rossoni, der vielen Arbeitgebern als harter Verhandlungsführer der Gewerkschaften in Erinnerung geblieben war.[32]

Nachfolger Serpieris im Amt des Unterstaatssekretärs für Urbarmachungen wurde Canelli. Die Nominierung des unbekannten und fachlich wenig profilierten Lokalpolitikers aus Apulien war ein Symptom für die abnehmende Bedeutung der Urbarmachungspolitik, deren staatliche Finanzierung Ende 1934 ausgelaufen war.[33]

---

[29] Lantini wurde zunächst Unterstaatssekretär (an Stelle von Bruno Biagi), während Mussolini vorerst selbst Minister blieb. Am 11.6.1936 übernahm Lantini schließlich auch den Ministerposten.

[30] Vgl. zu Rossoni die Biographien von Thingino, Rossoni; Cordova, Rossoni; beide Darstellungen enthalten jedoch kaum Informationen über die Tätigkeit Rossonis als Landwirtschaftsminister.

[31] Vgl. Kap. VI.3.a.

[32] Über die Befürchtungen der Landbesitzer nach der Ernennung Rossonis vgl. MI, PS, DPP, FM, Cat. M. 28, b. 167: Bericht 27.2.1935.

Anders als auf der politischen Führungsebene kam es innerhalb der Verwaltung des MAF kaum zu einschneidenden personellen Veränderungen. Die drei Generaldirektoren – Giovanni Nicotra (Agrarkredit), Eliseo Jandolo (Bonifica Integrale) und Mario Mariani (Landwirtschaft) – blieben bis 1943 in ihren Positionen; ähnliches galt auch für die mittlere Führungsebene der *Capi Divisione* und der *Capi Sezione*, die eine außerordentlich geringe Fluktuation aufwies. Insbesondere fällt auf, daß die Verwaltung auch in den dreißiger Jahren von faschistischen Infiltrationen kaum betroffen war, obgleich verdiente Parteimitglieder seit 1932 zahlreiche gesetzliche Vergünstigungen genossen.[34] Die höhere Ministerialbürokratie rekrutierte sich nach wie vor überwiegend aus der alten liberalen Staatselite, die bereits vor 1922 in den Verwaltungsdienst eingetreten war.[35]

Rossoni bemühte sich nach seiner Nominierung um eine Erweiterung der ministeriellen Befugnisse und um eine Verstärkung des Verwaltungsapparates. Im April 1936 wurde die *Direzione Generale del credito agrario* aufgelöst und durch eine neue Generaldirektion (*Direzione Generale per i piani di produzione e del suo finanziamento*) mit stark erweiterten Kompetenzen ersetzt.[36] Unter der Leitung von Giovanni Nicotra entwickelte sich diese Verwaltungseinheit nach 1936 zur zentralen Aufsichtsbehörde für die landwirtschaftliche Marktpolitik. Auch der Personalbestand des Ministeriums wurde seit Mitte der dreißiger Jahre erheblich aufgestockt. Die Zahl der Verwaltungsangestellten (ohne Forstmiliz) erhöhte sich zwischen 1935 und 1938 von 1.048 auf 2.395 Personen.

---

[33] Als Canelli am 19.4.1937 starb, wurde das Unterstaatssekretariat nicht mehr besetzt, sondern von Tassinari in Personalunion mit dem Unterstaatssekretariat für Landwirtschaft geleitet.

[34] Ein Dekret vom 17.12.1932 schrieb die Parteimitgliedschaft bei Einstellung von Staatsbediensteten vor. Personen, die vor dem 28. Oktober 1922 in die Partei eingetreten waren, wurden bei Beförderungen begünstigt. 1940 wurde verfügt, daß Beförderungen nur noch für Parteimitglieder möglich waren; bevorzugt wurden ehemalige Mitglieder der „Squadre d'Azione"; vgl. S a l v a t i, Il regime, S. 70f. und 197.

[35] Nach der veröffentlichten Personalliste des MAF waren am 1. Januar 1941 30 Verwaltungsbeamte in leitender Stellung im Landwirtschaftsministerium beschäftigt: 5 Generaldirektoren (Direttori Generali), 4 Generalinspektoren (Ispettori Generali) und 21 Abteilungsleiter (Capi Divisione). Von diesen hatten 29 ihre Karriere im Ministerialdienst vor 1922 und 27 sogar vor dem Ersten Weltkrieg begonnen. Lediglich ein leitender Beamter (Generaldirektor Vittorio Ronchi, zuvor Leiter der Urbarmachungen von Maccarese) war nach der faschistischen Machtergreifung in den Staatsdienst eingetreten. Das durchschnittliche Lebensalter betrug 54, das durchschnittliche Dienstalter 29 Jahre. Fast alle leitenden Funktionäre trugen zivile oder militärische Orden, aber lediglich zwei (Michele Tucci und Adolfo Panfili) waren Träger von Parteiauszeichnungen; vgl. Ministero dell'Agricoltura e delle Foreste, Ruoli di anzianità del personale centrale, centrale-provinciale e provinciale. Situazione al 1° gennaio 1941, Bollettino ufficiale del Ministero dell'Agricoltura e delle Foreste, Supplemento al n.1, 1.1.1941, S. 11–13.

[36] R.D. 14.4.1936 (Nr. 862).

Tab. 11.3

Personalbestand des Landwirtschaftsministeriums 1930–1942

	1930	1935	1938	1940	1942
Verwaltungspersonal	701	1.048	2.395	2.410	3.385
Forstmiliz	3.537	3.773	3.813	4.180	4.329
Arbeiter	21	21	35	34	6
Gesamt	4.259	4.842	6.243	6.624	7.720

Quelle: Desideri, L'amministrazione, S. 81.

Als zweites Ziel strebte Rossoni eine stärkere Zentralisierung der agrarpolitischen Institutionen an. In seinen Augen war das MAF ein „Kopf ohne Arme", ja sogar eine „theoretische Verwaltung", die zwar „interessante Untersuchungen" anfertigte, aber „wenig geeignet [war], um auf die Entwicklung der landwirtschaftlichen Produktion einzuwirken".[37] In der Tat gehörte das Fehlen von nachgeordneten Behörden auf lokaler Ebene seit jeher zu den größten strukturellen Defiziten der Agrarpolitik. Bislang war das MAF stets auf die Amtshilfe anderer Behörden oder Organisationen (Präfekturen und Handelskammern) angewiesen, die gegenüber dem Landwirtschaftsminister nicht unmittelbar weisungsgebunden waren. Die Umsetzung einer effizienten Marktpolitik setzte jedoch eine direkte und regelmäßige Kontrolle der Produzenten vor Ort voraus, die nicht von den Präfekturen oder von entsandten Inspektoren der Zentralverwaltung geleistet werden konnte. Da der Aufbau neuer staatlicher Lokalbehörden aus finanziellen und zeitlichen Gründen kaum in Frage kam, bemühte sich Rossoni um eine Umgestaltung bereits bestehender Organe. Zum einen sollten die schon 1929 eingerichteten Regionalinspektorate, die nach Auffassung Rossonis nie über ein „embryonales Stadium" hinausgelangt waren, personell verstärkt werden.[38] Zum anderen wurden die „Wanderlehranstalten" im Juni 1935 in „Landwirtschaftliche Provinzinspektorate" umgewandelt und zu „lokalen Exekutivorganen" des MAF gemacht. Rossoni erhoffte sich davon, daß das Ministerium „endlich ein Netz von Provinzbehörden erhält, die in hierarchischer Disziplin an den Staat gebunden sind".[39]

Ein weiterer Schritt bestand darin, die landwirtschaftlichen Genossenschaften stärker an die ministerielle Kontrolle zu binden. Die Genossenschaften hatten zu diesem Zeitpunkt zwar längst ihren Charakter als rein

---

[37] API, CD, Leg. XXIX, sess. 1934–1935, Discussioni, Bd. 1, Roma o.J., S. 797, Parlamentsrede vom 5.3.1935.

[38] Ebd.

[39] Ebd.

private Selbsthilfeorganisationen verloren. Sie waren 1931 in dem *Ente Nazionale Fascista della Cooperazione* zwangsorganisiert worden und unterstanden wie alle wirtschaftlichen Vereinigungen der Rechtsaufsicht des Korporationsministeriums.[40] Durch diese Regelung blieben die Einflußmöglichkeiten des MAF jedoch begrenzt, da es nur unter Rücksprache mit dem Korporationsministerium Anweisungen an die Genossenschaften geben konnte. Rossoni bat daher Mussolini im März 1935, die Federconsorzi und alle anderen Agrargenossenschaften dem MAF unterzuordnen.[41] Dieses Vorhaben scheiterte aber ebenso wie ein zweiter Anlauf Rossonis vom November 1936 am Einspruch des Korporationsministeriums. Lantini gewährte dem MAF zwar in einem Schreiben vom 29.3.1935 die „Überwachung der technischen Funktionen" der Federconsorzi; eine direkte Unterstellung lehnte er jedoch ab.[42] Erst im Zuge der Neuordnung der wirtschaftlichen Organisationen vom Sommer 1938 gelang es Rossoni, die Genossenschaften auch rechtlich in den Aufsichtsbereich des MAF einzugliedern. Durch ein Gesetz vom 16. Juni 1938 (Nr. 1008) wurden alle lokalen Agrarkooperativen in *Consorzi provinciali tra i produttori dell'agricoltura* zwangsorganisiert und in öffentliche Körperschaften umgewandelt. Gegen den entschiedenen Widerstand Lantinis, aber auch der Korporationen und der Teilhaber der Genossenschaften, die eine „Enteignung der legitimen Besitzer" befürchteten, wurde die Federconsorzi schließlich im September 1938 dem MAF unterstellt.[43] De facto hatte der Genossenschaftsverband freilich schon seit 1935 als verlängerter Arm der staatlich administrierten Marktordnungspolitik gewirkt.

---

[40] Vgl. Staderini, La Federazione, S. 974ff.

[41] PCM 1934–1936, 1/1–2/3692: Rossoni an Mussolini, 14.3.1935. – Acerbo hatte sich bereits Anfang 1932 um eine ähnliche Lösung bemüht, allerdings ohne Erfolg (PCM 1931–1933, 18/2/4159).

[42] PCM 1934–1936, 1/1–2/3692: Korporationsministerium, gez. Lantini, an PCM, 29.3.1935; Acerbo an Mussolini, 16.11.1936.

[43] R.D.L. 5.9.1938. – Zum Protest des Korporationsministeriums, der Korporationen und der Agrarlobby im Senat vgl. PCM 1937–1939, 3/1–3/3510: „Mozioni approvati sullo schema di provvedimento sul riordinamento degli enti economici provinciali dell'agricoltura", Mai/Juni 1937; Lantini an Mussolini, 18.6.1938; Sen. Rota an Mussolini, 1.10.1938; Stellungnahme Rossoni an Mussolini, 10.10.1938; vgl. auch Parlamentsrede Francesco Giunta vom 20.5.1938, API, CD, Leg. XXIX, sess. 1934–1938, Discussioni, Bd. 5, Roma o.J., S. 5173.

4. Inflation und staatliche Preispolitik bis Sommer 1936

Es ist bereits eingangs erörtert worden, daß die Autarkiepolitik und die damit verbundene Regulierung von Außenhandel und Inlandsmärkten nicht allein auf kriegswirtschaftliche Planungen zurückzuführen ist, sondern auch eine Reaktion auf die krisenhafte Zuspitzung der ökonomischen Gesamtlage seit Anfang 1935 war. Ein mit dem nationalsozialistischen Vierjahresplan vergleichbares Programm zur wirtschaftlichen Kriegsvorbereitung hat es in Italien nie gegeben. Gerade die Entstehung der landwirtschaftlichen Marktordnung zeigt, daß es zwar langfristige Planvorstellungen gab, in der Praxis jedoch kurzfristige und häufig improvisierte ad-hoc-Maßnahmen dominierten, mit denen man den immer drängenderen wirtschaftlichen Problemen entgegenzusteuern versuchte. Trotz aller Entschiedenheit, mit der Rossoni die Regulierung der Agrarmärkte vorantrieb, verfügte auch er über kein schlüssiges ordnungspolitisches Konzept und mußte angesichts erheblicher Widerstände bei den Produzenten häufig auf Kompromißlösungen zurückgreifen.

Das Hauptproblem, mit dem Rossoni schon kurz nach seiner Amtsübernahme konfrontiert wurde, war der starke Preisauftrieb, der sich seit Anfang 1935 bei praktisch allen handelsfähigen Agrarprodukten abzeichnete.[44] Allein zwischen Januar und April erhöhten sich die Preise für Weichweizen von 93 auf 106 Lire/dz. Bis zum September stiegen sie auf 111 Lire/dz; das entsprach einem Zuwachs von knapp 20% seit Jahresbeginn. Noch dramatischer war die Preisentwicklung bei Reis und Mais, die im selben Zeitraum um 42% bzw. 38% stiegen.[45] Der Preisanstieg bei den Agrarrohprodukten schlug sich nicht in gleichem Maße auf die Nahrungsmittelendpreise nieder, die sich zwischen Januar und Ende September lediglich um 8,2% erhöhten.[46] Doch war zu befürchten, daß es sich dabei um einen Verzögerungseffekt handelte. Mit einem weiteren Anstieg der Konsumgüterpreise mußte über kurz oder lang gerechnet werden.

Angesichts dieser Entwicklung hatte Parteisekretär Starace die lokalen Parteiorganisationen bereits am 4. März 1935 aufgefordert, die Nahrungsmittelpreise zu überwachen. In einem zweiten Rundschreiben vom 19. Mai wurden die *Comitati intersindacali provinciali* ermächtigt, Richtpreise festzusetzen. Diese fakultative Bestimmung wurde am 15. September durch eine Anordnung abgelöst, nach der die *Comitati* in vierzehntägigem Abstand Preisobergrenzen für die 21 wichtigsten Verbrauchsgüter festsetzen mußten. Da diese Maßnah-

---

[44] Vgl. MI, PS, DPP, FM, Cat. N. 720, b. 180: Bericht vom 17.5.1935.
[45] Mortara, Prospettive economiche (1936) S. 416 u. 418.
[46] Istituto Centrale di Statistica del Regno d'Italia, Annuario Statistico Italiano (1936) S. 138.

me nicht die gewünschte Wirkung zeigte, wurde im Oktober ein „Ständiges Komitee für die Preisüberwachung" (*Comitato Permanente per la Vigilanza sui Prezzi*) als zentrale Koordinierungsstelle beim Direktorium des PNF eingerichtet.[47] Dem Komitee gehörten die Vizepräsidenten der betroffenen Korporationen und je ein Vertreter des Landwirtschafts-, Korporations- und Innenministeriums sowie der Syndikatsverbände an. Den Vorsitz führte der Parteigeneralsekretär oder ein von ihm bestimmter Vertreter. Es ist bezeichnend, daß die Festlegung und Überwachung der Preise nicht den eigentlich dafür zuständigen Korporationen, sondern der Partei als „wachsamer Beschützer der Konsumenteninteressen" übertragen wurde.[48] Die Korporationen waren zwar innerhalb des Komitees durch den Vizepräsidenten repräsentiert (der allerdings seinerseits ein Parteivertreter war), doch hielt man sie offenbar nicht für die geeigneten Institutionen zur Durchführung dieser äußerst delikaten Aufgabe. Demgegenüber hatte sich die Partei mit ihrem kapillaren Netz lokaler Organisationen bereits während der Deflationspolitik von 1926/27 als effizientes Instrument der Preiskontrolle bewährt. Wie noch darzustellen sein wird, beanspruchte die Partei nach 1935 auch in anderen Bereichen der Agrar- und Ernährungspolitik ein Recht auf Mitsprache.[49]

Das Preiskomitee trat durchschnittlich einmal monatlich zusammen und stellte Preislisten für die wichtigsten Nahrungsmittel zusammen, die dann an die lokalen Organisationen weitergegeben wurden.[50] Diese sollten die Einhaltung der Höchstpreise auch unter Einsatz rigider Mittel überwachen; u. a. wurden die Hausfrauen aufgefordert, Händler zu denunzieren, welche die amtlichen Preise überschritten.[51]

Die im Herbst 1935 ergriffenen Maßnahmen zur Preiskontrolle schienen auf den ersten Blick durchaus erfolgreich. Zwar stiegen die Nahrungsmittelpreise zwischen Oktober und Dezember noch einmal um durchschnittlich 4%

---

[47] Foglio di Disposizione del Segretario generale del P.N.F., 14.3.1935 (Nr. 368), 16.6.1935 (Nr. 258), 15.6.1935 (Nr. 456); die statistische Erhebung der Preise wurde von den Consigli Provinciali dell'Economia Corporativa durchgeführt; vgl. Foglio di Disposizione, 16.11.1936 (Nr. 674), in: Atti del P.N.F., Bd. VI,1, S. 287.

[48] „Disciplina del mercato granario", L'Avanguardia Rurale, Jg. 7, Nr. 7, Juli 1936, S. 93.

[49] So z. B. bei der Erarbeitung von Ernährungsplänen, bei der Förderung der häuslichen Gartenbauwirtschaft usw. (s. u. im Text).

[50] Allerdings fand die erste Sitzung erst Mitte Oktober statt; vgl. „Per la disciplina dei prezzi", L'Avanguardia Rurale, Jg. 6, Nr. 10, Oktober 1936, S. 18.

[51] Foglio di Disposizione, 5.12.1935 (Nr. 504), in: Atti del P.N.F., Bd. V,1, S. 234. Mit einem Rundschreiben vom 20.11.1936 ordnete Starace an, Preiskomitees bei den lokalen Fasci di Combattimento und den Stadtteilgruppen (Gruppi rionali) einzurichten. Einige Wochen später wurden die Parteisekretäre angewiesen, auch Lieferpreise zu kontrollieren. Einige Sekretäre gingen offenbar auch dazu über, in den Geschäften Preislisten auszuhängen; Fogli di Disposizione, 20.10.36 (Nr. 655) u. 19.11.1936 (Nr. 676), ebd., S. 292f. u. 554.

an, doch seit Anfang 1936 blieben sie, abgesehen von geringfügigen monatlichen Schwankungen, stabil.[52] Damit waren die Probleme aber keineswegs gelöst. Da die Kontrolle vor allem auf der Einzelhandelsstufe erfolgte (auf Wochenmärkten und bei Kleinhändlern), die Erzeugerpreise für Agrargüter jedoch keiner direkten Überwachung unterstanden, kam es zu erheblichen Verzerrungen im Preisgefüge. Die Einfuhrbeschränkungen vom Frühjahr hatten die Marktposition der Landwirte gestärkt, da nur dann Importgenehmigungen erteilt wurden, wenn die inländischen Lager geräumt waren. Dadurch fiel der Konkurrenzdruck des Auslandes, der freilich auch schon früher durch Zölle stark vermindert worden war, nun vollständig weg.[53] Dies hatte schon in der ersten Jahreshälfte 1935 zur Folge gehabt, daß die Preise für landwirtschaftliche Rohprodukte stärker stiegen als die der Nahrungsmittelendpreise, und die Preisschere sollte sich seit Herbst 1935 noch weiter öffnen.[54] Um diesem Trend entgegenzusteuern, verfügte das Landwirtschaftsministerium am 12. Oktober den Verkauf von genossenschaftlich eingelagertem Getreide. Die Maßnahme zeigte jedoch nur vorübergehende Wirkung: schon im Januar 1936 kam es erneut zu „spekulativen Preisbewegungen" auf den Getreidemärkten.[55] Obwohl über die Präfekturen Richtpreise für Weizen festgesetzt worden waren, hielten sich die Landwirte in Erwartung eines weiteren Anstiegs mit dem Verkauf von Getreide zurück. Den Abnehmern blieb nichts anderes übrig, als den Landwirten deutlich höhere Preise zu bezahlen, um ihren Bedarf zu decken.[56] Das Landwirtschaftsministerium genehmigte den Genossenschaftslagern Ende Januar 1936 eine leichte Erhöhung der Preise, um auch den privaten Anbietern einen Anreiz zu geben, „ihre Bestände auf den Markt zu bringen".[57] Zugleich gab Rossoni „energische Instruktionen" an Präfekturen und Parteiorganisationen, schärfere Kontrollen durchzuführen. Im Mai legte das *Comitato sulla Vigilanza dei Prezzi* die Preise für Hart- und Weichweizen auf 130 bzw. 115 Lire pro dz fest, doch bis zum Juli wurde ein weiterer Anstieg verzeichnet.[58]

---

[52] Istituto Centrale di Statistica del Regno d'Italia, Annuario Statistico Italiano (1938) S. 173.

[53] Auf die preiserhöhende Wirkung der Importrestriktionen hatte das Landwirtschaftsministerium schon im April aufmerksam gemacht (PCM 1937–1939, 3/1–2/5297: Rossoni an Mussolini, 17.4.1935).

[54] So stiegen die Preise für Weichweizen trotz der guten Ernte zwischen August und Oktober 1936 um 8% an (PCM 1937–1939, 3/1–2/5297: Rossoni an Mussolini, 28.1.1936).

[55] Ebd.; vgl. auch „Per la vendita del grano ammassato", L'Avanguardia Rurale, Jg. 6, Nr. 10/11, Oktober/November 1935, S. 12–13; bereits Anfang November wurde von der Wirkungslosigkeit dieser Maßnahme gesprochen (MI, PS, DPP, FM, Cat. N. 720, b. 180: Bericht vom 6.11.1935).

[56] Foglio di Disposizione, 24.1.1936 (Nr. 533), in: Atti del P.N.F., Bd. V,1, S. 294.

[57] PCM 1937–1939, 3/1–2/5297: Rossoni an Mussolini, 28.1.1936.

[58] Foglio di Disposizione, 9.3.1936 (Nr. 550), in: Atti del P.N.F., Bd. V,1, S. 328f. PCM 1937–1939, 3/1–2/5297: Preisliste Weizen (ohne Verf. u. Datum).

Vor allem die Getreidemühlen und die Brot- und Teigwarenindustrie hatten durch diese Entwicklung schwere finanzielle Einbußen erlitten, da es ihnen angesichts der festgelegten Verbraucherpreise nicht gelungen war, die steigenden Kosten für Weizenankäufe auf die Konsumenten zu überwälzen. Die Verbandsorganisation der Müllereien und Getreidehändler brachten im April bittere Klagen gegen die Preisbildung „in via amministrativa" vor. In einem Schreiben an das Korporationsministerium forderte die Vereinigung der Grossisten eine Abkehr von den „administrativen Maßnahmen" des Landwirtschaftsministeriums und der Partei, die sich „auch auf die Getreidewirtschaft selbst schädlich ausgewirkt" hätten.[59] Moniert wurde auch, daß die Handelsorganisationen nicht an den Entscheidungen über die Preis- und Lagerhaltungspolitik beteiligt worden seien, was gegen die Prinzipien des korporativen Systems verstoße. Die neue Agrarpolitik sei „antiökonomisch, absurd und antikorporativ"; sie müsse langfristig „die gesamte Handelsorganisation des Landes und damit einen Teil seines Reichtums zerstören".[60] Mit gleicher Stoßrichtung, aber entgegengesetzten Argumenten, brachte die Vereinigung der Getreidemüllereien ihre Kritik vor. Die bestehende Preisordnung, so hieß es in einem Bericht vom 23. Mai 1936, gewähre der Nahrungsmittelindustrie keine ausreichende Gewinnspanne mehr. Mit Nachdruck forderte die Organisation daher eine Rückkehr zur „Freiheit des Marktes", da die „Konkurrenz selbst das beste Mittel zur Senkung der Preise" sei.[61] Doch diese Klagen stießen in Parteikreisen auf taube Ohren. In völliger Umkehrung von Ursache und Wirkung gab Parteisekretär Starace im Januar 1936 den Müllereien und Händlern sogar selbst die Schuld an den „spekulativen Preisbewegungen". Wenn die Abnehmer höhere Preise als die staatlich festgelegten an die Landwirte bezahlen würden, so könne man daraus schließen, daß ihre Gewinnspanne noch viel zu groß sei.[62] Ähnlich polemisch äußerte sich Landwirtschaftsminister Rossoni. Man müsse „den Mut haben zu sagen", so Rossoni in einer Parlamentsrede vom 10. März 1936, „daß es in der korporativen Wirtschaft Platz für alle gibt, nur nicht für Parasiten und Speku-

---

[59] ACONF, FGB, b. 1, C: Federazione Nazionale Fascista dei Commercianti di cereali, legumi e foraggi (gez. G. Vianino u. M. Verdiani) an Korporationsministerium, 20.4.1936 und beigelegtes Memorandum: „Commercio del Grano", 16.4.1936.

[60] ACONF, FGB, b. 1, C: Federazione Nazionale Fascista dei Commercianti di cereali, legumi e foraggi, Memoriale per il commercio del grano, 18.4.1936.

[61] PCM 1934–1936, 3/1–2/6739: Federazione Nazionale Fascista dei Mugnai, Bericht vom 23.5.1936; ablehnende Stellungnahme des MAF an PCM, 12.6.1936: Das MAF, so heißt es darin, lege lediglich die Getreidepreise fest „tendendo per base la necessità di contemperare equamente il giusto compenso del produttore e le necessità del consumo. La determinazione del prezzo delle farine, invece, è di competenza del Partito."

[62] Foglio di Disposizione, 24.1.1936 (Nr. 533), in: Atti del P.N.F., Bd. V,1, S. 294.

lanten. Ich glaube, daß die natürlichen Großhändler der Landwirte das genossenschaftliche Lager und die Kooperative sind".[63] Die Polemik gegen die
häufig als „intermediari"[64] abgestempelten Händler war im Prinzip nicht neu,
sondern reichte bis in die Deflationszeit der zwanziger Jahre zurück. Doch
nun diente sie – wie noch zu zeigen sein wird – zur Rechtfertigung und
psychologischen Vorbereitung für die Einführung des Zwangsablieferungssystems im Sommer 1936.

5. „Marktgerechtigkeit" oder Zwangsbewirtschaftung? Die Agrarmarktordnung unter Rossoni

Die Entwicklung seit dem Frühjahr 1935 hatte gezeigt, mit welchen Schwierigkeiten eine Kontrolle der Nahrungsmittel- und Agrarpreise verbunden
war. Auch wenn der Preisauftrieb bei Konsumgütern seit Januar 1936 vor-
läufig gestoppt wurde, war es nicht gelungen, die Preise auf den verschiedenen Handels- und Produktionsstufen aufeinander abzustimmen. Eine partielle Preisbewirtschaftung war langfristig zum Scheitern verurteilt und mußte starke Verzerrungen im gesamten Produktions- und Distributionsprozeß
nach sich ziehen. In dem Augenblick, in dem die freie Preisbildung als Indikator für Knappheit und Gewinnchancen wegfiel, war der Staat gezwungen, auch in die Produktion und Verteilung der Güter einzugreifen.

Dabei handelte es sich jedoch um ein delikates Problem, das ein äußerst
behutsames Vorgehen erforderte. Direkte staatliche Interventionen in die
Produktionssphäre waren angesichts der großen Zahl von Agrarbetrieben
(ca. 5 Mill.) schon aus technischen Gründen kaum praktikabel, von den politischen Implikationen einmal ganz abgesehen. Die Erfahrungen der Vergangenheit – etwa mit dem *Ente Nazionale Risi* – hatten deutlich gemacht, wie
schwer administrative Zwangsmaßnahmen in der Landwirtschaft durchzusetzen waren. Mussolini gab daher in seiner „Autarkie-Rede" vom 23. März
1936 zu verstehen, daß er „einschneidende Veränderungen im Agrarsektor
[. . .] nicht für möglich" hielt. Während eine Verstaatlichung oder zumindest
eine direkte Kontrolle der Schlüsselindustrien in seinen Augen unerläßlich
war, sollte die Landwirtschaft „eine Ökonomie auf privater Basis" bleiben.[65]

---

[63] API, CD, Leg. XXIX, sess. 1934–1936, Discussioni, Bd. 2, Roma o.J., S. 2184.

[64] Vgl. z. B. Corrado De Rose, Ruralizzazione ed urbanesimo, Napoli 1930, S. 7; PCM 1927, 3/16/2361: Confederazione Nazionale Fascista dei Commercianti an Korporationsministerium, 20.5.1927.

[65] O.O., Bd. 17, S. 244f.

362

Auch Landwirtschaftsminister Rossoni hatte bereits in seiner ersten programmatischen Rede vor dem Parlament betont, daß er zwar eine Regulierung der Märkte, nicht jedoch eine Abkehr von der „persönlichen Initiative und Verantwortung" der Produzenten anstrebe.[66] Sein langfristiges Ziel bestand darin, durch eine möglichst vollständige Ablieferung der Agrarprodukte in staatlich kontrollierte Lager ein effizientes Instrument der Marktgestaltung zu erhalten, ohne direkt in die Produktionssphäre einzugreifen.[67] Dieses System hatte den Vorteil, daß zumindest im Getreidebereich eine große Zahl genossenschaftlicher Lager existierte, auf die zur Durchführung des Zwangsablieferungssystems zurückgegriffen werden konnte. Da die Lager während der Wirtschaftskrise als Instrument der bäuerlichen Selbsthilfe gegründet worden waren, schien hier eine relativ große Akzeptanz gewährleistet.

Im September 1935 legte Rossoni Mussolini einen Gesetzentwurf vor, der ein umfassendes Ablieferungssystem für Weizen vorsah.[68] Dieses Vorhaben wurde jedoch zunächst nicht weiterverfolgt – wahrscheinlich aus der Befürchtung heraus, daß ein solch gravierender Schritt zu Störungen auf den Märkten führen könnte, die man im Vorfeld des Äthiopienkrieges unbedingt vermeiden wollte. Auch reichten die Lagerungskapazitäten, die Ende 1935 erst 10% der Jahresproduktion umfaßten, für eine vollständige Erfassung zu diesem Zeitpunkt noch nicht aus.[69]

Rossoni entschloß sich daher zu einem schrittweisen Vorgehen. Seine Strategie bestand darin, durch einen Ausbau der Lagerungskapazitäten einen Teil des Marktes kontrollieren zu können, den genossenschaftlichen Charakter der Getreidelager aber zumindest formal beizubehalten. Um dennoch ein gewisse Kontrolle ausüben zu können, unterstellte er die Getreidelager der Aufsicht der Federconsorzi, die ihrerseits zwar nicht direkt dem MAF unterstand, de facto jedoch an dessen Weisungen gebunden war. Bereits im Februar 1935 wurde bei der Federconsorzi ein *Comitato Nazionale Ammassi* eingerichtet, das ein Verkaufsmonopol für genossenschaftlich eingelagertes Getreide erhielt.[70] Ein Dekretgesetz vom 24. Juni 1935 konstituierte auf Provinzebene Koordinierungszentren (*Centri Ammassi Provinciali*), welche die Tätigkeit der einzelnen Genossenschaftslager überwachen sollten.[71] Zugleich wurde der Aus-

---

[66] API, CD, Leg. XXIX, sess. 1934–1935, Discussioni, Bd. 1, Roma o.J., S. 796.

[67] Ebd. S. 793.

[68] PCM 1937–1939, 3/1–2/5297: Rossoni an Mussolini, 17.9.1935 u. beiliegender Gesetzentwurf.

[69] Die Lagerkapazität umfaßte Ende 1935 etwa 8 Mill. dz Weizen. Nach Informantenberichten der Sicherheitspolizei waren die abgelieferten Getreidemengen nach der Ernte vom Sommer „minimal", da viele Landwirte ihre Produkte lieber direkt auf dem Markt verkauften (MI, PS, DPP, FM, Cat. N. 720, b. 180: Bericht vom 18.9.1935).

[70] PCM 1934–1936, 3/1–2/3223: PCM, Appunto per S. E. il Capo del Governo, 13.2.1935.

[71] Staderini, La Federazione, S. 1016.

bau der Getreidelager mit hohem Tempo vorangetrieben.[72] Die Lagerkapazitäten stiegen zwischen 1935 und 1936 von 8 auf 27 Mill. dz Weizen; Ende 1937 umfaßten sie fast 40 Mill. dz und damit etwa 50% des Gesamtverbrauchs.[73]

Erst im Sommer 1936 wurde die freiwillige Abgabe von Getreide in ein Zwangsablieferungssystem umgewandelt. Die Entscheidung zu diesem drastischen Schritt war bereits im Mai gefallen; offenbar hatte Mussolini Rossoni in seinen Plänen bestärkt, da die schlechten Prognosen für die kommende Ernte weitere Preisanstiege und Engpässe in der Versorgung erwarten ließen.[74] Nach einem Gesetz vom 15. Juni 1936 mußte rückwirkend zum 1. Juni 1936 die gesamte inländische Weizenproduktion, aber auch importiertes Getreide in staatlich autorisierte Lager abgeliefert werden.[75] Den Landwirten wurde lediglich gestattet, eine kleine Menge Weizen zum Eigenverbrauch (3 dz pro Arbeitskraft) und für die Aussaat im folgenden Jahr (2 dz pro Hektar) einzubehalten.[76] Rein rechtlich gesehen übernahm der Staat lediglich die Verfügungsgewalt über das Getreide, während der Produzent bis zum endgültigen Verkauf Eigentümer blieb. Diese juristische Konstruktion machte es möglich, daß die Landwirte nicht schon bei Übergabe an das Lager, sondern erst nach dem Verkauf des Getreides ausbezahlt werden mußten.

Das technische Verfahren der Ablieferung war außergewöhnlich kompliziert und brachte einen hohen Verwaltungsaufwand mit sich. Das Landwirtschaftsministerium setzte in Abstimmung mit dem „Getreidekomitee" am 1. Juli jeden Jahres einen „Basispreis" für Hart- und Weichweizen fest, der für das gesamte Erntejahr als verbindlicher Verkaufspreis zu gelten hatte.[77] Um die Lagerhaltungskosten abzudecken und eine Verzinsung zu gewährleisten,

---

[72] Vgl. Beschluß des Comitato Permanente del Grano, Sitzung vom 12.9.1935, in: O.O., Bd. 27, S. 125–127. Bereits ein Gesetz vom 30.5.1932 (Nr. 720) hatte für die Errichtung privater Getreidespeicher einen öffentlichen Zuschuß von 25% der Kosten sowie eine Zinsbeihilfe von 2,5% für Kreditaufnahmen vorgesehen. Bis zum Oktober 1938 wurden auf diesem Weg Getreidespeicher mit einer Gesamtkapazität von ca. 18 Mill. dz geschaffen (PCM 1937–1939, 3/1–2/477: Rossoni an Mussolini, 10.2.1937 und 24.8.1938).

[73] Istituto Centrale di Statistica del Regno d'Italia, Annuario statistico dell'agricoltura 1936–1938, S. 450; O.O., Bd. 28, S. 85.

[74] MI, PS, DPP, FM, Cat. N. 720, b. 180: Bericht vom 19.6.1936. – Die Getreideernte betrug 1936 lediglich 61,1 Mill. dz gegenüber 76,3 Mill. dz im Vorjahr; vgl. R e y (Hg.), I conti, S. 108.

[75] R.D.L. 15.6.1936 (Nr. 1273). Vgl. die ausführliche Dokumentation zu diesem Gesetz in ACONF, FGB, b. 1, C und PCM 1940–1943, 3/1–2/1904/1.

[76] Der Anteil der Ernte, den die Bauern zum Eigenkonsum einbehalten konnten, wurde allerdings in den folgenden Jahren sukzessive gesenkt; s.u. S. 406, Anm. 26.

[77] Die Verwaltungen der lokalen Ablieferungslager konnten je nach Qualität und Verunreinigungsgrad des Getreides einen etwas niedrigeren oder höheren Preis festsetzen; vgl. R.D.L. 15.6.1936 (Nr. 1273), Art. 12.

wurde ein monatlicher Preisaufschlag von 1,00 L./dz für Weichweizen und 1,20 L./dz für Hartweizen gewährt. Die Bauern erhielten bei der Ablieferung eine schriftliche Bestätigung über die Menge und Qualität des Getreides sowie eine Abschlagszahlung, die sich nach einem degressiv gestalteten Mengentarif berechnete. So wurde bei Hartweizen für Abgabemengen bis zu hundert Doppelzentner 100 L./dz sofort bei Übergabe ausbezahlt. Bei Ablieferungen über 100 Doppelzentnern erhielt der Landwirt 60 L./dz bei Übergabe, 20 L./dz am 10. Oktober und weitere 20 L./dz am 10. Dezember des jeweiligen Erntejahres. Lag die Ablieferung über 500 Doppelzentner, so betrug die sofortige Ausbezahlung lediglich 40 L./dz; 20 L./dz wurden am 10. Oktober und 40 L./dz am 10. Dezember verrechnet. Mit einem etwas niedrigeren Grundbetrag wurde die Abschlagszahlung für Weichweizen gestaffelt.[78] Den Rest des Verkaufsertrages erhielten die Landwirte bei der Abgabe des Getreides an den Handel bzw. an die Müllereibetriebe. Von diesem Betrag wurde ein monatlicher Zinsabschlag von maximal 0,75 L./dz sowie eine Gebühr von 0,5 L./dz für Lagerhaltungs- und Verwaltungskosten abgezogen.[79]

Um das Ablieferungssystem funktionsfähig und – im Sinne der staatlichen Direktiven – kontrollierbar zu machen, hatte Rossoni bereits im Vorfeld des Gesetzes ein „Zentrales Amt für die Getreidelagerung" (*Ufficio Centrale Ammasso Grano*) beim Landwirtschaftsministerium eingerichtet, das der Leitung von Generaldirektor Giovanni Nicotra unterstellt wurde. Dieses Amt sollte als oberste Aufsichtsbehörde die „Getreideversorgung des Landes sicherstellen" sowie eine „rationelle Verteilung des Produktes im Inland" und ein „stabiles Getreidepreisniveau" gewährleisten.[80] Dem *Ufficio* stand eine beratende Kommission mit Vertretern der Ministerien, der Wirtschaftsverbände und der Kreditinstitute zur Seite. Als dezentrale Koordinierungs- und Aufsichtsstellen wirkten die *Centri Ammasso Provinciali*, die ihren Sitz in der jeweiligen Provinzhauptstadt hatten. Obwohl sie amtliche Kontrollfunktionen wahrnehmen sollten – darunter die wichtige Aufgabe, Getreidelagern eine staatliche Anerkennung zu erteilen – waren die Zentren nach dem Kollegialprinzip aufgebaut und wurden durch Vertreter der Wirtschaftsorganisationen geleitet. Den Vorsitz führte der Präsident der lokalen Organisation der Landwirte.[81]

---

[78] ACONF, FGB, b. 1, C: Ministero dell'Agricoltura, Ufficio Centrale Ammasso Grano, Circolare 7.7.1936.

[79] Der Verkaufspreis berechnete sich wie bereits erwähnt aus dem festgelegten Basispreis plus einem monatlichen Zuschlag von 1 bzw. 1,20 L./dz; vgl. Emanuele Tortoreto, La legislazione annonaria e l'economia agricola, Annali dell'Istituto „Alcide Cervi" H. 4 (1982) S. 349f. und 350–355.

[80] R.D.L. 15.6.1936 (Nr. 1273), Art. 2.

[81] Mitglieder waren außerdem je ein Vertreter der Landarbeiter- und Industriellenvereinigung

Bei mangelhaftem Funktionieren konnte das Landwirtschaftsministerium allerdings einen staatlichen Kommissar einsetzen.

Als Ablieferungszentren sollten „im Regelfall" die lokalen Genossenschaften wirken. Sie unterstanden der Doppelaufsicht der Federconsorzi und der *Centri Ammasso Provinciali*. Bei fehlenden Lagerkapazitäten konnten jedoch nach Genehmigung durch die *Centri Ammassi* auch kommerzielle Handelsspeicher und Getreidesilos der Landwirte eingesetzt werden. Auch beim Verkauf des Getreides wurde auf die bestehenden genossenschaftlichen Strukturen zurückgegriffen. Rossoni beauftragte die Federconsorzi, die Abgabe des eingelagerten Getreides an Handel und Müllereien in Absprache mit dem MAF zu koordinieren. Der Verband wurde schließlich auch mit der Aufgabe betraut, ergänzende Importe durchzuführen und nahm somit de facto eine Monopolstellung auf dem italienischen Getreidemarkt ein.[82] Diese Regelung, welche dem kommerziellen Getreidehandel jegliche ökonomische Grundlage entzog, hatte bereits im Vorfeld des Gesetzes vom 15. Juni zu einer Welle von Protesten geführt. Informanten der Sicherheitspolizei sprachen von einer „besorgniserregenden Unzufriedenheit" sowie von „Protesten und Petitionen" der Händler, die sogar damit drohten, aus dem faschistischen Berufsverband und aus der Partei auszutreten. Auch öffentliche Massendemonstrationen in den Provinzhauptstädten und in Rom wurden angekündigt.[83] Doch obwohl diese Manifestationen in Regierungskreisen mit Besorgnis zur Kenntnis genommen wurden, lehnte Rossoni die Forderung nach Verhandlungen und nach einer Einberufung der Getreidekorporation ab. Eine Rückkehr zum freien Markt, so Rossoni, sei schon deshalb nicht möglich, weil der Konkurrenzgedanke nicht mit den Prinzipien des korporativen Staates zu vereinbaren sei.[84]

---

sowie ein Repräsentant der Genossenschaften und der Kreditinstitute; vgl. R.D.L. 15.6.1936 (Nr. 1273), Art. 5.

[82] Das Importmonopol der Federconsorzi wurde durch das Gesetz vom 15. Juni (Art. 4) ebenfalls rechtlich verankert. Bis dahin hatte das MAF die Getreideeinfuhren über eine private Handelsgesellschaft mit Sitz in Genua, die Società Anonima Fertilizzanti Naturali Italiani (SAFNI), abgewickelt; vgl. PCM 1937–1939, 3/1–2/5297: Acerbo an Mussolini, 15.11.1934; Bericht (o. Unterschr.) „Importazione granaria occorrente per completare il fabbisogno del consumo nazionale", 4.11.1934; Rossoni an Mussolini, 17.4.1935.

[83] MI, PS, DPP, FM, Cat. N. 720, b. 180: Bericht vom 5.5.1936: „Campagna di preparazione da parte dei Negozianti intermediari mediatori industriali molitori in difesa del mercato libero del grano"; Bericht vom 22.5.1936: „Impressioni negli ambienti granari sul futuro mercato dei grani"; Bericht vom 30.5.1936: „Vivissima reazione dei granari"; Bericht vom 3.6.1936: „Impressioni presso i Commercianti di grano e mediatori sul Decreto che avoca ai Consorzi il Commercio totalitario del grano"; Bericht (ohne Titel) vom 14.6.1936; außerdem PCM 1940–1943, 3/1–2/1904/1: Confederazione Fascista dei Commercianti, gez. M. Racheli, an Finanzministerium, 24.8.1936.

[84] PCM 1940–1943, 3/1–2/1904/1: Landwirtschaftsministerium an Direktorium PNF, 12.9.1936.

Doch auch bei Bauern und Landbesitzern stieß das Zwangsablieferungssystem auf eine breite Front der Ablehnung. Obgleich die Einführung des „Ammasso totalitario" von einer umfassenden Propagandakampagne begleitet wurde und die Partei immer wieder darauf hinwies, daß die ergriffenen Maßnahmen lediglich dazu dienen sollten, den „Produzenten einen gerechten Preis zu garantieren" und „die Interessen der Konsumenten" vor Spekulationen zu schützen,[85] empfanden viele Bauern das Zwangsablieferungssystem als „hundertprozentige Strafe" und als „außerordentlich schädlich für ihre Interessen".[86] „In allen Regionen Italiens", teilte ein Informant der Sicherheitspolizei am 7. August 1936 mit, „stößt das Ablieferungssystem auf die Ablehnung der Betroffenen und insbesondere der Bauern."[87] Inzwischen berichteten auch die Präfekturen immer häufiger von einer „zunehmenden Unzufriedenheit der Landwirte", von „Klagen und Ausschreitungen" ja sogar von einer „drohenden Revolte" auf dem Land.[88] Viele Bauern, so hieß es, würden ihr Getreide überhaupt nicht oder nur in geringen Teilen abliefern, da sie sich um das „heilige Eigentum an der mit ihrem Schweiß erarbeiteten Ernte" betrogen sahen.[89] „Non c'è un cane che ne consegna un chilo", stellte ein Funktionär der Federconsorzi am 7. Juli resigniert fest.[90]

In der Tat konnte von einer totalen Erfassung der Getreideernte nicht die Rede sein. Nach einer Aufstellung des Statistikamtes wurden 1936/37 im Landesdurchschnitt lediglich 44,9% der gesamten Getreideernte abgeliefert, wobei von Norden nach Süden ein deutlicher Rückgang der Ablieferungsmoral zu beobachten war. Während im Veneto und in der Lombardei Quoten von immerhin 77 bzw. 72% erzielt wurden, waren es in Kampanien und Kalabrien lediglich 12 bzw. 16%.[91] Aus Neapel wurde von „erheblichen Un-

---

[85] „Disciplina del mercato granario", L'Avanguardia Rurale, Jg. 6, Nr. 7, Juli 1936, S. 93. Vgl. auch Foglio di Disposizione, 17.6.1936 (Nr. 533), in: Atti del P.N.F., Bd. V,1, S. 469: „[. . .] In questa prima fase del funzionamento degli ammassi totalitari del grano, i Segretari federali dovranno svolgere il più vivo interessamento perché ogni inconveniente sia eliminato: Particolare cura dovrà essere posta nel sollecitare le anticipazioni agli agricoltori bisognosi. Occorre altresì svolgere opera di propaganda diretta ad illustrare i vantaggi che l'ammasso totalitario offre ai produttori non più soggetti agli ingordi accaparramenti degli speculatori [. . .]".

[86] MI, PS, DPP, FM, Cat. N. 720, b. 180: Bericht vom 4.7.1936.

[87] MI, PS, DPP, FM, Cat. N. 720, b. 180: Bericht vom 7.8.1936.

[88] MI, PS, DPP, FM, Cat. N. 720, b. 180: Bericht vom 26.4.1937.

[89] SPD, CO, f. 500.003/1: Anonymer Brief an Mussolini.

[90] SPD, CO, f. 500.003/1: Telefonmitschnitt Funktionär Federconsorzi – Sig. Ramella (Müllereibesitzer), 7.7.1936; ähnlich MI, PS, DPP, FM, Cat. N. 720, b. 180: Berichte vom 21./29.8.1936, 28.9.1936 und 30.5.1938, S. 2.

[91] Enrico Mazzei, L'ammasso del grano nelle campagne 1936–1937, 1937–1938 e 1938–1939, Roma 1939, S. 7; allerdings gab es auch im Norden Regionen mit sehr niedrigen Abgabe-

terschlagungen des Getreides und einem verbreiteten Schmuggel" berichtet, der sich nicht einmal durch „drakonische Maßnahmen" der Polizeibehörden unterbinden ließ.[92] Auch wenn Unterschlagungen mit hohen Strafen geahndet werden konnten, blieben „Betrügereien an der Tagesordnung".[93]

Tab. 11.4

Anteil des abgelieferten Getreides an der Gesamtproduktion 1936–1939

	1936–1937	*1937–1938*	*1938–1939*
Norditalien	58,4 %	63,2 %	63,4 %
Mittelitalien	42,3 %	42,2 %	45,1 %
Süditalien	33,1 %	37,5 %	38,4 %
Sizilien	32,2 %	35,6 %	42,9 %
Sardinien	26,3 %	36,3 %	49,3 %
Gesamt	44,9 %	49,3 %	50,6 %

Quelle: M a z z e i , L'ammasso del grano, S. 7.

Abgesehen von der „mangelnden Disziplin" und dem „fehlenden Verständnis" der Bauern[94] kam es jedoch auch zu einer Reihe von technischen Pannen, welche die Ablieferungen verzögerten. Das Gesetz vom 15. Juni 1936 galt nach Ansicht der meisten Beobachter als unzureichend vorbereitet.[95] So fehlten Instruktionen an die ausführenden Organe, die erst durch ein Rundschreiben des MAF vom 7. Juli über das genaue Verfahren informiert wurden.[96] Ebenso hatte man versäumt, rechtzeitig amtliche Formulare für die Verrechnung des abgelieferten Getreides zu verteilen.[97] Vielerorts reichten die

---

quoten, so z. B. Ligurien (1,7%) und Venezia Tridentina (2,8%), während Apulien mit 51,9% eine relativ hohe Quote aufwies.

[92] MI, PS, DPP, FM, Cat. N. 720, b. 180: Bericht aus Neapel vom 12.7.1937.

[93] PCM 1940–1943, 3/1–2/1904/1: Bericht o.D.; zur gesetzlichen Ahndung von Betrug im Zusammenhang mit dem Ablieferungssystem vgl. T o r t o r e t o , La legislazione, S. 344f.

[94] PCM 1940–1943, 3/1–2/1904/1: Bericht vom 12.7.1937.

[95] MI, PS, DPP, FM, Cat. M. 28, b. 167: Bericht vom 1.8.1936 „Attorno A.S. E. Rossoni – Ministro dell'Agricoltura"; Cat. N. 720, b. 180: Bericht vom 13.8.1936.

[96] ACONF, FGB, b. 1, C: Ministero dell'Agricoltura, Ufficio Centrale Ammasso Grano, Circolare 7.7.1936.

[97] PCM 1940–1943, 3/1–2/1904/1: Bericht Ende Juli 1936: „La Questione dell'ammasso del grano continua a tenere in nervosismo le Provincie, soprattutto per il ritardo grave con cui sono state prese le disposizioni per le operazioni d'ammasso, sono state e sono organizzati i servizi locali essenzialissimi, sono state e sono inviate le disposizioni. Si pensi che gli ammassatori locali solo in questi giorni hanno ricevuto le nomine, le istruzioni, il materiale necessario per disbrigare le loro funzioni – stampati per le domande, sacchetti per il prelevamento dei campioni etc. – e purtroppo dato che le cose vengono fatte ai Centri Provinciali con enorme fretta – fatale, dato il ritardo – accadono confusioni incredibili [. . .]".

Lagerungskapazitäten nicht aus, so daß auf Handelsspeicher zurückgegriffen werden mußte, in denen das Getreide durch unsachgemäße Lagerung zu verderben drohte.[98] Besonders schwere Vorwürfe wurden gegen die Ablieferungszentren erhoben: Die Anschuldigungen reichten von Inkompetenz, Unwirtschaftlichkeit und administrativem Chaos bis hin zu massiven Betrügereien.[99] So waren die Verwaltungs- und Lagerungskosten ursprünglich auf 0,5 Lire pro Doppelzentner Weizen veranschlagt worden; in der Praxis nahmen die Lagerungsgesellschaften – wie auch das MAF zugeben mußte – jedoch eine Gebühr von 13 bis 14 Lire/dz.[100]

Auf starke Widerstände stießen auch die finanziellen Bestimmungen des Gesetzes vom 15. Juni. Der Basispreis war vom MAF Anfang Juli auf einem relativ niedrigen Niveau von 108 L./dz für Weich- und 123 L./dz für Hartweizen festgesetzt worden. Viele Landwirte klagten, daß sie unter freien Marktbedingungen einen höheren Preis hätten aushandeln können, zumal auch die Kosten für die Lagerhaltung zu ihren Lasten ging.[101] Angesichts der schlechten Ernte von 1936 wurde der niedrige Preis als besonders ungerecht empfunden. Auch die Vorauszahlung in Raten stieß auf heftige Proteste, so daß Mussolini am 13. August eine sofortige Auszahlung der Bauern anordnete.[102] Dies führte jedoch zu erheblichen Liquiditätsproblemen der Lagerungsgesellschaften, welche die Vorauszahlungen durch Kredite finanzieren mußten. Eine Zwischenfinanzierung auf Kreditbasis war zwar von Anfang an vorgesehen, doch durch die sofortige Ausbezahlung überstiegen die erforderlichen Summen in vielen Fällen die liquiden Mittel der autorisierten Banken.[103] Zahlungsverspätungen von mehreren Monaten blieben daher keine

---

[98] PCM 1940–1943, 3/1–2/1904/1: Rossoni an Mussolini über fehlende Lagerungsmöglichkeiten in Süditalien, 2.7.1936; Bericht o.D. (ca. Juli/August 1936): „Tra le grandi, numerose masse rurali si accresce il malcontento per il decreto sugli ammassi del grano, sia perché esso si è rivelato con seri difetti, sia, in fine, perché è stato emesso troppo tardi. Per poter essere applicato con minori inconvenienti, il decreto si doveva emanarlo ai primi dell'anno. Cosicché oggi, con le trebbiature in pieno lavoro, i rurali non ancora trovano gli ammassi organizzati, preparati per raccogliere il prodotto! E quando si pensi che quello del grano è per gli agricoltori in genere – il prodotto base, e per alcuni quasi l'unico, si può avere un'idea del malcontento." (Hervorhebung im Original). – Vgl. auch MI, PS, DPP, FM, Cat. N. 720, b. 180: Bericht vom 23.5.1937, und Cat. M. 28, b. 167: Berichte vom 19.4.1938 und Genua, 23.5.1937.

[99] MI, PS, DPP, FM, Cat. N. 720, b. 180: Berichte vom 28.9.1936, 9.1.1937, 12.4.1937 und 3.8.1938.

[100] MI, PS, DPP, FM, Cat. N. 720, b. 180: Bericht vom 26.6.1938; PCM 1940–1943, 3/1–2/1904/1: Bericht P.S. Roma, 12.7.37: „Spese di gestione ammassi granari"; Rossoni verteidigte in einer Stellungnahme vom 28.7.1937 die hohen Verwaltungskosten.

[101] MI, PS, DPP, FM, Cat. N. 720, b. 180: Bericht vom 28.9.1936.

[102] PCM 1940–1943, 3/1–2/1904/1: Aktennotiz vom 13.8.1936; zahlreiche Danktelegramme von Landwirten.

[103] Das Gesetz vom 15.6.1936 (Art. 14–16) ermächtigte die „Enti ammassatori" zur Kreditauf-

Seltenheit.[104] Auch unter gesamtwirtschaftlichen Aspekten war ein solcher Finanzierungsmodus nicht unproblematisch, denn der Geld- und Kapitalmarkt wurde durch diese Kreditoperationen stark beansprucht.[105]

Ausgesprochen schwierig gestaltete sich auch die Verteilung der eingelagerten Getreidebestände an die weiterverarbeitende Industrie. Im Erntejahr 1936/37 gab es 7.865 genossenschaftliche und 8.969 private Getreidespeicher sowie 1.068 Handelslager, die für die Getreideeinlagerung herangezogen wurden.[106] Die Abgabe und der Transport des Getreides wurden durch die Federconsorzi gelenkt, während die *Federazione Mugnai* die Verteilung auf die einzelnen Müllereien koordinierte. Dieses arbeitsteilige System brachte jedoch in der Praxis erhebliche Abstimmungsprobleme mit sich.[107] Die regionale Verteilung der Getreidebestände erfolgte auf der Basis des jeweiligen Verbrauchs von 1935/36.[108] Da die Ernte 1936 schlecht ausfiel, machte sich schon bald ein starker Mangel bemerkbar, der durch die geringe Flexibilität des Distributionsmechanismus verschärft wurde. Bereits im Herbst 1936 häuften sich die Berichte aus den Provinzen, die eine akute Knappheit und eine fehlende Auslastung der Vermahlungskapazitäten beklagten. In einigen Orten standen die Müllereien wochenlang still.[109] Auch hier wirkte sich der

---

nahme zu günstigen Bedingungen. Diese Kredite konnten jedoch nur bei den Sparkassen und Agrarkreditinstituten aufgenommen werden, die einen derartigen Liquiditätsbedarf kaum abdecken konnten. Vgl. PCM 1940–1943, 3/1–2/1904/1: Rundschreiben Associazione Nazionale fra le Casse di Risparmio Italiane, gez. De Capitani D'Arzago, 15.6.1936; PCM 1937–1939, 3/1–2/5258: Memorandum der Confederazione Bancaria für Rossoni (o.D.) „Operazioni di finanziamento degli ammassi di Grano, Canapa e Bozzoli". – Aufgrund der Finanzierungsschwierigkeiten wurden 1939 auch die übrigen Bankinstitute ermächtig, Kredite für die „Ammassi" zu Verfügung zu stellen; vgl. L. Filippi, Il finanziamento degli ammassi, Italia Agricola 78 (1941) S. 151–154.

[104] MI, PS, DPP, FM, Cat. N. 720, b. 180: Bericht Neapel, 26.6.1936; Bari, 2.7.1936; Rom, 26.4.1937; SPD, CO, f. 500.003/1: Memorandum SPD an Rossoni, 4.2.1937.

[105] So betrug der Kreditaufwand für das Getreideablieferungssystem im September 1937 2,5 Mrd. Lire und deckte damit 85% der gesamten kurzfristigen Agrarkredite ab. Auch das MAF erkannte die problematischen „Auswirkungen dieser Finanzierung auf die Geldumlaufmenge" (PCM 1940–1943, 3/1–2/1904/1: Rossoni an Mussolini, 12.11.1937).

[106] ACONF, FGB, b. 1, C: Rundschreiben MAF „Norme per la disciplina degli ammassi grano di produzione 1937", 24.5.1937.

[107] Außerdem wurden dadurch weitere Kosten verursacht. Die Federazione Mugnai erhielt pro dz verteiltem Getreide eine Kostenerstattung von fünf Lire (PCM 1937–1939: Rossoni an Mussolini, 8.7.1938, „Servizio distribuzione grano ai molini – Suo costo").

[108] SPD, CO, f. 500.003/1: MAF an SPD, 25.11.1936; ACONF, FGB, b. 1, C: Beschluß der Federazione Mugnai über Verteilung der Getreidebestände (o.D., Frühjahr 1937?).

[109] SPD, CO, f. 500.003/1: MAF an SPD, 25.11.1936; Telefonmitschnitt Dott. Avena (Federazione Mugnai, Genua) – Dott. Ferretti (Rom), 5.11.1936; Telefonmitschnitt Sig. Molinare – Avv. Ricca, 20.10.1936; Telefonmitschnitt zw. Müllerei und Vertr. der Confederazione Commercianti, 7.1.1937; Memoranden SPD für Rossoni, 17.11.1936 und 11.2.1937.

Schwarzhandel negativ aus, der durch die hohen Überkapazitäten im Müllereigewerbe (nach Expertenmeinung überstiegen die Kapazitäten den realen Bedarf um etwa 50%)[110] verschärft wurde. In einigen Provinzen nahmen offenbar die Präfekten eigenmächtig Zuweisungen an die Müllereien vor.[111] Andere Betriebe, die illegale Praktiken ablehnten bzw. keinen privilegierten Zugang zu den Behörden hatten, litten dagegen besonders unter der Knappheit.

Angesichts der schlechten Erfahrungen mit den Weizenablieferungen entschloß sich Rossoni im Frühjahr 1937 zu einer partiellen Modifizierung der staatlichen Marktpolitik. So verzichtete das MAF vorerst darauf, das unpopuläre Zwangsablieferungsystem auf die übrigen Agrarprodukte auszudehnen. Lediglich für Textilgrundstoffe mit kriegswirtschaftlicher Bedeutung (Wolle, Hanf und Seidenkokons) wurde eine Ablieferungspflicht eingeführt. Eine entsprechende Regelung für Mais und Olivenöl trat erst 1939 in Kraft.[112] Zugleich kündigte Rossoni, der unter erheblichem Rechtfertigungsdruck stand, Verbesserungen im Ablieferungssystem für Weizen an. So wurde die Kontrolle der *Enti ammassatori* erheblich verschärft; die Finanzinstitute erhielten Anweisung, die Bauern unter allen Umständen schon bei der Übergabe des Getreides auszuzahlen.[113] Im Sommer 1937 wurde – offenbar auf Veranlassung Mussolinis – der Basispreis für Weizen stark angehoben.[114] Ökonomisch war diese Maßnahme kaum zu rechtfertigen, denn angesichts der guten Ernte von 1937 hätte der Preis nach den Regeln von Angebot und Nachfrage sogar niedriger liegen müssen als 1936. Die Preiserhöhung stand zudem in krassem Widerspruch zum ursprünglichen Ziel der Inflationsbekämpfung. Rossoni sah sich daher dem Vorwurf ausgesetzt, die grundlegen-

---

[110] ACONF, FGB, b. 1, C: Memorandum der Federazione Mugnai für Mussolini, „Distribuzione ai molini del grano degli ammassi", November 1939.

[111] PCM 1940–1943, 3/1–2/1904/1: Bericht P.S., 12.7.1937; Korporationsministerium an PCM, 12.10.1938: „Per ciò che riguarda poi le scorte, questo Ministero non nasconde le sue preoccupazioni per il sistema invalso in alcune provincie dove facilmente i mugnai (talvolta anche col consenso delle Autorità), si inducono ad intaccare le scorte che detengono per sopperire a momentanee deficienze, più presunte che reali".

[112] Für Wolle wurde ein „ammasso obbligatorio" im März 1937 eingerichtet (R.D.L. 8.3.1937, Nr. 521), nachdem schon im Februar 1936 eine einmalige Ablieferungsverpflichtung an die Militärbehörden verfügt worden war. Eine entsprechende Regelung für Seidenkokons erfolgte mit dem Dekretgesetz vom 15.4.1937 (Nr. 812), während ein „ammasso obbligatorio" für Hanf bereits Anfang 1936 (R.D.L. 2.1.1936, Nr. 85) eingeführt worden war.

[113] ACONF, FGB, b. 1, C: Rundschreiben MAF „Norme per la disciplina degli ammassi grano di produzione 1937", 24.5.1937.

[114] MI, PS, DPP, FM, Cat. N. 720, b. 180: Berichte vom 22.8.1937. – Mussolini hatte bereits am 5.12.1936 in einer Rede vor Bauern zugegeben, daß „die totalitäre Praxis des Ablieferungssystems von Schwierigkeiten begleitet gewesen" sei und Verbesserungen für die kommende Erntekampagne angekündigt (O.O., Bd. 28, S. 85).

den Gesetze der Wirtschaft zu mißachten und politisch inkonsequent zu handeln.[115]

Wurde die Getreidepreiserhöhung von den Landwirten begrüßt,[116] so blieb doch die Aversion gegen das Verfahren prinzipiell bestehen. Die Ablieferungsquoten lagen 1937/38 nur geringfügig über denen des Vorjahres (vgl. Tab. 11.4), und die Klagen hielten an. Dabei ist festzustellen, daß die Kritik immer stärker politischen Charakter annahm und sich zunehmend gegen die Führung des Regimes richtete.[117] Informanten sprachen von „scharfer Kritik am Faschismus", von „Haß und erbitterter Feindschaft gegen das Regime" sowie von drohenden Revolten und Aufruhr unter der Bevölkerung.[118] „In der Provinz", so ein undatierter Polizeibericht, „hat man den Eindruck, daß die Partei seit einigen Monaten einen beträchtlichen Teil ihrer effektiven und nützlichen Vitalität verloren hat. Man sagt, daß sich die Provinz von der Partei entfernt."[119] In einem weiteren Dokument vom 13. August 1936 heißt es: „Der Faschismus muß zugeben, daß er in dieser Frage eine große Schlacht und viel Prestige verloren hat und auch der Duce in Mitleidenschaft gezogen wird."[120] Häufig wurde Mussolini allerdings von der Kritik verschont. Es entsprach einer verbreiteten Auffassung, daß der „Duce" nichts über die Mißstände wisse und von seinen eigenen Ministern falsch oder unzureichend informiert werde. Symptomatisch für diese Vorstellung ist das folgende Gedicht, das – wahrscheinlich als Liedtext – seit Anfang 1937 in Norditalien kursierte:[121]

---

[115] MI, PS, DPP, FM, Cat. N. 720, b. 180: Berichte vom 16.6.1937, 21.7.1937 und 22.8.1937.

[116] MI, PS, DPP, FM, Cat. N. 720, b. 180: Berichte vom 15. und 19.6.1936.

[117] Anders dagegen De Felice, Mussolini il duce, Bd. 2, S. 156–253. De Felice spricht zwar ebenfalls von einer „crisi del consenso" nach 1936, betont jedoch, daß der Konsensverlust keine politische Relevanz gehabt habe. Der Autor geht auch nicht auf die massiven Proteste der bäuerlichen Produzenten nach dem Gesetz vom 15.6.1936 ein.

[118] MI, PS, DPP, FM, Cat. N. 720, b. 180: Berichte vom 21.8.1936, 21.7.1937, Turin 29.8.36, Perugia 21.7.1937: „Le beghe sarebbero all'ordine del giorno e sembra che il Duce stesso non nutra più simpatie per Perugia."; aus Istrien wurde am 18.5.1938 von „disordine pubblico" berichtet; Bericht über die Abruzzen-Region vom 1.9.38: „[. . .] la classe specialmente rurale, è gravemente scontenta e circola un malumore che in certa gente primitiva diviene o può divenire sintomo di torbidi [. . .] si sono avute nel passato irriducibili proposti, rivolte dure, ed anche con episodi barbari. [. . .] La miseria, lo scontento [. . .] è tale, da determinare in questa gente caparbia il più spiccato odio al Regime. Intano gli allarmi di una imminente guerra, la in atto mobilitazione, dispongono molto male questa gente [. . .]".

[119] SPD, CO, f. 500.003/1; vgl. auch MI, PS, DPP, FM, Cat. N. 720, b. 180: Bericht vom 13.8.1936.

[120] MI, PS, DPP, FM, Cat. M. 28, b. 180: Bericht vom 13.8.1936.

[121] SPD, CO, f. 500.003/1.

Occorrebbe un Duce a ogni Paese,
Non sa il Duce il disastro dell'Ammasso.
Non sa che il Contadin non ha difese.
e che vien angariato ad ogni passo.

Or ben sembra che in Regime Fascista,
col far dell'Ammasso, l'esperimento,
si voglia seguir la strada Marxista
dando al Contadino atroce tormento.

Tanti impiegati sono in esultanza.
si giovan dei conteggi e del peso,
onde poter mangiare a crepanza,
mentre vedi il Contadin vilipeso.

Deve lasciare i campi ed il lavoro,
per andar a far la fila in Uffici.
Egli aspetta; e gli Altri fan concistoro.
Indi caccian via quegl'infelici.

Non pagan. Fan tare sopra tare.
Al contadin si troncano le braccia.
Se questa giostra non si può cambiare,
Non s'avra più chi la semina faccia.

Per quanto lo dicevan malandrino,
che trattavi meglio col Commerciante.
Di certo era ancor meglio lo strozzino,
che almen ti pagava lì sull'istante.

L'Artigiano si fa sempre più grasso.
Al contadin, spese, tasse, balzelli,
e, peggio ancor, è costretto all'ammasso.
Servi della gleba i più poverelli.
E' proprio il Consorzio in verità,
che il rurale andra in calamità.

Der hier gleichzeitig erhobene Vorwurf, das Zwangsablieferungssystem sei „marxistisch" und versetze die Bauern in den Stand von „Leibeigenen" zurück, war keineswegs untypisch. Auch in anderen Berichten wurden einerseits Faschismus und Bolschewismus gleichgesetzt, andererseits die Großgrundbesitzer beschuldigt, sie „profitierten" von dem Ablieferungssystem und seien „die wirklichen Ausbeuter der ländlichen Massen".[122] Scharfe Vorwürfe

---

[122] MI, PS, DPP, FM, Cat. N. 720, b. 180: Bericht vom 21.7.1937.

wurden auch gegen die Agrarsyndikate erhoben, die „längst jegliche Glaub-
würdigkeit bei den Bauern verloren" hätten und zum reinen Akklama-
tionsorgan der Regierung degeneriert seien.[123]

Mögen die Beschreibungen der Sicherheitspolizei im einzelnen auch über-
trieben sein, so dokumentieren die weit über 1.000 Berichte aus den Jahren
1936–1939 doch einen kaum noch zu verbergenden Konsensverlust des faschistischen Regimes innerhalb der ländlichen Bevölkerung. Die Einführung
des „Ammasso totalitario" markiert den Beginn eines politischen Entfrem-
dungsprozesses, der auch den Agrarverbänden nicht verborgen blieb. Die
Führung der CNFA sprach im Frühjahr 1937 von einem „Zustand der Besorgnis und der Entmutigung" innerhalb ihrer Organisation. Auch im Landwirtschaftsministerium war man sich bewußt, wie gering die Akzeptanz des
Ablieferungssystems bei der Bevölkerung war. Hinter vorgehaltener Hand
kritisierten Funktionäre des MAF die rigide Vorgehensweise Rossonis und
sprachen von einer „Zwangsrequirierung" (*Requisizione obbligatoria*).[124] Ähnlich äußerte sich der langjährige Generaldirektor im MAF Eliseo Jandolo
1946 in einer Befragung vor dem Wirtschaftsausschuß der Verfassungsgebenden Versammlung. Die „Ammassi", so Jandolo, seien von Anfang an auf
Widerstände gestoßen, da „der Staat sie im Grunde dazu benutzt hat, um das
Getreide zu einem niedrigen Preis zwangsweise zu requirieren".[125] Weit härter
fiel das Urteil Arrigo Serpieris aus, der seine persönliche Enttäuschung über
die Marktordnungspolitik 1940 in einem Brief an De Stefani zum Ausdruck
brachte:[126]

---

[123] SPD, CO, f. 500.003/1: Bericht o.D.: [. . .] le più violenti le più gravi critiche vanno alla
Confederazione degli Agricoltori, che ormai ha perduto ogni credito presso i rurali e che essi
incolpano della maggior parte degli errori che si commettono e delle maggiori deficienze che
si verificano. Si incolpano il Presidente della Confederazione di assoluta incapacità [. . .]";
Bericht Ende Juni 1936: „La organizzazione dei lavoratori in agricoltura lavora quasi unica-
mente sul bluf; di tutte le strombazzature che fa fare dai giornali nulla si realizza [. . .]
L'assistenza manca assolutamente; i libretti di assicurazione per i braccianti sono ai più – per
esempio – sconosciuti etc. etc.". – f. 509.808/6: Bericht 16.6.1937: „[. . .] emerge il grosso
malumore che i rurali hanno in questi giorni più che mai palese proprio contro la loro
Confederazione. I dirigenti vengono apertamente accusati di tradire gli interessi degli agricoltori, solo preoccupati di conservare la carica e la comoda poltrona. Ma i rurali dicono che il
Capo finirà per conoscere la verità quale essa è e sapere qual'è il vero stato d'animo degli
agricoltori d'Italia."

[124] MI, PS, DPP, FM, Cat. M. 28, b. 167: Bericht vom 23.8.1937 „Discussioni tra funzionari del
Ministero di Agricoltura"; in diesem Bericht wurden auch Vermutungen über eine baldige
Absetzung Rossonis geäußert; vgl. auch Cat. N. 720, b. 180: Bericht vom 1.8.1936. – Schließlich kursierten auch Gerüchte, daß sich Rossoni persönlich an dem Ablieferungssystem be-
reichere (SPD, CR, b. 91/2: Bericht P.S. März 1938).

[125] Vgl. Interrogatorio del Prof. Eliseo Jandolo, in: Ministero per la Costituente, Rapporto della
Commissione Economica presentata all'Assemblea Costituente, I: Agricoltura, Bd. 2 (Interrogatori, Questionario, Monografie), Roma 1947, S. 1–19, hier S. 18.

Es handelt sich um die totalitäre Bürokratisierung des ländlichen Lebens, mit der Last einer unfähigen und häufig unehrlichen Verwaltung [. . .]. Wenn man sieht, wie die Organe und Institute, die wir in unseren gelehrten Abhandlungen loben, in der Praxis funktionieren, muß man verzweifeln! Die Verschwendung von Geld, Zeit und Arbeit ist unbeschreiblich; Betrügereien ohne Ende; [. . .] Wer in gutem Glauben und ohne persönliche Interessen dem Faschismus gefolgt ist, kann nur bestürzt sein. Wohin gehen wir? Wie läßt sich der Bruch noch aufhalten? Wir müssen das große Ideal retten, das einst unsere Herzen erwärmt hat. Aber wie? Wie, in diesem fürchterlichen Durcheinander von Organen, in denen alle kommandieren und doch keiner kommandiert, in denen nur die Schlauen und Unehrlichen sich zurechtfinden und daran denken, Geschäfte zu machen. [. . .] Ich erwarte keine Antwort. Es ist nur der Alarmruf eines Mannes, der noch glauben und sich festhalten möchte [. . .].

6. Autarkie und ernährungswirtschaftliche Bedarfsplanung

So umstritten das Zwangsablieferungssystem in der Landwirtschaft auch war, so wenig schien es doch aus der Perspektive der politischen Führung möglich, den 1936 eingeschlagenen Kurs zu revidieren und zu einem freien Markt zurückzukehren. Zwar waren die ursprünglichen preispolitischen Ziele gescheitert, denn die Nahrungsmittelpreise stiegen nach 1936 weiter an. Langfristig mußte es jedoch darum gehen, eine effiziente Verteilung der knappen Ressourcen an agrarischen Basisprodukten und Nahrungsmitteln zu gewährleisten und die notwendigen Rücklagen für den Fall zu schaffen, daß Italien von ausländischen Lieferungen abgeschnitten wurde. Das Ablieferungssystem war somit zugleich Bestandteil einer umfassenden Autarkieplanung, welche die gesamte landwirtschaftliche Produktion auf die Erfordernisse eines zukünftigen Krieges vorbereiten sollte. Dabei standen fünf Ziele im Vordergrund:[127]

1. Eine Erhöhung der Agrarproduktion insbesondere in den Bereichen, in denen eine Selbstversorgung noch nicht gewährleistet war.

2. Eine Anpassung des Konsumverhaltens an die im Inland verfügbaren Nahrungsmittelprodukte.

3. Eine Verringerung der Agrarimporte auf ein Minimum an Erzeugnissen, die in Italien nicht oder nicht in ausreichendem Umfang hergestellt werden konnten.

4. Eine Steigerung der Agrarexporte, um Devisen für notwendige Rohstoff- und Industrieeinfuhren zu erwirtschaften.

---

[126] Serpieri an De Stefani, 6.4.1940, in: Marcoaldi (Hg.), Vent'anni, S. 247f.
[127] Vgl. u. a. Mario Muzzarini, L'agricoltura e le sanzioni, Italia Agricola 73 (1936) S. 67–74.

5. Eine verstärkte Ausnutzung landwirtschaftlicher Rohprodukte für industrielle Zwecke.

Bereits kurz nach Verhängung der Völkerbund-Sanktionen hatte das MAF eine Reihe von Maßnahmen eingeleitet, um Engpässe in der Nahrungsmittelversorgung zu vermeiden. Unter anderem wurde mit Hilfe der Parteiorganisationen (v. a. *Opera Nazionale Dopolavoro* und *Massaie rurali*) eine Propagandakampagne zur Förderung der Kleintierzucht in die Wege geleitet, welche das Defizit bei Fleisch- und anderen Eiweißträgern ausgleichen sollte.[128] Das MAF verteilte kostenlos Zuchttiere und Käfige für Kaninchen und Hühner; vorübergehend wurde das Verbot des Fischens in Binnengewässern aufgehoben und die Jagdsaison erweitert. Nebenprodukte der Landwirtschaft sowie Küchenabfälle sollten in lokalen Zentren gesammelt und zu Futterzwecken eingesetzt werden. Bauern und private Haushalte wurden aufgefordert, auch Brachland und Gartengrundstücke unter Kultur zu stellen und durch verstärkte Düngung die Erträge zu steigern.[129]

Parallel dazu wurden Maßnahmen ergriffen, welche die Bevölkerung zu einem sparsameren Umgang mit Nahrungsmitteln bewegen sollten. In Absprache mit dem MAF setzte Starace im November 1935 eine Ernährungskommission (*Commissione per lo studio dei problemi alimentari*) ein, die ein- bis zweimal pro Monat in der Parteizentrale in Rom zusammentrat und allgemeine Richtlinien für die Volksernährung festlegte. Der Kommission gehörten neben dem Parteisekretär fünf bekannte Ernährungswissenschaftler an.[130] Ihre Empfehlungen zielten vor allem auf eine sparsamere Verwendung der Nahrungsmittel und auf eine fleischärmere Kost. Neben sinnvollen Ernäh-

---

[128] A. Sinibaldi, I provvedimenti del Ministero dell'agricoltura per la difesa economica del paese, La conquista della terra, Jg. 7, Nr. 1, Januar 1936, S. 41f. und Foglio di Disposizione, 22.11.1935 (Nr. 494), in: Atti del P.N.F., Bd. V,1, S. 213ff.; Agenda della Massaia rurale (1936), Roma o.J.; Arturo Marescalchi, Parole alle massaie d'Italia, Milano 1935.

[129] Le direttive del Governo per l'intensificazione delle colture antisanzionistiche, La conquista della terra, Jg. 7, Nr. 2, Februar 1936, S. 35f. und Provvedimenti per l'autonomia economica del paese, ebd. Jg. 7, Nr. 4, April 1936, S. 39ff. U.a. gestattete die Forstmiliz, nichtbewaldete Grundstücke der Staatsforsten zu bebauen; die Federazione Nazionale Fascista dei Commercianti di prodotti per l'Agricoltura verteilte im Auftrag des Staates unentgeltlich Pakete mit Saatgut und Anbauinstruktionen an Haushalte, die ihre Gärten bestellen wollten.

[130] Vgl. Fogli di Disposizione, 27.11.1935 (Nr. 499), 8.12.1935 (Nr. 506), 24.12.1935 (Nr. 518) und 15.1.1936 (Nr. 526), in: Atti del P.N.F., Bd. V,1, S. 213ff., 224f., 238f., 261f. und 278f. – Die Mitglieder der Kommission waren: F. Bottazzi (Dir. des Istituto di fisiologia, Universität Neapel), D. De Blasi (Dir. des Istituto di Igiene, Universität Rom), E. Morelli (Präs. des Sindacato Nazionale dei Medici), G. Tallarico (Parlamentsabgeordneter), S. Visco (Dir. des Istituto di fisiologia generale, Universität Rom). Erste Untersuchungen, die sich mit dem Problem der Ernährung unter Berücksichtigung der italienischen Nahrungsmittelproduktion beschäftigten, waren bereits Mitte der zwanziger Jahre entstanden; vgl. Mario Camis, Il problema dell'alimentazione nazionale, Gerarchia, Jg. 5, Nr. 5, Mai 1926, S. 309–312.

rungsratschlägen (z. B. Gemüse nur kurz zu kochen) wurden auch absurde Empfehlungen gegeben, etwa die Nahrung länger zu kauen oder das Wasser zum Garen von „Pasta" mehrfach zu verwenden, um die ausgekochten Kohlehydrate nicht zu verschwenden und Kochsalz zu sparen. Insgesamt hielt die Kommission einen Verbrauch von täglich 3.000 Kcal. für einen erwachsenen Menschen für ausreichend.[131]

Bei diesen Vorkehrungen handelte es sich jedoch um ein Notprogramm für die Dauer des Krieges und der Sanktionen. Ein tragfähiges agrar- und ernährungswirtschaftliches Autarkiekonzept ließ sich daraus nicht ableiten. Ende 1936 wurden daher die Korporationen mit der Aufgabe betraut, eine langfristige Bedarfsanalyse für sämtliche Agrargüter zu erstellen, auf deren Basis die zukünftige Produktionsplanung erfolgen sollte.[132] Diese im Frühjahr 1937 vorgelegten *Piani autarchici* setzten zwar auch mittelfristige Produktionsziele fest. Konkrete Richtlinien oder zeitlich verbindliche Planungsvorgaben enthielten sie jedoch nicht. Ergänzt wurden die Analysen durch eine Berechnung der verfügbaren Nahrungsmittel, die der Statistiker Benedetto Barberi 1938 für das *Istituto Centrale di Statistica* erstellte.[133]

Die Ergebnisse dieser Untersuchungen zeigten, daß Italien von dem Ziel einer Nahrungsmittelautarkie noch weit entfernt war. Selbst auf dem Getreidesektor, wo seit Beginn der „Battaglia del grano" erhebliche Ertragssteigerungen erzielt worden waren, konnte auf ergänzende Einfuhren nicht verzichtet werden. So betrug die Weizenernte 1936 lediglich 61 Mill. dz und lag damit etwa 20 Mill. dz unter der erforderlichen Menge. Zwar folgte 1937 eine sehr gute Ernte, die mit über 80 Mill. dz bedarfsdeckend war, doch reichten diese Ergebnisse keineswegs aus, um die Reserven für schlechte Erntejahre aufzustocken. Die Getreidekorporation hielt daher eine Ausdehnung der Anbaufläche um 500.000 ha für notwendig, um in Spitzenjahren 100 Mill. dz Weizen zu ernten.[134] Besser sah die Bilanz bei den übrigen Getreidesorten aus. Bei Hafer, Gerste, Roggen – die insgesamt eine geringe Rolle spielten – sowie bei Mais war eine Selbstversorgung praktisch erreicht. Bei Reis wurde sogar ein Überschuß erwirtschaftet, der devisenbringend ins Ausland exportiert

---

[131] Vgl. ebd. sowie Giuseppe Tallarico, I recuperi nel settore agrario e in quello alimentare, in: Istituto Nazionale di Cultura Fascista (Hg.), L'Autarchia economica della Nazione, Roma 1931, S. 60f.

[132] ACONF, FGB, b. 96, A, Nr. 1–5; eine Zusammenfassung der „Autarkiepläne" in: Ministero delle Corporazioni, Segretariato Generale del Consiglio Nazionale delle Corporazioni, Relazione riassuntiva dei piani autarchici, Roma 1937.

[133] Benedetto Barberi, Indagine statistica sulle disponibilità alimentari della popolazione italiana dal 1922 al 1937, in: Istituto Centrale di Statistica del Regno d'Italia, Annali di Statistica, Ser.VII, Bd. 3 (1939) S. 1–98.

[134] ACONF, FGB, b. 96, A, Nr. 1: Corporazione dei Cereali, Relazione per l'Autarchia.

werden konnte.[135] Da der Direktkonsum von Mais tendenziell rückläufig war, wurde im September 1937 angeordnet, Brot- und Teigwaren unter Beimischung von 10% Maismehl herzustellen. Im Oktober 1938 wurde die Beimahlungsquote auf 20% angehoben.[136] Etwa zwei Drittel der Maisproduktion fanden als Futtermittel Verwendung.[137]

Außerordentlich schlecht war die Versorgungslage dagegen bei Fleisch und anderen Eiweißträgern. Obgleich Italien einen extrem geringen Pro-Kopf-Verbrauch an Fleisch hatte,[138] mußten jedes Jahr große Mengen an Lebendvieh und Fleisch aus den Überschußländern Mittel- und Südosteuropas importiert werden. 1937 beliefen sich die Einfuhren auf 166.664 Rinder, 8.634 Pferde, 41.533 Schweine, 43.937 dz Geflügel sowie 302.970 dz Gefrierfleisch im Wert von 444 Mill. Lire.[139] Insgesamt bezog Italien rund 15% seines Fleisch- und Fischbedarfs aus dem Ausland. Dies war auch eine Folge der staatlichen Agrarpolitik, die sich seit Mitte der zwanziger Jahre zu sehr auf die Getreidewirtschaft konzentriert hatte, während die Tierproduktion vernachlässigt worden war. Zwar hatten Fachleute schon frühzeitig vor den Gefahren dieser einseitigen Orientierung gewarnt.[140] Auch führte das MAF seit 1930 Prämienwettbewerbe für die Tierzucht durch.[141] Doch der über-

---

[135] Die Reisproduktion belief sich 1937 auf 7,4 Mill. dz, davon wurden 1,6 Mill. dz ausgeführt; vgl. Istituto Centrale di Statistica del Regno d'Italia, Annuario Statistico Italiano (1938) S. 51 und 145.

[136] PCM 1937–1939, 3/1–2/2965: Schreiben Korporationsminister Lantini an PCM, 13.10.1937; Rundschreiben des Korporationsministeriums an die Präfekturen, 12.10.1937; Bericht des Korporationsministeriums an Mussolini (o.D., Eingangsstempel PCM 28.6.1938). – Desweiteren bestanden Pläne, die Kartoffelproduktion zu steigern und bei der Brotherstellung Kartoffelmehl beizumischen; vgl. Renato Perotti, Gaetano Sesti, La panificazione con percentuale di patate ad integrazione del fabbisogno frumentario nazionale, Ministero dell'Agricoltura e delle Foreste, Nuovi Annali dell'Agricoltura, Jg. 8, Nr. 2, 30.6.1938, S. 207–237.

[137] Vgl. ebd.

[138] Der jährliche Pro-Kopf-Verbrauch an Fleisch betrug in Italien Ende der dreißiger Jahre 18–19 kg, in Deutschland dagegen 46 kg; vgl. Istituto Centrale di Statistica, Sommario (1958) S. 230f. und Friedrich Wilhelm Henning, Landwirtschaft und ländliche Gesellschaft in Deutschland, Bd. 2: 1705 bis 1986, Paderborn ²1988, S. 226.

[139] Istituto Centrale di Statistica del Regno d'Italia, Annuario Statistico Italiano (1938) S. 138; die wichtigsten Lieferanten waren Ungarn, Polen, Jugoslawien, Albanien, Rumänien und Bulgarien; vgl. auch „Numero speciale dedicato all'indipendenza nel settore delle carni e dei grassi", Italia Agricola 74 (1937) S. 851–1052.

[140] Vgl. z. B. Rede des Abgeordneten Gibertini vom 22.2.1933, in: API, CD, Leg. XXVIII, sess. 1929–1933, Discussioni, Bd. 7, Roma o.J., S. 7729–7731; Alessandro Brizi, A proposito della limitazione della superficie frumentaria, Italia Agricola 70 (1933) S. 1155–1158; E. Bassi, Commenti sulla situazione attuale dell'Allevamento del bestiame, ebd. S. 36–42.

[141] R.D.L. 11.1.1930 (Nr. 17). Seit 1930 wurde in dreijährigem Abstand ein „Concorso Nazionale triennale per l'incremento del Patrimonio zootecnico" veranstaltet; vgl. PCM 1931–1933, 3/1–6/1404.

proportionale Preisverfall für Tierprodukte und der Rückgang der Weideflächen war nicht ohne Folgen geblieben.[142] Die *Corporazione della Zootecnica* empfahl daher ein umfassendes staatliches Förderprogramm (Produktionsprämien, Verbesserung der Zucht und der Futtermittelversorgung), um den Viehbestand mittelfristig um 25–35% aufzustocken. Zugleich hielt sie eine Begrenzung der Viehschlachtungen für zweckmäßig und knüpfte damit an einige Verordnungen vom Sommer 1935 an.[143] Dabei wurden auch kriegswirtschaftliche Argumente ins Feld geführt, denn von militärischer Seite bestand ein hoher Bedarf an Zugpferden und tierischen Nebenprodukten wie Leder und Wolle.[144]

Noch schlechter sah die Bilanz bei Speiseöl und Fetten aus. Einem Bedarf von ca. 5 Mill. dz stand eine Eigenproduktion von lediglich 3,3 Mill. dz pro Jahr gegenüber; die wichtigsten Anteile an Speisefetten lieferten Samenöl (300–400.000 dz pro Jahr), Butter und Schmalz (ca. eine Mill. dz), vor allem aber Olivenöl (ca. 2 Mill. dz).[145] Doch obgleich Italien nach Spanien der weltweit bedeutendste Olivenölhersteller war und ein Viertel der Globalproduktion bestritt, mußten 1937 226 Mill. dz Olivenöl sowie 4.375 Mill. dz Ölsaaten eingeführt werden, die in Italien zu Speiseöl weiterverarbeitet wurden.[146] Insgesamt belief sich das Versorgungsdefizit auf rund ein Drittel des Bedarfs. Besorgniserregend war dies auch deshalb, weil jährlich etwa 1,7 Mill. dz Pflanzenfett im industriellen und militärischen Bereich (Schmierstoffe, Glyzerin) gebraucht wurden.[147] Der Förderung der heimischen Speiseölpro-

---

[142] Experten schätzten, daß durch die Rekultivierungsmaßnahmen etwa 500.000 ha Weideland verloren gegangen waren; vgl. Alessandro Montanari, L'autarchia dei principali prodotti agrari in relazione alle condizioni attuali dell'agricoltura e della propaganda, L'Avanguardia Rurale, Jg. 9, Nr. 3, März 1938, S. 67f.

[143] Das Korporationsministerium hatte bereits per Ministerialdekret vom 4. und 27.1.1935 Schlachtungen von Rindern an Dienstagen sowie den Verkauf von Rindfleisch an Mittwochstagen untersagt; vgl. Nuovi provvedimenti concernenti la industria zootecnica, La Conquista della terra, Jg. 7, Nr. 2, Februar 1936, S. 36f. Vgl. außerdem Foglio di Disposizione, 22.11.1935 (Nr. 494), in: Atti del P.N.F., Bd. V,1, S. 213ff.

[144] ACONF, FGB, b. 96, A, Nr. 6: Corporazione della Zootecnica e della Pesca, Relazione per l'Autarchia, S. 28. Der jährliche Import von Wolle wurde auf 400.000 dz geschätzt, der von Tierhäuten auf 300.000 dz; vgl. auch Confederazione Fascista degli Agricoltori, Convegno Nazionale per i problemi delle carni ai fini dell'autarchia, Littoria 8.10.1937, Roma 1937; Mario Bandini, Il problema zootecnico e foraggero, in: Istituto Fascista di Tecnica e Propaganda Agraria (Hg.), Foraggi e bestiame nell'economia agraria italiana, Roma 1941, S. 19–47.

[145] ACONF, FGB, b. 96, A, Nr. 4: Corporazione olearia, Relazione per l'Autarchia, S. 5f.

[146] Hinzu kamen 58 tsd. dz Butter und Tierschmalz; Istituto Centrale di Statistica del Regno d'Italia, Annuario Statistico Italiano (1938) S. 138f. – Zum internationalen Vergleich siehe Institut International d'Agriculture, Les grands produits, S. 325.

[147] So die Einschätzung deutscher Beobachter; vgl. Reichsamt für wehrwirtschaftliche Planung,

duktion wurde daher „oberste Priorität" eingeräumt.[148] Langfristig sollte die Olivenherstellung durch Neupflanzung von ca. 10 Mill. Ölbäumen auf 3 bis 3,5 Mill. dz pro Jahr gesteigert werden.[149] Zu diesem Zweck stellte das MAF 1938 40 Mill. Lire Förderungsmittel zur Verfügung.[150] Olivenbauern konnten bis zu zehn Jahre von der Grundsteuer befreit werden.[151] Da jedoch für die Pflanzung und Aufzucht neuer Olivenhaine ein Zeitraum von mindestens 15 Jahren veranschlagt wurde, sollte vorübergehend der Anbau von Ölsaaten (v. a. Raps, Soja, Sonnenblumen) erweitert werden.[152] Einen zusätzlichen Beitrag von 150.–180.000 dz Speiseöl jährlich versprach man sich von der Pressung von Traubenkernen.[153] Schließlich sollte eine bessere Ausbeutung der bestehenden Olivenölkapazitäten durch verstärkte Düngung mit Pottasche und durch neue Pressverfahren gewährleistet werden.[154] Besondere Aufmerksamkeit wurde dem Anbau von Rizinuspflanzen geschenkt. Rizinusöl diente nicht nur zu pharmazeutischen Zwecken, sondern wurde auch dem Kraftstoff von Hochdruckmotoren – etwa in der Luftfahrt – beigemischt. Auch hier sollte eine Eigenversorgung innerhalb von wenigen Jahren durch eine Steigerung der Anbaufläche erzielt werden.[155]

Die Rohstoffversorgung Italiens, Ausfertigung 3 (Geheim), August 1939, Bibliothek des Statistischen Bundesamtes, Wiesbaden.

[148] ACONF, FGB, b. 96, A, Nr. 4: Corporazione olearia, Relazione per l'Autarchia, S. 3.

[149] Bericht über die 1. Sitzung der Commissione Suprema per l'Autarchia, 10.10.1938, in: O.O., Bd. 29, S. 176f.

[150] PCM 1937–1939, 3/1–1/4996: Bericht Rossonis an Mussolini „Provvidenze straordinarie per l'incremento dell'olivicoltura", 27.5.1938; Rossoni, Direttive fasciste all'agricoltura, Roma 1939, S. 60; Provvedimenti per l'olivicoltura, L'Avanguardia Rurale, Jg. 9, Nr. 12, Dezember 1938, S. 275–278.

[151] Nachdem der Importzoll für Olivenöl bereits 1934 von 123,60 auf 209,70 Lire/dz erhöht worden war, wurde 1936 auch ein Ausfuhrzoll eingeführt. Der Ausfuhrzoll betrug 150 Lire/dz, wurde jedoch 1937 wieder abgeschafft; vgl. Bacon, Schloemer, World Trade, S. 837f.

[152] „Un importante circolare di S. E. Rossoni", L'Avanguardia Rurale, Jg. 6, Nr. 10, Oktober 1935, S. 9; Sitzungsbericht der Corporazione olearia vom 8.7.1935, in: O.O., Bd. 27, S. 104f.

[153] ACONF, FGB, b. 96, A, Nr. 3: Corporazione viti-vinicoltura, Relazione per l'Autarchia, S. 6f.; bereits 1936 wurden 50.000 dz Speiseöl auf diesem Weg gewonnen.

[154] PCM 1937–1939, 3/1–1/4996: Bericht Rossonis an Mussolini „Progressi tecnici dell'olivicoltura italiana", 8.4.1936; ACONF, FGB, b. 96, A, Nr. 4: Corporazione olearia, Relazione per l'Autarchia, S. 10f.

[155] Der Bedarf an Rizinusöl wurde auf ca. 100.000 dz pro Jahr veranschlagt (30.000 dz für zivile Zwecke, 70.000 für die militär. Luftfahrt). Noch 1936 mußten 85% importiert werden. Die Korporation für Speiseöl hielt daher eine Steigerung der Anbaufläche von 5.000 ha (1936) auf mindestens 30.000 ha für angemessen. Im Frühjahr 1936 veröffentlichte das MAF einen Anbauschlüssel, der jeder Provinz eine Mindestanbaufläche für Rizinuspflanzen vorschrieb; vgl. ACONF, FGB, b. 96, A, Nr. 4: Corporazione olearia, Relazione per l'Autarchia, S. 18 und „Provvedimenti per l'autonomia economica del Paese", La Conquista della Terra, Jg. 7, H. 4, April 1936, S. 40.

Eine wichtige Funktion für die Bereitstellung industrieller Ersatzstoffe wurde der Zucker- und Weinproduktion beigemessen. Bei Zucker war seit 1935 eine Bedarfsdeckung praktisch erreicht, doch sollte die Produktion zur Bevorratung und zur Herstellung von Industriealkohol weiter gesteigert werden.[156] Auch ein Teil der Weinernte mußte seit Anfang 1936 zu Alkohol gebrannt werden.[157] Auf diesem Weg wurde die Äthylalkoholproduktion zwischen 1934 und 1940 um mehr als das Zweifache gesteigert.[158] Diese Maßnahmen wurden auch mit Blick auf die sich im Aufbau befindende Kunstgummiindustrie ergriffen, die den Bedarf an rüstungswichtigem Gummi auf der Basis von Zuckeralkohol decken sollte.[159] Schließlich diente aus Zuckermelasse und Wein destillierter Alkohol dazu, die Kraftstoffversorgung zu ergänzen. Seit November 1935 mußte Benzin 20% Alkohol beigemischt werden.[160]

Hohe Produktionsdefizite bestanden schließlich bei Textilfasern und Zellulose. 1937 mußten 2,5 Mill. dz Zellulose, 1,5 Mill. dz pflanzliche Textilfasern und 0,2 Mill. dz Wolle importiert werden. Die Einfuhren von Textilfasern summierten sich in diesem Jahr auf fast zwei Mrd. Lire, was 14,7% der Gesamtimporte entsprach.[161] Auch hier sollte durch einen verstärkten Anbau von Baumwolle, Leinen und Hanf sowie eine Ausweitung der Schafzucht Abhilfe geschaffen werden.[162] Zur langfristigen Deckung des Zellulosebe-

---

[156] Die Zuckerproduktion lag seit 1930 bei etwa 3 Mill. dz und war angesichts des sehr niedrigen Pro-Kopf-Verbrauches weitgehend bedarfsdeckend. Anfang 1936 schloß die Associazione nazionale dei bieticoltori mit dem Consorzio nazionale produttori zucchero einen Vertrag ab, der eine Ausweitung der Anbaufläche von 90.000 auf 125.000 ha zur Erhöhung der Alkoholproduktion vorsah. Die „Zuckerkorporation" hielt eine Steigerung der Anbaufläche von 120.000 auf 162.000 ha für notwendig, um innerhalb von drei Jahren einen Vorrat von 2 Mill. dz anzulegen und den zusätzlichen Bedarf für die Alkoholherstellung abzudecken; vgl. ACONF, FGB, b. 96, A, Nr. 5: Corporazione delle bietole e dello zucchero, Relazione per l'Autarchia, S. 4–6, PCM 1937–1939, 3/1–7/8425 MAF an Mussolini (o.D.; Eingangsstempel PCM 12.10.1938). – Die Alkoholdestillation von Zuckerrübensaft wurde seit dem Erntejahr 1937/38 steuerbefreit; vgl. Guarneri, Battaglie economiche, S. 556.

[157] R.D.L. 9.1.1936 (Nr. 81) und D.M. 1.2.1936. Zur Koordinierung der Weindestillation wurde der Ente Nazionale per la destillazione delle materie vinose gegründet; L. 10.6.1937 (Nr. 1288); vgl. auch ACONF, FGB, b. 96, A, Nr. 3: Corporazione viti-vinicola, Relazione per l'Autarchia, S. 4–6 und Bericht über die 3. Sitzung der Commissione Suprema per l'Autarchia, 14.10.1938, in: O.O., Bd. 29, S. 181f.

[158] Von 385.832 auf 1.246.736 Hektoliter; vgl. Rey (Hg.), I conti, S. 128.

[159] Vgl. Petri, Selektives Wachstum, S. 187ff.

[160] R.D.L. 7.11.1935 (Nr. 1965); vgl. auch „Provvedimenti per l'autonomia economica del Paese", La Conquista della Terra, Jg. 7, H. 4, April 1936, S. 41. Seit Beginn des Krieges wurden auch Versuche unternommen, Olivenöl für Verbrennungsmotoren einzusetzten; vgl. Francesco Condelli, L'olio d'oliva nella lubrificazione dei motori a combustione interna, L'Agricoltura Coloniale, Jg. 28, H. 3, März 1934, S. 125–140.

[161] Istituto Centrale di Statistica del Regno d'Italia, Annuario Statistico Italiano (1938) S. 136.

[162] ACONF, FGB, b. 97, D, Nr. 1d: Relazione sull'attuazione dei piani autarchici dell'anno

darfs, der 1938 lediglich zu 15% durch eigene Produktion bestritten wurde, sollte mit Hilfe der Forstmiliz ein nationales Aufforstungsprogramm in die Wege geleitet werden.[163] Große Hoffnungen setzte man auf die Verarbeitung von Weizenheu zu Zellulose. Ende 1936 wurde von dem staatlichen *Ente Nazionale per la cellulosa e la carta* ein Werk in Foggia eröffnet, das immerhin 100.000 dz Zellstoff pro Jahr herstellen konnte. Mittelfristig wurde eine Produktion von einer Mill. dz jährlich anvisiert, was etwa 50% des italienischen Bedarfs entsprach.[164] Allerdings lagen die Produktionskosten bei diesem Verfahren wesentlich höher als bei traditionellen Methoden. Auch war die Qualität schlechter, so daß hier lediglich ein ergänzendes Potential bestand.[165]

Obgleich die Substitution von Importgütern das zentrale Anliegen der landwirtschaftlichen „Autarkiepläne" war, bestand innerhalb der politischen Führung keine Illusion darüber, daß ein totaler Verzicht auf Importe auch langfristig kaum zu verwirklichen war. Dies galt nicht nur für Rohstoffe und industrielle Investitionsgüter, deren Einfuhr trotz partieller Fortschritte bei der Ersatzstoffproduktion unentbehrlich blieb. Auch im Nahrungsmittelbereich war eine hundertprozentige Autarkie zumindest mittelfristig nicht realisierbar, da vor allem in schlechten Erntejahren ergänzende Einfuhren getätigt werden mußten.[166] So hatte Italien 1937 nach der schlechten Ernte im Vorjahr (und weil die Vorräte infolge der Sanktionen weitgehend aufgebraucht waren) für über 3 Mrd. Lire Ernährungsgüter importiert. Demgegenüber betrugen die Agrarausfuhren 1937 lediglich 2,5 Mrd. Lire (vgl. Tab. 11.5 und 11.6). Selbst Mussolini mußte in seiner „Autarkie-Rede" vom 23. März 1936 zugeben, daß das „Ideal einer wirtschaftlichen Autarkie im absoluten Sinne" ohne enorme Wohlstandseinbußen nicht zu verwirklichen war.[167] Ähnlich pessimistisch äußerte sich 1935 Gino Olivetti. Er hielt eine Selbstversorgung sogar für „völlig unerreichbar".[168]

XVII, S. 49–68; Bericht über die 2. Sitzung der Commissione Suprema per l'Autarchia, 13.10.1938, in: O.O., Bd. 29, S. 176f.

[163] Rossoni, Direttive fasciste, S. 60.

[164] Luigi Burgo, Cellulosa, in: Federazione dei Fasci di Combattimento di Torino (Hg.), Autarchia, Torino 1938, S. 11.

[165] G. Vannuccini, Dal grano al ... libro. La nuova industria nazionale della cellulosa, L'Avanguardia Rurale, Jg. 7, Nr. 12, Dezember 1936, S. 182f.; vgl. auch ACONF, FGB, b. 97, D, Nr. 1d: Relazione sull'attuazione dei piani autarchici dell'anno XVII, S. 24–47.

[166] Francesco Angelini, Prospettive autarchiche dell'agricoltura italiana, Roma 1939.

[167] O.O., Bd. 17, S. 244f.

[168] Olivetti, Agricoltura, S. 29. – Für Gino Arias stand eine übertriebene Autarkiepolitik sogar im Widerspruch zu den Großmachtzielen Italiens: „Ben si comprende la necessità di indipendenza dall'estero per certi elementi fondamentali di consumo, ma non bisogna esagerare, per non chiudere di riflesso la via alle nostre esportazioni, soprattutto agrarie. La agricoltura italiana potrà essere indirizzata prevalentemente a soddisfare tutte le esigenze del

Tab. 11.5

Einfuhr von Nahrungsmitteln und Agrarrohstoffen 1937*

Produktgruppe	Importwert	Anteil am Gesamtimport
Getreide und Hülsenfrüchte	1.587	11,7%
Fleisch und Milchprodukte	574	4,0%
Fisch	241	1,8%
Speisefette und Ölsaaten	862	6,3%
Gesamt	3.264	24,0%

* in Mill. Lire
Quelle: Istituto Centrale di Statistica del Regno d'Italia, Annuario Statistico Italiano (1938) S. 136.

Tab. 11.6

Ausfuhrwert der wichtigsten Agrarprodukte 1937*

Produktgruppe	Exportwert	Anteil am Gesamtexport
Fleisch und Milchprodukte	258	3,3%
Getreide und Teigwaren	294	3,7%
Gemüse und Obst	1.556	19,8%
Olivenöl und Ölsaaten	173	2,2%
Wein und andere Getränke	188	2,4%
Gesamt	2.469	31,4%

* in Mill. Lire
Quelle: Istituto Centrale di Statistica del Regno d'Italia, Annuario Statistico Italiano (1938) S. 137.

Angesichts der strukturellen Offenheit der italienischen Volkswirtschaft kam der Förderung des Exports daher eine zentrale Bedeutung bei, denn nur so ließen sich die notwendigen Devisen zur Bezahlung ausländischer Lieferungen erwirtschaften. Das 1926 gegründete *Istituto Nazionale per l'Esportazione* hatte sich – wie bereits dargestellt – von Anfang an auf eine Förderung der Agrarexporte konzentriert, da das Fehlen einer effizienten Handelsorganisation in diesem Sektor besonders negativ zu Buche schlug.[169] Das Institut, das 1935 in *Istituto Nazionale per il Commercio Estero* (ICE) umbenannt und 1936

consumo interno, ma non può vivere e prosperare solamente con questo. E del resto l'espansione economica è una esigenza fondamentale per i popoli, ad alto sviluppo demografico, che non possono rinchiudersi in se stessi [. . .]" (Arias, Oggetto, S. 80); vgl. auch Giuseppe Tassinari, Autarchia, in: Dizionario di politica, Bd. 1, S. 247–249; Guarneri, Battaglie economiche, S. 589f.; Vittorio Marrama, Teoria dello scambio internazionale in regime libero e in regime autarchico, Padova 1940, S. 113.

[169] Vgl. PCM 1931–1933, 9/6/3433: Federazione Nazionale Fascista del Commercio orto-frutticolo e agrumario, gez. F. Lantini, an Mussolini, 11.6.1932.

dem Unterstaatssekretariat für Währung und Außenhandel unterstellt wurde, intensivierte seine Aktivität in der zweiten Hälfte der dreißiger Jahre erheblich. So wurde der Qualitätsstandard „Marchio Nazionale" auf praktisch alle Agrarprodukte ausgedehnt, Preise für einige Exportartikel fixiert und von der staatlichen Eisenbahn eine Tarifermäßigung gewährt.[170] Gegenüber einigen Staaten wurde vorübergehend ein regelrechtes Ausfuhrdumping betrieben. Dabei erhielten die italienischen Exporteure einen Teil der Zolleinnahmen als Ausfuhrprämie vergütet.[171] Obgleich Österreich, Ungarn, die Tschechoslowakei und die Schweiz, vor allem aber Deutschland seit geraumer Zeit die wichtigsten Abnehmer italienischer Agrarausfuhrgüter waren,[172] bemühte sich das ICE um die Erschließung neuer Märkte. Im Zentrum der Exportoffensive standen neben Großbritannien und den USA vor allem die skandinavischen Länder. Während die USA vor allem an Wein und tierischen Veredlungsprodukten interessiert waren, bestand in den nordeuropäischen Staaten ein hohes Nachfragepotential nach Südfrüchten.[173] Die Strategie des ICE war zumindest im Handel mit Großbritannien und den USA vorübergehend erfolgreich. So konnte der Wein- und Vermouthexport in die USA zwischen 1936 und 1939 um 50% gesteigert werden; noch höhere Zuwachsraten verzeichneten in diesem Zeitraum die Agrarausfuhren nach Großbritannien: 256% bei Zitronen, 79% bei Frischobst und 348% bei Tomatenkonserven.[174] Wenngleich die Ausfuhren in diese Länder bei weitem nicht mehr das Niveau der zwanziger Jahre erreichten, so zeigte die 1937 begonnene Exportoffensive durchaus positive Wirkungen und führte zu einer vorübergehenden Belebung des Handels mit den genannten Staaten.[175]

Betrachtet man die Gesamtentwicklung der italienischen Agrarausfuhren, so läßt sich 1936–1940 eine deutliche Steigerung bei den meisten Produkten erkennen (vgl. Tab. 11.7). Dies galt insbesondere für Wein, Frischobst,

---

[170] Vgl. G u a r n e r i , Battaglie economiche, S. 691–698.

[171] Das Exportdumping beschränkte sich auf diejenigen Länder, die sich an den Völkerbund-Sanktionen beteiligt hatten und mit denen Italien nach 1936 neue Handelsabkommen abschloß; vgl. ebd. S. 637ff. und 645.

[172] Diese Länder nahmen 1937 60% der Zitrusfrüchte, 52% des Trockenobstes, 86% des Frischobstes und 85% des Gemüses ab, das Italien exportierte; vgl. ACONF, FGB, b. 96, A, Nr. 2: Corporazione dell'ortoflorofrutticoltura, Relazione per l'Autarchia, S. 8.

[173] Vgl. ACONF, FGB, b. 4: Istituto Nazionale Fascista per il Commercio Estero, Comitato Tecnico, Relazione sui lavori svolti dalla commissione per lo studio dei problemi della esportazione ortofrutticola (Sitzung 10.5.1937), Roma, 29.4.1937.

[174] Istituto Centrale di Statistica del Regno d'Italia, Annuario Statistico Italiano (1938) S. 145ff., ebd. (1941) S. 180f.

[175] Die Exporte nach Großbritannien erhöhten sich zwischen 1935 und 1939 von 430 auf 570 Mill. Lire, die in die USA von 422 auf 772 Mill. Lire. Beide Länder nahmen damit 1939 12,4% der italienischen Ausfuhren ab (ebd. S. 171).

Zitrusfrüchte, Trockenobst und Nüsse. Bei diesen Gütern wurde der hohe Exportwert von 1926–1930 wieder erreicht oder sogar übertroffen. Einen deutlichen Rückgang weisen dagegen Fleischwaren, Eier, Olivenöl und Weizenmehl auf. Bei diesen Produkten hatte die Regierung seit 1935 zahlreiche Exporthemmnisse eingeführt, um Versorgungsdefiziten im eigenen Land vorzubeugen. Es vollzog sich somit eine Verlagerung in der Zusammensetzung der Agrarexporte, die sich aus den ernährungswirtschaftlichen Prioritäten der Autarkie ableitete: Auf der einen Seite eine schrittweise Verringerung der Ausfuhr von defizitären Eiweiß-, Fett- und Kohlehydratträgern, auf der anderen Seite eine Steigerung bei Produkten wie Wein, Obst und Gemüse, die ernährungswirtschaftlich als weniger wichtig eingestuft wurden.[176]

Tab. 11.7
Die wichtigsten Agrarexporte 1926–1930, 1936–1940*

	1926–1930[a]	1936	1937	1938	1939	1940
Eier	135	0	2	10	10	1
Olivenöl	360	140	204	293	236	160
Käse	342	194	239	245	231	181
Weizenmehl	405	1.620	1.723	1.040	898	524
Zitrusfrüchte	3.617	2.687	3.709	3.557	4.142	3.533
Frischobst	1.505	1.704	1.938	2.122	2.535	2.823
Trockenobst	629	663	535	632	547	603
Tomatendosen	1.007	495	870	830	785	403
Wein und Vermouth[b]	1.330	1.438	1.872	1.442	1.477	1.697

* in tsd. dz   [a] Jahresdurchschnitt   [b] in tsd. hl
Quelle: Istituto Centrale di Statistica, Annuario statistico dell'agricoltura 1947–1950, S. 575f. (Zahlen gerundet).

7. Die Wiederaufnahme der „Bonifica Integrale"

Die Bedarfsanalysen der Korporationen hatten gezeigt, daß das Produktionspotential der Landwirtschaft in fast allen Bereichen unzureichend war, um eine Selbstversorgung zu gewährleisten. Auf der Basis des Erntedurchschnitts der Jahre 1936–1938 legte das MAF Ende 1938 eine neue und genauere

---

[176] So wurde – wie bereits erwähnt – Olivenöl 1936 mit einem Ausfuhrzoll belegt. Die Ausfuhr von Getreideprodukten wurde im Sommer 1937 vorübergehend ganz verboten. Ab 1938 durfte Getreide, das in Italien verarbeitet und anschließend exportiert wurde, nicht mehr zollfrei eingeführt werden. Ohne diese Vergünstigungen waren italienische Mehlprodukte auf den internationalen Märkten nicht mehr konkurrenzfähig; ACONF, FGB, b. 3: Appunto per il Direttore, 29.4.1939 und 16.2.1940; PCM 1937–1939, 3/1–2/2240: PCM, Appunto per il Duce, 27.7.1937 und Gesetzentwurf.

Berechnung vor: Danach betrug das Defizit bei der Getreideproduktion 18%, bei Legumen 25%, bei Fleisch rund 15% und bei Speiseöl etwa 30%.[177] Es war klar, daß eine entsprechende Steigerung der Agrarproduktion kurzfristig nicht allein durch Produktivitätsfortschritte (stärkere Düngung, verbesserte Saatgutauslese, Pflanzenschutz) und durch Prämienwettbewerbe erreicht werden konnte, sondern daß zusätzlich eine Ausweitung der Anbauflächen angestrebt werden mußte. So hielt das MAF eine Ausdehnung der Getreideanbaufläche (die sich zwischen 1925 und 1937 schon von 4,7 auf 5,2 Mill. ha erhöht hatte) um mindestens 10% für erforderlich. Ähnliche Zuwächse wurden für Futterkulturen und Ölfrüchte empfohlen.[178]

Doch auf welchem Weg sollten diese Steigerungen erreicht werden? Die Aufstellung von Bewirtschaftungsplänen, die den Betrieben Mindestanbauflächen bei bestimmten Kulturen vorschrieben, wurde verschiedentlich erwogen, letztlich aber wegen der schwierigen Durchsetzbarkeit wieder verworfen.[179] Auch bestand das Problem, daß eine Ausdehnung der Getreide- und Futterkulturen notwendigerweise zu einer Verdrängung anderer Produkte führen mußte.

Vor diesem Hintergrund hatte Mussolini bereits im Sommer 1937 eine Wiederaufnahme der Urbarmachungsprogramme angekündigt, die seit Ende 1934 fast vollständig zum Stillstand gekommen waren.[180] Nachdem schon im Frühjahr 1937 eine Sonderzuweisung von 1,1 Mrd. Lire an das MAF verfügt worden war,[181] stellte ein im Juni 1938 verabschiedetes Gesetz weitere 3 Mrd. Lire an staatlichen Förderungsmitteln zur Verfügung. Diese sollten vor allem auf solche Projekte konzentriert werden, die bereits ein fortgeschrittenes Stadium erreicht hatten und deren Vollendung innerhalb weniger Jahre abzusehen war.[182] Unter diesen waren wiederum diejenigen zu bevorzugen, die eine möglichst hohe Ertragssteigerung erwarten ließen.[183] De facto bedeutete dies

---

[177] Mario Mariani, Autarchia e piani di produzione agricola, in: Ministero dell'Agricoltutra e delle Foreste, Nuovi Annali dell'Agricoltura, Jg. 8, Nr. 3/4, 31.12.1938, S. 275–280.

[178] Ebd. Noch 1936 hatte Tassinari vorschnell verkündet, die Nahrungsmittelautarkie könne allein durch Ertragssteigerungen erreicht werden; vgl. ders., Autonomia economica e autonomia politica, Italia Agricola 73 (1936) S. 139–141, hier S. 140.

[179] Vgl. zu dieser Diskussion Giovanni Visco, Disciplina della produzione e minimi culturali, L'Avanguardia Rurale, Jg. 9, Nr. 10, Oktober 1938, S. 193–195.

[180] Vgl. Giuseppe Tassinari, Per la bonifica integrale, L'Avanguardia Rurale, Jg. 8, Nr. 8, August 1937, S. 158f.; Serpieri, La bonifica nella storia, S. 159.

[181] PCM 1934–1936, 3/1–1/7770: Bonifica integrale, Finanziamenti statali (o.D.).

[182] Vgl. Camera dei Deputati, Raccolta degli Atti stampati, Leg. XXIX, sess. 1934–1939, Bd. 24, Roma 1939, Nr. 2177: Conversione in legge del R.D.L. 13.1.1938 (Nr. 12) recante nuove assegnazioni finanziarie per la bonifica integrale; API, CD, Leg. XXIX, sess. 1934–1938, Discussioni, Bd. 5, Roma o.J., S. 4567–4573 (Sitzung 11.3.1938).

[183] Die 3 Mrd. Lire wurden auf folgende Bereiche aufgeteilt: 445 Mill. Lire für Meliorations-

eine Abkehr von der breit angelegten Raum- und Regionalplanung von 1928 zugunsten punktueller Strukturförderungsprogramme.[184] Explizit wurde die „Bonifica Integrale" nun den Erfordernissen der Autarkiepolitik untergeordnet: Sie sollte – so Tassinari, der nach dem Tod Canellis im April 1937 Unterstaatssekretär für Urbarmachungspolitik geworden war – die Landwirtschaft „in die Lage versetzen, innerhalb kürzester Zeit die notwendigen Güter für die Nahrungsmittelautarkie bereitzustellen sowie die Rohstoffe zu liefern, um die Selbstversorgung im industriellen Bereich zu sichern".[185]

Ende 1939 wurden zwei weitere staatliche Finanzierungsprogramme auf den Weg gebracht: 1. Ein Bewässerungsprogramm, das Fördermittel in Höhe von einer Mrd. Lire für Kanalbauten und Berieselungsanlagen bereitstellte.[186] 2. Ein umfassender Plan zur Kolonisierung der sizilianischen Latifundienwirtschaft. Dieses zuletzt genannte Projekt verdient wegen seiner sozialpolitischen Implikationen besondere Beachtung. Zwar wurde auch hier eine wirtschaftliche Ertragssteigerung mit Blick auf die Autarkie angestrebt.[187] Doch war das als „Abschaffung des sizilianischen Latifundiums" angekündigte Programm mit weitreichenden sozialreformerischen Zielen verknüpft. Seit langem hatten Landwirtschaftsexperten, besonders aber Vertreter der Agrarsyndikate eine umfassende Bodenreform in Sizilien gefordert.[188] Nach

---

arbeiten, 40 für die Aufzucht von Olivenbäumen, 225 für Erhaltungsarbeiten, 180 für die Malariabekämpfung, 400 für Berg- und Hangregulierungen, 1,7 Mrd. Lire für Urbarmachungsarbeiten. Der überwiegende Teil der Summe (43%) sollte in Süditalien, 38% in Nord- und 19% in Mittelitalien investiert werden. In Norditalien wurden vor allem die Urbarmachungen der Provinz Ferrara und eine Aquäduktanlage in Friaul gefördert, in Mittelitalien standen ergänzende Arbeiten in den ehemaligen Sumpfgebieten der Maremma, des Maccarese, Ostia und den Pontinischen Sümpfen im Mittelpunkt. In Süditalien konzentrierten sich die Mittel auf die Ebenen von Volturno, Sele, S. Eufemia, Rosarno sowie das Küstengebiet bei Metaponto; vgl. „Come saranno distribuiti i tre milliardi destinati dal Duce per la bonifica integrale", L'Avanguardia Rurale, Jg. 8, Nr. 12, Dezember 1938, S. 277f.

[184] Auf dem Papier existierten die amtlich klassifizierten Urbarmachungsbezirke und die für sie gültigen Gesetze weiter; vgl. Giuseppe Tassinari, Die Bodenverbesserung und Siedlung 10 Jahre nach dem Mussolini-Gesetz, Faenza 1939.

[185] Giuseppe Tassinari, La bonifica nel piano dell'autarchia, La conquista della terra, Jg. 9, Nr. 11, November 1938, S. 4–10, hier S. 5.

[186] Dieser Plan war bereits im Dezember 1938 von Tassinari ins Auge gefaßt worden; die Finanzierungsmittel wurden jedoch erst Ende 1939 bereitgestellt; vgl. PCM 1937–1939, 3/1–1/2652/1: Bericht Tassinaris an Mussolini, 26.12.1938; SPD, CO, f. 500.003/II: „Imponente piano irriguo dal Duce" (Intervista col Ministro di Agricoltura); Bericht „Le disposizioni del Duce per il piano di irrigazione", 26.12.1939.

[187] Nach einem Bericht Tassinaris betrug der monetäre Bruttohektarertrag eines modern bewirtschafteten Agrarbetriebes rund 5.148 Lire jährlich, der eines Latifundiums lediglich 737 Lire (SPD, CO, f. 509.731: Giuseppe Tassinari, Economia latifondistica ed agricoltura intensiva, o.D., wahrscheinlich 1939).

[188] Vgl. Confederazione Fascista dei Lavoratori dell'Agricoltura, Convegno sindacale agricolo

einer vom Ministerium für Öffentliche Arbeiten 1927 durchgeführten Untersuchung bestanden 22,2% der landwirtschaftlichen Nutzfläche Siziliens aus Latifundien. Von diesen waren etwa die Hälfte „gar nicht oder unzureichend bewirtschaftet". Lediglich 130 der insgesamt 1.055 Latifundien verfügten über Bewässerungsmöglichkeiten.[189] Diese Situation hatte sich auch durch die Meliorationsprogramme nach 1928 kaum geändert. Zwar waren insgesamt 729 tsd. ha – etwa ein Drittel der landwirtschaftlichen Nutzfläche Siziliens – zum staatlichen Meliorationsbezirk erklärt worden. Doch bis 1938 waren lediglich auf 5% dieser Fläche Bodenverbesserungen durchgeführt worden. Auf 70% hatten die Arbeiten noch nicht einmal begonnen.[190] Der im Juli 1939 von Mussolini verkündete „Sturm auf das sizilianische Latifundium" sollte hier eine rasche Abhilfe schaffen. Eine großangelegte Pressekampagne und die Versicherung Mussolinis, daß „alle Versuche rückständiger Egoisten [. . .], sich der Durchführung des Planes entgegenzustellen, zerschlagen" würden, schienen das Fanal für eine durchgreifende Bodenreform in einem der unterentwickeltsten Gebiete des Landes zu sein.[191] „Das Ende des Latifundiums", kommentierte im August 1938 ein Vertreter der Federconsorzi, „bedeutet in erster Linie eine Verbesserung der materiellen, moralischen und sozialen Bedingungen der bäuerlichen Klassen und sorgt für eine höhere Gerechtigkeit."[192] Es ist offensichtlich, daß bei dieser Kampagne propagandistische Motive eine herausragende Rolle spielten. Die medienwirksame Inszenierung des Siedlungsprogramms sollte kurz vor Kriegseintritt noch einmal die Reformbereitschaft des faschistischen Regimes unter Beweis stel-

---

siciliano (Catania, 10.10.1934), Roma o.J; dies., L'organizzazione 1934–1937, S. 43–45; API, CD, Leg. XXVIII, sess. 1929–1931, Discussioni, Bd. 4, Roma o.J., S. 3779, Rede Di Belsito: „Quali [. . .] sono le cause che impedirono, sempre, un maggiore sviluppo della agricoltura siciliana? [. . .] latifondo, scarsa viabilità, malaria. Il latifondo, effetto tuttora esistente delle antiche concessioni feudali, persiste, specie nell'interno dell'isola e nelle provincie occidentali. Trattasi di vaste zone di territorio, lontane dai centri abitati, destinate alla coltivazione dei cereali ed ai pascoli naturali. Il latifondo, il grande feudo, è ancora quasi sempre proprietà riunita nelle mani di un solo proprietario."

[189] Giovanni Molè, Studio-inchiesta sui latifondi siciliani (Hg. Ministero dei Lavori Pubblici, Comitato permanente per le migrazioni interne), Roma 1929, S. 21ff. und passim.

[190] Tassinari, Die Bodenverbesserung, S. 169.

[191] PCM 1937–1939, 8/2/7894/1: Bericht über Versammlung im Palazzo Venezia am 20.7.1939 zur Verkündigung des „Assalto al latifondo siciliano" und O.O., Bd. 29, S. 304–5; vgl. auch Leitartikel der röm. Tageszeitung Il Messaggero vom 21.7.1939, S. 1: „Un evento di portata storica: Il Duce abolisce il latifondo siciliano"; SPD, CO, f. 509.731: Presseberricht Tassinari „Una data fatidica", abgedruckt in Corriere della Sera, 27.7.1939, S. 1 und L'Avanguardia Rurale, Jg. 10, Nr. 7, Juli 1939, S. 112, sowie „La trasformazione del latifondo in Sicilia", ebd. S. 110f.

[192] G. De Francisci-Gerbino, La fine del latifondo siciliano, Italia Agricola 76 (1939) S. 599.

len, das auf die politische Loyalität des „grande esercito rurale" (Mussolini) mehr denn je angewiesen war.

Der eigentliche Plan, von Tassinari im Herbst 1939 ausgearbeitet und am 2. Januar 1940 als Gesetz verabschiedet,[193] bestand darin, 500.000 ha Großgrundbesitz in 20.000 kleine Bewirtschaftungseinheiten aufzuteilen und diese in Form fester Pachtverträge bäuerlichen Familien zu übertragen. Die durchschnittlich 25 ha umfassenden Kleinbetriebe sollten dann mit staatlicher Hilfe die Bodenverbesserungsarbeiten durchführen. Der öffentliche Finanzierungsbeitrag für die „Kolonisierung" belief sich auf eine Milliarde Lire, wovon 400 Mill. auf Infrastrukturmaßnahmen entfielen, während der Restbetrag als Zuschuß für die Errichtung bäuerlicher Siedlungen gewährt werden sollte.[194] Die privaten Ergänzungsinvestitionen wurden auf zusätzlich eine Milliarde Lire veranschlagt. Nach dem Vorbild der ONC wurde ein *Ente di colonizzazione del latifondo siciliano* ins Leben gerufen, welches die Arbeiten überwachen und koordinieren sollte.[195] Zum Leiter dieser Organisation bestimmte das MAF Nallo Mazzocchi-Alemanni, der sich als Leiter diverser Urbarmachungsprojekte und als Generalinspektor des ONC Verdienste erworben hatte.[196]

Auf die weitere Entwicklung des Siedlungsprogramms muß an dieser Stelle nicht eingegangen zu werden. Am 10. Juni 1940 trat Italien an der Seite Deutschlands in den Krieg ein, und die Aufmerksamkeit der politischen Führung richtete sich auf die militärische Mobilmachung. Anfang 1943 wurde Sizilien Gefechtsgebiet, und die Arbeiten mußten endgültig eingestellt werden. Nach Angaben des MAF waren bis Mitte 1942 lediglich 2.617 Kolonisierungshöfe errichtet und 1.100 bäuerliche Familien angesiedelt worden.[197] Noch schlechter sah die Bilanz bei den Meliorationsarbeiten aus. Nach der letzten veröffentlichten Statistik waren bis zum 1. Juli 1941 lediglich auf 41.000 ha Bodenverbesserungsarbeiten abgeschlossen worden – das waren

---

[193] L. 2.1.1940 (Nr. 1); vgl. zu den gesetzl. Bestimmungen Ministero dell'Agricoltura e delle Foreste, La colonizzazione del latifondo siciliano. Primo anno. Documenti, fotografici, leggi e decreti, Roma 1940; zum gesetzgeberischen Vorlauf PCM 1937–1939, 8/2/7894/3: Gesetzentwurf vom 20.9.1939.

[194] SPD, CO, f. 509.731: Tassinari an Mussolini, 10. und 29.7.1939; Bericht Tassinari: „Colonizzazione del latifondo siciliano", 14.6.1939.

[195] R.D. 26.2.1930 (Nr. 247). Die Organisation konnte, ähnlich wie die ONC, Zwangsenteignungen vornehmen, falls die Grundbesitzer nicht willens oder in der Lage waren, die Kolonisierungsmaßnahmen durchzuführen; vgl. auch D.M. 26.4.1940 „Direttive fondamentali per i proprietari soggetti ad obbligo di colonizzazione"; Ministero dell'Agricoltura e delle Foreste, La colonizzazione, S. 11.

[196] SPD, CO, f. 509.731: Tassinari an Mussolini, 14.7.1939.

[197] Sergio Nannini, La colonizzazione interna e le opere di bonifica nei primi vent'anni di Regime Fascista, Roma 1942, S. 55.

nur wenige Tausend Hektar mehr als 1938. Die geringen Erfolge dürften auch durch die mangelnde Kooperationsbereitschaft der Landbesitzer bedingt gewesen sein, die an einer Bodenreform nur wenig Interesse hatten.[198]

Welche Gesamtbilanz läßt sich aus der Urbarmachungspolitik des faschistischen Regimes ziehen, und wie groß war der Beitrag zur Nahrungsmittelautarkie? Als einzige Quelle für eine quantifizierende Bewertung stehen heute die offiziellen zeitgenössischen Statistiken zur Verfügung, die aus naheliegenden Gründen mit äußerster Vorsicht bewertet werden müssen.[199] Nach den Regierungsdaten wurden zwischen 1922 und 1942 insgesamt 14 Mrd. Lire für ländliche Infrastruktur- und Meliorationsmaßnahmen ausgegeben. Davon entfielen 7 Mrd. Lire auf direkte staatliche Programme der „Bonifica Integrale", 600 Mill. Lire auf Berg- und Hangregulierungen, 4,2 Mrd. auf private Meliorationen mit staatlicher Förderung und 2,2 Mrd. auf nichtsubventionierte private Meliorationen. Im Rahmen dieser Programme entstanden neun Städte[200] und 79 Dörfer, insgesamt 45.466 Siedlungshöfe, 13.392 km Straßen und Wege, 19.160 km Ent- und Bewässerungskanäle und 4.063 km Staudämme.[201] Die Fläche, auf der Entsumpfungsmaßnahmen durchgeführt worden waren, belief sich offiziell auf 1,2 Mill. ha (davon 660.000 ha durch mechanische Entwässerung). Die neu geschaffenen Bewässerungsanlagen erstreckten sich auf eine Oberfläche von 520.000 ha.

Mag diese offizielle Bilanz auf den ersten Blick imponierend erscheinen, so zeigt doch eine kritische Analyse der Daten, daß die Realisierung der „Bonifica Integrale" weit von den ursprünglichen Zielen entfernt blieb. Tabelle 11.8 zeigt, daß die in den staatlichen Meliorationsbezirken ausgewiesene Fläche zwischen 1923 und 1942 um das Dreifache zugenommen hatte. Sie umfaßte 1942 9,6 Mrd. ha, das entsprach etwa 37% der gesamten landwirtschaftlichen Nutzfläche Italiens. Innerhalb des faschistischen *ventennio* waren aber nur auf 2,3 Mill. ha staatliche Programme tatsächlich begonnen worden. Auf 2,6 Mill. ha wurden die öffentlichen Vorarbeiten in diesem Zeitraum abgeschlossen, wobei es sich zum Teil um Programme handelte, die schon

---

[198] Dies ist die These von Mauro S t a m p a c c h i a, Sull'„assalto" al latifondo siciliano nel 1939–43, Rivista di storia contemporanea 4 (1978) S. 586–610; auch die lokalen Behörden berichteten von Widerständen bei den Großgrundbesitzern; vgl. SPD, CO, f. 509.731: Bericht des Ispettore Generale della P.S., Giuseppe Guelli, November 1939: Danach seien viele Landbesitzer vor den „unsympathischen und bedingungslosen Auflagen, vor Enteignungsdrohungen und Polizeimaßnahmen" zurückgeschreckt. Zahlreiche Landbesitzer, so weiter, glaubten, daß angesichts eines drohenden Kriegseintritts eine Aufteilung der Landstücke „auf ferne Zeiten" verschoben würde. Vgl. auch ebd., Stellungnahme Tassinaris vom 21.11.1939 sowie undatierter Informantenbericht (ca. Okt.1941).

[199] Vgl. Ministero per la Costituente, Rapporto, I, 1, S. 369f.

[200] Littoria, Fertilia, Mussolinia, Sabaudia, Tirrenia, Pomezia, Aprilia, Pontinia, Lagosta.

[201] N a n n i n i, La colonizzazione, S. 15–24.

vor 1922 ein fortgeschrittenes Stadium erreicht hatten. Auf 968.000 ha – also lediglich 13,3% der neuklassifizierten Fläche – wurden die Meliorationen auch zu Ende gebracht. Auch hier wird man berücksichtigen müssen, daß es sich teilweise um die Fertigstellung früher begonnener Projekte handelte.

Tab. 11.8
Meliorationsflächen: Planung und Stand der Arbeiten 1923, 1934, 1938 und 1942*

	1923	1934	1938	1942
Meliorationsfläche (geplant)	2.385	8.181	9.028	9.685
Öffentliche Arbeiten nicht begonnen	1.059	3.447	3.328	3.747
Öffentliche Arbeiten angefangen	1.022	2.641	3.108	3.355
Öffentliche Arbeiten vollendet	304	2.093	2.592	2.854
Meliorationen durchgeführt	304	783	894	1.272

* in tsd. ha
Quelle: Ministero per la Costituente, Rapporto, I, 1, S. 370–372.

Schließlich stellt sich die Frage, was unter „Meliorationen" konkret zu verstehen ist. Da das Konzept der „Bonifica Integrale" außerordentlich weit gefaßt war, wurden geringfügige Verbesserungen der wirtschaftlichen Nutzbarkeit ebenso in die Statistik aufgenommen wie umfassende Strukturprogramme, etwa in den Pontinischen Sümpfen, des Maccarese oder im Podelta. Nach Schätzungen Bandinis wurden in der faschistischen Zeit nicht mehr als 225–250.000 ha Land so aufgearbeitet, daß tatsächlich eine Verbesserung der landwirtschaftlichen Nutzbarkeit eingetreten ist.[202] Noch pessimistischer beurteilt Cohen die Ergebnisse der „Bonifica". In einer – methodisch allerdings nicht sehr überzeugenden – statistischen Korrelationsanalyse kommt er 1973 zu dem Ergebnis, daß die Investitionen überhaupt keine meßbaren Produktivitätsfortschritte bewirkt hätten.[203] Die Wirtschaftskommission der Verfassungsgebenden Versammlung kam dagegen 1946 zu dem Schluß, daß in der Zwischenkriegszeit auf einer Fläche von rund 900.000 ha Meliorationsarbeiten im weiteren Sinne durchgeführt wurden.[204] Dieses zuletzt genannte Ergebnis wird auch durch die Entwicklung der Flächennutzung bestätigt.[205]

---

[202] Bandini, Cento anni, S. 137.

[203] John S. Cohen, Un esame statistico delle opere di bonifica intraprese durante il regime fascista, in: Toniolo u. a. (Hg.), Lo sviluppo, S. 351–371.

[204] Vgl. Ministero per la Costituente, Rapporto, I, 1, S. 372.

[205] Auch hier lassen sich keine sicheren Daten ermitteln, da eine Gesamtstatistik der Flächennutzung nur für die Agrarkataster von 1911, 1929 und 1961 angefertigt wurde, die für den hier betrachteten Zeitraum keine Aufschlüsse ermöglichen. Als Hilfskonstruktion wurden in Tabelle 11.9 die Anbauflächen für die wichtigsten Agrarkulturen aggregiert.

Tabelle 11.9 zeigt, daß die mit Marktfrüchten und Sonderkulturen bebaute Fläche zwischen 1922 und 1942 um knapp 900.000 ha zunahm. Wenngleich diese Statistik nicht alle Produkte erfaßt (dies gilt insbesondere für die Mischkulturen, bei denen eine Flächenbestimmung nicht möglich ist), dürfte dieser Zuwachs in erheblichem Maße auf die Bonifizierungsprogramme zurückzuführen sein. Allerdings handelte es sich dabei offenbar nur zum Teil um die Nutzbarmachung von reinem Brachland. Der Rückgang des Mischanbaus von Wein und Oliven und die Verringerung der Dauerweideflächen (bei gleichzeitiger Zunahme des Rotationsfutterbaus) legen die Vermutung nahe, daß es sich partiell um Flächen handelte, die zuvor nur gering genutzt wurden und die nun zum Ackerbau herangezogen wurden.

Mit Einschränkungen, die aus der unsicheren statistischen Quellenlage resultieren, wird man daher folgendes Fazit ziehen können: Die Ergebnisse der „Bonifica Integrale" reichten bei weitem nicht an die hochgesteckten Planungsziele heran. Selbst nach den offiziellen Statistiken ist kaum mehr als ein Zehntel der vorgesehenen Fläche melioriert worden. Doch wurden damit immerhin etwa 900.000 ha brachliegendes oder mangelhaft bewirtschaftetes Land einer intensiveren Nutzung zugeführt. Wie sich diese Veränderungen auf die landwirtschaftliche Gesamtproduktion auswirkten, wird im nächsten Abschnitt zu untersuchen sein.

Tab. 11.9

Landwirtschaftliche Flächennutzung 1922, 1932, 1942*

	1922	1932	1942
Getreide	7.017	7.206	7.562
Gemüse, Legumen, Kartoffeln	1.679	1.802	1.622
Industriekulturen	167	192	312
Oliven- und Wein (Monokultur)	1.558	1.752	1.812
Gesamt	10.421	10.952	11.308
Weide- und Grasland	6.489	5.818	5.630
Futterkulturen (Rotation)	2.724	3.414	3.873
Oliven- und Wein (Mischanbau)	4.781	4.247	4.390

* in tsd. ha

Quelle: Istituto Centrale di Statistica, Sommario (1968) S. 60f. und 54.

8. Ergebnisse und soziale Kosten der landwirtschaftlichen Autarkiepolitik

Abschließend soll der Frage nachgegangen werden, in welchem Maße die Autarkiepolitik auf dem Ernährungssektor erfolgreich war und welche sozialen Auswirkungen diese Entwicklung hatte. Vergleicht man die Agrarproduktion im Zeitraum 1935–1937 mit der von 1938–1940, so läßt sich bei den meisten Gütern ein deutlicher Anstieg feststellen. Die Zuwächse waren besonders ausgeprägt bei Getreide (15,2%), Zucker (20%) und bei Futtermitteln (7,1%) sowie bei textilen Faserstoffen: Die Produktion von Wolle erhöhte sich um 7%, die von Hanf um 31%, und die Leinenausbringung nahm sogar um 217% zu. Demgegenüber waren bei Obst, Gemüse und Wein teilweise rückläufige Trends zu erkennen. Völlig wirkungslos blieben die Maßnahmen zu Förderung des Olivenanbaus. Die Produktion ging hier um 2,3% zurück.[206] Zur Bestimmung der Gesamtleistung der Landwirtschaft wurden in Tabelle 11.10 die einzelnen Agrarprodukte in Getreideeinheiten umgerechnet und zu Einheitswerten aggregiert. Der Vergleich der Periodendurchschnitte 1935–1937 und 1938–1940 ergibt für die tierische und pflanzliche Nahrungsmittelerzeugung einen Zuwachs von 11,4 bzw. 3,9%, während sich die Produktion bei Industriekulturen um 8,6% erhöhte.

Tab. 11.10
Bruttobodenproduktion und Nahrungsmittelproduktion 1926–1930, 1936–1940*

	1926–1930[a]	1936	1937	1938	1939	1940
tierische Nahrungsmittel	106	113	109	122	121	127
pflanzliche Nahrungsmittel	211	200	250	232	247	222
Gesamt	317	313	359	354	368	349
Bruttobodenproduktion	346	334	394	362	388	370

* in Mill. dz Getreideeinheiten   [a] Jahresdurchschnitt
Quelle: siehe Anhang.

Vor dem Hintergrund dieser Steigerungen konnte die Einfuhr von Agrargütern nach 1937 weiter verringert werden. Dies galt insbesondere für die Vieh- und Fleischeinfuhren, für Getreide und Kaffee, aber auch für Ölsaaten und textile Faserstoffe aus landwirtschaftlicher Produktion. Demgegenüber nahmen die ausländischen Lieferungen von Olivenöl, Zucker und Eiern nach 1937 leicht zu. Während bei Olivenöl die Ertragsausfälle ausgeglichen werden mußten, wurden Eier in verstärktem Umfang importiert, da es sich um einen im Vergleich zu Fleisch billigen Eiweißträger handelte. Die Zunahme bei den Zuckereinfuhren erklärt sich aus dem steigenden Bedarf für die Herstellung von Industriealkohol.

---

[206] Istituto Centrale di Statistica, Sommario (1958) S. 106–112.

Tab. 11.11

Die wichtigsten Agrareinfuhren 1926–1930, 1935–1940*

	1926–1930	*1935–1937*	*1938–1940*
Pferde[a]	20,2	5,7	3,6
Rinder[a]	174,4	107,0	70,3
Fleisch	605,3	298,5	192,2
Eier	158,5	59,0	82,0
Kaffee	458,7	367,8	256,2
Zucker	500,9	117,1	316,1
Weizen	21.798,0	9.144,0	5.431,0
Mais	6.581,0	1.822,0	1.309,0
Ölsaaten	2.843,0	2.606,9	1.534,2
Olivenöl	426,2	205,0	351,8
Textilfasern	677,2	581,7	396,6
Baumwolle	2.260,4	1.388,5	1.254,9
Seidenkokons	22,0	1,1	4,8
Wolle	571,4	412,1	308,0
Tierhäute	398,6	332,2	241,7

* in tsd. dz, Jahresdurchschnitte   [a] Tsd. Stück
Quelle: Istituto Centrale di Statistica, Annuario statistico dell'agricoltura 1947–1950, S. 573f. (Zahlen gerundet).

Tab. 11.12

Die ernährungswirtschaftliche Außenhandelsbilanz 1926–1930, 1935–1940*

	1926–1930	*1935–1937*	*1938–1940*
Agrarimporte	4.947	1.938	1.527
Anteil am Gesamtimport	24,1%	17,4%	14,3%
Agrarexporte	3.569	2.768	3.321
Anteil am Gesamtexport	25,1%	32,7%	32,8%
Saldo	–1.378	830	1.794

* in Mill. Lire, Preise von 1938, Jahresdurchschnitt
Quelle: Istituto Centrale di Statistica del Regno d'Italia, Annuario Statistico Italiano (1941) S. 170; als Deflator wurde der Großhandelspreisindex verwendet; Umrechnungstabelle in Istituto Centrale di Statistica, Sommario (1958) S. 169.

Noch beachtlicher ist die Bilanz der landwirtschaftlichen Autarkiepolitik, wenn man die jährlichen Einfuhren der Jahre 1937–1940 mit denen von 1926–1930 vergleicht. Eine besonders starke Verminderung der Einfuhren wurde bei Weizen und Mais (zusammen 76%), Fleisch (68%) und Lebendvieh (62%) sowie Seidenkokons mit 79% registriert. Eine knappe Halbierung der Importe wurde bei Ölsaaten (46%), Kaffee (44%), Eiern (48%), ferner bei Textilfasern (41%), Schafwolle (46%) und Baumwolle (44%) erreicht. Einen geringeren, aber immer noch erkennbaren Rückgang verzeichnete die Einfuhr von Zucker und Olivenöl mit 37% und 17%. Insgesamt konnten die Nahrungsmitteleinfuhren auf diesem Weg von durchschnittlich etwa 5 Mrd. Lire pro Jahr in der zweiten Hälfte der zwanziger Jahre auf 1,5 Mrd. Lire am Vorabend des Zweiten Weltkrieges verringert werden. Es wäre falsch, diese Entwicklung lediglich als Folge des allgemeinen Zusammenbruchs des Weltagrarhandels zu betrachten, denn Italien konnte seine Agrarausfuhren seit 1935 wieder deutlich steigern. Zwar wurde das Niveau der zwanziger Jahre nicht mehr ganz erreicht. Doch erhöhte sich der Anteil der Agrarausfuhren am Gesamtexport von 25,1 auf 32,8%. Stellt man Ausfuhr und Einfuhr von Nahrungsmitteln gegenüber, so wird deutlich, daß sich Italien auf diesem Sektor vom Nettoimporteur zum Nettoexporteur gewandelt hatte. Bereits 1932 hatte die Nahrungsmittelbilanz erstmals einen Überschuß verzeichnet. Dieser Trend verstärkte sich in der zweiten Hälfte der dreißiger Jahre, so daß 1938–1940 ein jährliches Saldo von fast 1,8 Mrd. Lire erwirtschaftet wurde (gegenüber einem jährlichen Defizit von über 1,4 Mrd. Lire 1926–1930). Die Landwirtschaft lieferte somit einen wichtigen Aktivposten für die chronisch defizitäre Devisenbilanz und für die Clearingkonten, über die mittlerweile der Hauptteil des italienischen Außenhandels abgewickelt wurde.

Wenn diese Entwicklung unter zahlungsbilanzpolitischen Aspekten einen Erfolg darstellte, so war sie doch mit hohen sozialen Kosten verbunden. Denn die agrarischen Produktionssteigerungen genügten keineswegs, um die Verminderung der Importe zu kompensieren. Die italienische Bevölkerung bezahlte die Autarkiepolitik mit einem partiellen Konsumverzicht bei praktisch allen Ernährungsgütern. Der Pro-Kopf-Verbrauch ging insbesondere bei Obst, Gemüse und Fleisch, aber auch bei Getreideprodukten und Fettträgern zurück, während er bei Eiern, Milchprodukten, Hülsenfrüchten, Kartoffeln und Fisch stagnierte bzw. leicht zunahm. Stark rückläufig war der Verbrauch von Zucker und Genußmitteln wie Kaffee und Wein. Offizielle Darstellungen versuchten, diese Entwicklung als Zeichen einer ausgewogeneren Ernährung und gesünderer Konsumgewohnheiten zu erklären.[207] Doch selbst die publizierten Untersuchungen des ISTAT zeigen, daß nicht nur die Gesamtaufnahme an energetischen Nährwerten abnahm, sondern sich darüber hinaus die Zusammensetzung der Nahrungsmittel von Fett- und Proteinträgern zu kohlehydratreichen Produkten verschob.[208] Im Durchschnitt

---

[207] Barberi, Indagine statistica, S. 80f. und Confederazione Nazionale Fascista dei Lavoratori dell'Agricoltura (Hg.), L'organizzazione sindacale, S. 457–463; Alfonso Ciuffolini (Hg.), Indagine sulle condizioni di vita dei contadini italiani, Roma 1930.

[208] So hatte der Anteil von Fetten und Proteinen am energetischen Wert der konsumierten Nahrungsmittel 1930 zusammen 35,2% betragen; 1937 waren es nur noch 32,2%; vgl. Barberi, Indagine, S. 69.

stand in der zweiten Hälfte der dreißiger Jahre eine Tagesration von 93,2 g Eiweiß, 60,8 g Fett und 420,9 g Kohlehydrate zur Verfügung. Der Ernährungsphysiologe F. Bottazzi hatte bereits 1927, als die Versorgungslage noch deutlich besser war, von einem „chronischen Zustand der Unterernährung" weiter Teile der Bevölkerung gesprochen.[209] Er hielt eine Mindestration von 105–115 g Eiweiß und 75 g Fett pro Tag für absolut notwendig, um eine ausreichende Ernährung zu gewährleisten. Schließlich dürfen diese Durchschnittswerte nicht darüber hinwegtäuschen, daß der tatsächliche Verbrauch nicht nur starken regionalen Schwankungen unterlag, sondern außerdem in den unteren sozialen Schichten wesentlich geringer war.[210] So kostete ein Stück Brot mit einem Nährwert von 1.000 kcal. 1937 0,64 Lire, eine entsprechende Menge Rindfleisch jedoch 8,52 Lire.[211] Nach Bottazzi war der Konsum von Fleisch in vielen ärmeren Haushalten, insbesondere im Süden und den Apenninregionen, praktisch gleich Null.[212] Der durchschnittliche Kalorienverbrauch betrug 1936–1940 nur 2.664 kcal. pro Tag und lag damit nicht nur gut 200 kcal. unter dem Niveau von 1926–1930, sondern auch deutlich unter den Empfehlungen der Ernährungskommission des PNF. Dieser Wert muß als außerordentlich niedrig angesehen werden, da der überwiegende Teil der Bevölkerung schwere körperliche Arbeiten verrichtete, die eine Zufuhr von 3.000–4.000 kcal. erforderten. Da auch der Konsum von Obst und Gemüse stark rückläufig war, hat sich die Versorgung mit Vitaminen höchstwahrscheinlich ebenfalls verschlechtert. Das gehäufte Auftreten typischer Vitaminmangelerkrankungen wie der Pellagra seit Mitte der dreißiger Jahre scheint diesen Befund zu bestätigen.[213]

Der Rückgang des Nahrungsmittelkonsums dürfte zum einen auf die rigide Importkontrolle, die Bevorratungsmaßnahmen und – bei Getreide –

---

[209] Filippo Bottazzi, Il problema nazionale dell'alimentazione e la fondazione di un laboratorio per lo studio dei problemi alimentari, Gerarchia, Jg. 7, H. 11, November 1927, S. 1118–1125, hier S. 1118.

[210] Darauf deuten auch die seit Ende der zwanziger Jahre durchgeführten Regionaluntersuchungen über die Ernährung der bäuerlichen Bevölkerung hin; vgl. einige Ergebnisse in: Istituto Centrale di Statistica del Regno d'Italia, Annuario statistico dell'agricoltura 1936–1938, S. 441f.; vgl. auch Alberto Milella, L'alimentazione del bracciante agricolo della provincia di Bari, Terra e Lavoro, Jg. 2, Nr. 8, Juni/Juli 1936, S. 94–129, bes. S. 129.

[211] Barberi, Indagine, S. 82.

[212] Bottazzi, Il problema, S. 1123.

[213] Die Pellagra war seit dem Ersten Weltkrieg praktisch ausgerottet. Ende der zwanziger Jahre war die Zahl der jährlich gemeldeten Fälle auf weit unter 100 abgesunken. Seit 1937 wurden 500–1.000 Fälle pro Jahr gemeldet, die Zahl der erkrankten Personen dürfte jedoch wesentlich höher gelegen haben; vgl. Istituto Centrale di Statistica, Sommario (1958) S. 75 und Preti, Per una storia agraria, S. 38–42; vgl. außerdem Giorgio Porisini, Agricoltura, alimentazione e condizioni sanitarie. Prime ricerche sulla pellagra in Italia dal 1880 al 1940, Genf 1974.

nicht zuletzt auf die schlechte Verteilung durch das Ablieferungssystem zurückzuführen sein, die immer wieder zu Versorgungsengpässen führte. Zum
anderen wird man den starken Anstieg der Nahrungsmittelpreise dafür verantwortlich machen müssen, daß weniger konsumiert wurde. Trotz der strengen Preiskontrolle erhöhten sich die Preise für Brot zwischen 1935 und 1940
um 53%. Bei Pasta wurden Preiszuwächse von 32%, bei Kartoffeln, Butter,
Kaffee, Olivenöl, Schmalz und Fleisch sogar von 65–90% registriert.[214] Da
die Nominallöhne im gleichen Zeitraum lediglich um 42% zunahmen (während die Reallöhne sogar um 9% zurückgingen), dürften viele Haushalte,
insbesondere in den unteren Einkommensgruppen, ihren Lebensmittelver-
brauch schon aus wirtschaftlichen Gründen eingeschränkt haben.[215]

Tab. 11.13
*Jährlicher Pro-Kopf-Verbrauch an Nahrungsmitteln
1926–1930, 1936–1940**

	1926–1930	*1936–1940*
Getreide	228,3	216,0
Hülsenfrüchte	16,1	16,0
Kartoffeln	30,9	41,0
Gemüse	88,2	71,8
Obst	59,4	42,2
Fleisch	23,1	20,0
Fisch	7,2	8,9
Eier	6,9	7,1
Milch und Käse	42,3	43,5
Butter	1,1	1,2
Speck und Schmalz	4,0	3,7
Olivenöl	6,4	6,4
Samenöl	2,4	1,5
Zucker	8,4	7,8
Kaffee	1,1	0,7
Wein und Bier (in l.)	133,8	86,8

* in kg, Jahresdurchschnitt
Quelle: Rey (Hg.), I conti economici, S. 219–226.

---

[214] Demgegenüber nahmen die allgemeinen Lebenshaltungskosten nur um 53% zu; vgl. Istituto
Centrale di Statistica, Sommario (1958) S. 172 und S. 196–198.
[215] Zur Entwicklung des Lohnniveaus vgl. Vanutelli, Occupazione, S. 570f.

Tab. 11.14
Täglicher Pro-Kopf-Verbrauch an Nährwerten
1926–1930, 1936–1940*

	1926–1930	1936–1940
Proteine	100,0	93,2
Fette	68,1	60,8
Kohlehydrate	452,3	420,9
Energiegehalt (kcal.)	2.883	2.664

* in Gramm, Jahresdurchschnitte
Quelle: Istituto Centrale di Statistica, Sommario (1958) S. 233.

Der Ernährungssektor war derjenige Bereich der Volkswirtschaft, in dem die faschistische Autarkiepolitik rein numerisch den größten Erfolg verbuchen konnte. Wenngleich in einigen Sektoren – vor allem bei Fett- und Eiweißträgern – auf ergänzende Einfuhren nicht verzichtet werden konnte, hatte sich Italien in den dreißiger Jahren vom Nettoimporteur zum Überschußland bei Nahrungsmitteln entwickelt. Der Agrarsektor erwirtschaftete somit einen erheblichen Teil der Devisen, die für den Ausbau von Industrie und Rüstungswirtschaft dringend benötigt wurden. Doch hatte diese Politik einen hohen Preis. Wenngleich akute Versorgungsschwierigkeiten bis 1940 ausblieben, hatte sich die Ernährungslage schon lange vor Kriegseintritt erkennbar verschlechtert. Zugleich war die landwirtschaftliche Marktordnungspolitik in ihren grundlegenden Zielsetzungen gescheitert. Weder war es gelungen, den Preisauftrieb bei Nahrungsmitteln zu drosseln, noch konnte von einer effizienten Steuerung der Warenströme auf den verschiedenen Produktions- und Handelsstufen gesprochen werden. Die immer schärferen Angriffe der Nahrungsmittelorganisationen gegen den agrarpolitischen Apparat Rossonis und die Klagen der Verbraucher über mangelnde Versorgung und schlechte Qualität der Lebensmittel machen deutlich, daß die Betroffenen die Auswirkungen dieser Politik bewußt wahrnahmen.[216] Die krisenhafte Zuspitzung der Versorgungslage während des Krieges war somit vorprogrammiert.

---

[216] Zu Protesten führte u. a. die Einführung eines „Einheitsbrotes" im Sommer 1939 und die Beimischung von Maismehl bei der Brot- und Teigwarenherstellung (vgl. MI, PS, DPP, FM, Cat. N. 720, b. 180: Berichte vom 30.5.1938, 1.6.38 und 5.6.1938). – Zu den schweren Konflikten zwischen den Berufsverbänden der Nahrungsmittelindustrie und dem MAF vgl. ACONF, FGB, b. 83: „Questioni particolari relative alla interferenza del settore agricolo in attività industriale".

XII

AUSBLICK: AGRARPOLITIK UND
ERNÄHRUNGSWIRTSCHAFT IM KRIEG (1940–1943)

Als Italien am 10. Juni 1940 an der Seite Deutschlands in den Krieg eintrat, war das Land ökonomisch nur unzureichend auf einen mehrjährigen militärischen Konflikt vorbereitet. Dies galt nicht nur für die rüstungswichtigen Industriebereiche, sondern in besonderem Maße auch für den Ernährungssektor.[1] Trotz der Mitte der dreißiger Jahre etablierten staatlichen Marktordnung und einer durchaus effizienten Kontrolle des Außenhandels war es nicht gelungen, Nahrungsmittelvorräte in größerem Umfang anzulegen. So belief sich der Vorrat an Weizen bei Kriegseintritt auf lediglich 7,5 Mill. dz; dies entsprach selbst bei sparsamer Kontingentierung dem Konsumbedarf für höchstens zwei Monate.[2] Noch schlechter sah es bei anderen Getreidesorten sowie bei Fleisch, Speisefetten und Milchprodukten aus. Die Ursachen für diese „völlig mangelhafte Vorbereitung" des Ernährungssektors (Ronchi) auf den Krieg waren vielschichtig. Sie müssen einerseits in der bereits dargestellten devisenpolitischen Zwangslage gesucht werden, in die sich Italien seit Mitte der dreißiger Jahre hineinmanövriert hatte. Zwar waren auch nach 1936 weiterhin Nahrungsgüter, in erster Linie Getreide, importiert worden; der Umfang dieser Einfuhren deckte jedoch gerade den für den laufenden Verbrauch notwendigen Bedarf. Zugleich hatte man neben Obst und Gemüse auch hochwertige Nahrungsgüter wie Reis oder Teigwaren zur Aufstockung der Devisenbestände exportiert. An den Aufbau größerer Nahrungsmittelvorräte war unter diesen Umständen nicht zu denken. Andererseits bestanden

---

[1] Vgl. die informationsreiche, wegen ihres Rechtfertigungscharakters aber nicht unproblematische Darstellung von Vittorio Ronchi, Guerra e crisi alimentare in Italia (1940–1950: ricordi ed esperienze), Salerno 1977; nach Ronchi befand sich Italien im Sommer 1940 „in più gravi difficoltà, alle prese con i problemi dell'alimentazione con una preparazione del tutto inadeguata alle esigenze del Paese, sia sotto l'aspetto organizzativo e normativo dei servizi e delle discipline da instaurare, sia per quanto riguardava le prospettive dell'approvvigionamento dei generi alimentari necessari per fronteggiare gli ingenti fabbisogni delle Forze armate, delle colonie e della popolazione civile" (S. 21).

[2] Vgl. die Übersicht ebd. S. 421, Allegato 1. – Bereits im März 1940 hatte das Korporationsministerium daher dringend neue Getreideimporte angemahnt; PCM 1940–1943, 3/1–2/1904/1: Korporationsministerium an Ministerium für Handel und Devisen, 18.3.1940.

innerhalb der politischen Führung völlig falsche Vorstellungen über den Charakter und die Dauer des bevorstehenden Krieges. Nach den deutschen „Blitzsiegen" in Polen und Frankreich ging zumindest ein Teil der faschistischen Führungsriege davon aus, daß der Krieg innerhalb weniger Monate erfolgreich zu Ende gebracht werden könne.[3] Diese eklatante Fehleinschätzung der außen- und militärpolitischen Lage führte dazu, daß die Mobilisierung des Ernährungssektors – ähnlich wie im Ersten Weltkrieg – nur halbherzig und erst unmittelbar nach Kriegsausbruch erfolgte. Die Probleme der Nahrungsmittelversorgung waren 1940 aber weitaus gravierender als 1915, da die Möglichkeiten externer Versorgung sehr begrenzt blieben.

Abgesehen von den 1938 erstellten „Autarkieplänen" der Korporationen gab es keine konkreten Vorstellungen darüber, wie der Nahrungsmittelsektor den Erfordernissen des Krieges gerecht werden sollte. Die „Autarkiepläne" waren zwar ausdrücklich mit Blick auf einen zukünftigen Krieg angefertigt worden. Es handelte sich jedoch im wesentlichen um Bedarfsanalysen, aus denen Zielvorgaben für die einzelnen Wirtschaftsbereiche abgeleitet wurden. Völlige Unklarheit bestand hingegen darüber, wie die konkreten Probleme der Ernährungswirtschaft im Krieg – Knappheit an Arbeitskräften und Produktionsmitteln, Ablieferung, Verteilung und Rationierung der Nahrungsgüter, Transport und Logistik – bewältigt werden sollten. Es war bezeichnend für diesen Zustand, daß eine geeignete Organisationsstruktur für die Planung und Lenkung der Ernährungswirtschaft im Juni 1940 noch gar nicht bestand, sondern erst mühsam aufgebaut werden mußte. Zwar war 1933 ein Büro für Ernährung und Mobilisierung beim Landwirtschaftsministerium eingerichtet worden, das der Leitung von Brigadegeneral Giuseppe Lorito unterstand.[4] Dieses Büro sollte aber in erster Linie statistische Untersuchungen anfertigen, seine Kompetenzen blieben darüber hinaus äußerst begrenzt.[5] Es wurde im Oktober 1939 schließlich aufgelöst und durch ein neues Amt (*Servizio approvvigionamento per l'alimentazione nazionale*) ersetzt, das seinen Sitz ebenfalls beim MAF hatte.[6] Auch diese Einrichtung verfügte aber nur über eingeschränkte Befugnisse, da die Gestaltung der Einzelhandelspreise und die Verteilung der Nahrungsmittelendprodukte in den Aufgabenbereich des Korporationsministeriums fielen.[7] Diese für die Nahrungsmittelbewirtschaftung äußerst belastende Zweiteilung der Kompetenzen sollte auch noch für meh-

---

[3] Vgl. Renzo De Felice, Mussolini l'alleato, 1940–1945, Bd. 1: L'Italia in guerra 1940–1943, Torino 1990, S. 694.

[4] Nucleo di mobilitazione civile dell'organo dell'alimentazione. Ufficio centrale dell'alimentazione; R.D. 13.3.1933 (Nr. 674).

[5] Vgl. Melis (Hg.), L'amministrazione centrale, Bd. 3, S. 595f.

[6] R.D. 18.12.1939 (Nr. 2222).

[7] Ebd.

rere Monate weiterbestehen, nachdem im Juni 1940 eine eigenständige Generaldirektion für Ernährung beim MAF gegründet worden war. Zu ihrem Leiter wurde der Agrarwissenschaftler Vittorio Ronchi ernannt, der bis dahin leitende Funktionen in verschiedenen Urbarmachungsprojekten ausgeübt hatte.[8] Bereits einige Monate zuvor war es zu einem Wechsel an der Spitze des MAF gekommen: Giuseppe Tassinari, bisher Unterstaatssekretär für Landwirtschaft und Urbarmachungen, hatte Rossoni als Minister abgelöst, neuer Unterstaatssekretär wurde Sergio Nannini.[9]

Die sich seit dem Frühjahr 1940 etablierende Bewirtschaftung des Nahrungsmittelsektors folgte keinem einheitlichen System. Vielmehr handelte es sich um eine Mischung aus Preisvorschriften, Kontingentierungs- und Rationierungsmaßnahmen. Während auf direkte Eingriffe in die landwirtschaftliche Produktion bis zum Frühjahr 1942 verzichtet wurde, bemühte man sich um eine möglichst vollständige Kontrolle von Handel und Absatz der Ernährungsgüter. Der Hebel, an dem die staatliche Kontrolle ansetzte, war das 1936 für Weizen eingeführte und in den nachfolgenden Jahren sukzessive auf andere Produkte ausgeweitete Zwangsablieferungssystem. Im Juni 1940 unterstanden praktisch alle Getreidesorten (Weizen, Reis, Mais, Hafer) mit Ausnahme von Gerste und Roggen einer Ablieferungspflicht; das gleiche galt für Olivenöl sowie für sämtliche pflanzlichen und tierischen Faserstoffe. Ein Dekret des Landwirtschaftsministeriums vom 22. Juni 1940 ordnete an, daß 30% aller Rinder mit einem Gewicht über 180 kg an lokale Sammelstellen (*Raduni del bestiame*) abgegeben werden mußten.[10] Für Obst, Gemüse und Fisch bestand dagegen keine Ablieferungspflicht.

Für die Ablieferung wurde im Prinzip das 1936 für Weizen eingeführte Verfahren beibehalten:[11] Das MAF legte die Basispreise und die Zinsabschläge fest, die Ablieferung selbst wurde von den Lagern des Genossenschaftsverbandes Federconsorzi abgewickelt. Die Finanzierung übernahmen wie bisher die Sparkassen, Agrarkreditanstalten und eine Reihe von anderen autorisierten Bankinstituten.[12] Weit schwieriger gestaltete sich die Frage der

---

[8] Ronchi, geb. 1892, hatte Agrarwissenschaften in Pisa studiert; 1921–1930 Direktor des Ente di rinascita agraria delle Venezie, 1930–1937 Regionalinspektor des MAF für den Veneto, seit 1937 Generaldirektor der Bonifica Maccarese; vgl. Lebenslauf in Ronchi, Guerra e crisi alimentare, S. 447.

[9] Nannini hatte zuvor verschiedene Ämter innerhalb der Parteibürokratie und der korporativen Organe innegehabt; 1935–1939 war er Kommissar für Migration und innere Kolonisierung. Die personelle Neubesetzung an der Spitze des MAF erfolgte am 31.10.1939 im Rahmen einer allgemeinen Kabinettsumbildung; vgl. Missori, Gerarchie, S. 247.

[10] Tortoreto, La legislazione annonaria, S. 346; seit September mußten auch Rinder unter 180 kg (mit Ausnahme von Kälbern mit einem Lebendgewicht von weniger als 120 kg) abgeliefert werden.

[11] S.o. Kap. XI.5.

[12] Vgl. PCM 1940–1943, 3/1–2/1904/2: Ispettorato per la Difesa del Risparmio an Mussolini, 8.6.1941.

Verteilung der abgelieferten Bestände, die im Zuge der militärischen Mobilisierung immer knapper wurden. Bereits im September 1940 zeichnete sich ab, daß sich die Versorgung von Zivilbevölkerung und Truppe auf dem bestehenden Niveau nicht aufrecht erhalten ließ.[13] Eine Rationierung des Konsums von Grundnahrungsmitteln war somit unausweichlich geworden. Nachdem schon im Februar 1940 eine Rationierung von Zucker eingeführt worden war, wurden seit Oktober Speisefette, seit November 1940 auch Teigwaren nur noch auf Lebensmittelkarten ausgegeben. Aus politischen Gründen blieb der Konsum von Brot zunächst noch frei,[14] was freilich dazu führte, daß der Brotverbrauch massiv anstieg und die beabsichtigte Konsumdrosselung bei Getreideprodukten nicht erreicht wurde. Erst im Oktober 1941 wurde auch Brot einer Rationierung unterworfen.

Ein anderes, verwaltungstechnisch weniger aufwendiges Verfahren wurde für Kartoffeln, Legumen, Fleisch, Stockfisch, Eier und Milchprodukte praktiziert. Anstatt den Konsum über Lebensmittelkarten zu kontrollieren, wurde ein Kontingentierungsmechanismus eingeführt, der jeder Provinz bestimmte Mengen der jeweiligen Produkte zuteilte. Dies geschah nach einem festen, von der Generaldirektion für Ernährung festgelegten Verteilungsschlüssel. Die Zuweisungen konnten entweder tages-, wochen- oder monatsweise erfolgen.

Das kombinierte Kontingentierungs- und Rationierungssystem wurde über einen komplizierten bürokratischen Mechanismus gesteuert, an dem staatliche Stellen, Genossenschaften und korporative Organe beteiligt waren. An der Spitze standen die für Ernährungsfragen zuständigen Ämter im MAF, die bis Anfang 1942 ständig erweitert wurden. Neben der im Juni 1940 geschaffenen Generaldirektion für Ernährung, die für Ablieferung, Verteilung und Außenhandel zuständig war, wurde im November eine zweite Generaldirektion (*Direzione Generale dei Tesseramenti, Prezzi e Statistica Generi Alimentari*) eingesetzt, welche die Lebensmittelrationen und Preise festlegte sowie eine wöchentliche Statistik erstellte.[15] Sie unterstand der Leitung von Prof. Paolo Albertario, bis dahin verantwortlich für Agrarstatistik und Katasterwesen beim ISTAT. Als übergeordnete Kontrollinstanz wurde im Januar 1942 ein *Segretariato Generale dell'Alimentazione* eingesetzt.[16] Seine Lei-

---

[13] Vgl. R o n c h i, Guerra e crisi alimentare, S. 30.

[14] Die Rationierung von Brot wurde möglichst lange hinausgeschoben, da man mit erheblichen Widerständen gegen eine solche Maßnahme rechnete; vgl. SPD, CO, f. 208.311: PNF an Mussolini, 5.6.1941.

[15] R.D. 7.11.1941 (Nr. 1376); vgl. M e l i s (Hg.), L'amministrazione centrale, S. 623f.

[16] O.D.S. 27.1.1942 (Nr. 82); dem Generalsekretariat unterstanden zwei Abteilungen, zuständig für Allgemeine und Personalangelegenheiten sowie für Transportwesen; vgl. Melis (Hg.), L'amministrazione centrale, S. 624f.

tung übernahm Ronchi, während Guido De Marzi, ein enger Mitarbeiter Ronchis,[17] zum Generaldirektor für Ernährung bestellt wurde. Schließlich sollte eine Zentrale Kontrollkommission (*Commissione Centrale di Vigilanza per l'Alimentazione*) die polizeiliche Überwachung der ernährungswirtschaftlichen Direktiven koordinieren.[18]

Auf Provinzebene waren bereits im Frühjahr 1940 staatliche Ernährungsämter (*Sezioni Provinciali Alimentazione*, SEPRAL) ins Leben gerufen worden, die von dem Präfekten gemeinsam mit einem vom MAF nominierten Beamten geleitet wurden. Die SEPRAL erfüllten eine außerordentlich wichtige Funktion, da der eigentliche Verteilungsmechanismus bei den kontingentierten Produkten – v. a. Fleisch, Kartoffeln, Milchprodukte – auf Provinzebene ansetzte.[19] Die auf lokaler Ebene angesiedelten *Uffici Annonari Locali* waren in erster Linie für die Rationierung von Nahrungsmitteln (Ausgabe von Nahrungsmittelkarten bzw. Kontrolle durch Namenslisten beim Einzelhandel) zuständig.

Die praktische Umsetzung der von der Ministerialbürokratie ausgearbeiteten Bewirtschaftungs- und Verteilungspläne erfolgte aber durch die genossenschaftlichen und korporativen Organisationen. Diese wurden von Vertretern der Wirtschaftsverbände geleitet und waren gegenüber dem MAF und seinen nachgeordneten Behörden weisungsgebunden. Ihre Aufgabe bestand in erster Linie darin, Transport und Verteilung der einzelnen Produkte auf den verschiedenen Handels- und Verarbeitungsstufen organisatorisch zu bewältigen. So war das von Repräsentanten der Mehl-, Brot- und Teigwarenindustrie geführte *Ufficio Distribuzione Cereali, Farine e Paste* (UCEFAP) damit beauftragt, die eingelagerten Getreidebestände zunächst auf die Müllereien zu verteilen, von dort die Mehlzuweisungen an die weiterverarbeitenden Betriebe (Teigwarenhersteller, Bäcker) vorzunehmen, um schließlich die fertigen Nahrungsmittel an den Groß- und Einzelhandel weiterzuleiten. Unterstützt wurde die Tätigkeit der UCEFAP auf Provinzebene durch die bei den Handelskammern angesiedelten *Uffici Provinciali di Distribuzione* (UDIS). Für den Außenhandel war, ebenso wie für die Ablieferungslager, der Konsortienverband Federconsorzi zuständig, der wiederum durch einen Nationalverband (*Associazione Nazionale dei Enti Economici dell'Agricoltura*) kontrol-

---

[17] De Marzi hatte bis 1940 die Cattedra Ambulante der Provinz Padua geleitet und war von Ronchi im Juni 1940 zu seinem persönlichen Berater gemacht worden; vgl. Ronchi, Guerra e crisi alimentare, S. 25.

[18] Der Kommission gehörten neben Vertretern des MAF leitende Funktionäre der Carabinieri, der Sicherheitspolizei sowie der Finanzpolizei an. Den Vorsitz führte ein vom Innenministerium bestellter Präfekt.

[19] Diese Nahrungsmittel wurden nach einem festgelegten Schlüssel auf die Provinzen verteilt; die Provinzbehörden regelten dann selbständig die die weitere Verteilung.

liert wurde. Eine ähnlich komplizierte Organisationsstruktur wies der Fleischsektor auf: Die Verteilung des Schlachtviehs an die Metzgereien wurde von Provinzkonsortien (*Consorzi Provinciali tra Macellai per le Carni*, COPRO-MA) durchgeführt, die in einem Nationalverband (CONSOCARNI) zusammengefaßt waren, der u. a. für überregionale Transporte von Fleischwaren verantwortlich war. Die Einfuhr von Fleisch aus dem Ausland wurde wiederum von einer eigenständigen Organisation, der *Società Anonima Importazione Bestiame* (SAIB) abgewickelt. Eine entsprechende Organisation gab es für den Bereich der Speisefette (*Ufficio Distribuzione Olii e Grassi Alimentari*, UDOGA), für Milchprodukte (*Ufficio Controllo Formaggi*, UCOF), Reis (*Ente Nazionale Risi*, ENR), Wein (*Ufficio Centrale Vini*), sowie für Obst und Gemüse (*Ufficio Centrale Approvvigionamento Prodotti Ortofrutticoli*, UCAPO).

De facto operierte somit in jedem Produktbereich auf jeder räumlichen Ebene mindestens eine staatliche Verwaltungsbehörde und eine privatwirtschaftliche Organisation, ein Zustand, der fast zwangsläufig zu Koordinationsproblemen führen mußte. Allenthalben häuften sich daher die Klagen über die chaotischen Zustände bei der Erfassung und Verteilung der Nahrungsmittel.[20] Ein Bericht des Innenministeriums an Mussolini vom 11. Oktober 1941 kritisierte die „erheblichen Verzögerungen bei der Verteilung der Grundnahrungsmittel" infolge der „schleppenden Tätigkeit der Verwaltungsbehörden und der Wirtschaftsorganisationen". Verantwortlich für diese „Mißstände" war laut Bericht vor allem die „große Zahl der Organisationen, die mit Ernährungsfragen befaßt sind".[21] Im Grunde traten die gleichen Probleme auf, die sich bereits 1936 bei der Einführung des Zwangsablieferungssystems ergeben hatten, die nun aber angesichts der Nahrungsmittelknappheit weit gravierendere Auswirkungen hatten. So blieb die Ablieferungsquote insbesondere bei Weizen ausgesprochen gering, und dies trotz der hohen Strafen, die bei Verstößen gegen die Abgabepflicht drohten. 1940 wurden lediglich 34,5 Mill. dz Weizen an die staatlich kontrollierten Lager abgeführt, das entsprach 48,5% der in diesem Zeitraum geernteten Getreidemenge (vgl. Tab. 12.1). Damit lag die Ablieferungsmenge 1940 sowohl absolut wie prozentual noch unter der des Vorjahres, obwohl der Anteil, den die Bauern zu Saatzwecken und für den Eigenverbrauch einbehalten durften, deutlich ge-

---

[20] Vgl. die zahlreichen Berichte in SPD, CO, f. 500.003/III: „Situazione alimentare" (v. a. 1942).

[21] SPD, CO, 500.003/II: Unterstaatssekretär im Innenminsterium Buffarini an Mussolini, 11.10.1941; vgl. auch SPD, CO, f. 552.802: Promemoria 23.11.1941 (ohne Angabe des Autors oder Adressaten): „Troppi Enti e troppe autorità si occupano di questi ammassi per cui la responsabilità del mancato successo si diluisce e si disperde". – 1922 waren allein auf zentraler Ebene 4.454 Personen mit der Verwaltung des Ernährungssektors beschäftigt, davon allerdings nur 853 innerhalb des MAF, der Rest in den privaten und parastaatlichen Wirtschaftsorganisationen; Ronchi, Guerra e crisi alimentare, S. 436, Allegato 11.

senkt worden war.[22] Noch niedriger lagen die Ablieferungsquoten bei Mais, während Reis infolge des besonderen Marktsystems fast vollständig in die Lager abgeführt wurde. Für alle Produkte ist jedoch nach 1940 ein kontinuierlicher Rückgang der Ablieferungsquoten zu beobachten.

Tab. 12.1

Ablieferungsmengen bei den Hauptgetreideprodukten 1940–1942*

	1940	1941	1942
Weizen	34,5 (48,5%)	33,7 (47,7%)	31,2 (47,5%)
Mais	7,7 (29,3%)	5,6 (22,8%)	– –
Reis	8,8 (94,6%)	8,1 (93,4%)	– –

* Mill. dz (in Klammern: Anteil an der Gesamternte)
Quellen: SPD, CO, 509.488: Prospetto della Produzione di Risone 1931–1941;
Ronchi, Guerra e crisi alimentare, Allegati 4 und 12, S. 424 und 438.

Das schlechte Funktionieren des Ablieferungssystems hatte mehrere Ursachen. Wie bereits dargestellt, war die Ablieferungsbereitschaft der bäuerlichen Produzenten von Anfang an gering gewesen, und zwar nicht zuletzt aus psychologischen Gründen: Die Abgabepflicht wurde als illegitimer Eingriff in das Recht der Produzenten auf eigene Vermarktung betrachtet. Hinzu kam nun, daß gerade im kleinbäuerlichen Bereich die Tendenz bestand, Vorräte für Notzeiten anzulegen.[23] Schließlich führten die rigiden Preisvorschriften zu einem Ausweichen auf den Schwarzmarkt, wo deutlich höhere Preise erzielt werden konnten. Angesichts der zunehmenden Versorgungsengpässe liefen seit Sommer 1941 Bemühungen, die Ablieferungsquoten durch schärfere Sanktionen gegen den Umgehungshandel zu erhöhen. Wurden Verstöße gegen die Ablieferungspflicht bis dahin nur mit Geldstrafen geahndet,[24] so sah ein im Juli 1941 in Kraft tretendes Gesetz hohe Gefängnisstrafen, in schweren Fällen sogar die Todesstrafe vor.[25] Zugleich wurde die Getreidemenge, die

---

[22] Im Dezember wies Mussolini daher die Präfekten an, Verstöße gegen die Ablieferungspflicht wie auch Schwarzverkäufe als „kriminelle Akte" „energisch" zu verfolgen. Er empfahl zu diesem Zweck, an einigen Fällen „ein Exempel zu statuieren"; Rundschreiben an die Präfekturen, 9.12.1940, in: O.O., Bd. 43, S. 44.

[23] Vgl. SPD, CO, f. 552.802: Bericht von Ettore Frattari, Präsident der Federazione Nazionale dei Consorzi Provinciali tra i Produttori dell'Agricoltura, an Mussolini, 7.12.1941.

[24] Solche Geldstrafen waren bereits in dem Marktordnungsgesetz vom 15.6.1936 (R.D.L. Nr. 1273) vorgesehen. Eine generelle strafrechtliche Regelung für Ablieferungsverstöße erfolgte mit dem R.D.L. 3.9.1939 (Nr. 1337): Norme penali contro l'accaparramento e la sottrazione di merci e derrate.

[25] L. 8.7.1941 (Nr. 645); in Art. 1 hieß es: „chiunque sottrae al consumo normale merci di rilevante entità allo scopo di cagionare la deficienza o l'aumento del prezzo sul mercato è punito con la pena di morte. Se il fatto non ha prodotto grave turbamento sul mercato si

die bäuerlichen Produzenten und Arbeitskräfte für den Eigenbedarf einbehalten durften, durch ein Ministerialdekret vom 26. Mai 1941 auf zwei Doppelzentner reduziert.[26] Diese Maßnahme wirkte sich aber offenbar kontraproduktiv aus, da aufgrund der verminderten Eigenbedarfsmenge nun auch bislang ehrliche Produzenten zu Betrügereien verleitet wurden. Eine Anfang Oktober 1941 vom MAF durchgeführte landesweite Inspektion kam zu dem Ergebnis, daß „die korrekte Beachtung der Ablieferungsgesetze weitgehend ausgeblieben ist".[27] Das Hauptproblem bestand darin, daß die Produzenten eine schriftliche Erklärung über ihre Ernte abgeben mußten, auf deren Basis die Ablieferungsmenge festgelegt wurde. Viele Bauern gaben aber laut Bericht maximal die Menge an, die sie als Saatgut ohnehin einbehalten durften. Insbesondere in Süditalien gab es „ganze Regionen, in denen die Erklärungen sichtlich auf Falschangaben" beruhten. Dies war auch deshalb möglich, weil die Behörden „völlig außerstande sind, die Unterschlagungen zu verfolgen".[28] Offenbar hatte das hohe Strafmaß eher das Gegenteil des beabsichtigten Effektes bewirkt: Bei drohender Todesstrafe kam es fast nie zur Anzeige, zumal eine konsequente Strafverfolgung angesichts von „zigtausenden Falschangaben" verheerende Folgen für die landwirtschaftliche Produktion gehabt hätte. Immerhin waren Verstöße gegen die Ablieferungsvorschriften von der Generalamnestie ausgenommen, die im Oktober 1942 anläßlich des 20. Jahrestages des „Marsches auf Rom" in Kraft trat.[29] Eine wirklich abschreckende Wirkung ging aber von den Strafgesetzen schon deshalb nicht aus, weil eine flächendeckende Kontrolle kaum möglich war. Gerade auf lokaler Ebene waren Schiebereien und Unterschlagungen an der Tagesordnung, zumal nicht nur die Verwaltung der lokalen Ablieferungslager in den Händen von Landwirten oder Agrarfunktionären lag, sondern in vielen ländlichen Kommunen auch Bürgermeister und Parteisekretäre Landwirte waren.[30] Wurden doch einmal Inspektoren des MAF oder anderer Zentral-

---

applica la pena dell'ergastolo. Le precedenti disposizioni si applicano anche al produttore che occulta rilevanti entità di proprie merci allo scopo di cagionare la deficienza o l'aumento del prezzo sul mercato"; zit. nach Tortoreto, La legislazione annonaria, S. 352.

[26] Die Eigenbedarfsmenge war 1936 auf 3 dz pro Kopf und Jahr festgelegt worden; sie war bereits 1939 auf 2,5 dz reduziert worden. Im März 1942 erfolgte eine weitere Senkung auf 1,85 bzw. 1,75 dz pro Kopf; vgl. ebd. S. 349.

[27] SPD, CO, f. 500.003/II: MAF, Direzione Generale dell'Alimentazione, Appunto per l'ECC. il Ministro, 10.10.1941.

[28] Ebd. – Nach Ronchi waren es vor allem die zahlreichen Kleinproduzenten, die sich der Ablieferungspflicht entzogen, während Großbetriebe die Vorschriften in der Regel einhielten; vgl. Ronchi, Guerra e crisi alimentare, S. 396.

[29] SPD, CO, f. 509.808/1: Rundschreiben von E. Frattari, Präsident der CFA, an Unioni Provinciali degli Agricoltori, 18.10.1942.

[30] Vgl. SPD, CO, f. 552.802: Bericht Ettore Frattari an Mussolini, 7.12.1941.

behörden in die Orte geschickt, so konnten diese meist nichts nachweisen, da viele Landwirte Erdlöcher angelegt hatten, wo sie ihr Getreide versteckten. Gelegentlich kam es aber auch zu Zwischenfällen, wie im Sommer 1942, als in Lentini (Provinz Syrakus) zwei Inspektoren von aufgebrachten Bauern getötet wurden.[31]

Auch die Müllereien, die praktisch keiner Kontrolle unterstanden, waren angesichts festgelegter Zuweisungsquoten und geringer Auslastung daran interessiert, schwarz zu mahlen. Vielfach wurde das Getreide auch direkt von den Bauern gemahlen. So hieß es in einem Bericht vom August 1942, daß in ganz Sizilien keine Kaffeemühlen mehr aufzutreiben seien, da diese zur häuslichen Vermahlung zweckentfremdet würden.[32] Und schließlich tolerierten vielerorts auch die Präfekturen stillschweigend den illegalen Handel mit Nahrungsmitteln, weil sie sich davon eine bessere Versorgung der lokalen Bevölkerung versprachen. Dies galt besonders für die Überschußprovinzen, die Getreide an andere Regionen abgeben mußten.[33]

Eine weitere Ursache für die Entstehung des Schwarzmarktes waren die rigiden Preisvorschriften, die mit Ausbruch des Krieges verhängt worden waren. Ein Gesetz vom 19. Juni 1940 verfügte zunächst einen generellen Preisstopp für alle Konsumgüter.[34] Kurz darauf erfolgten Einzelregelungen für Nahrungsprodukte durch das Korporationsministerium, das noch bis Dezember 1940 für die Preispolitik im Nahrungsmittelsektor zuständig war. Die Festsetzung der Preise war naturgemäß eine ausgesprochen schwierige Angelegenheit, da auch kleine Veränderungen weitreichende Konsequenzen für die Gewinn- und Kostenstruktur auf den verschiedenen Produktions- und Handelsstufen haben konnten. Als besonderes Problem erwies sich, daß die Kompetenzen in der Ausgestaltung der Preispolitik nur unzureichend geklärt waren. Zwar gab das Korporationsministerium die Zuständigkeit für die Nahrungsmittelpreise im Dezember an das MAF ab. Die Kostenpreise für landwirtschaftliche Betriebe (Löhne, Pachtzinsen, industrielle Investitions- und Vorleistungsgüter) wurden aber nach wie vor vom Korporationsministerium bestimmt. Zugleich beanspruchte die faschistische Partei ein generelles Mitspracherecht bei den Verbraucherpreisen. Die Parteivertreter, die sich dem Schutz der Konsumenten gegenüber den angeblich überzogenen Gewinnspannen der Händler verschrieben hatten, drängten immer wieder auf eine Senkung der Preise und eine schärfere Kontrolle des Einzelhandels. Im

---

[31] SPD, CO, f. 509.808/1: Bericht eines Funktionärs über eine Inspektionsreise in Sizilien, 12.8.1942.

[32] Ebd.

[33] SPD, CO, f. 552.802: Bericht Ettore Frattari an Mussolini, 7.12.1941 sowie Promemoria riservata vom 23.11.1941.

[34] R.D.L. 19.6.1940 (Nr. 953).

Prinzip waren diese Forderungen nicht unberechtigt, da die Schwarzmarkt-preise seit Anfang 1941 enorm gestiegen waren. So lag der offizielle Weizen-preis je nach Qualität bei 145–160 Lire pro dz, im illegalen Handel wurden aber zwischen 600 und 1.000 Lire pro dz bezahlt.[35] Relativ hohe Preissteige-rungen verzeichneten ferner Produkte wie Obst, Gemüse und Fisch, die nicht in staatliche Marktordnungen eingebunden waren.[36] Nach langem Drängen der Parteiführung wurde schließlich im August 1941 beschlossen, diese nicht preisgebundenen Produkte der Kontrolle der PNF-Funktionäre zu unterstel-len. Die daraufhin erlassenen, außerordentlich rigiden Preisvorschriften hat-ten allerdings zur Folge, daß „die Waren sofort von den Verkaufsständen verschwanden", also ein neuer Schwarzmarkt entstand.[37] Ende September 1941 wurde die gesamte Preisbewirtschaftung daher wieder dem MAF zu-geordnet; um den Forderungen der PNF nach Mitsprache Rechnung zu tra-gen, ernannte Mussolini den Vizeparteisekretär Michele Pascolato zum Un-terstaatssekretär im Landwirtschaftsministerium.[38] Damit waren die Konflikte aber keineswegs beseitigt. Nach heftigen Attacken der Parteipresse gegen die Funktionäre des MAF kam es Ende Dezember in einer Besprechung bei Mussolini zu einem sehr polemisch geführten Wortwechsel zwischen Tassi-nari und Parteisekretär Serena, woraufhin Mussolini beide entließ.[39] Nach-folger Tassinaris wurde Carlo Pareschi, ein langjähriger Funktionär des fa-schistischen Agrarverbandes, der zuletzt als Generalsekretär der für 1942 ge-planten Weltausstellung tätig war.[40] Es handelte sich ganz offensichtlich um ein politisches Zugeständnis an die Partei, denn Pareschi hatte sich für dieses Amt weniger durch fachliche Kompetenz als durch seine guten Verbindun-gen zum PNF qualifiziert.[41]

Auch unter Pareschi gelang es jedoch nicht, die Versorgungsprobleme in den Griff zu bekommen. Im Gegenteil: Nachdem sich bereits im Frühjahr 1941 erste Versorgungsschwierigkeiten eingestellt hatten,[42] wurde die Lage im

---

[35] Zu den Schwarzmarktpreisen: Promemoria riservata vom 23.11.1941 (wie Anm. 33); zu den Listenpreisen: Istituto Centrale di Statistica del Regno d'Italia, Annuario statistico (1943) S. 167.

[36] Ebd. S. 110 und 115.

[37] Ronchi, Guerra e crisi alimentare, S. 79.

[38] Pascolato war bis dahin für die preispolitischen Maßnahmen der Partei zuständig gewesen; vgl. ebd., S. 78; außerdem Missori, Gerarchie, S. 253.

[39] Vgl. De Felice, Mussolini l'alleato, Bd. 1, S. 966.

[40] Der 1898 in Poggio Renatico (Ferrara) geborene Pareschi hatte Agrarwissenschaften in Bo-logna studiert, war im März 1925 in die Partei eingetreten und 1928 Generalsekretär des faschistischen Agrarverbandes geworden. Seit Oktober 1941 war er Präsident des Verbandes; vgl. SPD, CO, f. 527.970: Lebenslauf Carlo Pareschi sowie Missori, Gerarchie, S. 253.

[41] Vgl. SPD, CR, b. 88: undatierter Bericht an Mussolini ohne Verfasserangabe.

[42] Vgl. Ronchi, Guerra e crisi alimentare, S. 45ff.

Laufe des Jahres 1942 immer dramatischer. Neben den Verteilungsproblemen war dafür vor allem die schlechte Ernte vom Sommer 1942 verantwortlich. Die Getreideproduktion lag 1942 um fast 8% unter der des Vorjahres,[43] ähnlich hohe Rückgänge verzeichneten auch die meisten anderen Agrarprodukte (vgl. Tab. 12.2). Gegenüber dem letzten Friedensjahr war die gesamte landwirtschaftliche Produktionsleistung sogar um über 17% abgesunken.

Tab. 12.2
Bruttobodenproduktion und Nahrungsmittelproduktion 1939–1943*

	1939	1940	1941	1942	1943
tierische Nahrungsmittel	120,9	127,2	115,7	100,2	58,1
pflanzliche Nahrungsmittel	246,9	221,6	219,2	206,2	186,6
Gesamt	367,8	348,8	334,9	306,4	244,7
Bruttobodenproduktion	388,0	369,6	352,4	321,3	283,0

* in Mill. dz Getreideeinheiten
Quelle: siehe Anhang.

Angesichts dieser Entwicklung waren bereits im Herbst 1941 Maßnahmen zur Erhöhung der landwirtschaftlichen Produktion in die Wege geleitet worden. Seit Oktober 1941 war Ackerbau auch auf nichtagrarischen Flächen erlaubt,[44] ferner wurden staatliche Prämien für jeden Hektar gewährt, auf dem im Erntejahr 1941/42 Weizen kultiviert wurde.[45] Im Sommer 1942 ging man schließlich zu einer partiellen Flächenbewirtschaftung über. Ein Gesetz vom 25. August 1942 sah die Einführung staatlicher Bewirtschaftungspläne vor, nach denen jede nichtgenehmigte Veränderung der Anbaufläche gegenüber dem Vorjahr verboten wurde.[46] Zugleich wurde jeder Betrieb verpflichtet, Mangelprodukte wie Weizen oder Kartoffeln zu einer bestimmten Quote anzubauen. Auf kurze Sicht waren derartige Maßnahmen freilich ohne große Auswirkungen auf die Gesamtproduktion, da zum einen die Umstellung der einzelbetrieblichen Anbaustruktur so schnell meist nicht möglich war, zum anderen aber auch hier das Problem der Kontrolle auftrat. Zwar verzeichnete die Getreideanbaufläche zwischen 1941 und 1943 einen Zuwachs von über 350.000 ha (= 4,9%);[47] dies dürfte aber vor allem auf die staatlichen Prämien zurückzuführen sein, die einen ökonomischen Anreiz zur Ausweitung der

---

[43] Rey (Hg.), I conti, S. 108.
[44] Neben Wald- und Weideflächen sollten z. B. auch Sportfelder unter Kultur genommen werden; vgl. Rundschreiben Mussolinis an die Präfekten, 19.8.1941, in: O.O., Bd. 43, S. 55.
[45] R.D.L. 7.10.1941 (Nr. 1235) und 10.10.1941 (Nr. 1249).
[46] R.D.L. 25.8.1942 (Nr. 1031).
[47] Vgl. Istituto Centrale di Statistica, Sommario (1968) S. 60.

Getreidekulturen schufen. Diese Entwicklung war nicht unproblematisch, da in erster Linie Weideflächen in Kulturland umgewandelt wurden, wodurch die ebenfalls bedenkliche Lage der Viehwirtschaft verschärft wurde.[48] Da es sich bei den neuen Ackerflächen vor allem um Grenzertragsböden handelte, gingen die durchschnittlichen Hektarerträge im gleichen Zeitraum erheblich zurück.[49]

Ein besonderes Problem bestand darin, daß die ohnehin knappen technischen Produktionsmittel und Arbeitskräfte für eine intensive Bewirtschaftung der neuen Kulturflächen nicht vorhanden waren. Vor allem der Arbeitskräftemangel stellte die landwirtschaftlichen Betriebe vor zunehmende Schwierigkeiten. Bis Anfang 1943 wurden schätzungsweise 1,5 Millionen Landarbeiter und Bauern zum Militärdienst eingezogen.[50] Hinzu kamen jährlich etwa 50.000 Männer, die zum Arbeitseinsatz nach Deutschland gingen.[51] Insgesamt fehlten der Landwirtschaft somit rund ein Drittel der männlichen Erwerbsbevölkerung. Da es sich zum großen Teil um junge Männer im wehrfähigen Alter handelte, dürfte der tatsächliche Verlust an Arbeitsleistung freilich noch größer gewesen sein. Schließlich wurde der Arbeitskräftemangel durch ein weiteres Phänomen verschärft: zahlreiche Landarbeiter nahmen Tätigkeiten im industriellen und gewerblichen Bereich an, wo inzwischen ebenfalls Arbeitskräftemangel herrschte, insbesondere aber höhere Löhne bezahlt wurden als in der Landwirtschaft.[52] Zwar waren solche Arbeitswechsel im Prinzip an eine Genehmigung durch die Arbeitsbüros (*Uffici di Collocamento*) geknüpft. In der Praxis erwiesen sich diese gesetzlichen Vorschriften aber als völlig impraktikabel.[53] Auf eine Verschärfung der Kontrollen wurde daher bewußt

---

[48] Ein Gesetz vom 25.8.1942 (Nr. 1121) hatte die Umwandlung von Weide- in Ackerland begünstigt. Nach Anweisungen Mussolinis sollte „jeder Zoll" Land bebaut werden, darunter auch Sandböden; Rundschreiben an die Präfekten, 16.8.1942, in: O.O., Bd. 43, S. 64; zur Entwicklung der Weideflächen vgl. Istituto Centrale di Statistica, Annuario dell'Agricoltura 1947–1950, S. 191.

[49] Zur Entwicklung der Hektarerträge bei den einzelnen Produkten vgl. ebd. S. 195f.

[50] Mario Toscano, Agricoltura, in: Annali dell'economia italiana (Hg. Istituto IPSOA), Bd. 9, Teil 2 (1939–1945), Milano 1983, S. 50.

[51] Vgl. Mantelli, „Camerati del lavoro", S. 33 und passim; ders., Von der Wanderarbeit zur Deportation. Die italienischen Arbeiter in Deutschland 1938–1945, in: Ullrich Herbert (Hg.), Europa und der „Reichseinsatz". Ausländische Zivilarbeiter, Kriegsgefangene und KZ-Häftlinge in Deutschland 1938–1945, Essen 1991, S. 51–89; Ralf Lang, Italienische „Fremdarbeiter" im nationalsozialistischen Deutschland 1937–1945, Frankfurt a.M. 1995, S. 40ff.

[52] Vgl. De Felice, Mussolini l'alleato, Bd. 1, S. 696–701.

[53] Nach den gesetzlichen Bestimmungen mußte jeder Arbeitnehmer bei der Aufnahme einer neuen Tätigkeit seine „Arbeitskarte" (Libretto di lavoro) vorweisen, die ihn für einen bestimmten Tätigkeitsbereich qualifizierte. Da die meisten Landarbeiter seit jeher in den Wintermonaten Gelegenheitsarbeiten in gewerblichen Betrieben annahmen, verfügten sie sowohl

verzichtet, da man sich davon eher eine weitere Verschlechterung der Arbeits-
marktlage erwartete. Vielmehr sollten in verstärktem Maße Frauen, Jugend-
liche und Alte zum Arbeitseinsatz herangezogen, in Erntezeiten zudem
Soldaten aus landwirtschaftlichen Berufen vorübergehend dienstbefreit werden.[54] Durch ein Dekret des Korporationsministeriums vom 25. April 1941
wurde die tägliche Arbeitszeit allgemein um zwei Stunden erhöht. Im September 1942 ordnete Mussolini sogar an, „einige Hundert Juden" zur Reini-
gung von landwirtschaftlichen Bewässerungskanälen in Malariagebieten einzusetzen.[55] Eine effektive Beseitigung des Arbeitskräftemangels konnte durch
diese Maßnahmen freilich nicht erreicht werden.[56]

Nicht viel besser sah es im Bereich der technischen Produktionsmittel aus.
Zwar wurden in verstärktem Maße Traktoren und andere landwirtschaftliche
Maschinen eingesetzt, um die fehlenden Arbeitskräfte zu ersetzen.[57] Große
Schwierigkeiten traten jedoch bei der Beschaffung von Ersatzteilen auf. Ferner machte sich der Mangel an Treib- und Schmierstoffen negativ bemerkbar,
die überwiegend für den militärischen Bedarf verwendet wurden.[58] Das Gleiche galt für Zugtiere, die in großen Mengen von den Militärbehörden re-
quiriert oder geschlachtet wurden.[59] Stark beeinträchtigt wurde die landwirtschaftliche Ertragsleistung schließlich durch die rückläufige Mineraldüngung. So nahm der Verbrauch von Stickstoffdüngern zwischen 1939 und
1943 um 36%, der von Phosphatdüngern sogar um fast 90% ab. Lediglich
der Einsatz von kalihaltigem Mineraldünger blieb – wenn auch auf niedrigem
Niveau – konstant.[60]

Der Rückgang der Inlandsproduktion wurde schließlich durch die Tatsache verschärft, daß es seit Anfang 1941 kaum noch möglich war, Nahrungsmittel aus dem Ausland zu beziehen. Die Versorgung über den Seeweg war
aufgrund der alliierten Blockade praktisch unmöglich geworden. Da

---

über ein „Arbeitskarte" für landwirtschaftliche wie für industrielle Tätigkeiten; vgl. SPD, CO,
f. 500.381/I: Bericht der Confederazione Fascista dei Lavoratori dell'Agricoltura „Disponibilità e fabbisogno della mano d'opera agricola nelle annate 1941/1942".

[54] Ebd. S. 5f.

[55] Rundschreiben Mussolinis an den Unterstaatssekretär im Landwirtschaftsministerium Sergio
Nannini und an das Innenministerium, 5.9.1942, in: O.O., Bd. 43, S. 64f. – Ob es zur Aufstellung eines solchen Arbeitskommandos tatsächlich kam, ist nicht bekannt.

[56] Nach D a n e o , Breve storia, S. 148, ging das Arbeitsangebot in der Landwirtschaft bis 1943
im Landesdurchschnitt um 16%, in Süditalien sogar um etwa 30% zurück.

[57] Vgl. Utenti Motori Agricoli, Quarant'anni, S. 22–47.

[58] T o s c a n o , Agricoltura, S. 51.

[59] Zwischen 1939 und 1942 wurden schätzungsweise 20% des Zugviehs von der italienischen
Armee beschlagnahmt; vgl. D a n e o , Breve storia, S. 146.

[60] Isituto Centrale di Statistica, Annuario dell'Agricoltura 1947–1950, S. 136; zu den Hektar-
werten R o s s i n i , V a n z e t t i , Storia dell'agricoltura, S. 646.

Deutschland nicht bereit war, Agrargüter nach Italien zu exportieren, sondern im Gegenteil auf Lieferungen aus Italien bestand, blieben nur noch die Balkan- und Donaustaaten, aus denen Italien traditionell Nahrungsgüter importierte. Auch hier standen sich deutsche und italienische Ansprüche gegenüber. Insbesondere nach dem deutschen Einmarsch in Jugoslawien im April 1941 war Italien auch von diesem Versorgungsgebiet fast völlig abgeschnitten bzw. auf Zugeständnisse der deutschen Besatzungs- und Ernährungsbehörden angewiesen. Erst nach langen Verhandlungen gewährte Deutschland dem Bündnispartner im Februar und Sommer 1942 geringe Mengen an Weizen und Kartoffeln aus den besetzten Gebieten Südosteuropas.[61] Im Gegenzug mußte Italien allerdings weiterhin Obst, Gemüse und Reis an Deutschland liefern. Insgesamt beliefen sich die italienischen Getreideeinfuhren 1941 und 1942 jeweils nur auf etwa 1,56 Mill. dz, das entsprach 18,4% der Importe des Jahres 1939. Noch schlechter sah es bei der Einfuhr von Fleisch und Ölsaaten aus, die 1942 sogar um 87 bzw. 95% unter den Wert von 1939 abgesunken waren.[62] Demgegenüber blieben die italienischen Nahrungsmittelausfuhren bis 1942 auf einem hohen Niveau. So exportierte das Land 1942 immerhin noch 45 tsd. dz Käse, 98 tsd. dz Reis, 85 tsd. dz Tomatenkonserven, 3,7 Mill. dz Obst und – angesichts der Versorgungsengpässe in diesem Bereich besonders erstaunlich – 519,3 tsd. dz Gries- und Weizenmehl.[63]

Vor dem Hintergrund dieser Entwicklung wurde die Ernährungslage seit dem Winter 1941/42 immer kritischer. Besonders für die Zivilbevölkerung machte sich die Knappheit bemerkbar, da den militärischen Bedürfnissen oberste Priorität eingeräumt wurde. Auch offiziell wurde als Ziel der Ernährungspolitik verkündet, „den Bedarf der Streitkräfte voll und ganz zu befriedigen [. . .] und der zivilen Produktion ein Minimum zu garantieren".[64] 1942 standen rund vier Millionen Männer unter Waffen, das waren knapp 10% der Gesamtbevölkerung. Die Streitkräfte beanspruchten aber 24% des verfügbaren Getreides; bei Fleisch belief sich der militärische Bedarf sogar auf 46%, bei Käse auf 40% und bei Hülsenfrüchten auf 74% der disponiblen Mengen.[65] Genußmittel wie Kaffee, Tee und Kakao mußten vollständig an die Truppe abgeführt werden.[66]

---

[61] Vgl. Ronchi, Guerra e crisi alimentare, S. 96 und 105. Bei den von Ronchi angegebenen Zahlen ist allerdings nicht klar, ob es sich lediglich um die zugesagten oder auch um die tatsächlich gelieferten Mengen handelt. Nach den Angaben des staatlichen Statistikinstitutes ISTAT, die auch meinen Berechnungen zugrundegelegt werden, waren die tatsächlichen Liefermengen weitaus geringer.

[62] Istituto Centrale di Statistica, Annuario statistico dell'Agricoltura 1947–1950, S. 573f.

[63] Ebd. S. 575.

[64] Carlo Pareschi, L'agricoltura e la guerra, Italia Agricola 79 (1941) S. 61–69, hier S. 65.

[65] Ronchi, Guerra e crisi alimentare, S. 117.

[66] Lediglich die Krankenhäuser erhielten geringe Mengen an Kaffee, Tee und Kakao.

Für große Teile der zivilen Bevölkerung waren die Kriegsjahre daher eine Zeit des Hungers und der Entbehrung. Seit der Einführung von Lebensmittelkarten für Brot im Oktober 1941 waren sämtliche Grundnahrungsmittel rationiert. Die Zuweisungen waren außerordentlich gering und lagen – insbesondere nach den Kürzungen vom Sommer 1942 – weit unterhalb des notwendigen Ernährungsbedarfs (vgl. Tab. 12.3). Die durchschnittliche tägliche Normalration betrug 1942 in Italien 950 kcal. pro Tag und lag damit niedriger als in fast allen anderen europäischen Ländern.[67] Zwar lag der Verbrauch bei einem Großteil der Bevölkerung über der Normalration, da es Zuschläge für körperlich Arbeitende, Kinder und Kranke gab und einige wenige Produkte – vor allem Obst, Gemüse und Fisch – frei gekauft werden konnten. Schließlich gab es diverse illegale Versorgungsmöglichkeiten – vom Direktkauf bei den Bauern bis zum Schwarzmarkt in den Städten. Dennoch ging der Pro-Kopf-Verbrauch Italiens 1939–1943 bei den wichtigsten Nahrungsmitteln um 20 bis 50% zurück.[68] Der durchschnittliche Kalorienverbrauch lag 1943 bei 2.112 Kcal. pro Tag, das waren knapp 25% weniger als 1939. Die Durchschnittswerte verdecken aber, daß der tatsächliche Verbrauch nicht in allen Bevölkerungsgruppen und Landesteilen gleich war. So war die Versorgung in den Städten in weit geringerem Maße gewährleistet als auf dem Land.[69] Ein besonderes Problem ergab sich daraus, daß die Transportwege infolge der militärischen Inanspruchnahme und der alliierten Bombenangriffe zunehmend lahmgelegt wurden, wodurch die überregionale Verteilung von Nahrungsgütern permanent gefährdet war.[70] Schließlich war der Zugang zu Nahrungsgütern mehr noch als in Friedenszeiten von den individuellen Einkommens- und Vermögensverhältnissen abhängig. Nach offiziellen Angaben stiegen die Lebensmittelpreise 1939–1942 um 72%, während Löhne und Gehälter im gleichen Zeitraum nur einen Zuwachs von 46% verzeichneten.[71] In Wirklichkeit war der Kaufkraftverlust aber viel größer, da die Rationen durch Nahrungsmittelkäufe auf dem Schwarzmarkt ergänzt werden mußten, wo die Preise häufig um mehr als das Zehnfache über den offiziellen lagen.[72] Angesichts der extrem hohen Preise konnten ärmere Bevölkerungsschichten von dieser Möglichkeit kaum Gebrauch machen.

---

[67] In Deutschland lag die durchschnittliche tägliche Normalration (ausgedrückt in Energiewerten) um 85% über der italienischen; vgl. Shepard B. Clough, The Economic History of Modern Italy, New York – London 1964, S. 278.

[68] Weizen: –30,9%; Kartoffeln: –20,3%; Legumen: –53,1%; Samenöl: –81,8%; Butter und Schmalz: –52,9%; Milch: –32,5%; Eier: –30,6%; Käse: –35,1%; Fleisch und Fisch: –43,2%; weitgehend konstant blieb der Konsum von Olivenöl, Zucker und Tomaten; vgl. Rey (Hg.), I conti, S. 220ff.

[69] Vgl. De Felice, Mussolini l'alleato, Bd. 1, S. 707 und passim.

[70] Vgl. Ronchi, Guerra e crisi alimentare, S. 36.

[71] Vgl. Annuario Statistico italiano (1943) S. 118 und Vanutelli, Occupazione, S. 570f.

[72] Vgl. De Felice, Mussolini l'alleato, Bd. 1, S. 701 und 932.

Tab. 12.3

Nahrungsmittelrationen für Speisefette, Getreideprodukte und Zucker 1940–1943*

	12/1940	6/1941	12/1941	6/1942	12/1942	6/1943
Brot (Tagesration)						
Normal			200	150	150	150
Arbeiter[a]			300	250	300	250
Arbeiter[b]			400	350	400	350
Arbeiter[c]			500	450	500	500
Teigwaren (Monatsration)						
Normal	2.000	2.000	2.000	2.000	2.000	2.000
Arbeiter[a-c]		2.600	2.600	2.600	2.600	2.600
Speisefett (Monatsration)	800	400	400	400	400	400
Zucker (Monatsration)	500	600	600	500	500	500

* in Gramm pro Person   [a] körperlich Arbeitende   [b] körperlich schwer Arbeitende
[c] Schwerstarbeiter
Quelle: Istituto di Statistica del Regno d'Italia, Annuario Statistico (1943) S. 107.

Neben den direkten Auswirkungen der militärischen Kampfhandlungen belasteten die italienischen Bevölkerung Unterernährung und Hunger während des Krieges am schwersten. Zahlreiche Berichte der Polizeibehörden deuten darauf hin, daß die prekäre Ernährungs- und Versorgungslage die Hauptursache für die seit Sommer 1940 periodisch auftretenden Unruhen und Protestaktionen war.[73] Sie standen meist in Verbindung mit bestimmten Verordnungen im Nahrungsmittelsektor. So löste etwa die Einführung der Brotrationierung im Oktober 1941 eine landesweite Welle des Protestes aus. Das Gleiche geschah im März 1942, als die Rationen für Zucker und Brot gesenkt wurden. Wenngleich diese Aktionen zumindest bis 1943 noch keinen explizit politischen Charakter besaßen, so richteten sie sich doch *auch* gegen die staatlichen Behörden und die Organe der Partei. Diese wurden nicht nur für die strengen Auflagen und Gesetze, sondern auch für Mißwirtschaft, Korruption und Mangelversorgung verantwortlich gemacht. Auch die große Streikwelle, die im März und April 1943 die norditalienischen Industriemetropolen erfaßte, wurde durch die mangelhafte Nahrungsmittelversorgung ausgelöst. Die Märzstreiks waren nicht nur sichtbarer Ausdruck der Kriegsmüdigkeit und Unzufriedenheit der italienischen Bevölkerung; sie markierten auch den Höhepunkt der politischen Legitimationskrise des Regimes, die wenige Monate später zum Sturz Mussolinis führen sollte.

---

[73] Vgl. die mehreren Hundert Berichte in SPD, CO, f. 500.003/2 und f. 500.003/3; außerdem Simona Colarizi, La seconda guerra mondiale e la Repubblica, Torino 1984, S. 126–132; De Felice, Mussolini l'alleato, Bd. 1, S. 694ff.

SCHLUSSBETRACHTUNG

Die voranstehende Untersuchung hat gezeigt, daß der faschistischen Agrarpolitik unterschiedliche ökonomische und politische Zielsetzungen zu Grunde lagen. Die staatlichen Maßnahmen im Bereich der Landwirtschaft lassen sich weder allein auf das Wirken einer bestimmten Interessengruppe noch auf übergeordnete ideologische Vorstellungen zurückführen. Es handelte sich vielmehr um ein komplexes Wirkungsgeflecht aus langfristigen programmatischen Zielen und kurzfristig getroffenen, situationsbedingten Entscheidungen. Die einzelnen Etappen der faschistischen Agrarpolitik sollen abschließend noch einmal in Erinnerung gerufen werden.

Der Aufstieg des Faschismus fiel mit einer schweren Krise der italienischen Landwirtschaft zusammen. Die Ursachen der Krise waren struktureller Natur und reichten bis weit ins 19. Jahrhundert zurück: Starke regionale Entwicklungsgefälle, eine extrem unausgewogene Besitzstruktur und drückende Armut der ländlichen Bevölkerung gehörten zu den augenfälligsten Problemen des Agrarsektors. Die schweren sozialen Unruhen, die Italien nach dem Ersten Weltkrieg erfaßten, gingen daher auch in besonderem Maße von den ländlichen Regionen aus. Sie trugen erheblich zur politischen Destabilisierung des liberalen Staates und zur Entstehung der faschistischen Bewegung bei. Waren die ersten *Fasci di Combattimento* in den städtischen Zentren Norditaliens entstanden, so gelang der Aufstieg zur Massenbewegung zuerst in den ländlichen Gebieten der Poebene und Mittelitaliens. Als Garant von Ordnung und Besitz konnte die Bewegung Mussolinis nicht nur mit der Unterstützung der agrarischen Eliten rechnen, sondern auch breite Schichten der bäuerlichen Bevölkerung für sich gewinnen. Nach der Zerschlagung der freien Gewerkschaften gelang es darüber hinaus, in das traditionell sozialistische Landarbeitermilieu einzubrechen, das sich als weit weniger resistent gegenüber der faschistischen Offensive erwies als die Industriearbeiterschaft. Der „Agrarfaschismus" war somit nicht an ein festes Sozialmilieu gebunden, sondern konnte unterschiedliche Gruppen der ländlichen Bevölkerung für sich mobilisieren. Den stärksten Rückhalt erlangte der ländliche Faschismus aber offensichtlich bei den aufsteigenden agrarischen Mittelschichten. Diese sahen nicht nur in dem Prinzip der „Klassenkollaboration" ein tragfähiges soziales Ordnungsmodell für die Zukunft, sondern erhofften sich auch eine stärkere Berücksichtigung ihrer politischen und wirtschaftlichen Interessen. Wenngleich die schlechte Quellenlage kein gesichertes Urteil erlaubt, so wird man mit Cardoza und Corner vermuten können, daß der Konflikt zwischen den noch ganz im liberalen Klienteldenken verwurzelten alten Landeliten und dem neuen mittelständischen Agrarunternehmertum dem ländlichen Faschismus seine besondere politische Dynamik verlieh. Dies zeigen die Auseinandersetzungen zwischen dem liberalen Agrarverband Confagricoltura und der 1922 gegründeten faschistischen FISA, die sich als Interessenvertretung des kapitalistischen Agrarbürgertums der Poebene verstand. Dieser Konflikt schwelte auch nach der Fusion der Agrarverbände im Februar 1924 weiter und wurde erst 1926 mit der Entmachtung der alten liberalen Führungsgruppe und der Gleichschaltung der Berufsorganisationen beigelegt. Nach 1926 entwickelte sich der faschistische Agrarverband zu einer einflußreichen Interessenorganisation, die jenseits rein berufsständischer Vertretungsfunktionen wichtige Aufgaben im Bereich der landwirtschaftlichen Marktordnung wahrnahm. Die Entstehung des modernen agrarischen Verbandswesens war in Italien eng mit dem Aufstieg der faschistischen Bewegung verknüpft – ein entwicklungsgeschichtlicher Zusammenhang, dessen Bedeutung die Forschung bislang nicht ausreichend gewürdigt hat.

Auf der anderen Seite gelang es seit Mitte der zwanziger Jahre auch den faschistischen Landarbeitersyndikaten, ihre organisatorische und politische Stellung zu festigen. Unter der Führung Luigi Razzas wurde der Syndikatsverband CNFSA zur zeitweilig größten Massenorganisation im faschistischen Staat. Die Einbindung der Landarbeiter in die faschistischen Gewerkschaften beruhte häufig auf politischem Druck und ökonomischen Opportunitätsüberlegungen. Von einem breiten und aktiven „Konsens" der ländlichen Arbeitsbevölkerung wird man daher nicht sprechen können. Dennoch zeigt der starke Mitgliederzuwachs, daß zumindest eine passive Integration der Landarbeiter in die Organisationsstrukturen des faschistischen Staates gelungen war. Dies läßt sich auch daran erkennen, daß die seit 1927 erfolgten Lohnsenkungen letztlich ohne nennenswerte Widerstände akzeptiert wurden. Die Funktionen der Agrargewerkschaften blieben aber keineswegs auf die politische Disziplinierung der ländlichen Arbeitsbevölkerung beschränkt. So traten die Gewerkschaftsführer in den politischen Diskussionen durchaus selbstbewußt auf, etwa wenn es um die Verwirklichung kleinbäuerlicher Siedlungsprogramme oder die rechtliche Ausgestaltung der Pachtverträge ging. Obgleich die Agrargewerkschaften die meisten ihrer reformpolitischen Ziele nicht durchsetzen konnten, bildeten sie innerhalb des faschistischen Staates einen bedeutenden Machtfaktor, mit dem sich nicht nur die Arbeitgeberseite, sondern auch die politische Führung auseinanderzusetzen hatte.

Die Integrationserfolge der faschistischen Agrarorganisationen waren schließlich auch auf die massive Propaganda zurückzuführen, mit der das Regime die ländliche Bevölkerung für sich zu gewinnen suchte. Mussolini hatte schon frühzeitig erklärt, daß die Landwirtschaft im Mittelpunkt der faschistischen Wirtschafts- und Gesellschaftsordnung stehen sollte. Die 1925 begonnene „Getreideschlacht" – die erste große, mit modernen Propagandamitteln betriebene Mobilisierungskampagne des faschistischen Staates – sollte dies ebenso unter Beweis stellen wie die Urbarmachungsprogramme der dreißiger Jahre. Für Mussolini stellte der „ruralismo" zugleich eine Integrationsideologie dar, mit der auch solche gesellschaftlichen Gruppen angesprochen werden sollten, die sich zunächst zurückhaltend gegenüber dem Regime verhielten. Dies galt besonders für die katholische Kirche, die die Agrarpolitik seit 1925 offen unterstützte. Diese partielle Kooperation ebnete das politische Terrain für die Annäherung zwischen faschistischem Staat und katholischer Kirche, die mit dem Konkordat von 1929 ihren Höhepunkt finden sollte.

Der faschistische „Ruralismus" besaß allerdings keine feste theoretische Konsistenz, sondern diente zur Bündelung verschiedener politischer und ideologischer Strömungen. Während konservative Agrartheoretiker wie Serpieri die gesellschaftspolitische Stabilisierungsfunktion einer starken und bäuerlich geprägten Landwirtschaft betonten, verkörperte der „Ruralismus" für Radikalfaschisten wie Balbo, Farinacci oder Arpinati die ursprünglichen Werte des militanten Squadrismus. Demgegenüber waren die agrarpolitischen Vorstellungen Mussolinis stark von bevölkerungspolitischen Konzepten geprägt. In seinen Augen führte der Industrialisierungsprozeß zwangsläufig zu einem demographischen – und folglich auch zu einem machtpolitischen – Niedergang. Eine starke Landwirtschaft erschien ihm daher als wichtigste Voraussetzung für ein anhaltendes Bevölkerungswachstum und damit auch für eine ökonomische und machtpolitische Stärkung des Landes. Die Agrarpolitik stand somit indirekt auch in Verbindung mit Mussolinis imperialistischen Zielen. Besonders deutlich wurde dies in der zweiten Hälfte der dreißiger Jahre, als neben der „inneren Kolonisierung" Italiens auch die agrar- und siedlungspolitische Erschließung der afrikanischen Kolonien als programmatisches Ziel verkündet wurde. Trotz der Einbindung in ein expansionistisches Konzept fehlten dem faschistischen „Ruralismus" jedoch die biologistischen und völkischen Argumentationsmuster, die der nationalsozialistischen „Blut und Boden"-Ideologie zu Grunde lagen.

In der Praxis hatten diese ideologischen Vorstellungen aber nur begrenzten Einfluß auf die Agrarpolitik des faschistischen Staates. Nach dem „Marsch auf Rom" gingen von der faschistischen Regierung im Agrarbereich zunächst nur wenige politische Initiativen aus. Dies äußerte sich unter anderem in der

Auflösung des Landwirtschaftsministeriums im Sommer 1923. Die Agrarpolitik der Jahre 1922–1925 orientierte sich an einem strikt wirtschaftsliberalen Kurs, der unter den Leitbegriffen „Ordnung" und „Freiheit" auf
einen Abbau staatlicher Auflagen und Eingriffe zielte. Dies bedeutete auch,
daß die meisten gewerkschaftlichen Errungenschaften der Nachkriegsjahre
zunichte gemacht wurden. Es waren nicht zuletzt die geringen finanzpolitischen Spielräume, die kostenträchtige Programme zugunsten der Landwirtschaft in dieser Phase unmöglich machten.

Erst im Sommer 1925 kam es mit der „Getreideschlacht" zu einer Neuorientierung in der staatlichen Agrarpolitik. Mit Hilfe eines hohen Zoll-
schutzes und zahlreicher anderer Förderungsmaßnahmen sollte die Getreideproduktion gesteigert und die Einfuhr auf ein Minimum reduziert werden.
Wurde die „Getreideschlacht" offiziell mit politisch-ideologischen Zielen begründet („Nahrungsmittelfreiheit"), so waren es vor allem die akuten zah-
lungsbilanz- und währungspolitischen Probleme, welche das Regime zu diesem Schritt bewogen. Die meisten Agrarexperten, aber auch die landwirtschaftlichen Verbände standen einer einseitigen Zollprotektion der Getreidewirtschaft zu diesem Zeitpunkt ablehnend gegenüber, weil sie eine Beein-
trächtigung der landwirtschaftlichen Exporte befürchteten. Erst mit dem
1927 einsetzenden Verfall der Agrarpreise und dem Einbruch der Exportkonjunktur lösten sich auch die Verbände von ihrer traditionell freihändlerischen Position und forderten weitere protektionistische Maßnahmen. Die
häufig vertretene These, die „Battaglia del grano" sei Ausdruck einer politischen „Allianz" zwischen dem faschistischen Regime und den organisierten
Agrarinteressen gewesen, läßt sich in dieser undifferenzierten Form daher
nicht aufrechterhalten. Die öffentlichen Diskussionen der Jahre 1924 und
1925 machen deutlich, daß die politische Führung in der Zollfrage zunächst
eher gegen die Vorstellungen der Agrarverbände handelte.

Die 1927 einsetzende Rezession führte zu einer schweren Krise der italienischen Landwirtschaft, die durch die Weltwirtschaftskrise überlagert wurde und somit bis in die Mitte der dreißiger Jahre anhielt. In dieser Phase kam
es nicht nur zu erheblichen Eingriffen des Staates in die Wirtschaft. Zugleich
entstanden zahlreiche private und parastaatliche Organisationen, die durch
Preisabsprachen und Marktreglementierungen die verheerenden Auswirkungen der Rezession bekämpfen sollten. Lieferte der Korporativismus die theoretische Grundlage und politische Legitimation für diese Eingriffe, so konnte
er die ordnungspolitische Neuorientierung nur partiell beeinflussen. Die Umgestaltung der Wirtschaft und die damit verbundenen institutionellen Veränderungen erfolgten weder nach einem einheitlichen Prinzip, noch stellten sie
in allen Bereichen eine wirkliche Zäsur dar. Vielmehr handelte es sich um eine
Entwicklung, die sich auf mehreren Ebenen vollzog. Zum einen wurde die

traditionelle Ministerialbürokratie Ende der zwanziger Jahre erheblich verstärkt, was unter anderem durch die Bildung des Korporationsministeriums 1926 und die Neugründung des Landwirtschaftsministeriums im Jahre 1929 zum Ausdruck kam. Daneben entstanden eine Reihe von wirtschaftspolitischen Sonderverwaltungen (z. B. das „Kommissariat für Migration und innere Kolonisierung" und das „Nationale Exportamt"), die meist der direkten Kontrolle Mussolinis unterstanden. Schließlich entfalteten die Agrarsyndikate über die ihnen angegliederten Wirtschaftsorganisationen und Branchenverbände eine breite ökonomische Aktivität. Die von den korporativistischen Theoretikern geforderte wirtschaftliche Selbstverwaltung der Produzenten wurde in diesem Bereich vielleicht am weitesten verwirklicht. Die Agrarsyndikate nutzten auch die 1934 gegründeten Korporationen zur Durchsetzung ihrer sektorspezifischen Interessen, etwa wenn es um Preisabsprachen mit industriellen Zulieferanten oder Abnehmern agrarischer Rohprodukte ging. Der *stato corporativo* entsprach somit zwar nicht den ursprünglichen Entwürfen der faschistischen Wirtschafts- und Staatstheoretiker. Am Beispiel der Landwirtschaft läßt sich aber zeigen, daß die Korporationen auf der mittleren und unteren politischen Entscheidungsebene durchaus wichtige Funktionen wahrnahmen.

Vor dem Hintergrund der Rezession und der steigenden Arbeitslosigkeit wurden 1929 umfangreiche Urbarmachungs- und Siedlungsprogramme in die Wege geleitet. Die „Bonifica Integrale" war unter konzeptionellen Gesichtspunkten keine genuin faschistische Erfindung, sondern fußte auf liberalen und reformsozialistischen Entwürfen der unmittelbaren Nachkriegszeit. Mussolini hatte dieses Konzept zunächst eher beiläufig in das faschistische Programm übernommen, weil er darin eine Möglichkeit sah, einer verbindlichen Stellungnahme in der Bodenreformdebatte aus dem Weg zu gehen. Die wichtigsten Anstöße im Bereich der „Bonifica" gingen nach 1922 daher auch von einem politischen Außenseiter aus, dem renommierten Agrarwissenschaftler Arrigo Serpieri, der ursprünglich der Katholischen Volkspartei nahestand, im Sommer 1923 aber überraschend zum Unterstaatssekretär für Landwirtschaft ernannt wurde. Die Annäherung Serpieris an den Faschismus ist charakteristisch für viele Führungspersönlichkeiten aus den landwirtschaftlichen Hochschulen, Ministerien und Wirtschaftsverbänden. Serpieri erhoffte sich von dem neuen Regime eine Stärkung der landwirtschaftlichen Interessen und eine gesellschaftliche Aufwertung des immer mehr an Bedeutung verlierenden Agrarsektors. Insbesondere hielt er eine Modernisierung der Landwirtschaft unter Beibehaltung der traditionellen familienbäuerlichen Betriebsstrukturen für möglich. Diese Vorstellungen lagen schließlich auch der „Bonifica Integrale" zu Grunde. Bereits 1923/24 konnte Serpieri eine wichtige Gesetzesreform in die Wege leiten; allerdings scheiterten seine Pläne zunächst an finanzpolitischen Schwierigkeiten und an den Widerständen der Landbesitzerorganisationen, die sich gegen die gesetzlich festgeschriebene Enteignungsregelung wehrten. Denn obwohl Serpieri eine großangelegte Bodenreform ablehnte, hielt er eine Veränderung der ländlichen Eigentumsstruktur zugunsten der bäuerlichen Bevölkerung langfristig für unumgänglich. Als im Dezember 1928 über sieben Milliarden Lire für Meliorations- und Siedlungsprojekte zur Verfügung gestellt wurden, schien die Verwirklichung der Pläne Serpieris in unmittelbare Nähe gerückt. Die Schwierigkeiten bei der Diskontierung der staatlichen Zahlungsraten, die enorme Ausweitung der Meliorationsflächen und die mangelhafte Kontrolle der eingesetzten Mittel führten jedoch dazu, daß die Ergebnisse der Urbarmachungspolitik weit hinter den Erwartungen zurückblieben. Selbst nach den offiziellen Statistiken wurden die Meliorationsarbeiten lediglich auf 10% der Planungsflächen zu Ende geführt. Wenn sich dieses Ergebnis – bei einer Gesamtfläche von neun Millionen Hektar – immerhin sehen lassen konnte, so muß bei den boden- und siedlungspolitischen Zielsetzungen ein vollkommenes Scheitern konstatiert werden. Sieht man von einigen, aus Gründen des politischen Prestiges besonders geförderten Großprojekten ab, so blieb die Zahl der neuangesiedelten Familien verschwindend gering. Serpieri, der seit 1933 mit Unterstützung Luigi Razzas und der Gewerkschaften einen härteren Kurs gegenüber den Landbesitzern eingeschlagen hatte, konnte seine politischen Vorstellungen letztlich nicht durchsetzen. Obgleich Mussolini die Pläne Serpieris zunächst unterstützt hatte, wollte er sich auf das politische Abenteuer einer Bodenreform am Ende nicht einlassen. Angesichts des heraufziehenden Konfliktes in Äthiopien waren auch die finanzpolitischen Spielräume erheblich eingeschränkt, so daß neue kostenträchtige Strukturprogramme in weite Ferne rückten.

Eine wirkliche Förderung des kleinbäuerlichen Familienbetriebes hätte eine konsequente Boden- und Flurbereinigungspolitik, eine gezielte finanzielle Förderung der bäuerlichen Kleinunternehmer sowie flankierende sozialpolitische Maßnahmen erfordert. Gerade in den Jahren der Krise fehlte jedoch eine wirksame staatliche Unterstützung. Die nur punktuell eingesetzten Subventionen und Beihilfen trugen kaum dazu bei, die Liquiditäts- und Überschuldungsprobleme der Landwirtschaft zu mildern. Der seit dem Ersten Weltkrieg zu beobachtende bäuerliche Besitzbildungsprozeß kam daher mit Beginn der Krise zum Stillstand. Seit Anfang der dreißiger Jahre ist sogar wieder eine Verminderung der bäuerlichen Betriebe zu verzeichnen. Auch die von den faschistischen Agrarpolitikern wegen ihrer sozialen Stabilität propagierten Teilpachtsysteme boten langfristig keine Lösung für die strukturellen Probleme der durch Übervölkerung und Armut gekennzeichneten Landwirtschaft. Zwar gingen viele Grundbesitzer während der Wirtschaftskrise dazu über, ihr Land auf der Basis von Teilpachtverträgen zu bewirtschaften, weil sich dies im Vergleich zu Lohnarbeit als kostengünstiger erwies. Seit Mitte der dreißiger Jahre nahm die Zahl der Teilpächter aber wieder ab. Dies war nicht zuletzt eine Folge der allgemein zu beobachtenden Abwanderung von Arbeitskräften aus der Landwirtschaft in die Industrie und den tertiären Sektor, die weder durch die Kontrolle des Arbeitsmarktes noch durch beschäftigungspolitische Maßnahmen verhindert werden konnte. Die Ende der zwanziger Jahre für die Großstädte erlassenen Zuwanderungsrestriktionen fanden in der Praxis kaum Anwendung oder erwiesen sich als ineffektiv.

Ohnehin hatte Mussolini – und mit ihm die meisten faschistischen Politiker – bereits Ende der zwanziger Jahre von den utopischen Agrarstaatsparolen Abstand genommen. Auch ihm mußte klar sein, daß eine Deindustrialisierung die wirtschaftlichen Probleme des Landes nicht lösen, sondern eher verschärfen würde. Immer stärker wurde daher das Prinzip einer „komplementären", agrarisch-industriellen „Mischökonomie" als zukunftsträchtiges Entwicklungsmodell gepriesen. Für Mussolini war die Wirtschaftskrise vor allem auf die schleppende Nachfrageentwicklung zurückzuführen. Da sich die Exportchancen der italienischen Industrie auf längere Sicht verschlechtern würden, so die Argumentation, müsse die heimische Landwirtschaft als industrieller Binnenmarkt erweitert werden. Im Ansatz lassen sich hier sogar Elemente einer nachfrageorientierten Wirtschaftspolitik erkennen. Im Bereich der chemischen Dünger- und der Landmaschinenindustrie ist seit Mitte der zwanziger Jahre in der Tat eine kräftige Steigerung des Absatzes zu beobachten. Letztlich blieb das Nachfragepotential der Landwirtschaft aber gering und beschränkte sich auf die genannten Branchen der Investitions- und Grundstoffindustrie. Angesichts sinkender Einkommen und Löhne in der Landwirtschaft konnte von einer nachfrageorientierten Politik, die auch den Konsumgüterbereich einschloß, nicht die Rede sein.

Die veränderten wirtschaftlichen Bedingungen und die Erfordernisse der Aufrüstung führten seit 1935 zu einem grundlegenden Richtungswechsel in der landwirtschaftlichen Marktordnungspolitik. Hatten bis dahin preis- und einkommensstützende Ziele im Vordergrund gestanden, so mußte nun die drohende Inflation bekämpft werden. Der konjunkturelle Aufschwung und die Beschränkung der Einfuhren bewirkten einen starken Anstieg der Agrarpreise, den man seit Sommer 1935 mit Höchstpreisverordnungen zu bekämpfen suchte. Da sich die Abstimmung der Preise auf den verschiedenen Produktions- und Handelsstufen außerordentlich schwierig gestaltete, wurde schließlich im Sommer 1936 ein Zwangsablieferungssystem für Getreide eingeführt. Landwirtschaftsminister Rossoni versprach sich davon nicht nur eine bessere Kontrolle der Preise, sondern auch eine effizientere Verteilung der knappen Bestände. Die Verwaltung des Ablieferungs- und Distributionssystems übertrug er den landwirtschaftlichen Marktorganisationen, die nach und nach in ein staatliches Zwangsinstrument umgewandelt wurden. In der Praxis funktionierte dieses System allerdings außerordentlich schlecht und war mit großen Durchsetzungsproblemen verbunden. Die administrativen Schwierigkeiten bei der Einlagerung und Verteilung des Getreides, die schlechte Ablieferungsmoral der Bauern und ein blühender Schwarzmarkt offenbarten schon bald das Scheitern der Marktordnungspolitik, so daß Rossoni zunächst darauf verzichtete, das System auf andere Produktgruppen auszuweiten. Insbesondere kam es zu starken Protesten der bäuerlichen Produzenten und Handelsgesellschaften, die sich gegen die Beschränkung ihrer Verfügungsrechte zur Wehr setzten. Diese Proteste richteten sich immer offener gegen die politische Führung und hielten auch dann an, als sich Rossoni auf Druck Mussolinis zu einer partiellen Revision der Marktordnungspolitik entschloß. Die Einführung des „Ammasso totalitario" führte somit zu einem kaum noch zu verbergenden Konsensverlust des faschistischen Regimes in weiten Teilen der bäuerlichen Bevölkerung.

War die Umsetzung der staatlichen Marktordnungspolitik bereits im Ansatz gescheitert, so konnten hinsichtlich der außenwirtschaftlichen Ziele erhebliche Erfolge erzielt werden. Die Autarkiepolitik wurde in der Landwirtschaft nicht nur früher begonnen, sondern auch konsequenter verwirklicht als in anderen Wirtschaftsbereichen. Insbesondere auf dem Getreidesektor gelang es, die hohe Importabhängigkeit fast ganz zu beseitigen. Wenngleich auf ergänzende Nahrungsmitteleinfuhren – insbesondere von Fettträgern – nicht verzichtet werden konnte, wies Italien seit Anfang der dreißiger Jahre eine positive Agrarhandelsbilanz auf. Dies war auch auf die massive staatliche Subvention der landwirtschaftlichen Exporte zurückzuführen, die einen immer höheren Anteil am italienischen Gesamtexport bestritten und wertvolle Devisen für die Einfuhr rüstungswichtiger Rohstoffe und Industriegüter erwirtschafteten. Im Verständnis der faschistischen Wirtschaftspolitiker war *Autarkie* daher nicht mit einer vollständigen Herauslösung der italienischen Volkswirtschaft aus dem Weltmarkt gleichzusetzen. Vielmehr handelte es sich um eine neomerkantilistische Expansionsstrategie, deren wichtigstes Ziel in der dauerhaften Aktivierung der Zahlungsbilanz lag. Die Funktion der Landwirtschaft als Devisenquelle hatte allerdings zur Folge, daß immer weniger Agrarprodukte für den inländischen Verbrauch zur Verfügung standen. Zur sozialen Kehrseite der Autarkiepolitik gehörte daher ein deutlicher Rückgang des Nahrungsmittelkonsums in den dreißiger Jahren.

Die außenwirtschaftliche Zwangslage war schließlich auch die Ursache für die enormen Versorgungsschwierigkeiten, mit denen sich Italien in den Jahren nach 1940 konfrontiert sah. Denn einerseits war es nicht gelungen, in Friedenszeiten ausreichende Nahrungsmittelvorräte für einen mehrjährigen

Krieg anzulegen. Zum anderen mußte man auch weiterhin Lebensmittel an den nationalsozialistischen Bündnispartner exportieren, um Rohstoffe und Rüstungsgüter zu erhalten. Von ausländischen Lieferungen war das Land nach 1940 dagegen nahezu vollständig abgeschnitten. Hinzu kam, daß der Mangel an Arbeitskräften und technischen Produktionsmitteln zu einem dramatischen Rückgang der inländischen Agrarproduktion führte. Schließlich wurde die kriegswirtschaftliche Planung im Ernährungssektor nur halbherzig und viel zu spät in Angriff genommen, da man im Sommer 1940 noch davon ausging, daß der Krieg an der Seite Deutschlands in wenigen Monaten siegreich zu Ende geführt würde. Die Rivalitäten und Kompetenzkonflikte in der Ernährungspolitik, an der nicht nur das Agrar- und Korporationsministerium, sondern auch die Partei sowie zahlreiche private Wirtschaftsorganisationen beteiligt waren, führten zu erheblichen Abstimmungsproblemen. Die Versuche der staatlichen Behörden, die Versorgungslage durch eine Rationierung des Nahrungsmittelkonsums zu stabilisieren, scheiterten daher fast vollständig. Trotz hoher Strafen blieben die bäuerlichen Ablieferungsquoten gering. Ebensowenig gelang es, eine effektive Kontrolle über die Nahrungsmittelindustrie und den Einzelhandel zu gewinnen, so daß ein Großteil der Ernährungsgüter zu überhöhten Preisen auf dem Schwarzmarkt verkauft wurde. Für den überwiegenden Teil der italienischen Bevölkerung war der Krieg daher eine Zeit des Hungers und der Entbehrung. Dies galt vor allem für die unteren Einkommensschichten, die sich nicht auf dem Schwarzmarkt eindecken konnten und daher mit den äußerst niedrigen Lebensmittelrationen auskommen mußten. Die im Laufe des Krieges immer häufiger auftretenden Hungerproteste und Streiks verdeutlichen, daß die schlechte Versorgungslage erheblich zur politischen Diskreditierung des faschistischen Regimes beitrug.

Eine abschließende Bewertung der faschistischen Agrarpolitik ergibt ein heterogenes Bild. Es läßt sich feststellen, daß tendenziell diejenigen politischen Maßnahmen erfolgreich waren, die auf eine Beeinflussung ökonomischer Prozesse unter Beibehaltung der ordnungspolitischen Rahmenbedingungen zielten. Die Erfolge der „Produktionsschlachten" und bei der Regulierung des Außenhandels zeigen dies sehr deutlich. Hingegen scheiterten die meisten Vorhaben, die eine Veränderung der Agrarverfassung und der Agrarstruktur im Sinne der politischen Vorstellungen des Faschismus anstrebten.

Die Gründe für dieses Scheitern waren vielschichtig: Sie lagen einerseits in den häufig unrealistischen Zielsetzungen und in der fehlenden Durchsetzbarkeit der einzelnen, in der Praxis häufig inkonsequent verfolgten Maßnahmen. So wurden die sehr rigiden Regelungen zur Kontrolle der Wanderungsbewegungen und der Arbeitsmobilität in der Realität außerordentlich flexibel gehandhabt. Trotz einer äußerlich betrachtet „kohärenten" Agrarideologie verfügte der Faschismus letztlich über kein schlüssiges ordnungs- und strukturpolitisches Konzept zur Lösung der drängenden Probleme der Landwirtschaft.

Andererseits waren die geringen Erfolge bei langfristig angelegten Projekten wie der „Bonifica Integrale" nicht zuletzt institutionell bedingt. Das grundlegende Strukturmerkmal der faschistischen Wirtschaftsordnung bestand in einem Nebeneinander von mehreren Entscheidungsebenen (Ministerialbürokratie, Sonderverwaltungen, Partei, Syndikate und Korporationen), deren Kompetenzen sich vielfach überschnitten und die ohne eindeutige hierarchische bzw. funktionale Abgrenzung zueinander standen. Die Schaffung immer neuer Organisationen und Verwaltungen – bei gleichzeitiger Beibehaltung der bestehenden Organe – führte nicht nur zu einem kaum noch zu kontrollierenden Behördenwildwuchs, sondern auch zu einer ständigen Neudisposition von bürokratischem Einfluß und politischer Macht. Bereits Ende der zwanziger Jahre beklagten Ökonomen wie De Stefani den „institutionellen Pluralismus" der Wirtschaftsverwaltung und dessen lähmende Wirkung auf den politischen Entscheidungsprozeß.

Damit stellt sich die Frage, welche Rolle Mussolini innerhalb des wirtschaftspolitischen „decision-making" einnahm. Es fällt auf, daß der „Duce" viel direkter in den ökonomischen Entscheidungsprozeß eingriff als dies etwa Hitler im Rahmen der Wirtschaftsplanung des NS-Staates getan hat. Mussolini behielt sich selbst in zweitrangigen Detailfragen ein letztes Entscheidungsrecht vor und war somit die übergeordnete Instanz, mit der alle politischen und wirtschaftlichen Funktionsträger ständig Rücksprache halten mußten. Zugleich versuchte er, durch die Schaffung ihm direkt unterstehender Sonderverwaltungen sein Machtmonopol zu sichern. Auch die auf den ersten Blick konfus anmutende Personalpolitik war ein gezieltes Mittel diktatorischer Herrschaftssicherung. Durch die häufige und stets unkalkulierbare Umbesetzung in den Spitzenpositionen der Ministerien, Verbände und Parteiorganisationen konnte Mussolini verhindern, daß autonome Machtzentren mit starken Führungspersönlichkeiten entstanden – was auch erklärt, warum Politiker und Technokraten der mittleren Führungsebene vorübergehend so starken Einfluß gewinnen konnten.[1] Die Delegierung (und Entziehung) von politischer Macht erfolgte daher weniger nach sachlichen und funktionalen Gesichtspunkten, sondern nach Maßgabe diktatorischer Machterhaltung. Trotz dieser *formalen* Schiedsrichterfunktion gelang es Mussolini immer weniger, Einfluß auf die *inhaltliche* Ausgestaltung der Agrarpolitik zu

---

[1] Ähnlich Sabino Cassese, Politica del consenso e struttura dell'apparato statale fascista, in: Costanzo Casucci (Hg.), Interpretazioni del fascismo, Bologna 1982, S. 632–634.

nehmen. Denn einerseits war er auf die Berichte und Vorlagen der einzelnen Behörden und Ressortleiter angewiesen, die ihrerseits bestimmte Ziele und Machtinteressen verfolgten, wodurch sich notwendigerweise ein selektiver Informationsfluß ergab. Auf der anderen Seite wurde es mit zunehmender institutioneller Differenzierung immer schwieriger, den politischen Entscheidungsprozeß von zentraler Stelle zu steuern. Zumindest im Bereich der Wirtschafts- und Agrarpolitik geriet Mussolini daher seit Anfang der dreißiger Jahre immer mehr in die Rolle eines passiven Beobachters, der nur noch punktuell in die Geschehnisse eingriff. Nach außen hin Dezisionismus und Gestaltungswillen demonstrierend, verhielt er sich bei wichtigen Entscheidungen häufig abwartend und zögernd, um am Ende den „Weg des geringsten Widerstandes" einzuschlagen. Aus Angst vor Popularitätsverlust veranlaßte er seine Mitarbeiter in kritischen Situationen nicht selten zur Abänderung der Pläne, wie das Beispiel der staatlichen Marktordnungspolitik nach 1936 zeigt. Auch politische Exponenten des Regimes wie Serpieri erkannten hierin eines der Haupthindernisse für eine rationale und langfristige politische Planung im wirtschaftlichen Bereich.

Die häufig aufgeworfene Frage, ob die faschistische Agrarpolitik eine Modernisierung der italienischen Landwirtschaft eher gefördert oder behindert hat und inwieweit sie die gesamtwirtschaftliche Entwicklung beeinflußt hat, läßt sich daher nicht eindeutig beantworten. Sicherlich wird man Corner zustimmen können, daß die agrarpolitischen Maßnahmen der Jahre 1922–1943 nicht im Widerspruch zu einer industriekapitalistischen Entwicklung standen. Selbst den radikalsten Vertretern der faschistischen Agrarideologie ging es letztlich nicht um eine Rückkehr zu einer vorindustriellen, agrarisch geprägten Gesellschaft. Mochten solche Ideen in der politischen Rhetorik hier und dort auftauchen, so hatten sie in Wirklichkeit nur geringen Einfluß auf die faschistische Wirtschaftspolitik. Auch der Faschismus kam nicht an der Einsicht vorbei, daß die Entstehung der industriellen Massengesellschaft ein unumkehrbarer Prozeß war. Wenn sich der Übergang von einer agrarischen zu einer industriell geprägten Gesellschaft innerhalb der faschistischen Herrschaftsperiode fortgesetzt hat, so lassen sich auch innerhalb der Landwirtschaft Tendenzen erkennen, die unter ökonomischen Gesichtspunkten als Modernisierung bezeichnet werden können: die steigenden Produktivitäts- und Ertragsleistungen, die verbesserte Kapitalausstattung der Betriebe und der wachsende Einsatz von chemischen Düngern und Maschinen müssen hier an erster Stelle genannt werden. Die staatlichen Förderungsmaßnahmen haben diese Entwicklung zwar nicht allein bewirkt, in vieler Hinsicht aber begünstigt. Die fortschreitende Marktintegration der Landwirtschaft und die zunehmende Verflechtung mit den vor- und nachgelagerten Gewerbebereichen können ebenfalls als Kennzeichen einer agrarwirtschaftlichen Modernisierung interpretiert werden. Auf der anderen Seite wirkten jedoch retardierende Momente, die es fragwürdig erscheinen lassen, von einer umfassenden Modernisierungskonzeption zu sprechen. Der weitgehende Verzicht auf sozialpolitische Unterstützungsmaßnahmen, die restriktive Lohnpolitik und die – wenn auch in der Praxis wirkungslosen – Reglementierungen der Arbeitsmobilität müssen dabei besonders hervorgehoben werden. Es war letztlich eine widersprüchliche Mischung aus modernisierenden und rückschrittlichen Elementen, welche die Agrarpolitik in den Jahren des Faschismus kennzeichnete.

ANHANG

Bruttobodenproduktion und Nahrungsmittelproduktion*

Jahr	Tierische Nahrungsmittel (a)	Pflanzliche Nahrungsmittel (b)	Industrie-kulturen (c)	Tier-futter (d)	Nahrungsmit-telproduktion (a)+(b)	Bruttoboden-produktion (b)+(c)+(d)
1911–1920[a]	82.788	183.150	16.635	117.251	265.938	317.036
1921	92.834	186.403	17.394	104.985	279.237	308.752
1922	100.163	186.758	17.549	88.701	286.921	293.008
1923	96.569	215.691	17.934	106.546	312.260	340.171
1924	87.985	211.704	18.012	117.508	299.689	347.224
1925	96.797	221.286	18.978	124.980	318.083	365.244
1926	108.505	218.983	19.033	126.258	327.488	364.274
1927	111.421	189.447	18.340	108.271	300.868	316.058
1928	109.121	219.191	17.570	101.024	328.312	337.785
1929	105.107	236.432	16.622	115.825	341.539	368.879
1930	98.364	195.603	16.038	128.703	293.967	340.344
1931	104.531	206.156	15.200	109.200	310.687	330.556
1932	105.366	239.980	14.425	129.658	345.346	384.063
1933	106.001	218.128	13.981	117.628	324.129	349.737
1934	106.584	208.021	13.775	128.644	314.605	350.440
1935	113.584	225.117	13.728	98.555	338.701	337.400
1936	112.708	199.841	13.233	120.636	312.549	333.710
1937	108.510	249.922	13.710	129.877	358.432	393.509
1938	121.683	232.900	14.202	114.792	354.583	361.894
1939	120.908	246.984	14.814	126.236	367.892	388.034
1940	127.225	221.624	15.151	132.875	348.849	369.650
1941	115.764	219.222	15.129	118.107	334.986	352.458
1942	100.190	206.294	14.242	100.780	306.484	321.316
1943	58.122	186.578	11.609	84.814	244.700	283.001

* in tsd. dz Getreideeinheiten   [a] Jahresdurchschnitt

Erläuterungen

In der vorstehenden Tabelle ist das physische Produktionsvolumen der italienischen Landwirtschaft zwischen 1911 und 1943 in Getreideeinheiten dargestellt. Die Benutzung der Getreideeinheit als Generalnenner ermöglicht sowohl bei der Bruttobodenproduktion als auch bei der Nahrungsmittelproduktion eine Aggregation zu Gesamtzahlen. Die Produktionszahlen für die einzelnen Güter wurden den Veröffentlichungen des italienischen Zentralinstituts für Statistik (ISTAT) entnommen.[1] Die Umrechnung in Getreideeinheiten ist in der italienischen Agrarstatistik nicht üblich. Daher wurde auf den Getreideeinheitenschlüssel des Deutschen Bundesministeriums für Ernährung, Landwirtschaften und Forsten als Umrechnungskoeffizient zurückgegriffen, und zwar zum Teil in der alten, zum Teil in der 1971 neu erarbeiteten Version.[2] Bei einer kürzlich vorgenommenen Totalrevision wurde ein neuer Schlüssel auf der Basis von Futtergersteneinheiten entwickelt.[3] Da in Italien keine Futtergerste in nennenswertem Umfang produziert wurde, erschien die Verwendung dieses revidierten Schlüssels nicht als sinnvoll.

Die Umrechnungskoeffizienten basieren auf dem Nettoenergiewert der einzelnen Agrargüter, die in Getreideeinheiten ausgedrückt werden. Erfaßt wird die gesamte landwirtschaftliche Produktion unabhängig von ihrer Verwertung, das heißt es spielt keine Rolle, ob die Produkte verkauft, dem Eigenkonsum zugeführt oder eingelagert wurden. Da keine monetäre Umrechnung möglich ist, können keine Aussagen über die ökonomische Verwertung oder die Möglichkeiten der Einkommenserzielung gemacht werden.

Bei der Berechnung der tierischen Nahrungsmittelproduktion wurde neben dem geschlachteten Vieh (Lebendgewicht) die Veränderung des Viehbestandes in der jeweiligen Periode berücksichtigt. Ferner wurden tierische Erzeugnisse wie Milch und Eier einbezogen. Im einzelnen handelt es sich um folgende Produkte (in Klammern der Umrechnungsfaktor in Getreideeinheiten bei gleicher Gewichtsmaßzahl): Rinder (5,20), Pferde (5,20), Schafe und Ziegen (5,20), Schweine (4,20), Geflügel und Kleintiere (3,75), Eier (4,2), Milch (0,8).

Bei der Berechnung der pflanzlichen Nahrungsmittelproduktion wurden folgende Produkte berücksichtigt: Weizen, Hafer, Roggen, Mais, Reis, Gerste (1,00); Kartoffeln (0,25); Gemüse: Tomaten, Spargel, Kohl, Blumenkohl, Zwiebeln, Knoblauch, Kürbis und Artischocken (0,20); frische Hülsenfrüchte: Erbsen, grüne Bohnen, Saubohnen (1,50); getrocknete Hülsenfrüchte: Linsen, Kichererbsen,

[1] Istituto Centrale di Statistica, Sommario (1958) S. 106–117.

[2] Bundesministerium für Ernährung, Landwirtschaft und Forsten (Hg.), Statistisches Jahrbuch über Ernährung, Landwirtschaft und Forsten der Bundesrepublik Deutschland 1970, Hamburg-Berlin 1970, S. 123; ebd. (1971) S. 122.

[3] Jürgen Walter Becker, Aggregation in landwirtschaftlichen Gesamtrechnungen über physische Maßstäbe. Futtergersteneinheiten als Generalnenner, Gießen 1988; Bundesministerium für Ernährung, Landwirtschaft und Forsten (Hg.), Statistisches Jahrbuch über Ernährung, Landwirtschaft und Forsten der Bundesrepublik Deutschland 1986, Münster-Hiltrup 1989, S. 128.

Erbsen, Lupine, Wicke, Platterbsen (1,50); Zuckerrüben (0,25); Zitrusfrüchte: Orangen, Mandarinen, Zitronen und andere (0,50); Frischobst: Äpfel, Birnen, Kirschen, Pfirsiche, Aprikosen, Susinen, Feigen (0,50); Weintrauben (0,25); Oliven (2,00).

Bei der Umrechnung von Industriekulturen in Getreideeinheiten wird von alternativen Nutzungsmöglichkeiten im Bereich der landwirtschaftlichen Nahrungsmittelproduktion ausgegangen. Berücksichtigt wurden: Hanf (0,70), Faserleinen (1,00), Tabak (2,50), Wolle (40).

Die Bruttobodenproduktion gibt nicht nur die Nahrungsmittelproduktion, sondern die gesamte Produktionsleistung der Landwirtschaft wieder. Das bedeutet, daß Industriekulturen ebenso berücksichtigt werden wie die Aufzucht von Viehbeständen zu Arbeitszwecken. Die tierischen Erzeugnisse werden nicht nach ihrem eigenen Nettoenergiegehalt, sondern nach dem Nettoenergiegehalt des Futters bewertet, das durchschnittlich zu ihrer Erzeugung erforderlich ist. Da in den italienischen Statistiken die gesamte Tierfutterproduktion in Heuäquivalente umgerechnet wurde, fällt dies in dem vorliegenden Fall besonders leicht. Zur Umrechnung von Tierfutter in Getreideeinheiten wurde der Faktor 0,40 verwendet.

ABKÜRZUNGSVERZEICHNIS

ACONF	Archivio della Confindustria (Archiv des Industriellenverbandes)
ACS	Archivio Centrale dello Stato (Zentrales Staatsarchiv)
AD	Autografi del Duce (Schriften und Aufzeichnungen Mussolinis)
API	Atti Parlamentari (Parlamentsakten)
AS	Archivio di Stato
b.	busta (Aktenkonvolut)
Cat.	Categoria (Kategorie)
CD	Camera dei Deputati (Deputiertenkammer)
CFA	Confederazione Fascista degli Agricoltori (Fasch. Verband der Landwirte)
CFLA	Confederazione Fascista dei Lavoratori dell'Agricoltura (Fasch. Landarbeiterverband, seit 1934)
CM	Consiglio dei Ministri (Ministerrat)
CNFA	Confederazione Nazionale Fascista degli Agricoltori (Fasch. Verband der Landwirte; seit 1934: CFA)
CNSFA	Confederazione Nazionale dei Sindacati Fascisti dell'Agricoltura (Verband der Landarbeitergewerkschaften; seit 1934: CFLA)
CO	Carteggio Ordinario (normale Korrespondenz)
Confagricoltura	Confederazione Generale dell'Agricoltura (Italienischer Agrarverband, bis 1924)
Confindustria	Confederazione Generale Fascista dell'Industria (Industriellenverband)
CS	Camera del Senato (Senatskammer)
CR	Carteggio Riservato (geheime Korrespondenz)
D.C.G.	Decreto Capo del Governo (Dekret des Regierungschefs)
D.M.	Decreto Ministeriale (Ministerialdekret)
DBI	Dizionario Biografico degli Italiani
Div.	Divisione
DPP	Divisione Polizia Politica (Abt. Sicherheitspolizei)
ENR	Ente Nazionale Risi (Nationale Reisgesellschaft)
f.	fascicolo (Faszikel)
Federconsorzi	Federazione Italiana dei Consorzi Agrari (Verband der Agrargenossenschaften)
FGB	Fondo Giovanni Ballela

FILA	Federazione Italiana dei Lavoratori dell'Agricoltura (Fasch. Landarbeiterverband, bis 1926)
FISA	Federazione Italiana dei Sindacati Agricoli (Fasch. Verband der Landwirte, bis 1926)
FITA	Federazione Italiana dei Tecnici dell'Agricoltura (Fasch. Verband der Agrarwissenschaftler, bis 1926)
FM	Fascicoli per materia (nach Sachgebieten geordnete Faszikel)
FP	Fascicoli personali (nach Personen geordnete Faszikel)
INE	Istituto Nazionale per l'Esportazione (Nationales Exportamt)
ISTAT	Istituto Centrale di Statistica (Staatliches Statistikamt)
L.	Legge (Gesetz)
Leg.	Legislatura (Legislaturperiode)
MAF	Ministero dell'Agricoltura e delle Foreste (Landwirtschaftsministerium)
MEN	Ministero dell'Economia Nazionale (Ministerium für die Nationale Wirtschaft)
MI	Ministero dell'Interno (Innenministerium)
ONC	Opera Nazionale Combattenti (Nationaler Kriegsveteranenverband)
O.O.	Opera Omnia di Benito Mussolini
PCM	Presidenza del Consiglio dei Ministri (Amt des Ministerratspräsidenten, Regierungskanzlei)
PNF	Partito Nazionale Fascista
PP	Polizia Politica
PS	Direzione Generale della Pubblica Sicurezza (Generaldirektion für Innere Sicherheit)
R.D.	Regio Decreto (Dekret)
R.D.L.	Regio Decreto Legge (Dekretgesetz)
sc.	scatola (Schachtel)
Sess.	Sessione (Sitzungsperiode)
SNFTA	Sindacato Nazionale Fascista dei Tecnici Agricoli (Fasch. Verband der Agrarwissenschaftler)
sottof.	sottofascicolo (Unterfaszikel)
SPD	Segretaria Particolare del Duce (Persönliche Kanzlei Mussolinis)
T.U.	Testo unico (Rahmengesetz)

432

VERZEICHNIS DER TABELLEN

1.1 Zusammensetzung der Erwerbsbevölkerung nach den Volkszählungen von 1871, 1901, 1911 und 1921 13

1.2 Männliche Erwerbstätige in der Landwirtschaft 1921 17

1.3 Streiks in der Landwirtschaft 1919–1923 21

1.4 Produktionsindices der Hauptagrarerzeugnisse 1915–1923 22

1.5 Bruttoproduktionswert, Bruttoanlageinvestitionen, Produkt- und Faktorpreise in der Landwirtschaft 1915–1923 25

3.1 Index der Agrarproduktion 1921–1925 55

3.2 Die italienischen Agrarexporte 1921–1925 56

4.1 Mitglieder der sozialistischen und katholischen Gewerkschaften 1920–1923 76

4.2 Berufsstruktur der landwirtschaftlichen Arbeitnehmersyndikate von 1927 und 1931 80

4.3 Mitglieder der faschistischen Agrargewerkschaften 1922–1939 102

4.4 Mitglieder des Faschistischen Verbandes der Landwirte 1928–1939 . . 104

5.1 Produktion, Verbrauch und Import von Weizen 1891–1925 111

5.2 Die italienischen und kanadischen Weizenpreise 1920–1925 120

5.3 Die italienische Handelsbilanz 1922–1925 126

5.4 Die Nahrungsmittelbilanz 1911/1913, 1922–1925 127

5.5 Produktion, Einfuhrmenge und Einfuhrwert von Weizen 1922–1925 . 127

5.6 Weizenpreise 1922/23–1927/28 134

5.7 Produktion, Einfuhr und Verbrauch von Weizen 1921–1940 144

5.8 Weizenhektarerträge 1922–1938, nach Regionen gegliedert 145

5.9 Weizenanbaufläche 1922–1938, nach Regionen gegliedert 146

6.1 Agrar- und Gesamtpreisindex, verschiedene Berechnungen 1927–1934 . 162

6.2 Das Bruttoinlandsprodukt (BIP) nach Sektoren 1927–1934 164

6.3 Produktionsindices einzelner Agrargüter, der Gesamtnahrungsmittel- und Bruttobodenproduktion 1921–1935 164

6.4 Durchschnittslöhne in der Landwirtschaft 1913–1933 172

6.5 Die Entwicklung des Agrarkredits 1928–1938 185

6.6 Weizenpreise und -zölle 1925/26–1932/33 187

6.7 Die wichtigsten Agrarzölle (Stand 1. Dezember 1928) 187

6.8 Genossenschaftliche Weizenverkäufe 1930–1935 196

6.9 Die italienische Reiswirtschaft: Anbaufläche, Produktion und Preise für Reis (unbearbeitet) 1920–1940 203

6.10   Die italienischen Reisexporte 1931/32–1939/40   203
6.11   Die wichtigsten Agrarexporte 1921–1933   209
7.1   Staatsausgaben für Urbarmachungsprogramme 1922/23–1927/28   . . .   218
7.2   Der Finanzplan der „Bonifica Integrale" nach dem „Mussolini-Gesetz"
       vom 24. Dezember 1928   226
7.3   Finanzielle Aufwendungen für Urbarmachungsprojekte 1929/30–1933/34   239
7.4   Die Fläche der amtlichen „Urbarmachungsbezirke" 1922–1942   241
8.1   Die Zahl der offiziell registrierten Arbeitslosen 1926–1934   258
8.2   Ausgaben für öffentliche Arbeitsprogramme 1924–1935   261
8.3   Beschäftigte in öffentlichen Urbarmachungsprogrammen 1931–1937 . .   262
8.4   Landwirtschaftliche Arbeitsmigration innerhalb Italiens 1928–1937   . .   267
8.5   Umsiedlungen im Rahmen der Inneren Kolonisierung 1930–1938 . . .   268
8.6   Herkunftsregionen der Siedlungsbauern 1930–1938   270
8.7   Zielregionen der Siedlungsbauern 1930–1938   270
8.8   Sektorale Verteilung der Erwerbsbevölkerung 1901–1951   272
8.9   Bäuerlicher Landerwerb 1919–1933   284
8.10   Die männliche Erwerbsbevölkerung in der Landwirtschaft nach den
       Volkszählungen 1911–1951   285
8.11   Verteilung der landwirtschaftlichen Nutzfläche (LNF) nach Betriebsform
       (Stand 19.3.1930)   287
8.12   Betriebsgrößenstruktur (Stand 19.3.1930)   287
8.13   Besitzstruktur in der Landwirtschaft auf der Basis der Steuerlisten (Stand
       30.6.1946)   288
9.1   Produktion und Einfuhr von Mineraldüngern 1924 und 1938   303
9.2   Verbrauch an Kunstdüngern 1921/22–1939/40   303
9.3   Registrierter Traktorenbestand laut UMA 1914–1942   310
9.4   Einfuhr von landwirtschaftlichen Maschinen (ohne Traktoren)
       1922–1938   315
9.5   Aufwendungen der Landwirte für Dünger und Pflanzenschutzmittel
       1922–1939   316
9.6   Durchschnittliche jährliche Bruttoinvestitionen in Landwirtschaft und
       Industrie 1921–1940   317
9.7   Durchschnittliche jährliche Nettoinvestitionen in Landwirtschaft und
       Industrie 1921–1940   317
9.8   Durchschnittliche jährliche Bruttoinvestitionen in der Landwirtschaft
       nach Bereichen 1921–1940   318
9.9   Nettokapitalstock und Kapitalintensitäten in der Landwirtschaft
       1921–1951   318
9.10   Großhandelspreisindex in Landwirtschaft und Industrie 1928–1940 . .   321
9.11   Faktor- und Produktpreise in der Landwirtschaft 1922–1940   322
10.1   Zusammensetzung der Corporazione dei Cereali 1934   338
11.1   Bruttoinlandsprodukt, Bruttoinvestitionen, öffentlicher und privater
       Konsum in konstanten Preisen 1934–1939   346

11.2   Die italienische Handelsbilanz 1921–1939   347
11.3   Personalbestand des Landwirtschaftsministeriums 1930–1942   356
11.4   Anteil des abgelieferten Getreides an der Gesamtproduktion 1936–1939   368
11.5   Einfuhr von Nahrungsmitteln und Agrarrohstoffen 1937   383
11.6   Ausfuhrwert der wichtigsten Agrarprodukte 1937   383
11.7   Die wichtigsten Agrarexporte 1926–1930, 1936–1940   385
11.8   Meliorationsflächen: Planung und Stand der Arbeiten 1923, 1934, 1938
       und 1942   391
11.9   Landwirtschaftliche Flächennutzung 1922, 1932, 1942   392
11.10 Bruttobodenproduktion und Nahrungsmittelproduktion 1926–1930,
       1936–1940   393
11.11 Die wichtigsten Agrareinfuhren 1926–1930, 1935–1940   394
11.12 Die ernährungswirtschaftliche Außenhandelsbilanz 1926–1930, 1935–
       1940   394
11.13 Jährlicher Pro-Kopf-Verbrauch an Nahrungsmitteln 1926–1930,
       1936–1940   397
11.14 Täglicher Pro-Kopf-Verbrauch an Nährwerten 1926–1930, 1936–1940 .   398
12.1   Ablieferungsmengen bei den Hauptgetreideprodukten 1940–1942 . . .   405
12.2   Bruttobodenproduktion und Nahrungsmittelproduktion 1939–1943 . .   409
12.3   Nahrungsmittelrationen für Speisefette, Getreideprodukte und Zucker
       1940–1943   414

435

VERZEICHNIS DER UNGEDRUCKTEN QUELLEN

1. Roma, Archivio Centrale dello Stato

a) Segretaria Particolare del Duce

Carteggio Riservato:
B. 13, 28, 29, 30, 40, 42, 69, 87, 88, 89, 90, 91/1, 91/2, 91/3, 93

Carteggio Ordinario:
F. 10.836, 16.987, 106.414, 112.988, 119.759, 198.066, 208.282, 208.311, 500.003/1, 500.003/2, 500.003/3, 500.003/4, 500.381/1, 509.488, 509.614, 509.731, 509.808/1, 509.808/2, 509.808/3, 509.808/6, 509.828/1, 509.828/2, 509.831, 527.970, 549.130, 552.802

Autografi del Duce, Carte della „Cassetta di zinco": sc. 4–9

b) Ministero dell'Interno

Direzione Generale della Pubblica Sicurezza, Divisione Polizia Politica

Fascicoli per Materia:
Ministero dell'Agricoltura 1929–1931: b. 156, Cat. M 83
Ministero dell'Agricoltura 1932–1938: b. 167, Cat. M 28
Ammassi del Grano 1934–1938: b. 180, Cat. N 720

Fascicoli Personali:
Cat. 1, Nr. 32, 210, 518, 820, 1141

c) Partito Nazionale Fascista

Fascicoli Personali di Senatori e Consiglieri Nazionali 1881–1943: b. 23, 26
Direttorio Nazionale, Servizi amministrativi, Ser. I, b. 287, 319
Fogli di disposizione 1933–1940

d) Nachlässe

Carte Volpi di Misurata, b. 6
Carte Roberto Farinacci, sc. 2

e) Consiglio dei Ministri, Verbali

Bd. 16 (23.10.1923–10.12.1926)
Bd. 17 (3.1.1927–22.5.1929)
Bd. 18 (12.6.1929–19.12.1932)
Bd. 19 (2.11.1933–15.6.1935)
Bd. 20 (28.8.1935–1.6.1936)
Bd. 21 (4.7.1936–21.6.1937)

f) Presidenza del Consiglio dei Ministri

1923
Cat. 3/1–1, Nr. 2319
Cat. 3/1–2, Nr. 106, 1297, 2120
Cat. 3/8, Nr. 2004

1924
Cat. 3/1–1, Nr. 529, 3120, 3400
Cat. 3/1–2, Nr. 519
Cat. 3/5, Nr. 2090
Cat. 3/16, Nr. 1581, 1982

1925
Cat. 1/1–2, Nr. 1385
Cat. 1/2–2, Nr. 2714
Cat. 3/1–1, Nr. 41, 1649, 3475
Cat. 3/8, Nr. 424
Cat. 3/16, Nr. 240
Cat. 3/18, Nr. 1173
Cat. 6/1, Nr. 1504
Cat. 9/1, Nr. 1294
Cat. 9/2, Nr. 1383
Cat. 9/5, Nr. 3057
Cat. 14/1, Nr. 2761

1926
Cat. 1/1–2, Nr. 1822
Cat. 3/1–1, Nr. 114, 1539, 2033, 3771, 4014, 4022, 4100, 4236, 4689
Cat. 3/5, Nr. 2073
Cat. 3/5, Nr. 2120
Cat. 3/8, Nr. 1356
Cat. 3/8, Nr. 2526, 2761, 3273, 4157
Cat. 3/16, Nr. 336, 1187, 2487
Cat. 8/2, Nr. 3278
Cat. 9/5, Nr. 3918

1927

Cat. 3/1–1, Nr. 185, 224, 691, 945, 1060, 2620, 2846, 3946
Cat. 3/5, Nr. 77, 396, 761
Cat. 3/7, Nr. 903
Cat. 3/8, Nr. 1703
Cat. 3/16, Nr. 2165
Cat. 6/3, Nr. 1899
Cat. 7/1–2, Nr. 2718
Cat. 9/2, Nr. 4571
Cat. 9/5, Nr. 1050
Cat. 11/2, Nr. 2678
Cat. 14/1, Nr. 377, 3000
Cat. 14/3, Nr. 838

1928–1930

Cat. 1/1–2, Nr. 232, 1466, 7754, 8617–8
Cat. 3/1–1, Nr. 2179, 3213, 3536, 4113, 5632, 8901, 8940, 9288, 9364, 10412, 11622
Cat. 3/1–2, Nr. 2510, 7040, 11996, 1294, 7305, 7895, 11461
Cat. 3/1–9, Nr. 9191, 12853
Cat. 3/2–2, Nr. 3968, 7682
Cat. 3/2–6, Nr. 8694
Cat. 3/2–10, Nr. 9261
Cat. 3/2–15, Nr. 1516
Cat. 7/1–1, Nr. 74
Cat. 7/1–2, Nr. 567, 2289, 3113, 8577
Cat. 9/3, Nr. 4221
Cat. 9/6, Nr. 1615, 10360, 13162
Cat. 14/1, Nr. 2661
Cat. 14/3, Nr. 8763, 11104, 13103
Cat. 17/1, Nr. 7929
Cat. 18/2, Nr. 1854, 6535
Cat. 18/3, Nr. 8900

1931–1933

Cat. 1/1–2, Nr. 6282
Cat. 1/1–26, Nr. 4135
Cat. 1/3–1, Nr. 6148
Cat. 3/1–1, Nr. 1149, 1309, 1450, 1669, 1681, 1770, 2275, 3087, 4297, 6952, 9073, 11499
Cat. 3/1–2, Nr. 864, 1890, 2430, 6611, 6666, 7103, 7297
Cat. 3/1–3, Nr. 107, 450, 1880
Cat. 3/1–7, Nr. 9772, 9887
Cat. 3/2–6, Nr. 3033
Cat. 3/2–9, Nr. 9708
Cat. 3/2–15, Nr. 2657, Nr. 2887

Cat. 5/1, Nr. 4476
Cat. 9/6, Nr. 1154, 2510, 3433, 3608, 5031, 9668
Cat. 9/6, Nr. 9890
Cat. 14/1, Nr. 639, 5754/1
Cat. 14/3, Nr. 2888
Cat. 18/2, Nr. 1100, 4159
Cat. 18/3, Nr. 2752
Cat. 18/6, Nr. 5644

1934–1936
Cat. 1/1–2, Nr. 3692
Cat. 1/1–23, Nr. 3299/2
Cat. 3/1–1, Nr. 598, 1005, 1995, 4424, 5477, 6380, 7770
Cat. 3/1–2, Nr. 3, 292, 1895, 2485, 2686, 3223, 4590, 4890, 5415, 6739, 6769
Cat. 3/1–7, Nr. 2679
Cat. 3/1–8, Nr. 3523
Cat. 3/2–6, Nr. 5937
Cat. 3/2–15, Nr. 122
Cat. 5/1, Nr. 1929/1, 1929/3, 1929/4, 1929/5
Cat. 7/1–1, Nr. 1261
Cat. 12/15, Nr. 1019
Cat. 14/1, Nr. 6600, 7633
Cat. 18/2, Nr. 3427

1937–1939
Cat. 3/1–1, Nr. 988, 1038, 1165, 1636, 2652/1, 2749, 3507, 3599, 4413, 4996, 5799, 7900
Cat. 3/1–2, Nr. 107, 301/1, 301/2, 477, 2061, 2096, 2240, 2965, 3226, 4699, 5258, 5297, 6204
Cat. 3/1–3, Nr. 3510
Cat. 3/1–7, Nr. 8425
Cat. 14/1, Nr. 6039
Cat. 14/3, Nr. 712
Cat. 14/3, Nr. 5385–6127

1940–1943
Cat. 1/1–23, Nr. 3299
Cat. 3/1–2, Nr. 1904/1, 1904/2, 3271

2. Roma, Archivio della Confindustria

Fondo Giovanni Ballela: B. 1–4, 76, 83, 96

3. Roma, Archivio Fondazione Ugo Spirito

Carteggio Ugo Spirito: Nr. 366, 404, 420, 425

4. Venezia, Archivio di Stato

Prefettura, Gabinetto, versamento 1971: b. 20, 55, 59

VERZEICHNIS DER GEDRUCKTEN QUELLEN UND DER LITERATUR

Gedruckte Quellen, Dokumenten- und Textsammlungen

Albertini, Luigi, Epistolario 1911–1926, Bd. 4: Il fascismo al potere (Hg. Ottavio Barié), Milano 1968

Ascione, Mario (Hg.), L'agricoltura italiana e gli scambi con l'estero, Roma 1931

Atti del P.N.F., Bd. I (1931–1932), Bd. V,1 (1935–1936), Bd. VI,1 (1936–1937), Roma o.J.

Atti del Parlamento italiano, Camera dei Deputati, XXVI Legislatura, Sessione 1921–1923, Bd. 10, Discussioni, Roma 1923

Atti del Parlamento italiano, Camera dei Deputati, XXVII Legislatura, Sessione 1924–1928, Bd. 1, 2, 4–10, Discussioni, Roma 1924–1928

Atti del Parlamento italiano, Camera dei Deputati, XXIII Legislatura, Sessione 1929–1934, Bd. 1–4, 5, 7, 8, Discussioni, Roma o.J.

Atti del Parlamento italiano, Camera dei Deputati, XXIX Legislatura, Sessione 1934–1939, Bd. 1–5, Discussioni, Roma o.J.

Atti della Giunta per la inchiesta agraria e sulle condizioni della classe agricola, Bd. 1, Bologna [2]1978 (1. Aufl. Roma 1881)

Camera dei Deputati, XXVII Legislatura, Sessione 1924–1929, Raccolta Stampati, Bd. 7, Roma 1929

Carteggio Arnaldo – Benito Mussolini (Hg. Duilio Susmel), Firenze 1954

Casucci, Costanzo (Hg.), Il fascismo. Antologia di scritti critici, Bologna [2]1982

Ciuffoletti, Zeffiro, Maurizio degl'Innocenti (Hgg.), L'emigrazione nella storia d'Italia 1868/1975, Storia e documenti, Bd. 2, Firenze 1978

Conti, Ettore, Dal taccuino di un borghese, Cremona 1946

D'Ascenzi, G. (Hg.), I documenti pontifici sulla vita agricola, Roma 1961

De Begnac, Yvon, Taccuini mussoliniani (neu herausgegeben von Francesco Perfetti), Bologna 1990

Einaudi, Luigi, Cronache economiche e politiche di un trentennio (1893–1925), Bd. VII (1923–1924) und Bd. VIII (1925), Torino 1965

Fortunato, Giustino, Carteggio, Bd. 3: 1923–1926 (Hg. Emilio Gentile), Roma – Bari 1981

– Il Mezzogiorno e lo Stato italiano, Bd. 2, Firenze 1973

Luzzatto, Gino, Il rinnovamento dell'economia e della politica in Italia. Scritti politici 1904–1926, Venezia 1980

Mancini, Ombretta, Francesco D. Perillo (Hgg.), La teoria economica del Corporativismo, Bd. 2: Teoria economica e pensiero coporativo, Napoli 1982

Marcoaldi, Franco (Hg.), Vent'anni di economia e politica. Le carte De' Stefani (1922–1941), Milano 1986

Ministero dell'Agricoltura e delle Foreste, Direzione Generale dell'Agricoltura, Atti del Consiglio zootecnico 1931–1933, Roma 1934

Ministero delle Corporazioni, Direzione Generale del Lavoro, della Previdenza e dell'Assistenza, Le Corporazioni. Lavori preparatori – Legge e decreti istituivi – composizione – insediamento, Roma 1935

Ministero dell'Economia Nazionale, Atti del Consiglio Superiore dell'Economia Nazionale, 9 Bde., Roma 1924–1929

Mussolini, Benito, Opera Omnia (Hg. Edoardo u. Duilio Susmel), Bd. 13–29 und Bd. 37–39 (Appendice I–III), Firenze ²1962, 1978–1979

Partito Nazionale Fascista, Il Gran Consiglio nei primi dieci anni dell'era fascista, Roma 1933

Ragghianti, Carlo Ludovico (Hg.), Il Selvaggio di Mino Maccari, Venezia 1959

Ragionieri, Ernesto (Hg.), Italia giudicata 1861–1945, Bd. 3: Dalla dittatura fascista alla Liberazione 1926–1945, Torino 1976

Zeitgenössische Zeitungen, Zeitschriften und Jahrbücher

Einzelne im Text zitierte Beiträge aus zeitgenössischen Zeitschriften sind im Literaturverzeichnis nur in Einzelfällen gesondert aufgeführt.

L'Agricoltura Coloniale
L'Agricoltore d'Italia
Nuovi Annali dell'Agricoltura
L'Assalto
L'Avanguardia Rurale
Atti della Reale Accademia economico-agraria dei Georgofili di Firenze
La Conquista della Terra
Critica Fascista
Gerarchia
Informazioni Corporative
Italia Agricola
Il Popolo d'Italia
La Radio rurale
Il Selvaggio
Lo Stato
La Terra
Terra e Lavoro
Wirtschaftsdienst „Weltwirtschaftliche Nachrichten"

Hilfsmittel: Bibliographien, Lexika, Biographische Sammelwerke, Gesetzessammlungen, Archivführer

Bazzichi, Oreste, Riccardo Vommaro, Guida all'Archivio storico della Confindustria, Roma 1990

Bonfigli, V., I deputati della XXVII[a] legislatura con raccolta di dati statistici, Roma 1924

Camera dei Deputati, Senato del Regno (Hgg.), La legislazione fascista 1922–1928, Bd. 1, Roma o.J.

– La legislazione fascista 1929–1934, Bd. 1 und Appendix, Roma o.J.

Camera dei Fasci e delle Corporazioni, Senato del Regno (Hgg.), La legislazione fascista 1934–1939, Bd. 1 und Appendix, Roma o.J.

Camera dei Fasci e delle Corporazioni, XXX[a] Legislatura, I[a] della Camera dei Fasci e delle Corporazioni, Elenco alfabetico dei Consiglieri Nazionali, Bozze di stampa per uso interno, o.O. 1940 (Exemplar in Bibliothek des Deutschen Historischen Instituts in Rom)

Cannistraro, Philip V. (Hg.), Historical Dictionary of Fascist Italy, Westport (Conn.) – London 1982

Chi è? Dizionario degli italiani d'oggi, Roma [1]1928 (Ergänzungsband 1929), [2]1931, [3]1936, [4]1940

De Felice, Renzo (Hg.), Bibliografia orientativa del fascismo, Roma 1991

Dizionario di politica (Hg. Partito Nazionale Fascista, Istituto della Enciclopedia Italiana) 4 Bde., Roma 1940

Enciclopedia Agraria Italiana, (Hg. Federazione Italiana dei Consorzi Agrari), 13 Bde., Roma 1952–1988

Forte, Vincenzo, Dizionario tecnico di Agricoltura, o.O. 1988

I 535 Deputati al Parlamento per la XXVII[a] Legislatura. Biografie e Ritratti coll'indice alfabetico dei deputati e l'indice delle Circoscrizioni, Milano 1924

Lex. Legislazione italiana, Raccolta cronologica, Torino 1915ff.

Màdaro, Luigi, Bibliografia fascista, Milano 1935

Malatesta, Alberto, Ministri, Deputati, Senatori dal 1848 al 1922, 3 Bde., Roma 1940/41

Mazzoni, Giuliano, Marco Sambo (Hgg.), Codice delle leggi corporative, Milano 1940

Melis, Guido (Hg.), L'amministrazione centrale dall'Unità alla Repubblica. Le strutture e i dirigenti, Bd. 3: I Ministeri economici (Bearb. Linda Giuva u. Maria Guercio), Bologna 1992

Ministero dell'Agricoltura e delle Foreste, La Bonifica Integrale: Leggi – Decreti – Circolari, Roma 1933

Ministero dell'Economia Nazionale, Direzione generale del commercio e della politica economica, I trattati di commercio fra l'Italia e gli altri Stati, Bd. 1, Roma 1927

Missori, Mario, Governi, alte cariche dello Stato e prefetti del regno d'Italia, Roma 1973

– Gerarchie e statuti del P.N.F. Gran Consiglio, Direttorio nazionale, Federazioni provinciali: quadri e biografie, Roma 1986

Montemaggiori, Amerigo (Hg.), Dizionario della dottrina fascista, Torino 1934

Palopoli, Nicola, Legislazione del lavoro, dell'assistenza e previdenza sociale nell'ordinamento sindacale dello Stato fascista, Bd. 2: Le associazioni professionali e le corporazioni con appendice sull'ordinamento e sull'inquadramento sindacale nella attuazione pratica, Padova 1931

Petersen, Jens (Hg.), Bibliographische Informationen zur italienischen Geschichte im 19. und 20. Jahrhundert. Informazioni bibliografiche sulla storia d'Italia nei secoli XIX e XX, Roma 1974ff.

– Die zeitgeschichtlich wichtigen Archive in Italien: ein Überblick, Quellen und Forschungen aus italienischen Archiven und Bibliotheken 69 (1989) S. 312–378

Savino, Edoardo, D. Catena, Italia Nova, Raccolta foto-biografica dei candidati della lista nazionale, Milano 1924

Savino, Edoardo, La Nazione operante. Profili e figure di ricostruttori (2.000 illustrazioni), Milano 1928 (2. erw. Auflage 1934)

Statistische Publikationen

Arcari, Paola Maria, Le variazioni dei salari agricoli in Italia dalla fondazione del Regno al 1933, Istituto Centrale di Statistica del Regno d'Italia, Annali di Statistica, Ser. VI, Bd. 36, Roma 1936

Barberi, Benedetto, Indagine statistica sulle disponibilità alimentari della popolazione italiana dal 1922 al 1937, Istituto Centrale di Statistica del Regno d'Italia, Annali di Statistica, Ser. VII, Bd. 3, Roma 1939, S. 1–98

Becker, Jürgen Walter, Aggregation in landwirtschaftlichen Gesamtrechnungen über physische Maßstäbe. Futtergersteneinheiten als Generalnenner, Gießen 1988

Bundesministerium für Ernährung, Landwirtschaft und Forsten (Hg.), Statistisches Jahrbuch über Ernährung, Landwirtschaft und Forsten der Bundesrepublik Deutschland 1970, Hamburg – Berlin 1970

– (Hg.), Statistisches Jahrbuch über Ernährung, Landwirtschaft und Forsten der Bundesrepublik Deutschland 1986, Münster – Hiltrup 1986

Comitato nazionale per la celebrazione del primo centenario dell'unità d'Italia, Cento anni di vita nazionale attraverso le statistiche delle regioni, Roma o.J. (aber 1961)

De Maria, Giovanni, Le variabilità dei prezzi e dei redditi nell'agricoltura italiana dal 1902 al 1952, Rivista bancaria, N.S., 10 (1954) S. 653–710

Ercolani, Paolo, Documentazione statistica di base, in: Giorgio Fuà (Hg.), Lo sviluppo economico, Bd. 3, S. 388–472

Flora, Peter u. a. (Hg.), State, Economy, and Society in Western Europe 1815–1975. A Data Handbook in two Volumens, Bd. 1: The Growth of the Mass Democracies and Welfare States, Bd. 2: The Growth of Industrial Societies and Capitalist Economies, Frankfurt a.M. usw. 1987

Institut International d'Agriculture, Les grands produits agricoles. Compendium international de statistiques 1924–1938, Rome 1948

Istituto Centrale di Statistica del Regno d'Italia, Censimento generale dell'agricoltura 19 marzo 1930, Bd. 2, Censimento delle aziende agricole, 1. Teilbd.: Relazione generale; 2. Teilbd.: Tavole, Roma 1935–1936

- Annuario statistico dell'agricoltura italiana 1936–1938, 1939, Roma 1939–1940
- Annuario statistico italiano, Ser. 3, Bd. 1 (1927)–Bd. 7 (1933) und Ser. 4, Bd. 1 (1934)–Bd. 10 (1943), Roma 1927–1943
- Indagine rappresentativa sulle famiglie contadine imprenditrici, Roma 1939

Istituto Centrale di Statistica, Annuario statistico dell'agricoltura italiana 1943–1946, Roma 1950
- Annuario statistico dell'agricoltura italiana 1947–1950, Roma 1953
- Indagine statistica sullo sviluppo del reddito nazionale dell'Italia dal 1861 al 1956, Annali di Statistica, Ser. 8, Bd. 8, Roma 1957
- Sommario di statistiche storiche italiane 1861–1955, Roma 1958
- Sommario di statistiche storiche dell'Italia 1861–1965, Roma 1968
- Sommario di statistiche storiche dell'Italia 1861–1975, Roma 1976

League of Nations, Agricultural production in Continental Europe during the 1914–1918 war and the reconstruction period, Genève 1943

Medici, Giuseppe (Hg.), La distribuzione della proprietà fondiaria in Italia. Relazione generale, 2 Bde., Roma 1956

Ministero del Tesoro, Ragioneria generale dello Stato, Il bilancio dello Stato negli esercizi finanziari dal 1930–1931 al 1941–1942, Roma 1951

Mitchell, Brian R., European Historical Statistics 1750–1970, London 1975

Mortara, Giorgio, Prospettive economiche, Bd. 1–17, Milano 1921–1937

Rey, Giudo M. (Hg.), I conti economici dell'Italia, Bd. 1: Una sintesi delle fonti ufficiali. 1890–1970, Collana storica della Banca d'Italia, Statistiche Storiche 1, Roma – Bari 1991

SVIMEZ, Un secolo di statistiche italiane Nord e Sud, 1861–1961, Roma 1961

Utenti motori agricoli, Quarant'anni di motorizzazione agricola in Italia, Roma 1968

Vitali, Ornello, La popolazione attiva in agricoltura attraverso i censimenti italiani, Roma 1968

Literatur (Erscheinungsdatum vor 1945)

Acerbo, Giacomo, Studi corporativi con saggio bibliografico generale sulle associazioni professionali e sui problemi sindacali, Firenze 1927
- Storia ed ordinamento del credito agrario nei diversi paesi, Piacenza 1929
- La cooperazione agraria in Italia, Piacenza 1932
- L'Agricoltura italica al tempo d'Augusto, Roma 1938

Acìto, Alfredo, La corporazione e lo Stato nella storia e nelle dottrine politiche dall'epoca di Roma all'epoca di Mussolini, Milano 1936

Agenda della Massaia rurale (1936), Roma o.J.

Aimi, Alcide, Verso la scomparsa del salariato, Mantova 1932

Alvaro, Corrado, Terra Nuova (Hg. Istituto Nazionale Fascista di Cultura), Roma 1934

Ambrosini, Gaspare, Il Consiglio Nazionale delle Corporazioni, Roma 1930

Angelini, Francesco, Due anni di attività del Sindacato Nazionale Fascista Tecnici Agricoli (1931–1933), Roma 1933

- I lavoratori dell'agricoltura e le corporazioni, in: L o j a c o n o (Hg.), Le corporazioni, S. 183–190
- Il lavoro nell'azienda agricola corporativa. Relazione al Consiglio Nazionale della C.F.L.A. (Bologna 13.5.1935), Roma 1935
- Prospettive autarchiche dell'agricoltura italiana, Roma 1939
- Impostazione unitaria e corporativa del problema autarchico, in: Confederazione Fascista dei Lavoratori dell'Agricoltura (Hg.), Agricoltura e autarchia, S. 7–15
- La Rivoluzione Fascista e il lavoro agricolo, in: Confederazione Fascista dei Lavoratori dell'Agricoltura (Hg.), La Carta, S. 7–19

A r i a s , Gino, Il primato demografico, Gerarchia, Nr. 2, Februar 1926, S. 93–98, jetzt in: C i u f f o l e t t i , d e g l ' I n n o c e n t i (Hgg.), L'emigrazione nella storia, S. 132–137
- L'economia nazionale corporativa, Roma 1929

A r r i g o n i , Angelo Luigi (Hg.), Atti del I° Convegno nazionale di studi autarchici, Milano 1939

A s c i o n e , Mario, Disciplina della produzione e dei mercati in agricoltura, Roma 1933

Atti del Congresso regionale veneto delle bonifiche (S. Donà di Piave), Venezia 1922

B a c h i , Riccardo, L'Alimentazione e la politica annonaria in Italia, con un Appendice su „Il rifornimento dei viveri dell'esercito italiano" di Gaetano Z i n g a l i , Bari – New Haven 1926

B a c o n , L.B., F.C. S c h l o e m e r , World Trade in Agricultural Products, Rome 1940

B a l d e s i , Gino, Dalle antiche corporazioni al moderno sindacalismo, Milano 1924

B a n d i n i , Mario, Agricoltura e crisi, Firenze 1937
- Il problema zootecnico e foraggero, in: Istituto Fascista di Tecnica e Propaganda Agraria (Hg.), Foraggi e bestiame, S. 19–47

B a r b e r i t o , M., La politica dei prezzi, in: Dizionario di politica, Bd. 3, S. 525–528

B a s i l e - G i a n n i n i , Raffaele, Autarchia dell'Africa italiana, Roma 1940

B a s s a n i , Enrico, La cooperazione nello Stato corporativo fascista, Bergamo 1933

B a s t i a n i n i , Giuseppe, La battaglia del grano, Gerarchia, Jg. 7, Nr. 4, April 1927, S. 245–251

B e r n h a r d , Ludwig, Das System Mussolini, Berlin 1924

B e r t a r e l l i , Luigi Vittorio, „Terra Promessa". Le bonifiche di Coltano, Sanluri, Licola e Varcatura dell'Opera Nazionale per i Combattenti, o.O. 1922

B i a g i , Bruno, La cooperazione, Milano 1934

B i a n c i n i , Bruno, Dizionario mussoliniano. 1.500 Affermazioni e definizioni del Duce su 1.000 argomenti, Milano 1942

B i g g i n i , Carlo Alberto, La posizione del lavoro nell'azienda agricola, in: Confederazione Fascista dei Lavoratori dell'Agricoltura (Hg.), La Carta del Lavoro, S. 63–83

B l a n d i n i , Emanuelle, I provvedimenti del Governo Fascista in difesa della produzione e del mercato granario, Salerno 1932

B o g g e r i , Maria, La crisi risicola e l'Ente Nazionale Risi, Padova 1932

B o m b a c c i , Nicola, I contadini nell'Italia di Mussolini, Roma 1943

B o t t a i , Giuseppe, L'economia fascista, Roma 1930

– , Augusto Turati (Hgg.), La Carta del Lavoro illustrata e commentata, Roma 1934

– Il Consiglio Nazionale delle Corporazioni, Milano 1932

– Lo stato nello stato corporativo, Critica Fascista, Jg. 12, Nr. 6, 15.3.1934, S. 101–103

– Le corporazioni, Milano ³1935

Bottazzi, Filippo, Il problema nazionale dell'alimentazione e la fondazione di un laboratorio per lo studio dei problemi alimentari, Gerarchia, Jg. 7, H. 11, November 1927, S. 1118–1125

Bruno, Mario, I consorzi provinciali tra i produttori dell'Agricoltura, Milano 1940

Burgo, Luigi, Cellulosa, in: Federazione dei Fasci di Combattimento di Torino (Hg.), Autarchia, Torino 1938, S. 7–15

Busse, Walter, Das italienische Meliorationswesen (Bonifica Integrale), 1. Teil, Berichte über Landwirtschaft. Zeitschrift für Agrarpolitik und Landwirtschaft (Hg. Reichsministerium für Ernährung und Landwirtschaft), Sonderheft 7, Berlin 1933

Cacciari, Gino, Per i contadini, Gerarchia, Jg. 9, H. 1, Januar 1929, S. 49–51

Camis, Mario, Il problema dell'alimentazione nazionale, Gerarchia, Jg. 5, H. 5, Mai 1926, S. 309–312

Casalini, Mario, Le istituzioni create dallo Stato per l'agricoltura, Roma 1937

Casella, Domenico, Conservazione e trasformazione della frutta nell'Italia Meridionale e in Sicilia, in: Comitato del II. Congresso Nazionale di Frutticoltura, Cattedra ambulante di agricoltura della Provincia di Ravenna (Hgg.), Relazioni, S. 297–334

Chroust, L., Die Battaglia del Grano. Ein Beitrag zur Agrarpolitik des Faschismus, Nürnberger Beiträge zu den Wirtschafts- und Sozialwissenschaften (Hg. Hans Proesler und Wilhelm Vershofen), H. 41/42, Nürnberg 1933

Ciccotti, Ettore, La questione doganale in Italia, Gerarchia, Jg. 2, H. 6, Juni 1923, S. 1011–1017

Ciuffolini, Alfonso (Hg.), Indagine sulle condizioni di vita dei contadini italiani, Roma 1930

Coletti, Francesco, Economia rurale e politica rurale in Italia. Raccolta di studi, Piacenza 1926

Colitto, Francesco, I controlli nell'ordinamento sindacale corporativo, Campobasso 1938

Comitato del II. Congresso Nazionale di Frutticoltura, Cattedra ambulante di agricoltura della Provincia di Ravenna (Hgg.), Relazioni del II. Congresso Nazionale di Frutticoltura (Luglio – Settembre 1927), Ravenna 1928

Comitato Promotore dei Consorzi di Bonifica nell'Italia Meridionale e Insulare, La bonifica nel mezzogiorno d'Italia, Roma 1925

– Atti del VI° Convegno dei bonificatori meridionali (Roma 29.11.1927), Roma 1928

– Atti del Comitato (1.12.1924–28.2.1929), Roma 1930

Condelli, Francesco, L'olio d'oliva nella lubrificazione dei motori a combustione interna, L'Agricoltura Coloniale, Jg. 28, H. 3, März 1934, S. 125–140

Confederazione Nazionale Fascista degli Agricoltori, Relazione del Presidente al Consiglio Nazionale del 30.6.1927, Roma 1927

- Origine, Scopi, Organizzazione, Bologna 1928
- Verbale della seduta del 3 marzo 1928 della Giunta esecutiva della CNFA, Roma 1928
- Consiglio Nazionale del 3 ottobre 1929, Roma 1929
- Statuto approvato con R.D. Nr. 1667 (5.9.1929), Milano – Roma 1930
- Dieci anni di attività sindacale, Roma 1933
- Norme generali per la disciplina del rapporto di mezzadria, Roma 1933
- Le Leggi della Bonifica Integrale, Roma 1938

Confederazione Fascista dei Lavoratori dell'Agricoltura
- Per le case rurali (Programma di azione – Indagine statistica – Progetti di fabbricati rurali) Roma 1934
- Convegno sindacale agricolo siciliano (Catania 10.10.1934), Roma o.J.
- Sei mesi di gestione commissariale, Roma 1934
- (Hg.), Agricoltura e autarchia economica, Roma 1937
- Italia rurale. Documentario dell'agricoltura italiana, Roma 1937
- La Carta del Lavoro e l'Agricoltura, Roma 1937
- , Servizio Propaganda, L'organizzazione sindacale fascista dei lavoratori dell'agricoltura 1934–1937, Roma 1937
- Rurali di Mussolini nella Germania di Hitler, Roma 1939
- La concezione fascista della proprietà privata, Roma 1939

Confederazione Nazionale dei Sindacati Fascisti dell'Agricoltura, I salari nell'agricoltura tratti dai contratti di lavoro dal 1915 al 1931, Roma 1931
- L'organizzazione sindacale agricola del fascismo nel decennale della Rivoluzione, Roma 1932
- (Hg.), Atti del Consiglio nazionale: 28–30 luglio 1932, Roma 1933

Contri, Gioacchino, Richiamo alla terra, Roma 1930

Costamagna, Carlo, Proprietà, in: Dizionario di politica, Bd. 3, S. 554–558

Cruilas, Gabriele, La Terra, Roma 1935

D'Amelio, Mariano, Linee fondamentali della riforma, Roma 1943

D'Angelo, Gino, Contadino, sarai milite, Lavorare in Profondità, Collezione di propaganda fascista, Nr. 5 (Hg. Manlio Pompei), Roma 1932
- La terra dove sei nato, Roma 1929

D'Aroma, Nino, Contadino, la tua famiglia!, Lavorare in Profondità, Collezione di propaganda fascista, Nr. 2 (Hg. Manlio Pompei), Roma 1932

De Capitani D'Arzago, I problemi di Agricoltura svolti dal Novembre 1922 al Luglio 1923 dal Governo Nazionale Fascista, Gerarchia, Jg. 3, H. 1, Januar, S. 5–20

De Michele, Danilo, Dal deserto alla vita. „Segni e valori di una conquista", Milano 1936

De Rose, Corrado, Ruralizzazione ed urbanesimo, Napoli 1930

De Stefani, Alberto, La legislazione economica della guerra, Bari – New Haven 1926
- La restaurazione finanziaria 1922–1925, Bologna 1926
- L'oro e l'aratro (Reden und Schriften), Milano 1929

– Il Paese e lo Stato, Milano 1930

Di Tullio, Erminio, Giacomo Acerbo, Roma 1930

Einaudi, Luigi, La condotta economica e gli effetti sociali della guerra, Bari – New Haven 1933

– I contadini alla conquista della terra nel 1920–1930, Rivista di storia economica 4 (1939) S. 277–308

Ermarth, Fritz, Theorie und Praxis des faschistisch-korporativen Staates, Heidelberger Rechtswissenschaftliche Abhandlungen 14, Heidelberg 1932

Fabbri, Sileno, Il finanziamento dell'agricoltura, Gerarchia, Jg. 5, H. 5, Mai 1926, S. 302–308

Farinacci, Roberto, Andante mosso 1924–1925, Milano 1929

Federazione dei Fasci di Combattimento di Torino (Hg.), Autarchia, Torino 1938

Federazione Nazionale delle Bonifiche, I problemi del Mezzogiorno. Le bonifiche, Padova 1924

Federzoni, Luigi (Hg.), I problemi attuali dell'agricoltura italiana, Bologna 1933

Ferraguti, Mario, Battaglie per la vittoria del grano, Milano 1929

Ferrara, Antonio, L'industria olearia in Tripolitana, L'Agricoltura Coloniale, Jg. 28, Nr. 1, Januar 1934, S. 1–26

Fileni, Enrico, Ruralizzazione (Atti di fede e di propaganda della fede), Roma 1933

Foà, Carlo, Pressione demografica e alimentazione nazionale, Gerarchia, Jg. 7, H. 5, Mai 1927, S. 354–361

Fontana, Attilio, Il contratto di mezzadria dinanzi al Parlamento, Rivista di politica economica 22 (1933) S. 1101–1119

Fossa, Davide, Dal sindacalismo romantico al diritto corporativo. Scritti del decennio 1921–1930 (Hg. J. G. Fini), Bologna 1931

– Lavoro italiano nell'Impero, Milano 1938

Gangemi, Lello, Degli Enti parastatali e di altri Enti finanziati dallo Stato, La Vita Italiana, Jg. 21, Bd. 42 (1933) S. 307–321

– La politica economica e finanziaria del Governo fascista nel periodo dei pieni poteri, Bologna 1924

Gattamorta, Giordano, I problemi della Mezzadria, in: Confederazione Nazionale dei Sindacati Fascisti dell'Agricoltura (Hg.), Atti del Consiglio, S. 3–26

Giglio, Carlo, La colonizzazione demografica dell'impero, Roma 1939

Giuliotti, Domenico, Giovanni Papini (Hgg.), Dizionario dell'Omo salvatico, Bd. 1, Firenze 1933

Governo Generale della Libia, Prima migrazione di masse per la colonizzazione demografica, o.O. 1938

Guerazzi, Gian Franco, La battaglia del grano. Il problema del grano è il problema di tutta l'agricoltura nazionale. Osservazioni di un granicoltore fascista, La Vita Italiana, Jg. 13, Bd. 26 (1925) S. 94–109

Hirschberg-Neumeyer, Margherita, Die italienischen Gewerkschaften, Jena 1928

Istituto Fascista di Tecnica e Propaganda Agraria, Sindacato Nazionale Fascista Tecnici Agricoli (Hgg.), Atti del II° Convegno Agronomico Nazionale (Roma 8.1.1938). L'azienda agraria nel piano produttivo autarchico, Roma o.J.

451

Istituto Fascista di Tecnica e Propaganda Agraria, Comitato Nazionale della Meccanica Agraria, Atti del VI. Congresso Nazionale della Meccanica Agraria (Bologna 17.–18.6.1935), Roma 1935

Istituto Fascista di Tecnica e Propaganda Agraria (Hg.), Foraggi e bestiame nell'economia agraria italiana, Roma 1941

Istituto Nazionale di Cultura Fascista (Hg.), L'Autarchia economica della Nazione, Roma 1931

Jacquemyns, G., La politique rurale de l'Italie fasciste, Bruxelles 1936

Jandolo, Eliseo, Le leggi sulla bonifica integrale, Padova 1927

Josa, Guglielmo, Nella politica agraria fascista, Roma 1934

Koch, Waldemar, Die Staatswirtschaft des Faschismus, Finanzwissenschaftliche Forschungen, Jena 1935

Lachmann, Ludwig M., Probleme des korporativen Staates, Zeitschrift für die gesamten Staatswissenschaften 94 (1933) S. 193–212

Lai, Vincenzo, I contadini e la guerra, Firenze 1941

Lojacono, Luigi (Hg.), Le corporazioni fasciste, Milano 1935

Lolini, Ettore, Per l'attuazione dello Stato fascista, Firenze 1928

Lorenzoni, Giovanni, Inchiesta sulla piccola proprietà coltivatrice formatasi nel dopoguerra. Relazione finale, Roma 1938

Ludwig, Emil, Mussolinis Gespräche mit Emil Ludwig, Berlin – Wien 1932

Lufrani, Giacomo, „I ventimila", Roma 1939

Luraschi, Arnaldo, I vari aspetti della Battaglia del grano (Frumenti – Farine – Pane), Biblioteca di Studi e Propaganda della Federazione Nazionale Fascista dei Panificatori, Pastai ed affini, Bd. 20, Milano 1930

Maccari, Mino, Il trastullo di strapaese. Canzoncine e legni incisi, Firenze 1928

Malaparte, Curzio, L'Arcitaliano. Cantate di Malaparte, Roma 1928

Manaresi, Angelo, Metodi di conservazione e trasformazione della frutta, in: Comitato del II. Congresso Nazionale di Frutticoltura, Cattedra ambulante di agricoltura della Provincia di Ravenna (Hgg.), Relazioni, S. 149–293

Manunta, Ugo, Il lavoro agricolo nelle Corporazioni, in: Confederazione Fascista dei Lavoratori dell'Agricoltura (Hg.), La Carta del Lavoro, S. 231–262

Marchi, Aulo, Piano regolatore dell'Autarchia economica, in: Confederazione Fascista dei Lavoratori dell'Agricoltura (Hg.), Agricoltura, S. 19–26

Marescalchi, Arturo, Parallelo fra il programma rurale dei romani e quello del fascismo, Bologna 1930

– La piccola proprietà elemento fondamentale della civiltà romana e fascista, Milano 1935

– Parole alle massaie d'Italia, Milano 1935

– , Visentini, Luigi, Atlante agricolo dell'Italia fascista, Novara o.J.

Mariani, Mario, Scritti agrari, Bologna 1943

Marrama, Vittorio, Teoria dello scambio internazionale in regime libero e in regime autarchico, Padova 1940

Marzatico, Andrea, La politica salariale e il problema del bracciantato, in: Confederazione Nazionale dei Sindacati Fascisti dell'Agricoltura (Hg.), Atti del Consiglio, S. 63–109

452

Masè-Dari, Eugenio, Il frumento e l'economia agricola. Note e commenti (Hg. Federazione Italiana dei Sindacati Agricoli), Bologna 1924

Maugini, Armando, L'agricoltura nelle colonie e nelle isole dell'Egeo, in: Feder-zoni (Hg.), I problemi attuali, S. 105–119

Mazzei, Enrico, L'ammasso del grano nelle campagne 1936–1937, 1937–1938 e 1938–1939, Roma 1939

Mazzei, Jacopo, Autarchia e teoria dei costi comparati, in: Arrigoni (Hg.), Atti, S. 67–90

Mazzocchi Alemanni, Nallo, I rurali nello Stato fascista, Milano 1939

Medici, Giuseppe, L'iniziativa privata in agricoltura, in: Confederazione Fascista dei Lavoratori dell'Agricoltura (Hg.), La Carta, S. 103–119

– u. a. (Hgg.), Die italienische Landwirtschaft. Deutsch-Italienische Gemeinschafts-arbeit, Berichte über Landwirtschaft. Zeitschrift für Agrarpolitik und Landwirt-schaft (Hg. Reichsministerium für Ernährung und Landwirtschaft), Sonderheft 149, Berlin 1940

– Agricoltura, I: Cenni generali, in: Dizionario di politica, Bd. 1, S. 65–67

– Allgemeine Charakterzüge der italienischen Landwirtschaft, in: ders. u. a. (Hg.), Die italienische Landwirtschaft, S. 10–21

– Mezzadria, in: Dizionario di politica, Bd. 3, S. 163f.

Ministero dell'Agricoltura e delle Foreste, Direzione Generale dell'Agricoltura, Il Fascismo e l'Agricoltura, Roma 1929

– La battaglia del grano, Roma 1930

– Ruoli di anzianità del personale centrale e provinciale al 1° febbraio 1931, Roma 1931

– Organizzazione dei Servizi, Roma 1933

– Organizzazione dei Servizi, Roma 1934

– Ente di colonizzazione del Latifondo siciliano, primo anno: Documenti, fotografie, leggi e decreti, Roma 1940

– Ruoli di anzianità del personale centrale, centrale-provinciale e provinciale. Situa-zione al 1° gennaio 1941, Bollettino ufficiale del Ministero dell'Agricoltura e delle Foreste, Supplemento al n.1, 1.1.1941

Ministero dell'Economia Nazionale, Direzione generale del commercio e della politica economica, I trattati di commercio fra l'Italia e gli altri Stati, Bd. 1, Roma 1927

– Ruoli di anzianità del personale dell'Amministrazione centrale, Annuario del Mi-nistero dell'Economia Nazionale 1927–1928

Ministero delle Corporazioni, Disciplina giuridica dei rapporti collettivi del lavoro e ordinamento corporativo dello Stato, 2 Bde., Roma 1927–1929

– Atti del secondo convegno di Studi sindacali e corporativi, Ferrara (5.–8.5.1932), Bd. 1 (Relazioni) und Bd. 3 (Discussioni), Roma 1932

– Istituzione delle Corporazioni. Legge 5 febbraio 1934, N.163, e lavori preparatori, Roma 1934

– , Segretariato Generale del Consiglio Nazionale delle Corporazioni, I lavori degli organi corporativi nel primo ciclo della loro attività, Roma 1936

– , Segretariato Generale del Consiglio Nazionale delle Corporazioni, Relazione riassuntiva dei piani autarchici, Roma 1937

Molè, Giovanni, Studio – inchiesta sul latifondo siciliano (Hg. Ministero dei Lavori
Pubblici, Comitato Permanente per le Migrazioni Interne), Roma 1929

Müller-Einhart, Emil, Mussolinis Getreideschlacht. Italienische Landwirtschaft
im Zeichen der Diktatur, Regensburg 1933

Mussolini, Benito, Tempo secondo, Gerarchia, Jg. 2, H. 1, Januar 1923, S. 667–668

– La battaglia del grano, Roma 1928

– L'agricoltura e i rurali, Roma 1931

Muzzarini, Mario, Agricoltura, II: L'agricoltura italiana, in: Dizionario di politica,
Bd. 1, S. 78f.

– Gli agricoltori e le corporazioni, in: Lojacono (Hg.), Le corporazioni, S. 178–182

Nannini, Sergio, Migrazione e colonizzazione interna, in: Dizionario di politica,
Bd. 3, S. 164–166

– La colonizzazione interna e le opere di bonifica nei primi vent'anni di Regime
Fascista, Roma 1942

Oliva, Alberto, La politica granaria di Roma antica dal 265 a.C. al 410 d.C. Saggio di
agricoltura ed economia rurale, Piacenza 1930

Olivetti, Gino, Agricoltura e industria, Roma 1935

– Capitalismo controllato invece di liberismo, in: Casucci (Hg.), Il fascismo,
S. 187–195

Oppen, Joachim von, Mussolini und die italienische Landwirtschaft. Bericht über
eine Studienreise im Mai 1930, Berlin [2]1931

Origine, organizzazione e attività dell'Istituto Nazionale „Luce", Roma 1934

Ortensi, Dagoberti, Costruzioni rurali in Italia, Roma 1931

Pagani, Luigi, Il credito agrario in Regime Corporativo. Suoi aspetti fondamentali,
suo carattere reale, Venezia 1937

Palladino, Giuseppe, L'agricoltura e la potenza nazionale, in: Confederazione Fascista dei Lavoratori dell'Agricoltura (Hg.), La Carta del Lavoro, S. 23–45

– I maggiori problemi delle corporazioni a ciclo produttivo. Saggi di economia programmatica corporativa, Roma 1935

Pantano, Edoardo, La colonizzazione interna, Bologna 1925

Pantaleoni, Maffeo, Finanza fascista, Politica 5 (1923) S. 159–187

Panunzio, Sergio, L'economia mista. Dal sindacalismo giuridico al sindacalismo
economico, Milano 1936

Papi, Giuseppe Ugo, Gli scambi fra colonie e madre patria in regime corporativo,
Modena 1937

Papini, Italo, La produzione dell'Etiopia, Roma 1938

Partito Nazionale Fascista, Pel risanamento della finanza pubblica. Relazione di Massimo Rocca e dell'on. Ottavio Corgini sulla situazione finanziaria dello Stato e
degli Enti locali, Roma o.J.

Peglion, Vittorio, Fascismo georgico, Piacenza 1929

– La Frutticoltura nell'Indirizzo Agrario Nazionale, in: Comitato del II. Congresso
Nazionale di Frutticoltura, Cattedra ambulante di agricoltura della Provincia di
Ravenna (Hgg.), Relazioni, S. 1–28

Pennacchio, Alberto, Lo Stato corporativo fascista, Milano 1928

Pepe, Mario, La proprietà privata nella sintesi fascista, in: Confederazione Fascista dei Lavoratori dell'Agricoltura (Hg.), La concezione fascista della proprietà privata, Roma 1939, S. 571–636

Perini, Dario (Hg.), Risultati economici di aziende agrarie negli anni 1933–1934–1935, Studi e Monografie, Bd. 18 (Hg. Istituto Nazionale di Economia Agraria), Roma 1937

Pesce, Giovanni, La marcia dei rurali. Storia dell'organizzazione sindacale fascista degli agricoltori, Roma 1929

Piccoli, Edoardo, Per la terza vittoria! La Battaglia del Grano. Nozioni pratiche d'agraria e letture, Milano 1926

Poggi, Tito, Per dare all'Italia il suo pane, Casalmonferrato 1923

Pompei, Manlio, Nasce la famiglia colonica. Esperienze pontine, bonifica dei beni collettivi, Roma 1934

– Sono contadino e me ne vanto, Roma 1937

Prampolini, Natale, La bonifica idraulica delle paludi Pontine, Roma 1939

Razza, Luigi, Problemi e realizzazioni del lavoro nell'Italia rurale. Scritti e discorsi (Hg. Roberto Roberti), Roma 1930

– Realtà corporativa in agricoltura, in: ders., Problemi, S. 136–144.

– I compiti dei Sindacati nella produzione, in: ders., Problemi, S. 62–70

– La corporazione nello Stato fascista, Quaderni della Rivista La Terra Nr. 1, Roma 1933

– Le migrazioni interne e la colonizzazione, in: Luigi Federzoni (Hg.), I problemi attuali, S. 355–363

Reichsamt für wehrwirtschaftliche Planung, Die Rohstoffversorgung Italiens, Ausfertigung 3 (Geheim), August 1939, Bibliothek des Statistischen Bundesamts, Wiesbaden (Xerokopie in der Bibliothek des Deutschen Historischen Instituts in Rom)

Richter, Lutz, Das italienische Organisationswesen. Syndikate und Korporationen, Leipzig 1933

Rocca, Massimo, Fascismo e Finanza, Napoli 1925

Rocco, Alfredo, Per la revisione delle leggi sulla espropriazione per la pubblica utilità, Rivista di diritto agrario 5 (1926) S. 307–313

Rocetti, Edoardo, I consorzi nell'ordinamento corporativo, Roma 1941

Rosenstock-Franck, Louis, L'Economie corporative fasciste en doctrine et en fait. Ses origines historiques et son évolution, Paris 1934

Rossetti, Vincenzo, Dalle paludi a Littoria. Diario di un medico (1926–1932), Milano 1937

Rossoni, Edmondo, Direttive fasciste all'agricoltura, Roma 1939

Sacco, Italo Mario, Precedenti storici dell'autarchia nella politica sabauda prima dell'800, in: Federazione dei Fasci di Combattimento di Torino (Hg.), Autarchia, S. 161–169

Schiller, Karl, Marktregulierung und Marktordnung in der Weltagrarwirtschaft, Probleme der Weltwirtschaft Bd. 67, Jena 1940

Schmidt, Carl T., The Plough and the Sword: Land, Labour and Property in Fascist Italy, New York 1938

Schüttauf, A.W., Strukturpolitik und Marktregulierung in der italienischen Weizenwirtschaft, Weltwirtschaftliches Archiv 44 (1936) S. 530–548

Seghetti, Gaetano, La mano d'opera agricola e la colonizzazione in Sardegna (Hg. Ministero dei Lavori Pubblici, Comitato Permanente per le Migrazioni Interne), Roma 1929

Serpieri, Arrigo (Hg.), Le agitazioni dei contadini nell'Italia settentrionale e centrale e la riforma dei patti agrari, in: Ministero dell'Agricoltura, Direzione generale dell'agricoltura (Hg.), Due relazioni al comitato tecnico dell'agricoltura, Firenze 1920, S. 1–130

– , Dino Guzzini, Vittorio Peglion, I problemi economico-sociali della bonifica agraria, in: Atti del Congresso regionale veneto delle bonifiche (S. Donà di Piave), Venezia 1922, S. 43–60

– Osservazioni sul disegno di legge „Trasformazione del latifondo e colonizzazione interna" (Hg. Federazione Italiana dei Consorzi Agrari, Commissione di studi tecnici e economici), Piacenza 1922

– La politica agraria del governo nazionale, Discorso pronunciato a Bologna il giorno 16 marzo 1924, Bologna 1924

– La politica agraria in Italia e i recenti provvedimenti legislativi, Piacenza 1925

– Problemi della terra nell'economia corporativa, Roma 1929

– La guerra e le classi rurali italiane, Bari 1930

– La legge sulla bonifica integrale nel primo anno di applicazione, Roma 1931

– Economia corporativa e Agricoltura, in: Ministero delle Corporazioni, Atti del secondo convegno, S. 445–464

– Fra Politica ed Economia rurale (raccolta di scritti), Firenze ²1937

– Problemi del lavoro agricolo (1925), in: ders., Fra Politica ed Economia, S. 111–142

– La nuova legge sindacale (1926), in: ders., Fra Politica ed Economia, S. 143–153

– Commento alle dichiarazioni VI–IX della Carta del Lavoro, in: ders., Fra Politica ed Economia, S. 251–266

– Il lavoro agricolo nello Stato fascista (1931), in: ders., Fra Politica ed Economia, S. 155–161

– Economia corporativa e agricoltura (1932), in: ders., Fra Politica ed Economia, S. 177–196

– Problemi di colonizzazione (1932), in: ders., Fra Politica ed Economia, S. 197–211

– L'economia italiana e l'agricoltura, in: ders., Fra Politica ed Economia, S. 279–366

– La disciplina corporativa della produzione con particolare riguardo all'agricoltura (1936), in: Mancini, Perillo (Hgg.), La teoria economica, S. 601–623

Sillani, Tomaso, L'Affrica orientale italiana (Eritrea e Somalia), Roma 1933

Sindacato Nazionale Fascista dei Tecnici Agricoli, I progressi della granicoltura italiana, Roma 1929

– Le manifestazioni agricole del Decennale, Torino 1933

456

Spaventa, Renato, Burocrazia, ordinamenti amministrativi e fascismo, Milano 1928

Spirito, Ugo, Critica dell'economia liberale, Milano 1930

- Ruralizzazione o industrializzazione?, Archivio di Studi Corporativi 1 (1930) S. 131–150

- Individuo e stato nella concezione corporativa, in: Ministero delle Corporazioni, Atti del secondo convegno di Studi sindacali, Ferrara (5.– 8.5.1932), Bd. 1 (Relazioni), S. 181–192

- Capitalismo e corporativismo, Firenze 1933

Tallarico, Giuseppe, I recuperi nel settore agrario e in quello alimentare, in: Istituto Nazionale di Cultura Fascista (Hg.), L'Autarchia economica della Nazione, Roma 1931, S. 47–65

Tassinari, Giuseppe, Le vicende del reddito dell'agricoltura dal 1925 al 1932, Studi e Monografie, Bd. 23 (Hg. Istituto Nazionale di Economia Agraria), Roma 1932

- Problemi della agricoltura italiana, Roma 1933

- L'economia agricola nello stato corporativo, in: Federzoni (Hg.), I problemi attuali, S. 405–416

- Autarchia, in: Dizionario di politica, Bd. 1, S. 247–249

- Faschistische Wirtschaftslehre, Roma 1937

- L'impero e le sue possibilità economico-agricole. Conferenza tenuta il 6 Maggio XV a S. Remo per il Comitato dei Premi di Letteratura ed Arte, Roma 1937

- Scritti di economia corporativa, Bologna 1937

- Die Bodenverbesserung und Siedlung 10 Jahre nach dem Mussolini-Gesetz, Faenza 1939

Teruzzi, Attilio, Cirinaica verde. Due anni di governo Dicembre 1926–Gennaio 1929, Milano 1931

Tirocco, G. B., Aumentiamo e miglioramo la produzione del grano, Catania 1924

Tittoni, Tommaso, Federico II e la Battaglia del grano, Gerarchia, Jg. 4, H. 12, Dezember 1925, S. 757–759

Torri, Alberto Paolo, La rinascita pontina, Roma 1934

Trifone, Roberto, La questione demaniale nel Mezzogiorno d'Italia, (Hg. Federazione Italiana dei Consorzi Agrari, Commissione di studi tecnici ed economici), Piacenza 1924

Valenti, Ghino, L'Italia agricola dal 1861 al 1911. Cinquanta anni di storia italiana, Bd. 2, Milano 1911

Vecchietti, Giorgio, Contadini, il vostro Capo!, Lavorare in Profondità Nr. 4 (Hg. Manlio Pompei), Roma 1932

Vöchting, Friedrich, Die italienische Getreideschlacht, Schmollers Jahrbuch für Gesetzgebung, Verwaltung und Volkswirtschaft im Deutschen Reiche 54 (1930) S. 789–850.

- Die Romagna. Eine Studie über Halbpacht und Landarbeiterwesen in Italien, Karlsruhe 1927

- Die Urbarmachung der römischen Campagna, Zürich 1935

- La „Battaglia del grano", in: L'Economia italiana, Firenze 1934, S. 187–194, jetzt in: Ragionieri (Hg.), Italia giudicata 1861–1945, Bd. 3, S. 635–641

Vollweiler, Helmut, Der Staats- und Wirtschaftsaufbau im faschistischen Italien, Würzburg – Aumühle 1938

Volt [d. i. Vincenzo Fani Ciotti], Vilfredo Pareto e il Fascismo, Gerarchia, Jg. 1, H. 9, September 1922, S. 597–600

Welk, William G., Fascist Economic Policy. An Analysis of Italy's Economic Experience, Cambridge (Massachusetts) 1938

Literatur (Erscheinungsdatum nach 1945)

Acerbo, Giacomo, L'agricoltura italiana dal 1861 ad oggi, in: L'economia italiana dal 1861 al 1961. Studi nel 1° centenario dell'unità d'Italia, Milano 1961, S. 108–169

– Fra due plotoni di esecuzione. Avvenimenti e problemi dell'epoca fascista, Rocca San Casciano 1968

Adorno, Salvatore, Vittorio Peglion, in: Legnani, Preti, Rochat (Hgg.), Le campagne emiliane, S. 125–156

Agricoltura e forze sociali in Lombardia nella crisi degli anni Trenta (Hg. Istituto lombardo per la storia del movimento di liberazione in Italia), Milano 1983

Alberto De Bernardi, Appunti sulle innovazioni delle techniche agrarie in Val Padana tra Ottocento e Novecento, Padania Jg. 2, Nr. 3 (1988) S. 21–41

Aldcroft, Derek H., L'economia europea dal 1914 a oggi, Roma – Bari 1981

Altmann, Jörn, Wirtschaftspolitik, Stuttgart/Jena ⁵1992

Anselmi, Sergio, Mezzadri e mezzadrie nell'Italia centrale, in: Bevilacqua (Hg.), Storia dell'agricoltura, Bd. 2, S. 201–259

Antonietti, Alessandro, Arrigo Serpieri (1877–1960), in: Vent'anni di agricoltura italiana. Scritti in onore di Arrigo Serpieri e di Mario Tofani (Hgg. Società italiana di economia agraria, Istituto nazionale di economia agraria), Bologna 1976, S. 1–9

Aquarone, Alberto, L'organizzazione dello Stato totalitario, Torino 1965

– , Maurizio Vernassa (Hgg.), Il regime fascista, Bologna 1974

– La politica sindacale del fascismo, in: ders., Vernassa (Hgg.), Il regime, S. 233–255

Armatori, Franco, Bruno Bezza (Hgg.), Montecatini 1888–1966. Capitoli di storia di una grande impresa, Bologna 1990

– Montecatini: un profilo storico, in: Armatori, Bezza (Hgg.), Montecatini, S. 19–68

Baccini, Alberto, Sulle ricostruzioni del bilancio dello Stato, con particolare riferimento agli anni 1918–1939, in: Cotula (Hg.), Problemi di finanza pubblica, S. 237–283

Bandini, Mario, Cento anni di storia agraria italiana, Roma ²1963

Banti, Alberto Maria, I proprietari terrieri nell'Italia centro-settentrionale, in: Bevilacqua (Hg.), Storia dell'agricoltura, Bd. 2, S. 45–103

Barone, Giuseppe, Capitale finanziario e bonifica integrale nel Mezzogiorno fra le due guerre, Italia contemporanea 137 (1979) S. 63–81

458

- Statalismo e riformismo: l'Opera nazionale combattenti (1917–1923), Studi Storici 25 (1984) S. 203–244
- Mezzogiorno e modernizzazione. Elettricità, irrigazione e bonifica nell'Italia contemporanea, Torino 1986

Bastianini, Giuseppe, Uomini, cose, fatti. Memorie di un ambasciatore, Roma-Milano 1959

Bettoni, Fabio, Alberto Grohmann, La montagna appenninica. Paesaggi ed economie, in: Bevilacqua (Hg.), Storia dell'agricoltura, Bd. 1, S. 585–642.

Bevilacqua, Piero, Le campagne del Mezzogiorno tra fascismo e dopoguerra. Il caso della Calabria, Torino 1980
- (Hg.), Storia dell'agricoltura in età contemporanea, Bd. 1: Spazi e paesaggi; Bd. 2: Uomini e classi; Bd. 3: Mercati e istituzioni, Venezia 1989–1991

Bianchi, Bruna, Il fascismo nelle campagne veneziane (1929–1940), in: Società rurale e Resistenza, Milano 1978, S. 71–108
- La nuova pianura. Il paesaggio delle terre bonificate in area padana, in: Bevilacqua (Hg.), Storia dell'agricoltura, Bd. 1, S. 451–494

Bignardi, Agostino, In memoria di Giacomo Acerbo, Rivista di Storia dell'Agricoltura Jg. 9, H. 1 (1969) S. 3–6

Bonomi, Ivanoe, La politica italiana dopo Vittorio Veneto, Torino 1953

Brianta, Donata, Amministrazione e mediazione degli interessi: L'Ente nazionale risi, in: L'amministrazione nella storia moderna (Hg. Istituto per la Scienza dell'Amministrazione pubblica), Bd. 2, Milano 1985, S. 951–1025
- Il riso tra Stato e mercato. Un commercio agricolo padano, in: Bevilacqua (Hg.), Storia dell'agricoltura, Bd. 3, S. 123–188

Bruno, Giordano, Italo Balbo, Milano 1984

Caizzi, Bruno, Il commercio, in: Storia della società italiana dall'unità a oggi, Bd. 3, Torino 1975

Calandra, Piero, I compiti dell'amministrazione, in: Cassese (Hg.), L'amministrazione centrale, S. 31–156

Camardi, Carmelita, Finanziamento dell'agricoltura e sviluppo economico, Politica del diritto 10 (1979) S. 113–148

Campagne e fascismo in Basilicata e nel Mezzogiorno (Hg. Istituto Alcide Cervi della Regione Basilicata), Manduria 1981

Cannistraro, Philip V., La fabbrica del consenso. Fascismo e mass media, Roma – Bari 1975

Caracciolo, Alberto, L'occupazione delle terre in Italia, Roma o.J. (aber 1950)
- L'inchiesta agraria Jacini, Torino 1958
- La formazione della grande industria durante la guerra mondiale, Milano 1967

Cardini, Alberto, Stato liberale e protezionismo in Italia (1890–1900), Bologna 1981

Cardoza, Anthony L., Agrarian Elites and Italian Fascism. The Provinz of Bologna 1901–1926, New Jersey 1982

Casali, Luciano (Hg.), Bologna 1920. Le origini del fascismo, Bologna 1981

Cassese, Sabino (Hg.), L'amministrazione centrale, Storia della Società italiana dall'Unità a oggi, Bd. 9, Torino 1984

- Corporazioni e intervento pubblico nell'economia, in: Aquarone, Vernassa (Hgg.), Il regime fascista, S. 327–355
- Politica del consenso e struttura dell'apparato statale fascista, in: Costanzo Casucci (Hg.), Interpretazioni del fascismo, Bologna 1982, S. 632–634

Catalano, Franco, New Deal e corporativismo fascista di fronte alle consequenze della „grande crisi", Il Movimento di liberazione in Italia 87 (1967) S. 3–35

Cazzola, Franco, Manuela Martini, Il movimento bracciantile, in: Bevilacqua (Hg.), Storia dell'agricoltura, Bd. 3, 733–798
- Le bonifiche nella Valle Padana: un profilo, Rivista di Storia dell'Agricoltura Jg. 27, H. 2 (1987) S. 37–60

Cerri, Roberto, Note sulla politica della bonifica integrale del fascismo. 1928–1934, Italia contemporanea 137 (1979) S. 35–63

Charnitzky, Jürgen, Die Schulpolitik des faschistischen Regimes in Italien (1922–1943), Tübingen 1994

Checco, Antonio, Stato, finanza e bonifica integrale nel Mezzogiorno, Milano 1984

Chiodo, Marinella (Hg.), Geografia e forme del dissenso sociale in Italia durante il fascismo (1928–1934), Cosenza 1990

Ciocca, Pierluigi (Hg.), Il progresso economico dell'Italia. Permanenze, discontinuità, limiti, Bologna 1994
- , Gianni Toniolo, (Hgg.), L'economia italiana nel periodo fascista, Bologna 1976

Clough, Shepard B., The Economic History of Modern Italy, New York – London 1964

Cohen, John S., Un esame statistico delle opere di bonifica intraprese durante il regime fascista, in: Toniolo u. a. (Hg.), Lo sviluppo, S. 351–371
- Fascism and Agriculture in Italy: Policies and Consequences, The Economic History Review, 2. Ser., 32 (1979) S. 70–87
- Rapporti agricoltura – industria e sviluppo agricolo, in: Ciocca, Toniolo (Hgg.), L'economia italiana, S. 379–407

Colarizi, Simona, Dopoguerra e fascismo in Puglia (1919–1926), Bari 1971
- La seconda guerra mondiale e la Repubblica, Torino 1984

Coppa, Frank J., The Italian Tariff and the Conflict between Agriculture and Industry: The Commercial Policy of Liberal Italy, 1860–1922, Journal of Economic History 30 (1970) S. 752–765

Coppola, Gauro, La montagna alpina. Vocazioni originarie e trasformazioni funzionali, in: Bevilacqua (Hg.), Storia dell'agricoltura, Bd. 1, S. 495–530

Cordova, Ferdinando, Le origini dei sindacati fascisti 1918–1926, Roma – Bari 1974

Corner, Paul, Fascism in Ferrara, London 1974
- Rapporti tra agricoltura e industria durante il fascismo, in: Aquarone, Vernassa (Hgg.), Il regime fascista, S. 389–410
- Considerazioni sull'agricoltura capitalistica durante il fascismo, Quaderni Storici 10 (1975) S. 519–529
- Fascist Agrarian Policy and the Italian Economy in the Inter-war Years, in: Davis (Hg.), Gramsci and Italy's Passive Revolution, S. 239–274

- (Hg.), Dall'agricoltura all'industria, Milano 1992
- Il contadino-operaio dell'Italia padana, in ders., Dall'agricoltura, S. 77–102

Corni, Gustavo, Congiuntura e crisi strutturale nell'agricoltura tedesca tra guerra e dopoguerra, in: Hertner, Mori (Hgg.), La transizione dell'economia di guerra, S. 49–71
- La politica agraria del fascismo: un confronto fra Italia e Germania, Studi Storici 28 (1987) S. 285–421
- La politica agraria del nazionalsocialismo 1930–1938, Milano 1989

Cotula, Franco (Hg.), Problemi di finanza pubblica tra le due guerre 1919–1936, Ricerche per la storia della Banca d'Italia 2, Roma – Bari 1993

Cova, Alberto, Il credito all'agricoltura dalla unificazione alla seconda guerra mondiale: alcune considerazioni, in: D'Attorre, De Bernardi (Hgg.), Studi sull'agricoltura, S. 37–64
- La storia dell'agricoltura dell'età contemporanea, in: Luigi De Rosa (Hg.), La storia, Bd. 3, S. 145–170

d'Alessandro, Alessandro, La politica agraria del fascismo, in: Campagne e fascismo in Basilicata, S. 207–241 und 382–400

D'Antone, Leandra, Politica e cultura agraria: Arrigo Serpieri, Studi Storici 20 (1979) S. 606–642

Daneo, Camillo, Breve storia dell'agricoltura italiana 1860–1970, Milano 1980

D'Attorre, Pier Paolo, Non di solo pane. Gli agrari bolognesi e la battaglia del grano, in: Legnani, Preti, Rochat (Hgg.), Le campagne emiliane, S. 203–242
- Conservatorismo agrario e fascismo negli anni venti: linee di ricerca sull'area padana, Italia Contemporanea 151/152 (1983) S. 41–63
- Un aspetto del fascismo nelle campagne bolognesi: il sindacato negli anni della grande crisi, Annali Cervi 7 (1985) S. 205–239
- La marcia dei rurali. Associazionismo padronale e rappresentanza politica delle elites agrarie padane nel Novecento, in: Pasquale Villani (Hg.), Trasformazione delle società rurali nei paesi dell'Europa occidentale e mediterranea (secoli XIX-XX). Bilancio degli studi e prospettive di ricerca. Atti del congresso internazionale svoltosi a Napoli e Sorrento 25.–28.10.1982, Napoli 1986, S. 355–387
- Gli agrari padani: organizzazione degli interessi e rappresentanza politica, Padania Jg. 1, H. 1 (1987) S. 11–39
- , Alberto De Bernardi (Hgg.), Studi sull'agricoltura italiana. Società rurale e modernizzazione, Annali della Fondazione Giacomo Feltrinelli 29, Milano 1994

D'Autilia, Maria Letizia, Le ricerche sull'agricoltura negli anni Trenta, La Questione Agraria 19 (1985) S. 109–134

Davis, John A. (Hg.), Gramsci and Italy's Passive Revolution, London 1979

De Bernardi, Alberto, Questione agraria e protezionismo nella crisi economica di fine secolo, Milano 1977
- Agrari e fascismo nella crisi di „quota novanta". Il caso milanese, Padania Jg. 1, H. 1 (1987) S. 41–53
- Appunti sulle innovazioni delle techniche agrarie in Val Padana tra Ottocento e Novecento, Padania Jg. 2, Nr. 3 (1988) S. 21–41

De Felice, Renzo, Mussolini il rivoluzionario 1883–1920, Torino 1965

– Mussolini il fascista, Bd. 1: La conquista del potere 1921–1925, Torino 1966

– Mussolini il fascista, Bd. 2: L'organizzazione dello Stato fascista 1925–1929, Torino 1969

– Mussolini il duce, Bd. 1: Gli anni del consenso 1929–1936, Torino 1974

– Mussolini il duce, Bd. 2: Lo Stato totalitario 1936–1940, Torino 1981

– Mussolini l'alleato, 1940–1945, Bd. 1: L'Italia in guerra 1940–1943, Torino 1990

– Giuseppe Bastianini, in: DBI 7, S. 170–175

De Grand, Alexander J., Curzio Malaparte: The Illusion of the Fascist Revolution, Journal of Contemporary History 7 (1972) S. 73–89

– Bottai e la cultura fascista, Roma – Bari 1978

Del Boca, Angelo, Gli italiani in Africa Orientale, Bd. 3: La caduta dell'Impero, Roma – Bari 1982

– Gli italiani in Libia, Bd. 2: Dal fascismo a Gheddafi, Roma – Bari 1988

Delhaes-Guenther, Dietrich von, Die Bevölkerungspolitik des Faschismus, Quellen und Forschungen aus italienischen Archiven und Bibliotheken 59 (1979) S. 392–419

D'Elia, Costanza, Formazione della proprietà contadina e intervento statale in Italia (1919–1975), La Questione Agraria 23 (1986) S. 153–192

Della Valentina, Gianluigi, Il difficile cammino delle macchine nelle campagne lombarde, Padania Jg. 2, Nr. 3 (1988), S. 42–77

– Meccanica agraria e motorizzazione dell'agricoltura italiana, D'Attorre, De Bernardi (Hgg.), Studi, S. 426

De Rosa, Luigi (Hg.), La storiografia italiana degli ultimi vent'anni, Bd. 3: Età contemporanea, Roma – Bari 1989

Desideri, Carlo, L'amministrazione dell'agricoltura (1910–1980), Roma 1981

De Stefani, Alberto, Una riforma al rogo, Roma 1963

Donati, Francesco, L'economia agraria: linee evolutive che hanno condotto al Serpieri, Rivista di Storia dell'Agricoltura 11 (1971) S. 51–58

Drews, Uta, „Das Land den Bauern!" Zur Kontinuität der Agrarfrage in Italien unter besonderer Berücksichtigung des Widerstandskampfes 1943–1945, Kassel 1988

L'economia italiana dal 1861 al 1961. Studi nel 1° centenario dell'unità d'Italia, Milano 1961

Erba, Achille, „Proletariato di chiesa" per la cristianità. La Faci tra curia romana e fascismo dalle origini alla Conciliazione, Bd. 2: La presenza della Faci nella crisi dello Stato liberale, Italia Sacra. Studi e Documenti di storia ecclesiastica 42, Roma 1990

Fanfani, Roberto, Proprietà terriera e azienda agricola nell'Italia, in: Bevilacqua (Hg.), Storia dell'agricoltura, Bd. 2, S. 415–466

Fano, Ester, Problemi e vicende dell'agricoltura italiana tra le due guerre, Quaderni Storici 10 (1975) S. 468–496

Faucci, Riccardo, Appunti sulle istituzioni economiche del tardo fascismo 1935–1943, Quaderni Storici 10 (1975) S. 607–630

Fausto, Domenicantonio, La politica fiscale dalla prima guerra mondiale al regime fascista, in: Cotula (Hg.), Problemi di finanza pubblica, S. 3–138

Federico, Giovanni, Agricoltura e sviluppo (1820–1950): verso una reinterpretazione?, in: Ciocca (Hg.), Il progresso economico, S. 81–108

Felice, Costantino, Verso una „nuova storia" del Mezzogiorno?, Italia Contemporanea 168 (1987) S. 119–132

– Società contadina e meccanismi d'integrazione durante il fascismo: istituzioni agrarie e intellettualità tecnica in Abruzzo e Molise tra ideologia e realtà, Studi Storici Meridionali 8 (1988) S. 3–77

Franck, Louis, Il corporativismo e l'economia dell'Italia fascista (Hg. Nicola Tranfaglia), Torino 1990

Franco Cazzola, Lavoro agricolo, imponibile di mano d'opera e meccanizzazione in area padana, Padania Jg. 2, Nr. 3 (1988) S. 110–130

Fuà, Giorgio (Hg.), Lo sviluppo economico in Italia, 3 Bde., Milano 1969–1978

Fumian, Carlo, Modernizzazione, tecnocrazia e ruralismo: Arrigo Serpieri, Italia Contemporanea 137 (1979) S. 3–34

Gaspari, O., L'emigrazione veneta nell'Agro Pontino durante il periodo fascista, Brescia 1985

Gentile, Emilio, Le origini dell'ideologia fascista (1918–1925), Roma – Bari 1975

– Storia del Partito fascista 1919–1922. Movimento e milizia, Roma – Bari 1989

– Il culto del Littorio. La sacralizzazione della politica nell'Italia fascista, Roma – Bari 1993

Giorgetti, Giorgio, Contadini e proprietari nell'Italia moderna. Rapporti di produzione e contratti agrari dal secolo XVI a oggi, Torino 1974

Giuliani, Renzo, Arrigo Serpieri, Atti della Accademia dei Georgofili di Firenze, Ser. VII, Bd. 7, Firenze 1960, S. 283–307

Granata, Ivanoe, Storia nazionale e storia locale: alcune considerazioni sulla problematica del fascismo delle origini (1919–1922), Storia Contemporanea 11 (1980) S. 503–544

Gregor, James A., Italian Fascism and Developmental Dictatorship, New Jersey 1979

Grifone, Pietro, Il capitale finanziario in Italia. La politica economica del fascismo, Torino [2]1971

Guarneri, Felice, Battaglie economiche tra le due grandi guerre, Bologna [2]1988

Guerri, Giordano Bruno, Bottai, un fascista, Milano 1976

Hagedorn, Konrad, Das Leitbild des bäuerlichen Familienbetriebes in der Agrarpolitik, Zeitschrift für Agrargeschichte und Agrarsoziologie 40 (1992) S. 53–86

Henning, Friedrich Wilhelm, Landwirtschaft und ländliche Gesellschaft in Deutschland, Bd. 2: 1705 bis 1986, Paderborn [2]1988

Henrichsmeyer, Wilhelm, Heinz Peter Witzke, Agrarpolitik, Bd. 1: Agrarökonomische Grundlagen, Stuttgart 1991

Hertner, Peter, Giorgio Mori (Hgg.), La transizione dall'economia di guerra all'economia di pace in Italia e in Germania dopo la Prima guerra mondiale, Convegno di studi, Trento 9–12 dicembre 1981, Annali dell'Istituto storico italo-germanico 11, Bologna 1983

– Italien 1915–1980, in: Handbuch der Europäischen Wirtschafts- und Sozialgeschichte (Hg. Wolfram Fischer u. a.), Bd. 6, Stuttgart 1987, S. 998–1047

Hunecke, Volker, Die Agrargeschichte Italiens und ihre Konflikte zwischen Risorgimento und Faschismus, Quellen und Forschungen aus italienischen Archiven und Bibliotheken 67 (1987) S. 311–335

Ipsen, Carl D., Dictating Demography: The Problem of Population in Fascist Italy, Diss. masch. University of California at Berkeley 1992

– Population Policy and Theory in Fascist Italy, Consiglio Nazionale delle Ricerche, Istituto di Ricercha sulla Popolazione, Working Paper 01/93, Roma 1993

Isenburg, Teresa, Acque e Stato. Energia, bonifiche, irrigazione in Italia fra 1930 e 1950, Milano 1981

Isnenghi, Mario, Il ruralismo nella cultura italiana, in: Bevilacqua (Hg.), Storia dell'agricoltura, Bd. 3, S. 877–910

Isola, Gianni, Abbassa la tua radio, per favore . . . Storia dell'ascolto radiofonico nell'Italia fascista, Firenze 1990

Jocteau, Gian Carlo, La Magistratura e i conflitti di lavoro durante il fascismo 1926–1934, Milano 1978

Kindleberger, Charles B., Die Weltwirtschaftskrise, München 1973

Kölling, Bernd, Familienwirtschaft und Klassenbildung. Landarbeiter im Arbeitskonflikt: Das ostelbische Pommern und die norditalienische Lomellina 1901–1921, Vierow bei Greifswald 1996

Kruedener, Jürgen von, Zielkonflikte in der nationalsozialistischen Agrarpolitik. Ein Beitrag zur Diskussion des Leistungsproblems in zentral gelenkten Wirtschaftssystemen, Zeitschrift für Wirtschafts- und Sozialwissenschaft 94 (1974) S. 335–361

Lanaro, Silvio, Appunti sul fascismo „di sinistra". La dottrina corporativa di Ugo Spirito, in: Aquarone, Vernassa (Hgg.), Il Regime fascista, S. 357–387

– Nazione e lavoro. Saggio sulla cultura borghese in Italia 1870–1925, Venezia ³1988

Lang, Ralf, Italienische „Fremdarbeiter" im nationalsozialistischen Deutschland 1937–1945, Frankfurt a.M. 1995

League of Nations, Agricultural production in Continental Europe during the 1914–1918 war and the reconstruction period, Genève 1943

Legnani, Massimo, Domenico Preti, Giorgio Rochat (Hgg.), Le campagne emiliane in periodo fascista. Materiali e ricerche sulla battaglia del grano, Annale 2 (1981–1982) S. 5–590

Leicher, Renate, Historische Grundlagen der landwirtschaftlichen Besitz- und Betriebsverhältnisse in Italien. Eine Übersicht in Landschaftstypen, Vierteljahreshefte für Sozial- und Wirtschaftsgeschichte 47 (1960) S. 145–185

Lepre, Stefano, Arrigo Serpieri, in: Fernando Cordova (Hg.), Uomini e volti del fascismo, Roma 1980, S. 407–442

Lewis, W. Arthur, Economic Survey 1919–1939, New York 1946

Livi Bacci, Massimo, I fattori demografici dello sviluppo economico, in: Fuà (Hg.), Lo sviluppo economico, Bd. 2, S. 18–95

Lupo, Salvatore, I proprietari terrieri nel Mezzogiorno, in: Bevilacqua (Hg.) Storia dell'agricoltura, Bd. 2, S. 105–149.

– Il giardino degli aranci. Il mondo degli agrumi nella storia del Mezzogiorno, Venezia 1990

Luti, Giorgio, Cronache letterarie tra le due guerre 1920/1940, Bari 1966

Luzzatto, Patrizia, Bonificatori e coloni nell'Agro Pontino, in: Vallauri (Hg.), Fascismo e Aratro, S. 151–220

Lyttelton, Adrian, La conquista del potere. Il fascismo dal 1919 al 1929, Roma – Bari ²1982

Magnarelli, Paola, Arrigo Serpieri (1877–1959), in: Alberto Mortara (Hg.), I protagonisti dell'intervento pubblico, Milano 1984, S. 309–327

Magnarelli, Paola, L'agricoltura italiana fra politica e cultura. Breve storia dell'Istituto nazionale di economia agraria, Milano 1981

Malatesta, Maria, I signori della terra. L'organizzazione degli interessi padani (1860–1914), Milano 1989

– L'affitto, la legge, il mercato, in: Bevilacqua (Hg.), Storia dell'agricoltura, Bd. 3, S. 471–508

Malgeri, Francesco, Storia del movimento cattolico in Italia, Bd. 3: Popolarismo e sindacalismo cristiano nella crisi dello Stato liberale, Roma 1980

– Giuseppe Bottai, in: Ferdinando Cordova (Hg.), Uomini e volti del fascismo, Roma 1980, S. 107–144

Mangoni, Luisa, L'Interventismo della cultura. Intellettuali e riviste del fascismo, Roma – Bari 1974

Mantelli, Brunello, Von der Wanderarbeit zur Deportation. Die italienischen Arbeiter in Deutschland 1938–1945, in: Ullrich Herbert (Hg.), Europa und der „Reichseinsatz". Ausländische Zivilarbeiter, Kriegsgefangene und KZ-Häftlinge in Deutschland 1938–1945, Essen 1991, S. 51–89

– „Camerati del lavoro". I lavoratori italiani emigrati nel Terzo Reich nel periodo dell'Asse 1938–1943, Firenze 1992

Marcoaldi, Franco, Alberto De Stefani, in: DBI, Bd. 39, S. 429–436

Mariani, Riccardo, Fascismo e „città nuove", Milano 1976

Mario Pezzati, Industria e agricoltura: i concimi chimici, in: D'Attorre, De Bernardi (Hgg.), Studi, S. 373–401

Massullo, Gino, Contadini. La piccola proprietà coltivatrice nell'Italia contemporanea, in: Bevilacqua (Hg.), Storia dell'agricoltura, Bd. 2, S. 5–43

Mayer-Tasch, Peter C., Korporativismus und Autoritarismus. Eine Studie zu Theorie und Praxis der berufsständischen Rechts- und Staatsidee, Frankfurt a.M. 1971

Medici, Giuseppe, Arrigo Serpieri ed Eliseo Jandolo. Realtà e prospettive della bonifica e della trasformazione fondiaria in Italia, Bologna 1966

– , Giuseppe Orlando (Hgg.), Agricoltura e disoccupazione, Bd. 1: I braccianti della bassa pianura padana, con monografie di Alfonso Draghetti, Carlo Vanzetti e Giuseppe Puppini, Bologna 1952

Melis, Guido, Due modelli di amministrazione tra liberalismo e fascismo. Burocrazia tradizionale e nuovi apparati, Pubblicazioni degli Archivi di Stato, Saggi 10 (Hg. Ministero per i beni culturali e ambientali), Roma 1988

Melograni, Piero, Gli industriali e Mussolini. Rapporti tra Confindustria e fascismo dal 1919 al 1929, Milano 1972

Menassè, L., La bonificazione pontina, Latina 1965

Minardi, Marco, La nascita dei sindacati fascisti nel Parmense (1921–1926), Annale 5 (1985–1986) S. 231–260

Ministero per la Costituente, Commissione per studi attinenti alla riorganizzazione dello Stato, Relazione all'Assemblea Costituente, Bd. 3: Enti pubblici non territoriali, organizzazione sanitaria, Roma 1946

– Rapporto della Commissione Economica presentata all'Assemblea Costituente, I: Agricoltura, Bd. 1 (Relazioni), Bd. 2 (Interrogatori, Questionario, Monografie), Roma 1947

Morandi, Rodolfo, Storia della grande industria in Italia, Torino 1959

Musella, Luigi, Proprietà e politica agraria in Italia (1861–1914), Napoli 1984

Muzzioli, Giuliano, Le campagne modenesi durante il fascismo. Sette anni di crisi: 1927–1933, Studi Storici 15 (1974) S. 908–949

– Banche e agricoltura. Il credito all'agricoltura italiana dal 1861 al 1940, Bologna 1983

Natili, L., Alessandro Brizi, in: DBI 14, S. 360–362

Neppi Modona, Guido, Scioperi, potere politico e magistratura 1870/1922, Roma – Bari 1973

Nützenadel, Alexander, Agrarpolitik und landwirtschaftliche Entwicklung im faschistischen Italien. Ein Literaturbericht, Quellen und Forschungen aus italienischen Archiven und Bibliotheken 71 (1991) S. 772–797

Opera Nazionale per i Combattenti, Le bonifiche e le trasformazioni fondiarie dell'ONC, Agro Pontino, Tivoli o.J.

Ostenc, Michel, Intellettuali e fascismo (1915–1929), Ravenna 1989

Paci, Massimo, Struttura e funzioni della famiglia nello sviluppo „periferico", in: Corner (Hg.), Dall'agricoltura, S. 127–152

– Riflessioni sui fattori sociali dello sviluppo della piccola impresa nelle Marche, in: Corner (Hg.), Dall'agricoltura, S. 153–168

Palla, Marco, Fascismo e Stato corporativo. Un'inchiesta della diplomazia britannica, Milano 1991

Papa, Antonio, Guerra e terra 1915–1918, Studi Storici 10 (1969) S. 3–45

Parlato, Giuseppe, Il sindacalismo fascista, Bd. 2: Dalla „grande crisi" alla caduta del regime (1930–1943), Roma 1989

Paulmann, Johannes, „Ein Experiment der Sozialökonomie": Agrarische Siedlungspolitik in England und Wales vom Ende des 19. Jahrhunderts bis zum Beginn des Zweiten Weltkrieges, Geschichte und Gesellschaft 21 (1995) S. 506–532

Pavone, Claudio, La continuità dello Stato. Istituzioni e uomini, in: Italia 1945/'48. Le origini della Repubblica, Torino 1974

Perfetti, Francesco, Il sindacalismo fascista, Bd. 1: Dalle origini alla vigilia dello Stato corporativo (1919–1930), Roma 1988

– Ugo Spirito e la concezione della „Corporazione proprietaria" al convegno di studi sindacali e corporativi di Ferrara del 1932, Critica storica 25 (1988) S. 202–243

Petersen, Jens, Wählerverhalten und soziale Basis des Faschismus in Italien zwischen 1919 und 1928, in: Schieder (Hg.), Faschismus, S. 119–156

Petri, Rolf, Selektives Wachstum, Technologie, industrielle Entwicklung. Überlegungen zur italienischen Autarkiepolitik, in: Sidney Pollard, Dieter Ziegler (Hgg.), Markt, Staat, Planung. Historische Erfahrungen mit Regulierungs- und Deregulierungsversuchen der Wirtschaft, St. Katharinen 1992, S. 157–193

Petrini, Roberto, L'azienda giudicata: la Montecatini tra mito, immagine e valore simbolico, in: Armatori, Bezza (Hgg.), Montecatini, S. 273–308

Petrusewicz, Marta, Latifondo. Economia morale e vita materiale in una periferia dell'Ottocento, Venezia 1989

Pezzati, Mario, I prodotti chimici per l'agricoltura in Italia nel primo trentennio del secolo, in: Armatori, Bezza (Hgg.), Montecatini, S. 149–203

– Industria e agricoltura: i concimi chimici, in: D'Attorre, De Bernardi (Hgg.), Studi sull'agricoltura italiana, S. 373–401

Pisu, Giampaolo, Società Bonifiche Sarde 1918–1939. La bonifica integrale della Piana di Torralba, Milano 1995

Piva, Francesco, Lotte contadine e origine del fascismo: Padova – Venezia 1919–1922, Venezia 1977

– Mobilitazione agraria e tendenze dell'associazionismo padronale durante la „grande guerra", Quaderni Storici 12 (1977) S. 808–835

– , Gianni Toniolo, Sulla disoccupazione in Italia negli anni '30, Rivista di Storia Economica, N.S., Bd. 4, H. 3 (1987) S. 345–383

Porisini, Giorgio, Agricoltura, alimentazione e condizioni sanitarie. Prime ricerche sulla pellagra in Italia dal 1880 al 1940, Genf 1974

– Bonifiche e agricoltura nella Bassa Valle Padana (1860–1915), Milano 1978

Prampolini, Antonio, La formazione di A. Serpieri e i problemi dell'agricoltura lombarda, Studi Storici 17 (1976) S. 171–209

– Il „ritorno alla terra" e la crisi del capitalismo negli anni Trenta, Società e storia 3 (1978) S. 581–594

– L'agricoltura italiana e il mercato internazionale nel primo dopoguerra, in: Hertner, Mori (Hgg.), La transizione, S. 101–151

Preti, Domenico, La politica agraria del fascismo: note introduttive, Studi Storici 14 (1974) S. 802–869

– Economia e istituzioni nello Stato fascista, Roma 1980

– La „Carta della mezzadria" tra politica agraria e organizzazione dello Stato corporativo, in: ders., Economia e istituzioni, S. 179–205

– A proposito dell'„economia italiana nell'periodo fascista", in: ders., Economia e istituzioni, S. 87–123

Preti, Luigi, Le lotte agrarie nella valle padana, Torino 1955

Profumieri, Pier Luigi, La „Battaglia del grano": costi e ricavi, Rivista di Storia dell'Agricoltura Jg. 11, H. 2 (1971) S. 153–172

Puhle, Hans-Jürgen, Politische Agrarbewegungen in kapitalistischen Industriegesellschaften, Göttingen 1975

Rafalski, Traute, Italienischer Faschismus in der Weltwirtschaftskrise (1925–1936). Wirtschaft, Gesellschaft und Politik auf der Schwelle zur Moderne, Opladen 1984

Repaci, Francesco A., La finanza pubblica italiana nel secolo 1861–1960, Bologna 1962

Rimbotti, Luca Leonello, Il fascismo di sinistra. Da Piazza San Sepolcro al Congresso di Verona, Roma 1989

Ripa di Meana, Andrea, Il consolidamento del debito e la stabilizzazione Mussolini, in: Cotula (Hg.), Problemi di finanza pubblica, S. 285–331

Roberts, David D., The Syndicalist Tradition and Italian Fascism, Manchester 1979

Rogari, Sandro, Proprietà fondiaria e modernizzazione. La Società degli agricoltori italiani 1895–1920, Milano 1994

Ronchi, Vittorio, Guerra e crisi alimentare in Italia (1940–1950: ricordi ed esperienze), Salerno 1977

Rossi, Ernesto, I padroni del vapore, Bari [5]1957

Rossi-Doria, Manlio, L'agricoltura italiana, il dopoguerra e il fascismo, in: Casucci (Hg.), Il fascismo, S. 307–311

– Eliseo Jandolo, in: ders., Gli uomini e la storia (Hg. Piero Bevilacqua), Roma – Bari 1990, S. 111–119

Rossini, Egidio, Carlo Vanzetti, Storia dell'agricoltura italiana, Bologna 1986

Rotelli, Ettore, La Presidenza del Consiglio dei Ministri. Il problema del coordinamento dell'amministrazione centrale in Italia (1848–1948), Milano 1972

Ruffilli, Roberto, La riforma amministrativa del 1922–1924 e la crisi del liberalismo amministrativo con appendice di documenti, in: ders., Istituzioni, Società, Stato, Bd. 1: Il ruolo delle istituzioni amministrative nella formazione dello Stato in Italia (Hg. Maria Serena Piretti), Bologna 1989, S. 479–554

Sabbatucci, Giovanni, I combattenti nel primo dopoguerra, Bari – Roma 1974

Sabbatucci Severini, Patrizia, Il mezzadro pluriattivo dell'Italia centrale, in: Bevilacqua (Hg.), Storia dell'agricoltura, Bd. 2, S. 785–822

Salvati, Mariuccia, Il Regime e gli impiegati. La nazionalizzazione piccolo-borghese nel ventennio fascista, Roma – Bari 1992

Salvemini, Gaetano, Sotto le scure del fascismo (Lo stato corporativo di Mussolini), 2 Bde., Torino 1948

Salvemini, Giancarlo, Vera Zamagni, Finanza pubblica e indebitamento tra le due guerre mondiali. il finanziamento del settore statale, Temi di discussione del Servizio Studi, Nr. 190 (Hg. Banca d'Italia), Roma 1993

Santarelli, Enzo, Storia del fascismo, 2 Bde., Roma [2]1981

Santomassimo, Giampasquale, Ugo Spirito e il corporativismo, Studi Storici 14 (1973) S. 61–113

– Aspetti della politica culturale del fascismo: il dibattito sul corporativismo e l'economia politica, Italia Contemporanea 121 (1975) S. 3–25

Sarti, Roland, Mussolini and the Italian Industrial Leadership in the Battle of the Lira 1925–1927, Past and Present 27 (1970) S. 97–112

– Fascism an the Industrial Leadership in Italy, 1919–1940. A Study in the Expansion of Private Power under Fascism, Berkeley usw. 1971

Schieder, Wolfgang (Hg.), Faschismus als soziale Bewegung, Hamburg 1976

– Der Strukturwandel der faschistischen Partei Italiens in der Phase der Herrschaftsstabilisierung, in: ders., Faschismus, S. 69–96

Scriba, Friedemann, Augustus im Schwarzhemd. Die Mostra Augustea della Romanità in Rom 1937/38, Frankfurt a.M. usw. 1994

Segre, Luciano, La „battaglia" del grano, Milano 1982

Sereni, Emilio, Storia del paesaggio agrario italiano, Bari 1961

– La politica agraria del regime fascista, in: Fascismo e antifascismo (1936–1948). Lezioni e testimonianze, Bd. 1 (Hg. Comitato promotore per l'universale economica dell'editore Feltrinelli), Milano 1962, S. 298–304

– La questione agraria nella rinascita nazionale italiana, Torino ²1975

Serpieri, Arrigo, La struttura sociale dell'agricoltura italiana, Roma o.J. (aber 1947)

– La Bonifica nella storia e nella dottrina, Bologna ²1991

Siegert, W., Währungspolitik durch Seelenmassage? „Moral Suasion" als währungspolitisches Mittel des Zentralbanksystems, Frankfurt a.M. 1963

Skoneczny, Ingo, Regionalplanung im faschistischen Italien. Die Besiedlung der pontinischen Sümpfe, Berlin 1983

Snowden, Frank M., On the Social Origins of Agrarian Fascism in Italy, European Journal of Sociology 13 (1971) S. 268–295

– The Fascist Revolution in Tuscany 1919–1922, Camebridge 1989

– Violence and Great Estates in the South of Italy. Apulia, 1900–1922, Camebridge 1986

Socrate, Francesco, L'organizzazione padronale agraria nel periodo giolittiano, Quaderni Storici 12 (1977) S. 661–682

Spinetti, Gastone Silvano, Pubblica amministrazione sotto inchiesta. Parlamentarismo e burocrazia, Bd. 1: 1860–1945, Roma 1964

Squeri, Lawrence, Who benefited from Italian Fascism: A Look at Parma's Landowners, Agricultural History 64 (1990) S. 18–38

Staderini, Alessandra, La Federazione italiana dei consorzi agrari, 1920–1940, Storia contemporanea 9 (1978) S. 951–1025

– La politica cerealicola del regime: l'impostazione della battaglia del grano, Storia contemporanea 9 (1978) S. 1027–1079

– Agricoltura, in: Annali dell'economia italiana (Hg. Istituto IPSOA), Bd. 6, Teil 2 (1915–1922), Milano 1982, S. 15–64

– Agricoltura, in: Annali dell'economia italiana (Hg. Istituto IPSOA), Bd. 7, Teil 2 (1923–1929), Milano 1982, S. 14–65

Stampacchia, Mauro, Sull',,assalto" al latifondo siciliano nel 1939–43, Rivista di storia contemporanea 4 (1978) S. 586–610

– Tecnocrazia e ruralismo. Alle origini della bonifica fascista (1918–1928), Pisa 1983

Tagliacarne, Guglielmo, La bilancia internazionale dei pagamenti dell'Italia nel primo centenario dell'unità, in: L'economia italiana dal 1861 al 1961, S. 313–359

Tasca, Angelo, Glauben, gehorchen, kämpfen. Aufstieg des Faschismus, Wien usw. 1969

Tattara, Giuseppe, Cerealicoltura e politica agraria durante il fascismo, in: Gianni Toniolo u. a. (Hgg.), Lo sviluppo economico italiano 1861–1940, Bari 1973, S. 373–404

– Un esempio di countertrade: il clearing anglo-italiano, Rivista di Storia Economica, N.S., 2 (1985)

Thöndl, Michael, Das Politikbild von Oswald Spengler (1880–1936) mit einer Ortsbestimmung seines politischen Urteils über Hitler und Mussolini, Zeitschrift für Politik 40 (1993) S. 418–443

– Die Rezeption des Werkes von Oswald Spengler (1880–1936) in Italien bis zum Ende des Zweiten Welkrieges, Quellen und Forschungen aus italienischen Archiven und Bibliotheken 73 (1993) S. 572–615

Tinghino, John J., Edmondo Rossoni, From Revolutionary Syndicalism to Fascism, New York usw. 1991

Togliatti, Palmiro, Lezioni sul fascismo, Roma 1970

Toniolo, Gianni u. a. (Hgg.), Lo sviluppo economico italiano 1861–1940, Bari 1973
– L'economia dell'Italia fascista, Bari 1980

Tortoreto, Emanuele, La legislazione annonaria e l'economia agricola, Annali dell'Istituto „Alcide Cervi" H. 4 (1982) S. 339–361

Toscano, Mario, Lotte mezzadrili in Toscana nel primo dopoguerra (1919–1922), Storia Contemporanea 9 (1978) S. 877–950

– Note sulla mezzadria nello stato corporativo: il dibattito dei Georgofili, Annali della Fondazione Luigi Einaudi 13 (1979) S. 335–381

– Agricoltura, in: Annali dell'economia italiana (Hg. Istituto IPSOA), Bd. 8, Teil 2 (1930–1938), Milano 1982, S. 15–74

– Agricoltura, in: Annali dell'economia italiana (Hg. Istituto IPSOA), Bd. 9, Teil 2 (1939–1945), Milano 1983, S. 15–80

Treves, Anna, Le migrazioni interne nell'Italia fascista, Torino 1976

Tuchtfeld, Egon, Wirtschaftspolitik, in: Handwörterbuch der Wirtschaftswissenschaften (Hg. W. Albers u. a.), Bd. 5, Stuttgart – New York 1982, S. 179–206

Ungari, Paolo, Alfredo Rocco e l'ideologia giuridica del fascismo, Brescia 1963

Vallauri, Carlo (Hg.), Fascismo e Aratro. La condizione contadina nel Lazio tra le due guerre, Roma 1985

Vanutelli, Cesare, Occupazione e salari dal 1861 al 1961, in: L'economia italiana dal 1861 al 1961, Milano 1961, S. 560–596

Veneruso, Danilo, L'Italia fascista 1922–1945, Bologna 1981

Ventura, Angelo, La Federconsorzi dall'età liberale al fascismo: ascesa e capitolazione della borghesia agraria, Quaderni Storici 35 (1977) S. 683–733

Villani, Pasquale, Angelo Massafra (Hgg.), Aziende e produzione agraria nel Mezzogiorno, Themenheft von Quaderni Storici 15 (1980) S. 5–140

470

Villari, Lucio, Per la storia del protezionismo in Italia, II: Verso le nuove tariffe doganali, Studi Storici 6 (1965) S. 651–663

Vitali, Ornello, I censimenti e la composizione sociale dell'agricoltura italiana, in: Bevilacqua (Hg.), Storia dell'agricoltura, Bd. 2, S. 377–414

– La popolazione attiva in agricoltura attraverso i censimenti italiani, Roma 1968

Vivarelli, Roberto, La questione contadina nell'Italia unita (1861–1914), Rivista Storica Italiana 102 (1990) S. 87–165

– Storia delle origini del fascismo. L'Italia dalla grande guerra alla marcia su Roma, 2 Bde., Bologna 1991

Vöchting, Friedrich, Die italienische Südfrage. Entstehung eines wirtschaftlichen Notstandsgebietes, Berlin 1951

Zamagni, Vera, Le radici agricole del dualismo italiano, Nuova Rivista Storica 59 (1975) S. 55–99

– Le alterazioni nella distribuzione del reddito in Italia nell'immediata dopoguerra (1919–1922), in: Hertner, Mori (Hgg.), La transizione, S. 509–532

– Dalla periferia al centro. La seconda rinascita economica dell'Italia 1861–1981, Bologna 1990

– L'industria chimica in Italia dalle origini agli anni '50, in: Armatori, Bezza (Hgg.), Montecatini, S. 69–148

Zangheri, Renato (Hg.), Lotte agrarie in Italia. La Federazione nazionale dei lavoratori della terra 1901–1926, Milano 1960

REGISTER

Die hochgestellten Zahlen verweisen auf die Anmerkungen

I. Personen

Acerbo, Giacomo 87, 144, 154, 194, 199f., 229, 231, 232[87], 235–237, 242[124], 244, 251f., 276, 354
Albertario, Paolo 402
Alfieri, Dino 105
Amoroso, Luigi 32, 325, 326
Angelini, Francesco (Franco) 129[91], 250, 265[49], 274, 276, 281, 295, 326, 329, 335
Arcari, Paola Maria 171f.
Arias, Gino 324, 329, 382[168]
Arpinati, Leandro 38, 75, 417

Baccarini, Alfredo 213
Balbo, Italo 38, 75, 417
Bandini, Mario 391
Barberi, Benedetto 377
Barbiellini Amidei, Bernardo 175[53]
Baroncini, Gino 82, 83[50]
Bartoli, Antonino 85–91, 129[91]
Barzini, Luigi 206
Bastianini, Giuseppe 67
Belluzzo, Giuseppe 69, 106, 127, 130f., 135, 155, 193f., 205, 224, 234, 310[88], 311[9]
Beneduce, Alberto 213, 215
Benni, Antonio Stefano 295, 310[89]
Biagi, Bruno 46, 354[29]
Bianchi, Michele 27, 73
Bilenchi, Romano 40
Blanc, Alberto 301
Bonomi, Ivanoe 77, 215
Bontempelli, Massimo 39
Bottai, Giuseppe 69, 99, 294, 324–326, 332f., 335, 339
Bottazzi, Filippo 396

Brizi, Alessandro 64, 129
Brunelli, Gustavo 64[60]

Cacciari, Gino 46, 83[50], 84, 89, 91, 93f., 96f., 100, 103f., 106, 130[101], 141[155], 187, 224, 276, 306[66]
Calore, Augusto 107, 312
Canelli, Gabriele 251, 354, 355[33], 387
Cardoza, Anthony L. 78[27], 416
Carlucci, Michele 64[60]
Casalini, Armando 74
Cassese, Sabino 339
Cassis, Giovanni 220[31], 222
Cohen, John S. 391
Conti, Ettore 295
Contri, Goacchino 38f., 46
Corbino, Mario Orso 66[67]
Corgini, Ottavio 52f., 86–88
Corner, Paul 3, 13, 416
Costamagna, Carlo 339
Crollalanza, Araldo 226[66]
Curato, Roberto 329

Dall'Olio, Alberto 314
Darré, Richard Walther 30
D'Attorre, Pier Paolo 135
De Ambris, Alceste 74
De Begnac, Yvon 41[56], 293
De Capitani D'Arzago, Giuseppe 53, 58–60, 86, 88, 237
De Cillis, Emanuele 129[90]
De Felice, Renzo 136
De Maria, Giovanni 163
De Marzi, Guido 403

473

De Rossi Dell'Arno, Giulio 156
De Stefani, Alberto 32, 51, 53f., 57f., 66, 68, 70f., 86, 114, 124f., 127, 137f., 141, 180, 218, 224f., 228, 231, 233f., 294, 325, 424
Di Frassineto, Alfredo 89[86]
Donegani, Guido 306
Donini, Alberto 85[57]

Einaudi, Luigi 32, 77, 114
Ercolani, Paolo 165

Facta, Luigi 53
Fano, Ester 3
Farinacci, Roberto 38, 59, 64, 75, 87, 175, 252, 417
Ferraguti, Mario 66[67], 113f., 129f., 151f., 304, 311[94]
Fileni, Enrico 129[90]
Finzi, Aldo 121[54]
Fontana, Attilio 89, 116
Fornaciari, Julo 83[50], 84, 89, 91, 93f., 194
Forni, Cesare 87[68]
Fossa, Davide 81
Fotticchia, Nello 64[60]

Gentile, Giovanni 41[56], 92
Gini, Corrado 171, 259
Giolitti, Giovanni 18
Giuliotti, Domenico 38
Giunta, Francesco 277
Giunti, Pietro 106[175]
Giuriati, Giovanni 222
Gobbi, Ulisse 32
Gramsci, Antonio 76
Grandi, Dino 73, 81
Grifone, Pietro 135[126]
Guarneri, Felice 51, 128, 188[116], 350[18], 351

Jacini, Stefano 13, 18
Jandolo, Eliseo 230, 355, 374
Josa, Guglielmo 68, 123[67], 221
Jung, Guido 205, 248

Keynes, John Maynard 293
Korherr, Richard 41–43

Lai, Vincenzo 156
Lantini, Ferruccio 354, 357
Lanzillo, Agostino 27, 73

Lissone, Sebastiano 118[40], 129[96]
Lombrassa, Giuseppe 265[49]
Longanesi, Leo 38, 40
Lorenzoni, Giovanni 283, 285
Lorito, Giuseppe 400
Ludwig, Emil 41[56]
Luzzatti, Luigi 32, 114
Lyttelton, Adrian 136

Maccari, Mino 37, 38[40], 39f.
Maisto, Gaetano 230[78]
Malaparte, Curzio (Kurt Erich Suckert) 37f., 39f.
Mancinelli, Vincenzo 230[78]
Marescalchi, Arturo 229, 230[75], 251f.
Mariani, Mario 294[12], 355
Marozzi, Antonio 89[86], 131[101], 187, 216, 313
Masè-Dari, Eugenio 115
Mazzocchi-Alemanni, Nallo 389
Medici, Leopoldo 273
Menger, Carl 32
Mezzetti, Nazareno 97[120]
Micheli, Giuseppe 216f.
Morandi, Emilio 117f.
Mosconi, Antonio 224[59], 236f.
Müller-Einhardt, Emil 151
Mussolini, Arnaldo 113, 129f., 282
Mussolini, Benito 1, 2, 7–9, 28–31, 38, 40–45, 48f., 51f., 58, 63, 65, 67, 71, 73, 75, 77, 82, 85–90, 92–94, 97, 99, 109, 112–114, 121, 124, 128, 130[98], 131f., 133[114], 135f., 138, 140, 149f., 155f., 161f., 168, 175, 187f., 199, 206f., 211f., 216, 222, 224, 229f., 233, 235, 237, 239, 241, 244, 248–250, 252, 255, 260, 264f., 269, 274, 281, 292f., 296, 305, 310[89], 312, 332, 334f., 339f., 345, 351, 354, 357, 362–364, 369, 371f., 382, 386, 388f., 404, 405[22], 408, 411, 414f., 417, 419–22, 424f.
Muzzarini, Mario 274, 331
Muzzarini, Ugo 230[78]

Nannini, Sergio 265[49], 401
Nava, Cesare 118[44], 121, 138
Niccoli, Vittorio 32
Nicotra, Giovanni 355, 365
Nitti, Francesco S. 213, 215f.
Norris, Pietro 154
Novelli, Novello 129[90]

Nunziante, Ferdinando 90, 221

Olivetti, Gino 117[40], 295f., 324, 382
Omodeo, Angelo 213, 215
Orano, Paolo 73
Orlando, Nazareno 155

Panconesi, Gino 273
Panfili, Adolfo 355[35]
Pantano, Edoardo 215, 264
Panunzio, Sergio 73, 277, 339
Papini, Giovanni 38
Pareschi, Carlo 107, 408
Pareto, Vilfredo 32f.
Pascolato, Michele 408
Pasti, Mario 106
Pavoncelli, Giuseppe 117[40], 225[62]
Peglion, Vittorio 67, 216, 222, 225[62]
Pesce, Giovanni 89
Petrocchi, Carlo 215, 225[62]
Piacentini, Mario 230[78]
Pirelli, Alberto 70, 207
Poggi, Tito 129[90]
Polverelli, Gaetano 28f.
Prampolini, Natale 225[62]
Preti, Domenico 3
Provenza, Isidoro 74

Quagliarini, Ennio 64[60]

Racheli, Mario 83[50], 84, 89[86], 92
Rainieri, Giovanni 118[44], 222
Razza, Luigi 100–102, 131[101], 247, 250[162], 251f., 265, 324, 326, 329, 335, 350[18], 416, 420
Rocca, Massimo 52
Rocco, Alfredo 74, 92, 96, 221
Rocco, Ferdinando 64, 221, 243
Ronchi, Vittorio 355[35], 399, 401, 403, 406[28], 412[61]
Roosevelt, Franklin D. 293
Rossi, Cesare 27
Rossi, Teofilo 53
Rossini, Aldo 200
Rossoni, Edmondo 58, 74f., 84, 86f., 90–92, 96, 98–101, 169, 251f., 324, 354–358, 360–364, 366, 369[101], 371, 374, 398, 401, 421f.
Ruffoni, Giuseppe 206, 207[205]
Ruini, Meuccio 215

Salandra, Antonio 58
Salvati, Mariuccia 65[64]
Sarrocchi, Gino 68, 222
Schmidt, Carl T. 2
Serena, Adelchi 408
Sereni, Emilio 2
Serpieri, Arrigo 18f., 30–37, 57, 59f., 62f., 67, 68, 101[146], 116f., 213, 216–219, 224, 226, 228, 230f., 235–37, 239, 241–252, 257, 261, 262[31], 281, 291, 325–328, 331, 339, 354, 374, 417, 419f., 425
Sessi, Arnaldo 64[60]
Soffici, Ardengo 37, 38[40], 40
Sombart, Werner 39
Sonnino, Sidney 17
Spengler, Oswald 41, 44
Spirito, Ugo 291f., 325–327, 339
Starace, Augusto 67, 206[199], 260, 358, 359[51], 361, 376
Strampelli, Nazareno 129[90], 130, 142
Stringher, Vittorio 64[60]
Suardo, Giacomo 130

Tasca, Angelo 76
Tassinari, Giuseppe 156, 199, 276, 294, 326, 329, 337, 350[18], 354, 355[33], 387, 389, 401, 408
Tattara, Giuseppe 163
Thaon Di Revel, Paolo I.M. 351, 354
Tittoni, Tommaso 49
Todaro, Francesco 142
Togliatti, Palmiro 77
Tucci, Michele 355[35]
Tullio, Francesco 91
Turati, Augusto 97[120], 99, 102[152], 170

Valenti, Ghino 32, 114f.
Vergil 48
Visocchi, Achille 215f., 221
Vitale, Alberto 230[78]
Volpi di Misurata, Giuseppe 69, 127, 161
Volpicelli, Arnaldo 325, 339

Walras, Léon 32

Zaniboni, Tito 252
Zappi-Recordati, Antonio 97[120]
Zattini, Giuseppe 64[60]
Zinzi, Lorenzo 89[86]

II. Orte

Abruzzen 372[118]
Alessandria (Stadt) 80
Algerien 298
Aprilia 269, 274
Apulien 19f., 28, 42, 75, 283
Arezzo (Stadt) 80
Argentinien 25, 198, 204, 350[19,20]
Äthiopien (Abessinien) 253, 345, 420
Australien 25, 204

Basilicata 42
Belgien 160, 204, 272[77], 352
Bologna (Stadt, Provinz) 75, 78[27], 91
Brasilien 204
Brescia (Provinz) 170, 176, 179
Brindisi (Provinz) 176
Bulgarien 350[19,20]

Chile 204, 299, 350[19,20]
Cisterna 269
Cremona (Stadt, Provinz) 76, 83, 176
Cuneo 223[50]

Dänemark, 272[77], 352
Deutschland (Nationalsozialismus) 1, 12, 19,
    30, 40, 44, 198, 204, 297[24,27], 301, 307, 314,
    349, 350[19,20], 352, 389, 399, 410, 412

Emilia 18, 76, 213, 267, 272[77], 277

Ferrara (Stadt, Provinz) 3, 75, 83, 176, 179,
    387[183]
Florenz (Stadt) 27
Forlì (Provinz) 282
Frankreich 12, 19, 44, 110, 115, 160, 189, 198,
    204, 257, 297[27], 298, 301, 350[20]
Friaul 387[183]

Griechenland 204, 272[77], 350[20]
Grosseto (Provinz) 268
Großbritannien (England) 1, 12, 44, 161, 204,
    257, 272[77], 350[20], 352, 384

Indien 201
Indochina 201
Irland 272[77], 350[20]
Istrien 372[118]

Italien
– Norditalien 1, 12, 14f., 17, 20, 45, 78, 139,
    145–147, 197, 213–15, 240, 298, 314, 367,
    372, 387[183], 414f.
– Mittelitalien 1, 15, 17, 20, 45, 62, 139, 145–
    147, 182, 213f., 240, 276, 277, 298, 314,
    387[183], 415
– Süditalien (Mezzogiorno) 14–17, 19f., 29,
    62, 86, 115, 139, 142, 145–147, 182, 213f.,
    221, 224, 227, 240, 263, 271, 298, 308, 314,
    367, 387[183], 396

Jugoslawien 189, 350[19,20], 412
Julisch-Venetien 227

Kalabrien 42, 215[15], 367
Kalifornien 205f.
Kampanien 367
Kanada 25, 111, 119f.
Korea 201

Latium 62, 215[15], 227, 268
Ligurien 19, 42
Littoria 269
Lombardei 18, 42, 75, 267, 283

Maccarese 269, 387[183], 391
Mantua (Stadt) 80
Maremma 227, 268, 387[183]
Marken 17, 267, 277
Marokko 298
Metaponto 387[183]
Modena (Provinz) 75
Mussolinia 268

Neapel (Stadt, Provinz) 15, 367
Niederlande 160, 204, 272[77], 352
Norwegen 299[37], 350[20], 352
Novara (Stadt, Provinz) 18, 80

Österreich 189, 195[147], 204, 352, 384
Ostia 387[183]

Pavia (Stadt, Provinz) 18, 80
Perugia 372[118]
Piacenza (Provinz) 176
Piemont 42

Poebene 3, 14, 18, 19f., 28, 34, 36, 45, 75, 173, 175, 296, 415f.
Pola 179
Polen 57
Polesine 267f.
Pomezia 269
Pontinische Sümpfe (Agro Pontino) 247f., 269, 274, 387[183], 391
Portugal 12, 272[77], 352

Reggio Emilia (Provinz) 75
Rom (Stadt, Provinz) 8, 88f., 90, 152, 271
Romagna 18, 267
Rosarno 387[183]
Rovigo (Provinz) 176
Rumänien 189, 350[19,20]
Rußland 25

Sabaudia 269
Sardinien 268
Schweden 272[77], 350[20], 352
Schweiz 160, 189, 198, 350[20], 384
S.Eufemia 387[183]
Sele 387[183]

Sizilien 19, 145, 215[15], 270, 283, 387–89
Sowjetunion 119
Spanien 12, 57, 197, 204, 257, 352, 379
Südafrika 204
Syrakus (Provinz) 407

Terracina 269
Toskana 17, 28, 75, 268, 277
Tschechoslowakei 238, 384
Tunesien 204, 298
Türkei 350[20], 352

Umbrien 17, 75, 277
Ungarn 189, 195[147], 204, 350[19,20], 384
Uruguay 352
USA 1, 25, 111, 161, 204–206, 256f., 297[27], 307, 350, 384

Venedig (Provinz) 176
Veneto 18f., 21, 53, 213, 247, 267, 271, 283, 367
Vercelli (Provinz) 18
Volturno 387[183]